RECUEIL GÉNÉRAL

DES

ANCIENNES LOIS FRANÇAISES,

DEPUIS L'AN 420, JUSQU'A LA RÉVOLUTION DE 1789;

PAR MM.

ISAMBERT, Avocat aux Conseils du Roi et à la Cour de cassation;
DECRUSY, Avocat à la Cour royale de Paris;
TAILLANDIER, Avocat aux Conseils du Roi et à la Cour de cassation.

« Voulons et Ordonnons qu'en chacune Chambre de nos Cours de
« Parlement, et semblablement ès Auditoires de nos Baillis et Sé-
« néchaux y ait un livre des Ordonnances, afin que si aucune
« difficulté y survenait, on ait promptement recours à icelles. »
(Art. 79 de l'Ordonn. de Louis XII, mars 1498, 1re de Blois.)

TOME XIV.

1re PARTIE.

JUILLET 1559. — MAI 1574.

PARIS,

BELIN-LEPRIEUR, LIBRAIRE-ÉDITEUR,
RUE PAVÉE-SAINT-ANDRÉ-DES-ARTS, N° 5.
VERDIÈRE, LIBRAIRE, QUAI DES AUGUSTINS, N° 25.

JUIN 1829.

PARIS, IMPRIMERIE DE E. POCHARD,
RUE DU POT-DE-FER, N° 14.

ORDONNANCES DES VALOIS.

BRANCHE DES VALOIS-ANGOULÊME.

FRANÇOIS II

Succède à Henri II, son père, le 10 juillet 1559, à l'âge de seize ans et demi, étant né le 21 janvier 1543 (1); sacré et couronné à Reims le 17 septembre, mort sans enfans le 5 décembre 1560.

CHANCELIERS. — François Olivier, par continuation et par suite de la démission de Jean (2) Bertrand; et Michel de l'Hospital, au décès du précédent, le dernier juin 1560, confirmé par Charles IX à son avènement à la couronne.

N° 1. — DÉCLARATION *qui défend de porter ni tirer arquebuses, pistolets ou autres armes à feu* (3).

Paris, 23 juillet 1559. (Font., I, 648. — Recueil des ordonnances de François II, par Robert-Etienne, f° 69 (4)).

FRANÇOIS, par la grâce de Dieu, roy de France, à tous ceux qui ces présentes verront, salut : Comme feu nostre très-honoré sei-

---

(1) Les rois étaient majeurs de droit à 14 ans commencés (ordonnance de Charles V de 1374); mais de fait, il y avait un conseil de régence composé des princes et seigneurs les plus proches parens du roi (Ordonnance de Charles VI, du 28 avril 1407, et nouveau Répertoire de jurisprudence, v° *Régence*). A l'avènement de François II, ce conseil était composé de la reine mère, des cardinaux de Bourbon et Lorraine (ce dernier surintendant des finances), des ducs de Guise, généralissime, duc d'Aumale, du connétable, de l'amiral Coligny, du chancelier de L'Hospital, des maréchaux de France, André de Brissac, Dumortier, d'Orléans, de Brienne, d'Avenson et de Valence.

(2) Nous lui avons, par erreur, donné le nom de Pierre, dans le règne de Henri II.

(3) V. à sa date l'édit du 25 novembre 1548 et la note; nous ne donnons pas copie de cette déclaration, parce qu'elle ne contient aucune disposition nouvelle. — V. ci-après l'édit du 17 décembre.

(4) Cette collection, que Blanchard cite assez fréquemment dans sa compila-

gneur et père le roy dernier décédé (que Dieu absolve) ait pour la nécessité des guerres et autres causes et considérations, donné plusieurs congez et permissions de porter harquebuses et pistolets tant aux gentilshommes de sa maison, officiers, gens des ordonnances; archers de sa garde, que gardes de ses forets et autres personnes. Souz ombre de quoy, nos subjets, sans avoir aucun congé, n'ont laissé d'en porter et en ont les uns et les autres tellement abusé, qu'il se voit journellement advenir infinis inconvéniens, meurtres et voleries; par la licence que chacun a prise d'enfreindre les défenses, qui ont cy-devant par plusieurs fois esté faites. Et pour ce qu'ayant à présent pleu à Dieu nous donner la paix, nous désirans mettre parmy nos subjets repos et tranquillité, et faire cesser l'occasion d'abus qui se peuvent commettre par ce moyen.

(1) Nous à ces causes avons défendu et défendons très-expressément par ces présentes à toutes personnes de quelque estat, qualité et condition qu'ils soient, encore qu'ils soient gentilshommes de nostre maison, gens de nos ordonnances, chevaux-légers, nos officiers domestiques, archers de nos gardes, gardes de nos forests, gens de nos finances, marchans, et autres quelconques, de ne porter d'oresnavant pistolets ne harquebuses, ne d'icelles tirer ne faire tirer en quelque sorte et pour quelque occasion que ce soit, et quelques privilèges, congez et permissions qu'ils en ayent de nos prédécesseurs ou de nous, lesquels nous avons de nostre pleine puissance et authorité royale révoqué et révoquons par ces présentes.

(2) Et ce sur peine à ceux qui seront pour la première fois trouvez portans ou tirans desdicts pistolets ou harquebuses, de la confiscation d'icelles: et d'avantage de la somme de cinq cens escus d'or soleil d'amende, le tiers de laquelle nous avons appliqué à celuy ou ceux par la dénonciation ou diligence desquels la vérité sera sceuë. Et ceux qui auront porté ou tiré desdits pistolets et harquebuses, et après la publication de cesdites présentes auront esté découverts, s'ils n'ont de quoy payer icelle somme, estre envoyez en nos galères, pour nous y servir perpétuellement. Et pour l'esgard de ceux qui pour la seconde fois seront trouvez chargez d'avoir porté ou tiré desdites harquebuses et pistolets, d'estre pendus et estranglez.

Mss chronologique pour ce règne et pour le suivant, ne paraît pas avoir été imprimée. Nous l'avons inutilement cherchée à la bibliothèque du roi.

(5) Sans ce qu'il soit loisible à aucun de nos juges et officiers rien diminuer ne modérer desdites peines, lesquelles nous voulons et entendons estre exécutées contre eux en cas de négligence, ou d'en faire leur devoir contre les infracteurs et transgresseurs de cette nostre présente ordonnance. — Si, voulons et vous mandons et à chacun de vous enjoignons que nos présentes ordonnances, inhibitions et défenses, vous faites publier à son de trompe et cry public ès lieux de vos bailliages, séneschaussées et jurisdictions accoustumez à faire semblables proclamations, en contraignant à l'observation d'icelles tous ceux qu'il appartiendra et qui pour ce seront à contraindre. Donné, etc.

N° 2. — EDIT *de création d'un maître de chaque métier dans toutes les villes du Royaume, à l'occasion de l'avènement du roi à la couronne* (1).

Paris, juillet 1559, reg. au parl. le 23 août. (Vol. Y, f° 3. — Font., I, 1085.)

N° 3. — DÉCLARATION *qui révoque tous dons et aliénations du domaine de la couronne de France* (2).

Saint-Germain-en-Laye, 18 août 1559; reg. au parl. le 22, et à la chambre des comptes le 28. (Vol. Y, f° 1. — Font. II, 358. — Mémorial de la chambre des comptes, ZZ, f° 77.)

N° 4. — DÉCLARATION *portant que les officiers du parlement établi dans le duché de Savoie, retiendront leurs qualités de présidens, conseillers, etc., jusqu'à ce qu'ils aient été distribués dans d'autres compagnies.*

Saint-Germain-en-Laye, 19 août 1559; reg. au parl. le 21 novembre. (Vol. Y, f° 14. — Mémorial de la chambre des comptes, 2 A, f° 63.)

---

(1) C'était l'usage qu'à chaque commencement de règne, le nouveau monarque marquait son *joyeux avénement* par la création de quelques privilèges. Nous ne donnons pas copie de cet édit, qui ne contient d'ailleurs aucune disposition importante.

(2) V. à sa date, dans notre recueil, l'ordonnance de Philippe V, du 18 juillet 1318, qui révoque toutes les aliénations du domaine de la couronne, depuis Saint-Louis; de Philippe VI, 11 mai 1333, et 8 juillet 1344; de Charles V, dauphin, 5 mars 1356, avril et juillet 1357, 24 juillet 1364, 3 octobre 1374; de Charles VII, 1438; de Louis XI, 9 septembre 1451, et la note; de Charles VIII, 22 septembre 1483, 27 décembre 1484; de François Ier, 13 décembre 1517, juillet 1521, 13 avril 1529, 30 juin 1539. — V. ci-après l'édit

N° 5. — DÉCLARATION *portant que les comptables qui auront obtenu des lettres de révision des jugemens rendus contre eux en la chambre des comptes de Paris, seront tenus, préalablement au jugement de révision, d'acquitter les sommes auxquelles ils auront été condamnés* (1).

Saint-Germain en Laye, 21 août 1559; reg. au parl. le 26 mars (Vol. Y, f° ll. — Mém. de la chambre des comptes, 3 A, f°° 6, 24, 54, 95 et 275. — Font. II, 45. — Rec. de la chambre des comptes de Paris, tom. III.)

FRANÇOIS, etc. Sçavoir faisons que, nous estant düement advertis du grand retardement advenu au faict des finances, tant du temps de feu nostre très-honoré seigneur et père (que Dieu absolve) que du nostre, au moyen de ce que plusieurs officiers comptables condamnez pour rétention de deniers, obmission de receptes, et autres abus et malversations commises au faict desdites finances, ayans obtenu lettres de révision des jugemens donnez à l'encontre d'eux, pour le regard desdites rétentions, obmissions, abus et malversations, ont prétendu ne devoir estre contraints à payer les sommes de deniers, esquelles se sont trouvez avoir esté condamnez, que premièrement le jugement donné à l'encontre d'eux ne fust confirmé par les commissaires déléguez pour le jugement de ladite révision. Ce qui nous tourne à grand préjudice, contre l'intention des anciennes ordonnances de nos prédécesseurs, et donneroit occasion à ceux qui auroient mal-versé d'abuser de nos deniers, sous la couleur de ladite révision, si lesdits arrests de nostredite chambre n'estoient exécutez au préalable, ainsi qu'il est accoustumé de faire és matières de proposition d'erreur, au lieu de laquelle ladite révision a esté introduite, et partant doit sortir mesme nature.

Pour ce est-il, que nous désirans pourvoir à ce que dessus,

---

de Charles IX, février 1566; Henri III, 1579 et 1582; de Henri IV, 1607; Louis XIII, juin 1611, 10 juillet 1615; Louis XIV, décembre 1643, décembre 1659, 1666, avril 1667, 1669, 1691, 1718, 1719, 23 octobre 17..; de Louis XVI, 7 mars 1777. — V. la loi du 22 novembre 1790, et le nouveau Répertoire de jurisprudence, v° *Domaine public*, § II. — C'est par... qu'on croit communément que le domaine public n'a été déclaré inaliénable qu'en 1566.

(1) V. l'ordonnance de Charles VII, 23 décembre 1454; Louis XII, décembre 1511; François Ier, décembre 1520, et ci-après, Charles IX, 1567; Henri IV, août 1598.

garder que pour l'advenir ne soit plus fait aucune difficulté de l'intention de nos prédécesseurs sur l'interprétation desdites ordonnances concernans le faict desdites révisions : avons par l'advis et délibération des gens de nostre conseil privé, déclaré et ordonné, déclarons et ordonnons, que ceux qui auront proposé révision à l'encontre desdits jugemens et arrests donnez par nosdite chambre, tant pour raison de ligne de compte, et de ce qui en dépend, que pour obmissions ou rétentions de deniers défendües par nos ordonnances, et amendes taxées par nosdites ordonnances pour raison desdites fautes et cas susdits, ne soient receus à faire poursuite desdits jugemens de révision, jusques à ce qu'ils ayent actuellement payé et satisfait les sommes esquelles ils auront esté condamnez, encores que lesdites lettres de révision eussent esté obtenües paravant ceste présente nostre déclaration, bien qu'ils soient prets et offrent faire cession et abandonnement de leurs biens.

Si donnons, etc.

N° 6. — EDIT *sur l'institution des procureurs postulans tant dans les cours souveraines que dans les bailliages et sénéchaussées* (1).

Villers-Cotterets, 29 août 1559 ; reg. au parl. le 7 septembre. (Vol. Y, f° 7. — Font., I, 75. — Joly, I, 473.)

FRANÇOIS, etc. Comme le feu roi François de bonne et loüable mémoire nostre ayeul, eust pour le bien, repos et tranquillité de ses sujets, et pour la sincérité et observation de justice, statué et ordonné par ses lettres patentes du 16 octobre 1544 que dès lors en avant aucun ne seroit receu à faire serment de procureur, tant en ses cours de parlement, qu'és bailliages, sénéschaussées, prévostez et siéges y ressortissans, et autres ses jurisdictions quelconques, jusques à ce que par luy autrement en eust esté ordonné, et ce souz les peines contenües en sesdites lettres : et depuis par autres lettres du premier jour de novembre audit an,

---

(1) V. à sa date, l'ordonnance de Charles VII, 28 octobre 1446, avril 1453 ; Charles VIII, 1493 ; Louis XII, 1499 ; François Ier, 1528, 1544, Henri II, juin 1549, et ci-après Charles IX, 1563, 1566, 29 mars 1572 ; Henri IV, 1596. — Les procureurs ont été supprimés par la loi du 2—11 septembre 1790, et rétablis sous le nom d'avoués par celle du 27 ventose an 8 (18 mars 1800.)

eust déclaré que par lesdites premières il n'entendoit, en quelque façon que ce soit, avoir dérogé aux authoritez et prérogatives par luy et ses prédécesseurs octroyées à sesdites cours de parlement, baillifs, séneschaux, prévosts et autres ses juges, de pourvoir ès dits estats et charges, ce qu'il entendoit, toutes fois après que le nombre desdits procureurs qui estoit lors, auroit esté tellement diminué, que lesdites cours vissent qu'il fust utile et requis pour le bien public et expédition des causes y en mettre d'autres : en quoy il leur auroit préfix un si bon ordre, et par sesdites premières et secondes lettres, si meurement pourveu, pour la réduction du nombre effréné desdits procureurs, que si ses vouloirs et intentions eussent esté ensuivis en cela, ainsi qu'il estoit raisonnable, les multiplications et longueurs qui depuis sont intervenües en infinis procez, (pour la multitude desdits procureurs ne se fussent ensuivies, au grand détriment, préjudice et dommage des parties plaidantes. A quoy en suivant la bonne et sainte intention de nostredit ayeul, et pour le bien et repos de nosdits sujets, nous désirans singulièrement pourvoir.

Sçavoir faisons, que nous, après avoir eu l'advis et délibération de nostre conseil privé, sur ce, avons de nouveau dit, statué et ordonné, et de nos certaine science, pleine puissance, et authorité royal, disons, statuons et ordonnons.

(1) Qu'en nosdites cours de parlement, bailliages, séneschaussées, prévostez et siéges y ressortissans, et autres nos jurisdictions quelconques, aucun ne sera d'oresnavant receu à faire le serment de procureur outre ceux qui y sont de présent jusques à ce que autrement par nous en ait esté ordonné qui sera toutefois après que le nombre desdits procureurs sera tellement diminué, que nosdites cours voyent qu'il soit requis pour le bien public et expédition des causes y en mettre d'autres. Auquel cas nous ferons un rapport, et par l'advis de nosdites cours souveraines, expédier nos lettres de sublation desdites défenses, pour par nos dites cours et autres nos juges inférieurs respectivement estre pourveu ausdits estats et charges de procureurs en tel nombre qui sera requis et convenable.

(2) Et afin qu'icelles nosdites cours puissent plus clairement cognoistre et au vray pour le regard des siéges inférieurs, et nous bailler leur advis quand il sera requis d'y mettre procureurs nouveaux, elles en informeront par les juges des lieux et autres officiers, advocats et practiciens desdits siéges, et en prendront leur advis pour nous en advertir.

(3) En défendant très-expressément à nos dites cours, baillifs, séneschaux, prévosts, et autres juges susdits, qu'ils n'ayent plus à procéder à la réception desdits sermens des procureurs autrement que dessus est dit, et à ceux qui poursuivront d'estre pourveuz esdits estats, de n'avoir recours pour cet effect qu'à nosdites cours, et juges inférieurs respectivement. selon la forme contenüe en cesdites présentes, sur peine où ils feront le contraire (quelques lettres particulières qu'ils puissent obtenir de nous à ceste fin) ausquelles nous ne voulons que nosdites cours et juges ayent aucun esgard d'encourir en peine de faux de tout ce qui sera par eux fait, accordé et procuré pour les parties pour lesquels ils auroient occupé, et de tous dépens, dommages et intérêts envers les parties qu'il appartiendra, et d'avantage d'estre à jamais préservez de postuler, en quelque cour et jurisdiction que ce soit de nos royaume et pays.

Si donnons, etc.

N° 7. — DÉCLARATION *pour la vente du revenu des gabelles de Champagne et de Picardie aux prévôts des marchands et échevins de la ville de Paris avec faculté de rachat perpétuel* (1).

Villers-Cotterets, 30 août 1559; reg. au parl. le 8 février. (Vol. Y, f° 70.)

N° 8. — DÉCLARATION *qui porte que les maisons où se feront des conventicules et assemblées illicites seront rasées et démolies* (2).

Villers-Cotterets, 4 septembre 1559; reg. au parl. le 25 novembre. (Vol. Y, f° 31. — Font., IV, 259.)

N° 9. — ÉDIT *qui supprime les offices alternatifs comptables et qui règle leur remboursement.*

Villers-Cotterets, septembre 1559; reg. en la chambre des comptes de Paris le 11 septembre. (Mém. de la chambre des comptes, 3 A, f° 14. — Font., II, 655. — Rebuff., liv. 2, tit. 27, chap. 32. — Collection de la chambre des comptes de Paris, bibliothèque du Conseil d'état, tom. III.)

---

(1) A cause de la domanialité.
(2) La convention, par décret du 21 vendémiaire an 2, a fait de même pour Lyon. — V. les édits de janvier 1534, 1er juin 1540, 30 août 1542, 19 novembre 1549, 27 juin 1551, et ci-après novembre, février, mars 1559; de Charles IX, juillet, octobre, janvier, février, mars 1561, 11 avril 1562, juin et décembre 1563, 24 juin, 4 août, 29 décembre 1564, 9 avril 565, no-

N° 10. — Déclaration *qui révoque les survivances d'états et offices* (1).

Villers-Cotterets, 4 septembre 1559; reg. en la chambre des comptes le 13 du même mois, et au parl. le 10 avril avant Pâques. (Vol. X, f° 168. — Mém. de la chambre des comptes, 3 A, f° 13 et 22. — Font., II, 561.)

N° 11. — Édit *qui porte peine de mort contre les comptables qui billonnent les deniers du roi* (2).

Blois, 7 novembre 1559; reg. en la chambre des comptes le 10, et en la cour des aides le 21 février. (Mémorial de la chambre des comptes, 3 A, f° 115. — Font., II, 655. — Rec. des ordonn. de François II, par Robert Etienne, f° 73. — Coll. des comptes, biblioth. du Conseil d'état, tom. III.)

François, etc. Comme nos prédécesseurs rois de France, voulans pourvoir aux billonnemens qui se pratiquoient au faict, maniement et administration de leurs finances, ayent cy-devant fait plusieurs ordonnances prohibitives au contraire, et essayé d'establir tel ordre, tant à la recepte de leursdites finances, qu'à la despense et distribution d'icelles, que d'heure à autre l'on peust voir en quelles espèces d'or et d'argent et autres monnoyes un receveur auroit receu les deniers de sa recepte, et en quelles espèces il auroit payé: chose qui eust esté aisée d'ensuivre et observer à ceux qui y eussent voulu procéder clairement et sincèrement. Mais par la malice, avarice et cupidité de gain de la plupart des trésoriers, receveurs et autres comptables ayans maniment de nos deniers, leurs clercs et commis, l'ordre ainsi estably et institué par lesdites ordonnances a esté si mal gardé, et les choses tellement déguisées, que lesdits billonnemens se continuent aujourd'huy plus que jamais: et voyons bien peu de moyens d'y pourvoir pour l'advenir, si ce n'est qu'avec l'ordre que nous nous efforcerons d'y faire garder, nous augmentions la peine in-

---

vembre et décembre 1567, mars, avril, septembre, octobre 1568, 25 mai 1569, août et octobre 1570; Henri III, 22 août 1575, mai 1576, septembre 1577, 3 juin et 26 décembre 1580, juillet, août, octobre 1585, août, mai 1586, mars, avril 1587, juillet 1588, juillet 1591, novembre 1594, avril 1598; Louis XIII, avril 1623, janvier 1626; sous Louis XIV, l'arrêt du conseil de 1665, enfin le fameux édit d'octobre 1685 qui révoqua celui de Nantes.

(1) Ces survivances tendaient à rendre les offices héréditaires comme à la fin de la 2ᵉ race.

(2) V. à sa date l'ord. du 3 février 1549 (art. 7), celle du 2 juin 1550, et le nouveau Répert. de jurispr., v° *Bouillir*.

dicte par lesdites ordonnances, pour le regard desdits billonnemens, et facions faire de ceux qui s'y trouveront en faute, telle et si rigoureuse punition, que la sévérité du supplice garde les autres de faire le semblable.

Pour ces causes, après avoir eu sur ce l'advis des gens de nostre conseil privé estans lez nous, avons dit, statué et ordonné, disons, statuons et ordonnons, voulons et nous plaist,

(1) Que tous ceux de nosdits trésoriers, receveurs et comptables, de quelque qualité qu'ils soyent ayans maniement de deniers et finances, leurs clercs et commis, qui se trouveront et vérifiront avoir billonné nosdits deniers, seront punis de la vie, sans aucune modération de peine, ny espérance de grace.

(2) Et pource que nous avons sceu que la pluspart desdits billonnemens se font par les receveurs de nos tailles, lesquels ne reçoyvent (ainsi que nous sommes bien advertis) des collecteurs de nosdites tailles et de nostre pauvre peuple, ne semblablement des fermiers de nosdites aydes, sinon bonnes espèces d'or et d'argent, douzains et dizains : et toutesfois ne laissent de fournir à nos receptes générales la plus part des deniers de leursdites receptes en billon, doubles deniers et liards : désirans à ce pourvoir (comme il est plus que nécessaire) voulons et ordonnons que d'oresnavant les collecteurs de nosdites tailles, et autres qui iront faire les payemens aux receveurs de nosdites aydes et tailles, meneront quand et eux un ou deux témoins, dont l'un d'eux sçaura lire, pour assister ausdits payemens, et en pouvoir tesmoigner, les espèces, quand, et à qui il appartiendra. Lesquels receveurs seront tenus exprimer en leurs quittances lesdites espèces, souz peine de privation de leurs offices.

(3) Et là où ils seroient refusans de ce faire, ou qu'ils eussent faussement exprimé en leursdites quittances icelles espèces autres qu'elles ne leur auront esté baillées, le collecteur, ou celuy qui aura fait ledit payement, sera tenu tout à l'heure d'aller dénoncer au juge du lieu, et de se faire examiner et lesdits témoings : sans ce que pour ce faire lesdits juges et témoings puissent prétendre ny demander aucun salaire : ce que nous leur avons expressément inhibé et défendu, inhibons et défendons, et commandé et ordonné, commandons et ordonnons audit juge, que sur peine de privation de son office, il ait à envoyer incontinent ledit examen et information par devers nous et les gens de nostre conseil, par la voye de la poste, et donner assignation audit receveur de comparoir pardevant nous et nostredit conseil à

certain et compétant jour, pour se voir déclarer estre encourus en la peine de la présente ordonnance, et privation de sondit estat. Et afin de pouvoir vérifier en quelles espèces lesdits payemens auront esté faits, ledit collecteur quand il aura payé, portera et laissera le double de sa quittance ès mains du juge du lieu, qui la fera enregistrer au greffe de sa jurisdiction, pour y avoir recours toutes et quantesfois que besoing sera, sans que lesdits juge et greffier en puissent demander aucun salaire, attendu que ce qui s'en fera est pour respect de nostre service tant seulement. Et au demeurant gardera et observera ledit collecteur ladite ordonnance, sur peine d'estre puny corporellement, et de cinquante livres d'amende à chacune fois qu'il aura défailly.

Si donnons, etc.

Enregistré à la cour des aydes, à la charge toutesfois où il adviendrait que les receveurs des tailles recevraient des collecteurs quelques payemens particuliers sur le quartier de la taille par eux deu, qu'ils seront tenus bailler ausdits collecteurs un bordereau des espèces et sommes qu'ils recevront, signé de leurs mains; lequel lesdits collecteurs en faisant ausdits receveurs l'entier et parfait payement du quartier de la taille, seront tenus de rapporter ausdits receveurs, pour retirer et recouvrer d'eux une quittance de l'entier payement dudit quartier de la taille, en laquelle seront lesdits receveurs tenus de nommer et déclarer les noms, surnoms, et demeurances des deux tesmoins, en la présence desquels le payement leur aura esté fait par le collecteur, et au dessouz d'icelle quittance escrire et parapher le payement qu'ils auront receu dudit collecteur suivant l'ordonnance, pour leur droict de quittance : et laquelle quittance aussi par le collecteur receüe, sera iceluy collecteur tenu d'apporter au premier des éleuz de ladite élection, et en laisser copie, pour la faire enregistrer par le greffier d'icelle élection, ou son commis, auquel la cour enjoint ainsi le faire : et pour cet effect sera fait un registre à part et séparé, auquel on pourra avoir promptement recours quand besoin sera. Et ce sur peine, quant au receveur et greffier, de privation de leurs offices, et d'amende arbitraire, et aux éleuz de suspension de leurs offices et d'amende arbitraire, s'il y eschet. Et enjoint la cour aux généraux des finances, chacun en sa charge, de s'enquérir en faisant leurs chevauchées et visitations, si ledit édict est gardé, observé et entretenu, selon le vouloir et intention dudit seigneur : et à ceste fin voir diligemment les registres qui auront sur ce faits par lesdits greffiers, pour (s'il se trouvoit y avoir esté de la part des esleuz, receveurs ou greffiers commis faute) en advertir ladite cour, pour y estré pourveu comme de raison, etc.

N° 12. — EDIT *portant peine de mort contre les auteurs d'assemblées illicites pour motif de religion ou pour autre cause* (1).

Blois, 9 novembre 1559; reg. le 23. (Vol. Y, f° 32. Font., IV, 260. Rebuff., liv. 5, tit. 14, chap. 9.)

N° 13. — LETTRES *de commission contre ceux qui favorisent les sacramentaires, ou ceux qui sont entachés d'hérésie* (2).

Blois, 14 novembre 1559; reg. au parl. le 23. (Vol. Y, f° 33. — Rebuffe, liv. 5, tit. 14, chap. 10.)

FRANÇOIS, etc. Pour ce que nous avons sceu qu'il se trouve en notre ville de Paris beaucoup de personnes qui donnent faveur à ceulx qui sont accusés d'estre sacramentaires ou entachés d'autres crimes d'hérésie, et semblablement à ceulx qui hantent et se trouvent aux conventicules et assemblées, et qui usent de menaces, injures et intimidations contre nos juges et autres nos ministres, et contre ceulx qui les veulent produire à témoings, tellement que si cela avoit lieu, il ne faudroit plus espérer aucune poursuite ny punition desdits sacramentaires et hérétiques. A quoy il est bien nécessaire pourveoir diligemment.

A ces causes, nous vous mandons et commettons et au premier de vous, sur ce requis, que, à la requeste de nostre procureur, vous informiez secrettement, diligemment et bien desdites faveurs, menaces, injures et intimidations et contre ceux que par ladicte information, vous en trouverez chargés, procédiez à leur faire et parfaire leur procès ainsi que de raison, car tel est nostre plaisir. De ce faire vous avons donné et donnons plein pouvoir, puissance, auctorité, commission et mandement espécial.

Mandons, etc.

---

(1) V. l'ancien Code pénal, déclaration du 24 mai; le Code pénal de 1810, art. 291 et suivans. Il n'y a plus aujourd'hui à cet égard que des peines de police. — V. aussi la note sur l'édit du 4 septembre précédent.

(2) C'est une Inquisition civile.

N° 14. — Déclaration *qui attribue aux secrétaires du roi exclusivement à tous autres, la faculté de signer et expédier les mandemens du roi et les arrêts de ses conseils et des cours souveraines.*

Blois, 2 décembre 1559. (Histoire de la Chancellerie, tom. I, p. 151.)

N° 15. — Édit *contre les receleurs de condamnés par contumace à la peine de mort ou au bannissement* (1).

Chambort, 17 décembre 1559; reg. au parl. le 22 janvier. (Font., I, 688. — Néron, I, 365.)

François, etc. Comme depuis nostre advénement à la couronne, nous ayent esté faites plusieurs et diverses plaintes du peu de révérence que beaucoup de nos sujets ont aux arrêts de nos cours souveraines, et autres jugemens et sentences données en cas de crime, tellement que la pluspart desdits arrests, sentences et jugemens demeurent inexécutez et illusoires. Ce qui advient par ce que ceux qui par lesdits arrests, sentences et jugemens sont condamnez au supplice de mort, ou autre grande peine corporelle, ou bien bannis de nostre royaume, et leurs biens confisquez, n'estans comparus aux assignations qui leur ont esté baillées, et n'ayans peu estre prins prisonniers, tiennent fort en leurs maisons : ou bien là où après lesdits arrests, sentences et jugemens, ils ne devroient trouver lieu de refuge, ni de seur accez en nostredit royaume sont receuz, recueillis et favorisez de leurs parens et amis, ou autres personnes qui les reçoivent et latitent, au grand mespris et contemnement de nous et de nostredite justice, dont il advient plusieurs meurtres et autres grands inconvéniens : choses à quoy il est bien nécessaire de pourvoir, tant pour la conservation de l'authorité de nostredite justice, que pour le repos public et général de tous nos sujets : lesquels sans l'obéyssance et révérence de nostredite justice, ne pourroient longuement estre entretenus en union et tranquillité.

Pource est-il, que nous après avoir mis cette affaire en délibération avec les princes de nostre sang, et gens de nostre conseil privé estans lez nous, avons par leur advis, dit, statué et ordonné,

---

(1) V. L'ord. d'août 1539, art. 165, et ci-après celles de Charles IX, 1565, 1566, 1567; Henri III aux états-généraux de Blois, 1579. V. aussi le Code pénal de 1810, art. 248 et 268.

et par la teneur de cesdites présentes, disons statuons et ordonnons, voulons et nous plaist :

(1) Que d'oresnavant quand il y aura aucuns de nos sujets condamnez (soit par défaux et contumaces, ou autrement) au supplice de mort, ou autres grandes peines corporelles, ou bien bannis de nostredit royaume, et leurs biens confisquez, nos autres sujets, soient leurs parens ou autres, ne les pourront recueillir, recevoir, cacher ny latiter en leursdites maisons, ains seront tenus (s'ils se retirent devers eux) de s'en saisir, pour les présenter à justice, afin d'ester à droict. Autrement en défaut de ce faire, nous voulons et entendons qu'ils soient tenus pour coulpables et consentans des crimes, dont les autres auront esté chargez et condamnez, et punis, comme leurs alliez et complices, de la même peine qu'eux. Et d'avantage, qu'à ceux qui viendront révéler à justice lesdits receptateurs, nos officiers en procédant à l'encontre d'eux sur le fait desdits recellemens, adjugent ausdits révélateurs par même jugement la moitié des amendes et confiscations, esquelles ils auront condamnez lesdits réceptateurs.

(2) Et quant à ceux desdits condamnez, qui après lesdits arrests, sentences et jugemens donnez à l'encontre d'eux, ne voudront obéyr aux exécuteurs d'iceux, et tiendront fort en leurs maisons et chasteaux contre les gens et ministres de nostredite justice, nous voulons et entendons que si tost qu'il sera apparu de ladite exécution, les baillifs et séneschaux au ressort desquels seront assises lesdites maisons et chasteaux, assemblent le ban et arrière ban, prévosts des mareschaux, et les communes : et s'ils ne sont assez forts, que les mareschaux de France et gouverneurs des provinces à la première sommation et requeste qui leur en sera faite, et leur faisant apparoir de ladite rebellion, comme dessus est dit, assemblent d'avantage les gens de nos ordonnances, et (si besoin est) facent sortir le canon pour faire mettre à exécution lesdits arrests, jugemens et sentences, et faire faire telle ouverture desdites maisons et chasteaux que la force nous en demeure.

Voulans qu'en signe de ladite rebellion, outre la punition qui se fera, suivans nos édicts et ordonnances de tous ceux qui se trouveront dedans lesdites maisons et chasteaux avoir adhéré ausdits rebelles, ils facent démolir, abattre et raser icelles maisons et chasteaux, sans qu'ils puissent estre puis après rebastis ne réédifiez, si ce n'est par nostre congé et permission.

Si donnons, etc.

N° 16. — Édit *qui renouvelle la défense du port des pistolets et autres armes, sous peine de mort et de confiscation* (1).

Chambord, 17 décembre 1559. (Font., I, 649. — Rebuffe, liv. I. tit. 81, chap. 8.)

FRANÇOIS, etc. Combien qu'incontinent après notre advènement à la couronne, désirans mettre parmy nos subjets le repos et tranquillité qui y estoit nécessaire, et y establir quelque ordre pour faire cesser les grands inconvéniens, meurtres et voleries qui se commettoient journellement, par le moyen du port des pistolets et harquebuzes : nous ayons fait faire expresses inhibitions et défenses partout nostre royaume, à toutes personnes, soient gentils-hommes de nostre maison, gens de nos ordonnances, chevaux légers, nos officiers domestiques, archers de nos gardes, gardes de nos forests, gens de nos finances, marchans et autres personnes quelconques, de quelque estat, qualité ou condition qu'ils soient, de ne porter plus pistolets ne harquebuzes, ne d'icelles tirer ne faire tirer en quelque sorte et pour quelque cause et occasion que ce soit, quelques privilèges, congez et permissions qu'ils en ayent eu de nos prédécesseurs, ou de nous : et ce sur peine à ceux qui seront trouvez pour la première fois portans ou tirans desdits pistolets et harquebuzes, de confiscation d'icelles, et outre de la somme de cinq cens escus d'or soleil d'amende : et en défaut de les payer, estre envoyez en nos galères à perpétuité. Et pour la seconde fois estre pendus et estranglez.

Ce néantmoins ainsi qu'il se peut voir, nosdites inhibitions et défenses ont eu si peu de lieu, et sont si mal gardées et révérées, qu'il se commet encore journellement par le moyen dudit port de pistolets, de si grands et exécrables meurtres et homicides, qu'il n'est possible de plus, et dont nous avons un tel regret, que nous ne désirons rien d'avantage en ce monde que d'y pouvoir donner tel remède et provision, que nous cognoissons l'importance de la chose le requérir. Ce que pour la malice et obstination des contrevenans, nous a semblé ne se pouvoir mieux faire que par augmentation de peine.

---

(1) V. la note sur l'édit du 23 juillet, et ci-après celui du 5 août 1560. Nous donnons copie de celui-ci, comme contenant des dispositions plus sévères que les précédens.

(1) Nous à ces causes voulons, vous mandons, et expressément enjoignons que vous ayez incontinent à faire publier à son de trompe et cry public és lieux de vos bailliages, séneschaussées et jurisdictions accoutumez à faire semblables cris et proclamations, et mesmes par affiches, que vous ferez mettre et poser aux portes des églises de chacune paroisse, que nous avons de nouveau défendu et défendons très-expressément par ces présentes à toutes personnes de quelque estat, qualité et condition qu'ils soient, sans nuls excepter, soient gentils-hommes de nostre maison, gens de nos ordonnances, chevaux légers, nos officiers domestiques, archers de nos gardes, gardes de nos forests, gens de judicature, et de nos finances, marchans, et autres personnes quelsconques, quelques privilèges, congez et permissions qu'ils en puissent avoir obtenus de nous, que nous avons révoquez et révoquons par ces présentes, n'ayent à porter d'oresnavant aucuns pistolets, soit par les chemins ou dedans les villes, pour quelque cause et occasion que ce soit, sur peine à ceux qui seront trouvez portans lesdits pistolets, combien ce fust pour la première fois, et qu'ils n'en eussent jamais tiré, d'estre punis sur le champ de la vie, sans aucune espérance de grace, ny modération de peine, et de confiscation de biens, dont nous voulons par le mesme jugement qui sera donné contre eux, la moitié estre adjugée à ceux qui en auront fait les captures.

(2) Et afin que nos présentes inhibitions et défenses soient mieux gardées et observées, craintes et révérées, qu'elles n'ont esté jusques icy, nous mandons et enjoignons par ces présentes à tous nos sujets, soient nos justiciers ou personnes privées, qu'ils ayent à prendre et saisir au corps tous ceux qu'ils trouveront portans lesdits pistolets, sans prendre cognoissance de cause, s'ils auront congé et permission de nous de les porter, et cela fait les mènent et consignent entre les mains de nostre plus prochain juge, pour estre procédé à l'encontre d'eux par la susdite peine.

(3) Et là où il adviendroit que les susdites personnes ne les peussent saisir et appréhender, seront tenus crier à haute voix, *aux traitres, aux boutefeux:* et avec iceluy cry les suivre de lieu à autre. Auquel cry tous ceux qui l'oiront seront semblablement tenus (sur peine d'estre punis de mesme peine que ceux qui porteront lesdits pistolets) de se mettre à la suite pour prendre et appréhender ceux sur lesquels on criera, et ceux qui oiront ledit cry, iront soudain sonner le tocquesin à la plus prochaine église. Et à ce son, seront tenus les paroissiens de toutes

les paroisses prochaines de faire le semblable, et les paysans autres estant ausdits champs, si tost qu'ils auront ouy ledit son de sortir et se mettre à la poursuite et recherche de ceux là, d'un lieu à autre, jusques à ce qu'ils ayent été pris, consignez et délivrez à notre justice, comme dessus est dit.

(4) Vous mandant et enjoignant en outre, que sur peine de privation de vos estats et offices, vous faites à l'observation de nos présentes ordonnances, inhibitions et defenses, tel devoir et diligence, qu'elles soient d'oresnavant inviolablement gardées, entretenues et observées, et mieux que n'ont esté les autres qui ont esté faites pour semblable occasion. Car tel est nostre plaisir.

Donné à Chambort, etc.

N° 17. — Edit sur le transport des blés et vins à l'étranger et établissement d'un bureau de surveillance à Paris (1).

Chambord, 20 décembre 1559; reg. au parl. le 25 janvier. (Vol. Y, f° 37. — Font., I, 961. — Traité de la police, liv. 5, tit. 13, chap. 3, pag. 94.)

N° 18. — Edit sur la manière de régler les conflits entre le parlement et la cour des aides de Paris (2).

Blois, 20 décembre 1559; enregistré en la cour des aides le 20 janvier. (Fontanon, II, 714. — Joly, I, 13.)

François, etc. Comme sur l'advertissement à nous fait des empeschemens par vous gens de nostredite cour de parlement, donnez à l'exécution de deux arrests donnez par les gens de nostre cour des aydes, l'un contre Simon Radin et Jaques Chicquot de Villeneufve, et l'autre contre Gabriel Melan trésorier de France en la charge et généralité de Bourgongne, et ses complices, pour les crimes et délicts contenus et portez par les procez criminels contre eux respectivement faits, Nous ayons enjoint et ordonné

---

(1) C'est une ordonnance fiscale qui défend à toutes personnes le transport des blés et vins à l'étranger sans lettres de congé délivrées par les commissaires composant le bureau dont parle le titre. On pense bien qu'un privilège aussi exorbitant était payé cher. — Delamarre dit que cet édit avait pour objet de prévenir les malheurs qui seraient résultés d'une disette.

(2) V. sur la juridiction de la cour des aides, les édits de Louis XII, juillet 1510; Henri II, 1551, 1552, 1553, et ci-après de Charles IX, octobre 1567; Henri III, septembre 1575, octobre 1578, juillet 1579, novembre 1580; Henri IV, janvier et mars 1592, mars et mai 1594, juin 1596, août 1599.

par nos lettres patentes à vous gens de nostredite cour de parlement, de nous faire entendre les causes et moyens qui vous auroient meus d'empescher l'exécution desdits arrests.

A quoy satisfaisant, nous auroient esté présentées par maistre René Baillet nostre conseiller, et président en nostredite cour de parlement, et Barthelemy Faye aussi conseiller en icelle, vos remonstrances, contenans les causes qui vous ont meu de faire lesdits empeschemens, desquelles en leur présence aurions fait faire lecture en nostre privé conseil. Et après avoir sur ce ouys maistre Pierre de la Place nostre conseiller et premier président en nostredite cour des aydes, Jean le Charron aussi nostre conseiller et président, et Jean Prevost général conseiller en icelle nostredite cour, et veuz les édicts et ordonnances de nos prédécesseurs rois sur l'establissement et institution de nostredite cour des aydes, pour juger tant civilement que criminellement des matières à elle attribuées en souveraineté et dernier ressort, et les desdits deux arrests donnez à l'encontre desdits Radin, Chicot et Melan.

Avons dit et ordonné, disons et ordonnons que lesdits arrests donnez en nostredite cour des aydes, tant contre lesdits Radin et Chicot, que contre ledit trésorier Melan et complices, seront exécutés selon leur forme et teneur, nonobstant les empeschemens, inhibitions et défenses faites par vous gens de nostredite cour de parlement, pour lesquels ne voulons estre différé.

Et pour éviter qu'à l'advenir tels et semblables différens, pour raison de compétence ou incompétence de jurisdiction ne sourdent et adviennent entre vous nosdites cours, voulons qu'iceux advenans soient amiablement et fraternellement entre vous traités et composez, et qu'à ceste fin nos advocats et procureur général en nostredite cour des aydes ayent incontinent à communiquer et conférer desdits différends avec nos advocats et procureur général en nostredite cour de parlement. Et où ils n'en pourroient tomber d'accord, voulons que vous gens de nostredite cour des aydes ayez à députer et commettre aucuns des présidens, et conseillers d'icelle, selon que le cas le requerra, pour avec vous gens de nostredite cour de parlement, en la grande chambre d'icelle conférer et communiquer desdits différens et iceux accorder, décider et terminer, et où ne pourriez vous en accorder; voulons nous en estre par vous respectivement référé pour en être par nous ordonné, sans qu'autrement il soit loisible procéder entre vous soit par appel ou inhibitions et défenses. — Si donnons, etc.

N° 19. — Déclaration *qui abolit les nouveaux péages établis sur la Loire* (1).

Blois, dernier décembre 1559; reg. au parl. le 7 mars. (Vol. Y, f° 124.— Font., IV, 625.)

François, etc. Nos chers et bien amez les marchands fréquentans la rivière de Loire, et autres fleuves descendans en icelle, Nous ont fait dire et remonstrer que feuz nos très-honorez seigneurs ayeul et père, les roys François et Henry derniers décédez, ayans esté advertis, tant par leurs procureurs généraux que par lesdits exposans, de la multitude des péages qui se levoient sur lesdites rivières, et des torts, griefs et dommages qui leur estoient faits en leur personnes, et de leurs gens, serviteurs, facteurs et entremetteurs, et aussi de ce que lesdites rivières estoient en plusieurs endroits encombrez et empeschez d'escluses, pescheries, nasseries, moulins, arbres, paulx, roulis, et autres choses, en sorte que les batteaux et challans n'y pouvoient seurement passer, et en estoient advenus plusieurs naufrages, grandes pertes et dommages, ils auroient par leurs lettres patentes, cy attachées sous le contre seel de nostre chancellerie, cassé et aboly tous nouveaux péages mis sur les dites rivières et fleuves depuis cent ans. Et ordonné à tous ceux qui prétendoient péages de paravant ledit temps apporter ou envoyer par devers la cour de parlement à Paris, tous et chacun les tiltres et enseignemens qu'ils en avoient pour iceux veus en ordonner ce que de raison : Faisant inhibitions et défenses de ne travailler ne molester les marchands, soubs couleur desdits péages en aucune manière : et au surplus ordonner que ceux ausquels appartenoient lesdites escluses, pescheries, moulins, et autres choses empeschans la seure et commode navigation esdites rivières et fleuves, le feroient oster incontinent et sans délay. Autrement et en défaut de ce faire, seroient ostez aux dépens de la chose, attribuant aussi à ladite cour de parlement, privativement la jurisdiction et cognoissance de tous les procez qui s'en pourroient mouvoir sur ce, circonstances et dépendances.

---

(1) V. les édits de Charles VII, 15 mars 1450 et 30 juin 1438, note sur celui du 27 mars 1448; Louis XI, janvier 1461; Louis XII, juillet 1498; François Ier, mars 1515, et Henri II, mars 1547.— V. ci-après de Charles IX, octobre 1570; Henri III, décembre 1577.

Suivant lesquelles lettres plusieurs péages qui se souloient lever, auroient quelque temps cessé, et plusieurs empeschemens de navigation esté ostez : mais à présent aucuns seigneurs et autres nos subjets, estans près et joignant ladite rivière de Loire, et autres fleuves y descendans, ont sans avoir de nous aucun octroy et permission, et sans aucune occasion nouvelle survenuë, les uns par force et voye de faict, et autrement, accreu et augmenté les péages, branlages, subsides et impositions estant sur le long et travers desdites rivières et ports estans sur icelles. Et aucuns tiennent sur lesdits rivages plusieurs nassières, pescheries, combres et fonds, hayes, arbres, paulx, et autres choses empeschans tant les cours desdites rivières, que les chemins et haulserées d'icelles : de sorte que les batteliers ne peuvent passer, n'avoir leursdits chemins et haulserées en la largeur de dix-huict pieds, qui leur sont nécessaires pour haller et pouer à col contremont leursdits batteaux et marchandises.

Et outre cela plusieurs meusniers ont et tiennent des moulins sur batteaux au fil de l'eau, et fichans et mettans anchres pour les arrester, encore que par arrest de nostredite cour, il soit expressément défendu, de manière que plusieurs grands dommages, pertes d'hommes et marchandises en sont advenus et adviennent par chacun jour : Et lequel arrest est aussi cy attaché, nous supplians à ceste cause lesdits exposans, à ce qu'ils puissent mieux servir à la cause publique de nostre royaume, et continuer leur trafic de marchandise, nostre bon plaisir soit y pourvoir ainsi que verrons estre raisonnable. Sçavoir faisons, que nous considérans que le principal commerce de nostre royaume se fait sur ladite rivière de Loire, et autres fleuves qui y descendent, qui accommode grandement de vivres, et autres choses, les lieux et villes où ils passent, de sorte que par ce moyen les provinces de nostre royaume se communiquent leurs commoditez les uns et autres, désirans singulièrement entretenir l'entrecours et commerce de marchandise en nostredit royaume, qui est un des moyens pour en oster l'oisiveté, et descharger nos subjects. Pour ces causes, et autres bonnes et justes considérations à ce nous mouvans : et par l'advis et délibération des princes et seigneurs de nostre sang, et autres seigneurs et gens de nostre conseil privé,

(1) Avons de nostre certaine science, pléine puissance et auctorité royal, en ensuivant les lettres patentes de feuz nosdits seigneurs ayeul et père, que Dieu absolve, derechef entant que besoing seroit, cassé et aboly, cassons et abolissons tous lesdits nouveaux péages,

de quelque nom et qualité qu'ils soient, mis sus depuis cent ans auparavant icelles lettres. Et depuis faisant expresses inhibitions et défenses à tous ceux à qui il appartiendra, sur peine d'estre punis comme exacteurs du peuple, et usurpateurs de nostre auctorité, de ne les plus lever ou exiger en aucune manière.

(2) Et quant à ceux qui en prétendent de paravant ledit temps, voulons et ordonnons que dedans trois mois après la publication de ces présentes faicte sur les lieux desdits prétendus péages, ils en apportent ou envoyent pardevers nostredite cour de parlement es tiltres et enseignemens, si aucuns en ont, pour iceux veuz par nostredite cour, et communiquez à nostredit procureur général, en ordonner ce que de raison. Autrement et en défaut de ce faire, dès à présent comme pour lors, et sans autre déclaration leur en avons interdict et défendu, interdisons et défendons tout usage et exploict, jusques à ce que lesdits tiltres veus, autrement en soit ordonné.

(3) Et quant à ceux desdits prétendus péages qui seront cogneus et approuvez par nostredite cour, voulons et ordonnons tableaux estre faicts et eslevez par les seigneurs desdits péages, es lieux et endroits les plus éminens et commodes desdits péages, afin que chacun sçache qu'il devra. Faisant aussi inhibitions et défenses à tous fermiers, receveurs et exacteurs desdits péages, et tous autres, de n'oster, effacer, changer ne muer lesdits tableaux, exiger ne prendre que ce qui y sera contenu, et de ne molester ne travailler lesdits marchands, leurs gens et serviteurs en corps ne en biens en aucune manière : sur peine de quadruple (envers les marchands) amende arbitraire, et punition corporelle pour nostredit regard.

(4) Voulons aussi et ordonnons que les escluses, pescheries, nassières et moulins, arbres, paulx, pieux, et autres choses estans esdites rivières et fleuves, empeschans la navigation d'icelles. Et semblablement tous arbres et autres choses empeschans les bords et chantiers desdites rivières, jusques à la largeur de dix-huict pieds que doivent estre les haulserées d'icelles pour haller et pouer à col, contremont lesdits batteaux par lesdites rivières. Après la signification faicte desdites présentes à ceux ausquels le tout appartiendra, ayent incontinent et sans délay à les oster ou faire oster, et les réduire et remettre en tel estat, que seurement et commodément lesdits marchands, leurs denrées et marchandises y puissent passer et repasser, toutes et quantesfois que bon eur semblera.

Autrement et en défaut de ce faire, avons permis et permettons ausdits marchands de les faire oster aux despens de la chose, et de ceux ausquels lesdites pescheries et empeschemens susdits appartiendront, sauf à eux de répéter lesdits frais.

(5) Voulans aussi que suyvant l'arrest de nostredite cour, donné pour lesdits moulins cy attaché, les meusniers tiennent leurs moulins cul à cul l'un de l'autre, en sorte qu'ils ne nuisent à ladite navigation, et en défaut de ce faire, qu'il y soit pourveu, ainsi qu'il est porté par ledit arrest, que nous y voulons estre ensuivy, entretenu et observé. Et semblablement toutes les lettres, édicts et provisions ausdits exposans, concédez et octroyez par nosdits prédécesseurs, pour le fait de ladite navigation cy attachée, comme dit est. Et si pour raison du contenu cy dessus, et ses circonstances et dépendances, se meuvent aucuns procez et différens : nous aussi en ensuyvant les lettres de nosdits seigneurs ayeul et père, de nostre certaine science, plaine puissance et auctorité royal, en avons attribué, commis et délégué, commettons et déléguons la jurisdiction et cognoissance, à nos amez et féaux les gens tenans nostredicte cour de parlement, et icelle interdicte et défenduë, interdisons et défendons à toutes nos autres cours, juges et officiers quelconques par ces dites présentes.

Si donnons, etc.

N° 20. — ÉDIT *qui enjoint aux seigneurs hauts justiciers, de punir les auteurs d'assemblées illicites pour fait de religion, sous peine de perdre leurs justices* (1).

Amboise, février 1559; registré le 7 mars au parlement. (Vol. Y, f° 127. — Fontanon, IV, 261.)

N° 21. — ÉDIT *portant que les prévôts provinciaux des maréchaux de France établis depuis l'édit de novembre 1554, ne pourront pourvoir des offices d'archers que des personnes capables* (2).

Amboise, février 1559; reg. au parlement le 6 mai 1560. (Vol. Y, f° 210. Font., I, 429. — Joly, II, 1097.)

---

(1) V. ci-devant l'édit du mois de novembre et la note.
(2) V. à sa date l'édit de novembre 1554; celui-ci est sans importance.

N° 22. — *Édit d'abolition en faveur des hérétiques, à l'exception de ceux qui auraient conspiré contre le roi, la reine ou l'état* (1).

Amboise, mars 1559; reg. au parlem. le 11. (Vol. Y, f° 152. — Font., IV, 261.)

FRANÇOIS, etc. A nostre advénement à la couronne, nous avons en la pluspart des provinces de nostre royaume, trouvé de grands troubles au faict de la religion, tant par la licence des guerres passées, que par le moyen de certains prédicans venus de Genève, la pluspart gens méchaniques et de nulle littérature : et aussi par une malicieuse dispersion de livres damnez, apportez dudit lieu de Genève, par lesquels a été infectée partie du populaire de nostre royaume, qui par faute de sçavoir et de jugement ne peut pas discerner les doctrines. Au moyen de quoy nous avons esté contraints par le devoir de nostre fonction royale, faire procéder par la rigueur de justice et de nos ordonnances, tant contre ceux qui dès le temps de feu nostre très-honoré seigneur et père, auroient esté appréhendez par justice pour le fait de la religion, qu'autres, qui depuis se seroient trouvez chargez d'estre sacramentaires, ou soustenir obstinément doctrines réprouvées : desquels ont esté faites jusques à huy plusieurs et diverses punitions, selon l'exigence des cas. Et d'autant que par les procez sur ce faicts se cognoist que grand nombre de personnes de tous sexes, aages, qualitez et vacations se sont cy devant trouvées ès cènes et baptesmes qui se sont faicts en nostre royaume à l'usage de Genève, et autre grand nombre s'est trouvé aux sermons, qui en assemblées illicites se sont faits par les prédicans de Genève, et autres non ayans pouvoir de prescher : de tous lesquels si on venoit à faire la punition selon la rigueur de droit, et de nos ordonnances, seroit faite une merveilleuse effusion de sang d'hommes, femmes, filles, jeunes gens constituez en fleur d'adolescence, dont les aucuns par inductions et subornations, autres par simplicité et ignorance, et autres par curiosité plus que par malice, sont tombez en tels erreurs et inconvéniens : chose (si cela advenoit) qui tourneroit à perpétuel regret et desplaisir, et seroit contre nostre na-

---

(1) V. ci-dessus la note sur l'édit du 4 septembre, qui rappelle les principaux édits en matière de religion.

turel, et non convenable à notre aage : lesquels nous invitent et incitent à user en cest endroit de clémence et de miséricorde. De quoy nous avons plusieurs fois conféré avec nostre très honorée dame et mère : et finalement (suivant son advis) avons fait mettre ceste matière en délibération de conseil, auquel estoient nostredite très-honorée dame et mère, nostre très-chère, très-amée compagne la royne, les princes de nostre sang, et autres grands princes et seigneurs, nostre très-féal et amé chancelier, et les gens de nostre conseil.

Sçavoir faisons, que ceste matière meùrement délibérée par les dessusdits en notre présence, ne voulans que le premier an de notre règne soit au temps à venir remarqué par la postérité comme sanglant et plein de supplices de la mort de nos pauvres subjets, posé ores qu'ils les eussent bien méritez, ains à l'exemple du père céleste espargner le sang de nostre peuple, et ramener nos sujects à la voye de salut, et conserver leurs vies, espérant moyennant la grace de Dieu, tirer plus de fruict par la voye de miséricorde que par la rigueur des supplices : avons par advis et délibération des dessusdits, dit, statué et ordonné.

(1) Que pour raison des crimes et cas quelconques concernans le faict de la foi et religion, ne sera faicte cy après par nos juges (pour le regard du passé) aucune question à nos sujets, de quelque qualité qu'ils soient, en jugement ne hors jugement. Défendant très-expressément à tous de ne se reprocher aucune chose du passé, quant au fait de la religion, sous peine d'en estre punis selon l'exigence du cas. De tous lesquels crimes et cas concernans le fait de la foy et religion, nous avons par ces présentes fait pardon, rémission et abolition générale de tout le passé, à tous nos sujets, sans ce qu'ils soient tenus prendre autre pardon ny rémission spéciale de nous. Et moyennant ce seront les coulpables desdits crimes et cas susdits tenus de vivre d'oresnavant comme bons catholiques, vrais fidèles, et obéissans fils de nostre mère saincte Eglise, et garder les institutions et commandemens d'icelle ainsi que nos autres sujects.

(2) Toutefois nous n'entendons en la présente abolition comprendre les prédicans, ny ceux qui sous le prétexte de religion se trouveront avoir conspiré contre la personne de nostredite très-honorée dame et mère, la nostre, celle de nostre très-chère et très-amée compagne, la royne, celles de noz très-chers et très-amez frères, celles des princes, et de nos principaux ministres, ou qui se trouveront avoir machiné contre nostre estat : ny ceux qui

par voye de fait et violence ont recouvré les prisonniers des mains de justice, et qui ont ravy nos paquets, et excédé les porteurs.

N° 23. — Édit d'abolition en faveur des gens qui ont été trouvés en armes aux environs de la ville d'Amboise, pourvu qu'ils se retirent incessamment dans leurs maisons (1).

Amboise, mars 1559; reg. au parl. le 11. (Font., IV, 262. — Rebuffe, t. tit. 17, ch. 2.)

François, etc. Nous avons puis n'aguères par l'advis de nostre très honorée dame et mère, nostre très chère et très amée compagne, la royne, les princes de notre sang, et autres grands princes et seigneurs et les gens de notre conseil privé, fait pardon, rémission et abolition générale à tous nos subjets de quelque qualité ou condition qu'ils soient, pour tout le passé des crimes et cas concernans le fait de la foy et religion, ordonnant que pour raison desdits cas et crimes concernans le fait de la foy et religion, ne sera faite cy après par nos juges pour le regard du passé aucune question à nosdits subjets, en jugement ne hors jugement. Et défendons très expressément à tous de ne se reprocher aucune chose passée, quant au fait de la religion, souz peine d'en estre punis selon l'exigence du cas. Lesquelles ont esté leuës, publiées et enregistrées en nostre cour de parlement à Paris, ouy sur ce nostre procureur général, et de son consentement. Et depuis par nostre ordonnance ont esté encores semblables lettres de grace et abolition envoyées à noz cours de parlement de Tholose, Bourdeaux, Rouen, Bretagne, et autres nos parlemens, pour y être pareillement publiées et enregistrées. Toutefois nous sommes deüement informez que plusieurs de nos subjets, ou pour ignorer nostre susdicte grace et abolition, ou pour être séduits par aucuns malins et séditieux esprits, qui taschent souz le voile de la religion à saccager toutes les riches villes et maisons de nostre royaume, se sont mis en chemin pour venir devers nous, en plusieurs et diverses troupes: la pluspart d'entr'eux garnis d'armes et pistolets, soubs couleur de nous vouloir (comme ils disent) présenter certaine confession de leur foy, qui est voye scandaleuse, et contre tout droit divin et hu-

(1) V. l'édit précédent, et ci-devant celui du 4 septembre. Bientôt les cruautés recommencèrent, et la guerre civile naquit de la persécution religieuse.

main. Et combien que telle damnable entreprise mérite griefve et exemplaire punition : toutesfois ayant veu et cogneu la grande simplicité et ignorance d'aucuns d'entr'eux prins d'entre lesdites troupes, que nous avons fait interroger en notre présence : désirant conserver ceux qui recognoistront leur faute et délaisseront une si damnable voye et par là espargnant le sang de nostre peuple : et aussi de chastier ceux qui obstinément demeureront en telles méchantes et scandaleuses entreprinses, et les punir selon la rigueur et sévérité de la loy, de manière que l'exemple en demeure à tousjours.

Nous avons par délibération de nostre très honorée dame et mère, de nostre très chère et très amée compagne la royne, de plusieurs grands princes et seigneurs et des gens de nostre conseil privé, statué et ordonné que par les carrefours et lieux publics de nos villes d'Amboise, Tours, Chinon, Poictiers, Orléans, Blois et ailleurs où il appartiendra, sera faict commandement à cry public et son de trompe, à toutes personnes de quelque qualité qu'ils soient, estans venues, ou qui sont en chemin de venir devers nous en trouppes et assemblées, et en tel équipage que dit est pour le fait de leur foy, que dedans vingt-quatre heures deux fois après la publication des présentes, ils ayent à rebrousser chemin, et à eux retirer en leurs maisons paisiblement et pacifiquement, deux à deux, ou trois à trois pour le plus, sans meffaire ne piller nos subjects. Et à ceux qui par la manière devant dicte se retireront dedans ledict temps, nous avons par compassion et miséricorde donné impunité du faict et cas dessusdit. Et défendons à tous nos juges de leur en faire à jamais question. Et quant à ceux qui demeureront obstinez en ceste scandaleuse et damnable entreprise, nous avons statué et ordonné que ledit temps passé, en quelque part qu'ils soient trouvez ou appréhendez, ils seront pendus et étranglez sur-le-champ, de quelque qualité qu'ils soient, sans autre forme et figure de procez, nonobstant toutes appellations. Et pour ce fait et regard nous voulons que tous nos juges puissent juger souverainement. Et outre avons permis à tous nos subjets de les pouvoir appréhender de leur auctorité privée, où ils les trouveront en trouppe et en l'équipage saisis. Et s'ils n'ont forces suffisantes, nous leur avons permis et permettons à son de cloche et tocsin assembler les communes, pour en faire les appréhensions. Et en cas de résistance, leur courir sus, avec impunité, comme se fait contre les traistres et rebelles. Et aux preneurs appartiendra la moitié de leurs confiscations. Et néantmoins afin que chacun cognoisse que les accez à nous et à notre personne sont ouverts à tous qui avec humilité et révérence, et comme il appartient à bons et loyaux subjets voudront venir devers nous, pour nous présenter leur requeste; nous avons permis et permettons aux dessusdicts qui se seront retirez suyvant nostre présente ordonnance, d'envoyer par devers nous un ou plusieurs d'entr'eux, avec les requestes et remontrances pour les faire par nous considérer et sur ce leur pourvoir comme il appartiendra : leur permettant en parole de roy, ne faire aucune question à eux ny leursdits députez d'icelle présentation.

Si donnons en mandement, etc.

N° 24. — LETTRES *patentes qui permettent aux Suédois de faire le commerce en France* (1).

Amboise, 26 mars 1559; reg. au parl. le 15 mai 1560. (Vol. Y, f° 225. — Recueil des traités, II, 300.)

FRANÇOIS, etc. Savoir faisons, que nous désirant entretenir avec notre très-cher et très amé frère et cousin, le roi de Suède, l'ancienne amitié, bonne intelligence et confédération qui a été entre nos prédécesseurs rois et les rois dudit Suède, nos roiaumes, païs et sujets; et voulant bien et favorablement traiter lesdits sujets : et les gratifier et favoriser en cetui notre roiaume des graces, franchises et priviléges dont nous avons accoutumé de gratifier nos bons amis, alliez et confédérez, à ce qu'ils aient plus de moien de négocier avec nos sujets, avec la liberté qui leur a toujours été ouverte, ainsi qu'il apartient à bons amis et alliez : Inclinant aussi à la requeste, qui faite nous a été de la part de notredit bon frère, et de tous ses sujets, manans et habitans dudit roiaume de Suède. Pour ces causes, et autres à ce nous mouvans.

(1) Avons permis, accordé et octroié, permettons, accordons et octroions par ces présentes, qu'ils puissent et leur soit loisible d'aller, venir, fréquenter, trafiquer, négocier, marchander en cetui nôtre roiaume, païs, terres et seigneuries de nôtre obéissance, soit par mer, eaux douces, ou par terre, librement et sans aucun trouble, moleste, destourbier, ou empêche-

---

(1) Nous donnons copie des articles les plus remarquables de ces lettres.

ment, tout ainsi qu'ont accoûtumé, et peuvent faire nos propres sujets, manans et habitans de nôtre roiaume, en paiant les mêmes droits que nosdits sujets, és lieux qui à ce sont destinez et ordonnez.

(2) Leur avons permis et octroié, permettons et octroions, voulons et nous plaist, qu'ils ne soient tenus paier en cetui nôtre roiaume, pour le poids, mesure ou compte des marchandises à eux apartenans, qui ont accoûtumé d'être pesées, mesurées ou comptées, non plus que nos propres sujets ont accoûtumé de paier, sans qu'on leur en puisse demander ni exiger aucune chose davantage, en quelque sorte que ce soit, sur peine de paier par ceux, qui feront le contraire, tous dépens, dommages et intérests.

(3) Et si aucuns desdits sujets de nôtredit bon frère avoient avisé de se retirer, habiter, ou résider en cetui nôtre roiaume, faire le pourront, en obtenant de nous, ou de nos successeurs, lettres de naturalité, et congé de rester, bien et dûement vérifiées, et disposer de tous et chacuns leurs biens, tant meubles, qu'immeubles, soit par testament, ordonnance de dernière volonté, donation entre vifs, ou autrement, en quelque sorte que ce soit, suivant les ordonnances, loix et statuts des lieux où ils seront habituez, et tout ainsi que s'ils étoient originaires de nôtredit roiaume.

(4) Et si d'avanture, que Dieu ne veuille, il survenoit que la paix, amitié, et confédération, que nous avons avec nôtredit bon frère, vint à se rompre, pour quelque cause et occasion que ce soit; ou bien que nous eûssions guerre ouverte contre quelques autres rois, princes, ou potentats; tellement que par ce moien l'entrecours et trafic de marchandise vint à être empêché en nôtre roiaume : en ce cas pourront les sujets, manans et habitans de nôtredit bon frère résidans en nôtredit roiaume lors de ladite rupture de l'amitié et intelligence que nous avons avec nôtredit bon frère, leur prince et roi, et ouverture de la guerre d'entre nous et lui, dedans un an après le commencement de ladite rupture, emporter et emmener de cetui nôtredit roiaume tous leurs navires, marchandises, biens, et autres choses à eux apartenans, sans aucun empêchement public ou privé, moleste ou destourbier quelconque.

(5) Et si nous avons guerre contre autre que contre nôtredit bon frère, sesdits sujets pourront, selon l'occurence de leurs affaires, aller, venir, retourner, et fréquenter en nôtredit roiaume,

y demeurer tant que bon leur semblera; et de rechef en sortir, et retourner à leurs affaires, sans qu'il leur soit, ni à leurs gens, serviteurs, mariniers, biens, navires, et autres choses quelconques, fait, mis, donné aucun trouble, arrest, destourbier, ou empêchement, pourvû toutefois que sous ombre dudit trafic, et de la liberté qui leur est baillée par ces présentes, ils ne feront et ne pourchasseront, et ne feront faire, ni pourchasser aucune chose contraire ni préjudiciable à nous, nos roiaumes, pais et sujets.

(6) Quelque guerre que nous aions ci-après contre autres princes, rois, potentats, et autres nations quelconques, pourront néanmoins lesdits manans et habitans du roiaume de Suède de nôtredit bon frère, avec leurs biens, navires et marchandises, aller et venir, et fréquenter avec ceux ausquels nous aurons guerre, comme dit est; demeurer en leurs ports, havres, pais, villes et détroits, tout ainsi qu'ils aviseront pour leur commodité, y vendre, acheter, négocier et marchander, et après s'en départir et aller où bon leur semblera; y retourner derechef toutes fois et quantes qu'ils aviseront, sans qu'il leur soit mesfait, ni mesdit; ni que pour raison de ce, ils soient, ou puissent être censez, nommez, et réputez violateurs de paix, amitié et concorde; ou que nos sujets leur puissent faire, mettre, ou donner aucun trouble et destourbier, arrest, et moleste quelconque; ce que nous leur avons dès à présent comme pour lors, et dès lors comme maintenant, interdit et deffendu, interdisons et deffendons par ces présentes. Et afin qu'ils puissent avec plus de seureté continuer leurdit trafic, quand par eux serons requis, nous leur baillerons et ferons bailler pour cet effet, durant la guerre, telles lettres de saufconduit que besoin sera; de manière qu'ils puissent librement négocier et trafiquer, sans être troublez ou molestez par nosdits sujets (1).

---

(1) L'art. 7 permet aux Suédois d'exporter de France en Suède tout le sel dont ils auront besoin. L'art. 8 porte que les différens qu'ils auront entr'eux, pourront être décidés par des juges de leurs pays à leur choix; mais que ceux qu'ils auraient avec des Français seront décidés par des juges français.

N° 25. — LETTRES *patentes qui confirment les priviléges et prérogatives des Comédiens* (1).

Amboise, mars 1559. (Traité de la police, liv. 3, tit. 3, chap. 3. — Bannières du Châtelet, vol. 6, f° 208.)

FRANÇOIS, etc. Nous avons reçu l'humble supplication de nos bien amez les maistres et gouverneurs de la confrairie de la Passion et Résurrection de Notre Seigneur J. C. fondée en l'église de la Trinité à Paris, contenant que par nos prédécesseurs roys leur ont esté donnez, concédez et confirmez plusieurs beaux priviléges, franchises, libertez et exemptions mesmement feu nostre très amé cousin le feu roy Charles VI en l'an 1402, leur auroit donné à tousjours par privilége, auctorité et licence de faire et jouer quelque mystère que ce soit de la passion et résurrection de Notre Seigneur, ou autres quelconques, tant de saincts comme de sainctes que ils voudront eslire et mettre sus, toutes et quantes fois qu'il leur plaira; et depuis auroient en l'an 1554 esté confirmés par feu nostre tres honoré seigneur et père que Dieu absolve (2), comme plus à plain appert par la copie de leurs lettres et chartres dûment allouées aux originaux cy-attachez sous le contrescel de nostre chancellerie, lesquels priviléges de tout tems ils ont jouy et ils jouyssent et usent encore de présent; mais ils doubtent que s'ils n'estoient par nous confirmez que en la joyssance d'iceulx leur fust au temps advenir donné empeschement (3), requérans sur ce leur pourvoir de nostre grâce et de remède convenable;

---

(1) V. l'ordonnance du prévôt de Paris, 3 juin 1398, sous Charles VI, mentionnée à sa date dans notre recueil; les lettres du 4 décembre 1402, dont nous avons donné copie; les lettres-patentes de janvier 1518, dont nous n'avons pas donné copie comme n'étant qu'une confirmation pure et simple de celles de 1402; l'ordonnance d'Orléans ci-après, art. 24; l'arrêt du parlement du 28 juin 1577, celui d'août 1596; les ordonnances du lieutenant civil des 12 novembre 1609, 11 décembre 1672, 9 janvier 1673; les ordonnances royales des 21 mars 1675, 21 octobre 1680, — 27 juillet 1682, — 12 janvier 1685, — 1er mars 1688, — 16 novembre 1690, — 19 janvier et 38 août 1701.

(2) Ces lettres purement confirmatives n'ont pas été imprimées.

(3) Notamment le parlement. Toutefois l'arrêt du 19 décembre 1548 en faisant cesser le jeu des *moralités* qui, pendant 150 ans, avait arrêté l'essor du génie de nos auteurs, et en ordonnant de choisir des sujets profanes, changea la scene française. On s'appliqua à traiter de nouveaux sujets, et les confrères de la passion cessèrent peu à peu de monter eux-mêmes sur le théâtre. Bientôt, et sous l'empire de l'arrêt de 1548 et de l'ordonnance de 1559, se forma une

Nous, à ces causes, voulons iceulx suppliants entretenir et garder en leurs priviléges, franchises et libertez ; et iceulx avons de nostre grace spéciale, plaine puissance et auctorité royale, continué, confirmé et ratifié, et par la teneur de ces présentes, continuons, confirmons, ratifions et approuvons tous et chacun les priviléges, libertez et exemptions à eulx donnez et octroiez par nos prédécesseurs roys cy attachez, comme dict est, pour par lesdits supplians en joyr et user d'oresnavant, ainsi et par la forme et manière qu'ils en ont deument et justement joy et usé par cy devant, joyssent et usent de présent.

Si donnons en mandement, etc.

N° 26. — Édit *qui supprime tous les offices nouvellement créés quand ils vaqueront par mort, forfaiture, résignation ou autrement, jusqu'à réduction au nombre ancien* [1].

Romorantin, mai 1560 ; reg. au parl. le 7 septembre. (Vol. X, f° 270.— Font., II, 582. — Palliot, Traité du parlement de Bourgogne, pag. 56.)

---

troupe de comédiens qui achetèrent le privilège des confrères, et prirent à loyer l'hôtel de Bourgogne ; les confrères s'y réservèrent seulement deux loges les plus près de la scène, qu'on désigna long-temps sous le nom de loges des maitres. — Delamarre, et après lui l'auteur de l'ancien et du nouveau Répertoire et de l'Encyclopédie méthodique, v° *Comédiens*, attribuent l'ordonnance de 1559 à Henri II, et supposent que la révolution dont il s'agit s'opéra sous ce prince à partir de la représentation de la farce de *Patelin* dont Pasquier (Recherches sur la France, liv. VII, ch. 7) célèbre le succès ; mais il y a erreur évidente. L'ordonnance de 1559 eût été rendue au profit des nouveaux comédiens et non des confrères de la passion. Si ceux-ci avaient notoirement cessé de jouer les mystères, l'autorité royale n'eût pas confirmé purement et simplement et ne se serait pas prêtée à la fiction. Il est plus probable que les confrères profitèrent de cette concession pour la vendre, et que la révolution théâtrale s'opéra dès ce moment. Aussi voyons-nous que Jodelle fit sous Charles IX ses premières pièces qu'il continua sous Henri III. L'ordonnance de 1559 nous a donc paru intéressante à rapporter pour l'histoire de l'art. C'est à l'hôtel de Bourgogne que s'est formé le premier théâtre national depuis appelé comédie française, et aujourd'hui théâtre français. Ce théâtre est régi actuellement par des ordonnances secrètes de 1816 et 1822. V. le mémoire pour mademoiselle George contre le théâtre français (1828).

(1) François Ier et Henri II avaient prodigieusement augmenté les charges de judicature. Il fallait bien les réduire pour se réserver la faculté d'en faire commerce quand les circonstances l'exigeraient. — V. à sa date l'édit de François Ier d'août 1546 ; celui-ci ne contient aucune disposition nouvelle. V. l'édit de Louis XI, du 21 octobre 1467, et l'art. 91 de la loi du 28 avril 1816.

N° 27. — Édit *qui attribue aux prélats la connaissance du crime d'hérésie et la répression des assemblées illicites* (1).

Romorantin, mai 1560; reg. au parlem. le 16 juillet. (Vol. Y, f° 256. — Font., IV, 229.)

François, etc. Comme les deux choses que nous ayons euës en recommandation depuis le commencement de nostre règne, soyent l'honneur de Dieu, et de sa religion, et la conservation de nostre estat, que depuis douze cens ans ou environ par succession a esté constitué jusqu'à nous, et que l'expérience tant du temps ancien que moderne, nous ait enseigné combien est périlleuse la soudaine mutation de religion, et attire avec soy changemens et ruines d'empires, royaumes et seigneuries. Pour à quoy obvier nos très-honorez seigneurs ayeul et père, voyant la grande variété et diversité des nouvelles opinions et hérésies qui couroyent, tant ès pays voisins qu'en ceux de leur subjection et obéyssance, auroyent cy devant esté contraints prendre en main la cognoissance et punition de tels crimes. Et à ceste fin fait plusieurs édicts et ordonnances contre les sectateurs de ces nouvelles opinions, et fait faire par leurs juges plusieurs grandes et sévères exécutions, comme nous aurions aussi fait en nostre temps, suyant l'ordre et manière de nosdits prédécesseurs ayeul et père : toutefois nous ayans depuis advisé avec nostre très-honorée dame et mère, les princes de notre sang, et gens de nostre conseil, de remettre les choses à l'ancienne forme et estat, espérans par ce moyen que comme Dieu, par sa bonté a mis fin aux sectes et diversitez d'opinions qui ont esté anciennement en son Eglise, et réduit le tout à une bonne union, tout ainsi le fera à présent, et nous donnera sa paix et grace, et vivra tout son peuple chrestien en un commun accord et consentement.

(1) Avons par notre édict irrévocable délaissé, et délaissons l'entière cognoissance de tout crime d'hérésie aux prélats de nostre royaume, comme naturels juges d'iceluy crime, et ainsi qu'ils l'avoient anciennement : les admonestans et exhortans de faire résidence en leurs diocèses, vaquer soigneusement à la ré-

---

(1) V. ci-après la déclaration du 6 août 1560, et ci-devant la note sur l'édit du 4 septembre 1559, et les États d'Orléans.

M. Dufey, vie du chancelier L'Hospital, 1826, s'est donné beaucoup de peine pour justifier ce ministre d'avoir rédigé cet édit de persécution; L'Hospital n'a été nommé chancelier qu'au mois de juin.

duction et constitution de la saincte Eglise, extirpation d'erreurs et hérésies par leurs bonnes mœurs, exemple de bonne et saincte vie, prières, oraisons, preschemens et persuasion, réduire ceux qui sont en erreur à la voye de vérité, et autrement procéder ainsi que les saincts conciles, canons et décrets ont ordonné, interdisant à nos cours de parlemens, baillifs, séneschaux, et autres juges de n'entreprendre aucune cognoissance desdits crimes d'hérésies, et ne s'en mesler aucunement, sinon entant qu'ils en seroient requis par les juges d'église, de leur prester et bailler secours pour les exécutions de leurs ordonnances et jugemens. Et s'il y avoit aucuns desdits prélats qui ne fissent résidence en leurs éveschez, nous enjoignons expressément par ces présentes à nosdits baillifs, séneschaux, ou leurs lieutenans, et à nos advocat et procureur desdicts bailliages, qu'ils ayent à nous advertir, et envoyer les noms de ceux qui ne résideront, et se feront le devoir tel qu'ils sont tenus de faire, pour user, ou faire user contre eux de telle contrainte qu'il appartiendra par raison.

(2) Et néantmoins par ce qu'il est advenu n'aguères (ce que n'eussions pensé pouvoir jamais advenir) qu'aucuns de nos subjets, soubs espèce et prétexte de religion, ont prins les armes, et se sont soulevez pour troubler l'estat et repos de nous et de nos subjets, cuidans planter par force d'armes les nouvelles opinions qu'ils tiennent en la religion, dont les uns auroient prins la hardiesse de venir jusques en nostre maison, avec si mauvaise et damnable intention, que si l'exécution s'en fust ensuyvie telle qu'ils désiroyent, il n'en pouvoit venir que la subversion et désolation de nostredit estat : nous pour obvier que telle et semblable chose n'advienne cy après; de l'advis et délibération de ceux que dessus.

Avons prohibé et défendu, prohibons et défendons toutes assemblées illicites et forces publiques; déclarant ceux qui auront fait, ou qui se trouveront en telles assemblées, nos ennemis et rebelles, et sujets aux peines qui sont establies contre les criminels de lèze majesté, enjoignant à tous nos lieutenans généraux, gouverneurs de pays, baillifs, séneschaux, prévosts des mareschaux et autres nos juges, chacun en droit soy, d'entendre et veiller soigneusement à ce que telles assemblées ne se facent. Et où ils seroient advertis d'icelles, se transporter sur les lieux, sans attendre la requeste ou poursuite de nos procureurs, ou de partie, prendre les délinquans, informer et instruire les procez contre eux; lesquels procez ainsi faits et instruits, voulons estre jugez en dernier ressort au siége présidial du lieu où sera commis le délict, assistans au jugement d'iceux les présidens, baillifs, séneschaux de robbe longue, leurs lieutenans civils, criminels et particuliers, et les conseillers dudit siége qui se trouveront sur les lieux, jusques au nombre de dix, si tant s'en trouvent. Et en défaut d'eux seront prins les plus anciens et fameux advocats dudit siége, qui se trouveront sur les lieux, jusques au nombre de dix; lesquels juges puniront lesdicts délinquans, pour la seule force, sédition, et assemblée illicite. Et afin que telles conjurations secrettes viennent plustost en évidence, nous enjoignons sur pareilles peines à tous sçachans, consentans ou recélans, qu'ils ayent à icelles venir incontinent révéler et déférer à justice; auxquels (s'ils sont des complices), nous avons en bonne foy et parole de roy, donné et donnons impunité; et s'ils n'en sont, voulons leur estre donné la somme de cinq cens livres tournois, à prendre sur les premiers et plus clairs deniers procédans des biens des délinquans.

Déclarons aussi tous les prédicans non ayans puissance des prélats, ou autres ayans pouvoir de les commettre, faiseurs de placarts, cartels ou libelles diffamatoires, qui ne peuvent tendre qu'à esmouvoir et irriter le peuple à sédition, imprimeurs, vendeurs et semeurs desdits placarts et libelles, ennemis de nous et du repos public, et criminels de lèze majesté, et subjects aux peines des séditieux, et faiseurs d'assemblées, et punissables par la façon, manière, et mesmes juges que dessus. Et néantmoins ne voulans présent édict les mauvais prendre occasion de calomnier, déclarons tous calomniateurs, qui faussement et malicieusement déféreront et accuseront autres, estre subjets à pareilles et semblables peines que seroyent les accusez, s'ils estoient convaincus.

Si donnons en mandement, etc.

N° 28. — LETTRES *de provision de l'office de chancelier de France, vacant par la mort de François Olivier, en faveur de Michel de L'Hospital, premier président en la chambre des comptes de Paris* (1).

Saint-Léger, dernier juin 1560, reg. au parl. le 2 juillet. (Vol. Y, f° 244. — Hist. de la chancel., I, 133.)

FRANÇOIS, etc. Comme le feu roy François de louable mémoire,

---

(1) Nous donnons copie de ces lettres parce qu'elles expliquent comment, au

nostre très-honoré seigneur et ayeul eust pourveu feu messire François Olivier de l'estat et office de chancellier de France, lequel il avoit exercé tant du vivant de nostredit ayeul que depuis et jusques au deuxième jour de janvier 1550, qu'il s'estoit démis et deschargé de l'exercice dudit estat, ès mains de feu de bonne mémoire nostre très-honoré seigneur et père, retenant néanmoins le nom, tiltre et qualité dudit estat et office de chancellier ensemble tous et chacun les honneurs, privilèges, franchises, libertez, gaiges, pensions, droits et profits y appartenans, au moyen de quoy nostredit feu seigneur et père, avoit par ses lettres en forme d'édit données à Amboise au mois d'avril 1551, créé un garde des sceaux de France en tiltre d'office formé avec clause que advenant vacation dudit estat et tiltre de chancellier celuy qui se trouveroit pourveu dudit estat de garde des sceaux succédast et demeurast subrogé audit estat et office de chancellier, en vertu de laquelle création nostredit feu sieur et père avoit pourveu d'iceluy estat et office de garde des sceaux nostre très-cher et féal Mᵉ Jehan Bertrand*, à présent cardinal de Sens, qui l'auroit depuis exercé jusques à ce que à notre advènement à la couronne, nous aurions appelé ledit Ollivier et à luy remis l'exercice dudit estat et office de chancellier, qu'il auroit fait et continué jusques à son trépas, après lequel regardant entre les personnages de nostre royaume dignes dudit estat, et considérant les grands, louables et très-recommandables services que nostre amé et féal messire de L'Hospital, chevalier conseiller en notre conseil privé, et premier président de nos comptes, avoit faits à nosdits prédécesseurs, à nous et à l'estat et république de nostre royaume, depuis 24 ans en ça, tant ès estats qu'il a exercés que autres importantes charges où il s'étoit maintenu avec telle intégrité, vertu, loyauté et réputation, qu'il avoit par ses mérites, donné juste occasion, recommandation, nous aurions incontinent, après le décès dudit Olivier, et dès le premier jour d'avril dernier passé, advisé ledit L'Hospital, lors absent de nostre royaume, et estant à Nice par nostre commandement

---

décès de Henri II, Olivier rentra dans son office de chancelier, que ce prince lui avait enlevé sous prétexte de paralysie, pour le confier à Jean Bertrand, dont le mérite, suivant Vely, consistait à se prêter aux désirs de la Cour. Ces lettres d'ailleurs contiennent des clauses particulières.

* Nous lui avons, par erreur, donné le prénom de Pierre dans le règne de Henri II.

...ment, et combien que par le moyen dudit édit de création d'office de garde des sceaulx et clause dessusdite portant disposition *ung homme vivant*, ledit office de chancellier ne puisse estre et appartenir et estre consolidé en la personne de icelluy qui se trouve pourveu de l'office de garde des sceaulx, ains soit ledit office de chancellier vrayment vacant par le décès dudit Olivier, et retourné à une plaine et libre disposition; néantmoins pour oster toutes difficultez, ledit cardinal de Sens se seroit volontairement desmis en nos mains purement et simplement du droit qu'il pouvait prétendre audit estat, tiltre et dignité de chancellier, et à ceste fin nous auroit envoyé ses lettres de ladite démission, lesquelles sont cy soubs nostre contreseel attachées.

Savoir faisons que nous, ces choses considérées, et pour l'entière confiance que nous avons de la personne dudit de L'Hospital, et du bon zèle auquel il continue chacun jour au bien de la justice et chose publique, aussi de ses vertus, sens, suffisance, fidélité, intégrité, expérience et grande diligence, icelluy avons esleu, créé, ordonné et retenu, élisons, créons, ordonnons et retenons chancellier de France, nostre conseiller espécial, et ledit estat et office de chancellier de France vacant tant par le trespas dudit Olivier que par la démission dudit Bertrand, luy avons donné et octroyé, donnons et octroyons pour l'avoir, tenir et doresnavant exercer, aux honneurs, authoritez, prérogatives, prééminences, pouvoirs, puissances, facultez, franchises, libertez, gaiges, pensions, droits, proffits, revenus et émolumens accoustumez et qui y appartiennent, et tels et semblables dont jouissoit ledit Olivier, dernier paisible possesseur dudit estat, office et dignité de Chancelier de France.

Si donnons en mandement, etc.

N° 29. — DÉCLARATION *interprétative de l'édit d'abolition générale pour fait de religion en ce qui concerne les officiers et magistrats* (1).

Saint-Léger, dernier juin 1560; reg. au parlement le 26 juillet. (Vol. V, f° 258. — Recueil des ordonnances de François II, par Robert-Étienne, f° 41.)

---

(1) V. cet édit à la date de mars 1559. — Celui-ci se borne à réserver l'application de la peine de suspension et de privation des offices contre les magistrats et officiers qui l'auraient encourue.

3.

N° 30. — Edit *sur les secondes noces et sur les donations y relatives* (1).

Fontainebleau, juillet 1560; reg. au parlement le 5 août. (Vol. Y, f° 260. — Font., I, 751. — Néron, I, 366.)

FRANÇOIS, etc. Comme les femmes veufves ayans enfant ou enfans, soient souvent invitées à nouvelles nopces, et non cognoissans estre recherchées plus pour leurs biens que pour leurs personnes, elles abandonnent leurs biens à leurs nouveaux marys, et sous prétexte et faveur de mariage leur font donations immenses, mettans en oubly le devoir de nature envers leurs enfans, de l'amour desquels tant s'en faut quelles se deussent eslongner par la mort des pères, que les voyans destituez du secours et ayde de leurs pères, elles devroient par tous moyens s'exercer à leur faire le double office de père et de mère : desquelles donations outre les querelles et divisions d'entre les mères et les enfans s'en ensuit la désolation des bonnes familles, et conséquemment diminution de la force de l'estat publique : à quoy les anciens empereurs zélateurs de la police, repos et tranquillité de leurs subjets, ont voulu pourvoir par plusieurs bonnes loix et constitutions sur ce par eux faites. Et nous pour la mesme considération et entendans l'infirmité du sexe, avons loué et approuvé icelles loix et constitutions. Et en ce faisant avons dit, déclaré, statué et ordonné, disons, déclarons, statuons et ordonnons, que femmes veufves ayans enfant ou enfans de leurs enfans, si elles passent à nouvelles nopces, ne peuvent et ne pourront en quelque façon que ce soit donner de leurs biens meubles, acquests, ou propres à leurs nouveaux marys, père, mère ou enfans desdits marys ou autres personnes qu'on puisse présumer estre par dol ou fraude interposées, plus qu'à l'un de leurs enfans ou enfans de leurs enfans, les donations par elles

---

(1) Néron cite plusieurs arrêts qui ont jugé que cet édit s'appliquait tant aux maris veufs qu'aux femmes veuves. V. le commentaire sur l'art. 278 de la coutume de Paris dans la compilation des commentateurs de cette coutume, et l'art. 1098 du Code civil de 1803. Cette disposition fut confirmée par Henri III aux états de Blois en 1579. — Cet édit est en vigueur aux colonies françaises, quoique non enregistré, parce qu'il est antérieur à la formation des conseils supérieurs. V. arrêt de la Cour de cassation du 29 décembre 1827, et plaidoyer pour Bissette et Fabien, pag. 77 et suivantes. L'édit de Henri II, de février 1556, sur le recélé de grossesse, a été enregistré aux colonies en 1718, ainsi que l'ordonnance de Blois. — V. le Code justinien, *de secundis nuptiis*.

faites à leurs nouveaux marys seront réduites et mesurées à la raison de celuy des enfans qui en aura le moins. Et au regard des biens à icelles veufves acquis par dons et libéralité de leurs défuncts marys, elles ne peuvent et ne pourront faire aucune part à leurs nouveaux marys, ains elles seront tenués les réserver aux enfans communs d'entr'elles et leurs maris, de la libéralité desquels iceux biens leur seront advenus. Le semblable voulons estre gardé és biens qui sont venus aux marys par dons et libéralité de leurs défunctes femmes, tellement qu'ils n'en pourront faire don à leurs secondes femmes : mais seront tenus les réserver aux enfans qu'ils ont eus de leurs premières. Toutefois n'entendons par ce présent nostre édict bailler ausdites femmes plus de pouvoir et liberté de donner et disposer de leurs biens, qu'il ne leur loist par les coustumes des pays esquelles par ces présentes n'est dérogé, entant qu'elles restraignent plus avant la libéralité desdites femmes.

Si donnons en mandement, etc.

N° 51. — Edit qui enjoint la résidence aux gouverneurs des provinces, leurs lieutenans et baillis, et qui leur ordonne d'exercer leurs offices en personne.

Fontainebleau, juillet 1560, reg. au parl. le 5 août. (Vol. Y, f° 265. — Font., I, 197. — Joly, II, 844.)

François, etc. Comme nos prédécesseurs roys de France, ayent dès le commencement de l'institution de leur chose publique, par grande et meure délibération, créé, institué et estably diversité d'officiers : les uns pour l'administration de leur justice, et les autres pour avoir souz leur authorité la puissance de la force, à la conservation des bons, et punition des mauvais, au bien, repos, union et pacification de leur estat et de leurs sujets : souz laquelle institution aussi bien ordonnée, nosdits prédécesseurs ont eu cest heur et contentement de voir ce royaume florir par tant de règnes et années en telle réputation, pour le regard de la sincérité de l'administration de la justice, et en telle fidélité et obéissance de leursdits sujets, qu'autre royaume ne se trouvera s'y pouvoir accomparer. Toutefois, comme il se voit souvent que les institutions (quelque bonnes qu'elles soient) venans à estre négligées, se corrompent, et les mœurs de ceux qui avoient accoustumé de vivre bien et pacifiquement souz icelles, s'altèrent et empirent : il est advenu que la pluspart de nosdits officiers, principalement ceux à qui appartient le faict de ladite [...] comme gouverneurs de provinces, baillifs et séneschaux, [les] uns pour estre employez en autres grandes et importantes charges, et les autres pour n'avoir estimé parmy une si grande [ab]sence que celle qui s'est tousiours veüe entre nos sujets, [les] présences et résidences en leursdits gouvernemens, bailliages [et] séneschaussées estre aucunement nécessaires, se sont eux-me[smes] dispensez d'y résider avec telle assiduité que faisoient leurs p[ré]décesseurs. Et par ce moyen quelques-uns de nosdits sujets p[ous]sez et persuadez de mauvais et séditieux esprits, n'ayans auc[une] crainte desdits gouverneurs, baillifs et séneschaux, pour les [v]e[oir] absens de leursdites charges, se sont tant oubliez, que d'[avoir] fait en nostre royaume diverses assemblées et esmotions, [en] grand mespris et contemnement de notre justice, et par cons[é]quent de nostre propre authorité. Pour à quoy pourvoir à l'a[d]venir, il nous a semblé n'y avoir meilleur remède que de rec[ou]rir à celuy mesme, souz lequel ils se sont si longuement, paci[fi]quement et fidèlement comportez et contenuz.

A ces causes, après avoir eu sur ce l'advis et délibération [des] princes de nostre sang, et gens de notre conseil privé estan[s avec] nous, avons dit, statué ordonné, disons, statuons et ordo[n]nons, voulons et nous plaist, que tous les gouverneurs de [nos] provinces, et leurs lieutenans, baillifs, séneschaux, prévosts, et autres nos officiers, ayent à se retirer és lieux de leurs gouv[er]nemens, bailliages, séneschaussées et charges, pour y faire leur résidence actuelle et continuelle, et exercer en personne leurs estats et offices. Dont quant ausdits gouverneurs et leurs lieutenans, nous les avons ja advertis particulièrement pour n'y fa[illir]. Et quant ausdits baillifs, séneschaux, prévosts et autres officiers, nous voulons que ce soit quinze jours après la publication qui sera faicte de ces présentes, et ce sur peine de privation de leurs estats et offices, lesquels nous avons audit cas dès [à] présent comme pour lors, et pour lors comme dès maintenant, déclarez et déclarons vaquans et impétrables, en mandant [à] nos procureurs esdits bailliages, séneschaussées et autres lieux de la résidence de nosdits officiers, souz les mesmes peines q[ue] dessus, que ledit terme de quinze jours expiré et passé, ils nous advertissent des défaillans, pour y pourvoir, ainsi que d[it] est dit. Et pour ce qu'il y a quelques-uns desdits baillifs et séneschaux qui exercent lesdits estats en robbe longue, nous vouans qu'ils ne laissent pour cela de vaquer aux choses qui dépendent du faict de la force, selon qu'il est permis généralement à nos baillifs et séneschaux : et qu'ils feroient s'ils tenoient lesdits estats en robbe courte, et que les nobles du ban et arrièreban assis au dedans de leursdits bailliages et séneschaussées, et les communes du plat pays, ayent en cela à leur obéyr, sans y faire aucune difficulté.

Si donnons, etc.

N° 32. — Edit qui défend de lever aucune imposition sans le consentement exprès du roi (1).

Fontainebleau, juillet 1560; reg. au parl. le 5 août. (Vol. V, f° 266. — Font., II, 860.)

François, etc. Comme nostre soing principal et continuel soit à chercher tous moyens de descharger nos pauvres subjets des grandes et insupportables charges que sommes à nostre grand regret contraints imposer et lever sur eux pour sortir des infinies debtes et autres grans affaires qu'avons trouvées après le décès de feu nostre très honoré seigneur et père, outre lesquelles charges (comme avons esté advertis) l'on a accoustumé cy devant lever sur nostre peuple, plusieurs grandes sommes de deniers et autres dons et présens même ès pays et provinces de nostre royaume où l'on tient et assemble les estats pour donner, bailler et distribuer à nos gouverneurs ès dits pays, leurs lieutenans, présidens de nos cours, trésoriers généraux et autres nos officiers, leurs serviteurs et domestiques et aucuns par forme de don et libéralité et autres pour récompense de plusieurs peines, salaires, vacations et frais qu'ils disent avoir faits et employez pour nostredit peuple; tellement qu'il advient souvent que les deniers qui sont levez et exigez pour telle cause sont pareils et excédent ceux qui doivent revenir à nous : qui vient à la grande foule et destruction totale de nostre pauvre peuple, diminution et perte de nos droicts, n'ayant iceluy peuple puissance de satisfaire aux deux. Et combien qu'il y ait eu cy devant justes causes

---

(1) Aujourd'hui le concours des chambres est nécessaire à peine de concussion. Il fallait alors le vote des états-généraux ; mais ce principe a été violé bien des fois, comme le principe moderne de l'intervention des chambres. — V. ci-après l'ordonnance d'Orléans aux états, art. 131 et suivans; et les édits du 29 novembre 1565, 1566, 26 août 1570; Henri III, septembre 1575, juillet 1577, mai 1578, septembre 1581, l'ordonnance de Blois, art. 341, 345, 347 et 349.

de lever tels deniers et bailler à gens qui les méritoient, toutesfois la pitié et pauvreté est à présent si grande en nos subjects qu'il est besoin et nécessaire de les aider et relever d'une partie des charges et imposts qui souloient estre prins sur eux. Pour à quoy pourvoir.

(1) Avons par le conseil des princes de nostre sang et autres gens de nostre conseil, estans lez nous, par édit perpétuel et irrévocable, défendu et prohibé, défendons et prohibons à tous nos gouverneurs, leurs lieutenans, présidens de nos cours, trésoriers généraux et généralement toutes personnes de quelque estat, qualité et condition qu'elles soient, de prendre et recevoir dons et prests, or, argent ou autres espèces quelconques de nosdits subjects, soit par forme de don, action, récompense, salaires, taxations de voyages et vacations, pour estre venus ausdits estats ou ailleurs, ou autres quelconque préterte et couleur; ne d'estre autheur, ayde ministre ou moyen d'iceux faire bailler octroyer et venir ens, sur peine du quadruple envers nostredit peuple sur lequel tels deniers auront esté levez, et autre quadruple envers nous et outre contre nos magistrats et officiers sur les peines qui sont de droit établies au crime de concussion et répétonds, ausquelles peines ils seront subjects encore que nostredit peuple eust voulu et consenti tel don et octroy, lors auparavant ou après, ou que lesdits preneurs eussent obtenu lettres de nous devant ou après, afin d'estre dispensez de nostredite ordonnance, lesquelles lettres avons dès à présent déclarées nulles et de nul effet et valeur.

(2) Et sans avoir esgard à icelles, enjoignons à nos procureurs qui sont à présent et seront cy après, poursuivre ceux qui auront ainsi mal prins et leurs héritiers tant pour le principal que peines applicables à nous et à nostre peuple, lequel nostre édict nous voulons avoir lieu pour l'advenir et sans l'entendre et tirer en arrière aux dons et présens qui ci-devant ont esté accordés par les estats à leurs gouverneurs ou dont il reste encore quelque chose à payer.

(3) N'entendons aussi par ces présentes défendre ou empescher qu'il ne soit fait taxe raisonnable pour les frais et vacations seulement, à ceux qui véritablement et sans fraude ont esté employés aux affaires et négoces dudit peuple comme syndics, procureurs et autres qui se seront bien et diligemment acquittez de ladite charge, lesquels deniers toutesfois ny autres quelconques, ils n'imposeront ne leveront sur nostredit peuple sans congé et li-

cence de nous et lettres patentes de nostre grand sceau, auxquelles seront attachées les parties par le menu et taxe qui en aura esté faite.

Si donnons, etc.

N° 33. — Édit *sur l'administration des hôpitaux, maisons-dieu, maladreries, aumôneries et léproseries* (1).

Fontainebleau, 25 juillet 1560, reg. au parl. le 5 août. (Vol. Y, f° 267. — Font., IV, 58.)

N° 34. — Lettres *patentes qui permettent à un particulier d'ouvrir les mines et minières qu'il pourra trouver dans toute l'étendue du royaume* (2).

Fontainebleau, 19 juillet 1560; reg. au parl. le 9 mai 1562. (Vol. Z, f° 272. — Font., II, 1161.)

François, etc. dauphin de Viennois, comte de Valentinois et Diois, de Provence, Forcalquier, et terres adjacentes, à tous ceux qui ces présentes lettres verront, salut. Le feu roy nostre très-honoré seigneur et père (que Dieu absolve) sur les remontrances qui lui furent faictes en l'année 1548, tant par le sieur de Robert-val, et autres, sur le fait de l'ouverture des mines et minières de ce royaume, auroit par ses lettres patentes du dernier jour de septembre audit an, 1548, et dixiesme d'octobre ensuyvant, 1552, permis et octroyé audit de Robert-val, que durant le temps et espace de neuf ans, il pust ouvrir, chercher et profonder, et par ses associez, commis et ouvriers, faire chercher, ouvrir et profonder toutes et chacunes lesdites mines et minières, d'or, d'argent, fer, acier, cuyvre, et autres métaux ou substances terrestres précieuses et non précieuses, dont se pourroit tirer profit, revenu et émolument : en payant raisonnablement et de gré à gré par ledit de Robert-val les propriétaires de terres où il voudroit chercher et ouvrir lesdites mines, et acquittant envers nostredit feu seigneur et père le dixiesme denier qui luy estoit deu de ce qui pourroit provenir dudit profit et émolument : duquel dixiesme il auroit fait don à iceluy de Robert-val

---

(1) Cet édit est une confirmation de ceux de François Ier du 24 février 1546, et Henri II, 12 février 1553. (V. à leur date.)

(2) V. à leur date, dans ce recueil, les lettres patentes du dernier septembre 1548.

pour les trois premières années : luy ayant outre cela baillé et octroyé, ensemble à sesdits associez, commis, et ouvriers, plusieurs authoritez, facultez, priviléges, franchises, libertez et exemptions, avec justice et coërtion personnellement : ainsi que le tout est plus à plein contenu et déclaré esdites lettres patentes, dont nous avons voulu les copies deuëment collationnées aux originaux estre cy attachées sous le contre-seel de nostre chancellerie. Au faict desquelles mines auroit esté associé nostre cher et bien amé Claude Gruippon de Guillien, escuyer, sieur de S. Iulian, lequel suyvant certain arrest de nostre cour de parlement de Grenoble, bailla peu de temps après ses cautions en nostre chambre des comptes dudit lieu, ainsi qu'il estoit requis et accoustumé de faire, pour la conservation de nos droicts. En vertu de laquelle association, et des lettres de permission à luy octroyées par feu nostredit seigneur et père, du dernier jour d'avril, 1556, avec autres ses lettres de déclaration données à Compiègne en l'an 1557, par lesquelles il auroit esté maintenu et gardé en sesdits priviléges et exemptions : de toutes lesquelles ensemble des vérifications sur ce prinses partout où besoin a esté, les vidimus sont cy attachez soubs nostre-contre-seel. Ledit S. Iulian, comme il nous a fait entendre, a de sa part bien et soigneusement vacqué ausdites mines, comme il fait encores chacun jour, combien qu'elles n'ayent esté beaucoup continuées ni advancées durant ledit temps de neuf ans, lequel s'en va expiré et passé : de sorte que par ce moyen le profit et utilité qui en devait revenir à nous et nos subjects, n'en est provenu tel et si grand que l'on espéroit. Qui a esté à l'occasion des guerres, lesquelles ont ordinairement depuis eu cours en ce royaume. En quoy faisant iceluy de sainct Iulian a descouvert un grand nombre desdites mines, tant en noz pays de Beaujolois, Auvergne et Lyonnois, qu'en Dauphiné, Provence, Languedoc, Bourbonnois et Poicton : en la pluspart desquels lieux, mesmement en nostredit païs de Languedoc au diocese d'Uzés et territoire d'Arles, Suvienne, sainct Ambroise et autres, y a grand nombre de gens qui continuellement vacquent à recueillir l'or que la violence et impétuosité des pluyes fait tomber des montagnes circonvoisines, dont ils tirent quelque profit : et semblablement aucuns gentils-hommes dudit pays, qui à ceste cause leur tiennent la main forte, ne voulans souffrir ne permettre de chercher et descouvrir la mère et source desdites mines, comme iceluy de sainct Iulian feroit volontiers, sans le doubte qu'il faict que sadite permission de nostredit feu seigneur et père ne soit assez suffisante, n'y estans les lieux et endroicts de nostredit royaume, sy les authoritez et facultez, priviléges, franchises, et exemptions des ouvriers si amplement spécifiez ne déclarez qu'ils sont en celles dudit Robert-val. Au moyen de quoy il nous a très-humblement fait supplier et requerir luy vouloir faire expédier et octroyer nouvelle commission, où les dessusdites authoritez, facultez, graces, priviléges et exemptions soient contenuz et particulièrement spécifiez : et par même moyen luy faire don pour quelque temps de tout ce qui nous peut et pourra cy après appartenir pour nostredit droict de dixiesme denier, tant sur les mines ja ouvertes en cestuy nostredit royaume, pays, terres, et seigneuries de nostre obéyssance, que de celles qui se pourront ouvrir à l'advenir : Et en ce faisant il fera toute diligence d'assembler ouvriers et commis pour besongner à l'ouverture et profondeur d'icelles mines, et icelles mettre en l'estat qu'elles doivent estre, pour en tirer les métaux, minéraux et substances terrestres qui y seront trouvez pour accommoder nous et nosdits subjects.

Sçavoir faisons, que nous ayant bien et deuëment fait voir en nostre conseil privé les dessusdites remontrances d'iceluy de sainct Iulian, qui nous ont semblé raisonnables.

(1) Avons par l'advis et délibération d'iceluy permis et octroyé, et de noz grace spécial, pleine puissance et authorité royal, Delphinal et Contal, permettons et octroyons à iceluy de St.-Iulian, qu'il puisse et luy soit loisible chercher, et par ses associez, commis et ouvriers faire chercher ouvrir et profonder tous et chacuns les lieux et endroicts de nosdicts royaume et pays de nostre obéisance, où il pourra trouver lesdites mines, ou aucunes d'icelles : pour en tirer lesdits métaux, minéraux, et autres choses précieuses et non précieuses, couvertes et cachées aux intrioritez de la terre, dont il se pourra faire profit. Et à ces fins il pourra faire faire et dresser les moulins, forges, engins et machines nécessaires, sans aucune chose nous payer, pour le regard du fonds des terres à nous appartenans estans vagues et inutiles. Mais quant à celle de nos subjects, qu'il s'en puisse accommoder, et les prendre ensemble les maisons, domaines, ruisseaux et moulins, soit dedans noz villes, bourgs et villages, ou par les champs, tant pour l'usage desdites mines, que pour se retirer, et loger en seureté les métaux provenans d'icelles mines, en s'accordant avec ceux à qui appartiendront lesdits héritages, et les satisfaisant res-

pectivement de gré à gré, suyvant l'advis et estimation de gens experts et arbitres de juges : sans toutesfois que ledict prix s'en puisse aucunement augmenter pour raison de l'utilité qui se pourra tirer à cause desdites mines : desquelles, et pareillement celles qui cy devant ont esté délaissées et abandonnées, ou possédées et détenuës secrettement, nous fraudans par les possesseurs des droicts à nous deuz et appartenans, nous voulons et entendons que ledit de sainct Iulian, sesdits commis et associez puissent prendre et s'en emparer, pour par eux et leurs successeurs à l'advenir en jouyr et en user perpétuellement comme de leur propre chose : sans ce que nul autre qu'eux s'en puisse aucunement entremettre. Leur donnant pour cest effect tel et semblable pouvoir, faculté et authorité, priviléges, libertés, graces et exemptions, honneurs, droicts et prérogatives avec justice et coërtion, que nostredit feu seigneur et père avoit donnée audit de Robert-val, sesdits commis et associez : ainsi que le tout est amplement et particulièrement contenu et déclaré en sesdites lettres, lesquelles nous avons bien au long entenduës en nostredit conseil privé : et icelles, entant que besoing est ou seroit, confirmées et confirmons, et de nouveau accordées et octroyées, accordons et octroyons à iceluy de sainct Iulian, et à ceux qu'il voudra associer et commettre avec luy : ensemble ausdicts ouvriers, et autres qui serviront et travailleront à icelles mines, pourveu que ce soit actuellement et sans discontinuation : aux charges toutesfois, conditions et réservations portées par lesdites lettres d'iceluy de Robert-val : dont les copies deuëment collationnées sont cy attachées comme dit est.

(2) Et pour donner plus grande occasion et moyen audit de sainct Iulian, de fournir et satisfaire aux frais qu'il a par cy devant faicts à la perquisition et recherche desdites mines, et par mesme moyen supporter ceux que pour ceste occasion il pourra cy après faire à l'ouverture d'icelle, et en chercher d'autres : nous lui avons de nosdites puissance et authorité que dessus, fait et faisons don par ces présentes signées de nostre main, de tout ce qui nous peut et pourra escheoir et appartenir pour nostredit droict du dixiesme denier provenant du profit desdites mines, tant de celles ja ouvertes et discontinuées, ou secrettement possédées, comme dit est, qu'autres qui seront cy après ouvertes, de quelque qualité et nature qu'elles soient, et ce pour les quatre premières années : qui commenceront pour le regard desdites mines ja ouvertes, du jour de la signification qui sera faite de ces

présentes aux officiers des lieux où elles sont assises, et aux propriétaires d'icelles : et pour celles qui sont à ouvrir du jour que l'on y foudra en plein fourneau, et non par essay : et ce à quelques prix, valeur ou estimation que nostredit droict de dixiesme soit et se puisse monter. Pour lequel prendre et recevoir, iceluy de sainct Iulian pourra commettre telles personnes que bon lui semblera durant lesdites quatre premières années.

(3) Et d'oresnavant voulons et entendons par cesdites présentes, que les débiteurs dudit dixiesme denier, ensemble les propriétaires desdites mines, soient indifféremment de la justice, coërtion et cognoissance des juges, qui seront députez pour le fait desdites mines, et comme tels contraints chacun d'eux respectivement, ensemble tous autres qu'il appartiendra, et qui pour ce seront à contraindre, à payer et satisfaire ce qu'ils seront tenus, tout ainsi que pour noz propres deniers, debtes et affaires, et autrement par toutes autres voyes et manières deuës et raisonnables : nonobstant oppositions ou appellations quelconques, pour lesquelles, et sans préjudice d'icelles, ne voulons estre différé : et tout ainsi qu'il se pourra et devra faire après l'expiration desdites quatre années.

(4) Que ceux de nos receveurs ordinaires qu'il appartiendra, et à ce qui pourra toucher, feront recepte à nostre profit dudit droict de dixiesme denier, pour nous en tenir compte : et à ceste cause ils se trouveront chacun en son endroict à la première fonte desdites mines, pour nous y servir, et y faire comme il est accoustumé de faire ès choses dépendantes de nostre domaine, et sans préjudice de la propriété d'icelles mines desja ouvertes en vertu des privilèges et permissions obtenuës de nous et de noz prédécesseurs, précédentes en datte de cesdites présentes. Sur toutes lesquelles mines, nous voulons et entendons, que tant pour la conservation de nostredit droict de dixiesme, que commodité de nosdits subjets, ledit de sainct Iulian ait pleine et entière charge, superintendance et cognoissance, avec toute coërtion personnelle, pour faire practiquer, entretenir, garder et observer, selon qu'il verra et cognoistra que besoing sera, les ordonnances de justice : et rapportant par celuy de nosdits receveurs qu'il appartiendra, le vidimus de cesdites présentes fait souz seel royal, avec les quittances et recognoissances dudit sainct Iulian sur ce suffisantes, nous voulons tout ce que payé, baillé et délivré luy aura esté, ou par luy prins et retenu pour la cause dessusdite, et estre passé et alloüé ès comptes, et rabbattu de la

recepte de celuy de nosdits receveurs ordinaires à qui ce pourra toucher, par noz amez et féaux les gens de noz comptes, ausquels mandons ainsi le faire sans difficulté. Car tel est nostre plaisir.

Si donnons en mandement, etc.

N° 35. — ORDONNANCE *sur l'audition des comptes des octrois par la chambre des comptes* (1).

Fontainebleau, juillet 1560. (Baron Dupin, de l'adm. mun., pag. 50.

N° 36. — DÉCLARATION *qui défend à toute personne de porter aucunes armes à feu sous peine de la vie* (2).

Fontainebleau, 5 août 1560. (Font., I, 650. — Rebuffe, liv. Ier, tit. 9, chap. 9.)

N° 37. — ÉDIT *qui porte que tous arrêts et jugemens seront exécutés sans placets, visa ni pareatis* (3).

Fontainebleau, août 1560. (Font., I, 579. — Joly, I, 315.)

FRANÇOIS, etc. Nos prédécesseurs roys ordonnèrent anciennement la justice estre administrée et distribuée à nos subjets par les juges ordinaires, baillifs, sénéschaux, prévosts, et cours de parlemens respectivement, les sentences, jugemens et arrests desquels seroyent exécutez par tout nostre royaume et pays de nostre obéyssance, sans que les juges qui avoyent donné les sentences, jugemens et arrests, ne les exécuteurs d'iceux, fussent tenus demander aux autres cours et juges, permission ne *pareatis* de les exécuter en leur ressort ou jurisdiction. Toutesfois lesdits juges, baillifs, sénéschaux, et cours de parlement, souz couleur de ce que leurs jurisdictions estoient limitées, quand on vouloit

---

(1) Nous n'avons pu trouver le texte de cette ordonnance ni aux archives du royaume, ni à la bibliothèque du conseil d'état. — V. à leur date dans ce recueil l'ordonnance de Philippe V, du 16 novembre 1318, celle de décembre 1319; de Charles IV, novembre 1323; de Philippe VI, 13 mars 1339; de Charles VI, 3 avril 1388.

(2) V. ci-dessus l'édit du 17 décembre 1559 et la note; celui-ci ne dit rien de nouveau.

(3) V. à leur date les ordonnances de Philippe IV, 1302; Charles VII, 1446, 1453; Louis XI, 1474; Charles VIII, 1493; Louis XII, 1499; François Ier, 1539. (Art. 95, 96, 97 et 108.)

exécuter lesdites sentences, jugemens ou arrests en la jurisdiction, bailliage ou séneschaussée d'autre que de celuy qui avoit ordonné ledit jugement ou arrest, les officiers du ressort où estoit requis faire ladite exécution, ne vouloyent permettre lesdites sentences, jugemens et arrests, estre exécutées en leurs jurisdictions, bailliages, séneschaussées ou ressort, sans que les exécuteurs leur eussent premièrement demandé permission ou *pareatis*, lesquels néantmoins ils refusoyent ordinairement. Et quand lesdits exécuteurs les mettoyent à exécution sans leur congé ou permission, ils les faisoyent constituer prisonniers, et les condamnoyent en grosses amendes. Au moyen de quoy nos prédécesseurs auroyent par leurs édicts et statuts ordonné que tous arrests, jugemens, sentences, provisions, et tout ce qui seroit fait par l'une de nos cours souveraines, baillifs, séneschaux, ou juges seroit exécuté en toutes les jurisdictions, bailliages, séneschaussées et ressorts de nostre royaume, et pays de nostre obéissance, sans demander permission, *placet ne pareatis*, ausdites cours et juges. Lesquels édicts auroyent esté publiez par aucunes de nos cours de parlement, lesquelles néantmoins ont tousjours depuis empesché et empeschent lesdites exécutions. Et quand les parties ou exécuteurs, demandent lesdites permissions ou *pareatis*, ausdites cours et juges, ils ordonnent que les parties, nostre procureur, et les syndics des pays seront appelez : et après les avoir ouys, en font un procez ordinaire. Et enfin refusent lesdites permissions et *pareatis*. Et quand lesdits exécuteurs exécutent lesdites sentences, jugemens ou arrests, sans ladite permission ou *pareatis*, il les condamnent ensemble les parties en grosses amendes, les constituent et detiennent prisonniers, comme si les jugemens avoyent esté donnez par juges estrangers n'estans de nostre royaume et obéissance.

Sçavoir faisons, que nous ayans entendu la pluralité et diversité des plaintes et doléances, qui nous ont esté par plusieurs nos subjects faites du refus que font nosdites cours de parlement, baillifs, séneschaux, et juges de l'octroy desdits *pareatis*, et les procez que leursdites cours leur font sur la requisition d'iceux : considérant que tout ce qui est fait par nosdites cours et juges, est fait souz nos nom et authorité : et partant doit estre exécuté par tout nostre royaume et pays de nostre obéissance : et après que nous avons sur ce eu l'advis de nostre conseil, auquel nous avons mis cette affaire en délibération, avons dit et déclaré, statué et ordonné, et par édict perpétuel et irrévocable, de nos certaine science, pleine puissance et authorité royal, disons, déclarons, statuons et ordonnons :

(1) Que tous arrests, jugemens, décrets, exécutoires, mandemens, et autres provisions, qui ont esté et seront par nous et nostre privé conseil en nostre grand conseil et cours de parlement, chambre des comptes, cours de nos aydes, thrésoriers de France et généraux de nos finances, baillifs, séneschaux, et juges de nostre royaume, ou leurs lieutenans octroyées : et pareillement toutes lettres, et provisions, qui ont esté, et seront octroyées en nostre chancellerie estant lez nous, tant és matières civiles que criminelles, seront exécutées par tout nostre royaume et pays de nostre obéissance : sans que les exécuteurs ni les parties, soyent tenus de demander aucune permission, *placet, visa*, ne pareatis, à nosdites cours de parlement, baillifs, séneschaux, prévosts, ne autres juges, ne leursdits lieutenans.

(2) Et où lesdits présidens, conseillers et autres officiers de nosdites cours souveraines, baillifs, séneschaux, prévosts, juges, ou leurs lieutenans, empescheront lesdites exécutions, ou les parties et exécuteurs, sous couleur de ne leur avoir demandé ledit pareatis, ou qu'ils feront constituer prisonniers lesdites parties ou exécuteurs ou les feront adjourner à comparoir en personne, pour n'avoir demandé ledit pareatis, ou pour avoir procédé à l'exécution sans l'avoir demandé, ou qui s'efforceront prendre de ce aucune cour, jurisdiction et cognoissance : nous avons tant lesdits ordonnateurs, qu'exécuteurs, et autres qui empescheront lesdites exécutions, chargez et chargeons un seul et pour le tout, du payement de la debte et condamnation contenuë esdits arrests, jugemens, sentences exécutoires, et provisions, et de tous despens, dommages et intérests envers la partie : que voulons, après vérification duëment faite dudit empeschement, sans autre figure de procez, estre déclarez et adjugez à l'encontre d'eux présens, ou absens, par le juge qui aura donné le jugement, lettres ou provisions : si n'est qu'il fust question d'adjuger lesdits dommages et intérests à l'encontre des présidens et conseillers d'une de nosdites cours. Au quel cas voulons iceux estre adjugez par la cour de parlement, à laquelle ressortissent les juges, qui ont donné lesdits premiers jugemens.

(3) Et pour ce que les parties condamnées et autres forment oppositions ausdites exécutions, ou appellent d'icelles, de ce que les y veut recevoir, et relèvent lesdites appellations, ou icelles poursuivent, ensemble lesdites oppositions pardevant les juges,

cours, au ressort desquelles sont faites lesdites exécutions : nous avons ordonné et ordonnons que lesdites appellations ne pourront estre relevées ne poursuivies, ne pareillement lesdites oppositions pardevant les juges et cours, au ressort desquelles seront faites lesdites exécutions, ne ailleurs que pardevant les juges et cours qui auront donné lesdites sentences, jugemens ou arrests, dont nous avons ausdits juges et cours inhibé et défendu, inhibons et défendons en prendre aucune cognoissance, aux peines susdites. Voulons néantmoins que où lesdits huissiers, sergens ou exécuteurs, procédans ausdites exécutions, feront ou commettront aucuns abus ou malversations, que les juges des lieux où seront faits lesdits abus, en puissent informer, et envoyer les informations pardevers les juges qui auront donné lesdites sentences, jugemens ou arrests, pour procéder contre les délinquans, ainsi que de raison : sans que lesdits juges qui auront informé, ne autres que ceux qui ont donné les jugemens, en puissent prendre autre cognoissance, laquelle nous leur avons interdite et défenduë, interdisons et défendons, aux peines que dessus. Si donnons, etc.

N° 37. — DÉCLARATION *portant que le roi n'a pas entendu par l'édit du mois de mai* (1) *ôter au parlement de Paris la connoissance des assemblées illicites.*

Fontainebleau, 6 août 1560; reg. au parl. le 7 septembre. (Vol. Y, f° 275. — Font., IV, 250.)

N° 38. — ÉDIT *sur l'exécution des sentences arbitrales et sur la juridiction qui doit connaître de l'appel de ces sentences* (2).

Fontainebleau, août 1560; reg. au parl. le 7 septembre. (Vol. Y, f° 272. — Font., I, 642.)

FRANÇOIS, etc. Comme le vray moyen d'abbréger les procez

---

(1) V. à sa date cet édit qui l'attribuait aux évêques. — Aujourd'hui (1828), les évêques prétendent n'être pas sujets à l'inspection des magistrats civils pour leurs séminaires, grands ou petits, où sont réfugiés les jésuites.

(2) V. l'édit suivant et ci-devant dans notre recueil les lettres patentes de Philippe VI, du 17 février 1349; de Louis XII, la grande ordonnance de juin 1510, art. 54, et ci-après de Charles IX, novembre 1565, 1566. V. l'ouvrage de M. Boncenne, Théorie de la procédure civile, introduction, pag. 351 et suivantes.

soit de venir au devant, et garder qu'ils ne soient amenez par devant les juges, ains décidez hors jugement par accord et transaction d'entre les parties mesmes, ou par arbitres, arbitrateurs et amiables compositeurs, qui sont esleus du commun consentement desdites parties. Toutesfois les esprits des hommes sont si plains de contentions, que ce qu'ils ont peu auparavant accordé et approuvé, tost après ils réprouvent et discordent, contrevenans aux transactions et compromis par eux faits et accordez. Sur quoy nous avons par nostre édict de ce jour mesme, pourveu et ordonné touchant les transactions.

Et au regard des compromis et arbitrages, nostre très-honoré seigneur et bysayeul, le roy Loys douziesme, auroit ordonné que toutes parties qui auront compromis en arbitre, avec peine, pourront des sentences par eux données appeler devant le juge ordinaire. Et où lesdites sentences seroient confirmées, en ce cas ne soit l'appel receu, sinon en payant préalablement la peine apposée en l'arbitrage, sauf à icelle recouvrer (s'il estoit dit) en fin de cause : laquelle ordonnance a esté faite pour abréviation des procez. Toutesfois par la malice des hommes l'effect a esté du tout contraire à l'intention de ladite ordonnance, qui n'apporte que plus grande longueur de procez, et au lieu d'une appellation en faire deux.

Pource est-il, que nous désirans singulièrement oster et abbréger les procez, la longueur desquels ruyne et destruit nos subjets, avons par nostre edict confirmé et authorisé, confirmons et authorisons tous jugemens donnez sur les compromis n'y eust aucune peine apposée, voulans qu'ils ayent telle force et vertu que les sentences données par nos juges, et que contre iceux ne soit receu appelant, que préalablement ils ne soient entièrement exécutez, tant en principal et despens, qu'en la peine, si peine y auroit esté apposée, sans espérance d'icelle peine recouvrer ores que la sentence fust infirmée en tout ou en partie. Et sera le dit appel desdits arbitres ou arbitrateurs relevé en nos cours souveraines, sinon qu'il fust question de choses, dont les juges présidiaux peuvent juger en dernier ressort : auquel cas sera le dit appel relevé pardevant eux.

Si donnons en mandement, etc.

N° 59. — Édit *portant que tous différens entre marchands pour fait de leur commerce, les demandes de partage et les comptes de tutelle et administration seront renvoyés à des arbitres* (1).

Fontainebleau, août 1560. — (Font., I, 643. — Corbin, pag. 766. — Néron, 1, 366.)

François, etc. Le désir que nous avons de faire vivre en paix et repos nos subjects, nous fait penser tous les jours nouveaux moyens, comme nous puissions empescher la naissance des proces, ou aussitost qu'ils sont meuz les esteindre : et d'autant qu'il n'y a rien qui plus enrichisse les villes, pays et royaumes, que le traffic de marchandise, laquelle est appuyée et repose entièrement sur la foy des marchans, qui le plus souvent besongnent de bonne foy entre eux sans tesmoings et notaires, sans garder et observer les subtilitez des loix : dont s'ensuit qu'aucuns cauteleux et malicieux, au lieu de payer ou faire ce qu'ils ont promis, travaillent par procez ceux avec lesquels ils ont négocié et les distrayent de leurs marchandises, tellement que l'assurance et la confiance des uns et des autres est par ce moyen tolluë, et le train de marchandise diminué et anéanty.

Pour à quoy obvier et remédier, avons par l'advis des princes de notre sang, gens de nostre conseil estans lez nous, statué et ordonné, statuons et ordonnons.

(1) Que d'oresnavant nuls marchans ne pourront tirer par procez les uns les autres, pour fait de marchandise par devant nos juges ou autres, ains seront contraints eslire et s'accorder de trois personnages, ou plus grand nombre, en nombre impair, si le cas le requiert, marchans ou d'autre qualité, et se rapporter à eux de leurs différens et ce qui sera par eux jugé et arbitré tiendra comme transaction, ou jugement souverain, sans qu'il soit loisible contrevenir à icelle par approximation ou appellation, ou autrement : et seront tenus nos juges à la requeste des parties, mettre ou faire mettre à exécution sommairement et de plain sans figure de procez, comme s'ils estoient donnez par eux.

Et où lesdites parties ne pourroient ny voudroient convenir desdits personnages, en ce cas le juge ordinaire des lieux les y

---

(1) Cette institution a quelque rapport avec nos tribunaux de commerce. V. la note sur l'édit ci-dessus.

contraindra, et au refus ou délay de les nommer, les choisira et nommera, sans que les parties soyent reçues à appeller de ladite nomination.

(2) Et parce qu'en matière de partage et divisions, il est besoin de prendre arbitres pour diviser et partir deuëment les héritages et bailler soldes et récompenses, qui est chose plus de fait que de droict et aussi pour entretenir paix et amitié entre proches parens, nous ordonnons par ces présentes, qu'en divisions et partages de successions et biens communs de père ou mère, ayeulx, ayeulles et enfans des enfans, frères, sœurs, oncles, et d'enfans de frères et sœurs, et comptes de tutèles, et autres administrations, restitutions de dot et doüaire entre lesdites personnes, seront les parens majeurs d'ans tenus d'eslire et nommer de bons et notables personnages jusques à trois parens, amis ou voisins, par l'advis desquels sera procédé auxdits partages et divisions, reddition desdits comptes et restitutions de dot, ou délivrances dudit doüaire. Et ce qui sera fait par eux aura force de chose jugée et sera mis à exécution par les juges des lieux, nonobstant oppositions ou appellations quelconques et sans préjudice d'icelles. Et ne sera reçu l'appel que préalablement lesdits partages ne soient entièrement exécutez, lequel appel ressortira droit immédiatement à la cour de parlement, où les parties sont demeurantes. Et où l'une des parties sera dilayante, ou refusante de s'accorder d'arbitres, en ce cas y sera contrainte par les juges ainsi que dessus.

Si donnons, etc.

N° 40. — ASSEMBLÉE *de notables* (1).

Fontainebleau, 21 août 1560. (Recueil des états-généraux, tom. X, pag. 296.)

---

(1) Cette assemblée se réunit pendant six séances, et décida, le 26 août, à la grande instance du chancelier L'Hospital, que « les états-généraux se tiendraient « à Meaux le dixième décembre (*), et qu'en attendant on convoquerait ceux « de chaque province pour dresser leurs cahiers et choisir ceulx qu'elles y voudraient députer; que les évesques s'assembleraient le dixiesme de janvier, là « par où le roy se trouverait pour envoyer de là au concile général, ou pour délibérer sur la convocation d'un national au défaut du général; cependant « qu'il ne serait plus procédé par voie de justice contre les religionnaires, sinon « contre ceulx qui s'élèveraient en armes. » V. ci-après les états d'Orléans sous

(*) On décida plus tard que l'assemblée aurait lieu à Orléans.

N° 41. — Édit de convocation des états généraux pour le 10 décembre, à Melun (1).

Fontainebleau, 26 août 1560.

N° 42. — Édit qui exempte les officiers du parlement de Paris de loger chez eux aucune personne de la suite de la cour (2).

Fontainebleau, dernier août 1560, reg. au parl. le 7 septembre. (Vol. Y, f° 271. — Font., I, 998. — Joly, I, addit., pag. 99.)

N° 43. — Édit qui ajourne les états généraux au mois de janvier, et qui fixe Orléans pour point de réunion (3).

Fontainebleau, 1er septembre 1560.

N° 44. — Lettres de confirmation des statuts des marchands apothicaires et épiciers de Paris (4).

Orléans, novembre 1560; reg. au parl le 22 février. (Vol. Z, f° 19. — Font. IV, 462.)

N° 45. — Arrêt d'une commission présidée par L'hospital (5), qui condamne le prince de Condé, chef des protestans, à la peine de mort.

26 novembre 1560.

Charles IX. Le chancelier L'hospital en fesant tous ses efforts pour obtenir la convocation des états voulait opposer un obstacle à l'agrandissement des Guises, devenus menaçans pour le trône des Valois. C'est à leur instigation que fut fait le procès du prince de Condé. (V. ci-après à la date du 26 novembre.) Ce furent eux aussi qui, à l'entrée du roi à Orléans, pour la tenue des états le 14 octobre, firent désarmer les citoyens. L'histoire leur attribue aussi le dessein d'avoir voulu faire assassiner le roi de Navarre dans la chambre même du roi, et ce jeune prince devait, dit-on, porter le premier coup, mais il n'osa donner le signal du crime et Antoine de Navarre échappa au danger qui le menaçait. — (Œuvres du chancelier l'Hospital, par Dufey de l'Yonne, tom. 1er, pag. 369.)

(1) Cet édit fut rendu à la sollicitation de L'hospital, chancelier depuis le mois de juin. — V. ci-après, 1er septembre, l'ajournement des états et la convocation à Orléans.

(2) V. à sa date dans ce recueil l'ordonnance de Louis X, 18 novembre 1315, du roi Jean 1355 sur le droit de prises, et les privilèges de la Cour.

(3) Malgré cet édit, les états furent réunis le 13 décembre. V. à sa date la séance d'ouverture. François II étant mort dans l'intervalle, ce fut sous Charles IX qu'eut lieu la réunion.

(4) V. à sa date l'édit de Charles VIII, août 1484, et la note sur les lettres du 10 avril 1520.

(5) Le chancelier L'hospital refusa de signer l'arrêt, préférant la mort au

N° 46. — **Déclaration** *contenant une profession de foi catholique et ultramontaine à souscrire sous peine du feu par tous ceux auxquels elle serait présentée* (1).

Orléans, novembre 1560.

---

déshonneur. Deux autres membres refusèrent aussi. — Les Guises poursuivirent la condamnation; mais l'arrêt ne fut pas exécuté. Le prince de Condé fut mis en liberté quelque temps après la mort de François II. Il avait réclamé d'être jugé en parlement par la Cour des Pairs. — Ce prince fut tué à la bataille de Jarnac le 13 mars 1569.

(1) Elle fut portée par des courriers et des missionnaires qui avaient ordre d'arrêter les refusans; les protestans s'armèrent.

FIN DU RÈGNE DE FRANÇOIS II.

ORDONNANCES
DES
VALOIS.

BRANCHE DES VALOIS-ANGOULÊME.

CHARLES IX

Succède à François II, son frère, le 5 décembre 1560, à l'âge de dix ans et demi, étant né le 27 juin 1550; sacré et couronné à Reims le 15 mai 1561; mort le 30 mai 1574, à l'âge de 24 ans.

Chanceliers et gardes des sceaux : 1° Michel de L'Hospital par continuation et suivant lettres de confirmation du 5 décembre, suspendu de fait le 24 mai 1568, démissionnaire avec les honneurs et émolumens, le 1ᵉʳ février 1573, mort le 13 mars suivant. — 2° Jean de Morvillier, garde des sceaux sans commission le 24 mai 1568, démissionnaire à Pâques 1571. — 3° René de Biragues, garde des sceaux, sans commission à la démission du précédent jusqu'au 1ᵉʳ février 1573, en titre d'office suivant lettres dudit jour, et chancelier par la démission de L'Hospital et suivant lettres du 6 février.

RÉGENCE.

La reine Catherine de Médicis, mère du roi, régente sans titre, assistée d'un conseil composé du roi de Navarre, des cardinaux de Bourbon, Lorraine, Tournon, Guise et Châtillon, du prince de la Roche-sur-Yon, des ducs de Guise, d'Aumale, d'Etampes, chancelier de L'Hospital, des maréchaux de Saint-André et de Brissac, de l'amiral Coligny, du sieur Dumortier, des évêques d'Orléans, de Valence, d'Amiens et du sieur d'Avanson. — De Laubespine, secrétaire d'état.

N° 1. — Lettres du roi au parlement de Paris à l'occasion de son avènement à la couronne (1).

Orléans, 8 Décembre 1560. (Traité de la majorité des Rois, II, 57. — Mém. de Condé, II, 213.)

N° 2 — Procès-verbal des états-généraux.

Orléans, 13 décembre 1560 (2).

Séance d'ouverture.

Le roi mineur ouvrit la séance en personne, accompagné de la reine sa mère, assise à sa gauche sur un banc de même hauteur, un degré plus bas.

Aux pieds du roi, le duc de Guise, grand chambellan, ayant en main le bâton de grand maître. Le roi de Navarre, le connétable (duc de Montmorency) assis à la droite du roi, le chancelier assis à la gauche.

Au côté droit, un peu à l'écart et au dessous du siège du roi de

---

(1) Le parlement répondit séparément au Roi et à la Reine-mère, nous nous bornons à indiquer ces actes. V. ci-après à la date du 21 décembre l'acte de constitution de la régence.

(2) V. sous François II, 21 août 1560, l'assemblée de Fontainebleau, et ci-après au 1er janvier la seconde séance des états d'Orléans. Henri II en 1558 avait aussi tenu à Paris une assemblée de notables dans laquelle il avait déclaré qu'une foule d'abus s'étaient glissés dans toutes les parties de l'administration, qu'il ne désirait si ardemment la paix que pour se procurer la facilité de les retrancher successivement sans causer une secousse violente à l'état, qu'il prenait dès ce moment l'engagement solennel et qu'il n'avait amené le Dauphin son fils dans cette assemblée qu'afin que s'il venait à mourir avant que d'avoir pu remplir cette obligation, son successeur en demeurât chargé envers la nation. (V. Recueil des états généraux et assemblées nationales, tom. I. 1789.) Ces diverses assemblées de notables, provoquées par le besoin d'argent plus que par celui de faire des réformes utiles, étaient de véritables lits de justice où quelques évêques, seigneurs de la cour, et membres du parlement, représentaient le clergé, la noblesse et le tiers état pour le vote des subsides demandés par le Roi. — Ce fut le chancelier L'Hospital qui provoqua la convocation des états généraux, dont les députés étaient élus par les *états provinciaux* et devaient par conséquent connaître les besoins du peuple. Les états d'Orléans sont les premiers depuis ceux de 1483 sous Charles VIII. V. les états de Tours, dans notre recueil, tom. XI, pag. 18 et suivantes.

Navarre, étaient cinq cardinaux; vis-à-vis d'eux, les princes du sang, et au même rang et siége, les ducs d'Aumale, prince de Joinville et marquis d'Elbeuf, appartenant par les femmes à la famille royale.

Deux dégrés plus bas, le grand écuyer, les maréchaux de Brissac et Saint-André, et l'amiral Coligny.

Les autres bancs de la cour étaient occupés par les surintendans des finances, les membres du conseil du prince, les secrétaires d'état; les évêques et autres députés du clergé au nombre de 118, occupaient l'un des bancs qui étaient placés le long de la salle.

Sur le côté gauche du premier banc étaient les chevaliers de l'ordre, et au-dessous, les gentilshommes députés de la noblesse (on n'a pas les noms et le nombre des députés de la noblesse).

Les autres places des bancs de côté étaient occupées par les députés du tiers-état, au nombre de 225.

Le chancelier L'Hospital ayant, au nom du roi, fait crier par un huissier que chacun eût à se couvrir et à s'asseoir, prit la parole et exposa le motif de la convocation des états dans un discours très long et assez philosophique pour le temps. (Il se trouve rapporté en entier dans les *Œuvres de L'Hospital*, par Dufey de l'Yonne, tome Iᵉʳ, page 375 et suivantes.) Comme les dissensions religieuses étaient entrées pour beaucoup dans les motifs qui avaient provoqué l'assemblée des états-généraux, et qu'il fallait tarir la source de ces querelles, le chancelier proposa la convocation d'un concile national. « Tu dis que ta religion est meilleure, je défends la mienne. Lequel est le plus raisonnable que je suive ton opinion ou toy la mienne? ou qui en jugera, si ce n'est ung sainct concile? Cependant ne remuons rien légèrement; ne mettons la guerre à nostre royaume par sédition, ne brouillons et confondons toutes choses; je vous promets que les roy et reyne n'oublieront rien pour advancer le concile, et où ce remède sauldroit, useront de toutes autres provisions dont ses prédécesseurs roys ont usé, et MM. les prélats et autres gens d'église, s'il leur plaist, feront mieulx qu'ilz n'ont fait cy devant. »

L'Hospital insista beaucoup sur l'emploi des moyens de douceur à l'égard des luthériens. « Regardez, dit-il, comment et avec quelles armes vos prédécesseurs anciens pères ont vaincu les hérétiques de leur temps; nous devons par tous les moyens essayer de retirer ceulx qui sont en erreur, et ne faire comme

« celuy qui voyant l'homme ou beste chargée dedans le fossé, au
» lieu de la retirer, luy donne du pied ; nous la devons ayder
» sans attendre qu'on nous demande secours. Qui fait autrement
» est sans charité : c'est plus haïr les hommes que les vices.
» Prions Dieu incessamment pour eux, et faisons tout ce que
» possible nous sera tant qu'il soit espérance de les réduyre et
» convertir : la douceur profitera plus que la rigueur. Ostons ces
» mots diaboliques, noms de parti, factions et séditions, luthé-
» riens, huguenots, papistes : ne changeons plus le nom de
» chrestien. »

Le chancelier exposa ensuite les besoins de l'État, et termina
en disant que le roi avait recours aux députés des états « comme
» à ceux qui n'ont jamais failli à secourir leur prince ; leur de-
» mande conseil, adviz et moyen de sortir de ses affaires......
» Il espère que l'ordre qui sera donné sera comme ung règlement
» perpétuel pour la maison de France, lequel les roy et royne
» sont bien délibérez de faire garder et entretenir.

» La dernière partie de nostre propos sera que les roy et royne
» entendent qu'avec toute seureté et liberté vous luy proposiez
» vos plaintes, doléances et autres requestes qu'ils recevront
» benignement et gracieusement, y pourveoiront en telle sorte
» que vous cognoistrez qu'ils auront plus d'esgard à vostre profit
» qu'à leur propre qui est l'office d'un bon roy (1). »

N° 3. — ACTE *de constitution de la régence pendant la mino-*
rité du roi (2).

Aux états d'Orléans, 21 décembre 1560. (Traité de la maj. des Rois, II, 13)

Le roi, par le bon et prudent avis de la reine sa mère, qui
désire, sur toutes choses, que l'état de son royaume soit conduit
et mené en la dignité et avec le regard et telle considération que
requiert l'administration d'icelui, a assemblé le roy de Navarre,
les princes de son sang et autres grands et notables personnages
de son privé conseil, pour prendre conseil de la forme et manière que les affaires qui dorénavant se présenteront se devront

---

(1) V. ci-après la seconde séance à la date de du 17 janvier.
(2) Cet acte est en forme de règlement et n'est point signé. V. ci-devant la
lettre du Roi du 8 décembre et ci-après le lit de justice du 17 août 1563 au
parlement de Rouen.

traiter, sur quoi, par leur avis et délibération, a, ledit seigneur roi, déclaré et ordonné ce qui s'ensuit :

(1) Veut et entend que d'ici en avant tous les gouverneurs des provinces et capitaines des places et frontières de ce royaume, estans à la suite de la cour, qui auront quelques affaires pour le regard de leurs charges et le fait d'armes, s'addresseront audit sieur roi de Navarre pour en faire le rapport à ladite dame reine mère qui en ordonnera par l'advis de son conseil, ce qui sera nécessaire.

(2) Semblablement veut ledit seigneur que toutes les lettres et dépesches qui viendront de ses lieutenans-généraux et capitaines des places, soient adressées à ladite dame reine sa mère qui les verra premièrement, et après les envoyera audit sieur roi de Navarre qui les ayant vues aussi en parlera à ladite dame; laquelle, avec son avis et celui des autres princes et seigneurs du conseil, prendra résolution de ce qui se devra faire.

(3) Et afin que toutes choses soient hors de dispute et qu'elles soient maniées et administrées avec plus de commodité, veut et entend S. M. que chacun de MM. les connestable, grand maistre, mareschaux et admiral de France, fassent et décernent leurs offices d'oresnavant avec le pouvoir, autorité et puissance qui leur est attribuée par l'érection et institution d'iceux. Aussi que toutes choses concernant la justice, les finances et la police de ce royaume seront traitées et expédiées audit conseil privé, ladite dame y assistant quand bon lui semblera; sinon lui en sera fait rapport, et suivant la délibération du conseil en seront faites les dépesches par le secrétaire-d'état et scellées par M. le chancelier et non autrement. Et avant que le roy signe aucunes lettres de sa main, elles seront vues et entendues par ladite dame au conseil des affaires du matin.

(4) Veut aussi ledit seigneur que le controlleur des postes mette doresnavant tous les paquets qu'il recevra entre les mains des secrétaires d'état, chacun en sa charge, lesquels, sans aucunement les ouvrir, les présenteront tout fermez incontinent à ladite dame reine mère qui les verra à part, puis les faire lire en pleine compaignie du conseil des affaires, où se prendra la résolution de la réponse qui devra être faite par le roi, accompagnée d'une lettre de ladite dame sa mère.

(5) Pour ce que des choses que S. M. a plus à cœur et en désire plus gratifier ses subjets, c'est la justice, a ordonné que le mardi et vendredi de chacune semaine sera tenu conseil pour les parties

où toutes requestes seront ouyes et pourvû aux supplians en toute borne et briefve expédition de justice et équité. Et le jeudi s'assemblera le conseil où se traitera le fait des finances et autres choses concernant les affaires d'état du royaulme, et n'y entreront outre les secrétaires d'état, que les superintendans et les deux secrétaires ordonnez pour le fait des finances et trésorier de l'espargue et des parties casuelles, non autres.

N° 4. — SECONDE *séance des états généraux.*

Orléans, 1er janvier 1560.

Le roi étant monté sur son siège royal accompagné, comme à la séance du 13 décembre, des princes et seigneurs de la cour, et les députés des états occupant les bancs qui leur étaient réservés, le docteur Quintin, orateur du clergé (1), fit un discours très long où l'on remarque le passage suivant :

« Premièrement, sire, nous vous supplions que si quelque fossoyeur de vieille hérésie par impiété s'ingéroit et vouloit introduire et renouveler aucune secte jà condamnée comme sont toutes celles de ce temps calamiteux et séditieux, et à icelle fin présentât requeste, demandât temple, et permission d'habiter en ce royaume, comme se sont impudemment ou par outrecuidance ingérés naguères aux états particuliers d'aucunes de nos provinces; que tels porteurs de requestes, comme fauteurs d'hérétiques, soient eux-mêmes tenus et déclarés pour hérétiques, et que contr'eux mêmes, comme tels, soit procédé selon la rigueur des constitutions canoniques et civiles : *ut auferatur malum de medio nostri.* »

Plus bas il dit que le clergé demande « instamment, comme chose plus que nécessaire à l'intégrité, à la pure et sincère fidélité de vostre royaume, que désormais tout commerce de quelconque marchandise, livres ou autres, soit interdit, nié et défendu à tous hérétiques, sectateurs, renovateurs et défendeurs de doctrine jà condamnée. »

En second lieu, il demande la conservation des privilèges et immunités du clergé s'appuyant de cette parole de Dieu. Ne

---

(1) Le clergé avait cherché à obtenir que le Cardinal de Lorraine portât seul la parole au nom des trois ordres, mais la noblesse et le tiers état ayant rejeté cette prétention, ce fut le docteur Quintin qui parla pour le clergé.

touchez mes serviteurs et ne soyez malins ni malfaisans à mes prophètes et prédicateurs.

Il demande en outre qu'on restitue au clergé la faculté d'élire ses recteurs et évêques.

Enfin il termine les doléances du clergé par demander qu'on n'admette aux emplois de judicature que *gens ayant fait profession de leur foy telle que le demandons et requérons par nostre cahier, autrement ne soient admis ni reçus ; ains démis et dégradés ceux sentant le contraire.*

Après l'orateur du clergé, de Rochefort, au nom de la noblesse, fit un discours contenant d'abord l'éloge de son ordre, puis il se plaignit que la justice fut passée aux mains du clergé : « Le prêtre doit regarder à son état qui est de prier Dieu et non
» de courir le long des rues pour solliciter, s'embrouiller des af-
» faires temporelles et du monde, et qu'il ne soit scandale ou
» fable au peuple, et n'entreprenne des querelles au lieu de
» chercher, et moyenner la paix et se doit contenter d'un revenu
» pour sone ntretenement, et faire son devoir pour la charge qu'il
» a prise de prier Dieu, prêcher, enseigner et administrer les
» autres comme lumières et soleils de la terre.

» Le règlement et réformation des prêtres, Sire, se peut faire
» quand les contraindrez tous, sans nul excepter, de résider sur
» leurs bénéfices, ainsi que déjà par plusieurs ordonnances et
» édits leur avez commandé ; et là ils communiqueront le bien
» des églises aux pauvres, et se mettront en devoir de faire leur
» estat de prescher. »

Enfin le sieur Delange, au nom du tiers état, demanda comme la noblesse de grandes réformes dans le clergé. Il se plaignit aussi de l'ignorance du peuple, et du luxe ruineux des évêques et prélats. Il termina son discours en suppliant le roi d'avoir égard aux doléances des cahiers du tiers-état.

Chaque orateur déposa ensuite les cahiers de son ordre qui contenaient les réformes à établir sur la religion, sur la justice, dans les universités, sur la noblesse, et enfin des mesures sur la perception des tailles et l'élection des officiers municipaux et des règles générales pour le commerce. Voyez ci-après la grande ordonnance du mois de janvier, rendue sur les remontrances des états.

N° 5. — **Déclaration** *confirmative de l'édit de mai 1560, qui attribue aux prélats la connaissance du crime d'hérésie* (1).

Aux états d'Orléans, 7 janvier 1560, reg. au parl. le 18 mars. (V. I., f. 24. Preuv. des libert. de l'égl. gall. p. 1521.)

N° 6. — **Lettre** *de cachet adressée au parlement de Paris portant ordre de surseoir à toutes poursuites et jugemens pour fait de religion, encore que les prévenus eussent été trouvés assemblés et en armes* (2).

Orléans, 28 janvier 1560, reg. au parl. le 1er mars. — Preuves des libertés de l'église gallicane, p. 1521.)

N° 7. — **Troisième** *séance de l'assemblée des états-généraux.*

Orléans, 31 janvier 1560.

A cette séance, le chancelier l'Hospital étant sur une chaire à côté du Roi et après avoir fait requérir silence de l'assemblée, exposa « les nécessités esquelles le roi et le royaulme estaient
« tombez par la calamité des guerres, mariaiges et autres affaires
« advenues audit royaulme, l'ordre qu'il y voulait donner par les
« édits et ordonnances qui estaient et qui seraient ci-après faites (3)
« selon les mœurs des pays de son peuple et non des estrangers.
« .... Et sur ce que les trois estats avaient requis la suppression
« de plusieurs estats et offices naguères erigez pour la nécessité
« des temps et affaires, remonstra que telles suppressions ne se
« pouvoient faire sans rescompenser et rembourser ceulx qui les
« avoient acheptées du Roy; qu'il falloit avoir patience; qu'on y
« donnerait tel ordre en peu de temps, que chacun en serait con-
« tent et que le tout serait remis en tel estat qu'il estait lors du
« Roy Louis XII et mesme les tailles :
« Toutes fois que cela ne se pouvoit faire sans subvenir et ayder
« le Roy, lequel estait mineur et n'estoit cause des despenses qui
« avoient esté faites. »
Là dessus le chancelier proposa pour couvrir la dette de l'état

---

(1) Cette déclaration fut suspendue le 28 janvier. — V. ci-après l'arrêt d'enreg. du 1er mars, et ci-devant à sa date l'édit de mai.

(2) Nous n'avons pu retrouver que des fragmens de cette lettre. Ils sont insérés dans l'arrêt du 1er mars, V. à sa date.

(3) V. l'ordonnance ci-après; et le recueil des œuvres de L'Hospital, pour le texte entier de cette harangue.

qui montait alors à 43 millions 700,000 liv. que le clergé rachetât les domaines, aides et gabelles de la couronne qui avaient été aliénés. Il ne comprenait pas la noblesse dans cette charge parceque'elle s'était déjà engagée et endettée au service de l'état. Cependant pour couvrir les dettes du Roi et pour que chaque ordre y concourût, le chancelier dit que le conseil du Roi avait avisé d'établir un impôt de 15 liv. tournois sur chaque mine de sel, et aux lieux où il n'y avait gabelles, on prendrait un quart ou autres redevances.

Le chancelier proposa de plus pour le tiers état une augmentation de tailles, fesant observer que le Roi ne demandait ces nouvelles charges que pour six ans au plus; *et si plustôt il se trouvait acquitté de ses dettes, il remettroit le tout à son ancienne forme, et en tel estat qu'il estait du regne du Roi Louis XII.*

Le chancelier finit son discours en disant que comme « les dits « estats avoient remonstré qu'ils n'avoient charge de ceulx qui les « avoient commis d'aucune chose accorder, dit qu'ils se retirassent « en leurs pays et assemblassent par gouvernemens; que dedans « le premier jour de may, ils comparussent à Melun (1) où le « Roy leur feroit response, et que cependant donneroit ordre aux « affaires qui se présenteroient et qu'il suffiroit de chascun gou- « vernement envoyer un personnage duement instruit de ce qu'il « auroit à dire et remonstrer sans entrer en telles despenses qu'ils « estoient venus; les admonestant d'éviter aux dits frais et des- « penses, et d'apporter amples mémoires et instructions de ce « qu'ils auroient à demander et requérir au Roy et au surplus « de vivre en paix, amitiez et concorde les ungs avecque les au- « tres, sous l'obéissance du Roy, leur souverain seigneur, sans « entrer en dissension ou sédition, soit pour le faict de la religion « ou autres affaires. »

N° 8. — ORDONNANCE *générale rendue sur les plaintes, doléances et remontrances des états assemblés à Orléans* (1).

Orléans; janvier 1560, reg. au parl. le 13 septembre 1561. (Vol. L. f° 135. Fontan., 1, 47. — Néron, 1, 568.)

SOMMAIRE.

Clergé (art. 1 à 29 inclusivement).
De la justice et de la police (art. 30 à 104).
(105) *Des universités et de leurs privilèges.*

Des seigneurs, aides et tailles, et dispositions diverses
(art. 106 à 150).

Charles par la grâce de Dieu roy de France : Savoir faisons à tous présens et avenir; que sur les plaintes, doléances et remontrances des députez des trois estats de nostre royaume, rédigées par écrit en la convocation et assemblée d'iceux, faites et continuées en nostre ville d'Orléans, après le décès du feu roy nostre très cher sieur et frere, au mois de décembre dernier : icelles au long vûës en nostre conseil, où ont assisté nostre très honorée dame et mère, nostre très cher oncle le roy de Navarre, et les princes de nostre sang, seigneurs et gens de nostre conseil :

Avons par leurs avis, conseil et mûre délibération, fait et autorisé, faisons et autorisons les ordonnances qui ensuivent.

(1) Tous archevêques et évêques seront désormais, si-tost que vacation adviendra, élûs et nommez : à sçavoir, les archevêques par les évêques de la province et chapitre de l'église archiépiscopale. Les évêques, par les archevêques, évêques de la province et chanoines de l'église épiscopale, appellez avec eux douze gentils-hommes, qui seront élûs par la noblesse du diocèse : et douze notables bourgeois, qui seront aussi élûs en l'hostel de la ville archiépiscopale, ou épiscopale. Tous lesquels convoquez à certain jour par le chapitre du siége vaquant et assemblez, comme dit est, s'accorderont de trois personnages de suffisance et qualitez requises par les saints décrets et conciles, âgez au moins de trente ans, qu'ils nous présenteront ; pour par Nous faire élection de celui des trois que voudrons nommer à l'archevêché ou évêché vaquant (1).

(2.) Et sur la remontrance et requeste des députez desdits estats, à ce qu'à l'avenir aucun vaquant ou annate ne soit payé pour la provision des archevêchez, évêchés, abbayes et autres bénéfices consistoriaux ; avons avisé de traiter et conférer sur ce plus amplement avec les députez de nostre saint père le Pape : et cependant par avis de nostre conseil, et suivant les décrets

---

(1) V. les art. 1, 2, 3, 7 et 8 de l'Ord. de Blois. *Electio est clericorum, consensus Principis, petitio plebis, distin. 62 can. nullus invitis, dist. n. 61 can. nulla ratio, distin. 62 can. porro, can. si per, can. omnis, distin. 63 can. in fine, dist. 23, Concil. de Trente, 8 sess*, c. 13. Et la Nov. 123, d'où semble être tirée cette ordonnance. — V. aussi l'art. 1 des lettres patentes du 10 avril 1571. *Cod. Justin, de Elect. in 6, q. ult. congregatio.*

les saints conciles, anciennes ordonnances de nos prédécesseurs rois, arrests de nos cours de parlement : ordonnons que tous transports d'or ou d'argent hors de nostre royaume, et payemens de deniers, sous couleur d'annate, vaquant ou autrement, surseoiront et cesseront, à peine du quadruple contre ceux qui contreviendront à cette présente ordonnance. (1)

(3) Les abbesses et prieures seront d'oresnavant (vacation avenant) élûes par les religieuses de leurs monastères, pour estre triennales seulement; et sera procédé de trois ans à continuelle élection (2).

(4) Admonestons, et néanmoins enjoignons à tous prélats, patrons et collateurs ordinaires pourvoir aux bénéfices ecclésiastiques; mêmes aux curez et autres ayans charge d'ames, de personne de bonne vie et littérature, et ne bailler aucuns dévolus, plutost et auparavant que le pourvû par l'ordinaire ait esté déclaré incapable. Défendons à tous nos juges avoir aucun égard aux provisions par dévoluts, soient apostoliques ou autres quelconques, auparavant la déclaration d'incapacité.

(5) Résideront tous archevêques, ou évêques, abbez et curez, et fera chacun d'eux en personne son devoir et charge, à peine de saisie du temporel de leurs bénéfices. Et parce qu'aucuns tiennent à présent plusieurs bénéfices par dispense; ordonnons par provision (et ce jusques à ce qu'autrement ait été pourvû) qu'en résidant en l'un de leurs bénéfices, ou en charge, requérant par nosdites ordonnances, résidence et service actuel (dont ils feront dûement apparoir) seront excusez de la résidence en leurs autres bénéfices : à la charge toutefois qu'ils commettront vicaires, personnes de suffisance, bonne vie et mœurs; à chacun desquels ils assigneront telle portion du revenu du bénéfice qu'il puisse suffire à son entretenement. Autrement à faute de ce faire, admonestons, et néanmoins enjoignons à l'archevêque ou évêque diocésain y pourvoir. Commandons très-expressément à nos juges et procureurs y tenir la main, et faire saisir sans dissimulation le temporel des archevêchez, abbayes, ou autres des susdits bénéfices, un mois après qu'ils auront dénoncé et interpellé les prélats de résider eux-mêmes, et faire résider les titu-

---

(1) Les défenses ci-dessus contenues furent levées par édit du 10 janvier 156.. concile de Basle, sess. 11.
(2) V. l'art. 5 de l'ord. de Blois. *Vide Conc. Trident.* sess. , can et can. , c. 12.

laires en leurs bénéfices, et satisfaire au contenu de cette présente ordonnance. Enjoignons à nosdits juges et procureurs faire procès-verbaux de non résidence et saisies, qu'ils envoyeront de six en six mois en nostre conseil privé, sans qu'ils puissent prendre aucune chose pour les saisies, mains-levées, ou sous prétexte d'icelles, à peine de privation de leurs offices. (1).

(6) Visiteront les archevêques, évêques, archidiacres en personne, les églises et cures de leurs diocèses, et taxeront leur prétendu droit de visitation si modérément que l'on n'ait occasion de s'en plaindre (2).

(7) Enjoignons aux prélats qui par maladies, anciens âges ou autrement, ne pourroient vaquer à leurs charges, et veiller sur leur troupeau, prendre et recevoir coadiuteurs et vicaires, personnages de qualitez requises, tant pour la prédication de la parole de Dieu, qu'administration des saints sacremens; ausquels pour ce faire lesdits prélats assigneront, et seront tenus bailler pension raisonnable. Et à faute de ce faire, nos officiers des lieux nous en avertiront sans dissimulation pour y pourvoir (3).

(8) En chacune église cathédrale ou collégiale, sera réservée une prébende affectée à un docteur en théologie, de laquelle il sera pourvû par l'archevêque, évêque, ou chapitre, à la charge qu'il prêchera et annoncera la parole de Dieu chacun jour de

---

(1) V. les art. 14, 15, de l'ord. de Blois, et l'art. 29 de l'ord. de Roussillon.
La résidence des archevêques, évêques, prélats, recteurs, curés et autres bénéficiers, est requise : *Ne conductitiis presbyteris Ecclesiæ committantur, in penultimo et ult.* 21 quæst., 2 cap. *quoniam. Ne prælati vices suas*, etc. D'autant qu'il n'y a si petit bénéfice qui ne requière sa résidence, cap. *Qui in tantum, et toto titulo. De clericis non residentibus*, cap. *ex parte de offic. Vic. c. pervenit. de appel. can. Sanctorum*, 70 dist. *execrabilis de præbend. in extravag. comm.*

(2) V. l'ord. de Blois, art. 27, 52 et 52.
De la visitation des archevêques, évêques et prélats : *Vide cap. inter cæt. a Offic. ordin. c. Romana. c. Procurationes, c. cum venerabilis de censib.* in sexto cap. *decrevimus, o. placuit, cap. episcopis* 10, quæst. 1, cap. *visitandi non semel* 18, quæst. 2, *procurationes.* Concile de Trente, sess. 8, *Can.* 5, et s. 3, c. 34.

(3) V. o. *de rectoribus*, cap. *penult. et ult. de Clericis ægrotant.* c. *qualiter et eg. c. nihil et seq.* 7, quæst. 1, c. 1, *in eodem titulo in sexto. Glossa cap. quod in infirmitate* 55 dist. c. *venerab., de offic. deleg. c. is cui de elect.*, in sexto c. *grandi de supp. de neg. Prælat. in sext. Euseb. hist. Eccles.*, lib. 1, cap. 9.

dimanche et festes solemnelles. Et és autres jours il fera et continuera trois fois la semaine une leçon publique de l'écriture sainte. Et seront tenus et contraints les chanoines y assister par privation de leur distribution (1).

(9) Outre ladite prébende théologale, une autre prébende ou le revenu d'icelle demeurera destiné pour l'entretenement d'un précepteur, qui sera tenu, moyennant ce, instruire les jeunes enfans de la ville gratuitement et sans salaire : lequel précepteur sera élu par l'archevêque, ou évêque du lieu, appellez les chanoines de leur église, et les maire, échevins, conseillers ou capitouls de la ville, et destituable par ledit archevêque ou évêque, par l'avis des dessusdits (2).

(10) Ordonnons que les deniers et revenus de toutes confrairies, (la charge du service divin déduite et satisfaite) soient appliquez à l'entretenement des écoles et aumônes ès plus prochaines villes et bourgades où lesdites confrairies auront été instituées, sans que lesdits deniers puissent estre employez à autre usage, pour quelque cause que ce soit. Commandons très-expressément à nos officiers, et aux maire, échevins, capitouls et conseillers des villes et bourgades, chacun en son endroit, d'y avoir l'œil, à peine de s'en prendre à eux. (3)

(11) Tous abbez, abesses, prieurs, prieures, (non estans chefs d'ordre) ensemble tous chanoines et chapitres, tant séculiers et des églises cathédrales ou collégiales, seront indifféremment sujets à l'archevêque ou évêque diocésain, sans qu'ils puissent s'aider d'aucun privilege d'exemption; et pour le regard de la visitation et punition des crimes, nonobstant oppositions, ou appellations quelconques et sans préjudice d'icelles, desquelles nous avons évoqué la connaissance, et icelle retenuë en nostre conseil privé. Demeureront toutefois aux abbez, abbesses, prieurs et prieures, la visitation et correction accoutumée sur leurs re-

---

(1) V. l'art. 25 de l'ord. de Blois. Maynard en ses Questions de droit, liv. 1, chap. 9, 10, 11, 12 et 13.
(2) V. l'art. 185 et suivans de l'ord. de 1539. *De collegis artificum*, vide l. 1, 2 et 3. *De coll. et corp.*, et l. 1, Cod. de monopol.
(3) V. l'art. 27 de l'ord. de Blois, et l'art. 3 de l'édit de 1606; aussi pour la visitation des évêques.
Les évêques sont fondés au droit de visitation : Can. *illud de alienat.* cap. *cum in cunctis de elec.* can. *clericos distinct.* 71. Can. *nullus alternis*, Can. *nullus alternis*, can. *nullum* 9, quæst. 9.

ligieux et religieuses, par faute d'observance de leur regle.

(12) Défendons à tous prélats recevoir en leur diocese les prestres qui se disent de leur diocese, et promouvoir aux ordres par lettres dimissoires, sans grande et juste cause, et à l'ordre de prestrise qu'il n'ait l'âge de trente ans, et que les probité, bonnes mœurs, littérature, même ès saintes lettres, ne soient connues. Ayant aussi bien temporel ou bénéfice suffisant pour se nourrir et entretenir: lequel revenu temporel sera certifié sans fraude par devant le juge ordinaire, de la valeur de cinquante livres tournois par an; au moins par quatre bourgeois ou habitans du lieu, solvables, qui seront tenus fournir et faire valoir ladite somme. L'avons déclaré le revenu temporel inaliénable, et non sujet à aucunes obligations et hypoteques créez depuis la promotion de prestre durant sa vie. (1)

(13) L'archevêque ou évêque qui contreviendra à cette ordonnance, sera tenu nourrir à ses dépens celui qu'il aura promû à l'ordre de Prestre, et y sera contraint par saisie de son temporel, jusqu'à ce qu'il l'aura pourvû de bénéfice compétent (2).

(14) Sera enjoint à tous prestres se retirer en leurs bénéfices, ou biens suffisans pour les entretenir selon leur estat, ou qui sont habituez et servans ordinairement aux églises cathedrales, collegiales, parochiales: admonestans et enjoignans aux prélats de les recevoir en leurs diocèses, et ausdits prestres s'y contenir honnestement, étudier, et s'employer à exercices honnestes pour gagner leur vie. (3)

(15) Défendons à tous prélats, gens d'église et curez, permet-

---

(1) V. l'art. 29 de l'ord. de Blois.
Pour l'âge des prestres; *Vide Can. in veteri Canon. Episcop. distinct.* 7, *can. nemo, can. Presbyt. distinct.* 78, *et Novel.* 123. § *Presbyterum* sess. 6, lesquels droits est fondé cet art. 12. Neaumoins, l'art. 29 des états de Blois, qui est pris du concile de Trente, sess. 7, can. 1, y déroge: *Vide dict. canon. subdiaconus. Canon. cum in cunctis, paragr. inferiora. de elect. cum neminem, et canon. dist.* 70. Par lesquels l'ordre conféré est annulé: *Ex lege vell. Justin. de numero clericorum per Julianum. V. non liceat Clericis danare vel creare, nullas autem eis alimonias præstare: sed duorum alterum, vel non faciat clericos, vel si fecerit, det eis unde vivere possint.*

(2) Cet article est pris du concile de Latran, sous Alexandre III, cap. 3, cap. ipse. de præbend. in Decretal.

(3) V. l'art. 17 de l'ord. de Blois. Les prestres ne pouvoient estre reçus sans lettres de leurs évêques en un autre évêché. *Can. ult. dist.* 21. *Can. oport. dist.* 5. *Vide can.* 49 *et* 52, *dist.* 91, d'où semble être tiré cet art. 14.

être exigé aucune chose pour l'administration des saints sacremens, et toutes autres choses spirituelles, nonobstant les prétendues loüables coutumes et commune usance, laissant toutefois à la discrétion et volonté d'un chacun donner ce que bon lui semblera (1).

(16) Et afin que les curez puissent sans aucune excuse vaquer à leurs charges : enjoignons aux prélats procéder à l'union des bénéfices, distribution des dixmes, et autre revenu ecclésiastique, suivant la forme des saints décrets (2).

(17) Ne pourront les prélats en quelque manière que ce soit, bailler à ferme le spirituel de leurs bénéfices, ni leurs vicariats à leurs fermiers (ausquels vicariats ou vicaires fermiers) défendons à nos juges avoir aucun égard, et ne bailler à ferme le temporel de leurs bénéfices aux étrangers qui ne seront naturalisez, habituez et mariez en ce royaume, à peine de saisie dudit temporel, qui sera distribué aux pauvres des lieux (3).

(18) Ne pourront aussi les prélats, gens d'églises et officiaux, décerner monitions, et user de censures ecclésiastiques, sinon pour crime et scandale public (4).

(19) Défendons aux pères et mères, tuteurs et parens, de permettre à leurs enfans ou pupiles, faire profession de religieux ou religieuses, qu'ils n'ayent, sçavoir est, les masles vingt-cinq ans et les filles vingt ans. Et où avant ledit temps, lesdites professions se feroient, pourront lesdits profès disposer de leur portion héréditaire, échûë ou à écheoir en ligne directe ou collatérale, au profit de celui de leurs parens que bon leur semblera, et non du monastère. Et pour cet effet, les avons dès à présent déclarez capables de succéder et tester, nonobstant ladite profession, toute rigueur de droit ou coutumes à ce contraire (5).

(20) Ordonnons et enjoignons aux supérieurs et chefs d'ordre, vaquer et procéder diligemment à l'entière réformation des mo-

---

(1) V. les art. 12, 20 et 171 de l'ord. de Blois, et l'art. 2 de l'ord. de 1539. Conc. Trident. sess. 9. Can. 13.
(2) V. les art. 22 et 23 de l'ord. de Blois, et le 18 de l'édit de 1606 en faveur du clergé. V. le Concile de Trente, sess. 2, Can. 15, 17.
(3) V. les art. 4, 45, 48, 61 de l'ord. de Blois, et l'art. 76 de l'ord. de Moulins.
(4) V. les art. 21 et 48 de l'ord. de Blois, et le 18 de l'édit de Charles IX, de 1571. V. Titulum de sentent. excommunic. c. nemo 11, quæst 3.
(5) V. l'art. 55 de l'ord. de Moulins, 18 de l'ord. de Blois, et l'art. 77 de l'ord. de 1539.

nastères de nos royaumes et païs de nostre obéissance, selon la première institution, fondation et règle. En chacun desquels monastères sera entretenu et stipendié aux dépens de l'abbé ou prieur, un bon et notable personnage, pour y enseigner les bonnes et saintes lettres, et former les novices en mœurs et discipline monastique. Et ce qui sera ordonné par lesdits réformateurs, sera réellement et de fait exécuté, nonobstant oppositions ou appellations quelconques (1).

(21) Enjoignons à nos juges et procureurs, faire saisir et tenir sous nostre main le revenu des bénéfices non desservis, et faire procès-verbaux des ruines et démolitions, qu'ils envoyeront à l'archevêque ou évêque diocésain, auquel nous enjoignons y pourvoir, et faire entretenir les fondations.

(22) Défendons à tous juges de nos royaumes et païs de nostre obéissance, d'avoir aucun égard en jugeant le possessoire des bénéfices, aux provisions obtenuës par prévention en forme de regrez, graces expectatives et autres semblables, ni aux dispenses octroyées contre les saints décrets et conciles, à peine de privation de leurs offices, et ne pourront les impétrans desdites provisions ou dispenses, s'en aider, s'ils n'ont de nous congé et permission (2).

(23) Commandons très expressément à tous nos juges, garder et observer contre les blasphémateurs du nom de Dieu, et autres sans de blasphèmes exécrables, les ordonnances du feu roi saint Louis, et autres rois nos prédécesseurs. Défendons à tous juges permettre qu'ès jours de dimanches et festes annuelles et solemnelles, aucunes foires et marchez soient tenus, ni danses publiques faites : et leur enjoignons de punir ceux qui y contreviendront (3).

(24) Défendons à tous joüeurs de farces, basteleurs, et autres semblables, joüer esdits jours de dimanches et festes, aux heures du service divin, se vestir d'habits ecclésiastiques, joüer choses dissoluës et de mauvais exemple, à peine de prison et punition

---

(1) V. l'art. 25 de l'ord. de Blois.

(2) V. les art. 56, 57 et 58 de l'ord. de 1539, et pour les provisions in forma dignum; l'art. 12 de l'ord. de Blois.

(3) V. l'art. 86 de l'ord. de Moulins; l'art. 35 et 38 de l'ord. de Blois, et l'art. 9 de l'édit de 1606. *Cap. irreligiosa de conscer. dist. 3, c. 1, ext. de feriis.*

porelle, et à tous juges leur bailler permission de joüer durant esdites heures (1).

(25) Défendons aussi à tous cabaretiers, taverniers et maistres de jeu de Paume, recevoir esdites heures du service divin, aucunes personnes de quelque qualité qu'ils soient. Et à tous marchans et habitans, bourgades et villages, même à ceux qui sont mariez et ont ménage, aller boire ou manger ès tavernes et cabarets : et ausdits taverniers et cabaretiers les y recevoir, à peine d'amende arbitraire pour la première fois, et de prison pour la seconde : enjoignons à tous juges ne permettre qu'il soit aucunement contrevenu au contenu ci-dessus, à peine de suspension d'estats et privation d'iceux, en cas de longue dissimulation et connivence (2).

(26) Et parce que ceux qui se meslent de prognostiquer les choses advenuës, publians leurs almanachs et prognostications, passent les termes d'astrologie, contre l'exprès commandement de Dieu, chose qui ne doit estre tolérée par les princes chrétiens : nous défendons à tous imprimeurs et libraires, à peine de prison et d'amende arbitraire, d'imprimer ou exposer en vente aucuns almanachs et prognostications, que premièrement ils n'ayent été visitez par l'archévêque ou évêque, ou ceux qu'il commettra : et contre celui qui aura fait et composé lesdits almanachs, sera procédé par nos juges extraordinairement et par punition corporelle (3).

(27) Ne pourront les curez, vicaires, ou autres gens d'église, recevoir les testamens et dispositions de dernière volonté, esquels aucune chose leur soit léguée ou donnée (4).

---

(1) V. les art. 58 et 80 de l'ord. de Blois, et ci-devant les lettres patentes de François II, mars 1559.
De Histrionibus, vide Alexandrum ab Alexandro genialium dierum libro quinto, capite sexto. Caelium Rhodiginum, libro 8, c. 7. Dion. cas., lib. 57. Clem. Alexandr. lib. 3 pædago.
Il est défendu aux bateleurs ou comédiens de se servir en leurs farces et comédies d'habits de religieux ou religieuses, l. 4, C. de Episc. aud. Nov. 123, c. 44.

(2) V. l'art. 82 de l'ord. de Moulins, et les art. 58, 360, et 361 de l'ord. de Blois.

(3) V. l'art. 63 de l'ord. de Blois, et les art. 76 et 77 de l'ord. de Moulins. Par la bulle du pape Léon X, du 4 mai 1515, il est défendu de mettre aucun livre en lumière sans qu'il soit vu et visité.

(4) V. l'art. 63 de l'ord. de Blois, qui limite celui-ci. Les art. 5 et 5, C. de his qui sibi adscrib. in testam., l. 1 et 5; de his quæ pro non script., liv. 14.

(28) Toutes personnes ecclésiastiques pourront estre indifféremment exécutées en leurs meubles, sauf ès ornemens servans et destinez à l'église, leurs livres, vestemens ordinaires et nécessaires (1).

(29) Défendons à tous prélats et gens d'église, de vendre ne faire couper bois de haute fustaie, autres qu'abatus par tourmente et impétuosité de vents, et sans fraude, à peine de saisie de leur temporel. Et avons dès à présent révoqué toutes permissions de faire couper et abbattre bois de haute fustaye : en défendant à toutes personnes de quelque condition qu'ils soient, d'acheter des gens d'église bois de haute fustaye, sous nostre nom ou des officiers de nostre artillerie, ou autres qui se prétendent privilégiez, à peine de recouvrer sur eux le prix dudit bois acheté, encore qu'il fût payé (2).

(30) Par édit perpétuel et irrévocable, dès maintenant comme pour lors, quand vacation adviendra, avons supprimé tous officiers de judicature et de finance : et tous autres créez et érigez pour quelque cause ou occasion que ce soit, depuis le règne et décès de nostre très-honoré seigneur et bisayeul le roy Louis XII, jusques à ce qu'ils soient réduits à un tel estat et nombre qu'ils estoient lors et au temps dudit décès, sans que nous ou nos successeurs à la couronne y puissions pourvoir. Défendons à nos parlement, chambre des comptes, et tous autres nos officiers avoir aucun égard aux lettres de provision obtenuës au contraire, par importunité ou autrement (3).

(31) A l'avenir, nul de quelque qualité qu'il soit, ne pourra obtenir qu'un seul office (4).

(32) Ne seront aussi reçûs en un même parlement, chambre des comptes, ou autres cours souveraines, ni en un même siège, le père et le fils, deux frères, l'oncle et le neveu. Et avons dès à présent déclaré nulles toutes lettres de dispense qui seroient ob-

---

et 15. D. ad l. Corn. de fals. Sueton. in Neron. cap. 7. Sur l'art. 292 de la Coûtume de Paris.

(1) V. l'art. 157 de l'ord. de Blois.

(2) V. l'art. 358 de l'ord. de Blois.

(3) V. l'ord. de Blois, art. 100, et depuis l'art. 210 jusqu'à l'art. 255 inclusivement, et les art. 270 et 271 ; l'ord. de Moulins, art. 15, 16 et 84, et l'art. 24 de l'ord. de Roussillon.

(4) V. l'art 267 de l'ord. de Blois. Justin. in l. 5. C. qui mil. poss. vel non l. 12. Vide Joan. Fab. lib. 1, cod. tit. Accurs. int. 10. C. de prox. sacr. et l. paragr. nec sit. de adsessor. et domest. et cancell. Judic.

tenuës au contraire, pour quelque cause et occasion que ce soit (1).

(33) Avons aussi supprimé tous offices de maistres des requestes extraordinaires, et révoqué toutes provisions obtenuës desdits offices, pour quelque cause que ce soit, sans qu'à l'avenir aucun puisse estre pourvû d'iceux, soit en titre d'office ou autrement, attendu que le nombre de nos maistres des requestes ordinaires peut suffire au service qu'ils sont tenus faire, tant à nostre suite qu'en nos chancelleries. Et ne sera permis à aucuns de nos présidens ou conseillers de nos cours souveraines ou autres, de nous rapporter requestes ou en nostre conseil privé : ains voulons nosdits conseillers, maistres des requestes ordinaires, faire leur estat et charge, ausquels enjoignons faire les chevauchées qu'ils seront tenus faire, et mettre leurs procès verbaux pardevers nostre très-cher et féal chancelier. Et faisant lesquelles chevauchées par les provinces de leur département, pourront recevoir les plaintes de toutes personnes, et les insérer en leurs dits procès verbaux.

(34) Et parce que nos sujets sont grandement travaillez des jurisdictions extraordinaires, par le moyen desquelles ils sont contraints plaider loin de leurs maisons et domiciles, reconnoissant que l'office d'un bon roy, est de faire rendre à ses sujets prompte justice sur les lieux. Avons par l'avis que dessus supprimé les sieges et officiers des requestes établis en aucuns nos parlemens, et seront remboursez de la finance qu'ils feront apparoir avoir payé sans fraude au trésorier des parties casuelles, demeurant seulement le siége des gens tenans les requestes du palais à Paris, qui est d'ancienne institution, lequel sera réduit au nombre qu'il estoit au temps dudit feu roy Louis XII sans que les offices de conseillers et commissaires ausdites requestes, puissent estre démembrez, ni que par nous ou nos successeurs soit pourvû à la commission desdites requestes, d'autre personne que d'un conseiller en nostre cour de parlement : laquelle cour, vacation avenant pour la réduction, procédera en la forme accoutumée, en la nomination de trois des anciens conseillers d'icelle, pour par nous ou nostre successeur à la couronne, élire et pourvoir l'un d'iceux. Défendons aussi à nos gens tenans les requestes du Palais à Paris, d'entreprendre autre connaissance que des causes

---

(1) V. l'art. 95 de l'ord. de Moulins, et l'art. 116 de celle de Blois.

qui leur sont commises par nos lettres de garde gardienne et committimus (1).

(35) Et sur la réformation requise par les députez des estats tenus audit Orléans, des siéges, jurisdictions et officiers du trésor, des eaues et forests, maréchaussée, admirauté, et tous extraordinaires : avons par l'avis de nostre conseil, et pour aucunes considérations différé pourvoir ci-après.

(36) Ne pourront nos sujets ou autres, en vertu de quelque transport que ce soit (encore qu'il fût fait ès cas de l'ancienne ordonnance de père à fils, et de frère à frère, et d'oncle à neveu) faire appeler ou ajourner l'un l'autre pardevant les gens tenans lesdites requestes du palais à Paris, le conservateur des priviléges royaux ou apostoliques, ni autres juges des exempts ou privilégiez, ains se pourvoiront pardevant les juges ordinaires.

(37) Les gens tenans nostre grand conseil, ne connoistront désormais, et ne pourront entreprendre la jurisdiction d'autres matières et causes, que de celles qui leur sont attribuées par leur création et institution. Sauf toutefois que les procès pendans de présent audit grand conseil y seront jugez et terminez.

(38) Les prétendans nullitez et contrarietez des arrests de nos cours souveraines, seront jugez où les arrests auront esté donnez, suivant les édits sur ce faits : et les requestes de récusations qui seront proposées contre nos parlemens et cours souveraines, seront envoyées à nos conseillers maistres des requestes ordinaires de nostre hostel, qui se trouveront à notre suite, pour en faire le rapport, et les juger en nostre conseil privé (2).

(39) Avenant vacation d'offices en nos parlemens et cours souveraines, après la réduction faite à l'ancien nombre et état, voulons et entendons que l'ordonnance faite pour les élections soit gardée. Et quant aux siéges subalternes et inférieurs, nos officiers du siége où l'office sera vaquant, s'assembleront dedans trois jours et appellez les maires, échevins, conseillers et capitouls de la ville, éliront trois personnages qu'ils connoistront en leur conscience les plus suffisans et capables ; qu'ils nous nommeront et présenteront, pour à leur nomination pourvoir celui des trois qu'aviserons (3).

---

(1) V. l'édit d'érection des juges et Consuls de Paris, l'art. 16 de l'ord. de Roussillon, et l'art. 577 de l'ord. de Blois.
(2) V. l'art. 20 du tit. 35 des requêtes civiles de l'ord. de 1667.
(3) V. les art. 9 et 11 de l'ord. de Moulins.

(40) Ne pourront ceux, de quelque qualité qu'ils soient, qui ennent par bien fait, engagement ou autrement, terres du domaine de nostre couronne, vendre directement ou indirectement offices de judicature ; ce que leur défendons très expressément : ns seront tenus pourvoir ou nous nommer l'un des trois qui aura été élu par les siéges en la forme que dit est : et ne pourront ourvoir ou nommer aux offices supprimez, tant par cette ordonnance, qu'édits ci-devant faits, d'autant que c'est chose qui oche le bien et intérest public. (1).

(41) Avons pareillement supprimé tous offices de nostre cour chambre de nos monnoyes à Paris, jusques à ce qu'ils soient duits au nombre ancien : et la réduction faite, y sera pourvû personnes expérimentées au fait des monnoyes et métaux qui ront incorporez ; comme d'ancienneté au corps de nostre chambre des comptes : et n'auront autre connoissance que du jugement des boëtes, lesquelles leur seront apportées chacune année our les juger, et dresser les états des maistres des monnoyes. Et uant à la punition des fautes et abus qui se commettront au fait s monnoyes, tant par les officiers d'icelles, que faux monyeurs, appartiendra et demeurera à nos baillifs et sénéchaux, u leurs lieutenans (2).

(42) Pour faire garder égalité en l'administration de justice : rdonnons et enjoignons à nos amez et feaux présidens faire appeler les causes des appellations verbales selon l'ordre et tour des ôlles ordinaires et des provinces, sans continuer et interposer ucune cause par placets ou requestes, pour quelques personnes ue ce soit. Pourront toutefois pour l'expédition des causes privilégiées, et autres qu'ils aviseront, faire un rôlle extraordinaire, uquel l'on plaidera les jeudis seulement. Ordonnons aussi les rocès par écrit estre jugez à tour de rôlles, qui seront faits selon a datte des conclusions reçuës au greffe, appellez par les présidens des chambres quatre conseillers d'icelles ; lesquels procès eront jugez sans interruption, et sans pouvoir mettre sur le bureau un autre procès avant la conclusion de celui qui auroit été ommencé : et de l'observance de cette ordonnance chargeons honneur et conscience des présidens et conseillers de nos parlemens et cours souveraines (3).

---

(1) V. les art. 100, 101, 331, 333 de l'ord. de Blois.
(2) V. l'art. 252 de l'ord. de Blois.
(3) V. l'ord. de 1539, art. 119, 122 et 125 ; l'ord. de Blois, art. 124 et 125. t l'ord. de Moulin, art 60.

(43) Défendons à tous nos juges, avocats et procureurs, tant en nos cours souveraines, que siéges subalternes et inférieurs, de prendre ou permettre estre pris des parties plaidantes, directement aucun don ou présent, quelque petit qu'il soit, de vin ou autre chose quelconque, à peine de crime de concussion; n'entendons toutefois y comprendre la venaison ou gibier pris és forests et terres des princes et seigneurs qui les donneront (1).

(44) Défendons aussi à nos juges, tant ès cours souveraines que subalternes et inférieures, et à nos avocats et procureurs, d'accepter gages ou pensions des seigneurs ou dames de ce royaume : prendre bénéfices de leur archevêque ou évêque, abbez, prieurs ou chapitres qui sont ès sénéchaussées, prévostés et provinces où seront officiers, soit pour eux, leurs enfans, parens ou domestiques ; à peine de privation de leurs états, nonobstant toutes dispenses qu'ils pourroient obtenir au contraire.

(45) Au jugement des propositions d'erreurs qui seront reçues contre les arrests de nos cours souveraines, seront appellez et assisteront ceux qui auront donné le premier arrest : et au lieu des décédez ou malades, autres seront appellez ; outre lesquels assistera encore pareil nombre de juges que celui du premier arrest et deux davantage : de manière que s'ils étoient dix au premier jugement, ils seront vingt-deux pour le moins au jugement de la proposition d'erreur ; laissant néanmoins à la discrétion des gens tenans nostre parlement à Paris d'augmenter le nombre, ainsi que l'on a accoutumé faire selon l'exigeance des cas et matières (3).

---

(1) V. les art. 19 et 20 de l'ord. de Moulins et l'art. 115 de l'ord. de Blois. Bart. in l. lex Julia, § ad parent. D. ad leg. Jul. repetund., l. plerisque D. de offic. præsid., l. solent. § non vero. D. de offic. Procons., l. 6., et D. l. Jul. repetund., 1, 2, 3, C. ad l. Jul. pecul., l. 1. § jubemus, C. de offic. præf. Afric. Nov. 8, et ibi Glossa. Cic. 4, verr., cap. statutum §, in super. descrip. ext.

(2) V. les art. 19 et 20 de l'ord. de Moulins, et l'ord. de Blois, depuis l'art. 113 jusqu'au 115.
Par ordonnance de Louis XII, publiée en 1499, il est défendu à tous juges d'assister aux jugemens des procès et causes des prélats et seigneurs par lesquels leur aura esté conféré ou à leurs enfans bénéfice ou office ; mais cela ne s'entend pas des bénéfices qui ont esté conférés par nécessité ; à sçavoir par les nominations, mandats ou indults. Ainsi jugé par arrest de Paris du 1er aoust 1543.

(3) V. les art. 155, 156, 157 et 158 de l'ord. de 1539.
Les propositions d'erreur ne sont plus en usage. V. l'art. 25 du tit. 12 de l'ord. de 1667.

(46) Toutes exécutions d'arrest s'addresseront et seront exécutées par les juges des lieux, et non par les présidens ou conseillers de nos cours souveraines, si les deux parties ne le requièrent et consentent, ou que l'une d'icelles voulût le faire à ses dépens, qu'elle ne pourra aucunement répéter (sinon au cas qu'il fût question de cinq cent livres tournois de rente, ou de dix mille livres tournois pour une fois : au cas aussi que le président ou conseiller seroit trouvé sur les lieux, ou à une journée; pourvu et à la charge qu'il ne prendra aucune chose pour l'aller ni retour :) et de cette ordonnance avons excepté les exécutions des arrests préparatifs, donnez d'office ès matières criminelles qui seront d'importance, dont nous chargeons l'honneur et conscience de nos présidens et conseillers (1).

(47) Les dépens adjugez tant en nos cours souveraines, qu'autres jurisdictions, seront taxez par un seul commissaire, qui ne pourra taxer salaire qu'à raison et pour le temps qu'il y aura vaqué : et seront les déclarations de dépens écrites en papier, chaque page contenant vingt lignes au moins : et ne taxe au procureur tant pour ses peines et vacations, que du feuillet écrit plus de huit sols tournois esdites cours souveraines; et aux autres subalternes et inférieures, à la raison de ce qui est accoutumé estre taxé pour feuillet, pourvû qu'il n'excède quatre sols tournois (2).

48. Résideront nos baillifs et sénéchaux en personne, déclarans les offices de ceux qui ne résideront vaquans et impétrables; et vacation avenant, n'y sera par nous ou nos successeurs pourvû que de personnes de robe-courte, gentils-hommes, et de qualité requise, sans que tels offices puissent estre vendus directement ou indirectement.

(49) Seront tenus lesdits baillifs et sénéchaux visiter les provinces quatre fois l'année, et plus souvent si besoin est, oüir les plaintes de nos sujets, tenir la main à ce que la force nous demeure et les arrests, jugemens et sentences soient exécutées, conférans avec leurs lieutenans desdites plaintes et doléances, pour y pourvoir, et en feront procès verbaux, qu'ils envoyeront à nostre très-cher et féal chancelier.

(50) Pour donner ordre certain à la multiplication des degrez

---

(1) V. l'ord. de Blois, art. 151 et 179; l'ord. de 1559, art. 113; l'art. 32 de l'ord. de Roussillon.
(2) V. l'ord. de 166., tit. 31.

de jurisdiction, qui est l'une des causes de la longueur des procès : nous avons dès à présent, quand vacation aviendra, supprimé les siéges et offices de nos prévosts, viguiers, allouez, leurs lieutenans, avocats et greffiers esdits siéges, et tous autres officiers subalternes des baillifs et sénéchaux en mêmes villes; ordonnons qu'en chaque ville où la justice est exercée sous nostre nom, n'y aura que le siége du baillif, sénéchal, ou autre principal siége ressortissant sans moyen à nostre cour de parlement; et s'il avient que nostre lieutenant général précède nostre prévost ou autre juge inférieur en même ville, qui soit capable et suffisant, ledit prévost ou autre juge sera pourvû de l'office de lieutenant, et la jurisdiction remise au siége de baillif ou sénéchal : et pour le bien de justice et soulagement de nos sujets, ladite suppression exécutée suivant la forme susdite, sans que ci-après par nous ou nos successeurs puisse estre pourvû aux offices vaquans.

(51) Avenant vacation de l'un des offices de nos procureurs és bailliages, sénéchaussées, et autres siéges, le plus ancien des avocats succèdera en son lieu, et lui seront expédiées lettres de provision sur simple attestation faite par les officiers du décès de nostredit procureur. Et ladite réduction faite comme dessus, il n'y aura pour nous en une même ville qu'un seul procureur pour toutes causes et matières, dont la connoissance est attribuée à nos baillis, sénéchaux et leurs lieutenans.

(52) Et pour oster tout soupçon de ports et faveurs, ordonnons qu'à la simple réquisition de la partie, le procès où l'un des officiers présidiaux sera partie, soit renvoyé au plus prochain siége présidial, pour y estre jugé et terminé (1).

(53) Et pour le regard des procès mûs et à mouvoir en nos cours souveraines, où l'un de nos présidens et conseillers sera partie, ils ne seront jugez en la chambre de laquelle le président ou conseillers sera, ains en autre chambre, sinon ès cas qu'il y auroit cause de les évoquer, pour estre renvoyez, suivant les ordonnances de nos prédécesseurs rois (2).

(54) Défendons à tous nos juges et nos avocats et procureurs d'accepter directement ou indirectement aucuns transports ou cession des procès et droits litigieux ès cours, siéges et ressorts

---

(1) V. les art. 117 et 122 de l'ord. de Blois.
(2) V. l'art. 9 au tit. 1 des évocations, ord. de 1669.

qu'ils seront officiers. Semblables défenses faisons aux avocats, procureurs et solliciteurs des parties pour le regard des causes et procès dont ils auront charge, à peine de punition exemplaire (1).

55. Tous officiers des justices et jurisdictions subalternes, ou des hauts justiciers ressortissans pardevant nos baillifs et sénéchaux, seront examinez avant qu'estre reçûs, par l'un de nos lieutenans ou plus ancien conseiller du siége, après sommaire information de leur bonne vie et mœurs, sans toutefois que pour ce nosdits lieutenans ou conseillers du siége puissent prendre aucune chose pour leur vacation. Enjoignons à tous hauts justiciers salarier leurs officiers de gages honnestes : faire administrer justice en lieu certain, et avoir prisons sûres; lesquelles d'autant qu'elles ne doivent servir que pour la garde des prisonniers, nous défendons estre faites plus basses que le rez-de-chaussée (2).

56. La conduite des prisonniers sera baillée au rabais par les juges des lieux; et ne seront les huissiers appelez sergens conducteurs des prisonniers, reçûs à l'empêcher : les offices desquels nous avons supprimé et ordonné, qu'ils seront remboursez de la finance qu'ils feront apparoir avoir payé sans fraude.

57. Tous différens qui ne requerront ample connoissance et expédition, seront vuidez par les juges des lieux sur le champ, sans avocat ou procureur, après avoir ouï les deux parties contendantes; et si elles sont contraires, feront comparoir en jugement leurs témoins, pour estre ouïs et juger le différend en audience, sans pour ce prendre aucune chose pour les épices, à peine de rendre le quadruple par le juge qui aura contrevenu. Enjoignons très-étroitement à tous nos juges de garder les ordonnances de nos prédécesseurs, sur les délais et abréviations des procès, à peine des dépens dommages et intérêts des parties (3).

58. Ordonnons qu'en toutes matières personnelles qui se traiteront pardevant les juges des lieux, les parties seront tenuës com-

---

(1) V. l'ord. de François I, du 18 may 1529; celle de Charles IX, du 25 décembre 1561, et l'ord. de 1667, tit 24. Vide l. 1, C. de suffr., l. sumptus ; C. de pact., l. litem ; C. de Procurat., l. si vero § maurus ; C. mandat.

(2) V. l'art. 30 de l'ord. de Crémieu; l'art. 27 de l'ord. de Roussillon ; l'édit de 1563, du 22 novembre, art. 9, et l'art. 1 du tit. 13 des prisons, greffiers des geôles, etc., de l'ord. de 1670.

(3) V. l'ord. de 1539, art. 63; l'ord. de Blois, art. 135, 152 et 230; 18, 19, et 48 de l'ord. de 1539, et l'art. 6 du tit. 17, des matières sommaires, de l'ord. de 1667.

paroir en personne, à la première assignation, s'ils n'ont légi[time]
excuse d'absence ou maladie pour estre ouïs par le juge [sans]
assistance d'avocat ou procureur; et se purgeront les parties j[u-]
diciellement du serment de calomnie. Et pour le soulagement [de]
nos sujets, avons permis aux avocats de faire l'une et l'autre ch[ar-]
ge d'avocat ou procureur; leur enjoignant conseiller fidelle[ment]
leurs parties, et ne soutenir ou défendre mauvaise cause, à p[eine]
de tous dépens, dommages et intérests desdites parties (1).

(59) Et pour couper la racine à plusieurs procès qui se m[eu-]
vent en matieres de substitutions, défendons à tous juges d'[avoir]
aucun égard aux substitutions qui se feront à l'avenir par te[sta-]
ment et ordonnance de derniere volonté ou entre-vifs, et par c[on-]
trat de mariage, ou autres quelconques, outre et plus avant [deux]
degrés de substitution, après l'institution et premiere dispositi[on,]
icelle non comprise (2).

(60) Contre les condamnez à payer certaine somme de den[iers]
dûë par cédule ou obligation, seront adjugez les dommages et i[n-]
térests requis pour le retardement du payement, à compter [du]
jour de l'ajournement qui leur aura esté fait. Et ce à raison à s[ça-]
voir, entre marchands du denier douze, et entre toutes au[tres]
personnes du denier quinze; excepté toutefois les laboureurs, v[i-]
guerons et mercenaires, envers lesquels les detteurs seront co[n-]
damnez au double de la somme en laquelle ils se trouveront [re-]
devables, sans que nos juges la puissent modérer (3).

(61) Défendons à nos chanceliers d'expédier aucunes lettres [de]
répit à un ou cinq ans, mais se pourvoiront les detteurs par re[-]
queste pardevant les juges ordinaires, lesquelles informer[ont]
sommairement du contenu en icelle, et ordonneront appeller l[es]
créanciers. Et si avant la présentation de la requeste, y a bien [été]
pris par exécution, main-levée n'en sera faite qu'en baillant ca[u-]
tion par le detteur de les rendre (4).

(62) Tous arrests, jugemens et sentences seront doresnavant,
si l'une des parties le requiert, prononcez après qu'ils auront é[-]
té signez, sans attendre le jour des prononciations ordinaires. [Et]
ne sera la prononciation autrement différée par faute que les c[on-]

---

(1) V. l'art. 4 du tit. 6 de l'ord. de 1669.
(2) V. l'art. 57 de l'ord. de Moulins.
(3) V. l'art. 94 de l'ord. de 1539.
(4) V. les art. 120, 170, 171 de l'ord. de 1539; l'art. 4 de l'ord. de Roussil[lon]
et l'art. 57 de l'ord. de Moulins.

...du rapporteur m'auront esté payées, dont nous chargeons l'honneur de nos juges (1).

(63) Enjoignons à tous nos juges, et hauts justiciers, informer des personnes promptement et diligemment, sans divertir à autres actes, les crimes et délits qui seront venus à leur connoissance, vaquer, procéder, toutes choses delaissées, à la confection des procès de ceux qui se trouveront chargés et coupables, sans attendre la plainte des parties civiles et interessées, ni les contraindre à se rendre parties, faire les frais nécessaires, si volontairement ils ne les offrent et veulent faire, à peine de privation de leurs estats, en cas de négligence ou connivence, et de leurs dépens, dommages et interests des parties interessées. Enjoignons aussi à tous nos baillifs et sénéchaux, et aux hauts justiciers, prester et tenir la main forte en personne, si besoin est, pour l'exécution des captures, décrets de justice et jugemens qui seront donnez contre les délinquans, à peine de privation de leur estat et justices.

(64) Ne seront tant les juges tenans nos cours souveraines, qu'autres inférieurs, astrains de communiquer les procès criminels pendant l'instruction d'iceux à nos procureurs, ou aux procureurs d'office ou fiscaux des hauts justiciers, ains d'eux-mêmes de leur office ; et ordonneront ce qu'il appartiendra jusques à entière instruction : nonobstant les ordonnances de nos prédécesseurs à ce contraires, que voulons, pour plus prompte confection des procès criminels et punition des crimes, estre observées en ce regard. N'entendons toutefois qu'ils puissent élargir le prisonnier, sans avoir communiqué le procès à notre procureur général, et vû ses conclusions. (2)

(65) Enjoignons à tous habitans des villes, bourgades et villages, faire tout devoir de séparer ceux qu'ils verront s'entrebattre avec épées, dagues, ou autres bâtons offensifs, appréhender et arrester les délinquans, et les délivrer ès mains de la justice, à peine d'amende arbitraire.

(66) Ne pourront les prévosts des connestables et maréchaux de France, tenir qu'un seul office, à l'exercice duquel ils s'employeront continuellement, et vaqueront diligemment à la confec-

---

(1) *Actor pro calumnia jurare cogitur, ex ff inter., § qui familia, D. fa. excisc, l. 2 ; C. de calumniat. §. Item actoris, Instit. de pœna temerè litigant.*

(2) V. l'art. 14 de l'ord. de 1539, et l'art. 1 du tit. 25 des sentences, jugemens et arrêts, de l'ord. de 1670.

tion et jugement des procès, dont la connoissance leur est attribuée par les édits et ordonnances de nos prédécesseurs (1).

(67) Seront tenus suivre les compagnies de gens de guerre à cheval ou à pied, et le semblable sera establi en la province, où lesdits gens de guerre entreront et passeront, pour ensemblement avoir l'œil à garder nos sujets et pauvres laboureurs d'oppression et violence; et faire vivre lesdits gens de guerre selon les ordonnances, à peine d'estre privez et cassez de leurs estats; de répondre en leurs propres et privez noms, de tous dépens, dommages et interests soufferts par nos sujets.

(68) Allans par les champs, ne séjourneront en un lieu plus d'un jour, sinon pour cause nécessaire : et de leurs chevauchées et diligences seront procès verbaux, qu'ils seront tenus apporter ou envoyer de trois mois en trois mois pardevers nous en nostre conseil privé, sans que pour ce aucune taxe leur soit faite pour leur voyage.

(69) Et quant aux prévosts provinciaux qui ont esté establis pour aider à purger les provinces des gens mal vivans : nous leur enjoignons vaquer soigneusement au fait de leurs charges, avertir ou informer nos baillifs et sénéchaux, ou leurs lieutenans et juges ordinaires des lieux, leur communiquer incontinent les informations et procedures par eux faites, pour estre procédé à l'instruction entiere et jugement des procès des délinquans et malfaicteurs.

(70) Enjoignons à tous lesdits prévosts, tant de nos amez et féaux connestables et maréchaux de France, que provinciaux, renvoyer aux sieges ordinaires les domiciliez, et ceux qui ne sont par les édits leurs justiciables, à peine de répondre en leur propre nom, des dommages et interests des prisonniers par eux détenus (2).

(71) Seront lesdits prevosts tenus monter à cheval, si-tost qu'ils seront avertis de quelque volerie, meurtre ou autre délit commis en la province où ils seront. Et en tout cas, soit qu'il y ait plainte de partie civile, soit qu'il n'y ait aucune instance; feront tout devoir et dûes diligences d'informer desdits délits ou dissimulation, et sans salaire, à peine de privation de leurs estats et plus grande selon l'exigence des cas.

(72) Et néanmoins pourront nos juges ordinaires prendre con-

---

(1) V. l'art. 197 de l'ord. de Blois.
(2) V. le C. ex parte tua; C. irrefragabili, et ibi doctor. de offi. ordi, c. de ret, e. dicct, cod. tit.

noissance par prévention sur les mal-faicteurs, qui sont du pouvoir desdits prévosts, et procéder à l'instruction et jugement de leurs procès et exécution de leur sentences, qui seront données contres les délinquans des qualitez susdites, tout ainsi et par la forme prescrite des ordonnances. (1)

(73) Nos procureurs, ou des hauts justiciers, seront tenus nommer le dénonciateur s'ils en sont requis, après que l'accusé aura obtenu jugement et arrest d'absolution, afin de recours des dépens, dommages et interests contre qui il appartiendra.

(74) Tous salpestriers seront justiciables de nos juges ordinaires, pour procéder contre eux, s'ils abusent de leur charge.

(75) Défendons à nos amez et féaux conseillers, maistres des requestes de nostre hostel, et gardes des sceaux de nos chancelleries, d'accorder aucunes lettres de rémission ou pardon, fors celles qui sont ès cas de droit : si aucunes sont obtenuës ou expédiées au contraire, enjoignons à nos juges en débouter les impétrans, et procéder au jugement de leurs procès sans y avoir aucun égard. Défendons aussi à nosdits conseillers, maistres des requestes, d'accorder ou faire sceller, et à nos amez et féaux notaires et secrétaires, de signer aucunes lettres de committimus, s'ils ne leur appert du privilège et concession de garde gardienne, ou de certification suffisante, que l'officier qui demandera son committimus, est couché en l'estat des domestiques, servans actuellement sans fraude, et payé de ses gens (2).

(76) Et sur la plainte et remontrance qui nous a esté faite par les députez desdits estats, des taxes des chartres, et scellez de nostre grand scel, et autres expéditions en nos chancelleries ordinaires : ordonnons à nostre très-cher et féal chancelier, appeler tel nombre de nosdits conseillers, maistres des requestes qu'il avisera, et oüis nos amez et féaux les audianciers et controleurs de nostre chancellerie pour nostre intérest, et les procureurs du collège de nos notaires et secrétaires, pourvoir au règlement et réformation desdites taxes, ainsi que de raison (3).

(77) Et sur semblable plainte faite par lesdits estats, avons ordonné et enjoint à tous greffiers de nos cours de parlemens et

---

(1) V. les art. 46 et 72 de l'ord. de Moulins, et les art. 201 et 306 de l'ord. de Blois. V. aussi l'ord. de 1670, art. 15, titre de la Compétence des juges.
(2) V. l'ord. de 1667, des Évocations et règlemens de juges.
(3) V. l'art. 96 de l'ord. de Blois.

6.

cours souveraines, résider et exercer leurs offices en personne: lesquels, ensemble tous les autres greffiers des sièges subalternes et inférieurs, seront tenus salarier et entretenir leurs clercs en leurs maisons, et en tel nombre qu'il puisse suffire au devoir de leur charge et l'expédition prompte des parties, sans que lesdits clercs desdits greffiers puissent exiger et prendre des parties aucune chose que le droit desdits greffiers; ce que leur défendons très-étroitement, encore que volontairement leur fût offert pour quelque vacation ou expédition que ce soit, à peine pour le regard du greffier qui le permettra ou dissimulera, de privation de son office, et quant au clerc qui exigera ou prendra autre chose, de prison et punition exemplaire.

(78) Respondront lesdits greffiers civilement des fautes de leurs clercs, et seront tenus faire délivrer tous actes et expéditions requises par les parties trois jours après au plus tard.

(79) Défendons à nos procureurs et avocats, recevoir en leur parquet nombre excessif de substituts, et auxdits substituts d'exiger ou prendre des parties aucune chose pour visitation des procès criminels, informations et pièces qui leur seront baillées, à peine d'estre punis comme de crime de concussion (1).

(80) Toutes écritures, enquestes, procès verbaux, déclarations de dépens, et autres expéditions de justice (fors et excepté les arrests et sentences interlocutoires et deffinitives) seront faites et délivrées en papier raisonnablement écrites, à raison de vingt-cinq lignes en chacune page et quinze syllabes en chacune ligne, dont l'on prendra pour chacun feüillet deux sols six deniers tournois au plus, et moins où il est accoutumé, et aux greffiers de nos cours souveraines, trois sols tournois; et seront tous greffiers ou leurs clercs tenus d'écrire au pied des grosses et expéditions la somme qu'ils auront receüe des parties. Défendons à tous greffiers d'insérer ès décrets, accords, sentences et arrests, les écritures, registres et procédures des parties, mais seulement en feront sommaire mention, et cotteront les dattes comme il est requis (2).

(81) Ne pourront nos officiers, ni ceux des hauts justiciers estre fermiers, ni participer aux fermes des amendes: et pour

---

(1) V. l'art. 157 de l'ord. de Blois.
(2) V. les art. 85 et 182 de l'ord. de 1539, et les art. 159, 160, 165, 170 et 171 de l'ord. de Blois.

les inconveniens qui en sont avenus à la foule de nos pauvres sujets : enjoignons ausdits hauts justiciers faire lever et recevoir lesdites amendes par leurs receveurs, gens de biens, qui n'en abusent (1).

(82) Les offices de notaires seront réduits à nombre certain et légitime, suivant l'avis et certification des juges ordinaires des lieux, ausquels et à chacun d'eux en son endroit, enjoignons l'envoyer dedans trois mois pour tous délais à nostre très-cher et féal chancelier ; et ne sera doresnavant pourvû ausdits offices de notaires, que de personnes âgez de vingt-cinq ans au moins, dont ils feront dûement apparoir à nostredit chancelier, avec attestation de leur bonne vie, mœurs et expérience.

(83) Tous notaires et tabellions seront tenus enregistrer leurs notes et minutes, et signer le registre. Et après le décedz de l'un d'eux, inventaire sera fait par le juge ordinaire des lieux, des registres et protocolles du décédé, et mis au greffe pour estre grossoyez, signez et délivrez par le greffier, aux parties qui le requerront, moyennant salaire compétant, dont la moitié demeurera au greffier, et l'autre moitié sera délivrée à l'héritier ou héritiers du décédé (2).

(84) Seront tenus les notaires faire signer aux parties et aux témoins instrumentaires (s'ils ne sçavent signer) tous actes et contrats qu'ils recevront, dont ils feront expresse mention, à peine de nullité desdits contrats et actes et d'amende arbitraire, et expédieront aux parties, ce requérans, lesdits contrats ou actes en bref, et par eux soussignez, sans que lesdites parties soient tenuës les lever en forme, si bon leur semble. Et en cas que les parties ou témoins ne sçauront signer, les notaires ou tabellions feront mention de la requisition par eux faite aux parties, et témoins de signer, et de leur réponse qu'ils ne sçavent signer (3).

(85) Enjoignons aux juges de régler tous les notaires et tabellions, tant pour le regard du style et forme pour dresser contrats, que leurs salaires et vacations, instar de ceux du Chastelet de Paris, et pour la décharge de nostre peuple, avons dès à présent supprimé les tabellions créez et érigez du temps et depuis le

---

(1) V. l'art. 132 de l'ord. de Blois.
(2) V. l'ord. de 1539, art. 67, et Novell. Const. Justin. 44, de tabellionibus, ut protocolla dimittant in charitat.
(3) Vide l. contractus. C. de fid. instrum. Novell. 44 et 73.

règne de feu nostre très-honoré seigneur et ayeul le roy François premier (1).

(86) Avons aussi supprimé tous offices de greffiers d'insinuations, créez par défunt nostre très-honoré seigneur et père; et seront les donations et contrats sujets à insinuation, enregistrés és greffes de nos jurisdictions ordinaires, tout ainsi qu'auparavant l'érection desdits greffiers d'insinuations. N'entendons toutefois comprendre ni toucher aux greffes des insinuations ecclésiastiques (2).

(87) Défendons à tous nos juges d'avoir aucun égard aux dons de confiscation faits auparavant les jugemens de déclaration et condamnation. Et contre les impétrans d'iceux, voulons estre procédé suivant les anciennes ordonnances de nos prédécesseurs.

(88) Tous droits et émolumens de sceaux à contrats et sentences, seront réglez et modérez, si faire se doit, par les juges des lieux, ausquels enjoignons garder qu'il ne s'y fasse aucune exaction, à peine de s'en prendre à eux, et faire procès-verbaux des modérations qu'il écherroit faire pour iceux vûs en nostre conseil y pourvoir.

(89) Nuls sergens seront reçus sans inquisition préalable de leur bonne vie et expérience, et qu'ils ne soient âgez de vingt-cinq ans au moins. Et seront tenus nos sergens avant qu'ils soient reçus, bailler caution jusques à deux cent livres, et ceux des hauts justiciers de vingt livres tournois: porteront nos sergens un écusson de trois fleurs de lys, pour estre connus et obéis en l'exercice de leurs estats et charges (3).

(90) Pour relever nos sujets des faits des exécutions; ordonnons à nos juges chacun en sa province ou jurisdiction, départir et distribuer les sergens qui résideront et exploiteront és endroits et contrées d'icelle, ausquels ils taxeront salaire certain pour eux et leurs records, outre lequel ils ne pourront exiger ni prétendre aucune chose, à peine de privation. Exécuteront nos huissiers ou sergens tous mandemens, commissions, sentences et jugemens, sans estre adstraints demander permission ne pareatis.

---

(1) V. l'art. 160 de l'ord. de Blois.
(2) V. l'art. 131 de l'ord. de 1539; les art. 12, 20 et 17 de l'ord. de Blois.
(3) V. en l'art. 28 de l'ord. de Roussillon; l'ord. de Blois, depuis l'art. 172 jusqu'au 196; les art. 31, 32 et 33 de l'ord. de Moulins, et l'art. 6 de l'édit d'Amboise.

(91) Bailleront lesdits sergens récépissé ou reconnaissance des pièces qui seront mises en leurs mains, et ne les garderont, ni l'argent par eux reçû de personnes qu'ils auront exécutées, ou de meubles vendus, plus de huit jours, à peine de prison et d'amende arbitraire.

(92) Et afin qu'ils n'ayent occasion de demander plus grand salaire que l'ordinaire, et de mener avec eux nombre de records et témoins : enjoignons à toutes personnes de quelque estat ou qualité qu'ils soient, d'obéir aux commandemens de justice qui leur seront faits par les ministres d'icelle, et aux juges de procéder extraordinairement contre les personnes qui seront rebelles et désobéissans en manière que la force nous demeure.

(93) Seront tenus tous officiers ou sergens nommer en leurs exploits leurs records, et les domiciles d'iceux, à peine de nullité desdits exploits et d'amende arbitraire (1).

(94) Et sur la remontrance des députez du tiers estat, avons supprimé les offices de généraux superintendans controlleurs des deniers communs et patrimoniaux, octrois des villes de nostre royaume, et remis l'administration desdits deniers communs aux maire, eschevins et conseillers des villes ; ordonnons qu'ils seront remboursez de la finance qu'ils feront apparoir avoir payée sans fraude au trésorier des parties casuelles.

(95) Les comptes desdits deniers patrimoniaux se rendront pardevant le baillif ou sénéchal, ou leur lieutenant, appelez nos avocats ou procureurs, et y assistans les maires et eschevins, ou conseillers des villes, sans pour ce prendre aucun salaire pour leurs vacations, ni faire aucuns autres frais ; excepté les villes où de tout temps et ancienneté on a accoutumé rendre les comptes desdits deniers pardevant les prévost des marchands, eschevins, conseillers ou bourgeois de nos villes. Et quant aux deniers d'octrois, en compteront les receveurs des villes en nos chambres des comptes en la manière accoutumée. (2)

(96) Tous propriétaires des maisons et bâtimens ès villes de nostre royaume, seront tenus et contraints par les juges des lieux, abbattre et retrancher à leur dépens les saillies desdites

---

(1) V. l'ord. de 1539, art. 9, 16, 22 et 70; l'ord. de Blois, art. 173, 174 et 175; l'art. 1 de l'ord. de Roussillon ; les art. 31 et 33 de l'ord. de Moulins, e l'ord. de 1667, art. 2, tit. 2.

(2) V. l'art. 27, à la fin de l'ord. de Cremieu, et les art. 3, 5 et 6 de la trei... déclaration, et les art. 320 et 351 de l'ord. de Blois.

maisons aboutissans sur ruë, et ce dedans deux ans pour le délai, sans espérance de prolongation. Et ne pourront estre faites ni basties, ni pareillement les murs des maisons qui [sont] sur ruë publique, d'autres matières que de pierre de taille, briques ou maçonneries de moillon ou pierre. Et en cas de négligence de la part desdits propriétaires, leurs maisons seront saisies, pour des deniers qui proviendront des loüages ou ventes d'icelles, estre réédifiées et basties.

(97) Enjoignons très-expressément à tous juges et aux maires, eschevins et conseillers des villes, de tenir la main à cette décoration et bien public de nos villes, à peine de s'en prendre à eux, en cas de dissimulation ou négligence.

(98) Tous prétendans à la maistrise de mestiers, seront tenus de faire chef-d'œuvre et expérience, quelques lettres qu'ils obtiennent de Nous ou nos successeurs, pour quelque cause et occasion que ce soit. Enjoignons très-étroitement à tous maistres de mestiers, garder et faire observer les statuts de leurs mestiers et ordonnance de nos prédécesseurs rois, sous les peines portées par icelles. (1)

(99) Et sur la requeste qui nous a esté faite par lesdits députés du tiers estat, Nous avons permis et permettons à tous marchands, artisans et gens de mestier, faire voir et arrester en langage intelligible leurs statuts et ordonnances, tant anciennes que modernes, et icelles faire imprimer, après qu'elles auront esté autorisées par Nous; et sur ce obtenir lettres de permission.

(100) Enjoignons à tous juges dénier toutes actions aux marchands qui auront vendu draps de soye à crédit, à quelques personnes que ce soit, fors de marchand à marchand. Et avons dès à présent cassé toutes cédules et obligations qui se trouveront déguisées, et faites en fraude de cette ordonnance.

(101) Défendons à toutes personnes de loger et recevoir en leurs maisons plus d'une nuit, gens sans aveu et inconnus. Et leur enjoignons les dénoncer à justice, à peine de prison et d'amende arbitraire. Défendons aussi tous bordeaux, berlans, jeux de quilles et de dez, que voulons estre punis extraordinairement, sans dissimulation ou connivence des juges, à peine de privation de leurs offices (2).

---

(1) V. l'art. 189 de l'ord. de 1539.
(2) Vide t.t. de aleat. lusu et aleatorib. D. et Cod. l. 25, de episc. audient.

(102) Les tuteurs et curateurs des mineurs seront tenus si-tost qu'ils auront fait inventaire des biens appartenans à leurs pupils, faire vendre par autorité de justice les meubles périssables, et employer en rentes ou héritages, par avis de parens et amis, les deniers qui en proviendront avec ceux qu'ils auront trouvez comptans, à peine de payer en leurs propres noms le profit desdits deniers.

(103) Défendons à tous capitaines ou à leurs lieutenans en nos places et chasteaux, qui ne sont en frontière, de contraindre les habitans des lieux à faire guet, ou de leur faire payer aucuns deniers pour icelui guet, si ce n'est en cas de besoin et nécessité; à peine de privation de leurs estats (1).

(104) Enjoignons à nos baillifs et sénéchaut, leurs lieutenans et officiers chacun en son endroit, faire commandement à tous ceux qui s'appellent bohémiens ou egyptiens, leur femmes, enfans et autres de leur suite, de vuider dedans deux mois, nos royaume et païs de nostre obéïssance, à peine des galères et punition corporelle. Et s'ils sont trouvez, ou retournent après lesdits deux mois, nos juges feront sur l'heure sans autre forme de procès, razer aux hommes leurs barbe et cheveux, et aux femmes et enfans leurs cheveux, et après délivreront les hommes à un capitaine de nos galères, pour y servir l'espace de trois ans.

(105) Parce que nous ne pourrions en nostre conseil promptement pourvoir aux plaintes des long-temps faites, tant par les universitez de ce royaume, que contre icelles, et les abus qui se commettent sous prétexte de leurs priviléges, franchises et exemptions, ensemble sur la réformation desdites universitez : Nous par l'avis que dessus, avons ordonné que les lettres de commission seront expédiées et adressées à un certain nombre de notables personnages que nous députerons, pour dedans six mois voir et visiter tous les priviléges octroyez par nos prédécesseurs roys, les fondations des colléges, la réformation du feu cardinal de Touteville ; et ce fait, procéder à l'entière réformation

---

où les jeux de hasard sont prohibés et défendus. A l'égard des bordels et maisons de débauche, vide Panorm. et Host. in c., inter opera de sponsalibus. *lp. l. ancillarum*, § fin. D. de petit. hered. Caligula lupanaria constituerat in palatio, indeque ex prostitutis primariis feminis pecuniam collegit. Dion. Cassius lib. 59. Institutas quoque publicè Meretrices à Solone, Philemon author est, ut eâ Venere contenti juvenes pudicis sollicitandis abstinerent. Vide tit. in C. de spect. et scenicis, et Iconib., lib. 11.
(1) V. le Glossaire de droit Français, v° Guet.

desdites universitez et colléges, nonobstant oppositions ou appellations quelconques.

(106) Sur la remontrance et plainte faite par les députez du tiers estat, contre aucuns seigneurs de nostre royaume, de plusieurs extorsions, corvées, contributions, et autres semblables exactions et charges induës, nous enjoignons très-expressément à nos juges de faire leur devoir, et administrer la justice à tous nos sujets, sans exception de personnes, de quelque autorité, qualité qu'ils soient, et à nos avocats et procureurs y tenir la main, et ne permettre que nos pauvres sujets soient travaillez et opprimez par la puissance de leurs seigneurs féodaux, censiers ou autres, ausquels défendons intimider ou menacer leurs sujets et redevables, leur enjoignons se porter envers eux modérément, et poursuivre leurs droits par les voyes ordinaires de justice: et avons dès à présent révoqué toutes lettres de commission et délégation accordées et expédiées ci-devant à plusieurs seigneurs de ce royaume, et à quelques juges qu'elles ayent esté adressées, pour juger en souveraineté les procès intentez pour raison des droits d'usage, pâturage, et autres prétendus, tant par lesdits seigneurs que par leurs sujets, manans et habitans des lieux; et renvoyé la connoissance et jugement desdits procès à nos baillifs et sénéchaux, ou à leurs lieutenans, et par appel à nos cours de parlement chacun en son ressort.

(107) Ceux à qui les droits de péages appartiennent, seront tenus entretenir en bonne et duë réparation, les ponts, chemins et passages, autrement à faute de ce faire, nous enjoignons à nos procureurs faire saisir et mettre en nostre main le revenu desdits droits, et icelui faire employer aux réparations nécessaires. Et où il ne suffiroit, répéter les deniers de ceux qui les auront reçus jusques à la concurrence desdites réparations (1).

(108) Défendons aux gentils-hommes, et à tous autres de chasser, soit à pied ou à cheval, avec chiens et oiseaux, sur les terres ensemencées depuis que le bled est en tuyau, et aux vignes depuis le premier jour de mars jusques à la dépouille, à peine de tous dommages et interests des laboureurs et propriétaires, que les condamnez seront contraints payer, après sommaire liquidation d'iceux faite par nos juges, nonobstant oppositions ou appellations quelconques, et sans préjudice d'icelles. Entendons

---

(1) V. les art. 282 et 330 de l'ord. de Blois.

toutefois maintenir les gentils-hommes en leurs droits de chasses grosses bestes, ès terres où ils ont droit, pourvu que ce soit sans dommage d'autrui, même du laboureur. Et pour le regard de nos forests, ils seront aussi conservez en leurs droits de chasse, après avoir fait duëment apparoir d'iceux à nos baillifs et sénéchaux, ou leurs lieutenans, et à nos avocats et procureurs (1).

(109) Défendons aussi à tous gentils-hommes et officiers de justice, le fait et trafic de marchandise, et de prendre ou tenir fermes par eux ou personnes interposées, à peine ausdits gentils-hommes d'estre privez des privilèges de noblesse, et imposez à la taille; et quant aux officiers, de privation de leurs estats (2).

(110) Et où aucuns usurperont faussement et contre vérité, le nom et titre de noblesse, prendront ou porteront armoiries timbrées, ils seront par nos juges mulctez d'amendes arbitraires, et au paiement d'icelles contraints par toutes voyes.

(111) Et parce qu'aucuns abusans de la faveur de nos prédécesseurs par importunité, ou plutost subrepticement, ont obtenu des lettres de cachet et closes, ou patentes, en vertu desquelles ils ont fait séquestrer des filles, et icelles épousé ou fait épouser, contre le gré et vouloir des pères, mères et parens, tuteurs ou curateurs, chose digne de punition exemplaire; enjoignons à tous juges procéder extraordinairement et comme en crime de rapt, contre les impétrans et ceux qui s'aideront de telles lettres, sans avoir égard à icelles (3).

(112) Ayant en cet endroit, comme en tous autres, bien reçu la remontrance desdits estats, nous ordonnons que nos pages avec leurs escuyers (qui ont le soin et charge de les dresser au maniement des armes) auront un ou deux précepteurs, qui les instruiront ès bonnes et saintes lettres, sans permettre qu'ils employent le temps à autres que vertueux et honnêtes exercices. Exhortant les princes de nostre sang et seigneurs qui ont pages à leur suite, de faire le semblable à nostre exemple et imitation.

(113) Et afin que les gentils-hommes et autres se puissent ressentir de nos libéralitez et bienfaits, et estre employez à nostre service; ne voulons qu'aucun puisse estre pourvû ci-après de deux capitaineries, ni tenir en nostre hostel et maison deux offi-

---

(1) V. l'art. 285 de l'ord. de Blois.
(2) V. l'art. 156 de l'ord. de Blois.
(3) V. l'art. 281 de l'ord. de Blois; l'ord. de Moulins, art. 81. L. 1 et 2, C. si nuptiæ ex rescripto pet. Cass. 7 Variar.

ces et charges. Et seront préférez à tous autres les gentils-hommes expérimentez, qui nous auront fait service, ou à nos prédécesseurs (1).

(114) Nul ne sera reçû aux compagnies d'hommes d'armes qu'il ne soit de qualité requise par les ordonnances de nos prédécesseurs, et des offices de commissaires des guerres, ne seront ni à iceux reçûs autres que gentils-hommes et expérimentez (2).

(115) Tous capitaines et chefs de bandes de gens de pied et de nos ordonnances, seront responsables pardevant nos juges ordinaires des lieux, des fautes, abus et extorsions qui seront faites par leurs compagnies. Ausquelles défendons loger, vivre, payer autrement que de gré à gré, suivant nos ordonnances, sans séjourner plus d'un jour en chacun lieu, à peine de la vie. Enjoignons à nos très chers et féaux les connétable et maréchaux de France, faire procéder par leurs prévosts à la punition prompte et exemplaire des fautes et excès qui se trouveront avoir esté commis par gens de cheval ou de pied.

(116) Et parce que plusieurs habitans de nos villes, fermiers et laboureurs se plaignent souvent des torts et griefs des gens et serviteurs des princes, seigneurs et autres qui sont à nostre suite, lesquels exigent d'eux des sommes de deniers pour les exempter de logis, et ne veulent payer qu'à discrétion : enjoignons aux prévosts de nostre hostel et juges ordinaires des lieux, procéder sommairement par prévention et concurrence à la punition desdites exactions et fautes, à peine de s'en prendre à eux (3).

(117) Défendons à tous capitaines de charrois, tant de nos munitions de guerre ou artillerie, qu'autres nos officiers, et de ceux de nostre suite, prendre les chevaux des fermiers et laboureurs, si ce n'est de leur vouloir, de gré à gré, et en payant les journées, à peine de la hart (4).

(118) Défendons aussi à tous pourvoyeurs et sommelliers d'arrester ou marquer plus grande quantité qu'il ne faut, ni de prendre des bourgeois des villes, laboureurs et autres personnes, vin, bled, foin, avoine ou autre provision, sans payer, ou faire incontinent arrester le prix aux bureaux des maistres d'hostels, ni autrement abuser en leurs charges, à peine d'estre à l'instant

---

(1) V. l'art. 267 de l'ord. de Blois, et les art. 51 et 66 ci devant.
(2) V. l'ord. de Blois, l'art. 186 et suivans.
(3) V. l'art. 305 de l'ord. de Blois.
(4) V. les art. 309 et 348 de l'ord. de Blois.

..., et de plus grande punition s'il y echet; ausquels maistres hostels enjoignons payer ou faire payer huit jours après le prix arresté (1).

(119) Permettons aux gentils-hommes qui ont justice ou droit de chasse en leurs terres, y tirer de l'harquebuse pour leur passe-temps, sans toutefois en abuser, ni permettre que leurs serviteurs leur aveu tirent en nos forests à bestes rousses, noires ou gibier prohibé à peine d'en répondre: et quant aux autres gentils-hommes, qui n'ont justice ni droit de chasse, se pourront exercer de l'harquebuse au dedans le pourpris de leurs maisons.

(120) Voulons et entendons que les défenses faites de porter pistolets ou harquebuses, soient étroitement gardées, et les contrevenans punis de la peine des ordonnances.

(121) Nous entendons et désirons réduire et remettre nos tailles et aydes aux plus gracieux terme et estat qu'elles ont esté du vivant de nos prédécesseurs roys, même du temps du feu roy Louis XII, nostre bisayeul, et ce si-tost que la nécessité de nos affaires le pourra porter.

(122) Enjoignons à tous nos officiers, asséeurs et collecteurs de nos tailles soulager nos pauvres sujets, tant en la forme de lever la taille et crües d'icelles, qu'au payement, à peine d'en répondre en leurs noms privez.

(123) Toutes personnes contribuables à tailles, seront cottisez, le fort portant le faible, et contraints payer leur cotte et part, à faute de payer par les asséeurs et collecteurs les sommes desquelles nos pauvres sujets seroient surchargez.

(124) Défendons à tous capitaines, controlleurs et autres qui ont cette charge, de recevoir et enroller aucun en nos ordonnances en fraude et payement de la taille, à peine d'estre cassez.

(125) Nos officiers ou ceux de nostre très-honorée dame et mère, de nos très-chers frère et sœur, de nostre très-chère sœur la reine Marie, et de nos très-chères tantes les duchesses de Ferrare et de Nemoye, ne seront tenus pour exempts, s'ils ne sont couchez en estat des domestiques et ordinaires, servans actuellement, et prez des gages appartenans à l'office, sans fraude, et que le trésorier certifiera sous son seing (2).

---

(1) V. l'art. 26 de l'ord. de Blois.
(2) V. l'art. 182 de l'ord. de Blois.

(126) Joüiront de leur exemption les mortes-payes qui ne s[ont] chergez, que de vingt sols tournois de la taille et au-dessous; [les] recteurs, docteurs, régens ès universitez, principaux de coll[èges,] scribes, bedeaux et écoliers actuellement étudians, aussi les m[on-] noyeurs qui résideront et serviront ordinairement en nos m[on-] noyes ouvertes; nos officiers de l'artillerie, à sçavoir les comm[is-] saires et capitaines du charroy, charons, charpentiers, ca[non-] niers, fondeurs et pouldriers sans fraude et non autrement.

(127) Et s'il se trouve que nosdits officiers et autres exemp[ts] fassent véritablement trafic et fait marchandise, Nous enten[dons] et voulons qu'ils soient cottisez et contribuent à la taille.

(128) Tous les habitans des villes, bourgades ou villa[ges,] exempts, ou non exempts, qui tiendront d'autrui terres et se[i-] gneuries à ferme ou à loüage, seront cottisez et contribuëro[nt à] la taille, comme ferait un laboureur ou autre de la paroisse q[ui] en serait fermier.

(129) Toutes personnes roturieres, habitans ès villes franch[es,] de quelque qualité qu'ils soient, et toutes personnes ecclesia[s-] tiques de condition roturiere, soient tenus bailler à ferme le[urs] terres et heritages, afin que le fermier aide à soulager et décha[r-] ger nostre pauvre peuple : autrement et à faute de ce faire, s[e-] ront eux-mêmes cottisez à la taille, nonobstant quelconques p[ri-] vileges, lettres d'exemption ou affranchissement qu'ils pourro[ient] alleguer au contraire, exceptez les gens d'église residens en le[urs] bénéfices, pour le regard des biens et patrimoines de l'église s[eu-] lement, qu'ils laboureront et tiendront en leurs mains. Et p[our] raison des autres biens qu'ils retiendront entre leurs mains, [ou] prendront à ferme ou loüage, ils seront cottisez et contribuab[les] à la taille, comme ferait un fermier ou laboureur.

(130) Et sur la plainte des députez du tiers estat, avons ordo[n-] né qu'il sera informé à la requeste de ceux qui le requerero[nt] contre toutes personnes, qui sans commission valable, ont l[evé] ou fait lever deniers sur nos sujets, soit par forme d'empru[nt,] cottisations particulieres ou autrement, sans avoir baillé q[uit-] tance, et d'iceux rendu bon compte. Pour l'information vû[e en] nostre conseil privé, y estre pourvû comme appartiendra p[ar] raison.

(131) Déclarons qu'en la suppression générale des offices, n[ous] avons entendu y comprendre nos eslûs et officiers en chacu[ne] eslection, jusqu'à ce qu'ils soient réduits en l'ancien nombre, [du] temps du feu roi Louis XII, nostre bisayeul, tous officiers de n[os]

...veurs et contrôlleurs, et autres nouvellement créez pour le fait ... recette de nos aydes et tailles, taillon et solde de nostre gen... ...merie, et les sergens, collécteurs des tailles. Défendons à tous ... receveurs de commettre et bailler leurs contraintes à autres ...'à nos sergens ordinaires, nonobstant quelque édit à ce con-...aire (1).

(132) Défendons très-expressément à nos eslûs, procureurs, greffiers, receveurs, et autres officiers de nos tailles et aydes, prendre et exiger de nos sujets aucun don, soit en argent, gibier, volaille, bestail, grain, foin, ou autre chose quelconque, directement ou indirectement, à peine de privation de leurs estats, sans que nos juges la puissent modérer.

(133) Avenant vacation des offices de nos procureurs et avocats en chacune eslection n'y sera pourvu, ains demeureront supprimez, et en leur lieu seront appelez, quand besoin sera, nos procureurs ès sièges ordinaires des lieux.

(134) Enjoignons à nos eslûs oüir sommairement les parties en personne, et vuider sans ministère d'avocat ou procureur toutes oppositions formées pour les tailles des paroisses, et tous différens de comparaisons et collations des tailles d'habitant à habitant, et ce par avis des plus apparens habitans des paroisses, non suspects aux parties, jusques au nombre de trois ou quatre qui seront nommez en leurs appointemens et sentences, sans appointer les parties à écrire, à peine de privation de leurs offices. Et ne sera l'appel interjetté desdits eslûs reçu, si la somme dont sera question, n'excède cent sols tournois pour une fois payer. Et jusques à ladite somme, jugeront lesdits eslûs sommairement, nonobstant oppositions ou appellations quelconques.

(135) En toutes assemblées d'estats généraux ou particuliers des provinces où se fera octroy de deniers, les trois estats s'accorderont de la cotte part et portion que chacun desdits estats portera. Et ne le pourront le clergé et la noblesse seuls, comme estans la plus grande partie.

(136) Ne pourront les fermiers des aydes, subsides et impositions, faire appeler nos sujets pour le prétendu dû, à cause de leurs fermes, ailleurs que pardevant nos juges ordinaires des lieux, ausquels enjoignons vuider sommairement et sur le champ

---

(1) V. les art. 244, 245 et 246 de l'ord. de Blois.

le différend qui s'offrira ; et s'il y a appel, ressortira par devers les juges présidiaux ès cas de l'édit.

(137) Permettons à nos sujets de chasser de leurs terres et dangers, à cris et jets de pierres, toutes bestes rousses et noires qu'ils trouveront en dommage, sans toutefois les offenser.

(138) Tous prétendans droits de peage, feront mettre en lieu éminent, public et accessible, un tableau ou pancarte, à laquelle dits droits seront décrits par le menu, signez du juge des lieux ou de deux notaires. Défendons à tous peageurs et leurs fermiers, d'exiger des passans ou repassans aucune chose outre le contenu audit tableau, à peine de privation des prétendus droits de péage, et de punition corporelle contre lesdits fermiers.

(139) Défendons à tous trésoriers, receveurs, payeurs de compagnies, et autres nos officiers, bailler pour argent comptant, directement ou indirectement, aux personnes assignées sur eux, aucune marchandise de quelque sorte qu'elle soit; à peine de privation de leurs offices, et de punition exemplaire.

(140) Tous officiers comptables rendront d'oresnavant leurs comptes à leurs dépens, et seront les comptes écrits en bon et grand papier, et non en parchemin ; leur défendans s'associer avec marchands ou banquiers, et de convertir les deniers de leurs recettes et assignations, ains feront les payemens ès mêmes espèces qu'ils auront, et seront tenus de rapporter en la reddition de leurs comptes, les bordereaux desdites espèces, à peine de privation desdits estats.

(141) Défendons aux officiers comptables sur pareille peine, d'exiger ou prendre des assignez sur eux un sol pour livre, ou autre chose quelconque. Et répondront civilement des fautes et exactions de leurs commis ou clercs.

(142) Défendons aussi à tous marchands et autres, de quelque qualité qu'ils soient, de supposer aucun prest de marchandise, appellé perte de finance, laquelle se fait par revente de la même marchandise à personne supposée. Et ce à peine contre ceux qui en useront en quelque sorte qu'elle soit déguisée, de punition corporelle et confiscation de biens, sans que nos juges puissent modérer la peine.

(143) Tous banqueroutiers et qui feront faute en fraude, seront punis extraordinairement et capitalement.

(144) Entre marchands et non autres, toutes cédules et promesses reconnuës, ou dûement vérifiées pardevant nos juges ordinaires, emporteront garnison et contrainte par corps, ainsi

que l'on a accoutumé d'en user en la conservation des privilèges des foires de Lyon.

(145) Permettons à tous créanciers procéder par voye d'arrest, par les meubles et hardes de leurs detteurs obligez par cédules en quelque lieu qu'ils soient trouvez, jusques à ce qu'ils ayent reconnu leurs signatures, à la charge des dépens, dommages et interests, contre les téméraires arrestans, au payement desquels ils seront contraints par corps.

(146) Défendons à tous manans et habitans de nos villes, toutes sortes de dorures sur plomb, fer ou bois; et l'usage des parfums apportez des païs étrangers, et hors de nostre royaume, à peine d'amende et de confiscation de la marchandise.

(147) Toutes sortes de marchandises seront remises aux mesures et largeurs anciennes sans les farder ou déguiser: et seront tenus les ouvriers et marchands, les façonner ou faire façonner loyaument, sans vendre les draps qu'ils n'ayent esté mouillez et rafraichis, et bien et düement seichez, non tirez à rouëts, poulies et autres semblables engins, non fardez de bourre, crayé ou autre chose, ne pressez en fer d'airain, à peine de confiscation desdits draps, et d'amendes arbitraires.

(148) Tous changeurs et autres personnes qui se mêlent de changer, seront tenus incontinent qu'ils auront acheté l'espèce d'or ou d'argent, légère, cassée ou soudée, la cizailler en la présence du vendeur ou porteur des espèces, sans qu'ils la puissent remettre ou allouer, à peine de la hart.

(149) Défendons à tous orfèvres et autres personnes quelconques, d'altérer, souder ou changer aucunes espèces d'or ou d'argent, à peine d'estre punis comme faux monnoyeurs. Et à tous manans et habitans de nos villes, l'usage d'émail ou orfèvrerie, à peine de confiscation de la pièce émaillée.

(150) Et quant aux articles des cayers présentez par les députez des trois états, concernans tant le fait de la justice, qu'autre, sur lesquels n'avons par ces présentes ordonné aucune chose, nous avons réservé et réservons y pourvoir ci-après, ainsi que par l'avis de notre conseil verrons et connoistrons bon estre.

Si donnons en mandement à nos amez et féaux les gens tenans nos cours de parlement, chambre des comptes, généraux de la justice des Aydes, et à tous nos autres officiers et à chacun d'eux, si comme à lui appartiendra, que nos présentes ordonnances faites sur les plaintes desdits trois estats de notre royaume, iceux tenans en nostre ville d'Orléans, ils gardent, observent et entretiennent, fassent garder, observer et entretenir inviola[ble]ment de point en point, selon leur forme et teneur, sans [les] enfreindre ni souffrir aucune chose estre faite au contra[ire.] Et afin de perpétuelle mémoire, et qu'elles soient notoires à [tous] nos sujets, les fassent lire, publier et enregistrer incontin[ent] et sans délay, après la présentation d'icelles : car tel est no[stre] plaisir.

N° 9. — Lettres *de jussion au parlement de Paris pour l'[en]registrement des bulles du pape qui confirment les pri[vi]lèges des jésuites, et sur leur admission en France* (1).

Fontainebleau, 20 février 1560. (Reg. manusc. du parl. de Par[is], bibl. [de la] cour de cassation, tom. XVII.)

Nos amez et féaux, vous avez assez cogneu par plusie[urs] lettres qui ont ci-devant esté expédiées tant du vivant des fe[us] roys Henry et François (2) nos très-honorés seigneurs père [et] frère (que Dieu absolve), que depuis notre advènement à c[ette] couronne, le singulier désir que nous ayons toujours eu à [ce] que les frères de la société de Jésus fussent receus en nostre royaume, et que pour cet effect les bulles contenans l'instruction d'icelle société feussent par vous émologuées, et encore qu'il y ayt eu plusieurs oppositions à ladite émologation, tant de la part de l'évesque de Paris, qu'autres ; néanmoins à ce qu'avons esté adverti, enfin ledit evesque de Paris, cognoissant le devoir auquel les frères de ladite société se sont mis, s'est désisté de sadite opposition, et aussy nostre procureur général a consenty et accordé ladite émologation, de sorte qu'il ne reste plus sur ce, que vostre arrest et jugement, au moyen de quoi nous avons bien voulu vous thémoigner, par la présente, le singulier plaisir que nous avons qu'il soit par vous procédé à icelle émologation le plus promptement et diligeamment qu'il sera possible, vous mandons et ordonnons à ceste cause q[ue]

___

(1) V. la note sur les lettres de Henri II, janvier 1550 et le décret de 1804.— V. aussi les dénonciations de M. le comte de Montlosier (1826), arrêt de [la] cour royale de Paris. — Décision de la chambre des pairs, et ordonnance du 16 juin 1828, contre cette société renaissante, quoiqu'abolie en 1764. — On regrette que ces lettres de jussion soient du chancelier l'Hospital. Bientôt, la société admise, a guerre civile et religieuse va commencer.

(2) Nous n'avons rien trouvé de ce règne, qui soit relatif aux Jésuites.

ivant ce que nous avons par plusieurs fois écrit et mandé la éclaration et soubmission faites par lesdits frères, toutes difcultez et délations cessans, vous ayez à y procéder, et au demurant pourvoir à ce qu'ils soient payés et satisfaits des legs (1) ui leur ont esté faits pour la fondation et délation de leur college, tant par le feu évesque de Clermont qu'autres, sans que s exécuteurs de leurs testamens les puissent employer à autres ffects qu'à ceux auxquels ils ont esté destinez; de sorte qu'ils ient traitez, favorisez, ainsy que leur sainte vie et l'utilité que ous entendons de leur doctrine le mérite, et que vous dira aussy e nostre part, le sieur de St.-Jean, présent porteur, lequel ous vous prions croire comme notre propre personne. Donné, etc.

N° 10. — DÉCLARATION *pour l'exécution du sursis accordé par la lettre du 28 janvier, aux poursuites contre les religionnaires.*

Fontainebleau, 22 février 1560; reg. au parl. le 1er mars. — (Vol. Z, f° 71. — Preuv. des lib. de l'égl. gallic. p. 1321.)

N° 11. — ARRÊT *d'enregistrement de la lettre close du 28 janvier, et de la déclaration du 22 février* (2).

Paris, 1er mars 1560. — (Pr. des libertés de l'égl. gallic. 1321.)

Veues par la cour, toutes chambres assemblées, les lettres closes du roy, données à Orléans le 28 janvier dernier passé, signées Charles, et contresignées de l'Aubespine, contenant mandement « de cesser et supercéder toutes poursuites, procédures, adjournemens, recherches, défauts et jugemens qui » se pourraient faire ou donner à l'encontre de toutes personnes » de quelque qualité qu'ils soient, pour le fait de la religion, » encore qu'ils eussent esté aux assemblées avec armes pour la » seureté de leurs personnes, fourny argent ou autrement, et » semblablement de mettre à pleine et entière liberté, et faire » ouvrir les prisons à tous qui à cette occasion seroient détenus, » les admonestant de vivre ci-après catholiquement, sans faire » aucun acte scandaleux ne séditieux, sur peine d'estres punis,

---

(1) C'est ainsi qu'on a procédé au rétablissement des Lazaristes, ord. du 1er juillet 1827.
(2) V. à leur date.

» sans pour le passé plus avant les enquérir, inquiéter, ne mo-
» lester en quelque sorte que ce soit, que ledit seigneur ve[ut]
» demeurer comme oublié et ensevely pour le bien qui se p[eut]
» espérer de la douceur dudit seigneur envers eux; sans tou[te-]
» fois que au nombre d'iceux soient compris les autheurs [et]
» chefs de sédition qui ont conspiré et pris les armes contre [sa]
» propre personne, et l'estat du royaulme, lesquels seulem[ent]
» et non autres, veut estre exclus de cette sienne grâce. [Et]
» quant à l'advenir entend que l'édict dernièrement fait à [Ro-]
» morantin, par le feu roy, son frère, ait lieu et soit gardé [et]
» entretenu. Mandons très-expressément avoir égard esdits let[tres]
» closes, tout ainsi que si elles étoient par lettres patentes, l[es-]
» quelles pour amener bonnes et grandes considérations, a d[é-]
» féré faire expédier. » Veues aussi les lettres-patentes du[dit]
seigneur du 7 janvier dernier passé, par lesquelles ledit seig[neur]
veut et ordonne que « la connoissance du crime d'hérésie de-
» meure aux prélats et contre ceux qui se trouveront aux asse[m-]
» blées prédicans, faiseurs de placards et libelles diffamatoir[es]
» et calomniateurs, soit procédé par les juges et officiers royaux,
» ainsy qu'il est porté par l'édit donné à Romorantin, au mo[is]
» de may, qu'il veut estre en tous ses points et articles en[tre-]
» tenu. » Veuës pareillement autres lettres patentes en date d[u]
22 février dernier, par lesquelles ledit seigneur déclare, et veu[t]
lesdites lettres closes sortir effect, et outre est mandé que [en]
mettant lesdits prisonniers en liberté, suivant le contenu ès-d[ites]
lettres, soit enjoint à ceux qui déclareront vouloir vivre en op[i-]
niâtreté et ne vouloir vivre catholiquement, se retirer dans tem[ps]
qui leur sera préfix, hors de ce royaume, sous peine de la hart,
et à ce que le semblable soit fait par tous les baillifs et sénéchaux de ce ressort après avoir ouï, etc.

Ladite cour ordonne que lesdites lettres closes du 28 janvier,
et aussi les lettres-patentes du 22 février, seront enregistrées,
pour être gardées et observées, selon leur forme et teneur, e[t]
pour le regard des lettres-patentes du 7 janvier dernier, concernant l'édit donné à Romorantin, ordonne que lesdites lettres
seront leuës, publiées et enregistrées à la charge, 1°, que ladi[te]
cour entend que les personnes laïcs non constituez ès ordres sacrez, accusez et prévenus devant les juges d'église, pour le fa[it]
d'hérésie simple ou mixte, pourront requérir, si bon leur semble,
estre renvoyez par devant le juge royal, et au refus de les renvoye[r]
pourront appeller comme d'abus, lequel appel sera receü pour [...]

faire droit : que où lesdits tonsurez voudront procéder par-devant le juge d'église, il y aura en ce cas appel, par-devant le juge supérieur, et après par-devant le métropolitain, lesquels seront tenus appeler au jugement des procès, gens graduez ès droits canon et civil, et expérimentez au fait de la justice, jusques au nombre de dix pour le moins ; et si autrement est procédé, l'appel comme d'abus interjetté de telle procédure, sera receu comme dessus ; aussi que si les déférez et prétendus chargez d'assemblées illicites ou forces publiques, ils appellent des juges présidiaux auxquels la cognoissance en est attribuée, leur appel sera receu pour y estre fait droit ainsi que de raison.

N° 12. — LETTRES *patentes qui confirment les privilèges de l'université de Paris* (1).

Fontainebleau, le 5 mars 1560 ; reg. au parl. le 3 mai 1561. (Vol. Z, f° 305. — Mém. ch. des compt. 3 B, f° 247.)

N° 13. — ÉDIT *sur le paiement des dîmes* (2) *dans la province de Normandie.*

Fontainebleau, 8 mars 1560, reg. au parl. de Rouen, le 24 juillet 1561. — (Forget, des choses décimales, liv. 2, chap. 1er, n° 7.)

N° 14. — DÉCLARATION *portant que Louis de Bourbon, prince de Condé, est innocent du crime dont on voulait le charger* (3).

Fontainebleau, 13 mars 1560. (Lelaboureur en ses addit. aux mém. de Castelnau, 1, 732.)

N° 15. — ÉDIT *qui enjoint aux évêques de résider en leurs diocèses sous peine de la saisie de leur temporel, qui sera employé à la nourriture et entretien des pauvres* (4).

Fontainebleau, 1er avril 1561 ; reg. au parl. le 8 mai 1561. (Vol. L, f° 61. — Fontan., IV, 220.)

---

(1) V. l'ordonnance de Philippe-Auguste de l'an 1200 à sa date, et la note sur l'édit de François Ier d'avril 1515.
(2) V. la déclaration du 6 juillet 1548, et la note.
(3) V. à la date du 16 novembre, et Anquetil, hist. de la ligue, tom. 1er, p. 65 et suivantes.
(4) V. l'ordonnance de Louis XI, 8 janvier 1475 et Henri II, 1er mai 1557, ci-après ; de Henri III, ordonnance de Blois, 1579.

N° 16. — *Lettres de confirmation des privilèges accordés à la faculté de médecine de l'université de Paris* (1).

Fontainebleau, 1ᵉʳ avril 1561; reg. au parl. le 3 mai 1561. (Vol. L, f° 53. — Mém. ch. des compt. 3 B, f° 247. — Fontan., 11, 2070.)

N° 17. — *Édit qui défend aux officiers de justice de s'entremettre des affaires des seigneurs inférieurs, chapitres, communautés, et de révéler les secrets des cours souveraines, à peine de suspension et privation de leurs offices* (2).

Fontainebleau, avril 1561, avant Pâques; reg. le 16 après Pâques. (Vol. L, f° 56. — Joly, 13 et 620. — Fontan., 1, 23.)

Charles, etc. Parce que nous avons chacun jour plaintes des revelations qui se font ordinairement en nos cours par les officiers d'icelles : la source desquelles revelations nous avons esté advertis et deüment informez proceder de ce qu'aucun des officiers de nosdites cours non memoratifs des anciennes ordonnances de nosdites cours, contrevenans directement à icelles, prennent charge des affaires des seigneurs inferieurs, chapitres et communautés : les autres se chargent et acceptent vicariats des évesques et prelats de nostre royaume s'entremettans et empeschans particulièrement des affaires d'autres personnes que de nous et du public, eux distrayans entièrement du soin et cure qu'ils doyvent avoir à nostre service et de la chose publique, à quoy ils sont obligez par le serment de leurs estats : dont aucuns se sont voulu excuser et courir sous ombre de quelques particulières permissions et dispenses qu'ils dient avoir obtenües de nous. A raison de quoy toutesfois sont advenues plusieurs grands inconvéniens et scandales à la justice et à nos sujets.

Pour ausquels obvier et pourvoir à l'advenir, considérans la justice estre la première et plus digne de toutes les vertus, et qui doit estre justement et également administrée et rendue à

---

(1) V. les édits des 22 mai 1336. — 3 août 1590, dern. nov. 1437. (Celui-ci omis dans notre recueil.) — Et ci-après les ordonn. de juillet 1682, octobre 1728, mars 1731, 15 décembre 1732 et avril 1777, et les lois des 14 avril 1791, 19 ventose et 21 germinal an XI, celle du 29 pluviose an XIII, et le decret du 25 prairial suivant.

(2) V. le présid. Henrion de Pansey, autorité jurid., et les ordonn. de Louis XII, 1498, François 1ᵉʳ, 1539.

chacun sans acception de personne en pureté et sincérité : désirans aussi sur toutes choses que de nostre temps et règne nosdits royaume et subjets soyent régis et gouvernez par bonne et deuë justice : avons en renouvellant les anciennes ordonnances de nos prédécesseurs rois, et adjoustant à icelles, dit, statué et ordonné, et par ces présentes de nos certaine science, pleine puissance et authorité royal, disons, statuons et ordonnons par édict, loy et ordonnance perpétuelle et irrévocable, ce qui s'ensuit, c'est à sçavoir.

(1) Que nous avons inhibé et défendu, inhibons et défendons à tous présidens, maistres des requestes de nostre hostel, conseillers, nos advocats et procureurs généraux, et autres officiers de nos cours de parlement, grand conseil, et autres nos cours, chambre des comptes, généraux de la justice, et tous autres nos officiers, de ne prendre charges directement ou indirectement, en quelque sorte ou manière que ce soit, des affaires des seigneurs inférieurs, chapitres, communautez, et autres personnes quelconques, ny pareillement aucuns vicariats d'évesque ou prélats pour le fait et disposition du temporel, spirituel et collation de bénéfices de leurs éveschez et abbayes, et de s'entremettre ou empescher aucunement des affaires d'autres personnes que de nous, du public, de nostre très-honorée mère, de nos treschers frères et sœurs et nos treschères et tresamées tantes les duchesses de Ferrare et de Savoye, que nous avons voulu excepter pour la proximité du sang qui nous attouchent : de nos successeurs rois de France et roines de France : sur peine de privation de leurs estats, ou autre plus grande s'il y eschet : nonobstant les prétendues permissions ou dispenses sur ce obtenuës, lesquelles nous avons de puissance et authorité susdites, cassées, révoquées et annullées ; cassons, révoquons et annullons par cesdites présentes, comme contraires à nos édicts, ordonnances et droiture de justice.

(2) Voulons au surplus, que si aucuns desdits présidens, conseillers, advocats, procureurs généraux, greffiers, notaires, ou autres officiers se trouvent avoir révélé les secrets de nosdites cours et chambres des comptes, et autres nos cours, ils soient suspendus et privez de leurs estats selon l'exigence et mérites des cas. Enjoignant très expressément ausdits présidens et conseillers de révéler ceux qu'ils sçauront et trouveront soupçonnez et coulpables desdites révélations, et procéder contr'eux par privation de

leurs estats, et autres plus griéves peines, ainsi que les ordonnances de nos prédécesseurs rois de France le désirent. Donne, etc.

N° 18. — Édit relatif aux transactions sur procés entre mineurs (1).

Fontainebleau, avril 1564 avant Pâques, reg. au parl. le 18 mai 1565. (Fontan. I, 767.)

CHARLES, etc. Comme il soit utile, besoing, et nécessaire retrancher et diminuer le grand nombre des procez qui sont entre nos subjects, et qui par le moyen des sinistres intentions d'aucunes personnes désirans plus la contention et discorde entre les hommes, que l'union et tranquillité, sont tous les jours prolongez et multipliez, et presque rendus immortels : et que le plus prompt et moins dommageable expédient d'iceux procez amortir, soit la voye d'accord et transaction, laquelle met fin tant aux procez commencez qu'à commencer : toutesfois il advient chacun jour que les parties qui ont transigé, après la transaction d'elles mesmes ou par conseil d'autruy obtiennent lettres pour casser et rescinder icelles transactions, disant avoir esté deceuz outre moitié de juste prix et valeur, ou autre plus grande lésion, font revivre les procez et différens ja amortis, et remettent les choses en l'estat auquel elles estoient auparavant lesdites transactions.

Pour à quoy obvenir et remédier, par l'advis des princes de nostre sang, et gens de nostre conseil estant lez nous, avons par ces présentes confirmé et autorisé, confirmons et authorisons toutes transactions, qui sans dol et force seront faites et passées entre nos subjects majeurs d'ans des choses qui sont en leur commerce et disposition. Voulons et nous plaist, que contre icelles nul ne soit après receu souz prétexte de lésion d'outre moitié de juste prix, ou autre plus grande quelconque, et ce qu'on dit en latin *dolus re ipsa* : mais que les juges et l'entrée du jugement, s'il n'y a autre chose alléguée contre icelle transaction, déboutent les impétrans des lettres de l'effect et enterinement d'icelles, et les déclarent non recevables. Faisant défenses et inhibitions expresses à toutes personnes sur grandes peines à nous appliquer, de ne poursuyvre

---

(1) V. à sa date l'ordonnance de Louis XII, juin 1510, art. 76 et 78; de François Ier, ordonn. d'août 1539, art. 154. — V. aussi le code civil de 1805, art. 2052 et suivans.

ny impétrer lettres contraires à ce présent édict, et aux secrétaires de nos chancelleries de les signer, à nostre très cher et féal chancelier, aux maistres des requestes ordinaires de nostre hostel et gardes des seaux, de les sceller, et à tous nos juges, tant ordinaires que de nos cours souveraines, de non les entériner, comme contrevenans directement à nostre intention.

Si donnons en mandement, etc.

N° 19. — *Édit sur l'administration des hôpitaux et sur l'entretien des pauvres* (1).

Fontainebleau, avril 1561; reg. au parl. le 10 mai. (Vol. L, f° 62. — Font., IV, 582.)

CHARLES, etc. Après avoir esté deuëment informez en nostre conseil que les hospitaux et autres lieux pitoyables de nostre royaume ont esté cy devant si mal administrez, que plusieurs à qui ceste charge a esté commise approprient à eux et appliquent à leur profit la meilleure partie du revenu d'iceux, et ont quasi aboly le nom d'hospital et d'hospitalité, souz couleur qu'ils prétendent aucuns desdits lieux pitoyables estre titulaires et bénéficiers en tiltre, défraudans les pauvres de leur deuë nourriture, et contrevenans aux saincts commandemens de Dieu, et intention des fondateurs.

Pour y remédier, comme vrais conservateurs des biens des pauvres, par l'advis de nostre très honorée dame et mère, de nostre très-cher et très amé oncle le roi de Navarre, des princes de nostre sang et gens de nostre conseil, avons par édict perpétuel et irrévocable statué et ordonné, statuons et ordonnons :

(1) Que tous hospitaux, maladreries, leproseries, et autres lieux pitoyables, soit qu'ils soient tenus en titre de bénéfice, ou autrement és villes, bourgades, ou villages de nos royaume et pays de nostre obéissance, seront désormais régis, gouvernez, et le revenu d'iceux administré par gens de bien, resseans et solvables, deux au moins en chacun lieu, lesquels seront esleuz et commis de trois en trois ans par les personnes ecclésiastiques ou lais, à qui par les fondations le droit de présentation, nomination, ou provision apparticendra : toutesfois que leurs parens, domesti-

---

(1) V. à sa date les édits de François Ier, 15 janvier 1545 et 26 février 1546; de Henri II, 12 février 1553, et la note. — V. ci-après l'édit de 1566.

ques, ou de leur famille : et és lieux qui ne sont en patronage, et de fondation des gens d'église ou lais, encores qu'aucuns soient fondez par noz prédécesseurs, seront les administrateurs commis par les communautez des villes, bourgades ou villages, sans que les administrateurs qui seront destituables en cas de malversations puissent estre continuez après lesdits trois ans.

(2) Ordonnons et enjoignons aux juges des lieux arbitrer et taxer dedans un mois pour tous délais, à tous ceux qui se pretendront titulaires, de quelque qualité qu'ils soient, et quelque provision qu'ils aient obtenu, soit de nous, à la nomination de nostre grand aumosnier ou autrement, certaine somme, pour leur vivre et vestiaire seulement, eu esgard au revenu de l'hospital ou maladrerie, laquelle somme, à quelque revenu que se puisse monter ledit hospital ou maladrerie, n'excèdera la somme de sept vingts livres tournois, par chacun an, à prendre et recevoir par les mains des administrateurs la somme qui sera taxée, à la charge de faire le service divin, et administrer les sacremens aux pauvres en personne, comme leur office et devoir le requiert. Entendons toutesfois qu'és lieux ou il y a religieux ou religieuses, les fondations soient gardées et entretenuës et pour leur vivre en commun, vestiaire seulement, somme certaine sera taxée, laquelle leur sera distribuée et payée par les mains des administrateurs.

(3) Le surplus du revenu desdits hospitaux, maladreries, et autres lieux pitoyables sera entièrement employé à la nourriture et nécessitez desdits pauvres, réparations et entretenement des bastimens et édifices, et autres choses nécessaires.

(4) Enjoignant très expressément ausdits administrateurs recevoir et faire traiter humainement et gracieusement les pauvres malades, tant ceux des villes et lieux circonvoisins, que les passans : et avoir en chacun hospital, qui le pourra commodément porter, chambres séparées pour retirer les malades de maladies contagieuses et incurables, où seront secourus de tous remèdes servant à leur guérison.

(5) Commandons à tous juges des lieux, chacun en son endroit, s'informer diligemment et par le menu en quoy consiste le revenu desdicts hospitaux, maladreries, leproseries, et autres lieux pitoyables, quel nombre de pauvres ils peuvent porter : et de ce lesdits administrateurs dresseront un estat, dont lesdits juges feront procez verbal, ensemble de la taxe faite à iceluy qui se pretendra titulaire : et de l'exécution entière du présent édict et or-

donance : pour iceluy procez verbal envoyer dedans trois mois à nostre très-cher et féal chancelier, sur peine de suspension de leurs estats. Lequel nostre chancelier ne pourra sceller aucunes lettres de provision, soit à la nomination de nostre grand aumosnier, ou autrement par nous commandées, s'il ne luy appert du tiltre et droict de donation ou collation : et à la charge que celuy qui sera pourveu ne prendra sur le revenu et par les mains des administrateurs que la somme seulement qui aura esté arbitrée et taxée comme dessus. Ordonnons que lesdicts administrateurs rendront compte d'an en an, et à la fin de chacune année : à sçavoir ceux qui auront esté commis par les gens d'église et patrons lais, par devant leurs juges, appellez les plus apparens habitans du lieu ou paroisse, jusques au nombre de quatre au moins, et les autres qui auront esté commis par les communautez des villes et bourgades, par devant nos juges, en la présence de l'archevesque ou évesque, ou son vicaire, appellez les eschevins, conseillers, capitouls, consuls, ou autres qui lors auront l'administration des affaires des villes ou bourgades. Et si à la fin des trois ans restent és mains des administrateurs quelques deniers revenans bons, entendons qu'ils soyent employez (la fourniture des meubles, et les réparations nécessaires préalablement faites) à œuvres charitables, comme à marier pauvres filles, entretenement d'enfans à mestier, et autres semblables, par advis et à la discrétion de ceux qui assisteront, comme dessus, à la reddition des comptes, lesquels préféreront les pauvres du lieu à tous autres. Seront tenus lesdits administrateurs faire de uës diligences et poursuittes contre leurs prédécesseur, afin de rendre compte tant du revenu qu'ils auront manié, et des deniers receus, que des meubles : desquels les nouveaux administrateurs se chargeront par inventaires signez. Payeront tous administrateurs le reliqua dont ils se trouveront redevables à la fin des trois ans, et ce par emprisonnement de leurs personnes. Le tout sans que pour lesdites administrations et reddition de comptes, ou assistance à iceux, soit pris ne alloué par lesdits officiers des lieux et administrateurs aucune chose pour leurs salaires et vacations.

Si donnons en mandement, etc.

N° 20. — LETTRES *patentes accordées à l'Hôtel-Dieu et à l'hôpital des Quinze-Vingts aveugles de Paris* (1).

Fontainebleau, 20 avril 1561; reg. au parl. le 16 juin. (Vol Z, f° 77.)

N° 21. — LETTRES *de jussion au parlement de Paris pour enregistrer purement et simplement l'édit d'avril 1560, qui défend aux officiers de judicature de prendre soin des affaires d'autres personnes que du roi* (2).

Fontainebleau, 22 avril 1561. (Vol. Z, f° 188. — Joly, 14.)

N° 22. — ÉDIT *sur la réforme des habits* (3).

Fontainebleau, 22 avril 1561; reg. au parl. le 13 septembre. (Vol. Z, f° 131. — Font. 1. 984. — Traité de la police, liv. 3, tit. 1er, chap. 4.)

N° 23. — NOUVELLES *lettres de jussion adressées au parlement de Paris pour l'enregistrement pur et simple de l'édit du mois d'avril* 1560 (4).

Saint-Germain des Prés, 23 juin 1561. — (Vol. Z, f° 188.)

N° 24. — DÉCLARATION *qui confirme les privilèges des ouvriers des mines* (5).

Saint-Germain des Prés, près Paris, 11 juillet 1561; reg. au parl. le 9 mai 1562. (Vol. Z, f° 272. — Fontan., 11, 1163.)

N° 25. — ÉDIT *confirmatif de celui de mai* 1559 (6) *sur le guet de la ville de Paris.*

Saint-Germain en Laye, 25 juillet 1561.

---

(1) V. l'édit ci-dessus.

(2). V. cet édit à sa date, et ci-après les nouvelles lettres de jussion du 23 juin.

(3) V. à sa date la note sur les lettres de mars 1514 qui rappelle tous les édits sur la matière. V. l'édit de Henri II, du 12 juillet 1549, et ci-après la décl. du 17 janvier 1563. Celui-ci ne dit rien de nouveau.

(4) à sa date et ci-devant les lettres de jussion du 22 avril.

(5) V. à sa date l'édit du 29 juillet 1560.

(6) V. à sa date, et ci-après celui du 3 septembre. — Blanchard, qui donne le titre de cet édit dans sa table chronologique, ne dit pas où il se trouve. Delamarre ne la cite même pas dans son traité de la police, ce qui nous fait croire que c'est le même que celui du 3 septembre.

N° 26. — Édit *sur la religion, sur le moyen de tenir le peuple en paix, et sur la répression des séditieux* (1).

Saint Germain en Laye, juillet 1561; reg. au parl. le dernier. (Vol. Z, f° 95. — Fontan., IV, 264.)

CHARLES, etc. Comme pour donner remède et pourvoir aux troubles et esmotions qu'on voit pulluler et multiplier de jour en jour en ce royaume, à cause de la diversité des opinions, concernans le fait de la religion, nous ayons fait assembler en nostre cour de parlement de Paris, nostre très-cher et très-amé oncle le roy de Navarre, les princes de nostre sang, pairs de France, et autres princes et seigneurs de nostre conseil privé : tous lesquels avec les gens de nostredite cour, auroient par plusieurs et diverses journées vacqué audict affaire. Finalement après avoir veu et entendu ce qui auroit par eux esté délibéré en ladite assemblée, nous pour parvenir à l'effet de nostre principal désir, qui est de faire vivre et maintenir nos subjets en tranquillité et repos,

(1) avons par ce présent édict enjoint et enjoignons à toutes personnes, de quelque qualité ou condition qu'ils soyent, vivre en union et amitié : et ne se provoquer par injures ou convices, et n'esmouvoir, ni estre cause d'aucun trouble ou sédition, ni agresser l'un l'autre de fait ou de parole, ne faire force ne violence les uns aux autres, dans les maisons, n'ailleurs, soubs quelque prétexte ou couleur que ce soit de religion ou autre : et ce sur peine de la hart.

(2) Avons aussi défendu et défendons sur mesmes peines à toutes personnes ne faire aucuns enroollemens, signatures, ou autres choses tendans à injures, ou provoquans à factions, conspirations, ou partialitez. Et pareillement à tous prescheurs de n'user en leurs sermons ou ailleurs de paroles scandaleuses ou tendantes à exciter le peuple à esmotion. Ains leurs avons enjoint et enjoignons se contenir et conduire modestement, ne dire rien qui ne soit à l'instruction et édification du peuple et à le maintenir en tranquillité et repos, sur icelles mesmes peines.

(3) Et desdites séditions et cas dessusdits, nous avons attribué la cognoissance en souveraineté à nos juges, conseillers, et ma-

---

(1) Cet édit annonce une espèce d'assemblée de notables ou de grand lit de justice. — V. celui de Romorantin à la date de mai 1560.

gistrats establis par les siéges présidiaux de nos pays, terres et seigneuries respectivement chacun en son ressort : sans ce qu'ils puissent toutesfois juger diffinitivement, ou à la torture ou question, s'ils ne sont au nombre de dix pour le moins : et néantmoins si aucuns prétendent avoir occasion de se douloir ou plaindre, ils se pourront addresser à nosdits juges, sans qu'il leur soit loisible d'entreprendre aucune chose de leur authorité privée.

(4) Aussi avons défendu et défendons, sur peine de confiscation de corps et de biens, tous conventicules et assemblées publiques avec armes ou sans armes, ensemble les privées où se feroient presches et administrations de sacremens, en autre forme que selon l'usage receu et observé en l'église catholique, dès et depuis la foy chrestienne, receuë par les roys de France nos prédécesseurs, et par les évesques, prélats, curez, leurs vicaires et députez.

(5) Et pour le regard de la simple hérésie, ordonnons, et nous plaist, que l'édict fait à Romorantin, par le feu roy François dernier, nostre très-cher seigneur et frère au mois de may, 1560, soit observé et gardé, en ce qui concerne la cognoissance dudit crime d'hérésie délaissée aux gens d'église.

(6) Et au cas que le prévenu et accusé dudit crime, fust par lesdicts juges d'église délivré au bras séculier : en ce cas voulons, entendons, et nous plaist, que nos juges séculiers procédent contre luy sans luy pouvoir imposer plus grande et griève peine, que de luy interdire la demeure et habitation en nos pays, terres et seigneuries seulement ; le tout par manière de provision, et jusques à la détermination du concile général, ou de l'assemblée des prélats de nostre royaume, et suivant ce qui a esté par nous fait dés l'advenement à la couronne.

(7) en continuant nostre mesme clémence et miséricorde, avons fait et octroyé, faisons et octroyons grace, pardon et abolition, à toutes personnes de quelque qualité ou condition qu'ils soient, et sans nuls excepter, de toutes les fautes passées, procédans du fait de la religion, ou sédition provenuë à cause d'icelle, depuis le décez du feu roy nostre très-honoré seigneur et père. En mettant au néant toutes procédures contre eux faites, et jugemens contre eux donnez, leur enjoignant de vivre d'oresnavant paisiblement, catholiquement, et selon l'église catholique, et observation accoustumée par nos prédécesseurs roys de France.

(8) Et à fin que nos bons subjets ne soient travaillez, ny in-

...iclez sans cause, enjoignons à tous nos juges, procureurs, advocats et autres officiers, ne rechercher, ou molester indiscretement nosdits subjets, n'abuser de l'exécution du contenu en ces présentes, et punir les faux délateurs, ou calomniateurs de telles et pareilles peines que seroient punis les accusez, s'ils estoient convaincus des crimes dont ils auroient esté chargez.

(9) Avons pareillement prohibé et défendu, prohibons et défendons à toutes personnes de quelque qualité ou condition qu'ils soient, sur peine de la hart, toutes voyes de fait et port d'armes. Défendant pareillement sur la mesme peine, le port des barquebuses et pistolets, fors et excepté aux archers de nos gardes, et ceux de nos ordonnances, allans et venans en leurs garnisons, les prévosts des mareschaux, leurs lieutenans et archers, les ministres de la justice, au temps qu'il sera requis pour l'exercice d'icelle, les conducteurs de nos deniers pour la seureté d'iceux seulement : ensemble aux gardes des forests et des buissons auxquels permettons porter pistolets.

(10) Défendons aussi à toutes personnes, autres que les cy dessus exceptez, les gentils-hommes, les serviteurs des princes, seigneurs et gentils hommes, et lors qu'ils seront à leur suitte tant seulement, de porter aux villes et bourgades espées, dagues, grands cousteaux, et autres armes offensives, si ce n'est en allant par pays, pour la seureté et défense de leurs personnes, sur peine de cinquante escus d'or sol, pour chacune fois qu'ils y auront contrevenu, sans que par nos juges la peine puisse être modérée : et au cas de modération ou contravention, en nostre présente ordonnance, sera prinse et levée ladicte amende sur lesdits juges. Et si les condamnez en ladite amende ne la peuvent ou veulent payer, seront punis de peine corporelle et arbitraire.

Si donnons en mandement, etc.

N° 27. — Assemblée *de Poissy* (1).

Du 1ᵉʳ au 19 août 1561.

---

(1) L'objet apparent de cette assemblée était de traiter des matières de religion, et de créer des obstacles à l'accroissement de la religion réformée; mais le but du roi était d'obtenir une subvention du clergé pour racheter ses aides, gabelles et d'autres parties de son domaine aliénées, soit par lui, soit par ses prédécesseurs. C'est ce qu'il obtint par l'acte du 21 octobre, appelé le *contrat de*

N° 28. — Déclaration *qui porte que le roi ne pourra faire aucun don des droits de gruerie qui lui appartiennent dans les bois des terres foncières* (1).

Saint-Germain en Laye, août 1561. (Mém. ch. des comp. 36, f° 1.)

N° 29. — Édit *portant que les deniers provenant des ventes et coupes des bois du roi seront mis aux mains de ses receveurs ordinaires des lieux pour le rachat du domaine de la couronne* (2).

Saint-Germain en Laye, août 1561; reg. au parl. le 14. (Vol. 7, f° 10.— Fontan., 11, 359.)

N° 30. — Édit *sur le cumul de la postulation et de la plaidoirie* (3).

Saint-Germain en Laye, août 1561. (Joly, 1, 174.)

Charles, etc. Nos prédécesseurs ont pieça ordonné que les procureurs de nos cours souveraines, bailliages, sénéchaussées, prévostés et autres juridictions, seront réduits à certain nombre. Ayant le feu roy François nostre très-honoré seigneur et ayeul entendu que lesdites ordonnances n'estoient gardées; ains que le nombre des procureurs estoit journellement augmenté, auroit par ses lettres patentes du 16 octobre 1544, ordonné qu'aucun ne seroit pour l'advenir receu à faire le serment de procureur en nosdites cours de parlement, bailliages, sénéchaussées, prévostez et autres juridictions, jusqu'à ce qu'autrement en fust par luy ordonné, après la publication desquelles lettres une effrénée multitude de clercs et solliciteurs qui estoient en nos palais se seroient intrus procureurs, jusques à ce que nostre très-honoré seigneur et père le roy Henry par ses lettres patentes du 29 juin 1549 auroit inhibé et défendu à tous clercs, solliciteurs et autres, n'estant receus audit estat de procureur, de l'exercer en nosdites cours, bailliages, sénéchaussées et prévostez, sous

---

Poissy. V. à la date du 15 octobre 1668, la note sur les lettres confirmatives de ce contrat.

(1) V. l'édit de 1566 sur l'inaliénabilité du domaine.
(2) V. ci-après l'édit de janvier.
(3) V. à sa date l'édit du 29 juin 1549. Le garde des sceaux de Peyronnet par ordonnance du 27 février 1822 a précisément déclaré le principe contraire à celui de L'Hospital.

son nom ou sous le nom emprunté d'aucun procureur directement ou indirectement, en quelque manière que ce soit, aux peines contenues par lesdites lettres.

Après la publication desquelles plusieurs clercs et sollicitans auroient par desguisement, importunité ou autrement, trouvé moyen obtenir plusieurs lettres de nostredit feu seigneur et père pour estre receus audit estat de procureurs, nonobstant les précédens édicts et lettres, sous couleur desquelles nosdites cours, baillifs, séneschaux et autres juges, ont receu autre grand infini nombre de procureurs, qui auroient meu nostre très-honoré seigneur et frère le roy dernier, décerner ses lettres patentes du 20 août 1559, et par icelles interdire à nosdites cours de parlemens, baillifs, séneschaux, et autres juges et leurs lieutenans, ne recevoir aucun serment de procureur. Ce qu'ils ont si peu observé qu'à présent il y a autant de procureurs que de causes, lesquels engendrent journellement infinité d'incidens, nouvelles inventions de délais et autres subterfuges que les procès sont aujourdhui immortels, et les frais insupportables aux subjects ainsi que les gens des trois estats de nostre royaume dernièrement assemblez en nostre ville d'Orléans nous ont par leurs plaintes et remonstrances faict entendre, et très-humblement supplié et requis vouloir sur ce pourvoir;

Sçavoir faisons que nous ayans eu sur ce l'advis de nostre conseil auquel les édicts et lettres susdites ont esté veus, avons cassé, révoqué et annullé, cassons, révoquons et annullons toutes les réceptions de ceux qui ont esté receus au serment de procureur en nos cours de parlemens, bailliages, séneschaussées, prévostez et autres jurisdictions de nostre royaume, depuis la publication desdites lettres du 27 août 1559; est inhibé et défendu, inhibons et défendons à nosdites cours, baillifs, séneschaux, prévosts et autres juges ou leurs lieutenans en recevoir aucun au serment de procureur en vertu de quelques lettres qu'aucuns pourroient ci-après de nous obtenir sous quelques termes et clauses qu'elles pourroient estre conçues, lesquelles nous avons dès à présent comme pour lors cassées, révocquées et annullées, inhibons et défendons à nosdites cours, baillifs, séneschaux et autres juges d'y obtempérer ne avoir esgard. Voulons et ordonnons qu'advenant le décèz des procureurs anciennement receus, lesdits estats soient et demeurent supprimés et lesquels nous supprimons sans qu'aucuns soient ou puissent estre à l'advenir receus audit estat de procureur. Ains exercent les advocats de nosdites cours, bailliages, séneschaussées et jurisdictions, ledit estat d'advocat et procureur ensemblement sans qu'à l'advenir soit besoin avoir procureur à part; et que dès à présent lesdits avocats puissent exercer lesdits deux estats d'advocat et procureur ensemblement.

Si donnons, etc.

N° 31. — Nouvelles *lettres de jussion au parlement de Paris pour enregistrer l'édit d'avril* (1) *1560 qui défend aux officiers de judicature de prendre soin d'autres affaires que de celles du roi.*

Saint-Germain en Laye, 23 août 1561. (Vol. Z. f° 190.)

N° 32. — Édit *qui règle la composition du guet de Paris* 2)

Saint-Germain en Laye, 3 septembre 1561, reg. au parl. le 15. (Vol. Z. f° 15.)
— Fontan. 1. 892. — Traité de la police liv. 1. tit. 13. chap. 12.

Charles, etc. Nous avons fait voir en nostre conseil les articles traictez et délibérez en l'assemblée faite naguères par vostre ordonnance en la salle de sainct Loys de nostre palais à Paris, de plusieurs nos officiers, bourgeois, manans et habitans de nostredite ville, pour le faict de la composition, réglement et payement du guet establi en icelle nostre ville par édict et ordonnance de feu de bonne mémoire le roy Henry nostre très honoré seigneur et père, en datte du mois de may 1559 : et spécialement sur le fait de nos lettres patentes du 25 juillet dernier passé : lesquels articles rédigez en forme d'advis et remonstrances souz nostre bon plaisir vous nous avez envoyez.

Sur quoy après la matière mise en délibération en notre conseil, par advis et délibération d'iceluy avons dit, statué et ordonné, disons, statuons et ordonnons, voulons et nous plaist par ces présentes,

(1) Que par manière de provision, l'érection, réglement et composition dudit guet, vaille, et sorte son effect, selon qu'il est porté, et par le menu contenu audict édict du mois de may 1559, faict par ledit défunct nostre très-honoré seigneur et père, et arrest de nostredicte cour sur ce intervenu, avons toutesfois réduit et modéré par ces présentes, ayant aucunement esgard ausdites remonstrances, le nombre et quantité de douze vingt archers de cheval et de pied, y compris les qua-

───────────

(1) V. cet édit à sa date, et les lettres de jussion des 22 avril et 23 juin 1561.
(2) V. à leur date les édits de mai 1559 et 25 juillet 1561, et ci-après le privilège accordé à l'université, par ordon. du 13 octobre 1561.

tre lieutenans ordonnez par ledict édict, pour servir audit guet, au nombre et quantité de deux cens, dont il y en aura trente deux de cheval, et le surplus de pied. Tous lesquels seront prins et choisis des gens de mestier et artisans de nostredite ville, ayans domicile et vacation honneste en icelle, à ce que l'on se puisse asseurer de leurs personnes, selon que le requiert ledict édict. Et serviront tous les dessusdits actuellement sans fraude, et sans aucune dispense pour aage, ou autre occupation, et ne sera rien prins d'eux pour leur réception, pour pretexte de les fournir d'armes, manteaux ou autrement, mais s'équipperont à leurs despens des équipages qui leur seront ordonnez suyvant ledit édict. Et à faute de ce, leur en sera fait fournir par marchans à leurs despens : et sera mis en la chambre criminelle de nostre chastelet un tableau contenant les noms et domiciles desdits archers, qui sera renouvelé à chacune monstre qu'ils feront pour avoir leur payement.

(a) Pour le regard duquel, après le calcul fait de la quantité des deniers requise pour la solde desdits gens de guet, qui s'est trouvée monter à la somme de 16,960 l. tournois, avons ordonné et ordonnons par ces présentes par forme de provision comme dit est, ayant aucunement esgard ausdites remonstrances que ladite somme sera remplie en premier lieu de la somme de 2,400 l. de tout temps fournie et assignée sur la recepte du domaine de nostre ville, prévosté et vicomté de Paris, de laquelle nostre receveur fera distribution au chevalier du guet, ses lieutenans, greffiers, contrerolleurs et autres principaux ministres dudit guet, suyvant l'estat cy dessus attaché souz le contreseel de nostre chancellerie, jusques à la concurrence de ladite recepte, en la manière accoustumée : sans pour ce prendre aucun autre salaire. Et sera remplie de la somme de 1,500 l. à prendre sur les hauts officiers de nostredite ville, selon la certification et département qui en a esté fait par arrest de nostredite cour. En dernier lieu sera remplie par cottisation de la somme de 20 sols tournois par chacun an sur chacun habitant de nostredite ville de la qualité après mentionnée : et le quart seulement de ladite somme sur ceux des fauxbourgs d'icelles estans de semblable qualité : c'est à savoir tous indifferemment bourgeois, marchans, négocians, gens de mestier et artisans de quelque espèce ou forme que ce soit, sans nul excepter par priviléges, exemption ny autrement. Et généralement tous habitans de nostredite ville et fauxbourgs, de quelque qualité que ce soit : fors seulement les gens d'église, les gens de nos cours, notaires et secrétaires de nous, et de la maison et couronne de France, et autres nos officiers. Ensemble les prévost des marchans et eschevins de nostredite ville. Et ce par provision, et quant à présent seulement. Sauf après avoir veu que montera la recepte de la première année, et que l'on verra ceste assiette monter plus que besoin n'est pour ladite solde, avoir lors esgard aux priviléges et exemptions anciennes, et faire réduction aux mestiers spécialement chargez de la fonction personnelle dudit guet.

(3) Et pour régler et dresser le fait de ladite recepte et payement de ladite solde, sera estably un receveur par élection et nomination desdits prévost des marchans et eschevins de nostredite ville, et des gardes et jurez des principaux estats de la marchandise et mestiers de nostredite ville : lequel sera perpetuel ou triennal, et à tels gages ou assignation de profit qu'ils adviseront par ensemble. Et sera ladite recepte sur lesdits justiciers selon ledit arrêt, et sur lesdits habitans, selon la qualité susdite, selon les rolles qui lui seront baillez par les gardes des marchandises, jurez de mestiers, maistres des confrairies, et autres chefs ordonnez et establis sur les corps et communautez particulières : lesquels fourniront lesdits rolles de demy an en demy an : où seront fidèlement comprins tous ceux qui sont de leur estat et vacation, sans nul excepter, sur peine de s'en prendre à eux sauf qu'à l'endroit du pauvre ils feront une cotte de pauvreté à fin d'exempter ledit personnage qu'ils affermeront tel en leur loyautez et consciences.

(4) Et pour le regard de ceux qui ne sont souz aucuns jurez, gardes ou maistres des confrairies, en seront faits rolles par les quarteniers et cinquanteniers de nostredite ville, qui seront baillez audit receveur de demy an en demy an : lequel receveur fera aussi ladite recepte et cueillette de demy an en demy an, à commencer dés à présent pour la demie année commençant en janvier dernier, et finie le dernier jour de juin aussi dernier passé et ainsi de continuer de demy an en demy an. Toutesfois pour le soulagement desdits gens du guet se fera le payement de leurdite solde de trois mois en trois mois, hors mis ceste première année commençant en janvier dernier, et finissant au mois de décembre prochainement venant (1) dont le payement se fera par demies années : à chacun desquels payemens se fera monstre dudit guet

---

(1) Le changement d'année n'a été opéré qu'en 1565.

en présence de nos officiers du chastelet, prevost des marchans et eschevins de nostredite ville, desdits gardes et jurez de la marchandise et mestiers, ou autres qu'ils voudront députer pour voir si ledit guet sera fourny de personnes et équipages, selon qu'il est requis. Par devant et assistans lesquels sera aussi rendu compte par le receveur de sa recepte et despensé par chacun an : au quel compte il employra le rolle des défauts qui luy seront fournis de trois mois en trois mois par le greffier dudit guet.

(5) Et pour le fait de la composition et remplissement desdits gens du guet, et autres choses non comprises en ces présentes, avons ordonné qu'il y sera pourveu par vous prevost de Paris ou vostre lieutenant, et autres officiers du chastelet et chevalier dudit guet. Les ordonnances desquels, ensemble ce qui sera ordonné à l'exécution de ces présentes, que nous leur avons commise et attribuée, nous voulons sortir effect : nonobstant oppositions ou appellations quelconques, et sans préjudice d'icelles.

Si voulons et vous mandons, etc.

N° 33. — ÉDIT *qui défend aux aubergistes et hôteliers de rien exiger de ceux qu'ils logent, au delà du taux fixé par les anciennes ordonnances* (1).

Saint-Germain en Laye, septembre 1561, reg. au parl. le 24 novembre. (Vol. X. f° 186. — Fontan. 1. 937.)

N° 34. — DÉCLARATION *qui établit pour six ans un impôt proportionnel sur le vin qui entre tant par eau que par terre dans les villes closes du royaume* (2).

Saint-Germain en Laye, 22 septembre 1561, reg. en la cour des aides avec modifications le 3 décembre. (Fontan. II. 1117. — Corbin rec. de la cour des aides, p. 726.)

CHARLES, etc. Comme après avoir mis en délibération avec la royne nostre très-honorée dame et mère, nostre trescher et tresamé oncle le roy de Navarre, les princes de nostre sang, gens de nostre conseil privé, et autres grands et notables personnages,

---

(1) V. à sa date la déclaration du 5 janvier 1549, et la note.
(2) Cette déclaration, qui est la création de l'impôt sur les boissons, fut confirmée par les édits d'avril 1568, 8 juillet 1575. V. à leur date. V. aussi les lettres patentes de Henri III, 18 et 20 juillet 1581 et 26 octobre 1585, et de Henri IV, février 1593. — V. la loi du 28 avril 1816.

ce qui a esté proposé et mis en avant en la convocation et assemblée qu'avons ces jours passez fait faire en nostre ville de Pontoise (1) des députez par les gens des estats des gouvernemens des provinces de nostre royaume, afin de regarder principalement aux moyens par lesquels pourrions estre secourus et aydez de quelque bonne somme de deniers, pour subvenir au payement, acquit et satisfaction des debtes immenses délaissées par noz prédécesseurs roys, desquelles nous nous trouvons à présent, et sans moyen d'y pouvoir satisfaire des finances ordinaires et extraordinaires, desquelles faisons estat pour le payement des charges et despenses ordinaires et extraordinaires qu'avons à acquitter et satisfaire. Et à ce que puissions, suyvant les requestes qui dernièrement nous furent faites par lesdits députez en nostre ville d'Orléans, remettre et réduire les tailles au feur et à la raison qu'elles estoyent durant le règne du feu roy Loys douziesme nostre bisayeul, après que lesdites debtes seront acquittées, nous ayent esté faites ouvertures de plusieurs moyens, lesquels meurement conseillez et délibérez, ait finablement esté advisé que l'un des plus prompts et commodes expédiens et moins onéreux à nos subjects, est, qu'outre les aydes des quatriesmes, huictiesmes, vingtiesmes, et autres imposts, billots, entrées de ville, péages, passages par eau et par terre, et tous autres subsides qui se sont levez par cy devant, et se lèvent encores de présent sur le vin, soit d'ancienneté ou de concession et octrois de noz prédécesseurs et de nous, on levast et cueillist pour aucun temps sur chacun muy de vin qui entrera par eau ou par terre en toutes les villes closes de nostredit royaume, pays, terres et seigneuries de nostre obéissance, et faux-bourgs d'icelles, soit pour y reposer et séjourner, attendant qu'il soit vendu, pour le transporter ailleurs, ou bien pour estre beu et débité par le menu esdites villes et faux-bourgs, telle petite somme qui seroit trouvée raisonnable, de laquelle pour ce que nostre intention est de n'exempter personne du payement d'icelle, quelque privilége qu'il ait, se pourra tirer un honneste secours pour la subvention de nosdits affaires, sans grande incommodité desdits privilégiez, d'autant que ce sera sans préjudice de leurs priviléges, qui pour le regard de toutes leurs autres exemptions

---

(1) L'assemblée indiquée à Melun par les états d'Orléans fut reportée à Pontoise.

demeureront en leur force et vertu, et avec beaucoup moindre charge pour nostre pauvre peuple, que si ledit nouveau subside se levoit ailleurs, et autrement.

Sçavoir faisons, que nous, ce que dessus bien digéré et meurement résolu, avons par l'advis de nostredite dame et mère, nostredit oncle le roy de Navarre, desdits princes de nostre sang, ceux de nostre conseil privé, et autres grands et notables personnages, déclaré, voulu et ordonné, et par la teneur de ces présentes, pour ce signées de nostre main, déclarons, voulons, ordonnons et nous plaist.

(1) Que pendant et durant le temps et terme de six ans, prochainement venans, ensuyvans et consécutifs seulement, à commencer du premier d'octobre prochain, sera prins, levé et cueilly, tant en temps de foires franches que hors foires, sur chacun muy de vin mesure de Paris, qui entrera tant par eau que par terre esdites villes closes et faux-bourgs d'icelles, soit pour y reposer et séjourner attendant qu'il soit vendu, pour le transporter ailleurs, ou bien pour y estre beu et débité par le menu, outre et par dessus tous aydes de quatriesmes, huictiesmes, vingtiesmes, imposts, billots, entrées de villes, passages, péages, et tous autres aydes et subsides quelconques, qui d'ancienneté ou de nouveau sont levez sur ledit vin esdites villes et faux-bourgs de nosdits royaume, pays, terres et seigneuries de nostre obéissance, cinq sols tournois.

Sur chacune pippe et queuë sept sols six deniers. Sur chacun poinçon, demie queuë et baricque, trois sols neuf deniers tournois. Sur chacune charge et asnée, dix-huict deniers. Et sur autres mesures et vaisseaux à l'équipollent.

(2) Et quant aux raisins qui au temps de vendanges sont apportez des vignes dedans lesdites villes et faux-bourgs pour y estre foulez, pressouërez et convertis en vin, sera d'iceux fait réduction à vin, et selon celà prins et levé sur iceux ledit impost de cinq sols, à raison qu'il sera estimé que lesdits raisins pourront rendre vin.

(3) Et qu'au payement et contribution dudit droict de cinq sols par muy de vin et autres susdites mesures, à ladite raison soyent contraints réaument et de faict, par saisie et arrest dudit vin, et autres voyes deuës et raisonnables, tous ceux qu'il appartiendra, et à qui ce pourra toucher. A sçavoir pour celuy entrant par charroy esdites villes, dès l'entrée des portes. Pour celuy que l'on voudra descharger és faux-bourgs, dès l'entrée desdits faux-

bourgs. Et quant à celuy venant par eau, avant que d'estre tiré des bateaux, ny mis sur terre.

(4) Et si aucun vin se trouve entré esdites villes et faux bourgs, sans que pour iceluy ledit droict ait esté payé, voulons et ordonnons tel vin nous estre acquis et confisqué, nonobstant oppositions ou appellations, clameur de haro, et doléances quelconques, pour lesquelles, et sans préjudice d'icelles ne voulons estre differé, ny le payement d'iceluy droict aucunement retardé, attendu l'effet pour lequel il est mis sus.

5) Déclarant en outre, que pendant et durant ledit temps il n'y aura personne de quelque estat, qualité ou condition que ce soit, qui soit exempt du payement de ladite imposition, soit en vertu de son ancien privilége, ou par nouvelle exemption; encores que ledit vin provienne de nostre creu, et qu'il soit pour nostre usage et de nostre maison, ou bien pour la royne nostre ditedame et mère, noz treschers et tresamez frères et sœur, ceux de nostre oncle le roy de Navarre, ne autres personnes, soyent princes de nostre sang, gens d'église, de la noblesse, et de la justice, officiers et domestiques de nous, de nostredite dame et mère la royne, de nosdits frères et sœur, ceux de nostredit oncle le roy de Navarre, et de tous les autres princes et princesses, escoliers, docteurs, régens, colléges, couvens et tous autres privilegiez, ne pareillement noz notaires et secrétaires, et autres quelconques, quelques priviléges et exemptions qu'ils ayent, mesmes ceux des foires franches octroyez à aucunes de nosdites villes, lesquels nous n'entendons s'estendre et avoir lieu pour le regard d'icelle nouvelle imposition : et sans aussi préjudicier à leursdits priviléges en toutes leurs autres exemptions, franchises, et immunitez, ne les tirer à conséquence pour l'advenir.

(6) Lesquels priviléges nous avons en quelques personnes que ce soyent suspendus pour ledit temps, et pour le regard dudit subside tant seulement, sans qu'ils s'en puissent servir et aider aucunement en cest endroit, ny aussi que pendant ledit temps en puissions faire ou accorder aucune exemption particulière, ou faire déclaration enervant ou empeschant l'effet des présentes, et où aucunes exemptions en seroyent par nous octroyées, nous dès à présent comme pour lors les avons cassées, révocquées et irritées, cassons, révocquons et irritons : voulans où aucune particulière exemption en sera accordée, qu'elle puisse servir à tous autres privilégiez, sans autre déclaration.

(7) Et pour éviter aux abus qui pourroyent estre commis à la

levée et perception dudit impost, voulons et ordonnons qu'iceluy impost sera payé, comme dit est, à l'entrée des portes et ports par eau de nosdites villes et faux-bourgs d'icelles, pour tout vin y entrant pour y reposer, soit pour y estre beu ou débité, ou après vendu pour le transporter : et non pour le vin qui passera tout debout et sans séjourner en icelles villes ou faux-bourgs, lequel ne sera subject au payement dudit impost.

(8) Excepté celuy qui sera passé tout debout par eau, ou par terre, par dedans ou devant nosdites villes, pour estre tiré hors nostredit royaume, pays, terres et seigneuries de nostre obéissance, pour lequel voulons et ordonnons iceluy impost estre payé, c'est à sçavoir, celuy passant par eau devant et au port de la dernière bonne ville de nostredite obéissance, encores que ce soit en temps de foires franches : et celuy tiré et enlevé par terre à l'entrée de la dernière ville, bourgs ou villages de nostre frontière, par laquelle ledit vin sera tiré et enlevé, et sans ce qu'aucun soit exempt de payer iceluy impost entrant en nosdites villes et faux bourgs, et sortans noz frontières, souz ombre que le vin dont seroit question, auroit esté pris et enlevé dedans aucunes villes, à l'entrée desquelles auroit esté payé iceluy impost pour le mesme vin. Et afin que chacun entende que nostre vouloir et intention n'est d'employer les deniers qui proviendront dudit droict en noz privez affaires, avons déclaré et ordonné, déclarons et ordonnons, que ceux qui en proviendront seront receus par les receveurs de noz aydes en chacune desdites villes, ou par autres de nos officiers comptables, ou tels autres personnages resseans et solvables ou fermiers qui sera advisé par les généraux de nosdites finances, chacun en sa charge, ainsi comme plus commodément et à moindres frais adviseront le pouvoir faire : lesquels seront tenus mettre lesdits deniers en fin de chacun quartier en la recepte générale dont ils sont, et és mains du receveur général d'icelle par ses quittances, pour iceux deniers estre premièrement employez au rachapt de noz domaine, aydes et gabelles alienez és villes et pays esquels lesdits deniers auront esté receus, et après iceux rachetez en l'acquit de nosdites debtes, selon les estats que par chacun an en ferons expédier et non ailleurs, ne autrement.

(9) Lequel droict de cinq sols pour muy de vin, et autres susdites mesures, à l'équipolent, après ledict temps de six ans expiré et passé, nous voulons et entendons estre et demeurer nul, estainct, supprimé et aboly : et dès à présent comme pour lors le

révocquons, supprimons et abolissons, sans autre déclaration: voulons et nous plaist qu'il ne puisse continuer après lesdits six ans, pour quelque cause que ce soit; et si au contraire s'en faisoit aucune expédition, qu'il n'y soit obéy : enjoignans à nos advocats et procureurs s'y opposer : en défendant à toutes nos cours aucune chose en vérifier, quelque jussion qu'ils ayent de nous, en dérogeant aux présentes, sur peine de s'en prendre à eux et chacun d'eux, et leurs héritages en leurs propres et privez noms, quelque laps de temps qui y puisse intervenir.

Si donnons en mandement, etc.

N° 35. — DÉCLARATION *qui exempte du service et de la contribution relative au guet de la police de Paris, les recteurs, docteurs, régens, suppôts ou autres membres de l'université de Paris* (1).

Saint-Germain en Laye, 13 octobre 1561. reg. au parl. le 5 janvier. (Vol. Z. f° 196. — Fontan. IV. 427.)

N° 36. — EDIT *portant que le tiers des bois taillis du royaume, tant ceux du domaine de la couronne que ceux des archevêques, évêques et autres gens d'église, seront conservés pour croître en haute-futaie* (2).

Saint-Germain en Laye, 8 octobre 1561, reg. au parl. de Bourgogne le dernier avril 1562. (Vol. Z. f° 191. — Fontan. II. 304.)

N° 37. — ORDONNANCE *portant que les capitaines des chasses et leurs gardes n'auront que le droit d'arrestation sur les délinquans, la juridiction demeurant aux maîtres particuliers des eaux et forêts et à leurs lieutenans* (3).

Saint-Germain en Laye, 18 octobre 1561. (Baudrillart, recueil des règlemens forestiers, p. 15 — St.-Yon.)

N° 38. — EDIT *pour remédier aux troubles, et sur la répression des séditieux* (4).

Saint-Germain en Laye, 20 octobre 1561, reg. au parl. le 25. (Fontan IV. 565. — Rebuf. liv. 5. tit. 17. chap. 5.)

---

(1) V. l'ordonnance du 3 septembre, ci-devant et la note.

(2) V. à sa date l'ordonnance de 1515, celle ci-après de 1669 et le code forestier de 1827.

(3) V. l'art. 16 du code d'instruction criminelle sur le droit limité d'arrestation accordé aux gardes forestiers et aux gardes particuliers.

(4) V. ci-devant l'édit d'avril 1560, et ci-après celui du 17 janvier. — Celui-ci

N° 39. — Édit *sur le port d'armes à feu, la vente de ces armes et les formalités à suivre par les fabricans* (1).

Saint-Germain en Laye, 21 octobre 1561, reg. au parl. le 25. (Fontan. I. 651. — Rebuf. liv. Ier. tit. 81. chap. 10.)

N° 40. — Édit *sur le paiement des dîmes et prémices* (2).

Saint-Germain en Laye, 25 octobre 1561, reg. au parl. le 1er juin 1562. (Vol. Z. f° 281. — Fontan. IV. 515.)

N° 41. — Édit *interprétatif de l'art. 85 de l'ordonnance d'Orléans* (3).

Saint-Germain en Laye, 28 octobre 1561, reg. le 1er décembre. (Vol. Z. f° 174. — Fontan. I. 712. — Joly II. 1713.)

N° 42. — Déclaration *qui supprime les offices vacans de notaires au Châtelet de Paris, jusqu'à réduction au nombre de 60.*

Saint Germain en Laye, 16 décembre 1561, reg. au parl. le 9 février. (Vol. Z. f° 214. — Joly II. 1744.)

___

porte qu'il sera fait des injonctions à son de trompe et cri public, de vider les églises et temples, où il paraît que les protestans s'étaient réfugiés; il défend l'usage des armes de toute espèce dans l'enceinte des villes, enfin il enjoint aux baillis et autres magistrats de résider en leurs sièges pour veiller au maintien de l'ordre.

(1) V. à sa date les ordonn. de Charles VIII, 25 novembre 1487, de François Ier, dernier octobre 1532, 9 mai 1539, 16 juillet 1546; de Henri II, 25 novembre 1548, 1549, et 7 décembre 1558; de François II, 23 juillet et 17 décembre 1559, et 5 août 1560; de Charles IX, l'ordonnance du 20 octobre, et ci-après du 12 février 1566, septembre 1567, 1570; de Henri IV, 4 août 1598 et 12 septembre 1609. — Cet édit enjoint à tous possesseurs d'armes à Paris, de les porter dans les 24 heures au lieutenant général à l'Hôtel-de-Ville sous peine de punition corporelle et mille livres parisis d'amende. Il enjoint également à tous fabricans et marchands d'armes de donner à ce magistrat, de huitaine en huitaine, l'état des armes qu'ils ont chez eux, de celles qu'ils ont vendues, avec défense d'en vendre aux personnes dont le nom et la demeure leur sont inconnus.

(2) Les dîmes ont été établies comme subvention volontaire entre les chrétiens. Puis elles ont été déclarées obligatoires par les lois des empereurs, lorsque la religion catholique est devenue religion d'état depuis Constantin, comme aujourd'hui les taxes des Israélites; puis elles sont devenues un impôt général lorsque la religion catholique est devenue exclusive sous Théodose. Les dîmes ont été abolies par la loi des 4, 11 août et novembre 1789. Les évêques français, dans les catéchismes publiés en 1814, ont déclaré le paiement de ces dîmes un devoir religieux pour leurs sectaires; mais ils n'ont pas trouvé d'appui dans la puissance civile.

(3) Cet édit se borne à déclarer que le Roi n'a point entendu supprimer par

N° 43. — Edit *sur l'entretien des châteaux, maisons et autres édifices du domaine du roi* (1).

Saint-Germain en Laye, janvier 1561, reg. en la ch. des compt. le 25 février. (Mém. ch. des compt. f° 36, f° 65. Fontan. IV. 679.)

N° 44. — Déclaration *sur la répression des troubles nés à l'occasion de la religion réformée* (2).

Saint-Germain en Laye, 17 janvier 1561, reg. au parl. le 6 mars. (Vol. Z. f° 215. — Fontan. IV. 267. — rec. des traités de paix, II. 513.)

Charles, etc. On sçait assez quels troubles et séditions se sont des pieça, et de jour en jour suscitées, accruës et augmentées en ce royaume par la malice du temps, et de la diversité des opinions qui règnent en la religion : et que quelques remèdes que nos prédécesseurs ayent tentés pour y pourvoir, tant par la rigueur et sévérité des punitions, que par douceur, selon leur accoustumée et naturelle bénignité et clémence : la chose a pénétré si avant en nostredict royaume, et dedans les esprits d'une partie de nos subjects de tous sexes, estats, qualitez et conditions, que nous nous sommez trouvez bien empeschez à nostre nouvel advenement à ceste couronne, d'adviser et résoudre les moyens que nous aurions à suyvre, pour y apporter quelque bonne et salutaire provision. Et de faict, après avoir longuement et meurement consulté de cest affaire avec la royne nostre très-honorée et très-amée dame et mère, et nostre très-cher et très-amé oncle le roy de Navarre nostre lieutenant général, représentant nostre personne par tous nos royaume et pays, et autres princes de nostre sang, et gens de nostre conseil privé : nous aurions fait assembler en nostre cour de parlement à Paris nostredict oncle, princes de nostre sang, pairs de France, et autres princes et seigneurs de nostredict conseil privé. Lesquels avec les gens de nostredicte

---

l'ordonnance d'Orléans, les tabellions de son ancien domaine créés avant François Ier.

(1) Un édit du mois d'août, que nous avons rappelé à sa date, avait disposé que le produit des coupes de bois serait employé au rachat du domaine aliéné. Celui-ci se borne à dire que tous deniers provenans des droits et devoirs seigneuriaux de la couronne seront employés à la réparation des châteaux et autres propriétés dépendant du domaine de la couronne. V. ci-après l'édit de 1566 sur l'aliénabilité du domaine.

(2) Cet édit contient des dispositions d'une barbarie révoltante. V. l'art. 13.

cour auroient après plusieurs conférences et délibérations, résolu l'édict du mois de juillet dernier, par lequel nous aurions entre autres choses défendu sur peine de confiscation de corps et de biens, tous conventicules et assemblées publiques avec armes ou sans armes.

Ensemble les privées, où se feroient presches et administrations des sacremens en autre forme que selon l'usage observé en l'église catholique dés et depuis la foy chrestienne receuë par les roys de France nos prédécesseurs, et par les évesques et prélats, curez, leurs vicaires et députez : ayans lors estimé que la prohibition desdictes assemblées estoit le principal moyen, en attendant la détermination d'un concile général, pour rompre le cours à la diversité desdites opinions : et en contenant par ce moyen nos subjets en union et concorde, faire cesser tous troubles et séditions. Lesquelles au contraire par la désobéissance, dureté et mauvaise intention des peuples, et pour s'estre trouvée l'execution dudit édict difficile et périlleuse, se sont beaucoup plus accreuës et cruellement exécutées, à nostre très-grand regret et desplaisir, qu'elles n'avoient fait auparavant.

Pour à quoi pourvoir, et attendu que ledit édict n'estoit que provisionnal, nous aurions esté conseillez de faire en ce lieu autre assemblée de notredit oncle, princes de nostre sang, et gens de nostre conseil privé : pour avec bon nombre de présidens et principaux conseillers de nos cours souveraines, par nous mandez à ceste fin, et qui nous pourroyent rendre fidèle compte de l'estat et nécessité de leurs provinces, pour le regard de ladite religion, tumultes et séditions : adviser les moyens les plus propres, utiles et commodes d'appaiser et faire cesser toutes lesdites séditions. Ce qui a esté fait, toutes choses bien et meurement digérées et délibérées en nostre présence, et de nostredite dame et mère, par une si grande et notable compagnie, nous avons, par leur advis et meure délibération, dit et ordonné, disons et ordonnons ce qui s'ensuit.

(1) A savoir, que tous ceux de la nouvelle religion, ou autres qui se sont emparez des temples, seront tenus après la publication de ces présentes d'en vuider et s'en départir : ensemble des maisons, biens et revenus appartenans aux ecclésiastiques, en quelques lieux qu'ils soient situez et assis, desquels ils leur délaisseront la pleine et entière possession et jouyssance, pour en jouyr en telle liberté et seureté qu'ils faisoient auparavant qu'ils

en eussent été dessaisis. Rendront et restitueront ce qu'ils ont prins des reliquaires et ornemens desdits temples et églises, sans que ceux de ladicte nouvelle religion puissent prendre autres temples, ni en édifier dedans ou dehors les villes, ni donner ausdits ecclésiastiques en la jouissance et perception de leurs dismes et revenus, et autres droits et biens quelconques, ores ne pour l'advenir, aucun trouble, destourbier ni empeschement. Ce que nous leur avons inhibé et défendu, inhibons et défendons par cesdites présentes : et d'abattre et desmolir croix, images, et faire autres actes scandaleux et séditieux sur peine de la vie, et sans aucune espérance de grace ou rémission.

(2) Et semblablement de s'assembler dans lesdites villes pour y faire presches et prédications, soit en public ou en privé, ni de jour ni de nuict.

(3) Et néantmoins pour entretenir nos subjets en paix et concorde, en attendant que Dieu nous fasse la grâce de les pouvoir réunir et remettre en une mesme bergerie, qui est tout nostre désir et principale intention : avons par provision et jusqu'à la détermination dudit concile général, ou que par nous autrement en ait esté ordonné, sursis, suspendu et supercedé, sursoons, suspendons et supercedons les défenses et peines apposées tant audit édict de juillet, qu'autres précédens, pour le regard des assemblées qui se feront de jour hors desdites villes, pour faire leurs presches, et autres exercices de leur religion.

(4) Défendant sur lesdites peines, à tous juges, magistrats, et autres personnes de quelque estat, qualité ou condition qu'ils soient, que lors que ceux de ladite religion nouvelle, iront, viendront, et s'assembleront hors desdites villes, pour le fait de leur dite religion, ils n'ayent à les y empescher, inquiéter, molester, ne leur courir sus en quelque sorte et manière que ce soit. Mais où quelques uns voudroient les offenser, ordonnons à nosdits magistrats et officiers, que pour éviter tous troubles et séditions, ils les empeschent et fassent sommairement et sévèrement punir tous séditieux, de quelque religion qu'ils soient, selon le contenu en nosdits précédens édicts et ordonnances : mesmes en celles qui seront contre lesdits séditieux, et pour le port des armes que nous voulons et entendons en toutes autres choses sortir leur plain et entier effect, et demeurer en leur force et vertu.

(5) Enjoignons de nouveau, suyvant icelles, à tous nosdits subjets, de quelque religion, estat, qualité ou condition qu'ils

..., qu'ils n'ayent à faire aucunes assemblées à port d'armes, et à ne s'entre-injurier, reprocher, ne provoquer pour le fait de la religion, ne faire esmouvoir, procurer ou favoriser aucune sédition, mais vivent et se comportent les uns avec les autres doucement et gracieusement, sans porter aucunes pistoles, pistolets, harquebuzes, n'autres armes prohibées et defenduës, soit qu'ils voisent ausdites assemblées ou ailleurs : si ce n'est aux gentils-hommes, pour les dagues et espées, qui sont les armes qu'ils portent ordinairement.

(6) Défendons en outre aux ministres et principaux de ladite religion nouvelle, qu'ils ne reçoivent en leursdictes assemblées aucunes personnes, sans premièrement s'être bien informez de leurs vies, mœurs et conditions : afin que si elles sont poursuivies en justice, ou condamnées par défauts et contumaces de crime méritant punition, ils les mettent et rendent à nos officiers pour en faire la punition. Et toutes et quantesfois que nosdits officiers voudront aller ausdites assemblées pour assister à leurs presches et voir quelle doctrine y sera annoncée, qu'ils les reçoivent et respectent selon la dignité de leurs charges et offices. Et si c'est pour prendre et appréhender quelque malfaiteur, qu'ils leur obéissent, prestent et donnent toute ayde, faveur et assistance dont ils auront besoin.

(7) Qu'ils ne fassent aucuns synodes ne consistoires, si ce n'est par congé, ou en présence de l'un de nosdits officiers, ne semblablement aucune création de magistrats entre eux, loix, statuts et ordonnances, pour estre chose qui appartient à nous seuls. Mais s'ils estiment estre nécessaire de constituer entre eux quelques reiglemens pour l'exercice de leur dite religion, qu'ils les montrent à nosdits officiers qui les authoriseront, s'ils voyent que ce soit chose qu'ils puissent et doivent raisonnablement faire : sinon nous en advertiront, pour en avoir nostre permission, et autrement en attendre nostre vouloir et intention.

(8) Ne pourront en semblable faire aucuns enroollemens de gens, soit pour se fortifier et ayder les uns les autres, ou pour offenser autruy, ne pareillement aucunes impositions, cueillettes et levées de deniers sur eux. Et quant à leurs charitez et aumosnes, elles se feront, non par cottisation et position, mais volontairement.

(9) Seront ceux de ladite nouvelle religion tenus garder nos loix politiques, mesmes celles qui sont receuës en nostre église catholique en fait de festes et jours chomables, et de mariage

pour degrez de consanguinité et affinité : afin d'obvier aux débats et procez qui s'en pourroient ensuyvre, à la ruine de la pluspart des bonnes maisons de nostre royaume, et à la dissolution des liens d'amitié qui s'acquièrent par mariage et alliance entre nos subjets.

(10) Les ministres seront tenus se retirer par devers nos officiers des lieux, pour jurer en leurs mains l'observation de ces présentes, et promettre de ne prescher doctrine qui contrevienne à la pure parole de Dieu, selon qu'elle est contenue au symbole du concile de Nicée, et ès livres canoniques du vieil et nouveau testament : afin de ne remplir nos subjets de nouvelles hérésies. Leur défendant très-expressément, et sur les mesmes peines que dessus, de ne procéder en leurs presches par convices contre la messe, et les cérémonies receuës et gardées en nostredicte église catholique : et de n'aller de lieu en autre, et de village en village, pour y prescher par force, contre le gré et consentement des seigneurs, curez, vicaires et marguilliers des paroisses.

(11) Et en semblable à tous prescheurs, de n'user en leurs sermons et prédications d'injures et invectives contre lesdits ministres et leurs sectateurs : pour estre chose qui jusques à icy a beaucoup plus servy à exciter le peuple à sédition, qu'à le provoquer à dévotion.

(12) Et à toutes personnes de quelque estat, qualité ou condition qu'ils soient, de ne recevoir, receler, ny retirer en sa maison aucun accusé, poursuivy ou condamné pour sédition : sur peine de mille escus d'amende applicable aux pauvres. Et où il ne sera solvable, sur peine du fouet et de banissement.

(13) Voulons en outre, que tous imprimeurs, semeurs et vendeurs de placards et libelles diffamatoires, soient punis pour la première fois du fouet, et pour la seconde de la vie.

(14) Et pource que tout l'effect et observation de ceste présente ordonnance, qui est faite pour la conservation du repos général et universel de nostre royaume, et pour obvier à tous troubles et séditions, dépend du devoir, soin et diligence de nos officiers, avons ordonné et ordonnons que les édicts par nous faits sur les résidences, seront gardez inviolablement, et les offices de ceux qui n'y satisferont, vacans et impétrables, sans qu'ils y puissent estre mis ny conservez, soit par lettres-patentes ou autrement.

(15) Que tous baillifs, séneschaux, prévosts, et autres nos magistrats et officiers seront tenus, sans attendre prière ou réquisition, d'aller promptement et incontinent la part où ils enten-

qu'aura esté commis quelque maléfice, pour informer ou faire informer contre les délinquans et malfaicteurs, et se saisir de leurs personnes, et faire et parfaire leur procez : et ce sur peine de privation de leurs estats, sans espérance de restitution, et de tous dommages et intérests envers les parties. Et s'il est question de sédition, puniront les séditieux sans déférer à l'appel, selon et appelé avec eux tel nombre de nos autres officiers ou advocats fameux qu'il est porté par notredit édit de juillet, et tout ainsi que si c'étoit par arrest de l'une de nos cours souveraines.

(16) En défendant à nostre très-cher et féal chancelier, et à nos amez et féaux les maistres des requestes ordinaires de nostre hostel, tenans les sceaux de nos chancelleries, de ne bailler aucuns reliefs d'appel : et à nos cours de parlement, de ne les tenir pour bien relevez, ne autrement empescher la cognoissance de sosdits officiers inférieurs audit cas de sédition : attendu la périlleuse conséquence, et ce qu'il est besoin d'y donner prompte provision et exemplaire punition.

Si donnons en mandement, etc.

N° 45. — Session *dix-septième du concile de Trente* (1) *sous le pontificat de Pie IV.*

Trente, 18 janvier 1561.

N° 46. — Déclaration *interprétative de l'édit* (2) *du 17 janvier.*

Saint-Germain en Laye, 14 février 1561; reg. au parl. le 6 mars. (Vol. Z, f° 225. — Font. IV. 269.)

---

(1) Un décret de reprise du concile, après 9 ans et plus d'interruption, fut rendu dans cette session sur la provocation du pape Pie IV, à l'effet d'adoucir les calamités du tems, d'apaiser les controverses de religion, de réprimer les langues perfides, et de corriger les abus introduits dans les mœurs. — La session suivante fut renvoyée au 26 février. La seizième session est à la date du 28 avril 1552. — On savait à Rome que l'on s'occupait en France de la convocation d'un concile national.

(2) Cette déclaration porte que par le mot d'officiers auxquels il est permis d'assister aux réunions et prêches des dissidens, le roi n'a entendu parler que des officiers ordinaires chargés de la police comme baillis, sénéchaux, prévôts, et non les officiers des cours souveraines ou autres de judicature.

N° 47. — LETTRES *de jussion au parlement de Paris pour enregistrer l'édit et la déclaration qui précèdent* (1);

Saint-Germain en Laye, 14 février 1561; reg. le 6 mars. (Vol. Z. f° 250. Fontan. IV. 270.)

N° 48. — SESSION *dix-huitième du concile de Trente* (2).

26 février 1561.

---

(1) Il y eut deux lettres de jussion sur le même sujet. — Les autres lettres sont du 1er mars, nous n'en donnons pas copie, il suffit de les indiquer.

(2) Le synode décréta que des pères seraient choisis pour examiner ce qu'il serait utile de faire pour la censure des livres. V. ci-devant la 17e session à la date du 18 janvier et la 19e au 14 mai 1562.

Ire GUERRE CIVILE [1],

ANNÉE 1562.

DOMINATION DU PARTI CATHOLIQUE.

N° 49. — DÉCLARATION *qui porte que le bruit que le roi et la reine sont prisonniers est calomnieux.*

Paris, 8 avril 1562; reg. au parl. (Vol. Z, f° 259. — Recueil Robert-Étienne, f° 172.)

N° 50. — DÉCLARATION *sur la répression des excès commis contre le duc de Guise à Vassy* [2].

Paris, 22 avril 1562; reg. au parl. le 4 mai. (Vol. Z, f° 269.)

---

[1] Elle commença par le massacre des protestans à Vassy, exécuté sous les yeux du duc de Guise et du cardinal de Lorraine par leurs gens. Le conseil de régence n'ayant accordé aucune satisfaction, les protestans prirent les armes et publièrent leur manifeste signé du prince de Condé. Les Guises, pour les catholiques, publièrent le leur. Ceux-ci s'emparèrent du roi et de la reine mère; l'Hôpital fut momentanément éloigné du conseil. — Le 24 février, le duc de Guise fut tué à Orléans. De là l'édit de pacification présenté aux parlemens du roi Ch. V. à la date du 19 mars 1562. Nous passons rapidement sur les actes de cette période d'une année (l'année commençant à Pâques (avril) 1562, et finissant après le mois de mars), qui sont tous des actes de parti, émanant évidemment de l'autorité des Guises alors tout puissans.

[2] Dans cet édit on attribue le massacre de Vassy aux protestans, tandis qu'il est évident que les catholiques, et spécialement le duc de Guise leur chef, furent les auteurs de cette scène sanglante. V. Anquetil, *Esprit de la Ligue*, tom. 1er,

N° 51. — *Session vingt-unième du concile de Trente* (1).

16 juillet 1562.

(CANON 1.) Si quis dixerit, (2) ex Dei præcepto, vel necessitate salutis, omnes et singulos Christi fideles utramque speciem sanctissimi Eucharistiæ sacramenti sumere debere; anathema sit.

(2) Si quis dixerit, sanctam Ecclesiam (3) catholicam non justis causis et rationibus adductam fuisse, ut Laicos, atque etiam clericos non conficientes, sub panis tantummodò specie communicaret, aut in eo errâsse; anathema sit.

(3) Si quis negaverit, totum (4) et integrum Christum, omnium gratiarum fontem et auctorem, sub una panis specie sumi, quia ut quidam falsò asserunt, non secundùm ipsius Christi institutionem sub utrâque specie sumatur; anathema sit.

(4) Si quis dixerit, (5) parvulis, antequàm ad annos discretionis pervenerint, necessariam esse Eucharistiæ communionem; anathema sit.

CAPUT II. *Arceantur à sacris Ordinibus, qui non habent unde vivere possint.*

Cum non deceat eos, qui divino ministerio adscripti sunt, cum ordinis dedecore (6) mendicare, aut sordidum aliquem quæstum exercere, compertumque sit, complures plerisque in locis ad sacros ordines nullo ferè delectu admitti; qui variis artibus ac fallaciis confingunt, se beneficium ecclesiasticum aut etiam idoneas facultates obtinere : statuit sancta Synodus, ne

---

(1) Les sessions 19 et 20 ne sont que des remises. — Le concile développa dans cette session la doctrine de l'Église sur la communion. Nous donnons le texte des canons seulement. On rendit aussi un décret en neuf chapitres *de reformatione*. Un de ces chapitres dont nous donnons le texte décide que ceux qui n'ont pas par eux-mêmes de quoi vivre, ne doivent pas être admis dans les ordres. C'est ce que décide l'un des articles de la loi organique de 1802, article qui n'est plus observé. — V. l'ordonnance d'Orléans, art. 12.

(2) cap. 1. Conc. Constant. Sess. 13.
(3) c. 1, et Conc. Constant. *Ibid.*
(4) cap. 1, Sess. 13, Cap. 3 et Can. 3. Conc. Constant. *Ibid.*
(5) in prin. et c. 4.
(6) C. *Diaconi sunt.* † *Nunc autem.* 93. Dist.

deinceps Clericus (1) secularis, quamvis aliàs sit idoneus moribus, scientiâ et ætate, ad sacros ordines promoveatur, nisi priùs legitimè constet eum beneficium ecclesiasticum, quod sibi ad victum honestè sufficiat, pacificè possidere. Id verò beneficium resignare non possit, nisi factâ mentione quòd ad illius beneficii titulum sit promotus, neque ea resignatio admittatur, nisi constiterit quòd aliundè vivere commodè possit; et aliter facta resignatio nulla sit. Patrimonium verò vel pensionem obtinentes ordinari posthàc non possint, nisi illi, quos Episcopus judicaverit assumendos pro necessitate vel commoditate ecclesiarum suarum; eo quoque priùs perspecto, patrimonium illud, vel pensionem verè ab eis obtineri, taliaque esse, quæ eis ad vitam sustentandam satis sint : atque illa deinceps sine licentiâ Episcopi alienari, aut extingui, vel remitti nullatenùs possint; donec beneficium ecclesiasticum sufficiens sint adepti; vel aliundè habeant, (2) undè vivere possint : antiquorum canonum pœna super his innovando.

N° 52. — Session *vingt-deuxième du concile de Trente.*

17 septembre 1562 (3).

(Canon I.) Si quis dixerit, in missâ non offerri Deo verum et proprium sacrificium, aut quod offerri non sit aliud quàm nobis Christum ad manducandum dari; anathema sit.

(2) Si quis dixerit, illis verbis, (4) *Hoc facite in meam com-*

---

(1) Bulla Pii V, 1568, quæ incipit, *Romanus*, extendit ad clericos regul. non professos; quæ tamen non ligat Religiosos Societatis Jesu, licèt vota tantùm simplicia emiserint, quia verè nihilominùs sunt Religiosi professi, uti declarant Gregorius XIII. Bullâ *Ascendente*, 1584, et Gregorius XIV. Bullâ *Ecclesiæ*.

(2) *Non liceat*, c. *Episcopus*, c. *Cùm secundùm* et c. *Tuis*, de præb., c. *S. Episcopus*, eod., in 6, Conc. Later., sub., Alex. III, parte 3, cap. 9.

(3) V. ci-après la 23e session au 15 juillet 1563. — Neuf chapitres de cette session sont consacrés à développer la doctrine de l'Église sur le sacrifice de la messe. Nous ne donnons le texte que des canons. Le tribunal de première instance de la Seine, par jugement du 19 juin 1828, a jugé que les canons de ce concile sont obligatoires pour les catholiques en vertu de l'art. 6 de la loi organique du concordat de 1802, et de l'art. 6 de la Charte, qui déclare la religion catholique celle de l'État. Ce jugement a cité aussi l'édit de Charles IX du 4 août 1564. (V. la note sur cet édit à sa date.)

(4) 1, Cor., 11, 24, 25.

memorationem (1), Christum non instituisse Apostolos sacerdotes; aut non ordinâsse; ut ipsis aliique sacerdotes offerrent corpus et sanguinem suum; anathema sit.

(3) Si quis dixerit, Missæ sacrificium tantùm esse laudis et gratiarum actionis, ad nudam commemorationem sacrificii in Cruce peracti (2), non autem propitiatorum; vel soli prodesse sumenti; neque pro vivis et defunctis, pro peccatis, pœnis, satisfactionibus et aliis necessitatibus offerri debere; anathema sit.

(4) Si quis dixerit, blasphemiam irrogari sanctissimo Christi in Cruce peracto, per Missæ sacrificium, aut illi per hoc derogari; anathema sit.

(5) Si quis dixerit, imposturam esse, Missas celebrare (3) in honorem Sanctorum, et pro illorum intercessione apud Deum obtinendâ, sicut Ecclesia intendit; anathema sit.

(6) Si quis dixerit Canonem Missæ (4) errores continere, ideòque abrogandum esse; anathema sit.

Si quis dixerit (5), cæremonias, vestes et externa signa, quibus in Missarum celebratione Ecclesia Catholica utitur, irritabula impietatis esse magis, quàm officia pietatis; anathema sit.

(8) Si quis dixerit (6), Missas, in quibus solus sacerdos sacramentaliter communicat, illicitas esse, ideòque abrogandas; anathema sit.

(9) Si quis dixerit, Ecclesiæ romanæ ritum, quo submissâ voce pars Canonis et verba consecrationis proferuntur, damnandum esse (7); aut linguâ tantùm vulgari Missam celebrari debere (8); aut aquam non miscendam esse vino in calice offerendo, eò quod sit contra Christi institutionem; anathema sit.

---

(1) Lucæ, 22, 27. cap. 1, de hoc sacrif.
(2) cap. 2, ibid.
(3) cap. 3, ibid.
(4) cap. 4, ibid.
(5) Ch... de celebr. Missæ, cap., cap. 5, ibid.
(6) cap. 6, de hoc sacrif.
(7) cap. 8, ibid.
(8) In sacramentorum; de Cons. Dist., 2.

N° 53. — Édit de pacification qui permet le libre exercice de la religion réformée (1).

Amboise, 19 mars 1562 ; reg. le 27 au parl., en la chambre des comptes et en la cour des aides. (Vol. Z, f° 369. — Mém. ch. des comptes, 3 C, f° 260. — Fontanon, IV, 272.)

Charles, etc. Chacun a veu et cogneu, comme il a pleu à nostre Seigneur depuis quelques années en ça permettre, que cestuy nostre royaume ait esté affligé et travaillé de beaucoup de troubles, séditions et tumultes entre nos subjects, eslevez et suscitez de la diversité des opinions pour le faict de la religion et scrupule de leurs consciences. Pour à quoy pourvoir et empescher que ce feu ne s'allumast davantage, ont esté cy devant faites plusieurs assemblées et convocations des plus grands et notables personnages de nostre royaume, et par leur bon conseil et advis fait plusieurs édicts et ordonnances selon le besoin et la nécessité qui estoit : estimant par là prévenir le mal, et aller au devant de l'inconvénient qui y pendoit. Toutesfois la malice du temps a voulu, et nostre Seigneur a aussi par son jugement incognu (provoqué comme il faut croire, de nos fautes et péchés) laissé à bride ausdits tumultes : de façon qu'on est venu à mettre les mains aux armes, si avant qu'ils en sont sortis infinis meurdres, vengeances, pilleries, forcemens et saccagemens de ville, ruines de temples et églises, batailles données, et tant d'autres maux, cruautez, et désolations commises et exercées en divers endroits : que continuant ce mal, et voyant tant d'estrangers desja en nostre royaume, sçachant aussi les préparatifs faits pour en faire entrer davantage, la ruyne d'iceluy estre inévitable : joint la grande et irréparable perte qu'à nostre très-grand regret nous avons faite depuis ces tumultes commencées, de tant de princes, seigneurs, chevaliers de nostre ordre, grands capitaines et gens de guerre, qui est soubs la main de Dieu le vray soustien, appuy, défense, et protection de ceste nostre couronne, et un argument à nos voisins, qui auroient mauvaise volonté de nous entamer et envahir, comme nous avons esté et sommes menacez.

Ce que par nous considéré, cherchans tous remèdes possibles (encores que graces à Dieu nos forces soyent grandes, et que

(1) V. la note sur l'édit du 15 août 1563 ; et l'édit du 17 janvier 1561, à sa date. C'est la fin de la guerre civile.

en apparence celle des hommes ne nous défaillent) voyant néantmoins que tout le mal et inconvénient qui sort de ceste guerre, tourne à la diminution et dommage de nostre royaume : et ayant expérience, avec nostre grande perte, tel remède n'y estre propre ne convenable, (estant la maladie cachée dedans les entrailles et esprits de nostre peuple), avons estimé que le meilleur et plus utile qu'y pouvions appliquer était (comme prince très-chrestien, dont nous portons le nom) avoir recours à l'infinie grace et bonté de nostre Seigneur, et avec son bon aide trouver moyen de pacifier par nostre douceur, l'aigreur de ceste maladie : en rappelant et reconciliant les volontez de nosdits subjets à une union, et à la recognoissance qu'ils doyvent tous à nostre obéyssance, à l'honneur de Dieu, bien, salut et conservation de cestuy nostre royaume : en pourvoyant de moyen qui puisse retenir et contenter nosdits subjets : espérant que le temps, le fruict d'un bon, sainct, libre et général ou nationnal concile, et la vertu de nostre majorité prochaine, duite et dirigée par la main et grâce de nostre Seigneur (qui par sa bonté a eu toujours soin et garde de ceste couronne) y apporteront cy après le seur et vray establissement, à son honneur et gloire, repos et tranquillité de nosdits peuples et subjets. Surquoy avons bien voulu prendre le bon et prudent conseil de la royne nostre très-chère et très-honorée dame et mère, de nos très-chers et très-amez cousins les cardinal de Bourbon, prince de Condé, duc de Mont-pensier, et prince de la Roche-sur-Yon, princes de nostre sang : aussi de nos tres-chers et très-amez cousins les cardinal de Guise, duc d'Aumalle, duc de Montmorency connestable, pairs de France : duc d'Estampes, mareschaux de Brissac et de Bourdillon, sieurs d'Andelot, de Sensac, de Sipierre, et autres bons et grands personnages de nostre conseil privé : qui tous ont esté d'advis et trouvé raisonnable, pour le bien public de cestuy nostre royaume, faire et ordonner ce qui s'ensuit.

Sçavoir faisons, que nous suyvant leur bon conseil, et pour les causes, raisons et considérations dessusdites, et autres bonnes et grandes à ce nous mouvans, avons dit, disons, déclarons, statuons et ordonnons, voulons et nous plaist :

(1) Que doresnavant tous gentils hommes qui sont barons, chastellains, hauts justiciers, et seigneurs tenant plein fief de haubert, et chacun d'eux puissent vivre en leurs maisons (esquelles ils habiteront) en liberté de leurs consciences, et exercice de la religion qu'ils disent réformée, avec leurs familles et sub-

ots, qui librement et sans aucune contrainte s'y voudront trouver.

(2) Et les autres gentils-hommes ayans fief, aussi en leurs maisons, pour eux et leurs familles tant seulement : moyennant qu'ils ne soyent demeurans ès villes, bourgs et villages des seigneurs hauts justiciers, autres que nous. Auquel cas, ils ne pourront esdits lieux faire exercice de ladite religion ; si ce n'est par permission et congé de leursdits seigneurs hauts justiciers : et non autrement.

(3) Qu'en chacun bailliage, séneschaucée et gouvernement tenant lieu de bailliage, comme Péronne, Mont-didier, Roye, et la Rochelle, et autres de semblable nature, ressortissans nuement et sans moyen en nos cours de parlement, nous ordonnerons à la requeste desdits de la religion une ville aux faux-bourgs de laquelle l'exercice de ladite religion se pourra faire de tous ceux du ressort qui y voudront aller, et non autrement ny ailleurs.

(4) Et néantmoins chacun pourra vivre et demeurer partout en sa maison librement, sans estre recherché ne molesté, forcé ne contrainct pour le fait de sa conscience.

(5) Qu'en toutes les villes, esquelles ladite religion estoit jusqu'au septiesme de ce présent mois de mars, exercée, outre les autres villes, qui seront ainsi que dit est, particulièrement spécifiées desdicts bailliages et seneschaucées, le mesme exercice sera continué en un ou deux lieux dedans ladite ville, tel ou tels que par nous sera ordonné. Sans que ceux de ladite religion puissent s'aider, prendre ne retenir aucuns temples ni église des gens ecclésiastiques, lesquels nous entendons estre dés maintenant remis en leurs églises, maisons, biens, possessions et revenus pour en jouyr et user tout ainsi qu'ils faisoyent auparavant ces tumultes, faire et continuer le service divin et accoustumé par eux en leursdites églises, sans moleste n'empeschement quelconque : n'aussi qu'ils puissent prétendre aucune chose des démolitions qui y ont esté faites.

(6) Entendons aussi que la ville et ressort de la prévosté et vicomté de Paris, soient et demeurent exempts de tout exercice de ladite religion. Et néantmoins ceux qui ont leurs maisons et revenus dedans ladite ville et ressort, puissent retourner en leursdites maisons, et jouyr de leursdits biens paisiblement, sans estre forcez ne contraincts, recherchez ne molestez du passé, ne pour l'advenir pour le fait de leurs consciences.

(7) Toutes villes seront remises en leur premier estat et libre

commerce, et tous estrangers mis et renvoyés hors cestuy nostre royaume, le plustost que faire se pourra.

(8) Et pour rendre les volontés de nosdits subjects plus contentes et satisfaites, ordonnons, voulons aussi et nous plaist, que chacun d'eux retourne, et soit conservé, maintenu et gardé sous nostre protection en tous ses biens, honneurs, estats, charges et office, de quelque qualité qu'ils soyent: nonobstant tous décrets, saisies, procédures, jugemens, sentences, arrests contr'eux donnez depuis le trespas du feu roy notre très-honoré seigneur et père de louable mémoire, et exécution d'iceux: tant pour le faict de la religion, voyages faits dedans et dehors ce royaume par le commandement de nostredit cousin le prince de Condé, que pour les armes prises à ceste occasion, et ce qui s'en est ensuivy, lesquels nous avons déclarez et déclarons nuls et de nul effect. Sans ce que pour raison d'iceux, eux ne leurs enfans, héritiers, ou ayans cause soyent aucunement empeschez en la jouissance de leursdits biens et honneurs, ne qu'ils soyent tenus en prendre n'obtenir de nous autre provision que ces présentes, par lesquelles nous mettons leurs personnes et biens en pleine liberté.

(9) Et afin qu'il ne soit douté de la syncérité et droite intention de nostredit cousin le prince de Condé, avons dit et déclaré, disons et déclarons, que nous réputons iceluy nostredit cousin pour nostre bon parent, fidèle subjet et serviteur: comme aussi nous tenons tous les seigneurs, chevaliers, gentils-hommes, et autres habitans des villes, communautez, bourgades, et autres lieux de nos royaume et pays de nostre obéissance, qui l'ont suivy, secouru, aidé et accompagné en ceste présente guerre, et durant cesdits tumultes, en quelque part et lieu que ce soit de nostredit royaume, pour nos bons et loyaux subjets, et serviteurs: croyant et estimant que ce qui a été fait ci-devant par nosdits sujets tant pour le fait des armes, qu'establissement de la justice mise entre eux, jugemens et exécution d'iceux, a esté fait à bonne fin et intention, et pour nostre service.

(10) Ordonnons aussi, voulons et nous plaist, que nostredit cousin le prince de Condé demeure quitte, et par ces présentes signées de nostre main, le quittons de tous les deniers qui ont esté par luy et par son commandement et ordonnance prins et levez en nos receptes et de nos finances, à quelque somme que ce puisse monter.

(11) Et semblablement qu'il demeure deschargé de ceux qui ont esté, ainsi que dit est, par luy et son ordonnance aussi prins

et levés des communautez, villes, argenteries, rentes, revenus des églises, et autres de par luy employées pour l'occasion de la présente guerre : sans ce que luy, les siens, ni ceux qui ont esté par luy commis à la levée desdits deniers (lesquels, et semblablement ceux qui les ont fournis et baillez, en demeureront quittes et déchargez) en puissent estre aucunement recherchez pour le présent, ne pour l'advenir : n'aussi de la fabrication de la monnoie, fonte d'artillerie, confection de poudres et salpestres, fortification de villes, démolitions faites pour lesdites fortifications par le commandement d'iceluy nostredit cousin le prince de Condé en toutes villes de cestuy nostre royaume et pays de nostre obéissance. Dont le corps et habitans d'icelles villes demeureront aussi deschargez, et iceux deschargeons par cesdites présentes.

(12) Que tous prisonniers, soit de guerre, ou pour le faict de la religion, seront respectivement mis en liberté de leurs personnes et biens, sans payer aucune rançon : en ce non comprins les voleurs, brigands, larrons et meurtriers, lesquels ne seront comprins en cesdites présentes.

(13) Et pour autant que nous desirons singulierement que toutes les occasions de ces troubles, tumultes et séditions cessent, réconcilier et unir les intentions et volontez de nosdits subjets les uns envers les autres, et de ceste union maintenir plus facilement l'obéissance que les uns et les autres nous doivent : avons ordonné et ordonnons, entendons, voulons, et nous plaist :

(14) Que toutes injures et offenses que l'iniquité du temps, et les occasions qui en sont survenuës, ont peu faire naistre entre nosdits sujets, et toutes autres choses passées et causées de ces présens tumultes, demeurent estaintes, comme mortes, non advenuës, défendant très-estroittement, sur peine de la vie, à tous nosdits sujets, de quelque estat et qualité qu'ils soyent, qu'ils n'ayent à s'attaquer, injurier ne provoquer l'un l'autre par reproche de ce qui est passé, disputer, quereller ne contester ensemble du faict de la religion, offenser, n'outrager de faict ne de parole : mais se contenir et vivre paisiblement ensemble, comme freres, amis et concitoyens : sur peine à ceux qui y contreviendront, et qui seront cause et motifs de l'injure et offense qui adviendroit, d'estre sur le champ, et sans autre forme de procès, punis selon la rigueur de nostre présente ordonnance.

(15) En considération aussi de laquelle, et du contenu cy-dessus, et pour faire cesser tout scrupule et doute, nosdicts subjets se départiront et désisteront de toutes associations qu'ils ont dedans et dehors ce royaume; et ne feront d'oresnavant aucunes levées de deniers, enroollemens d'hommes, congrégations n'assemblées autres que dessus, et sans armes, ce que nous leur prohibons et défendons aussi sur peine d'estre punis rigoureusement, et comme contempteurs et infracteurs de nos commandemens et ordonnances.

Si donnons en mandement, etc.

N° 54. — DÉCLARATION *sur le pouvoir et la juridiction du capitaine général des galères* (1).

Amboise, 6 avril 1563; reg. au parl., le 8 juin. (Vol. 2 A, f° 12. — Mém. ch. des comptes, 3 D, f° 1. — Font., II, 1172.)

N° 55. — ÉDIT *qui permet au clergé d'engager le temporel de ses bénéfices jusqu'à cent mille écus de revenu* (2).

Saint-Germain-en-Laye, mai 1563; reg. au parl. le 17. (Vol. 2 A, f° 8. — Mém. ch. des compt., 3 C, f° 286.)

N° 56. — ÉDIT *portant que le roi a, en toute souveraineté, un droit de dixième sur les mines* (3).

Troyes, 26 mai 1563; reg. au parl., 1er juillet. (Vol. 2 A, f° 44. — Fontan., II, 445.)

---

(1) V. à sa date l'ordonn. de Henri II du 15 mars 1548; celle-ci n'est qu'une confirmation du privilége.

(2) V. ci-après la déclaration du mois de janvier.

(3) V. ci-après la déclaration du 28 mars, et les ordonnances antérieures de Charles VI, 30 mai 1413 et la note très développée que nous y avons jointe; de Louis XI, septembre 1471, et les notes; celle-ci confirmée en février 1483 par Charles VIII, et en juin 1498, par Louis XII; de François Ier, 27 décembre et 6 mars 1516; de Henri II, 1er septembre 1548 et 10 octobre 1552. V. ci-après l'édit de 1566 sur le domaine; l'ordonn. de Henri IV, juin 1601; de Louis XIV, mai 1680; la loi du 28 juillet 1791 et celle du 20 avril 1810. — V. aussi l'ouvrage intitulé *Jurisprudence générale des Mines*, par M. Blavier (1835). — La discussion sur la loi du 28 juillet 1791 a fait disparaître ce droit en France.

N° 57. — Édit qui défend aux religionnaires de travailler boutiques ouvertes les jours de fête de l'église catholique (1).

Vincennes, 14 juin 1563 ; reg. au parl. le 1er juillet. (Vol. 2 A, f° 37. — Font., IV, 276. — Mém. du clergé, VF, 76.)

N° 58. — Session vingt-troisième du concile de Trente.

15 juillet 1563 (2).

De Sacramento ordinis.

(CANON 1.) Si quis dixerit, non esse in novo Testamento sacerdotium visibile et externum; vel non esse protestatem aliquam consecrandi et offerendi verum corpus et sanguinem Domini (3) et peccata remittendi et retinendi; sed officium tantum, et nudum ministerium prædicandi evangelium; vel eos, qui non prædicant, prorsùs non esse sacerdotes; anathema sit.

(2) Si quis dixerit, præter sacerdotium (4) non esse in ecclesiâ catholicâ alios ordines, et majores et minores, per quos, velut per gradus quosdam, in sacerdotium (5) tendatur; anathema sit.

(3) Si quis dixerit (6), ordinem, sive sacram ordinationem, non esse verè et propriè sacramentum, à Christo Domino institutum, vel esse figmentum quoddam humanum, excogitatum à viris rerum ecclesiasticarum imperitis, aut esse tantùm ritum quemdam eligendi ministros verbi Dei, et sacramentorum; anathema sit.

(4) Si quis dixerit, per sacram ordinationem non dari spiritum sanctum; ac proindè frustrà episcopos dicere, accipe spiritum

---

(1) V. ci-après l'ordonn. de Henri III, avril 1598, art. 20 ; de Louis XIV, 16 décembre 1698 et 18 mai 1701 ; de Louis XV, 18 décembre 1734. — V. aussi la loi du 18 novembre 1814, et l'ordonn. de police du 7 juin même année, qui contiennent le même principe.

(2) V. la précédente session à la date du 17 septembre 1562, et ci-après la 24e à la date du 11 novembre. Cette session fut consacrée à établir la doctrine de l'Église sur le sacrement de l'Ordre. Nous donnons le texte des canons. 18 Chapitres sur la réformation furent décrétés. L'un contient des moyens de répression contre les recteurs qui ne résident pas en leurs cures ; les autres ont trait à l'ordination ecclésiastique.

(3) Matth., 16, 19. Joan., 20, 23, c. Manet, cum seq., 24, q. 1.
(4) In singulis, cum seq. Dist., 77. Suprà, cap. 2, de hoc Sacram.
(5) Infrà de reform., c. 13.
(6) Suprà, cap. 2, de hoc Sacram.

(5) Si quis dixerit, sacram unctionem, quâ ecclesia in sancti ordinatione utitur, non tantùm non requiri, sed contemnendam et perniciosam esse, similiter et alios ordinis ceremonias; anathema sit.

(6) Si quis dixerit, in Ecclesiâ catholicâ non esse hierarchiam divinâ ordinatione institutam, quæ constat ex episcopis, presbyteris et ministris; anathema sit.

(7) Si quis dixerit, episcopos non esse presbyteris superiores, vel non habere potestatem confirmandi et ordinandi; vel eam, quam habent illis esse cum presbyteris communem; vel ordines ab ipsis collatos sine populi, vel potestatis secularis consensu, aut vocatione, irritos esse, aut eos, qui nec ab ecclesiasticâ et canonicâ potestate ritè ordinati, nec missi sunt, sed aliundè veniunt, legitimos esse verbi et sacramentorum ministros; anathema sit.

(8) Si quis dixerit, episcopos, qui auctoritate romani pontificis assumuntur, non esse legitimos et veros episcopos, sed figmentum humanum; anathema sit.

N° 59. — Édit de confirmation de l'édit de pacification du 19 mars 1562 (2), et défense du port d'armes.

Rouen, 16 août 1563; reg. au lit de justice tenu au parl. de Rouen le lendemain, et à celui de Paris le 28 septembre, sur lettres de jussion. (Fontan., II, 11. Vol. 2 A, p. 84.)

Charles, etc. Chacun a veu comme ces années passées nostre royaume a esté agité et travaillé de divisions et troubles, et le mal,

---

(1) Conc. Tolet. 8, cap. 7.
(2) Cet édit est le premier acte de majorité de Charles IX. Le parlement de Paris fut jaloux, dit le *Traité de la majorité des rois*, de l'honneur accordé à celui de Rouen, et de là son opposition à l'enregistrement de l'édit du 16 août. Le parlement de Paris adressa des remontrances au roi et à la reine mère. La réponse du roi contient entr'autres les phrases suivantes: « Vous avez entendu ma
» volonté et comme je n'ay faict ceste ordonnance de mon opinion seule, ny de
» celle de la royne ma mère, encore que je n'eusse à vous en rendre compte,
» pour estre vostre roy, et chose que les autres n'ont accoustumé, mais pour ce
» coup je l'ay voulu faire; aussy je vous veux dire, afin que ne continuies plus à
» faire comme avez accoustumé en ma minorité, de vous mesler de ce qui ne
» vous appartient et ne devez; et qu'à ceste heure je ne veux plus que vous vous
» meslies que de faire bonne et briefve justice à mes sujets. Car les roys mes

dommage et inconvénient que nos pauvres subjects en ont senti et porté en leurs personnes et biens : et nous aussi en la perte de plusieurs grands personnages, et autres nos bons serviteurs et subjects, dont il nous demoure un incroyable regret. Et toutesfois estimant que ceste affliction est de la main de Dieu, qui nous a faict, et à noz peuples, ceste grace de nous visiter et admonester à plus grande cognoissance de luy, (chose qui nous est plus chèrement recommandée que nostre propre vie :) nous l'avons reçu de luy ainsi que son bon plaisir a esté nous en faire dignes, et d'accompagner nos jeunes ans, non de si peu d'avis et jugement, que n'ayons tousjours fermement creu, que tout le bien et restauration que nous y devions espérer, devoit venir de sa seule bonté et grace : laquelle estendant sur nous et sur noz peuples très-largement, il lui a pleu convertir cette calamiteuse affliction à une amiable union et reconciliation entre nosdits peuples, et nous donner sa saincte paix, repos et tranquillité tant désirée et nécessaire : par le moyen de quoy, chacun reconnoissant son devoir, nous ne trouvons en nosdits peuples et sujects moindre et fervente affection envers nous, ne d'obéissance, qu'ils ont toujours démonstré à nos prédécesseurs, de bonne et loüable mémoire : comme tous d'un commun accord et concorde ont ces jours passés démonstré par effect, en l'expédition que nous avons dernièrement employée en personne, au recouvrement de nostre ville françoise et Havre de grace, tenue et occupée injustement par les Anglois : dont, par la vaillance et valeur de nosdites bons subjets, assistez de l'aide de nostre seigneur, nous avons eu l'heureuse et favorable yssuë que eussions peu désirer : tellement que nous pouvons dire nostre dit royaume estre de présent réduict en son entier.

Pour en quoy le maintenir, et faire cesser toutes occasions qui pourroyent causer nouvel inconvénient, chercher aussi tous moyens de le remettre (avec la grace de nostre seigneur) en la douce et florissante tranquillité où il a cy devant esté : et com-

---

« prédécesseurs ne vous ont mis en lieu où vous estes tous pour estre les tuteurs
« et protecteurs du royaume, ny conservateurs de ma ville de Paris; car vous
« vous estes fait accroire jusqu'ici qu'estiez tout cela. Et ne vous veux plus laisser
« en erreur; mais vous commande de ne vous mesler que de la justice. Et quand
« je vous commanderai quelque chose, si y trouvez aucune difficulté pour l'en-
« tendre, je trouverai toujours bon que vous m'en faciez remontrance, comme
« soulez faire aux roys mes prédécesseurs et non comme mes gouverneurs, et
« ayans oui ma volonté, sans plus de répliquer y obéir. » V. le lit de justice ci après.

...mencer un si bon œuvre, au commencement de la majorité de notre aage, qu'il a pleu à Dieu que avons attainct depuis quelques jours :

Avons par le prudent conseil et advis de la royne nostre très-honorée dame et mère, de nostre très-cher et très-amé frère le duc d'Orléans, aussi de noz très-chers et très-amez cousins les cardinal de Bourbon, prince de Condé, duc de Montpensier, et prince de la Roche-sur-Yon, princes de nostre sang, cardinaux de Guyse, et de Chastillon, duc de Montmorency, connestable : sieurs de Brissac, de Montmorency, et de Bourdillon, mareschaux : de Boisy, grand escuyer de France, et autres bons et notables personnages de nostre conseil estans lez nous, ordonné et statué, ordonnons et statuons ce qui s'ensuit :

(1) Ne désirant rien tant que de voir les villes de nostre royaume remises en leur première doulce conversation et tranquillité, oster aussi toute occasion de querelle, vengeance et entreprise, que le maniement des armes peut laisser à ceux qui ont mauvaise volonté : entendons, voulons et nous plaist, et commandons très-expressément, sur peine de confiscation de corps et de biens, à tous nosdits subjects, l'entière et parfaicte observation et entretenement de la déclaration par nous faicte le 19 de mars dernier, sur la pacification desdits troubles en tous ses poincts et articles : souz le bénéfice de laquelle, et nostre protection, entendons nos peuples et sujects vivre doresnavant en toute concorde et union.

Et pour ceste effect, enjoignons à tous bourgeois, manans et habitans des villes de nostre royaume, que dedans vingt-quatre heures après la publication de ces présentes, ils ayent à laisser et déposer les armes, sans plus en porter par lesdites villes, ne s'entremettre de faire aucun guet ne garde aux portes, ne par lesdites villes de jour ne de nuict, faire sonner tabourin, lever porter enseigne par icelle ville, sans congé, commandement et commission expresse de nous, scellée de notre scel.

(2) Et pour éviter qu'aucuns n'abusent desdites armes, qu'iceux bourgeois, manans et habitans desdites villes ayent à les apporter ou envoyer dedans semblable temps, entre les mains de nos lieutenans généraux et gouverneurs des lieux, ou ceux qui par eux seront à ce députez, qui les recevront par inventaire, pour estre mises en bonne et seure garde dedans nos maisons et chasteaux desdites villes, et là conservées à ceux ausquels elles appartiendront, pour leur estre rendues quand par nous sera ordonné : ainsi que nous avons délibéré faire aux bons et notables bourgeois,

et ceux que nous cognoistrons amateurs du repos public, et zélateurs de nostre service et bien de nostredit royaume.

(3) Et afin que la tranquillité soit par tout le plat pays aussi bien que par lesdites villes, pour éviter aussi que les peuples armez ne feissent aucun scandale n'entreprinse, entendons semblablement que les armes, dont nos subjects dudit plat pays sont saisis et garnis, soyent par eux apportées et consignées par inventaire és plus prochains chasteaux et maisons à nous appartenans : et qu'à ce faire ils soient contraincts par nosdits lieutenans généraux, sous les mesmes peines et dedans le temps cy dessus, pour y estre gardées jusques à nostre bon plaisir. Voulans que contre les deffaillans et refusans de satifaire en ce que dit est à nostre présente ordonnance, soit faite telle et si rigoureuse punition, que ce soit exemple à tous autres. N'entendons toutesfois en ce comprendre les princes, seigneurs, gentils-hommes et nobles de nostredit royaume, qui pourront avoir en leurs maisons les armes y nécessaires, pour la seureté et défense d'icelles, sans en abuser.

(4) Davantage, considérant que les meurtres, voleries, assassinats, et autres entreprinses, qui troublent le commun repos de nosdits sujects, s'exercent plus par les armes à feu, que nuls autres : défendons tres estroictement sur mesmes peines à toutes personnes de quelque estat, dignité et qualité qu'ils soient porter ne faire porter leurs gens et serviteurs dedans les villes, ne par les champs, aucune hacquebute, pistole ne pistolet, ne d'icelles tirer sinon qu'ils fussent gens de nos ordonnances, ayans et portans le saye de gendarme ou archer, selon leur qualité, gentilshommes de nostre maison, ayant certificat signé de leur capitaine, archers de nos gardes, ceux du prevost de nostre hostel, prevosts du connestable et mareschaux de France, portans le hoqueton, et certificat de leurs capitaines ; et les gens de guerre, soldats estans à nostre solde en leurs garnisons, et allans pour nostre service par nostre commandement, ou des connestable et mareschaux de France, d'un lieu à un autre, et non autrement.

(5) Et en retirant les anciennes ordonnances de nous et de nos prédécesseurs, défendons aussi à toutes personnes, toutes assemblées en armes, et ports d'armes pour quelque cause que ce soit, sur peine d'estre punis comme séditieux et perturbateurs du repos public.

(6) Avons en outre prohibé et défendu, prohibons et défendons, sur peine de crime de leze majesté à tous nosdits subjects, quels

qu'ils soient, qu'ils n'ayent à faire practique, avoir intelligence, envoyer ne recevoir lettres ne message, escrire en chiffre n'autre escriture feincte, ne desguisée, à princes estrangers, ne aucun de leurs subjects et serviteurs, pour chose concernant nostre estat sans nostre sceu et exprès congé et permission.

Et encores que par les ordonnances expresses, et infinies fois reiterées de nosdits prédécesseurs et nous, toutes levées de deniers soient prohibées en cestuy nostre royaume : néantmoins il s'est veu durant cesdits troubles, que plusieurs en ont esté faictes au grand dommage de nostre peuple, le soulagement duquel nous désirons et cherchons par tous moyens.

(7) Défendons et prohibons aussi pour ceste cause à tous nosdits subjects, de quelque qualité que ils soient, faire, ne faire faire, poursuivre ne consentir aucune taxe, cottisation, levée ne cueillette de deniers sur eux, pour quelque cause que ce soit, sans nostre expresse permission, cellée de nostredit grand seel, sur les peines contenües en nosdits édicts. Semblablement de faire aucune ligue, assemblée n'association secrette ne publique : mais s'ils en ont aucune s'en départir, sur peine d'estre déclarez rebelles et ennemis de nous et du repos public de nostredit royaume.

(8) Et pour autant que la malice et nécessité du temps a esté cause que plusieurs gentils-hommes, et autres qui sont en nos estats et à nos gages et solde, se sont tant oubliez qu'ils ont suivy et accompagné, et mesmes pris gages, pensions et estats d'autres princes et seigneurs que de nous : chose qui a donné grande force et moyen à l'entretenement des troubles et tumultes, qui ont eu cours en nostredit royaume : ce que nous désirons éviter pour l'advenir. Défendons pour ces causes, et autres bonnes et grandes considérations à ce nous mouvans, à tous les dessusdits ayans gages, solde et estat de nous, sur peine de perdition et privation de leursdits estats, et d'estre cassez de nostre service, qu'ils n'ayent à prendre, accepter ne recevoir, entrer ne demourer au service, suivre ne accompagner autre prince ne seigneur que nous. Commandant à ceux qui y seront, qu'ils ayent à le venir déclarer dedans quinze jours après la publication de ces présentes, à nous et à nostre conseil, pour après en ordonner ce que bon leur semblera : sçachans que outre la perdition de leursdits estats, ceux qui seront trouvez avoir teu, ou faict le contraire, recevront de nous la honte et le reproche qu'ils auront mérité.

(9) Voulons et entendons, que lesdits princes et seigneurs, soient seulement suivis, et accompagrez des gentils-hommes qui leur

mes domestiques, et à leurs gages, et non d'autres : sinon que ce fussent gens de nos ordonnances suivant leurs capitaines.

(10) Et afin qu'aucuns gentils-hommes ne puissent espérer ne prétendre entrer aussi ès estats de nostre maison, soit gentil-homme de notre chambre, gentil-homme servant, ou de nostre hostel, autant qu'il en soit capable, ou pour le moins ait mérité quelque chose en nostre service : ordonnons aussi qu'aucun n'y pourra estre admis ne receu, que premièrement il n'ait esté nourri en nos ordonnances, et nous ait faict service en icelles l'espace de 4 ans pour le moins.

Si donnons etc.

N° 62. — LIT *de justice tenu par le roi au parlement de Rouen* (1) *après la prise du havre sur les Anglais.*

Rouen, 17 août 1563. (Traité de la majorité des rois, II, 49.)

Le mardi 17 août 1563 la cour s'est assemblée en la grand' chambre du Plaidoyé, après avoir été avertie que le roi viendroit ce jourd'hui tenir son lit de justice en icelle : et s'est préparée pour attendre ledit seigneur, et le recevoir ainsi qu'il est accoustumé en tels actes. A ces fins les présidens, conseillers, gens du roi, greffiers et notaires, se sont vestus de leurs robes rouges, les présidens ayant leurs manteaux et mortiers.

Le roi entré dans la salle, accompagné de monseigneur le duc d'Orléans son frère (2), de MM. les princes de Navarre, cardinal de Bourbon, prince de Condé, duc de Montpensier, comte Dauphin, prince de la Roche-sur-Yon, cardinal de Chastillon, cardinal de Guise, duc de Longueville, duc de Montmorency, connestable de France; sieurs de Brissac, de Montmorency, de Bourdillon, mareschaux de Boissy, grand écuyer de France; ledit seigneur assis en son siège royal, la reine à côté d'eux sur un tapis de velours; a pris la parole en ces termes :

« Puisqu'il a plu à Dieu, après tant de travaux et maux que
» mon royaume a eus, me faire la grâce de l'avoir pacifié, et en
» chasser les Anglois qui détenoient injustement le Hâvre-de-
» Grâce : j'ai voulu venir en ceste ville, pour remercier mon
» Dieu, qui n'a jamais délaissé ni moi ni mon royaume, et aussi
» pour vous faire entendre qu'ayant atteint l'âge de majorité,

---

(1) V. l'édit ci-devant du 16 août.
(2) Depuis Henri III.

« comme j'ai à présent, que je ne veux plus endurer que l'on use
« en mon endroit de la désobéissance que l'on m'a jusques ici
« portée, depuis que ces troubles sont encommencez. Et que
« ayant fait l'édit de la paix, jusqu'à ce que par le concile gé-
« néral ou national soit faite une si bonne et sainte réforma-
« tion, que je puisse voir par là tous mes sujets réunis en la
« crainte de Dieu, ou qu'autrement par moi en soit ordonné,
« que tous ceux qui le voudroient rompre ou y contrevenir,
« soient châtiez comme rebelles et désobéissans à mes comman-
« demens. Et entends que par-tout mon royaume il soit observé
« et gardé, et qu'il n'y ait plus nul de quelque qualité qu'il soit,
« qui ait armes et que tous les posent, soient villes ou du plat
« pays : et aussi ne veux plus que nul de mes sujets (fussent mes
« frères) ayent nulles intelligences, ne qu'ils envoyent sans mon
« congé en pays étrangers, ni à nuls princes soient amis ou en-
« nemis, sans mon sçu ni que l'on puisse faire cueillette, ni lever
« argent en mon royaulme sans mon exprès commandement.

« Et afin que nul n'ait cause d'ignorance, j'entends en faire
« publier l'édit en ma présence, que je veux être passé par toutes
« mes autres cours de parlement, afin que tous ceux et celles
« qui y contreviendront soient chatiez, comme rebelles et cri-
« minels de lèze-majesté. A quoi je veux que teniez tous (qui
« êtes ici présens) la main selon vos charges et offices que tenez
« m'y faire obéir. Et aussi que vous qui tenez ma justice en ce
« lieu, la fassiez telle à mes sujets que ma conscience en soit
« déchargée devant Dieu, et qu'ils puissent vivre tous sous mon
« obéissance en paix, repos et sûreté. Et ce faisant je recon-
« noîtrai comme doit un bon roi vers ses bons sujets et servi-
« teurs. »

Quand le roi eut cessé de parler, le chancelier de l'Hospital
prit la parole et fit un très-long discours dans lequel il passa en
revue les différentes parties de l'administration. Nous nous faisons un plaisir de citer ce qu'il dit à l'occasion de la Justice :
« MM. Vous jurez à vos réceptions de garder les ordonnances,
« et entrez en vos charges par serment, jurez et promettez les
« garder : les gardez-vous bien ? La pluspart d'icelles est mal
« gardée ; il y a pis, car vous dites estre par-dessus les ordon-
« nances et n'estre obligez par icelles, si n'est en temps qu'il vous
« plaist. MM. Faites que l'ordonnance soit par dessus vous. Vous
« dites estre souverains : l'ordonnance est le commandement du
« roy, et vous n'êtes pas par-dessus le roy. . . . .

« Au demourant, prenez garde quand vous viendrez en juge-
» ment de n'y apporter point d'inimitié, ne de faveur, ne de
» préjudice. Je vois beaucoup de juges qui s'ingèrent et veulent
» estre du jugement des causes de ceux à qui ils sont amis ou en-
» nemis. Je vois chacun jour des hommes passionnez, ennemis
» ou amis des personnes, des sectes et factions, et jugent pour
» ou contre, sans considérer l'équité de la cause. Vous estes
» juges du pré, du champ, non de la vie, non des mœurs, non
» de la religion. Vous pensez bien faire d'adjuger la cause à celui
» que vous estimez plus homme de bien ou meilleur chrétien,
» comme s'il estoit question entre les parties, lequel d'entre
» eux est le meilleur poëte, orateur, peintre, artisan; et enfin
» de l'art, doctrine, force, vaillance, ou autre quelconque suf-
» fisance, non de la chose qui est amenée en jugement. » Le
chancelier termina en s'élevant beaucoup contre l'esprit de vénalité introduit dans la magistrature. — Le premier président,
sieur de Saint-Anthot, ayant répondu au discours du roy et à
celui du chancelier, on procéda à la reconnoissance de la majorité du roi dans la forme qui suit :

En premier lieu, la reine s'étant levée pour aller vers le roy
en son siège royal, a déclaré qu'elle remet ès mains de S. M.
l'administration de son royaume, qui lui auroit été baillée par
les états assemblés à Orléans. Et en signe de ce, allant ladite
dame vers ledit seigneur, il est descendu trois ou quatre pas des
degrés de son thrône pour venir au devant d'elle, ayant son
bonnet à la main. Et lui faisant ladite dame une grande révérence et le baisant, le roy lui a dit qu'elle gouvernera et com-
mandera plus que jamais. Et après les princes et seigneurs ont
particulièrement fait à S. M. reconnoissance de sa majorité. Et
en signe de ce, s'estant levez l'un après l'autre, lui ont fait chacun une grande révérence jusques près de terre, lui baisant la
main dans l'ordre qui s'ensuit ; c'est à sçavoir monseigneur
le duc d'Orléans, son frère, MM. les princes de Navarre, cardinal de Bourbon, prince de Condé, duc de Montpensier, comte
Dauphin, prince de la Roche-sur-Yon, cardinal de Guise, duc
de Longueville, duc de Montmorency, connétable, toujours
tenant l'épée nue, le chancelier, les sieurs de Brissac, de Montmorency, de Bourdillon, maréchaux, et de Boissy grand écuyer,
de France. — Ce fait a esté commandé aux archers de la garde
et huissiers ouvrir les portes, et les portes ouvertes, le chance-

lier a fait lire par le greffier l'édit du 16 aoust qui a été enregistré immédiatement. On a fait ensuite appeler une cause qui a été plaidée tant par le procureur général que par les avocats des parties. Après les plaidoiries, le chancelier s'est levé, et après avoir conféré avec le roy, la reine, les princes et seigneurs présens, et les membres de la cour, a prononcé l'arrêt.

N° 63. — LETTRES *patentes qui défendent d'imprimer aucun livre sans la permission du roi* (1).

Mantes, 10 septembre 1563; reg. au parl. le 29 novembre. (Vol. 2 A, f° 109. — Font., IV, 575.)

N° 64. — DÉCLARATION *qui défend de faire aucun échalas de bois de chêne sous peine de confiscation, et de couper les bois taillis avant l'âge de dix ans* (2).

Meulan, 24 septembre 1563; reg. au parl. le 22 novembre. (Vol. 2 A, f° 106. — Font., I, 979.)

N° 65. — DÉCLARATION (3) *qui défend aux gens de guerre et à tous autres de loger dans les maisons des curés.*

Paris, 18 octobre 1563, reg. au parl. le 29 novembre. (Vol. 2 A, f° 111. — Fontan., IV, 596.)

N° 66. — DÉCLARATION *sur les comptables fugitifs* (4).

Paris, 22 octobre 1563. (Mém. ch. des compt., 32, f° 37. — Font., II, 659.)

---

(1) V. ci-après l'édit de 1566, art. 67 et 68, et la note sur celui du 4 octobre 1570. — V. ci devant l'édit du 17 janvier 1561, art. 13.

(2) V. à sa date l'édit de François Ier du 22 mai 1539, dont celui-ci est une confirmation. — V. aussi l'ordonnance de 1669 et le Code forestier de 1827.

(3) Confirmée par lettres-patentes du 24 novembre. — V. pour les libertés de l'Eglise gallicane, les ordonnances de St-Louis, 1228 et mars 1268, la dernière insérée à sa date dans notre recueil; de Philippe IV, 23 mars 1302; du roi Jean, 5 janvier 1355; de Charles VI, mars et avril 1418; François Ier, mars 1522; Henri II, mars 1547, ci-après 13 juin et 10 septembre 1563; 15 septembre, 5 et 13 novembre 1572; 27 janvier 1573; 12 février, 5 mai, 10 novembre et 15 décembre 1574; août et mars 1575; 20 mars et 25 août 1577, et l'ordonnance de Blois 1579.

(4) Cette déclaration porte que les charges des comptables qui s'absenteront seront confisquées au profit du roi.

N° 67. — **Déclaration** *portant que les prévôts des marchands et échevins de la ville de Paris jugeront sommairement et sur le champ les causes de leur ressort* (1), *sans pouvoir assigner les parties à produire devant eux.*

Paris, 22 octobre 1563; reg. au parl. le 2 novembre. (Fontan., I, 840. — Vol. 2 A, f° 108.)

N° 68. — Session *vingt-quatrième du concile de Trente.*

11 novembre 1563 (2).

De sacramento matrimonii.

(Canon 1.) Si quis dixerit matrimonium non esse vere et proprie unum ex septem legis evangelicæ sacramentis à christo, domino institutum, sed ab hominibus in ecclesiâ inventum, neque gratiam conferre: anathema sit.

(2) Si quis dixerit, (3) licere christianis plures simul habere uxores, et hoc nullâ lege divinâ esse prohibitum; anathema sit.

(3) Si quis dixerit, (4) eos tantùm consanguinitatis et affinitatis gradus, qui levitico exprimuntur, posse impedire matrimonium contrahendum, et dirimere contractum; nec posse ecclesiam in nonnullis illorum dispensare, aut constituere ut plures impediant et dirimant: anathema sit.

(4) Si quis dixerit, (5) ecclesiam non potuisse constituere im-

---

(1) Les prévôts et échevins de Paris connaissaient du transport des marchandises par la Seine et par les rivières y affluentes, des aides et gabelles de Paris.

(2) V. ci-devant la 23ᵉ à la date du 15 juillet, et ci-après la 25ᵉ à la date du 4 décembre. — Dans cette session le concile décréta la doctrine de l'Église sur le mariage. Nous donnons le texte des canons. C'est une chose remarquable que le canon 10 qui prohibe le mariage des prêtres soit déclaré obligatoire aujourd'hui (affaire Dumonteil, jugement du 19 juin 1848), tandis que les autres canons sont évidemment abrogés. Qui songe, par exemple, à faire exécuter le canon 13 qui remet à des juges d'église la connaissance des causes matrimoniales? Qui peut craindre l'anathème prononcé par le canon 11?

(3) Matth., 19, 4, et seq.; Marc., 10, 6, et seq.; Ephes., 6, 32, c. *Ad abolendam*, de hæret.

(4) Matth., 19, 9, c. *Si quis*, 32, q. 7. Toto tit. de sponsa duorum, c. *Gaudemus*, de divor.

(5) Levit., 18, 6, et seq., c. *Pittacium*, 30, q. 5, 35, q. 2 et 5, per totam, c. *Non debet*, de consanguin., et aff. Edit. de 1639, art. 3. Préambule de l'Édit de 1639, sur les mariages. Sup. Sess. 24, cap. 2.

pedimenta matrimonium dirimentia, vel in iis constituendis erraverso ; anathema sit.

(5) Si quis dixerit, (1) propter hæresim, aut molestam cohabitationem, aut affectatam absentiam à conjuge, dissolvi posse matrimonii vinculum ; anathema sit.

(6) Si quis dixerit, (2) matrimonium ratum, non consummatum, per solemnem religionis professionem alterius conjugum non dirimi ; anathema sit.

(7) Si quis dixerit, ecclesiam errare, cùm docuit, et docet, (3) juxtà evangelicam et apostolicam doctrinam, propter adulterium alterius conjugum matrimonii vinculum non posse dissolvi ; et utrumque, vel etiam innocentem, qui causam adulterio non dedit, non posse, altero conjuge vivente, aliud matrimonium contrahere mœcharique eum, qui, dimissâ adulterâ, aliam duxerit, et eam, quæ, dimisso adultero, alii nupserit ; anathema sit.

(8) Si quis dixerit, ecclesiam errare, cùm ob multas causas separationem inter conjuges, quoad thorum seu quoad cohabitationem, ad certum incertumve tempus fieri posse decernit ; anathema sit.

(9) Si quis dixerit, (4) clericos in sacris ordinibus constitutos vel regulares, castitatem solemniter professos, posse matrimonium contrahere, contractumque validum esse, non obstante lege ecclesiasticâ, vel voto ; et oppositum nil aliud esse, quàm damnare matrimonium, posseque omnes contrahere matrimonium, qui non sentiunt se castitatis, etiam si eam voverint, habere donum ; anathema sit : cùm Deus id rectè petentibus non deneget, nec (5) patiatur nos suprà id quod possumus tentari.

(10) Si quis dixerit, (6) statum conjugalem anteponendum esse statui virginitatis vel cælibatûs, et non esse melius (7) ac bea-

---

(1) *Lege. Dist.*, 10, c. *De illa*, cum seq. de divor. ; *De infidelibus*, de consanguin. et affin.

(2) C. *Commissum de spon.*

3) Matth., 19, 9. Lucæ, 18, 16, 1. Cor, 7, 10, 11, *Placuit*, cum multis seq 32, q. 7, c. *Gaudemus*, de divor.

(4) Dist., 27, c. *Presbyteris*, et seq. 17, q. 1, per totam. Extrav. *Qui cler vel. uxoren.* per totum. Conc. Carthag. 4, cap. 104 et Matiscon, 1, cap. 12.

(5) 1. Cor. 10. 13.

(6) Matth. 19, 12. 1 Cor. 7. 8. 37 38. c. Nuptia. 32. q. 1. c. Qui sibi, 3. q. 5. c. *Commissum*, de sponsal.

(7) C. *Nuptiarum*. 27. q. 1.

tius manere in virginitate aut cœlibatu, quàm jungi matrimonio; anathema sit.

(11) Si quis dixerit prohibitionem solemnitatis nuptiarum (1) certis anni temporibus superstitionem esse tyrannicam, ab ethnicorum superstitione profectam; aut benedictiones et alias cæremonias, quibus ecclesia in illis utitur, damnaverit; anathema sit.

(12) Si quis dixerit, (2) causas matrimoniales non spectare ad judices ecclesiasticos; anathema sit.

N° 69. — EDIT *qui crée la juridiction des juges et consuls de Paris et règle leur compétence* (3).

Paris, novembre 1563; reg. au parl. le 18 janvier. (Vol. 2 A, f° 157. — Font., 1, 440. — Joly, II, 1282. — Néron, 1, 433.)

CHARLES par la grace de Dieu, roy de France : à tous présens et à venir; salut. Sçavoir faisons, que sur la requeste et remontrance à nous faite à nostre conseil, de la part des marchands de nostre bonne ville de Paris, et pour le bien public et abréviation de tous procès et différens entre marchands qui doivent négocier ensemble de bonne foy, sans estre adstraints aux subtilitez des loix et ordonnances : avons par l'avis de nostre très-honorée dame et mère, des princes de nostre sang, seigneurs, et gens de nostredit conseil, statué, ordonné et permis ce qui s'ensuit.

(1) Avons permis et enjoint aux prevost des marchands et eschevins de nostredite ville de Paris, nommer et élire en l'assemblée de cent notables bourgeois de ladite ville, qui seront pour cet effet appelez et convoquez trois jours après la publication des

---

(1) Inf. c. 10. *De reform. matr.*

(2) C. *Multorum.* 35. q. 6. c. 1. in fin. *de consanguin. et affin.* c. *Accedentibus, de excess. Prælat.*

(3) La loi du 24 août 1790 a donné à ces juridictions la dénomination de tribunaux de commerce qu'elles ont conservée depuis. Le *Nouveau répertoire de jurisprudence* cite comme origine de la juridiction consulaire une ordonnance de François Ier de juillet 1549, ce qui est une erreur puisque ce prince était mort en 1546. Nous avons vainement recherché à d'autres dates cette ordonnance qui n'existe pas, non plus que celle attribuée par le même ouvrage à Henri II en 1556. — V. ci-après l'édit du 28 avril 1565.

présentes, cinq marchands du nombre desdits cent, ou autres absens, pourvû qu'ils soient natifs et originaires de nostre royaume, marchands et demeurans en nostredite ville de Paris : le premier desquels nous avons nommé juge des marchands, et les quatre autres, consuls desdits marchands, qui feront le serment devant ledit prevost des marchands. La charge desquels cinq ne durera qu'un an, sans que pour quelque cause ou occasion que ce soit, l'un d'eux puisse estre continué.

(2) Ordonnons et permettons ausdits cinq juge et consuls assembler et appeller trois jours avant la fin de leur année jusques au nombre de soixante marchands bourgeois de ladite ville, qui en éliront trente d'entr'eux, lesquels sans partir du lieu, et sans discontinuer procéderont avec lesdits juge et consuls en l'instant et le jour même, à peine de nullité, à l'élection de cinq nouveaux juge et consuls des marchands, qui feront le serment devant les anciens : et sera la forme desdits juge et consuls, nonobstant oppositions ou appellations quelconques, dont nous réservons à nostre personne et nostre conseil la connoissance, icelle interdisans à nos cours de parlement et prévost de Paris.

(3) Connoistront lesdits juge et consuls des marchands, de tous procès et différens qui seront ci-après mûs entre marchands pour fait de marchandises seulement, leurs veuves marchandes publiques, leurs facteurs, serviteurs, et comme estans tous marchands, soit que lesdits différens procédent d'obligations, cédules, récépissez, lettres de change ou crédit, réponses, assurances, transports de dettes et novation d'icelles, comptes, calcul ou erreur en iceux, compagnies, sociétez ou association déja faites, ou qui seront faites ci-après. Desquelles matières, et différens nous avons de nos pleine puissance et autorité royale attribué et commis la connoissance, jugement et décision ausdits juge et consuls, et trois d'eux privativement à tous nos juges, appelés avec eux, si la matière y est sujette (et en sont requis par les parties.) tel nombre de personnes de conseil qu'ils aviseront : exceptez toutefois et réservez les procès de la qualité susdite déja intentez et pendans pardevant nos juges, ausquels néanmoins enjoignons les renvoyer pardevant lesdits juge et consuls des marchands si les parties le requièrent et consentent. Et avons dès à présent déclarez nuls tout transport de cédules, obligations et dettes qui seront faites par lesdits marchands, à personnes privilégiées, ou autre quelconque non sujet à la juridiction desdits juge et consuls.

(4) Et pour couper chemin à toute longueur, et ôter l'occasion de frais et plaider, voulons et ordonnons que tous adjournemens soient libellez et qu'ils contiennent demande certaine, et seront tenues les parties comparoir en personne à la première assignation pour estre oüis par leur bouche s'ils n'ont légitime excuse de maladie ou absence, esquels cas envoyeront par écrit leur réponse signée de leur propre main ; audit cas de maladie, envoyeront la réponse signée de l'un de leurs parens, voisins ou amis, ayans de ce charge et procuration spéciale, dont il fera apparoir à ladite assignation, le tout sans aucun ministére d'avocat ou procureur. (1)

(5) Si les parties sont contraires et non d'accord de leurs faits, délay compétent leur sera préfix à la première comparution, dans lequel ils produiront leurs témoins qui seront oüis sommairement ; et sur leur déposition le différend sera jugé sur le champ, si faire se peut, dont nous chargeons l'honneur et conscience desdits juge et consuls.

(6) Ne pourront lesdits juge et consuls, en quelque cause que ce soit, octroyer qu'un seul délay qui sera par eux arbitré selon la distance des lieux et qualité de la matière, soit pour produire pièces ou témoins ; et icelui échu et passé procéderont au jugement du différend entre les parties sommairement et sans figure de procès.

(7) Enjoignons ausdits juge et consuls vaquer diligemment en leur charge durant le temps d'icelles sans prendre directement ou indirectement en quelque manière que ce soit aucune chose ni présens ou dons, sous couleur ou nom d'épices, ou autrement, à peine de crime de concussion (2).

(8) Voulons et nous plaist, que des mandemens, sentences ou jugemens qui seront donnez par lesdits juge et consuls des marchands, ou les trois d'eux comme dessus, sur différens mûs entre marchands et pour fait de marchandise, l'appel ne soit reçu, pourvû que la demande et condamnation n'excède la somme de cinq cent livres tournois pour une fois payer. Et avons dès à présent déclaré non recevables les appellations qui seroient interjettées desdits jugemens, lesquels seront exécutez en nos royaume, pays et terres de nostre obéissance par le premier de nos juges des lieux, huissiers ou sergens sur ce requis ; ausquels et à cha-

---

(1) V. l'art. 16 de l'ord. de 1539, et les art. 57, 58 et 134 de l'ord. d'Orléans.
(2) V. l'art. 19 de l'ord. de Moulins.

cun d'eux enjoignons de ce faire, à peine de privation de leurs offices, sans qu'il soit besoin demander aucun placet, visa ne pareatis. Avons aussi dès à présent déclaré nuls tous reliefs d'appel ou commissions qui seroient obtenues au contraire pour faire appeller les parties, intimer ou adjourner lesdits juge et consuls : et défendons très-expressément à toutes nos cours souveraines et chancelleries de les bailler.

(9) Et ès cas qui excéderont ladite somme de cinq cent livres tournois, sera passé outre à l'entière exécution des sentences desdits juge et consuls, nonobstant oppositions ou appellations quelconques, et sans préjudice d'icelles que nous entendons estre relevées et ressortir en nostre cour de parlement de Paris, et non ailleurs.

(10) Les condamnez à garnir par provision ou diffinitivement, seront contraincts par corps à payer les sommes liquidées par lesdites sentences et jugemens qui n'excéderont cinq cent livres tournois, sans qu'ils soient reçûs en nos chancelleries à demander lettres de répit. Et néanmoins pourra le créditeur faire exécuter son débiteur condamné en ses biens meubles, et saisir les immeubles.

(11) Contre lesdits condamnez marchands ne seront adjugez dommages et intérests requis pour le retardement du payement qu'à raison du denier douze, à compter du jour du premier ajournement, suivant nos ordonnances faites à Orléans.

(12) Les saisies, établissement de commisaires et ventes de biens ou fruits, seront faits en vertu desdites sentences et jugemens : et s'il faut passer outre, les criées ou interpositions de décret se feront par autorité de nos juges ordinaires des lieux, ausquels très-expressément enjoignons et à chacun d'eux en son détroit tenir la main à la perfection desdites criées, adjudication des héritages saisis et à l'entière exécution des sentences et jugemens qui seront donnez par lesdits juge et consuls des marchands, sans y user d'aucune remise ou longueur, à peine de tous dépens, dommages et intérests des parties. Les exécutions encommencées contre les condamnez par lesdits juge et consuls, seront parachevées contre leurs héritiers et sur leurs biens seulement.

(13) Mandons et commandons aux geolliers et gardes de nos prisons ordinaires, et tous hauts-justiciers, recevoir les prison-

---

(1) V. les art. 66, 71 et 72 de l'ord. de 1535.

niers qui leur seront baillez en garde par nos huissiers ou sergens, en exécutant les commissions ou jugemens desdits juge et consuls des marchands, dont ils seront responsables par corps, et tout ainsi que si le prisonnier avoit esté amené par autorité de l'un de nos juges.

(14) Pour faciliter la commodité de convenir et négocier ensemble, avons permis et permettons aux marchands bourgeois de nostre ville de Paris, natifs et originaires de nos royaumes, pays et terres de nostre obéissance, d'imposer et lever sur eux telle somme de deniers qu'ils aviseront nécessaire pour l'achat ou loüage d'une maison ou lieu qui sera appelé, la place commune des marchands, laquelle nous avons dès à présent établie à l'instar, et tout ainsi que les places appellées, le change, en nostre ville de Lyon, bourse de nos villes de Toulouze et Roüen, avec tels et semblables priviléges, franchises et libertez dont joüissent les marchands fréquentans les foires de Lyon et places de Toulouze et Roüen.

(15) Et pour arbitrer et accorder ladite somme, et qu'elle sera employée à l'effet que dessus, et non ailleurs : les prevost des marchands et echevins de nostredite ville de Paris, assembleront en l'hostel de ladite ville jusqu'au nombre de cinquante marchands et notables bourgeois qui en députeront dix d'entr'eux, avec pouvoir de faire les cotisations et département de la somme qui aura esté, comme dit est, accordée en l'assemblée desdits cinquante marchands.

(16) Voulons et ordonnons que ceux qui seront refusans de payer leur taxe ou quote-part dans trois jours après la signification ou demande d'icelle, y soient contraints par la vente de leurs marchandises et autres biens meubles, et ce par le premier nostre huissier ou sergent sur ce requis.

(17) Défendons à tous nos huissiers ou sergens faire aucun exploit de justice ou adjournement en matière civile aux heures du jour que les marchands seront assemblez en ladite place commune, qui seront de neuf à onze heures du matin, et de quatre jusques à six heures de relevée.

(18) Permettons ausdits Juge et consuls de choisir et nommer pour leur scribe et greffier telle personne d'expérience, marchand ou autres qu'ils aviseront, lequel fera toutes expéditions en bon papier sans user de parchemin ; et lui défendons très-étroitement prendre pour ses salaires et vacations autre chose qu'un sol tournois pour feüillet, à peine de punition corporelle,

et d'en répondre par lesdicts juge et consuls en leurs propres noms, en cas de dissimulation et connivence. (1)

Si donnons en mandemens à nos amez et féaux les gens tenans nos cours de parlemens, prévosts de Paris, sénéchal de Lyon, baillif de Rouen, et à tous nos autres officiers qu'il appartiendra. Que nos présentes ordonnances ils fassent lire, publier et enregistrer, garder et observer chacun en son ressort et jurisdiction, sans y contrevenir, ni permettre qu'il y soit aucunement contrevenu en quelque manière que ce soit. Et afin de perpétuelle et stable mémoire, nous avons fait apposer nostre scel à ces présentes. Donné à, etc.

N° 70. — Édit *qui permet aux créanciers des censives, rentes foncières et autres redevances, d'exécuter et saisir les héritages qui y sont affectés* (2).

Paris, novembre 1563; reg. au parl. le 23 décembre. (Vol. 2 A, f° 111. — Font., 1, 804. — Code Louis XV, 7, 153.)

N° 71. — Édit *pour l'abréviation des procès* (3).

Paris, novembre 156; reg. au parl. et en la ch. des compt., le 13, et en la cour des aides, le 30 décembre. (Vol. 2 A, f° 116. — Fontan., I, 593. — Néron, I, 436.)

N° 72. — Déclaration *pour l'embellissement et l'entretien de Paris* (4).

Paris, 22 novembre 1563; reg. au parl. le 4 janvier. (Vol. 2 A, f° 135. — Font. I, 896.)

---

(1) V. l'art. 77 et 80 de l'ord. d'Orléans.

(2) Cet édit est motivé sur la mauvaise foi dont les débiteurs de rentes usaient envers leurs créanciers. Il statue que les fermiers dont les héritages auront été saisis pour défaut de paiement ne pourront obtenir main-levée de la saisie qu'en consignant la somme qui fait l'objet de la saisie ou en justifiant qu'ils ont acquitté les sommes réclamées.

(3) Cet édit veut que tout individu qui formera une demande déterminée consigne une amende proportionnelle d'un demi pour cent jusqu'à la somme de 25 liv., et d'un pour cent jusqu'à la somme de 100 liv., sans que l'amende puisse excéder cinq livres tournois. Cet édit a été aboli par la déclaration du 1er avril 1568. V. à sa date. Aujourd'hui les demandeurs en cassation sont soumis à une amende fixe qui retombe, comme celle de l'édit de 1563, à la charge de la partie qui succombe.

(4) Le traité de la police ne parle pas de cette déclaration. Elle enjoint à tous propriétaires ou locataires ayant ouverture sur la voie publique, de nettoyer deux

N° 73. — Session *vingt-cinquième et dernière du concile de Trente*.

4 et 5 décembre 1563 (1).

N° 74. — Déclaration *sur l'édit de pacification du 19 mars 1562* (2).

Paris, 14 décembre 1563; reg. au parl. le 20. (Vol. 2 A, f° 120. — Font., IV, 279.)

N° 75. — Déclaration *sur l'édit du 22 avril 1561* (3) *relatif à la réforme des habits*.

Paris, 17 janvier 1563; reg. au parl. le 28 février. (Vol. 2 A, f° 177. — Font., I, 986. — Traité de la pol. liv. III, tit. 1er, ch. 4.)

───────────

fois par jour les immondices qui sont devant leurs maisons, et de les rejeter contre le mur; elle défend de rien jeter par les fenêtres; elle établit dans chaque quartier deux boueurs chargés d'exporter les immondices. V. à sa date l'ordonnance du roi Jean, janvier 1350; de Charles VIII, 1485; de François 1er, novembre et janvier 1539, et ci-après de Henri IV, septembre 1608.

(1) V. ci-devant la 24e au 11 novembre. On rendit dans cette session un décret sur le purgatoire, et un mandement sur l'*invocation* et la *vénération* des reliques des saints et des images sacrées. Vingt-deux chapitres de cette session sont consacrés à établir la règle et le régime des monastères. Un décret de la réformation en vingt et un chapitres statue sur différentes parties du régime ecclésiastique. Cette session finit par des *acclamations* ou toasts en l'honneur du pape Pie IV et de ses prédécesseurs Paul III et Jules III, de Charles Quint et Ferdinand d'Autriche, etc. Toutes ces acclamations furent portées par le cardinal de Lorraine qui finit par crier *anathema cunctis hæreticis*. Et chacun des assistans lui répondit par acclamation : *anathema! anathema!*

(2) V. à sa date, et ci-devant la déclaration du 14 juin; celle-ci, comme celle de juin, contient entr'autres restrictions à la liberté de conscience accordée aux luthériens par l'édit du 19 mars, qu'ils ne pourront exercer leur culte que dans les villes qui ont été assiégées pendant la guerre civile; que pendant les jours maigres institués par l'église catholique, on n'ouvrira pas les boucheries; que les protestans ne pourront faire des quêtes pour les pauvres de leur religion, sinon ès lieux d'exercice d'icelle religion et non ailleurs.

(3) V. à sa date. Cet édit a spécialement pour objet de réprimer le luxe des ecclésiastiques; il se plaint de l'inexécution du précédent. Il défend aux tailleurs de faire des habits plus riches que ne le veut l'ordonnance, sous peine, pour la première fois, de 200 liv. parisis d'amende, et la seconde, d'une amende double et du fouet.

N° 76. — DÉCLARATION *sur les hôtelleries et le taux des vivres* (1).

Paris, 20 janvier 1563; reg. au parl. le 27. (Vol. 2 B, f° 151. — Mém. ch. des compt., 3 D, f° 181. — Font. 1, 959.)

N° 77. — ORDONNANCE *sur la justice et la police du royaume, additionnelle à celle d'Orléans* (2).

Paris (3), janvier 1563; reg. au parl. de Dijon, le 30 mars suivant, à celui de Bretagne le 8 mai 1564, et au parlement de Paris le 22 décembre de la même année. (Vol. 2 A, f° 381. — Font. en sa Chronol., pag. 53. — Néron, I, 424.)

CHARLES par la grace de Dieu, roi de France. A tous présens et à venir : Comme par nos ordonnances faites sur les plaintes, doléances et remontrances des députez des estats tenus en nostre ville d'Orléans, nous ayons réservé pourvoir sur aucuns articles desdites remontrances, concernans, tant sur le fait de la justice qu'autres depuis vûs et délibérez en nostre conseil.

Sçavoir faisons, que par l'avis et conseil de nostre très-honorée dame et mère, des princes, seigneurs et gens de nostre conseil, avons statué et ordonné, statuons et ordonnons ce qui s'ensuit.

(1) Tous exploits d'adjournemens seront libellez, et d'iceux baillé copie, à peine de nullité desdits exploits et des dépens de l'assignation, sauf le recours contre le sergent (4).

(2) Par l'appointement de contestation en cause, sera tenu le juge régler les parties de tous les délais requis et nécessaires en toute la cause, selon la qualité d'icelle, et distance des lieux, comme d'écrire, informer, produire et autres semblables : Tous lesquels délais seront péremptoires, sans qu'il soit besoin d'obtenir d'autres forclusions (5).

---

(1) Nous avons inséré dans notre recueil un grand nombre d'édits semblables; celui-ci ne contient aucune disposition nouvelle. V. à sa date l'ordonnance du 5 janvier 1549.

(2) V. à la date de janvier 1560.

(3) Cet édit est communément appelé de *Roussillon* quoique daté de Paris. Cela tient à ce qu'il fut enregistré avec une déclaration donnée à Roussillon le 9 août 1564. (V. ci-après à sa date.) Malgré la disposition de l'art. 39 qui veut que désormais l'année commence le premier jour de janvier, cette réforme n'eut lieu que le 1er janvier 1565. Cet édit est cité dans un jugement du 19 juin 1828.

(4) V. l'art. 16 de l'ord. de 1539 et l'édit d'érection des juges et consuls de Paris ci devant. — * V. l'art. 1 du tit. 2 de l'ord. de 1667.

(5) V. l'art. 52 et suivant de l'ord. de 1539, et les art. 155 et 156 de l'ord. de Blois.

(3) Et s'il y a appel des forclusions ou du refus d'autre délay, ne sera différé, ains passé outre par le juge, jusqu'à sentence définitive inclusivement : de laquelle s'il y a appel sera conclud comme en procès par écrit, joint l'appel de la forclusion ou du refus de délay pour y estre fait droit. Pourra néanmoins l'appellant qui aura esté forclos de faire enqueste, requérir en cause d'appel estre reçu à ce faire, ce qui lui sera permis par un seul délay, à la charge que sa partie pourra assister et faire preuve au contraire, si faite ne l'a, sauf à ordonner en fin de cause à quels dépens.

(4) Enjoignons très-expressément à tous nos juges, tant en nos parlemens, cours souveraines, que siéges présidiaux ou ordinaires des lieux, garder et observer le réglement que dessus pour les délais et forclusions, sans avoir aucun égard aux lettres obtenues au contraire en nos chancelleries : En défendant à nos amés et féaux conseillers et maistres des requestes et gardes des sceaux, de les octroyer ou accorder, à nos secrétaires de les signer, à peine d'en répondre en leur nom (1).

(5) Les parties seront tenuës dès le commencement, et introduction de la cause, bailler copie, si elle est requise, du contrat, instrument ou pièces, sur lesquelles les demandes et défenses seront spécialement fondées (2).

(6) Les réponses de vérité sur articles pertinens, seront faites par les parties en personne et non par procureur ni par écrit, et par devant le juge de la cause, si la partie est sur le lieu, sinon par devant le juge de son domicile, par commission dudit juge de la cause. Et en défaut de comparoir aux jours et lieux qui pour ce seront assignez, seront les faits tenus pour confessez et avérez ; et en cas de maladie ou empêchement légitime et nécessaire, ou si la qualité des parties le requéroit, le juge se transporteroit devers elles pour cet effet, lequel pourra, outre les articles baillez par les parties, faire d'office tels interrogatoires pertinens qu'il verra estre à faire (3).

(7) Le procureur qui aura procuration pour occuper en la cause, sera tenu et contraint comparoir en l'instance d'exécution d'arrest ou au jugement, sans que nouvelle procuration soit

---

(1) V. l'art. 61 de l'ord. d'Orléans.
(2) V. l'art. 22 de l'ord. de 1539.
(3) V. les art. 36, 37 et 38 de l'ord. de 1539 et l'art. 163 de l'ord. de Blois; V. l'art. 4 du tit. 10 des interrogatoires de l'ord. de 1667.

requise. Et ne seront reçus les avocats ou procureurs à se présenter pour les parties s'ils n'ont mémoires signez. Voulons et ordonnons qu'ils soient condamnez en leur propre et privé nom, ès dépens des défauts et congez obtenus contre leurs parties, sans que les juges en puissent dispenser, après toutefois les avoir mandez et oüis (1).

(8) Ceux qui nieront leur seing apposé en leurs cédules ou promesses par écrit, seront condamnez après la vérification faite au contraire, au double de la somme portée par lesdites cédules ou promesses, sans que les juges la puissent modérer (2).

(9) Les condamnez à garnir ou payer par provision, en baillant caution, seront contraints pendant le débat de la suffisance de la caution de consigner en justice, si mieux le demandeur n'aime et consent que la consignation soit faite ès mains d'un notable bourgeois ou marchand (3).

(10) Déclarons tous juges, tant de nous que de nos sujets hauts justiciers, compétens pour la reconnoissance ou dénégation des cédules ou promesses par écrit, contre les personnes trouvées sur les lieux hors de leurs domiciles. Et quant à la garnison si elle est requise, nos juges la pourront ordonner contre quelque personne que ce soit, ores qu'elle ne soit ecclésiastique en baillant délay compétent de garnir en deniers ou quittance valable au lieu de la condamnation, ou du domicile ordinaire du débiteur, et au choix d'icelui, si par contrat il n'est autrement obligé (4).

(11) Si le fief est saisi par le seigneur féodal, son vassal le pourra faire appeler en justice, et au jour de la première assi-

---

(1) V. l'ord. de Blois, art. 142, et l'ord. de Moulins, art. 67.—V. aussi l'ord. de 1535, chap. 5, art. 6.

Ferendus non est procurator, qui sibi adscribit procurationem. L. 25. D. de procurat. L. 5. paragr. conductores. D. jur. immunit.

(2) V. les art. 132 et 141 de l'ord. d'Orléans, et la fin de l'art. 48 de l'ord. de Moulins.

Vide contra Auth. qui propriam C. de non numerata pecun. Novel. 18. de trient. et sem. col. 8. per quam conditio ex syngrapha justificationis crescit in duplum.

(3) V. l'art. 68 de l'ord. de 1539 et l'art. 13 de la déclaration sur l'ord. de Cremieu; V. aussi l'art. 334 sur la fin de l'ord. de Blois, et l'édit de l'erection des consuls des marchands de Paris, où l'on est contraint par corps, à savoir, c'est avant les quatre mois portés en l'ord. de Moulins, art. 48.

(4) V. l'art. de l'ord. de Cremieu et l'art. 62 de l'ord. de 1539, et les art. 143 et 144 de l'ord. d'Orléans.

question sera tenu déclarer à quel titre il est détenteur dudit fief et se purger par serment de ce dont il sera requis. Ce fait, sera tenu le seigneur féodal déclarer précisément pour quelles causes, droits et profits il entend avoir saisi, et soutenir sa saisie, afin que le vassal lui puisse faire offres pertinentes et requérir en cas de débat telle provision, selon le droit et coutume que de raison.

(12) Ceux qui proposeront causes de récusations contre nos juges, seront tenus de nommer dedans trois jours les témoins par lesquels ils entendent vérifier les faits de récusations, autrement sera passé outre par le juge récusé. Et néanmoins le récusant condamné en soixante livres parisis d'amende envers nous, et en pareille envers la partie, si ce n'est en cour souveraine, à la moitié moins en cour inférieure (1).

(13) Lesquelles condamnations d'amende auront pareillement lieu, au cas que lesdites récusations ne se trouvent dûement vérifiées, sans que lesdites amendes se puissent modérer par nos juges; et sauf à dire au juge récusé (s'il le requiert) telle réparation d'honneur que la qualité du fait le requièrera, si les causes de récusation sont injurieuses. Et au cas qu'un corps de parlement ou cour souveraine soit récusé, ou la plûpart; et pour ce regard, soit inhibé par nos lettres d'évocation ou interdiction, le récusant fera diligence de faire juger les causes de récusation dedans trois mois, autrement sera permis au parlement, cour souveraine inhibée par telles récusations de passer outre : néanmoins le récusant condamné ès amendes que dessus (2).

(14) Ceux qui récuseront nos parlemens ou nos cours souveraines, ou la plûpart des juges d'icelle, ne seront reçus à nous présenter requeste en nostre conseil afin d'évocation, sinon en rapportant déclaration des juges qu'ils ne sont en nombre suffisant pour connoistre de la cause et juger le procès.

(15) L'instance intentée, ores qu'elle soit contestée, si par laps de trois ans elle est discontinuée, n'aura aucun effet de perpé-

---

(1) V. l'ord. de 1539 depuis l'art. 10 et l'ord. de Blois, art. 117 et 118. V. l'art. 29 du tit. 24 des récusations des juges de l'ord. de 1667.
Judex facilius repellitur quàm testis. Gloss. in cap. insinuante, etc., cùm Robertus ext. de off. deleg. Vid. Gloss. in c. exhibita de judic. in verb. dictis gravaminis. cap. cum speciali, c. cum legitima de appell. c. cùm intra. ext. de except. cap. non existimamus, 3 quæst., 2 o., accus. 3, quæst.

(2) V. l'art. 117 de l'ord. de Blois. V. les art. 29 et 30 du titre 24 des récusations des juges de l'ord. de 1667.

tuer ou proroger l'action, ains aura la prescription son cours, comme si ladite instance n'avoit esté formée ni introduite, et sans qu'on puisse prétendre prescription avoir esté interrompue.

(16) Les prochains habiles à succéder à ceux qui décéderont en office, charge et administration de nos finances, ne seront reçus à se porter héritiers par bénéfice d'inventaire des défunts, ains seront tenus se porter héritiers simples, ou renoncer à la succession d'iceux. Et ne pourront en quelque nom que ce soit, ou de personnes interposées directement ou indirectement, sous aucune forme et espèce d'accord ou convention, prendre don ou cession de nous ou de ceux ausquels nous aurions fait don, ou d'autres ayant droit de nous, des dettes de leurs prédécesseurs, à peine de nullité de tels dons et transports, et d'estre responsables de toute nostre dette, et des créanciers particuliers de leursdits prédécesseurs, sans qu'ils puissent s'aider contr'eux du privilège et prérogative de notre hypothèque. Ce que voulons avoir lieu; même quant aux mineurs, fors et excepté pour le regard du bénéfice d'inventaire (1).

(17). Ne pourront les père et mère, ayeul ou ayeule, en mariant leurs filles ès villes de nos royaumes, pays et terres de nostre obéissance, excéder la somme de dix mille livres tournois, à laquelle avons modéré le plus haut dot ou constitution de mariage, à peine aux contrevenans, ou qui feront déguisement de fraude, de mille écus, applicables moitié à nous, l'autre aux pauvres du lieu. N'entendons toutefois y comprendre ce qui seroit avenu et acquis aux filles, par succession ou donation d'autres que de leursdits parens (2).

(18). Les appellans de prise de corps décrétée sur informations faites par nos juges ne seront reçus appellans, sinon après qu'ils se seront rendus actuellement prisonniers ès prisons des juges qui auront décrété, ou du juge d'appel; et sera procédé à la capture, nonobstant toutes appellations, encore qu'elles fussent

---

(1) V. l'art. 120 de l'ord. de 1539 et la déclaration du roi sur l'art. 138 de cette ordonnance.
Vide l. properandum in prino. C. de judic.
(2) V. les art. 36 et 54 de l'ord. d'Orléans et *l. 1 et ult. C. si minor se ab her. abst. l. minoribus D. de minor. c. causam ext. Qui sint fil. legit.*
Cet art. 17 n'est aucunement gardé, et même toute cette ord. de l'an 1563 n'a pas été vérifiée entièrement par la cour.

fondées sur incompétence. Et aussi à la confection du procès jusqu'à sentence définitive exclusivement, nonobstant aussi toutes appellations, si elles n'estoient fondées sur incompétence ou récusation des juges. Et ne pourra le juge d'appel retenir l'instruction et jugement en première instance, ains sera tenu en faire renvoy devant le premier juge, s'il n'y a cause légitime, suivant les anciennes ordonnances (1).

(19). Si le délinquant est pris au lieu du délit, son procès sera fait et jugé en la jurisdiction où le délit aura esté commis, sans que le juge soit tenu le renvoyer en autre jurisdiction dont l'accusé ou prisonnier se prétendra domicilié (2).

(20). Si les accusez contre lesquels il y aura décret de justice pour crime, saisie et annotation de biens à faute de pouvoir estre appréhendez ou se représenter, ne comparent dans l'an après la saisie, les fruits de leurs héritages annotés et saisis, seront acquis en pure perte à qui ils appartiendront, et sera ordonné par le juge, sans que par le moyen de la comparition y ait lieu de répétition desdits fruits (3).

(21). En quelque matière que ce soit, civile ou criminelle, nul ne sera recevable à requérir par vertu du privilége clérical estre renvoyé pardevant le juge d'église, s'il n'est sousdiacre pour le moins.

(22). Les juges non royaux dont les appellations ressortissent nuëment aux parlemens par titre privilégié, octroy, concession ou autrement, pourront passer outre en la cause et à l'exécution de leur jugement, nonobstant l'appel, et sans préjudice d'icelui, en causes civiles non excédans la somme ou valeur de vingt-cinq livres ; et en criminel, ès cas où les jugemens provisionnaux des juges subalternes sont exécutoires par les anciennes ordonnances (4).

(23). Défendons à nos parlemens, cours souveraines et autres nos juges, de modérer les amendes du fol appel, requestes civi-

---

(1) V. l'art. 23 de l'ord. de Cremieu, les art. 17, 18 et 19 de la déclaration de ladite ord., les art. 148 et 179 de l'ord. de Blois et l'art. 170 de l'ord. de 1539.

(2) V. l'art. 35 de l'ord. de Moulins.

(3) V. les art. 25 et 28 de l'ord. de 1539, et l'ord. de Moulins, art. 28 et l'art. 10 de l'ord. d'Amboise. Ce brief temps d'un an est prorogé jusqu'à cinq par l'art. 18 des états de Moulins tenus en l'an 1566.

(4) V. l'ord. de 1539, art. 30, 46, 52 et 91, l'ord. de Blois, art. 62, et l'art. 5 de l'ord. d'Amboise.

les et proposition d'erreur, à peine de les répéter sur eux (1).

(24). Suivant ce que ci-devant avons ordonné, même par nos ordonnances d'Orléans, voulons et nous plaist, qu'il n'y ait qu'un degré de jurisdiction en première instance en même ville et faux-bourgs d'icelle, bourgs, villages ou lieu. Et que cette nôtre ordonnance ait lieu, tant pour notre regard que de nos sujets, de quelque qualité qu'ils soient, qui ont justice en leurs terres, lesquels seront tenus d'opter dans un mois après la publication des présentes, par lesquelles déclarons dès à présent nuls tous les actes de justice faits au contraire (2).

(25). Es lieux où justice est exercée en commun sous nostre autorité, et le nom d'aucuns seigneurs nos sujets, n'y aura doresnavant qu'un juge pour l'exercice de la jurisdiction totale du lieu, lequel y sera commis alternativement de trois ans en trois ans par nous ou par notre sujet : et seront les amendes et autres profits de justice départis, et les charges portées également, ou pour la portion que nous ou nostre sujet aurons en ladite justice.

(26). Le semblable sera gardé entre les coseigneurs nos sujets, ayans justice par indivis en même lieu.

(27). Les hauts-justiciers ressortissans nuëment en nos parlemens, seront condamnez suivant l'ancienne ordonnance en soixante livres parisis, pour le mal jugé de leurs juges ; lesquels aussi ils pourront à leur plaisir et volonté révoquer et destituer de leurs charges et offices, sinon au cas que leursdits offices eussent esté pourvûs pour récompenses de services ou autre titre onéreux.

(28). Défendons à toutes personnes qui ne sçauront écrire leurs noms de s'entremettre de faire office d'huissier ou sergent, à peine de crime de faux, et à tous juges de les recevoir au serment dudit état, que préalablement ils n'ayent enregistré au greffe leur nom, et icelui écrit et paraphé de leur main, afin d'obvier à toute fausseté et supposition (3).

(29). Sur la remontrance à nous faite de plusieurs inconvéniens advenus par faute de résidence des officiers et ministres de la justice ; avons, par l'avis que dessus, révoqué et révoquons

---

(1) V. les art. 118 et 128 de l'ord. de 1539, l'art. 59 de l'ord. de Blois, et l'art. 141 de l'ord. d'Orléans. Cet art. 23 n'a pas été vérifié.
(2) V. l'art. 16 de l'ord. de Moulins et l'art. 50 de l'ord. d'Orléans.
(3) V. l'art. 159 de l'ord. de Blois et l'ord. d'Orléans, art. 89 et suivans.

nos privilèges et augmentations de pouvoirs octroyez ci-devant par nos prédécesseurs rois ou nous, aux huissiers en nos chambres des comptes, des requestes de l'hôtel, de la conestablie, de l'amirauté, eaues et forests, du trésor, et aux sergens à cheval et à verge du Chastelet de Paris, outre ce qui leur estoit baillé et attribué par leur première institution : en l'effet de laquelle les avons réduits et remis, sans qu'ils puissent s'entremettre d'autre chose, à peine de nullité et des dépens, dommages et intérests des parties (1).

(30). Voulons et ordonnons que tous procès soient d'oresnavant jugez à l'ordinaire, tant en nos parlemens, grand conseil et autres cours souveraines, que sièges présidiaux, et leur défendons d'en juger aucun extraordinairement par commissaires, ni pour juger, prendre ou taxer aucune chose sur les parties, fors les épices du rapporteur moderément, à peine de tous dépens, dommages et intérests des parties contre les juges qui contreviendront à nostre ordonnance. Permettons néanmoins à nos cours souveraines et non autres, de commettre aucuns d'entr'eux, et jusqu'au nombre au plus de quatre, avec le président, pour, aux jours et heures extraordinaires, et aux dépens des parties, faire les calculs, arrêter les dattes des titres, et autres points et articles de fait, et ce seulement ès procès et matières de liquidations de fruits, dépens, dommages et intérests, et ès comptes et criées, et non autres : lesquels présidens et conseillers députez, en feront rapport à nosdites cours et chambres d'icelles où le procès sera pendant et distribué, pour leur rapport ouï, estre procédé aux heures ordinaires au jugement desdites instances, ainsi que de raison. Et ne prendront les présidens des enquestes de nos parlemens plus grands salaires que les conseillers, suivant la forme ancienne ; et ce nonobstant quelconques lettres de permission au contraire, lesquels avons révoqué. Le tout ce que dessus, à peine de nullité desdits arrests et jugemens, dont nous avons réservé et retenu la connoissance (2).

(31) Et parce qu'aucuns ont été avertis qu'aucuns des juges présidiaux, et autres juges subalternes et inférieurs, prennent salaire pour assister au jugement des procès, à la très-grande

---

(1) Cet art. 29 n'a pas été vérifié, ni l'art. 5 de la déclaration faite sur cette ord. à Roussillon le 9 août 1564.
(2) V. l'ord. de Moulins, art. 68, 69, et l'art. 133. de l'ord. de Blois. V. l'article 17 du tit. des épices et vacations de l'ord. de 1669.

charge et foule de nos sujets : avons inhibé et défendu ausdits juges présidiaux et tous autres, de prendre aucun salaire pour avoir assisté au jugement des procès, soit civils ou criminels, ains seulement sera fait taxe modérée au rapporteur du procès par celui qui présidera, eu égard au labeur dudit rapporteur, la visitation et extrait du procès, et ce à peine de privation de leurs états, que nous avons dès à présent déclaré vaquans en cas de contravention.

(32) Défendons à tous présidens, maistres des requestes, conseillers et autres nos officiers, permettre allans en commission, que les parties les défrayent et payent leurs dépens, et de prendre ni tolérer que leurs greffiers ou clercs exigent autre salaire que ce qui leur est permis par nos ordonnances, à peine de répétition du quadruple (1).

(33) Nulles épices seront taxées par arrests ou jugemens qui seront à l'avenir donnez sur requestes présentées par l'une des parties seulement, soit en matière civile ou criminelle, même pour élargissement de prisonniers, à peine de nullité et des dépens, dommages et intérests des parties contre celui qui aura signé le dicton et fait la taxe (2).

(34) Ordonnons aux greffiers ou leurs commis, écrire ou parapher au pied des arrests, jugemens, sentences et autres expéditions, la taxe des épices et de leur salaire, afin que celui qui gagnera sa cause les puisse répéter contre sa partie (3).

(35) Les vérifications de nos cours de parlement sur nos édits, ordonnances ou lettres patentes, et les réponses sur requestes, seront faites doresnavant en langage françois et non en latin, comme ci-devant on avait accoutumé faire en nostre cour de parlement à Paris : ce que voulons et entendons estre pareillement gardé par nos procureurs généraux (4).

(36) Commandons, et très-expressément enjoignons à tous nos juges, tant en nos parlemens, cours souveraines qu'autres subalternes et inférieures, de garder et faire observer nos ordonnances faites sur les remontrances des estats tenus à Orléans, et toutes

---

(1) V. l'art. 18 du tit. 21 des descentes sur les lieux de l'ord. de 1667.
(2) V. art. 127, 128, 129 et 131 de l'ord. de Blois, et l'art. 7 de l'ord. d'Orléans. Cet art. n'a été vérifié ni publié.
(3) V. art. 77 et 180 de l'ord. d'Orléans, ensemble les art. 159, 160 et suivans de l'ord. de Blois. Cet art. 33 n'a été vérifié ni publié.
(4) V. art. 110 et 111 de l'ord. de 1539.
Vide l. sed etsi 11 paragr. 3 D. de instit. act.

autres de nos prédécesseurs, ou de nous non contraires, et auxquelles n'est dérogé par ces présentes. (1)

(37) Défendons tous banquets, tant pour doctorats et autres degrez en quelque faculté que ce soit, que pour maîtrises de science, arts ou mestiers, et aussi pour confrairies, à peine de cinq cent livres tournois contre chacun de ceux qui auront assisté ausdits banquets, applicables le tiers à nous, le tiers aux pauvres, et l'autre tiers au dénonciateur. (2)

(38) Tous étrangers qui voudront exercer fait de banque en nostre royaume, païs et terres de nostre obéissance, seront tenus et contraints bailler caution de cinquante mille écus, de gens resseans et solvables, et ce pardevant nos juges ordinaires, desquels ils seront tenus prendre permission, après ladite caution baillée et receûe, et icelle renouveler de 5 ans en 5 ans. (3)

(39) Voulons et ordonnons qu'en tous actes, registres, instrumens, contrats, ordonnances, édits, lettres, tant patentes que missives, et toute écriture privée, l'année commence d'oresnavant et soit comptée du premier jour de ce mois de janvier. (4)

SI DONNONS EN MANDEMENT par ces présentes à nos amez et féaux les gens tenans nos cours de parlement, baillifs, sénéchaux, prévosts, juges ou leurs lieutenans, et à chacun d'eux, si comme à lui appartiendra : que cettui nostre présent édit et ordonnance, ils fassent lire, publier et enregistrer, entretiennent, gardent et observent, fassent entretenir, garder et observer inviolablement, et sans les enfraindre en quelque manière que ce soit, selon et ainsi que dessus est dit : car tel est notre plaisir. Et afin que ce soit chose ferme et stable à toujours, nous avons fait mettre nostre scel à cesdites présentes, sauf en autres choses nostre droit et l'autruy en toutes. Donné, etc.

N° 78. — DÉCLARATION *qui permet au clergé de racheter dans un an les biens aliénés en vertu de l'édit du mois de mai* (5).

Paris, janvier 1563, reg. au parl. le 17, et à la ch. des compt. le 8 février. (Vol. A, f° 158. — Mém. ch. des compt., 3 D, f° 248. — Font., IV, 543.)

---

(1) V. l'art. 1 du tit. 1 de l'ord. de 1667.
(2) V. l'art. 188 de l'ord. de 1539 et l'art. 76 de l'ord. de Blois.
(3) V. l'ord. de Blois, art. 357, où la caution est limitée à quinze mille écus, et se renouvelle de trois ans en trois ans.
(4) Cet art. 39 n'a pas été vérifié par la cour, et néanmoins il s'observe.
(5) V. à sa date.

N° 79. — Déclaration *sur l'édit d'abréviation des procès* (1).

Paris, 1er janvier 1563. (Font., 1, 595. — Rebuff., liv. I, tit. 26, ch. 2.)

N° 80. — Déclaration *portant que les officiers comptables prêteront serment en la chambre des comptes de Paris* (2), *et réglement sur leurs fonctions.*

Fontainebleau, 3 mars 1563. (Mém. ch. des compt., 3 D, f° 408.)

N° 81. — Déclaration *sur l'édit relatif à l'abréviation des procès* (3).

Bar-le-Duc, 3 mai 1564. (Font. 596. — Rebuff. liv. 1, tit. 25, chap. 9.)

N° 82. — Déclaration *qui interdit l'exercice de la religion réformée dans les lieux de résidence royale* (4).

Lyon, 24 juin 1564; reg. au parl. le 13 juillet. (Vol. 2 A, f° 298. — Font. IV. Mém. du clergé, VI, 93.)

Charles, etc. Chacun sçait, et beaucoup ont senty ces années passées, combien nostre Seigneur estoit irrité et courroucé contre nous et nos pauvres sujets, par les visitations qu'il luy a pleu justement nous faire, comme il le faut croire, à cause de nos péchez, par les armes qui ont esté exercées en cestuy nostre Royaume : lesquelles (côme il est benin, et plein de bonté et clémence (il a bien voulu convertir en une bonne paix et reconciliation universelle de tous nosdits sujets, telle qu'on voit de ce qui s'est ensuivi de l'édict et déclaration qui en fut par nous faite dès le mois de mars 1562, avec le bon et prudent advis de la roine notre très-honorée dame et mère, princes de nostre sang, et autres grands et notables personnages de nostre conseil privé, auquel toutes choses furent bien et meurement considérées :

---

(1) V. à la date du mois de novembre. Cette déclaration frappe de nullité toutes les procédures, sentences, jugemens et arrêts obtenus sans la consignation préalable établie par l'édit du mois de novembre.

(2) V. les ordonnances de Charles IV, novembre 1323; de Philippe VI, 9 décembre 1335, 28 janvier 1347; du roi Jean, 4 décembre 1359; de Charles VI, 1er mars 1388, mars 1408, 14 juillet 1410; de Charles VII, décembre 1460.

(3) V. à la date de novembre 1563. — Cette déclaration indique à quelle époque l'édit de 1563 doit être considéré comme exécutoire; elle contient quelques dispositions de procédure tout à fait sans importance aujourd'hui. V. ci-après à la date d'avril 1568, l'édit qui supprime l'amende établie par celui de novembre 1563.

(4) V. à sa date l'édit de pacification du 19 mars 1562.

pour rendre et laisser à un chacun la satisfaction et le contentement nécessaire, mesmement pour la liberté des consciences et exercice de la religion pretendüe reformée, en certains lieux, à fin que par ce moyen toute occasion de riote cessast : attendant qu'il plaise à nostre Seigneur nous pourvoir du nécessaire remède à la maladie dont nostredit royaume est travaillé, et de laquelle sont nais, et sortis de maux et de calamitez que tout le monde a veu..

Et pource que entre autres points lors mis en avant, nous arrestasmes, et fut ainsi accordé, quelque liberté qu'ayons octroyée par ledit édict de déclaration, de faire presches et exercices de ladite religion en certaines villes, faubourgs et villages de nostredit royaume : néantmoins par tous les lieux où nous serions, ledit exercice cesseroit pour le temps que nous y demeurerions. Et de fait, peu après par certaine ordonnance par nous faite au bois de Vincennes, publiée en nostre cour, fut en cest endroit nostredite intention assez cogneüe et entendüe. Et aussi s'est il observé par tous les lieux et endroits de nostredite royaume où nous avons passé.

En quoy nous avons trouvé tous nos sujets très-obéïssans. Toutefois afin que ce point-là ne puisse estre cy-après mis en aucune doute ne difficulté, pour n'avoir esté escrit audit édict de pacification, ny aucun prétendre que par la déclaration par nous faite au mois de décembre dernier sur l'interpretation dudit édict, nostredite intention soit en cela aucunement changée : ne que pourtant nous entendons aussi nostredict édict de pacification estre en rien altéré n'innové : avons par l'advis de la roine nostredite dame et mère, Princes de nostre sang, et gens de nostretredit conseil, dit et déclaré, disons et déclarons.

(1) Que nostre vouloir a tousjours esté, et est encores, que quelque liberté qu'ayons par iceluy édict baillée et accordée d'exercer icelle religion prétendüe réformée, esdites villes et lieux, néantmoins nous entendons, voulons et nous plait, qu'à nostre suitte il n'y en ait point : et aussi qu'en tous les lieux et villes où nous passerons, tant que nous y séjournerons, ledit exercice cesse, sans ce qu'il s'y en puisse faire aucun en quelque sorte que ce soit, durant que nous y serons : mais se contiendront ceux qui en font profession, modestement en leurs maisons, esquelles nous entendons qu'ils vivent en liberté avec leurs familles, sans estre recherchez en aucune manière : pour après nostre partement esdits lieux, y estre ledit exercice continué ainsi

qu'auparavant, suivant la teneur de nostredit édict et déclaration, que nous voulons et entendons estre au surplus inviolablement et estroitement gardez et observez de poinct en poinct selon leur forme et teneur.

(2) Et à fin que ceux de ladite religion prétendüe réformée ne soient durant ledit exercice ainsi suspendu pendant nostre demeure esdits lieux, destituez des commoditez qui leur sont nécessaires des baptesmes de leurs enfans, et mariages : entendons qu'ils les puissent faire aux autres lieux plus prochains esquels il est permis, ou bien leur sera à cest effect par nous pourveu d'autre lieu convenable pour ledit temps, ainsi que jugerons estre plus à propos. Si donnons en mandement, etc.

N° 83. — DÉCLARATION *portant que le solliciteur général du roi n'est pas tenu de la consignation exigée par l'édit de novembre 1563* (1).

Lyon, 7 juillet 1564; reg. au parl. le 8 août, en la chambre des comptes le 18. (Vol. 2 A, f° 321. — Mém. de la ch. des comptes, 5 D., f° 499.)

N° 84. — DÉCLARATION *portant que dans les villes qui ont un siège d'archevêché, ou d'évêché, ou une cour de parlement, l'élection des prévôts des marchands, maires, échevins et autres officiers municipaux, sera double à l'avenir* (2).

14 juillet 1564. (Reg. au Châtelet.)

N° 85. — DÉCLARATION *sur le grand édit de pacification des troubles du royaume* (3).

Roussillon, 4 août 1564; reg. au parl. le 17. (Vol. 2 A, f° 329. — Font. IV, 27.)

---

(1) V. à sa date. — En Angleterre, le procureur général s'appelle encore solliciteur général.

(2) V. note sur l'édit du 12 août ci-après.

(3) V. cet édit à la date du 19 mars 1562 et la note. — L'article le plus remarquable de cette déclaration est l'art. 7 invoqué dans le jugement du tribunal de première instance de Paris, du 19 juin 1828 (affaire Dumonteil). En voici le texte : « Voulons et ordonnons que les prestres, moines, religieux, profès, qui durant les troubles ou depuis auront laissé leur profession et se sont mariés, soient contraints, et ce par prison, de laisser leurs femmes et de retourner en leurs couvens et première vacation pour y vivre suivant nostre dite déclaration, ou se retirer hors nostre dit royaume dans le temps qui sera arbitré par nos juges, que ne voulons néantmoins estre plus long de deux mois : autrement

86. — Déclaration *ampliative de l'édit sur la justice du mois de janvier 1563* (1).

...illon, 9 août 1564 ; reg. au parl. le 8 novembre. (vol. A, f° 375. — Jo¦y, II, 1840. — Néron, I, 438.)

Charles, etc. Comme suivant la réservation par le dernier article de nos ordonnances faites sur les plaintes, doléances et remontrances des états tenus à Orléans, Nous eussions de l'avis et conseil de nostre très honorée dame et mère, des princes, seigneurs et gens de nostre conseil, fait expédier l'édit ci-attaché sous le contre-scel de nostre chancellerie : auparavant que procéder à la publication duquel aucunes de nos cours de parlement, spécialement nostre cour de parlement de Paris, nous auroient sur aucuns articles d'icelui fait par les députez certaines remontrances, lesquelles vûës en nostre conseil, avons par l'avis et délibération d'icelui, en amplifiant ledit édit, dit, déclaré et ordonné, disons, déclarons et ordonnons ce qui ensuit.

(1) Sur le premier article, avons entendu, et voulons y estre ajouté : que les huissiers ou sergens seront tenus mettre en leurs exploits les qualitez et demeurances des parties, leurs salaires et ceux de leurs recors : lesquels huissiers et sergens ne pourront refuser chacun en son pouvoir et détroit, faire les ajournemens et exécutions dont ils seront requis, à peine de désobéissance, et de dépens, dommages et intérêts des parties qui les auront requis, s'ils ne sont excusez de maladie ou autre chose raisonnable.

(2) Sur le deuxième, troisième et quatrième article, avons (pour le regard des veuves, tuteurs, personnes misérables, gens absens pour nostre service hors du royaume, prisonniers de guerre, ou autres prisonniers détenus et malades de longue infirmité, qui ne peuvent entendre à leurs affaires) réservé et remis à l'arbitrage des juges, bailler delay de faire enqueste, par connoissance de cause, du mérite du procès et qualité des parties.

« punis extraordinairement de peines de gallères perpétuelles ou autres, selon
« l'exigence des cas. Et les religieuses professes qui semblablement durant
« ou depuis les dits troubles auront laissé leur profession et se sont mariées, se-
« ront aussi contraintes de laisser leurs maris et retourner en leurs monastères
« pour y vivre suivant nostre dite déclaration, ou vuider nostredit royaume
« dedans mesme temps que dessus, sur peine de prison entre quatre mu-
« railles. »

(1) V. à sa date.

Et pour obvier à la subornation des témoins, ordonnons au juges surseoir ès cas susdits la publication des enquestes des parties.

(3) Sur le cinquième, contenant que les parties seront tenues dès le commencement et introduction de la cause, bailler copie (si elle est requise) du contrat, instrument ou pièces, sur lesquelles les demandes et défenses seront spécialement fondées; ordonnons ès cas et matières; que les parties fonderont leur intention sur pièces prolixes, comme comptes, terriers, aveux, dénombremens, autres semblables, ils seront tenus pour l'abréviation de leurs différends, les exhiber et communiquer à la première assignation, sans qu'ils puissent estre reçûs par les juges passer outre en la cause avant ladite exhibition et communication, et pour y satisfaire par le demandeur, ne lui sera baillé aucun délay.

(4) Sur les douze et treizième articles, parce qu'il n'est toujours en la puissance des parties de prouver parfaitement leurs faits, par la malice, crainte ou faveur des témoins qui ne scellent ou n'osent aucunesfois déposer ce qu'ils sçavent; auquel cas le récusant n'a faute de droit, ains de pleine, entière et parfaite preuve. Permettons à nos cours souveraines et tous juges, décharger le récusant de l'amende, au cas et pourvû que la récusation ne soit calomnieuse.

(5) Sur le vingt-neuvième, de l'avis de nostredit conseil, et pour aucunes considérations à ce nous mouvans, avons suspendu l'effet du contenu audit article. Ordonnons que les huissiers en la chambre des comptes, requestes de l'hostel, de la connestablie, de l'amirauté, des eaues et forests, et du trésor, dénommez audit article, joüiront leurs vies durant seulement, des priviléges et augmentation des pouvoirs ci-devant octroyez par nos prédécesseurs rois et nous, sans que leurs résignataires, ou ceux qui par leurs décès seront ci-après pourvûs, puissent prétendre pareille grace et privilége, ains pour ce regard voulons et entendons que la révocation desdits priviléges, augmentation de pouvoirs ait lieu et sorte son effet : et en ce faisant que les offices de chacun d'eux soient puis réduits à l'état de leur première institution.

(6) Et néanmoins sur la remontrance à nous et nostre cour de parlement à Paris, faite de plusieurs inconvéniens advenus en nostredite ville par faute de résidence de sergens à verge : voulons et ordonnons que suivant leur première institution les sergens à

verge du Chastelet de Paris, ne pourront d'oresnavant exploiter qu'en la ville et banlieuë, et les sergens à cheval hors ladite ville et banlieuë, à peine de nullité de tous exploits, et des dommages et intérests des parties.

Si donnons, etc.

N° 87. — LETTRES *patentes qui portent que l'élection des officiers municipaux de Paris se fera comme par le passé, nonobstant la déclaration du 14 juillet* (1).

Roussillon, 12 août 1564; reg. au parl. le 17. (Vol. 2 A, f° 266.)

N° 88. — ÉDIT *sur la juridiction des maréchaux de France* (2).

Roussillon, août 1564; reg. au parl. de Bretagne, le 27 août 1565. (Font. I, 400. — Joly, II, 1154. — Néron, I. 437.)

N° 89. — ÉDIT *qui porte que le minimum de la condamnation aux galères sera de 10 ans* (3).

Marseille, novembre 1564.

N° 90. — DÉCLARATION *pour la coupe et vente des bois de haute-futaie du roi, et défense aux ecclésiastiques de couper ceux qui leur appartiennent sans sa permission.*

Arles, 26 novembre 1564. (Reg. en la ch. des comptes de Grenoble.)

N° 91. — ÉDIT *qui ordonne la démolition de toutes saillies et ôte-vents des maisons de Paris* (4).

Montpellier, 29 décembre 1564. (Font. I, 843. — Rebuff. liv. 4, tit. 12, ch. 4.)

---

(1) V. à sa date la note sur cette déclaration.

(2) V. à sa date l'édit de François Ier du 25 janvier 1536 et la note. — Celui de 1564 veut que la charge des prévôts, des maréchaux, ne s'obtienne que par commission et ne soit donné qu'à des gentilshommes.

(3) Blanchard dans sa table chronologique n'indique point où se trouve cet édit. Le seul recueil où nous en ayons trouvé quelque trace est celui de Guénois, encore ne donne-t-il que la disposition suivante : « Défendons à tous juges tant de « nos cours souveraines qu'autres doresnavant user vers nos subjects de condam- « nation à temps de peine de gallères moindre que de dix ans. A laquelle peine « de dix ans ils pourront condamner ceux qu'ils trouveront le mériter. » (Guén., p. 806.). V. code pénal de 1810, art. 19.

(4) V. l'ord. d'Orléans, art. 96, et ci-devant, l'édit de Henri II du mois de novembre 1548 et celui du 14 mai 1554. — V. aussi la loi de septembre 1807 sur les alignemens et notre traité de la voirie.

N° 92. — DÉCLARATION *portant que les officiers comptables prêteront serment avant d'être reçus* (1).

Carcassonne, 16 janvier 1565; reg. en la ch. des comptes le 7 février (2). (Font. II, 140. — Mém. de la ch. des compt. vol. 3 E, f° 17.)

N° 93. — LETTRES *patentes qui défendent d'exposer en vente dans Paris aucune espèce de viande pendant le carême, à à toutes personnes non malades d'en manger* (3).

Toulouse, février 1565; reg. au Châtelet de Paris le 5 mars. (Traité de la police, liv. 2, tit. 9, chap. 1.)

N° 94. — MANDEMENT *pour la suppression d'un lieu de débauche établi dans une rue de Paris* (4).

Toulouse, 12 février 1565; publié au Châtelet de Paris le 24 mars, avec défense à tous bourgeois et habitans de tolérer dans leurs maisons aucun bordel, public ou secret. (Font. I, 674. — Traité de la police, liv. 3, tit. 5, chap. 4.)

CHARLES, etc. Sur la remontrance à vous faite par nostre procureur et aucuns voisins habitans aux ruës prochaines de Halles à Paris, le 24 d'avril dernier, de faire vuider le bordeau accoustumé d'estre tenu en ladicte rue, avec défenses aux propriétaires des maisons de les louer à autres que gens de bien, et y souffrir aucun mauvais train, suyvant le cent et unicsme article de nos ordonnances faictes à Orléans, et après que certains qui y pouvoient avoir intérest, l'auroyent consenty, vous auriez appointé

---

(1) V. à sa date l'édit du 3 mars 1565 et la note.
(2) C'est à partir de cette époque que l'année commença le 1ᵉʳ janvier. Le parlement de Paris continua quelque temps encore de commencer à Pâques.
(3) Delamarre prétend dans son traité de la police que Henri II avait déjà disposé la même chose par édit du 5 janvier 1549. Nous avons donné à cette date un édit relatif à la vente du gibier et de la viande de boucherie; mais il ne contient pas ce qu'on lui fait dire. Cet auteur ne donne pas le texte de l'édit de 1565.
(4) Un capitulaire de Charlemagne de l'an 800, dont Baluze et le traité de la police ont conservé un fragment (v. le titre dans notre recueil), contient la même disposition. — V. l'ord. de saint Louis, 1254, à sa date, insérée dans notre recueil. Plusieurs ordonnances de police dont le traité de Delamarre a conservé quelques fragmens ont réglé la police de ces maisons. V. dans notre recueil les lettres de Charles VI, décembre 1389 et novembre 1394; de Charles VII, avril et 13 février 1424; l'ordonnance d'Orléans, art. 101; et ci-après, l'ord. de police du lieutenant civil de Paris, 19 juillet 1619; celles du 30 mars 1635, 17 septembre 1644 et 22 février 1669. — V. aussi les ordonnances royales du 20 avril 1684, juin 1698, et le règlement de la communauté des filles du Bon-Pasteur inséré en entier dans le traité de la police, (liv. III, tit. 5, chap. 5.)

les parties en droict, et depuis jugé suyvant nostre-dicte ordonnance. Toutesfois il n'a esté possible de faire expédier le jugement pour le mettre à exécution, quelques diligences que l'on aye fait à l'entour de vos greffiers pour le support desdicts intéressez, ou autrement : en sorte que ledict mauvais train continue comme auparavant, au grand mespris de nosdictes ordonnances : et qui pis est, contre l'honneur et commandement de Dieu nostre créateur : à quoy desirons singulièrement de pourvoir.

Pource est-il, qu'après avoir fait voir les pièces cy attachées sous le contrescel de nostre chancellerie, de l'advis de nostre conseil, vous mandons et commandons très-expressément, que ayez à mettre et faire mettre à exécution reaument et de fait le jugement, si aucun en avez fait et donné sur les dictes ordonnances toutes autres choses postposées, à la simple présentation qui vous sera faite de ces présentes par nostre huissier ou sergent premier requis, auquel nous mandons de ce faire, vous ayez à procéder audit jugement et exécution d'iceluy, faisant garder, observer, et entretenir nostredicte ordonnance de poinct en poinct selon sa forme et teneur, nonobstant oppositions ou appellations quelconques faites ou à faire, relevées ou à relever pour lesquelles ne voulons estre aucunement differé, et dont nous avons retenu et réservé, retenons et réservons la congnoissance à nous et à nostre privé conseil, icelle interdisant à tous autres juges quelconques. Enjoignant à nostre procureur d'en faire les diligences et poursuites qui seront requises et nécessaires, nous advertir de l'exécution et effect dedans deux mois. Autrement, à faute de ce, ledit temps passé nous vous déclarons que nous procéderons contre vous et contre luy, suyvant la rigueur de nostredite ordonnance : car tel est nostre plaisir, nonobstant comme dessus, et toutes autres ordonnances, restrictions, mandemens, défenses et lettres à ce contraires. Donné, etc.

Au surplus faisant droict sur la requeste verbale desdicts gens du roy, que défenses sont faites à tous manans et habitans de ceste ville et faux-bourgs de Paris, et autres de souffrir en leurs maisons bordeau secret ne public, sur peine de soixante livres parisis d'amende pour la première fois, et de six livres parisis pour la seconde, et pour la troisième fois, de privation de la propriété des maisons. Et seront lesdites lettres, ensemble ceste ordonnance, leûes et publiées à son de trompe et cry public, tant par les carrefours de ceste ville que des faubourgs de

Paris et autres lieux où sont lesdits bordeaux, à ce qu'aucun n'en prétende cause d'ignorance. Faict, etc.

N° 95. — DÉCLARATION *confirmative des édits des 22 avril 1561, 17 et 20 janvier 1563, relatifs au luxe des habits et à la défense de manger certaines viandes* (1).

Toulouse, 20 février 1565. (Font. I, 943. —Traité de la police, liv. 3, tit. 1ᵉʳ, ch. 4, et tit. 2, ch. 3.)

N° 96. — DÉCLARATION *qui défend de recevoir aucun domestique s'il ne représente un certificat de son ancien maître* (2).

Toulouse, 22 février 1565; pub. et reg. au Châtelet de Paris le 8 mars. (Font. I, 1011. — Rebuff. liv. 4, tit. 15, ch. 2.)

CHARLES, etc. L'une des choses qui nous semble estre bien nécessaire au libre et seur repos de nos subjets, ayans mesnage, familles et serviteurs, seroit de pourvoir à ce que leurs maisons fussent bien et loyaument administrées : par ce qu'il advient souvent que les chefs des familles sont par les mauvaises mœurs et conditions de leurs serviteurs le plus souvent delaissez et abandonnez d'eux, le desbauchans de leurs services : qui est cause que plusieurs maisons de toutes qualitez sont le plus souvent volées, pillées et desrobbées par lesdits serviteurs : aucuns desquels ayans laissé leursdicts maistres, craignans d'estre remarquez és maléfices qu'ils y ont commis, attirent et donnent addresse à d'autres par secrette intelligence, pour y commettre tels larrecins et voleries.

A quoy voulans pourvoir, à fin de préserver nostre peuple, en tant que possible sera, de tels maux et inconvéniens si pernicieux et dommageables, qu'ils sont à la chose publique de nostre royaume : nous à ces causes, après avoir eu sur ce l'advis et conseil de la royne nostre treshonorée dame et mère, princes de nostre sang, et gens de nostre conseil privé, avons dit, déclaré et ordonné, disons, déclarons et ordonnons par ces présentes,

---

(1) V. les notes sur ces édits à leur date.

(2) V. à sa date l'ord. de Louis XII, juin 1510, art. 67 ; celle de François Iᵉʳ, décembre 1540, art. 58. —V. aussi les lois des 24 brumaire an 6 et 17 ventôse an 8, et le décret du 3 octobre 1810. — Aujourd'hui les ouvriers sont tenus d'avoir des livrets. V. le nouv. Répert. de jurisp., v° *Compagnon*.

(1) Que d'oresnavant tous serviteurs domestiques cherchans, ou estans appellez en commencement de service, ne seront receuz en service d'homme ou femme qu'ils et quoi qu'ils ne facent apparoir à leurs maistres par acte valable et authentique de quel part, maison et lieu, et pour quelle occasion ils sont sortis : comme en semblable ceux ayans ja servi maistre quelque temps, et estans hors de leurs services, ne seront receuz en service d'autres maistres ou maistresses, qu'au préalable ne leur soit aussi apparu suffisante attestation susdite de leursdits premiers maistres, de l'occasion pour laquelle ils sont sortis.

(2) Défendant tres expressément à tous chefs de maisons et famille, de quel estat, qualité ou condition qu'ils soient, de ne les recevoir en leur service, sans avoir ledict acte et certification : et aussi de ne les licencier et mettre hors de leursdits services, sans leur bailler aussi acte de l'occasion de leur congé. Et ne sera loisible au serviteur, sur peine d'estre puni comme vagabond, de sortir sans avoir ledit acte et certification, pour le représenter où besoin sera, à fin que la fidélité et loyauté du serviteur soit d'autant mieux cogneue à un chacun. Ce dont nous chargeons tres expressément lesdits maistres et chefs de famille respectivement, sur peine de cent livres tournois d'amende, applicable un tiers au roy, un tiers aux pauvres, et l'autre tiers à l'accusateur : que nous voulons estre levée promptement et sans deport sur lesdits contrevenans.

N° 97. — DÉCLARATION *portant que les pensions ou gages ne seront payés que sur les états approuvés par le roi.*

Bordeaux, 20 avril 1565. (Carton des arch. du royaume à l'hôtel Soubise.)

N° 98. — DÉCLARATION *sur la juridiction consulaire établie par un édit précédent* (1).

Bordeaux, 28 avril 1565 ; reg. au parl. de Paris le 19 juillet. (Vol. 2 B, f° 30. — Font. I, 412. — Néron, I, 440.)

CHARLES, etc. Nos chers et bien amez les marchands et gardes de la draperie, épicerie, mercerie, orfèvrerie, pelleterie, et la communauté des marchands de vin et poisson de mer, demeu-

---

(1) V. à la date de novembre 1563.

rans en nostre bonne ville et cité de Paris, Nous ont par leur
legué très humblement fait remontrer.

Que depuis pour bonnes causes et justes considérations, nous
avons en nostredite ville étably la jurisdiction d'un juge et [des]
consuls des marchands, les juges ordinaires et conservateurs [des]
priviléges d'icelles, et autres nos juges, ont par divers moyens
empêché, et chacun jour empêchent le cours de ladite juris[dic]-
tion, sous couleur que le pouvoir que nous avons attribué [aus]-
dits juge et consuls n'est si amplement et particulièrement déclaré par ledit édit, qu'il est requis; et le contenu en icelui [est]
par eux respectivement interprété et restraint à leur avantage,
qui a causé plusieurs difficultez et controverses, dont sont procédez diverses sentences, défenses, jugemens et arrests contraires
à nostre édit, qui rend ladite jurisdiction illusoire, s'il n'est
par nous pourvû : nous supplians déclarer nos vouloir et intention, afin que lesdits juge et consuls des marchands sçachent la
forme de soy :

Sçavoir faisons, que désirans singulièrement justice estre administrée à nos sujets, par les juges que leur avons commis,
sans qu'aucun excède le pouvoir à lui attribué, et que par en-
prise ou autrement, l'un n'empêche l'autre au cours de la jurisdiction qui leur est commise : et après avoir fait voir en nostre
conseil la requeste et remontrance desdits marchands, avec plusieurs sentences, jugemens et arrests donnez, tant en nostre cour
de parlement à Paris, que par autres nos juges : les reliefs d'appel et requestes répondues, pour relever plusieurs appellations
de sentences données par lesdits juge et consuls, pour sommes
non excédantes la somme de cinq cents livres, et défenses faites
nos sergens de faire aucuns exploits ou ajournemens, et d'exécuter les sentences et mandemens d'iceux juge et consuls.

Avons par l'avis et mûre délibération d'icelui nostredit conseil,
en interprétant nostredit édit, et pour faire cesser à l'avenir les
difficultez et empêchemens susdits, dit, déclaré, voulu et ordonné, disons, déclarons, voulons et ordonnons par ces présentes, de nos certaine science, pleine puissance et autorité
royale.

(1) Que les juge et consuls des marchands establis en nostre
ville de Paris, connoissent et jugent en première instance des
différens entre marchands habitans de Paris, pour marchandise
vendüe ou achetée en gros ou en détail, sans que pour raison
de ce nostre cour de parlement à Paris, ou autres nos juges

...ent prendre aucune connoissance et jurisdiction, soit par
... ou autrement : sinon és cas qui excéderont la somme de
... cents livres tournois, suivant ledit édit; et laquelle en tant
...besoin est ou seroit, nous leur avons interdite et très-expres-
...ent défenduë, interdisons et défendons par ces présentes.
(2) Et quant à la marchandise venduë ou achetée, ou pro-
...e livrer, et payement pour icelle destiné à faire en ladite ville
...e les marchands en gros et détail, tant habitans de ladite ville
...'autres jurisdictions et ressorts de nostre royaume, par cédu-
..., promesses ou obligations, encore qu'elles soient passées
...s le scel de nostre chastelet de Paris; avons iceux juge et con-
... desdits marchands de nostredite ville de Paris, déclarez et
...clarons juges compétens; et à eux, en tant que besoin est, de
...vel attribué et attribuons la connoissance et jurisdiction des
...ferends qui naistront entre lesdits marchands pour les cas que
...sus. Pour raison de quoi nous voulons tous lesdits marchands
... autres de nos officiers qui font trafic de marchandise y estre
...venus, appellez et jugez nonobstant les fins d'incompétence
... de renvoy qu'ils pourroient requérir en vertu de nos lettres de
...mittimus, pardevant les gens tenans les requestes de nostre
...tel ou requestes de nostre palais à Paris; comme payeurs de
...pagnies ou autres de nos officiers faisant trafic; ou parde-
...nt les conservateurs des priviléges des universitez, comme
...ssagers et autres officiers d'icelles qui sont marchands par le
...oyen des priviléges qu'aucuns d'eux voudroient prétendre leur
...oir esté donnez au contraire par nos prédécesseurs, confirmez
... nous, et vérifiez en nos cours. Dont pour ce regard, et en
...nt qu'ils sont marchands, nous les avons dès à présent, comme
...ur lors, déboutez et déboutons, et ausdits priviléges pour ce
...gard, dérogé et dérogeons de nos pleine puissance et autorité
...yale par cesdites présentes : nous voulons iceux juge et consuls
...avoir aucun égard, mais leur permettons passer outre nonob-
...nt oppositions ou appellations d'incompétence qui pourroient
...tre interjettées en fraude et sans préjudice d'icelles, demeu-
...ns lesdits priviléges en autre chose en leur entier : déclarons
...n recevables toutes appellations interjettées des sentences et
...gemens donnez par lesdits juge et consuls entre marchands
...ur fait de marchandise et pour sommes non excédantes la
...mme de cinq cent livres tournois, jusqu'à laquelle nous leur
...ons permis juger.
(3) Et défendons à nos amez et feaux les maistres <u>des requestes</u>

de nostre hôtel ou gardes des sceaux de nos chancelleries, à nos secrétaires expédier aucunes lettres de relief. Ensemble nos cours de parlemens répondre aucune requeste pour cet e[ffet] ni bailler commissions pour faire appeler les parties. Comme aussi défendons à tous procureurs occuper et soy charger des causes d'appel, ni de celles des marchands qui voudront pour fait de marchandise décliner la juridiction desdits juge et consuls.

(4) Et en cas de contravention, avons permis et permett[ons] ausdits juge et consuls des marchands procéder contre les p[ar]ties condamnées par mulctes et amendes pécuniaires, applicab[les] moitié aux pauvres de l'aumône général de ladite ville et l'au[tre] moitié pour l'entretenement de la place commune desdits ma[r]chands, dont a esté dit en l'édit précédent : pourvû que lesd[ites] amendes n'excédent la somme de dix livres tournois.

(5) Et pour autant qu'au moyen de certaines défenses faites par aucuns de nos juges, plusieurs de nos sergens ont refusé et refu[s]ent faire les exploits et adjournemens qui leur sont présentez faire par lesdits marchands les uns contre les autres pour fait de marchandise, assister au siège desdits juge et consuls pour le service de justice et exécuter leurs commissions, sentences et mandemens, encore qu'il leur soit par exprès enjoint par nostre édit : nous en levant lesdites défenses, comme faites contre nostre vouloir et intention, avons derechef enjoint et par exprès commandons à nosdits sergens d'assister aux sièges desdits juge et consuls quand requis en seront ; et outre, faire tous exploits et adjournemens qui leur seront, comme dit est, baillez à faire par lesdits marchands pour les causes que dessus : et aussi mettre à exécution tous mandemens, commissions et jugemens donnez par lesdits juge et consuls, sans aucune remise ou dilation, ni demander placet, visa ne pareatis, à peine de privation de leurs offices. Et à cette fin défendons à tous nos juges d'aucunement empêcher lesdits sergens en faisant et exécutant ce que dessus, à peine de répondre en leurs noms des dépens, dommages et intérêts des parties procédans desdits empêchemens.

N° 99. — Déclaration *portant que les receveurs des finances seront tenus de délivrer leurs recettes aux jour et terme fixés par les ordonnances à peine du quadruple* (1).

Lyonne, 8 juin 1565; reg. en la ch. des compt. le 3 juillet. (Mém. de la ch. des comptes 3 E, f° 109. — Font. II, 665.)

N° 100. — Déclaration *qui défend, sous peine de confiscation de corps et de biens, de lever aucun impôt sans la permission du roi* (2).

Plessis-lez-Tours, 29 novembre 1565. (Font. II, 861. Rebuff. liv. 2, tit. 4, ch. 3.)

N° 101. — Déclaration *portant que les rentes volantes constituées en blés seront réduites en argent au denier douze* (3).

Tours, pénultième novembre 1565; reg. au parl. le 3 avril 1566. (Vol. 2 B, f° 96. — Rebuff. p. 1552. — Font. I, 788.)

Charles, etc. Nous avons receu plusieurs grandes plaintes par tous les endroits de nostre royaume où nous avons esté, des énormes lesions et déceptions qui se sont faites et font ordinairement à l'achapt des rentes constituées, qu'on appelle volantes, dont la valeur du blé a monté et quelquefois excédé les deniers du prix principal, pour lequel elles avoient esté constituées : qui a esté et est la ruine de plusieurs maisons.

Pour à quoy donner ordre, de l'advis de nostre conseil, et de nostre certaine science, pleine puissance et authorité royal, nous avons ordonné et ordonnons,

Que toutes rentes constituées en blé de quelque temps, et à quelque prix que ce soit, seront réduites à prix d'argent, à la raison du denier douze, tant pour les arrérages qui peuvent estre deuz, que pour le payement qui s'en fera à l'advenir, sans que les créanciers en puissent demander aucune chose : sur peine du quadruple, et d'estre punis par la rigueur des ordonnances faites contre les usures et usuriers, lesquelles nous enjoignons très-expressément à tous nos magistrats et officiers de faire garder et observer sans enfraindre: et à nos avocats et procureurs généraux,

---

(1) V. les lettres-patentes de Charles VII, 10 février 1444, 26 novembre 1447; de François I.er, 28 décembre 1523 et la note.

(2) V. à sa date l'édit de juillet 1560 et la note.

(3) Cet édit est très important contre les seigneurs.

et leurs substituts de faire en sorte qu'elles soient estroittement gardées et observées, sur peine de nous en respondre.

***

N° 102. — DÉCLARATION *sur l'emploi des fonds provenant des dons accordés aux villes* (1).

Moulins, 5 février 1566. (Mém. de la ch. des compt. 3 E, f° 252.)

N° 10 . — DÉCLARATION *qui confirme l'édit d'institution de la juridiction consulaire à Paris et la déclaration qui avait étendu cet édit aux autres villes* (2).

Moulins, 6 février 1566; reg. au parl. le 4 avril. (Vol. 2 B, f° 97. July, II, 1291.)

N° 104. — DÉCLARATION *portant qu'on ne pourra faire aucune assemblée dans les villes sans y avoir appelé un conseiller au parlement, le sénéchal, ou autre officier* (3).

Moulins, 8 février 1566; reg. au parl. Toulouse 5 mars. (Descorbiac, p. 20.)

N° 105. — *Concession d'apanage au frère du roi* (4).

Moulins, 8 février 1566; reg. au parl. 21 mars. (Vol. 2 B, f° 101. — Font. II, 24.)

***

(1) Cette déclaration porte que les fonds seront employés exclusivement aux réparations et fortifications des villes auxquelles les octrois auront été accordés.
(2) V. au mois de novembre 1563 et 28 avril 1565.
(3) V. l'art. 291 du code pénal de 1810.
(4) V. ci-après les lettres-patentes de Henri III, mai 1576 et 11 septembre 1580. — L'origine des apanages remonte à Hugues-Capet. Sous la première et la seconde race, la couronne se partageait en portions à peu près égales entre les enfans mâles du roi. Ces démembremens ayant produit l'anarchie qui fit tomber la race des Carlovingiens, Hugues-Capet et, après lui, les six premiers rois de sa race eurent soin de désigner de leur vivant et de faire sacrer l'aîné de leurs fils en l'associant à l'empire. Cette coutume est passée en loi. Les frères du roi, exclus de toute participation au pouvoir politique, reçurent cette espèce de dotation ou apanage pour vivre conformément à leur rang. Les apanages sont remplacés depuis 1789 par un traitement en argent. — V. dans notre recueil les lettres de saint Louis, mars 1269 et la note (p. 554, tom. I); la note sur l'arrêt du parlement de 1283 (p. 667); de Philippe-le-Bel, 17 février 1331; de Charles V, octobre 1374; de Charles VI, novembre 1386, 4 juin 1392, juillet 1401; de Louis XI, novembre 1461; les états de Tours, 1467 (p. 551 et 555, tom. IX), et ci-après l'or-

106. — ORDONNANCE *sur les hommes d'armes, les payeurs, commissaires et contrôleurs des guerres* (1).

Moulins, 12 février 1566; reg. en la ch. des compt. le 6 mars. (Mém. de la ch. des compt. 3 E, f° 33. — Font. II, 849, et III, 105.)

107. — DÉCLARATION *pour la pacification* (2) *du royaume, réitérant la défense du port d'armes à feu, sous peine de confiscation de corps et de biens, et de jurer le nom de Dieu.*

Moulins, 12 février 1566; reg. au parl. le 25. (Font. I, 654. — Rebuff. liv. 1, tit. 81, chap. 12.)

108. — ÉDIT *sur l'inaliénabilité du domaine de la couronne* (3)

Moulins, février 1566; reg. au parl. le 13 mai. (Vol. 2 B, f° 122. — Font. II, 362. — Néron, I, 442.)

CHARLES, etc. Comme à nostre sacre, nous avons, entr'autres choses, promis et juré garder et observer le domaine, et patrimoine royal de nostre couronne, l'un des principaux nerfs de

---

donnance sur le domaine. — V. aussi les édits de Louis XIII, juillet 1626; de Louis XIV, mars 1661, juin 1710; de Louis XV, juin 1766, avril 1771, octobre 1775. — V. les lois des 22 novembre 1790 et avril 1791, le sénatus-consulte du 28 floréal an 12, la loi du 8 novembre 1814 et celle du 15 janvier 1825. — V. traité sur les apanages, en forme de mémoire, bibliothèque du conseil d'état et de la cour de cassation.

(1) V. à sa date l'ordonnance en forme de règlement du 10 janvier 1514, celle du 15 juillet 1530 et la note. Celle-ci ne contient aucune disposition nouvelle.

(2) V. à sa date l'édit de pacification du 19 mars 1562 et la note. Ces nombreux édits de pacification prouvent que la guerre civile était toujours flagrante. — Sur le port d'armes, V. l'ordonnance du 28 novembre 1549 et la note. V. aussi les lois des 28 mai, 2-3 juin, 3-14 septembre 1791, et le décret du 4 mai 1812. Le port d'armes est aujourd'hui permis à tout le monde, sauf pour la chasse; avis du conseil d'état du 10 mai 1811.

(3) V. dans notre recueil, note sur l'avènement de Robert à la couronne, tom. I, p. 98; l'ord. de Philippe V du 21 décembre 1316, 16 novembre 1318; de Charles IV, 5 avril 1321; du roi Jean, décembre 1360; de Charles V, 24 juillet 1364, et la note; de Charles VI, 1er mars 1388, dernier février 1401, 15 mai 1403, 25 mai 1413; de Charles VII, 15 décembre 1438; sous Louis XI, états généraux de Tours, 6-14 avril 1467-1468, art. 4 et suiv.; de Charles VIII, 22 septembre 1483; de François Ier, décembre 1517, 25 février 1519, juillet 1521, 30 juin 1539, 28 décembre 1540; de François II, 18 août 1559, et ci-

nostre estat, et retirer les portions et membres d'iceluy, qui ont esté alienez, vray moyen pour soulager notre peuple tant affligé des calamitez et troubles passez. Et parce que les règles et maximes anciennes de l'union et conservation de nostre domaine sont à aucuns assez mal, et aux autres peu connuës, nous avons estimé très-nécessaire de les recueillir et réduire par articles, et iceux confirmer par édict général et irrévocable, afin que ci-après n'en puise douter.

Sçavoir faisons, que de l'avis de nostre très-honorée dame et mère, des princes de nostre sang, officiers principaux de nostre couronne, et autres de nostre conseil; avons dit, statué et ordonné, disons, statuons et ordonnons ce qui s'ensuit.

(1) Le domaine de nostre couronne ne peut estre aliéné qu'en deux cas seulement, l'un pour apanage des puisnez mâles de la maison de France; auquel y a retour à nostre couronne par leur deceds sans mâles, en pareil estat et condition qu'était le domaine lors de la concession de l'appanage : nonobstant toute disposition, possession, acte exprès ou taisible fait ou intervenu pendant l'appanage; l'autre pour l'aliénation à deniers comptans pour la nécessité de la guerre, après lettres patentes pour ce décernées et publiées en nos parlemens, auquel cas y a faculté de rachat perpétuel.

(2) Le domaine de nostre couronne est entendu celui qui est expressément consacré, uni et incorporé à nostre couronne, ou qui a esté tenu et administré par nos receveurs et officiers par l'espace de dix ans, et est entré en ligne de compte.

(3) De pareille nature et condition sont les terres autrefois aliénées et transférées par nos prédécesseurs rois, à la charge de retour à la couronne, en certaines conditions de mâle, ou autres semblables.

(4) Ne pourra nostre domaine estre baillé à ferme ou loüage, sinon au plus offrant et dernier encherisseur : et ne pourront les fruits des fermes ou loüages dudit domaine estre donnés à quelque personne, ne pour quelque cause que ce soit, où puisse estre

---

après de Henri III, mai 1579; de Henri IV, juillet 1607, et de Louis XIII, juin 1611. Le domaine n'est devenu aliénable qu'en 1789. V. la loi du 22 novembre 1790 et celle du 12 mars 1820. — Le domaine était essentiellement inaliénable dans l'ancienne monarchie, parce que l'autorité royale qui réunissait alors tous les pouvoirs pouvait être surprise. Si les rois n'eussent pas eu la faculté de révoquer les aliénations de leur domaine, ils se seraient trouvés sans revenus.

pareillement ne seront baillées aucunes exemptions des payements des droits appartenans et dépendans dudit domaine, en quelque forme ou façon que ce soit.

(5) Défendons à nos cours de parlemens et chambres des comptes d'avoir aucun égard aux lettres patentes contenans aliénation de nostre Domaine et fruit d'icelui, hors les cas susdits, pour quelque cause et temps que ce soit, encore que ce fût pour un an, et leur est inhibé de procéder à l'entérinement et vérification d'icelles. Et ne sont tenues pour valablement enterinées celles qui auront ci-devant esté octroyées, sinon qu'elles eussent esté vérifiées tant en nosdites cours de parlemens que chambres des comptes, et par chacune desdites cours et chambres : et ne sera par vertu d'icelles aucune chose alloüée aux comptes des officiers comptables dudit domaine.

(6) Ceux qui détiennent le domaine de nostre couronne sans concession valable dûëment vérifiée, autrement que dessus, seront condamnez et tenus rendre les fruits perçus depuis leur induë possession et jouissance; non seulement depuis la saisie qui sera faite depuis la réunion, mais aussi depuis leur jouissance ou de leurs prédéceseurs, sans qu'ils se puissent excuser de bonne foy, quelque titre ou concession qu'ils ayent de nos prédécesseurs ou de nous.

(7) Ceux aussi qui occulteront ou dénieront de male-foy, le titre auquel ils détiennent les terres de nostre domaine, ou terres sur elles en certain cas à reversion, et qui en seront dûëment convaincus, seront déclarez déchûs de l'effet de leur titre et privez du droit et possession desdites terres.

(8) Ceux ausquels nostre domaine aurait esté dûëment aliéné pour les causes que dessus, ne pourront néanmoins couper les bois de haute-fustaye, ni toucher aux forests qui seront esdites terres : et si fait l'avoient, seront contraints à la restitution du profit et dommage qui en seroit advenu.

(9) Les bois de haute-futaye à nous appartenans ne pourront estre alienez, ni don fait des coupes d'iceux, ou des deniers qui en procéderont : sur peine de nullité et de restitution des valeurs, fruits et profits comme dessus.

(10) Les droits du tiers et danger ou grurie en nos bois et forests, ne se pourront semblablement donner ne aliéner, ni pour le fonds, ni pour les coupes ou deniers qui en pourront provenir. Et si les propriétaires font quelque coupe, la part ou profit à

nous revenant, par le moyen d'icelles à cause desdits droits, [se]
employé au rachat de nostre domaine.

(11) Ne se pourra faire aucune coupe des bois de haute futaye ès terres de nostre domaine; ne semblablement bail des terres vaines ou vagues, sinon qu'il y ait les lettres patentes par nous décernées pour cet effet, adressées à nos parlemens et gens des comptes; et vérifications d'icelles faite esdits parlemens et chambres des comptes: sur peine de nullité, et restitution des valeurs, fruits et profits, comme dessus.

(12) Pour le bail desdites terres vaines et vagues ne seront pris deniers d'entrées, sinon que ce fût pour employer tellement au rachat de nostre domaine, ou autres nos urgentes affaires, dont nous aurions fait estat.

(13) Les articles ci-dessus auront lieu de loy et ordonnances, tant pour le regard de nostre ancien domaine uni à nostre couronne, que autres terres depuis accruës ou advenuës, comme Blois, Coucy, Monfort, et autres semblables.

(14) Les saisies faites par reünion de nostre domaine ne se leveront par provision, mais sera procédé à l'instruction des procès, sinon que pour cause et grande considération fût trouvé équitable de faire quelque provision à temps seulement, attendant l'instruction du procès.

(15) La réception en foy et hommage des fiefs dépendans desdites terres domaniales, en cas d'alienation d'icelles, nous demeureront et appartiendront, ou à nos successeurs: et les profits desdits fiefs, foy et hommage et ce qui en dépend, à ceux ausquels lesdites terres sont duëment et licitement transférées et concédées.

(16) En quoi ne seront compris ceux qui tiendront lesdites terres de nostre domaine en appanage; à la charge d'envoyer par chacun an en nostre chambre des comptes de Paris, les doubles et copies duëment signées des réceptions en foy et hommage à eux faites ou leurs officiers.

(17) Les terres domaniales ne se pourront d'oresnavant aliéner par infeodation à vie, à long-temps, ou perpétuité, ou condition quelle que ce soit, ains se bailleront à ferme à nostre profit, comme nos autres terres et droits: et de pareille façon sera usé ès terres sujetes à retour à nostre couronne, et ce sans préjudice des infeodations jà faites; pour le regard desquelles enjoignons à nos procureurs s'enquerir bien et diligemment de la cause et forme, pour en faire telle poursuite que de raison.

(18) Pour les droits dépendans de nostre domaine, sera et pourra faire en tous lieux et parlemens procédé par saisie.

(19) Et enjoignons très-expressément à nos procureurs tenir la main à la protection, conservation, poursuite et réunion de nostre domaine, sur peine de répondre de la perte d'icelui, qui seroit advenuë par leur fait et faute.

(20) Ceux qui auront charge de recevoir les cautions que sont tenus bailler les fermiers des terres domaniales et des comptables de nos deniers, auront l'œil et égard de bien informer et enquérir de la validité et suffisance desdites cautions, icelles faire renouveller quand il écherra; autrement en répondront en leur propre et privé nom, s'il se trouve qu'il y ait de leur faute et négligence.

(21) Tous baux à ferme des terres de nostre domaine se feront à la charge de ne demander aucun rabais pour quelque cause que ce soit, sinon pour hostilité et fait de guerre, et déclarons dès à présent nuls tous dons faits sur les terres et droits de nostre domaine baillez à ferme.

N° 109. — EDIT *portant que toutes terres, prés, marais vains et vagues, dépendans du domaine du Roi, seront donnés à cens et à rente* (1).

Moulins, février 1566; reg. au parl. les 27 mai et 5 août, et en la ch. des compt. le dernier mai. (Vol. 2 B, f°° 158 et 196. — Mém. de la ch. des comptes, 3 B, f°° 11 et 224. — Font. II, 364.)

N° 110. — ORDONNANCE *sur la réforme de la justice* (2).

Moulins, février 1566; reg. au parl. le 23 juillet. (Vol. 2 B, f° 294. — Font. chronol.. — Néron, I, 445 et suiv.)

CHARLES, etc. Comme pour pourvoir aux plaintes et doléances à nous faites par nos sujets en divers lieux, au voyage qu'avons con-

---

(1) C'est ce qu'on appelait autrefois les petits domaines. V. l'édit qui précède et la note. — Ils étaient exempts de la loi d'inaliénabilité. V. note sur la loi du 11 mars 1820, relative à une proposition de M. Lanjuinais.

(2) V. à leur date les ordonn. de Louis XII, juin 1510; François I*er*, août 1539, et ci-devant l'ordonn. d'Orléans, janvier 1560; celle dite de Roussillon, janv. 1563, et ci-après l'ordonn. de Blois 1579. — Cette ordonnance est encore en vigueur à la Martinique et à la Guadeloupe, bien qu'elle n'y ait jamais été ni enregistrée ni même publiée. Ainsi jugé par arrêt de la cour de cassation du 29 décembre 1827 (affaire Bissette et Fabien).

tinué depuis deux ans par les provinces de nostre royaume, entre autres choses sur le fait de l'administration de nostre justice, nous eussions avisé pour la réformation et réglement d'icelle assembler en celle de nos villes où nous serions séjour cet hyver, les gens de nostre conseil, et aucuns présidens et conseillers de nos cours de parlement et grand conseil, mander et députez pour cet effet, lesquels seroient venus en nostre ville de Moulins, nous y estans, où après communication entr'eux, suivant nostre commandement, de leurs cahiers et articles, et rapport fait d'iceux en nostre conseil, avec autres proposez pour l'observance, renouvellement et déclaration de nos ordonnances et de nos prédécesseurs, le tout mûrement délibéré en nostre conseil, auquel nostre très-cher frère le duc d'Anjou présidait et depuis rapporté et revû en nostre présence, assisté de nostre très-honorée dame et mère, la reine, de notredit frère, des princes de nostre sang; et plusieurs autres seigneurs et conseillers de nostredit conseil : Sçavoir faisons, que de leur avis, et de nos certaine science, pleine puissance et autorité royale, avons statué et ordonné, statuons et ordonnons par édit et ordonnance irrévocable ce qui s'ensuit.

(1) Les ordonnances par nous faites depuis nostre avènement à la couronne, tant à la requeste des trois estats, qu'autres, mêmement celles concernantes le fait de la justice, et semblablement celles de nos prédécesseurs, qui ne seroient spécialement révoquées ou modérées, seront gardées et observées en nos parlemens, grand conseil, chambre des comptes, et autres nos cours et justices; et entre tous nos sujets, nonobstant les remontrances faites ou réservées à faire sur aucuns articles d'icelles, nonobstant aussi que nos édits et ordonnances n'ayent esté publiées en aucunes desdites cours. Pourront néantmoins les gens de nosdits parlemens et cours souveraines (si par succez de temps, usage et expérience, aucuns desdites ordonnances se trouvoient contre l'utilité et commodité publique, ou estre sujets à interprétation, déclaration ou modération) nous en faire telles remontrances qu'il appartiendra, pour y estre pourvû; et cependant nosdites ordonnances tiendront : ce que voulons avoir lieu, tant pour les ordonnances jà faites, qu'à faire (1).

---

(1) V. l'art. 36 de Roussillon, l'art. 188 de l'ord. de Blois, et les art. 1, 2 et 3 du tit. 1 de l'ord. de 1667.

(2) Après que nos édits et ordonnances auront esté renvoyés à nos cours de parlement, et autres souveraines pour y estre publiés, voulons y estre procédé, toutes affaires délaissées, sinon qu'ils avisassent nous faire quelques remontrances, auquel cas leur enjoignons les faire incontinent, et après que sur icelles remontrances, leur aurons fait entendre nostre volonté, voulons et ordonnons estre passé outre à la publication, sans aucune remise à autres secondes (1).

(3) Pour obvier et pourvoir à toutes contraventions à nos ordonnances, et icelles faire promptement casser, nous voulons que suivant nos anciennes ordonnances, les mercuriales soient tenues en nos cours de parlement, de trois mois en trois mois, et enjoignons très-expressément à nos avocat et procureur général les promouvoir, et en poursuivre le jugement, et qu'elles soient incontinent envoyées à nous, ou à nostre très-cher et féal chancelier, dont nous chargeons les présidens de nosdits parlemens (2).

(4) Les gens de nosdites cours procéderont à rigoureuse punition de nos juges et officiers de leur ressort, qu'ils trouveront avoir contrevenu ou enfraint nos ordonnances, sans aucune dissimulation ou excuse.

(5) Nos juges, procureurs et officiers ès sièges inférieurs de nosdites cours, à peine de privation de leurs estats, feront par chacun an recüeil de nos ordonnances mal observées en leurs siéges, et les envoyeront en nos cours de parlement de leur ressort, et aux procureurs généraux en icelles, avec mémoire des occasions dont telles fautes procéderont, afin d'y estre par nous ou nosdites cours pourvû (3).

(6) Et afin que lesdites ordonnances de nostre temps soient mieux observées, voulons que de six mois en six mois lecture publique en soit faite par nos parlemens, et de trois mois en trois mois en nosdits siéges.

(7) Les maistres des requestes ordinaires de nostre hostel, feront leurs chevauchées par toutes les provinces de nostre royaume, selon le département qui à ces fins sera fait par chacun an par notredit chancelier, auquel ils rapporteront leurs procès verbaux des contraventions qu'ils trouveront avoir esté faites à

---

(1) V. l'art. 2 du tit. 1 de l'ord. de 1667.
(2) V. les art. 129 et 130 de l'ord. de 1539, et l'art. 144 de l'ord. de Blois.
(3) V. l'art. 208 de l'ord. de Blois.

nos ordonnances, et autres cas qui mériteront punition et correction (1).

(8) Réservons pour mêmes effets que dessus, d'ordonner séances des grands jours, par tel nombre de gens de nos parlemens, que nous aviserons pour la punition des crimes, entretènement de nos ordonnances, et animadversion sur nos juges officiers, selon l'exigence des cas. (2)

(9) Advenant vacation des offices de conseillers en nosdits parlemens, à ce que soyons plus enclins d'avoir égard aux nominations des personnes qui nous seront par eux faites au lieu des cédez, voulons qu'ils ayent à nommer personnes capables par nos ordonnances, pour entrer esdits parlemens, ayant l'âge de vingt-cinq ans passez, versez en la jurisprudence et expérience des jugemens, sans pouvoir nommer plus d'un natif de la ville où est establi icelui parlement : et avant l'élection, tous ceux qui assisteront, presteront ès mains de celui qui présidera, serment de pure et sincère élection. Et néanmoins n'entendons que par telle élection ou nomination, les élûs ou nommez puissent prétendre de n'estre sujets à l'examen : ains voulons estre contraints à subir icelui, combien qu'elle leur serve d'approbation de leur qualité et prud'hommie.

(10) Les examens qui se feront en nosdits parlemens et cours souveraines, des pourvûs des offices d'icelles sujets à examen par les ordonnances, seront faits à l'ouverture des livres de droit, sans bailler loy ou thême particulier à ceux qui se présenteront ausquels examens, enjoignons à nosdites cours vaquer soigneusement, et ne recevoir en icelles, sinon ceux qui seront approuvez par les deux tiers de la compagnie qui aura assisté à l'examen, sans qu'on puisse bailler délay d'étude, ou sac à rapporter, à ceux qui se trouveront moins capables ou suffisans.

(11) Es siéges de nos bailliages et sénéchaussées et autres siéges inférieurs de nosdites cours, voulons et entendons la forme susdite estre gardée aux nominations que leur avons permis et enjoint faire par nos dernières ordonnances, avenant vacation des offices de leursdits siéges, en gardant aussi la forme contenuë en nosdites ordonnances, sans procéder à seconde, ne tierce élection, sinon qu'ils eussent de nous lettres expresses

---

(1) V. l'art. 33 de l'ord. d'Orléans, et l'art. 209 de celle de Blois.
(2) V. l'ord. de Blois, art. 209.

ce faire. Et quant à l'examen de ceux qui seront pourvûs des [offi]ces de nos lieutenans et procureurs du Roy ès sièges prési[diau]x, voulons icelui estre fait en nosdites cours, à peine de nul[lit]é des réceptions qui autrement seroient faites. Ce qui sera fait [promp]tement par nos cours, sans les tenir en longueur.

(12) Au cas qu'il nous plût admettre aucune résignation des [offi]ces de nosdites cours ou sièges, nous voulons qu'après les [pré]sentations des provisions, délay d'un mois soit baillé à nos procureurs, pour enquérir de la capacité et prud'hommie des [pour]vûs, et de la façon de la résignation. Surquoi pourront nos[dit]s procureurs requérir, que tant le résignant que le résigna[ta]ire soient oüis par serment de nostredite cour si le résignant est [pré]sent, ou par les juges de sa demeurance s'il est absent.

(13) Afin de réduire le nombre de nos juges présidiaux et siè[ges] d'iceux, pour avoir plus de moyen de leur assigner de bons [ga]ges, suivant la réquisition et remontrance de nos sujets, avons [dè]s à présent supprimé des sièges présidiaux ci-devant establis [e]n aucuns sièges particuliers de nos baillifs et sénéchaux : et or[don]né qu'il n'y aura qu'un siège présidial au principal siège et ville capitale de chacun bailliage et sénéchaussée, auquel n'y aura plus grand nombre de juges que de six, compris les lieute[n]ans : et si plus en y a de présent, y demeureront, à la charge de [la] suppression par mort, forfaiture, ou remboursement, sans qu'ils puissent estre reçus à résigner : et les sièges où y aura moindre nombre, seront remplis de conseillers des sièges parti[cu]liers supprimez comme dessus.

(14) Et afin que nostre justice soit purement et nettement ad[mi]nistrée, nous voulons et entendons qu'après ladite réduction faite, les gages tant desdits sièges que des personnes supprimées, dont l'assignation est faite par nos édits, soient réservez et accroissent à ceux qui demeureront selon la distribution et département que nous en ferons, à la charge qu'ils se contenteront desdits gages et salaire public, sans prendre épices, ni autres profits ou salaire, sur peine de crime de concussion.

(15) Connoistront en dernier ressort et souveraineté nos juges présidiaux establis comme dessus, des matières non excédans la somme de deux cent cinquante livres, pour une fois payer, et de dix livres de rente ou revenu annuel : et seront leurs jugemens exécutoires par provision, nonobstant l'appel, et sans préjudice d'icelui, jusqu'à la somme de cinq cent livres pour une fois payer, et de vingt livres de rente et revenu annuel.

(16) Et pour oster l'abus qui s'est trouvé esdits sièges p[résidiaux], de faire deux séances et jugemens séparez en même s[iége], l'un ordinaire par le baillif, sénéchal, ou son lieutenant, l'a[utre] par lesdits présidiaux, et par appel au cas de l'édit, nous déf[en]dons d'oresnavant ausdits baillifs, sénéchaux et juges présidia[ux] de plus faire telles diverses séances en leurs siéges. ains jo[ignent] toutes causes ensemblement, tant celles qui sont du cas de l'[édit] en dernier ressort, que les autres qui sont sujettes à ressort [de] nos parlemens.

(17) Défendons aux gens tenans nos parlemens prendre c[on]noissance par évocation ou appel formé comme d'abus, ou au[trement], des jugemens donnez par lesdits présidiaux, ès [cas] qu'ils pourront juger en dernier ressort, et à nos chanceller[ies] d'en octroyer relief d'appel, ni à nos cours les recevoir. ains [leur] enjoignons de dénier toute audiance aux parties. Et pour[ront] lesdits juges présidiaux juger sans appel les causes de récusa[tion] qui seront présentées ès matières qui leur seront attribuées [en] dernier ressort, pourvû qu'ils soient en nombre de cinq p[our] juger lesdites récusations : et s'ils ne sont en nombre sus[dit] appelleront pour icelui parfaire, des avocats du siége non s[us]pects aux parties.

(18) Ne seront ci-après reçuës les parties à proposer e[rreur] contre les jugemens donnez en dernier ressort par lesdits pré[si]diaux, nonobstant que par nos édits leur ait esté permis.

(19) Défendons à tous juges de rien prendre des parties, si[non] ce qui leur est permis par nos ordonnances, et de prendre pe[n]sion, ou tenir estat et offices des sieurs temporels, ecclésias[ti]ques, ou autres, ne s'entremettre de postuler en leurs sié[ges] pour les parties, en quelque cause que ce soit, encore que [nous] ayons intérest, nonobstant tout usage ou dispense au contrai[re].

(20) Pareilles défenses sont faites à nos procureurs, et ou[tre] leur inhibons de prendre aucune chose pour taxes de nos ju[gemens] faites sur nous ou sur les parties, ni autrement, pour quel[que] cause que ce soit, ains se contenter des gages que leur a[vons] ordonnez, et entendons leur augmenter et assigner ci-après [et] quant à nos avocats qui seront de présent ès sièges inférieu[rs] seulement leur est permis postuler, consulter pour les parties [ès] causes où n'avons intérest, le surplus des autres défenses sus[dites] les tenans en leur regard. Le tout sur peine de concussion, d[ont] nos juges et officiers seront tenus nous avertir et nosdites cou[rs] sur peine de privation de leurs estats.

(21) Nos prévosts de Paris, baillifs et sénéchaux de nos provinces, seront de robbe courte, gentils-hommes, et de l'âge et suffisance requise par nos ordonnances et de nos prédécesseurs, et leur enjoignons d'aller résider dans trois mois en leur province : autrement à faute d'obéir, et s'ils n'étoient desdites qualitez, déclarons, dès à présent leurs offices vaquans, pour y estre par nous pourvû, sinon que dans ledit temps ils nous ayent présenté par leur resignation personnes des qualitez susdites : et ce nonobstant leurs provisions et réceptions, et quelconques dispenses faites ou à faire à ce contraires, ausquelles ne voulons nos parlemens avoir aucun égard. Entendans que nosdits prévosts, baillifs et sénéchaux puissent entrer et présider en leurs sièges, tant en l'audience qu'au conseil, et que les sentences et commissions soient expédiés en leurs noms.

(22) Et pour ne confondre, ains regler les pouvoir et connoissance de tous gouverneurs de nos païs avec nos baillifs et sénéchaux, voulons que les ordonnances de ce faites par nostre bisayeul le feu roy Louis XII. Et défunt nostre très honoré seigneur et père roy Henry, soient gardées et observées. Et en ce faisant avons déclaré que lesdits gouverneurs ne peuvent, et leur défendons donner aucunes lettres de grace, de rémission et pardon, foires, marchez et légitimation, et autres semblables, d'évoquer les causes pendantes pardevant les juges ordinaires, et leur interdire la connaissance d'icelles, s'entremettre aucunement du fait de la justice; leur enjoignant toutefois où besoin seroit de prester aide et secours de force militaire à la justice, pour l'exécution des sentences et jugemens de nosdits prévosts de Paris, baillifs et sénéchaux, et arrest de nos parlemens, et tenir les païs à eux commis en sûreté, les garder de pilleries, visiter les places fortes, et nous avertir des entreprises qu'on pourroit faire en nos royaume, païs et terres de France.

(23) Et parce qu'à nous seul appartient lever deniers en nostre royaume, et que faire autrement seroit entreprendre sur nostre autorité et majesté. Défendons très-expressément à tous nos gouverneurs, baillifs, sénéchaux, trésoriers et généraux de nos finances, et autres quelconques nos officiers, d'entreprendre de lever ou faire lever aucuns deniers en nos païs, terres et seigneuries, et sur les sujets d'icelles, quelque autorité qu'ils aient, ou pour quelque cause que ce soit, ne permettre qu'aucuns en levent, soit en nom de particulier, ou de communauté, sinon qu'ils ayent nos lettres patentes, précises et expresses pour cet effet,

à peine de confiscation de corps et de biens. Enjoignons à nos procureurs de faire instance et poursuite contre les contrevenans et tous autres, et de ce que fait en auront, nous avertir, sur peine de privation de leurs estats [1].

(24) Nos baillifs et sénéchaux seront tenus et leur enjoignons prester toute aide et confort pour appréhender les accusez, contre lesquels il y aura décret de justice, et les rechercher tant que leur province et pouvoir se pourra étendre et où lesdits accusez se retireront en prochaines provinces, en avertiront les baillifs ou sénéchaux d'icelles pour les appréhender si possible est, et leur donneront secours : et pareil avertissement et secours bailleront les uns aux autres les prevosts des maréchaux, vice-baillis, vice-sénéchaux ou leurs lieutenans.

(25) Et le semblable sera fait pour les appelez et adjournez à ban, et par contumace, les noms desquels seront inscrits en tableaux qui seront affichez aux portes des villes et des sièges et auditoires des lieux dont les décrets sont émanez, à ce qu'aucun n'en prétende cause d'ignorance.

(26) Défendons à tous nos sujets de recevoir, ni receler aucuns accusez et appellez à ban pour crime ou délit, sur peine de semblable punition que mériteraient lesdits accusez.

(27) Enjoignons à tous nos baillifs et sénéchaux, leurs lieutenans et autres officiers, de faire étroitement garder nos édits faits sur la pacification de nos royaume et sujets, empêcher et réprimer toutes assemblées illicites, ports d'armes et émotions, informer et décréter promptement contre ceux qui contreviendront tant de fait que de parole : et faire diligemment instruire les procès criminels, et envoyer les procès verbaux de leurs procédures et diligences de trois en trois mois à nostre très-cher et féal chancelier, et à nos procureurs généraux en nos parlemens, afin d'y estre pourvu, le tout sur peine de privation de leurs offices.

(28) En ajoutant et déclarant nos précédentes ordonnances, voulons et ordonnons que les condamnez par défauts et contumaces, pour crimes emportans confiscation ou amendes, au lieu de confiscation; et outre la réparation civile, ayans esté en contumace, de soy représenter en justice par le temps et espace de cinq ans, à compter du jour de la condamnation contr'eux faite, pour ester à droit, perdront non seulement les

---

(1) V. les art. 257 et 280 de l'ord. de Blois.

fruits de leurs héritages, suivant nosdites ordonnances ; mais aussi la propriété de tous leurs biens adjugez par justice. Et demeureront aux parties civiles leurs adjudications, sans pouvoir estre répétées, et à nous et aux sieurs hauts justiciers ce qui aura esté adjugé pour amende ou confiscation : Nous réservant néanmoins selon les causes, personne et temps, et leur remettre selon la rigueur cette ordonnance ; déclarons en outre que pendant ledit temps de cinq ans, ne pourront les parties, ou seigneur, ou nous, faire don desdites adjudications pour quelque cause que ce soit ; ains seront nulles les impétrations et concessions qui seront faites avant ledit temps, et ceux qui les impétreront icelui temps expiré, seront déclarez indignes de nos faveurs et bien-faits.

(29) Ceux qui tiendront fort en leurs maisons et chasteaux contre nostre justice et décrets d'icelle, et n'obéiront aux commandemens qui leur seront faits, confisqueront leursdites places à nostre profit, ou des hauts justiciers à qui il appartiendra soit en païs où confiscation a lieu, soit en autre : sauf si pour certaines grandes causes est ordonné par nous ou justice que lesdites maisons et chasteaux seront démolis et rasez pour l'exemple. Et outre perdront lesdits rebelles et contumax tout droit de justice qu'ils auront esdits lieux, laquelle sera réunie au profit de nous ou desdits hauts justiciers, sans préjudice toutefois de punition de corps et perte du surplus de leurs biens ; si elle y échet.

(30) Les hauts justiciers qui souffriront ports d'armes forces ou violences estre faites en leurs justices, et n'en feront poursuite, seront privés de leursdites justices : et s'ils estaient complices ou fauteurs, seront punis des peines que dessus. Et quant aux juges, procureurs et officiers de nous ou desdits hauts justiciers, nous pour leur négligence de la poursuite et punition desdits crimes, les avons dès à présent déclarez privez de leurs estats et leurs offices vaquans, pour y estre pourvu d'autres en leur lieu.

(31) Nos huissiers ou sergens exploiteront en leurs ressorts, porteront en leur main une verge, de laquelle ils toucheront ceux ausquels ils auront charge de faire exploits de justice, lesquels seront tenus y obéir sans résistance, sur peine de déchéance de leur droit, ou d'estre réputez convaincus des cas à eux imposez, et autrement punis à l'arbitre de justice.

(32) Ne pourront lesdits huissiers ou sergens s'accompagner que de leur records, et non aucunement des parties pour lesquelles ils

exploiteront, bien y pourront envoyer homme pour eux, p[our]
désigner les lieux et personnes, auquel cas celui qui sera envo[yé]
par eux pourra y assister sans suite et sans armes.

(33) Nos huissiers pourront appeler et exciter à leur ayde [et]
confort les habitans de nos villes et villages, lesquels seront ten[us]
de leur prester ayde, sur peine d'amende arbitraire, et de p[lus]
grande peine si elle y échet.

(34) Défendons sur peine de la vie à tous nos sujets, de qu[elque]
que qualité qu'ils soient, outrager ou exceder aucuns de nos of[-]
ficiers, huissiers ou sergens, faisans ou exploitans actes de just[ice]
dont n'entendons estre expédiées lettres de grace ou rémiss[ion].
Et si par impétuosité aucune estoit accordée, ne voulons y a[voir]
aucun égard.

(35) En déclarant et ajoutant à nos précédentes ordonnanc[es,]
voulons que la connaissance des délits appartienne aux juge[s]
des lieux où ils auront esté commis, nonobstant que le prisonn[ier]
ne soit surpris en flagrant délit. Et sera tenu le juge du domic[ile]
renvoyer le délinquant au lieu du délit, s'il en est requis. Seron[t]
aussi les graces et rémissions addressées à nos juges présidia[ux,]
et aux lieux esquels n'y a siége présidial, à nos juges ressor[-]
tissans nuëment en nos cours et non à autres : et si le dé[lit]
estoit commis ailleurs, ne pourront lesdits présidiaux enterin[er]
lesdites lettres sans avertir les juges du délit ; et faire apporte[r]
par devers eux les informations et procédures faites sur les lieu[x]
du délit, et ne voulons que ceux qui auront obtenu de nous le[t-]
tres de grace, pardon ou rémission, s'en puissent aider aprés le[s]
trois mois de la datte d'icelles, encores qu'elles eussent esté do[n-]
nées par nous ès entrées de nos villes, et nonobstant les lett[res]
de surannation qui seroient par eux impétrées.

(36) Défendons à tous juges, greffiers, et autres officiers tant [de]
nos cours, que siéges ordinaires, sur peine de répétition du qua[-]
druple, de recevoir par les mains des prisonniers, ou autres pou[r]
eux, aucuns frais, taxe ou salaire pour la confection du procé[s]
criminel, ni même pour la preuve des justificatifs et des r[e-]
proches.

(37) Ceux qui feront l'instruction en matière civile ou crimi[-]
nelle, sujette à taxe, ne pourront pour leur labeur et assistance
faire lesdites taxes, mais se feront en nos cours par les présiden[s]
en icelle. Et en nos siéges, par les lieutenans aux conseillers; e[t]
par les conseillers aux lieutenans, en telle modération que s[e]
faire pourra, pour le soulagement de nos sujets : pour leque[l]

si n'entendons que d'oresnavant soit commis qu'un seul commissaire, et non deux, pour vacquer aux instructions, en la présence toutefois du greffier ou son commis, le tout sur peine du quadruple. (1)

(38) Et pour régler les différens qui ont esté ci-devant en nos cours, pour la connoissance des causes et procès criminels des gens d'église, nobles et officiers, déclarons et voulons, que lesdits procès introduits en première instance en nosdites cours soient instruits et jugez en la grand'chambre, si faire se peut, si lesdits accusez le requièrent; autrement et sans ladite requisition, se pourront instruire et juger en la chambre de Tournelle, à laquelle voulons aussi lesdites instructions estre renvoyées par ladite grand'chambre, si pour les empêchemens et occupations d'icelle lesdites instructions ne peuvent estre faites promptement et commodément, ainsi qu'il est requis en telles matières. Et néanmoins voulons en tout cas, qu'au jugement desdits procès criminels, qui seront en ladite grand'chambre, assistent les présidens et conseillers de la grand'chambre estans du service de la Tournelle. Et quant aux procès instruits et jugez pardevant nos juges, en première instance et hors nosdites cours, contre les personnes susdites, les appellations interjettées des instructions se pourront juger en la Tournelle, nonobstant le débat des parties, et semblablement les appellations des jugemens diffinitifs, si les personnes condamnées ne requièrent estre jugées en la grand'chambre, auquel cas y sera procédé comme dessus.

(39) Pour obvier aux difficultés qui se sont ci-devant présentées en la confection des procès criminels des personnes ecclésiastiques, mêmement pour le cas privilégié : ordonnons que nos juges et nos officiers, instruiront et jugeront en tous cas les délits privilégiés contre les personnes ecclésiastiques, auparavant qu'aucun délaissement ou renvoy d'icelles personnes à leur juge d'église pour le délit commun, lequel délaissement sera fait à la charge de retenir prison pour la peine du délit privilégié, où elle n'aurait esté satisfaite, et dont répondront les officiers de l'évêque, en cas d'élargissement par eux fait, avant la satisfaction de ladite peine.

(40) En déclarant l'article de l'ordonnance par nous faite sur

---

(1) V. l'art. 47 de l'ord. d'Orléans.

le privilége de cléricature, ordonnons que nul de nos suj[ets] soy disant clerc, ne pourra joüir dudit privilége, soit pour le d[é]laissement aux juges d'église, ou pour autres causes, s'il [n'est] constitué ès ordres sacrez, et pour le moins sousdiacre ou d[iacre] actuellement résident et servant aux offices, ministères et b[éné]fices qu'il tient en l'église.

(41) Pour réprimer les excès et voyes de fait qui se comme[ttent] en ce royaume, voulons et ordonnons que les prévosts des m[aré]chaux, vice-baillifs et vice-sénéchaux, ou leurs lieutenan[s qui] seront establis par les provinces de nostre royaume, connois[sent] des cas à eux attribuez en dernier ressort par nos édits cont[re] toutes personnes de quelque qualité qu'ils soient, domicilié[s ou] autres : et néanmoins puissent faire toutes captures en tout ca[s,] sauf à délaisser à nos juges ordinaires les prisonniers qui se[ront] ront leurs justiciables par édits.

(42) Au cas que leur compétence ou incompétence seroit [en] dispute, ne pourront nos sujets se pourvoir par appel pour ce re[re]gard devers nous, ni à nos parlemens, ains par requeste de re[n]voy, laquelle sera jugée par nos officiers au siége présidial de l[a] province, plus prochain du lieu où sera faite la capture et in[s]truction, et non ailleurs. assistant (si présent est le baillif [ou] sénéchal, et par l'avis et jugement des principaux officiers d[u] siége, jusqu'au nombre de sept au moins : en laquelle forme e[t] façon, seront aussi jugez en dernier ressort. les procès instrui[ts] ès cas de nos ordonnances par lesdits prévosts, vice-baillifs et vice sénéchaux, au rapport de leurs lieutenans et consei[llers] dudit siége. Et défendons esdits cas à nos cours de parlemen[s] d'en prendre aucune connoissance, voulans qu'en cas de récu[-]sation il soit procédé au jugement d'icelle. comme avons c[i-]dessus permis aux juges présidiaux.

(43) Lesdits prévosts des maréchaux, vice-baillifs et vice-séné[-]chaux, ou leurs lieutenans, sont tenus faire leurs chevauché[es] par les champs, et y vacquer continuellement sans séjourner au[x] villes, sinon pour occupations nécessaires et légitimes, à pein[e] de privation de leurs estats, et faire procès verbaux de leurs che[-]vauchées (pour les représenter à justice quand et à qui il appar[-]tiendra, et requis en seront.

(44) Pareillement seront tenus faire inventaire de tous les bien[s] pris et saisis sur les prisonniers, et iceux envoyer aux greffes d[e] nos siéges présidiaux pour estre rendus ou appliquez, ainsi qu[e] par justice sera ordonné.

(45) Ne pourront lesdits prévosts, vice-baillifs, vice-sénéchaux, ou leurs lieutenans et archers, prendre ni exiger de nos sujets aucuns deniers pour leurs dépens, frais, salaires et vacations, soit pour informations, décrets et captures des délinquans ou autre quelconque cause, nonobstant que nosdits sujets y eussent intérest, comme parties civiles, et ce sur peine de privation de leurs offices. Et où ils seroient négligens, même après la réquisition et sommation de nosdits sujets, de monter à cheval, informer et aller là par où les crimes auront esté commis, où les délinquans retirez, nous voulons qu'ils soient condamnez en tous les dépens, dommages et intérests des parties, et privez de leurs estats.

(46) Connoissent aussi nos juges ès siéges présidiaux par concurrence et prévention des cas attribuez ausdits prévosts, vice-baillifs et vice-sénéchaux; pour instruire les procès et les juger en dernier ressort au nombre de sept, et par semblable contre les vagabons et gens sans adveu : comme aussi le pourront faire lesdits prévosts, vice-baillifs, et vice-sénéchaux, selon la forme toutefois ci-dessus ordonnée pour la compétence, instruction et jugement.

(47) Et pour la fréquence de forces publiques qui se commettent à présent en nostre royaume, voulons que pour cette année seulement, lesdits juges présidiaux puissent instruire et juger sans appel au nombre de sept, toutes matières d'excès commis avec forces, ports d'armes, assemblées illicites contre toutes personnes de leur province, de quelque qualité qu'ils soient, et ce jusqu'à sentence de mort exclusivement, auquel cas voulons estre déféré à l'appel qui sera interjetté par le condamné.

(48) Pour faire cesser les subterfuges, délais et tergiversations des condamnez, et oster la multiplicité des instances ès exécutions des jugemens et arrest, voulons et ordonnons que tous jugemens et condamnations des sommes pécuniaires, pour quelque cause que ce soit, soient promptement exécutez par toutes contraintes et cumulation d'icelles jusqu'à entier payement et satisfaction : et si les condamnez n'y satisfont dans quatre mois après la condamnation à eux signifiée à personne ou domicile, pour estre pris au corps et tenus prisonniers jusques à la cession ou abandonnement de leurs biens. Et si appréhendez ne peuvent estre, ou si mieux la partie veut ou requiert, sera par nos juges procédé pour la contumace du condamné au doublement et tiercement des sommes adjugées.

(49) Et parce que les ordonnances faites pour les criées et adjudications par decret, par feu nostre très-honoré seigneur et père, ne sont gardées en plusieurs lieux de nostre royaume, mémement ès païs de droit écrit, et en autres endroits ne sont exactement observées par la subtilité ou malice d'aucuns qui retardent le cours desdites criées et adjudications, au retardement de nos finances, et dettes de nos sujets : nous voulons et ordonnons estre étroitement gardées en tout nostre royaume, sans user de la forme de mission en possession révocable : et que les délais pour faire enchères pourront durer les quarante jours ordonnez pour la vente et adjudication : après lesquels finis, n'y aura autre délay que de la huitaine ou quinzaine pour toutes enchères : et icelui passé, l'adjudication sera faite, sans plus recevoir aucune enchère, débat ou empêchement de personne quelconque. Enjoignans à nos greffiers et leurs commis en nos cours, de clorre et arrester l'adjudication, sans tenir lesdits décrets en suspens, déclarans que par faute de sceau, lesdites adjudications ne seront d'oresnavant suspenduës, ains seront tenuës pour parfaites après lesdits délais expirez.

(50) Défendons à tous nos sujets, mêmement aux condamnez, de non troubler ou empêcher les commissaires qui seront commis au régime et gouvernement des terres et héritages saisis par ordonnance de justice, ains leur enjoignons en délaisser la paisible joüissance et administration sans aucun empêchement, sur peine de décheance de tout droit de propriété et possession à eux appartenant en la chose saisie, que nous voulons estre promptement déclarez contr'eux, avec autre plus grande punition, comme le cas le requérera.

(51) Les condamnez purement et simplement à délaisser, ou soy départir d'aucun héritage, seront tenus promptement de faire, après la sommation et signification qui leur en sera faite à personne ou domicile, nonobstant les oppositions qui seront formées par le condamné, sa femme, enfans et famille, pour quelque cause que ce soit, sauf à se pourvoir pour icelles, ainsi qu'il appartiendra. Et s'il y a opposition formée par autres personnes, sera néanmoins celui qui a obtenu le jugement, mis en telle possession en laquelle estoit le condamné, sans préjudice des droits desdits opposans.

(52) Pour faciliter les exécutions des arrests et jugemens et plusieurs involutions et longueurs qui y sont par trop fréquentes et ordinaires : avons ordonné que d'oresnavant pour les réparations

…améliorations adjugées aux condamnez, ne seront empêchées …exécutions des jugemens pour le fait de la possession et intro-…oction en icelle des personnes qui auront obtenu jugement à …ur profit, en baillant par eux caution bourgeoise et suffisante …e payer lesdites réparations et améliorations, si-tôt qu'elles se-…ont liquidées : et demeurant la terre ou héritage pour ce regard …fecté ou hypotéqué audit payement, sinon que le condamné les …ifit liquider dans un mois pour tout délai.

(53) Deslors et en l'instant de la condamnation donnée en der-nier ressort, et du jour de la prononciation, sera acquis à la par-tie droit d'hypothèque sur les biens du condamné, pour l'effet et exécution du jugement ou arrest par lui obtenu.

54) Pour obvier à multiplication de faits que l'on a vû ci-devant estre mis en avant en jugement, sujets à preuve de té-moins, et reproche d'iceux, dont adviennent plusieurs inconvé-niens et involutions de procès : avons ordonné et ordonnons que d'oresnavant de toutes choses excédans la somme ou valeur de cent livres pour une fois payer, seront passez contrats pardevant notaires et témoins, par lesquels contrats seulement, sera faite et reçuë toute preuve esdites matières, sans recevoir aucune preuve par témoins, outre le contenu au contrat, ne sur ce qui seroit allégué avoir esté dit ou convenu avant icelui, lors et de-puis. En quoi n'entendons exclure les preuves des conventions particulières, et autres qui seroient faites par les parties sous leurs seings, sceaux et écritures privées.

(55) Les preuves de tonsures et professions du vœu monachal, seront reçuës par lettres et non par témoins : comme aussi les preuves des jugemens condamnatoires ou absolutoires, dont on voudra s'aider pour reproches, ou salvations de témoins ès ma-tières, où lesdits témoignages auront lieu, sauf si la perte des registres estoit alléguée, dont la preuve en tout cas sera reçuë.

(56) Pour soulager nos sujets de la vexation des abus qui se commettent ès prétendus priviléges de garde gardienne et com-mittimus, tant aux siéges des requestes de nostre palais, qu'ail-leurs : avons ordonné que d'oresnavant jouiront desdits privilé-ges, pour évoquer et distraire les causes des siéges ordinaires, les personnes qui ensuivent et non autres ; c'est à sçavoir les principaux officiers de nostre couronne, nos conseillers en nostre conseil privé, les maistres des requestes ordinaires de nostre hostel, nos notaires et secrétaires, et les officiers domestiques couchez en l'estat aux gages de nous, de la Reine nostre mère,

nos frères et sœurs, oncles et tantes, enfans de France, excepté ceux qui feroient fait de marchandise, et joüiront aussi les [...] et officiers de nos cours souveraines. Et quant aux a[vocats] et procureurs d'icelle, en joüiront seulement douze des [plus] anciens, du nombre desdits avocats et autant desdits [pro]cureurs en notre cour de parlement à Paris. Et ès autres p[arle]mens, six de chacun ordre. Pareillement en joüiront les cha[]pitres et communautez des églises de nostre royaume, qui [en] ont privilège, pour les affaires communes desdites églises se[ule]ment. Et n'auront lesdits committimus lieu pour distraire [les] sujets hors du ressort de leur parlement (sinon: pour nos do[mes]tiques, et ceux qui en joüissent par privilège spécial). En [quoi] aussi n'entendons toucher aux privilèges des princes ou p[airs] de France, ni aucunement déroger à iceux.

(57) Et amplifiant l'article de nos ordonnances faites à [Or]léans pour le fait des substitutions, voulans oster plusieurs [dif]ficultez mûës sur lesdites substitutions auparavant faites, [des]quelles toutefois le droit n'est encore échû, ne acquis à auc[une] personne vivante: Avons dit, déclaré et ordonné, que to[utes] substitutions faites auparavant nostredite ordonnance d'Orlé[ans] en quelque disposition que ce soit, par contrats entre-vifs ou [de] dernière volonté, et sous quelques paroles qu'elles soient c[on]çûës, seront restraintes au quatrième degré outre l'institu[é] (exceptez toutefois les substitutions desquelles le droit est e[schû] et deja acquis aux personnes vivantes, ausquelles n'entend[ons] préjudicier). Ordonnons aussi, que d'oresnavant toutes dis[po]sitions entre-vifs, ou de dernière volonté, contenans substit[u]tion, seront pour le regard d'icelles substitutions publiées [et] jugement à jour de plaidoyrie, et enregistrées ès greffes ro[yaux] plus prochains des lieux des demeurances de ceux qui aur[ont] fait lesdites substitutions, et ce dedans six mois, à compter, qu[ant] aux substitutions testamentaires, du jour du décès de ceux [qui] les auront faites. Et pour le regard des autres, du jour qu'el[les] auront esté passées, autrement seront nulles, et n'auront auc[un] effet.

(58) Et pour oster à l'avenir toutes occasions de fraudes et [de] doutes qui pourroient estre mûës entre nos sujets pour l'in[si]nuation des donations qui seront ci-après faites, avons ordo[nné] que d'oresnavant toutes donations faites entre-vifs, mutuelles, réciproques, onéreuses, en faveur de mariage et autres, [de] quelque forme et qualité qu'elles soient faites entre-vifs, com[]

[...]est, seront insinuées ès greffes de nos siéges ordinaires de [...]ette des choses données, et de la demeurance des parties [...] quatre mois, à compter du jour et datte d'icelles dona-[...], pour le regard des biens et personnes, et dans six mois, [...] ceux qui seront hors de nostre royaume. Autrement et à [...]te de la dite insinuation, seront et demeureront lesdites do-[...]ions nulles et de nul effet et valeur, tant en faveur du créan-[...] que de l'héritier du donnant. Et si dedans ledit temps ledit [...]sant ou donataire décédoit, pourra néanmoins ladite insi-[...]tion estre faite dans ledit temps, à compter du jour dudit [...]rat comme dessus, sans que cette présente ordonnance fasse [...]un préjudice aux donations ci-devant faites, et droits acquis [...]s sujets à cause d'icelles, ni aux instances mûes et à mou-[...] pour ce regard.

59 Et parce que nous avons entendu que plusieurs de nos [...]s mineurs et en bas âge, ont esté tirez par inductions à jeux [...] hazard, ausquels ils ont perdu et consommé leur jeunesse et [...]stance : Avons ordonné que les deniers et biens perdus en tels [...]x pourront estre répétez par lesdits mineurs leurs pères, [...]res, tuteurs et curateurs ou proches parens : et voulons [...]x biens leur estre rendus, pour employer au profit desdits [...]eurs, et éviter leur ruine et destruction, sans par ces pré-[...]es approuver tels jeux entre majeurs : pour le regard des-[...]ls entendons les ordonnances de nos prédécesseurs estre [...]dées, et y estre tenuë la main par nos juges, ainsi que la [...]tière y sera disposée.

60 Pour plus amplement déclarer et confirmer plusieurs articles [...] nos ordonnances et de nos prédécesseurs, concernans la di-[...]ction de nos parlemens et cours souveraines, lesquels n'ont [...]é et ne sont généralement gardez en tous nosdits parlemens [...] cours souveraines : Avons ordonné que les causes plaidées [...] audience publique qui se trouveront en difficulté, et de [...]is d'aucuns de nos conseillers assistans, sujettes à estre ap-[...]intées au conseil, ne seront d'oresnavant vuidées sur le champ, [...]is appointées au conseil, ou autrement réglées à estre plus [...]ant délibérées, sur les pièces qui seront mises pardevers nos-[...]s cours, pour, au premier jour, estre ordonné sur icelles ce [...]'il appartiendra.

61) Les lettres en formes de requestes civiles obtenuës par les [...]rties contre les arrests et jugemens de nos cours et chambres [...]celles, donnez sur production au conseil, ou procès par écrit,

ne seront plaidées en audience publique, que premier[es]
n'ayent esté communiquées à nos avocat et procureur g[énéral]
pour en parler à ceux qui auront fait le rapport, et présidé a[ux]
gemens et arrests susdits, et ce fait en avertir les preside[ns]
conseillers en la grand' chambre de nosdites cours, pour
mettre les parties à l'audience publique, si faire se doit, o[u]
appointer promptement au conseil, et renvoyer la matiere [en]
chambre où le procès aura esté jugé : et ce sur peine de n[ullité]
des procédures qui autrement seront faites, et des juge[mens]
qui s'en seront ensuivis, sinon qu'il fût question du fait et [des]
des juges ; auquel cas les requestes civiles seront renvoyé[es en]
autre chambre, que celle où aura esté donné le jugement.

(62) Défendons à nosdites cours recevoir les parties à fai[re in-]
stance par simple requeste, pour révoquer et rétracter les [ar-]
et jugemens donnez en connoissance de cause ; ains vou[lons]
estre renvoyées à se pourvoir selon les formes ordinaires, [à la]
charge des amendes portées par nos ordonnances, lesquell[es ne]
voulons estre aucunement modérées : et déclarons nulles t[outes]
procédures et jugemens qui se feront au contraire.

(63) Ordonnons aussi que d'oresnavant ès dictons des j[uge-]
mens et arrets qui seront donnés en nosdites cours, soient a[u]
écrits au commencement, marge ou pied d'iceux, de la pr[opre]
main du rapporteur, ou du greffier, les noms de nos presid[ens et]
conseillers qui y auront assisté, à peine de nullité, co[mme]
dessus.

(64) Faisons très-expresses défenses aux greffiers de nos c[ours]
leurs clers ou commis, sur peine de privation de leurs esta[ts et]
charges, d'expédier ou délivrer aucunes commissions sur req[ueste]
si la requeste n'a été rapportée en pleine assemblée, et signé[e de]
l'un des présidens d'icelle, et du rapporteur de ladite requeste. [Dé-]
fendons aussi aux dessusdits sur pareille peine d'expédier auc[unes]
requestes, portans ou requérans commissions d'aucuns cons[eil-]
lers de ladite cour, soit pour ouïr les parties à la Barre, [soit]
pour faire interrogatoire, tant en civil que criminel, sinon qu['elles]
ayent esté rapportées en pleine compagnie, et signées de l'u[n des]
présidens de nosdites cours, et du rapporteur de ladite requ[este.]

(65) Aucuns arrests ne seront reçus aux greffes, ni prono[ncés]
qu'ils ne soient signez de l'un des présidens des chambres de [nos-]
dites cours avec le rapporteur, sinon que pour l'absence de[sdits]
présidens, l'un des anciens conseillers y ait présidé dont se[ra fait]
registre.

(66) Les productions des incidens instruits à la Barre entre les procureurs des parties, seront faites au greffe, pour y estre distribuées par nos présidens à qui bon leur semblera.

(67) Après les comparutions des parties des procureurs en nosdites cours, ne seront d'oresnavant jugez aucuns défauts ni congez sans appeller les procureurs qui poursuivront le jugement, et eux contre lesquels on les poursuivra, pour eux oüis en pleine cour, condamner celui desdits procureurs qui sera trouvé en faute, ès dépens et telle amende qu'il appartiendra, le tout en son propre et privé nom, sans que les parties puissent estre condamnées, sinon qu'il y eût de leur fait et faute : et ce sur peine de nullité, comme dessus. Et voulons que si sur ce s'ensuivoit aucun arrest, soit fait registre de l'audition desdits procureurs.

(68) Et sur les remontrances faites par les députez d'aucuns de nos parlemens, sur la diversité des formes de procéder au jugement d'aucuns procès par commissaires, en ceux de nosdits parlemens où ils ont lieu : avons ordonné qu'aucun procès ne sera jugé par commissaires en grand ou petit nombre (que l'on dit petits commissaires) soit pour arrester les preuves, dates ou calculs seulement, soit pour donner jugement, sinon ès cinq cas désignez et limitez par nos ordonnances, et de nos prédécesseurs, qui sont instances de dommages et intérests, criées, reddition de comptes, liquidation de fruits, et taxes de dépens excédans trois articles, lesquelles instances seulement y avons permis et permettons estre jugées par commissaires en nombre de dix seulement, y compris le président, sans y pouvoir appeller, ni recevoir plus grand nombre, encore que ce fût du consentement des parties. Et ce pour les parlemens qui jugent à dix, et pour les autres au nombre de sept au plus, compris le président, ou autre moindre nombre, selon qu'ils ont accoutumé d'en user. Et hors lesdits cas et forme susdite, défendons toutes vacations par commissaires, et déclarons les jugemens qui autrement seront donnez, nuls et de nul effet, réservans aux parties contre les juges leurs dommages et intérests, procédans de la contravention à cette nostre ordonnance, et se pourvoir pour ce regard pardevers Nous et en nostre conseil. Et néanmoins où il seroit question de peu de chose ès cas susdits, voulons lesdits procès estre jugez à l'ordinaire.

(69) Défendons aussi aux peines que dessus à toutes nos cours souveraines, de s'assembler ni procéder à la visitation et jugement desdits procès par commissaires aux heures de dix à onze

heures, et de cinq à six heures du jour, et autres extraordinaires, ni ès jours de dimanche et autres festes de l'Eglise, semblablement hors nosdites cours et chambres d'icelles, ni és maisons particulières de nos présidens et conseillers : et aussi de ne faire doubles commissaires en une après-disnée.

(70) Et sur les remontrances qui nous ont esté faites pour le fait des évocations, déclarons n'avoir entendu, comme n'entendons, qu'elles ayent lieu hors les cas des édits et ordonnances de nous et de nos prédécesseurs : mesmement ès matières criminelles, esquelles voulons que sans avoir égard aux évocations qui par importunité ou autrement, auroient esté obtenues, soit passé outre à l'instruction et jugement dse procès criminels, sinon que lesdites évocations et causes civiles ou criminelles, eussent esté pour aucunes causes à ce nous mouvans, expédiées de nostre commandement, et signées par l'un de nos quatre secrétaires d'estat. Auquel cas nos parlemens et cours souveraines ne passeront outre; mais nous pourront faire telles remontrances qu'il appartiendra. Déclarans aussi ce cas que celui qui aura obtenu de nous évocation en cause criminelle, ne sera reçu à la présenter qu'il ne soit rendu actuellement prisonnier ès prisons de l'un ou de l'autre des lieux, dont le procès criminel sera évoqué, ou renvoyé.

(71) Pour donner quelque ordre à la police des villes de nostre royaume, et pourvoir aux plaintes qui de ce nous ont esté faites, avons ordonné que les maire, eschevins, consuls, capitouls et administrateurs des corps desdites villes qui ont eu ci-devant, et ont de présent l'exercice des causes civiles, criminelles et de la police, continueront ci-après seulement l'exercice du criminel et de la police, à quoi leur enjoignons vaquer incessamment et diligemment, sans pouvoir d'oresnavant s'entremettre de la connoissance des instances civiles entre les parties, laquelle leur avons interdite et défenduë, et icelle renvoyons et attribuons à nos juges ordinaires ou des hauts justiciers des villes, où y a corps et communautez tels que dessus : nonobstant tous priviléges, coutumes, usances et prescription que l'on pourroit alléguer au contraire.

(72) Et quant aux villes esquelles nos officiers ou lesdits hauts justiciers, ont la police, et non lesdits corps et communautez, voulons et ordonnons que de chacun quartier ou paroisse d'icelles, soient élus par les bourgeois et citoyens y habitans, un ou deux d'entr'eux qui auront la charge, administration et intendance de la police et de tout ce qui en dépend, lesquels bourgeois ou ci-

...yens pourront estre élûs et pris de toutes qualitez de personnes ...bitans ès villes sans excuses quelconques. Et auront puissance ...ordonner et faire exécuter jusques à la valeur de soixante sols ...ur une fois. Sans que contre leurs ordonnances et exécutions ...icelles on se puisse pourvoir par appel : bien seront reçuës les ...léances, et fait droit sur icelles par les juges ordinaires des ...ux, en l'assemblée d'iceux bourgeois, laquelle se fera une fois ...semaine pardevant lesdits juges, ausquels la police appartient ...mme dessus : en laquelle assemblée se fera rapport par tous ...sdits bourgeois élûs, de ce qu'ils auront fait ou sera besoin de ...ire et ordonner pour ladite police, à ce qu'ils se puissent con...mer les uns aux autres, et qu'il soit pourvû aux occurrences ...r la justice ordinaire, mêmement en ce qui excédera le pouvoir ...sdit, attribué ausdits bourgeois et citoyens, lesquels continuë...ent ladite charge l'espace d'un an, ou de six mois pour le moins. ...t le semblable sera observé aux petites villes, où il y aura moin...re nombre, en quoi n'entendons préjudicier ausdits juges qu'ils ...uissent par concurrence ou prévention pourvoir à la police ...es villes : entendans que lesdits bourgeois fassent le serment ...ardevant lesdits juges, tant de nous que desdits hauts jus...iciers, et que les amendes soient adjugées à nous et ausdits justi...ciers.

(73) Enjoignons aussi à tous nos officiers tenir la main à l'ob...ervance de nos édits et ordonnances sur le fait des hôpitaux, sur ...eine d'en répondre en leur propre et privé nom, pour leur dé...faut et négligence, et sous mêmes peines faire rendre compte ...ux commissaires, commis pour le régime des biens et revenus ...d'iceux, afin qu'ils soient dûement employez aux nécessitez des ...pauvres, comme il est requis. Et outre ordonnons que les pau...vres de chacune ville, bourg et village, seront nourris et entrete...nus par ceux de la ville, bourg, ou village dont ils seront natifs et ...habitans, sans qu'ils puissent vaguer et demander l'aumône ail...leurs, qu'au lieu duquel ils sont. Et à ces fins seront les habitans ...tenus à contribuer à la nourriture desdits pauvres selon leurs fa...cultez, à la diligence des maires, eschevins, consuls et marguil...liers des paroisses : lesquels pauvres seront tenus prendre bulle...tin et certification des dessusdits, en cas que pour guérison de ...leurs maladies, ils fussent contraints venir aux villes ou bourga...des, où il y a des Hôtels-Dieu, et maladreries pour ce destinez (1).

---

(1) V. les art. 65 et 66 de l'ord. de Blois.

(74) Enjoignons aussi faire exécuter réellement et de fai[t]
ordonnances faites pour oster et interdire les confrairies a[ssem]
blées et banquets accoutumez pour bâtons et autres choses s[em]
blables, et les deniers d'icelles estre employez suivant le co[ntenu]
esdites ordonnances : ce que pareillement entendons estre [exé]
cuté pour le regard de la réception des maistres en tous arts, [dis]
ciplines et mestiers, sans permettre par nos juges la comm[uta]
tion des banquets en argent, ou autre chose équivalente, [qui]
pourroit estre donnée pour parvenir ausdites réceptions.

(75) Nonobstant les degrez et nominations d'aucuns so[it]
sans graduez, nommez, voulons néanmoins et perme[ttons]
aux prélats de nostre royaume, d'examiner et enquérir d[e la]
suffisance de ceux qui se présenteront pour obtenir en b[elle]
qualité aucuns bénéfices, et faire expédier acte de leur suffis[ance]
ou insuffisance, et de leur réponse ou refus, pour en juge[r au]
possessoire des bénéfices, y avoir par nos juges tel égard qu[e de]
raison. Enjoignans au surplus à tous nos juges de garder e[n ces]
matières, les ordonnances concernans l'impétration des béné[fices]
différends et controverses pour raison d'iceux.

(76) Et sur la remontrance à nous faite de la part d'aucu[ns de]
nos parlemens, admonestons et néanmoins enjoignons à tous a[r]
chevêques et métropolitains, bailler leurs vicariats à perso[nnes]
constituées en dignité ecclésiastique, résidans dans le ressor[t de]
nos parlemens, pour y avoir recours quand besoin sera, et [sur]
peine de saisie de leur temporel.

(77) Défendons très-étroitement à tous nos sujets d'éc[rire]
imprimer et exposer en vente aucuns livres, libelles ou écrits [dif]
famatoires et convicieux contre l'honneur et renommée des pe[r]
sonnes, sous quelque prétexte et occasion que ce soit. Et dé[cla]
rons dès à présent tels scripteurs, imprimeurs et vendeurs, [et]
chacun d'eux, infracteurs de paix et perturbateurs du repos p[u]
blic, et comme tels voulons estre punis des peines contenue[s en]
nos édits. Enjoignons à nos sujets qui ont tels livres ou écrits, [de]
les brusler dedans trois mois, sur les peines de nosdits édits.

(78) Défendons aussi à toutes personnes que ce soit, d'im[pri]
mer ou faire imprimer aucuns livres ou traitez sans nostre c[ongé]
et permission, et lettres de privilége expédiées sous nostre gr[and]
scel : auquel cas aussi enjoignons à l'imprimeur d'y mettre et i[n]
sérer son nom, et le lieu de sa demeurance, ensemble le[s]

(79) Toutes promesses faites entre créanciers pour fait de compte, ensemble tous blanc signez baillez pour ce regard, n'auront aucun effet ni force après le compte rendu et clos entre celui qui les aura faits et baillez, et celui qui les aura reçus.

(80) Suivant l'ordonnance de nos prédécesseurs, et icelle renouvelant, avons ordonné que les brevets de don, congé et dispense, pour quelque cause que ce soit, n'auront aucun effet un mois après la date d'iceux.

(81) Défendons aussi suivant lesdites ordonnances à tous nos juges d'avoir aucun égard à nos lettres closes, qui auront esté ou seront ci-après expédiées, et à eux envoyées pour le fait de justice.

(82) Nos ordonnances sur le fait des hostelleries, seront gardées et étroitement observées par nos juges, selon qu'il leur est mandé par icelles, sans y user de remise ou négligence, leur enjoignans de tenir la main que les hosteliers ayent en leurs maisons et hostelleries un tableau attaché en la principale entrée d'icelles, auquel seront inscrites lesdites ordonnances et taux des vivres, le tout sur peine de cinquante livres pour chacune faute desdits hosteliers; et aux juges et officiers des villes, bourgs et villages, de privations de leurs estats : leur enjoignans à cette fin visiter en personne, ou faire visiter chacun jour par commissaires, huissiers ou sergens, lesdits hosteliers, pour estre informez et ouïr les plaintes et contraventions aux ordonnances, afin d'y pourvoir promptement.

(83) L'ordonnance des arbitres pour les jugemens des causes entre proches parens en fait de partages et autres différeuds, sera gardée et observée sans empêchement quelconque.

(84) Les édits et ordonnances faites pour la suppression des procureurs, portans défenses d'en recevoir aucuns, tant en nos cours souveraines, que siéges inférieurs, seront gardées et entretenues. Et avons dès à présent révoqué et révoquons toutes les réceptions faites au contraire depuis lesdits édits, mêmement depuis celui fait en l'an 1559, interdisant aux procureurs reçus depuis lesdits édits, l'exercice desdites charges, sur peine de nul.

---

(1) V. l'art. 26 de l'ord. d'Orléans, 77, et 78 de celle de Moulins, et 36 de Blois.

(85) **Nos ordonnances portans défenses de recevoir e**[n] cours les pères, enfans, frères, et autres personnes conjointe[s se]ront gardées et observées étroitement et selon leur forme e[t te]neur. Et si aucuns de cette qualité ont esté ci-devant receûs e[n nos] cours, seront distribuez et séparez en chambres diverses.

(86) Défendons et inhibons très étroitement à tous nos s[ujets] tous blasphêmes et juremens du nom de Dieu, et autres ex[écra]bles. Et voulons que lesdits jureurs et blasphémateurs so[ient] punis extraordinairement, non seulement de mulctes pécu[niai]res, mais de punition corporelle, si elle y échet, dont [nous] chargeons l'honneur et conscience de nos juges.

Si donnons en mandement à nos amez et féaux les gens te[nans] nos cours de parlement, grand conseil, et autres nos cours sou[ve]raines, prévosts de Paris, baillifs, sénéchaux, leurs lieute[nans] et tous nos autres officiers qu'il appartiendra, que ces prés[entes] nos ordonnances ils fassent lire, publier et enregistrer, entre[te]nir, garder et observer inviolablement, sans y contrevenir, [ni] permettre qu'elles soient aucunement enfraintes. Et sans re[ce]voir aucune remontrance ni opposition au contraire, de pers[onne] que ce soit, dont nous avons retenu et réservons à nous la c[on]noissance, et icelle interdite et défenduë à nosdits parlem[ens,] grand conseil, et autres nosdits juges : car tel est nostre pla[isir.] Et afin que ce soit chose ferme et stable à l'avenir, et perpét[uelle] mémoire, nous avons fait apposer nostre scel à ces présentes.

Donné à Moulins au mois de février, l'an de grâce 1566, e[t de] nostre règne le septième.

Par le roy estant en son conseil, auquel estoient la rein[e] mère, le duc d'Anjou, le cardinal de Bourbon, prince de Co[ndé,] duc de Montpensier, et prince dauphin, les cardinaux de Lor[raine] et de Guise, ducs de Longueville, de Nemours et Nevers, Ca[rdinal] de Chastillon, connétable et chancelier, les sieurs de Vieille-vi[lle,] Bourdillon et d'Amville maréchaux, le sieur Chastillon, a[miral] de France, et autres conseillers dudit conseil.

111. — DÉCLARATION *portant que les chaires vacantes dans l'université de Paris seront données à un concours public, avis préalablement donné de la vacance aux universités les plus fameuses* (1).

Moulins, 8 mars 166, reg. au parl. le 2 avril. (vol. 2 B, f° 96. — Font., IV, 427. — Hist. de l'université de Paris, VI, 652.)

112. — DÉCLARATION *qui porte que toutes les monnaies du royaume seront données à ferme.*

St-Maur, 15 juin 1566 ; rég. en la cour des monn. le 28. (rég. de la cour des monn., vol. O, f° 7.)

113. — DÉCLARATION *sur les ordonnances* (2) *d'Orléans et de Moulins, d'après les remontrances du parlement de Paris.*

Paris, 10 juillet 1566 ; rég. au parl. le 23. (vol. 2 B, f° 309. — Font. en sa chron. — Néron, I, 491.)

CHARLES, etc. Sçavoir faisons, que sur les remontrances à nous faites en nostre conseil par les députez de nostre cour de parlement à Paris, sur aucuns articles, tant des ordonnances faites à Orléans au mois de janvier 1560, sur les plaintes et doléances des estats de nostre royaume, que celles données à Paris audit mois de janvier 1663, et autres n'aguères faites à Moulins au mois de février dernier passé : avons de l'avis de nostredit conseil, dit et déclaré, disons et déclarons comme s'ensuit.

(1) Que nostre vouloir et intention a esté et est, que tout le contenu en nosdites ordonnances soit inviolablement gardé et observé, sinon que pour grandes considérations nous ayons depuis par nos lettres patentes à ces fins spécialement commandées et expédiées, restraint ou modéré à temps, ou autrement aucuns desdits articles (3).

(2) Et parce que nous voulons entendre en nostre conseil les causes d'oppositions, ou remontrances des greffiers en nos cours de parlement sur l'article des ordonnances d'Orléans, qui les concerne, avons évoqué à nous en nostredit conseil, tant ladite in-

---

(1) V. La loi de ventose an 12 violée, en 1822, par la suppression des écoles de médecine et de droit ; le gouvernement nomma sans concours.
(2) V. à la date de janvier 1560, 1563 et février 1566.
(3) V. l'art. 1 du titre de l'ord. de 1667.

stance d'opposition, que réglement ci-devant requis par [procureurs] généraux, pour eux et lesdits greffiers oüis, [de] le tout, et juger comme de raison, en interdisant la con[noissance] sance à nosdits parlemens.

(3) Sur la remontrance de nostredite cour de parlement [de] Paris, au contenu ès articles premier, deuxième, neuvi[ème], dixième, vingt-unième, trente-sixième de l'ordonnance [de] Moulins, déclarons que le premier article reçoit son interpr[éta]tion et restriction par le deuxième, pour avoir lieu seulement [à] l'avenir.

(4) Et pour éclaircir tout doute ou difficulté sur l'interpr[éta]tion du contenu ès neuvième et dixième articles pour les no[mi]nations ci-devant faites d'aucuns offices de conseillers, et à l'[exa]men d'iceux : déclarons avoir entendu (comme entendons) [que] ceux qui ont esté ou seroient pourvûs d'offices en nos cours [sou]veraines, sujets à l'examen de leur suffisance, encore qu'ils a[yent] esté nommez par nosdites cours auparavant la publication [de] nostre ordonnance.

(5) Quant au 21 des baillifs, et sénéchaux, ayant égard [aux] remontrances qui sur ce nous ont esté faites, leur avons prol[ongé] et prolongeons par cés présentes le terme à eux préfix, et ce j[us]ques au dernier jour de décembre prochain, dans lequel te[mps] ils seront tenus obéir et satisfaire à nostre ordonnance.

(6) Sur le 36 enjoignons à tous nos juges vaquer diligem[ment] (toutes choses délaissées) à l'instruction des procès criminels, [et] interroger incontinent les prisonniers, à peine de suspension [de] leurs estats, et de privation en cas de négligence : ausquels p[ri]sonniers permettons pour leur expédition fournir aux frais de [la] preuve de leurs faits justificatifs, et de reproches, qui ser[ont] taxez modérément par nosdits juges, à peine de répétition [du] quadruple (1).

(7) Et sur la remontrance à nous faite de la part du clergé [de] France, sur le 39 ordonnons aux députez dudit clergé comm[u]niquer plus amplement avec les présidens, conseilliers d'égli[se,] nos avocat et procureur général en nostredit parlement, pou[r] arrester toute remontrance qu'ils verront estre à faire, afin [de] nous la présenter dans deux mois; et cependant ne voulons r[ien] estre innové de la forme ancienne qu'on a accoutumé garder e[n...]

---

(1) V. l'art. 1 du tit. 14 des interrogatoires, etc. de l'ord. de 1670.

...struction et jugement, ès cas privilégiez contre les personnes ecclésiastiques.

(8) Ayant égard à autres remontrances sur l'art. 40, voulons qu'en l'exception d'iceux soient compris les écoliers actuellement étudians, et sans fraude, et aussi tous clercs bénéficiers.

(9) Sur les 41 et 42, concernans la jurisdiction et pouvoir des prévosts des maréchaux, vice-baillifs, et vice-sénéchaux, déclarons n'avoir entendu par lesdits articles déroger aux priviléges dont ont accoutumé jouir les gens d'église (1).

(10) Et en ajoutant au contenu ès articles 43 et 44, enjoignons très-expressément ausdits prévosts des maréchaux, vice-baillifs et vice-sénéchaux, à peine de privation de leurs offices, appeler à la confection de l'inventaire des biens du prisonnier, deux proches voisins de la maison où le prisonnier aura esté appréhendé, ou bien l'un des officiers du lieu pour y assister, leur faire signer ledit inventaire, et envoyer dedans le temps de nos édits et ordonnances, à nostre très cher et féal chancelier, les procès-verbaux de leurs chevauchées, et iceux communiquer à nos juges et procureur, quand requis en seront; aussi leur assister et prester main-forte, pour les captures et exécutions des jugemens. Défendons aux receveurs et payeurs de leurs gages, leur délivrer aucuns deniers s'ils ne rapportent duë certification et acte, par lequel leur apparoisse qu'ils ont envoyé lesdits procès verbaux.

(11) En ajoutant pareillement, suivant la remontrance de ladite cour aux articles 53 et 55, ordonnons sur le 53 que l'hypothèque sur les biens du condamné, aura lieu et effet du jour de la sentence, si elle est confirmée par arrest, ou que d'icelle il n'y ait appel.

(12) Et pour le regard de l'article 55, que le registre sera d'orésnavant fait de la profession monachale, qui sera envoyée au greffe du juge ordinaire, pour y avoir recours quand besoin sera.

(13) Quant au 56, touchant les committimus et gardes, gardiennes, entendons en excepter les communautez et colléges, et autres qui nous feront apparoir avoir obtenu telles concessions et priviléges, par contrat onéreux fait avec nos prédécesseurs ou nous, moyennant finance entrée en nos coffres, sans fraude ne déguisement, et dont nos receveurs auroient tenu compte à nostre profit, et non autrement.

---

(1) V. l'art. 13 du titre de la compétence de l'ord. de 1670.

(14) Et sur le 57, ordonnons que les substitutions après la [pu]blication d'icelles en jugement, seront enregistrées ès gre[ffes] royaux plus prochains des lieux où les choses sont assises, e[t] demeurances de ceux qui auront fait lesdites substitutions.

(15) Et sur le 61, parlant des requestes civiles, ayant égar[d à] la remontrance de nostredite cour, ne seront d'oresnavant [les] parties ouïes en plaidoirie, sur icelles requestes civiles; ma[is à] l'instant de la présentation seront appointées au conseil, et [en]voyées en la chambre où le procès aura esté jugé, si la partie se plaint du fait et faute des juges, auquel cas lesdites reque[stes] civiles, seront renvoyées en autre chambre, défendant à nos ch[an]celiers de les recevoir après six mois du jour de la prononcia[tion] d'arrest dont sera question, sinon qu'elles fussent fondées su[r la] minorité de la partie qui obtiendra lesdites lettres (1).

(16) Sur les 66 et 67, voulons et nous plaist, que la distribu[tion] des incidens à la barre, et sur requestes présentées par [les] parties, se fasse par les présidens de nos parlemens, qui pour ce faire s'assembleront à certain jour : et quant aux défauts et cong[ez], sera reprise et gardée l'ancienne forme de les appeler et [les] juger à l'audience ès jours de lundy à la quinzaine : et si le[dit] jour de lundy est jour de feste, seront lesdits défauts et cong[ez] remis à autre plus prochain jour de ladite quinzaine, sans toute[s]fois que les parties soient receües à plaider par avocat.

(17) Et sur la remontrance faite par nostredite cour, pour [le] regard des articles 68 et 69, permettons aux deux présidens de [la] chambre où seront jugez les procès de la qualité de commissai[res] y assister, pourvû que le nombre de dix ne soit augmenté: et [en] ce cas pour le parfournir y aura huit conseillers seulement, et [ce] pour le parlement de Paris, qui juge au nombre de dix : et po[ur] le regard de nos autres parlemens, voulons et leur permetto[ns] qu'ils jugent au nombre de sept, compris les présidens.

(18) Sur le 80, pour les brevets de dons, congez et dispenses déclarons n'avoir entendu que ceux qui auront obtenu de no[us] permission de résigner, ne s'en puissent aider dedans six mo[is] de la date de la permission, pour en faire expédier leurs lettr[es] de provision.

(19) Sur l'article 84, touchant les procureurs, voulons et ordonnons que les défenses faites par l'édit de l'an 1559, de rece[...]

---

(1) V. l'art. 27 du tit. 25 des requêtes civiles de l'ord. de 1667.

aucun procureur, et la révocation des réceptions tiennent : néanmoins permettons aux présidens de nos cours de parlement s'assembler, pour appelez trois ou quatre anciens conseillers non avocats et procureur général, et oüis sur ce aucuns des anciens procureurs, aviser jusques à quel nombre seroit réquis augmenter le nombre des procureurs reçûs auparavant ledit édit de l'an 1559, et en ce faisant nous nommer certain nombre qu'ils verront estre nécessaire de ceux qui auroient obtenu arrest de reserve, et autres les plus anciens, suffisans, capables et gens de bien (dont nous chargeons l'honneur et conscience) pour après ledit arrest rapporté et vû par nous en nostredit conseil, ordonner comme verrons estre à faire : et au cas qu'avant ledit avis, en accordions quelque nombre, voulons que les dénommez au rôlle qui sera envoyé en nos parlemens, attaché sous nostre contrescel à nos lettres de main-levée des défenses, qui seront à ces fins expédiées, soient reçûs après au préalable examen fait en la grande chambre du parlement de la suffisance de ceux qui auront esté arrestez, y assistans les présidens de nos cours de parlement, et non autrement.

(20) Le surplus de tout le contenu ès autres articles de nosdites ordonnances, sur lesquels n'avons ci-devant, ou par ces présentes, fait particulière déclaration, demeure en son entier pour estre inviolablement observé et entretenu, sans y contrevenir en aucune manière, aux peines y contenuës (1).

N° 114. — ÉDIT *portant qu'il ne sera érigé des terres en duchés, marquisats ou comtés, qu'à charge de réversion à la couronne, des propriétés patrimoniales sujettes au marquisat, en cas d'extinction de la postérité masculine des titulaires* (2).

Paris, juillet 1566; rég. en la ch. des comptes le 7 août, et au parl. le 29. (vol. B, f° 252. — Mém. de la ch. des compt., 5 février., f° 218. — Font., II, 414. — Néron, I, 493.)

CHARLES, etc. Les feuz rois nos prédécesseurs en constituant et establissant l'ordre, police et gouvernement de ce royaume, ont, ainsi qu'il s'est faict en semblable en toutes autres républi-

---

(1) V. l'art. 1 du tit. 1 de l'ord. de 1667.
(2) C'est le principe des majorats établis en 1806 et années suivantes. V. dans notre recueil, l'ordonnance du 18 septembre 1814. Mais la noblesse ancienne a toujours prétendu s'affranchir de la condition des majorats.

ques, constitué divers degrez d'honneurs et qualitez, les uns personnels, et les autres héréditaires, pour estre départis selon grandeur et mérites des personnes qu'ils vouloient gratifier et honorer : entre lesquels ont esté les premiers et plus louables tiltres des ducs, marquis et comtes : lesquels après que nos prédécesseurs ont eu uny à leur couronne les principaux duchez et comtez de cedit royaume, ils ont départis à leurs frères, et aucuns princes de leur sang, et seigneurs les plus recommandables de grandeur, de maison et mérites : mais avec telle réservation qu'il y en a eu peu du commencement, ausquels leurs terres et seigneuries ayent esté érigées, esdits tiltres. Toutefois, par succession de temps la chose s'est tellement accruë, partie par rénumération des grands, vertueux et recommandables services faits à ceste couronne, et partie pour gratifications, qu'il y a peu pour le présent de ceux qui ont servy de leurs personnes et faict des guerres, et qui s'estiment dignes d'honneurs et récompense, qui ne demandent d'estre honorez desdits tiltres. Lesquels viendroient à la fin en telle multitude qu'ils en seroient moins honorez et estimez que du passé, et l'ordre qui y a esté louablement estably et longuement gardé, en seroit perverty, et nous en serions infiniment recherchez et importunez.

Pour à quoy pourvoir à l'advenir, avons par l'advis de la royne nostre très-honorée dame et mère, princes de nostre sang, et gens de nostre conseil privé, estans lez nous, dit, statué et ordonné, disons, statuons et ordonnons par loy, édict, statut et ordonnance irrévocables, que d'oresnavant il ne sera fait par nous ou nos successeurs aucune érection des terres et seigneuries de quelque qualité, valeur et grandeur qu'elles soient, esdits tiltres de duchez, marquizats ou comtez, que ce ne soit à la charge et condition que venans les sieurs propriétaires desdites terres qui seront érigées en duchez, marquizats ou comtez, à décéder sans hoirs masles, procréez de leurs corps en loyal mariage, icelles terres seront unies et incorporées à nostre domaine inséparablement, encores qu'elles ne fussent d'ancienneté de nostre domaine, et qu'és lettres desdites erections il ne fust fait aucune mention de ladite charge et condition. Déclarons dés à présent comme dés lors le dessusdit cas advenant, lesdits duchez, marquizats et comtez estre affectez, unis et incorporez à nostre domaine, comme de fait unissons et incorporons, sans que par contraires lettres ou autre disposition de nous ou de nos successeurs, elles puissent estre désunies ne distraites, non plus que tre domaine ancien. Inhibons et défendons aux gens tenans cours de parlement, chambre des comptes, et autres nos officiers, ausquels lesdites lettres d'érection seront addressées, ils n'ayent à les vérifier, sinon à la susdite charge et condition quelque commandement, jussion et dérogation qui y peust estre entrée au préjudice de ces présentes. Lesquelles jussions et dérogations nous avons dés à présent comme pour lors, et pour lors comme dés maintenant, déclarées et déclarons nulles et de nul effect et valeur.

N° 115. — LETTRES *patentes qui défendent d'acheter aucuns meubles ou immeubles appartenant aux comptables, avant un an, à partir de l'expiration de leurs charges* (1).

Gaillon, 24 septembre 1566; reg. en la cour des aides 21 février 1567. de la cour des aides.)

N° 116. — LETTRES *patentes qui défendent d'assigner en déclaration les comptables non saisis* (2).

Paris, 18 octobre 1566; reg. au parl. le 23 décembre. (Vol. 2 B, f° 330. — Font., II, 1142. — Rebuff., p. 1539.)

N° 117. — DÉCLARATION *sur l'édit de juin* 1510 (3) *portant que les condamnations à l'amende prononcées par les baillis et sénéchaux seront exécutées nonobstant opposition ou appel.*

Saint-Maur, novembre 1566; reg. au parl. le 23 décembre. (Vol. 2 B, f° 329. — Font., I, 624. — Joly, II, 850. — Néron, I, 494.)

N° 118. — NOUVELLE *déclaration sur l'ordonnance de Moulins, motivée sur les remontrances réitérées du parlement* (4).

Paris, 11 décembre 1566; reg. au parl. le 23. (Vol. 2 B, f° 313. Néron, I, 495.)

---

(1) Aujourd'hui il y a hypothèque légale sujette à l'inscription. V. la loi du 6 messidor an 7 (24 juin 1799), et la loi de 1807.

(2) La même disposition se retrouve dans l'art. 569 du code de procédure civile de 1806, à l'égard de tous fonctionnaires publics.

(3) V. à sa date dans ce recueil.

(4) V. l'édit de Moulins à la date de février, et ci-devant la déclaration du 10 juillet. — Celle-ci se borne à proroger à un an le délai accordé par l'art. 21 aux baillis et sénéchaux, et à défendre aux prévôts, vice-baillis et vice-sénéchaux ou leurs lieutenans d'assister au jugement des causes attribuées aux juges présidiaux.

N° 119. — Édit *en forme de règlement sur le paiement des gens de guerre, leur police, équipement et service* (1).

Paris, 13 janvier 1567; reg. ch. des compt. le 21. (Font., I, 849, et III, ...)

N° 120. — Édit *de création de deux officiers trésoriers chargés de l'examen des dépenses pour la réparation des places fortes, l'un au midi de la France, l'autre dans le nord.*

Paris, 14 janvier 1567; reg. en la ch. des compt. le 20. (Mém. ch. des compt., 3 G, f° 67. — Rebuff., liv. 2, tit. 39, ch. 15. — Font., I, 849.)

N° 121. — Mandement *pour la recherche et poursuite des usuriers* (2).

Paris, 20 janvier 1567. (Font., I, 677. — Rebuff., liv. 4, tit. 34, ch. ..)

N° 122. — Édit *arrêté au conseil du roi sur la police générale du royaume* (3).

Paris, 4 février 1567. (Font., I, 805.)

N° 123. — Déclaration *qui défend de s'approprier les places vaines et vagues au préjudice des communes* (4).

Saint-Maure-des-Fossés, 27 avril 1567; au parl. de Bretagne le 11 août. (Reg. au parl. de Bretagne.)

---

(1) V. ci-devant la note sur l'ordonnance du 12 février 1566, et l'édit de Henri II du 12 novembre 1549, dont celui-ci ne fait que renouveler les dispositions.

(2) V. à sa date dans ce recueil, l'édit de Philippe IV, juillet 1311, déclaration du 8 décembre 1312; de Louis X, 28 juillet 1315; de Philippe V, février 1318; de Philippe VI, 12 janvier 1330, 15 février 1345; note sur les lettres-patentes de Charles V du 7 août 1378; lettres-patentes de Charles VI, 3 mars 1402, et la note; l'édit de Louis XII, juin 1510, art. 64; et ci-après de Henri III, août, septembre et 8 octobre 1576, art. 102 de l'ordonnance de Blois (1579); de Henri IV, 14 avril 1514, juillet 1609, 17 février 1605, et 14 mars 1606; de Louis XIII, janvier 1629, art. 151, et la loi du 3 septembre 1807.

(3) Cet édit fut approuvé par lettres-patentes du 25 mars, et confirmé avec approbation par édit du 28 juillet 1572. — V. ci-devant l'édit de Charles VI de février 1415, et ci-après celui de Henri III du 21 novembre 1577. — Celui-ci statue sur la police des grains, du vin, du bois, du foin, de la grosse viande, du gibier; sur les hôteliers et cabaretiers, sur les habillemens, sur la police des ouvriers maçons, charpentiers et autres, des domestiques et serviteurs; sur l'entretien des rues.

(4) V. l'édit de 1667 qui les réintègre de vive force, et les lois des 15-28 mars 1790, 13-20 avril 1791, 28 août 1792, 8 septembre 1793.

N° 124. — Édit *qui règle la procédure criminelle à suivre à l'égard des comptables.*

Saint-Maur, mai 1567; reg. au parl. le 16. (Vol. 2 B, f° 426. — Font., II, 45.)

Charles, etc. Comme nous ayons cogneu grand désordre en l'administration de nos finances, et que plusieurs crimes, abus, fautes et malversations y soient commis : lesquels néantmoins demeurent impunis : et procéder en partie telle impunité à cause des différens qui sont en nostre cour de parlement et nostre chambre des comptes sur la compétence ou incompétence, et la cognoissance desdits crimes : qui tourne au grand dommage de nous et de nosdites finances.

Et pour y donner reiglement, avons voulu, statué et ordonné, voulons et nous plaist, que aux causes criminelles qui pourroient intervenir en nostredite chambre des comptes, sera procédé par nosdits gens des comptes à l'instruction d'icelles, jusques au jugement de torture exclusivement : et pour prendre les conclusions définitives ou de torture, noz advocats et procureurs généraux, tant de nostredite cour de parlement, que de nostredite chambre des comptes s'assembleront, pour d'un commun accord et advis prendre lesdites conclusions : et seront jugez lesdits procez, soit par jugement diffinitif ou de torture, en la chambre du conseil lez nostredite chambre des comptes, où assisteront un président de nostredite cour de parlement, cinq conseillers d'icelle cour, ou six au plus, et un président en nostredite chambre, avec cinq maistres des comptes, ou six au plus, y présidant celuy de nostredite cour de parlement avec un greffier de nostredite cour, et un greffier de nostredite chambre : lesquels jugeront en dernier ressort, et nonobstant oppositions ou appellations quelconques.

N° 125. — Édit des mères, *ou sur l'ordre de succession des mères dans les provinces de Guyenne, Languedoc, Provence et Dauphiné* (1)

Saint-Maur, mai 1567; reg. au parl. le 29 juillet. (Vol. 2 C, f° 1. — Font. 1, 757. — Néron, I, 496.)

Charles, etc. Comme depuis que Dieu par sa bonté nous au-

---

(1) V. le commentaire très ample sur cet édit, dans la compilation des commentateurs de la coutume de Paris, sur l'art. 312. — Par arrest en robes rouges,

roit appelez au régime et gouvernement de ce royaume, [...] aurions essayé par tous moyens à nous possibles de faire g[...] et observer les lois et coustumes, lesquelles l'expérience nou[...] fait cognoistre qu'au lieu d'estre salutaires, comme estoit l'[in]tention de ceux qui au commencement les reçeurent, appo[...] ce néantmoins avec soy beaucoup d'incommoditez et domm[ages] insupportables au bien public : et singulièrement celles qui [se sont] trouvées préjudiciables à la conservation du bien et du repo[s de] nostre noblesse : laquelle noblesse, comme estant le princ[ipal] membre, le soustien, et la force de nostre couronne, et à l'e[xem]ple de nos prédécesseurs, nous voulons, (et telle a esté tous[jours] nostre intention) conserver et tenir souz nostre protection, [et] empescher que pour la multitude et vexation des procez, n[e soit] distraicte de nostre service. Et que pour ceste considération [...] n'aguères aurions fait les édicts concernans des reglemens des [dis]positions testamentaires, et substitutions fideicommissaires, [qui] auront lieu en certains endroits de nostredit royaume. Mais [...] que nous avons esté depuis peu de temps advertis, nous a[u]rions encores touché aux poincts principaux, et qui sont les p[lus] nécessaires à la conservation du nom, des armes, et des f[amilles] de nostre noblesse. Car en nos pays et duché de Guyenne, L[an]guedoc, Provence et Dauphiné, et autres, a esté cy devant p[ra]tiquée et observée une (1) loi et constitution jadis faicte par [les] anciens empereurs de Rome, par laquelle la mère survivant [aux] enfans leur succède, non seulement en leurs meubles et conqu[ests,] mais aussi és propres provenus et procédez de la ligne patern[elle,] privant par ce moyen et excluant les vrais héritiers desdits b[iens] et patrimoines anciens. Laquelle loy, outre qu'elle est direc[te]ment contraire à ce qui est observé és autres pays de nostr[e] royaume, où tousjours a esté observé et gardé que les patrim[oines] ne remontent, ny soient ostez de l'estoc, tige et souche dont [ils] sont dérivez : elle est cause d'une infinité de procez, et qui p[is] est, de la perte et destruction des bonnes maisons et familles a[n]ciennes : et voit-on souvent advenir que les mères, après le dé[cès] de leurs maris et de leurs enfans, emportent tout le bien des m[ai]sons où elles ont été mariées, vivant encores l'ayeul patern[el]

---

président de Harlay le 18 avril 1576, au rapport de M. de la Vau, à esté jugé [que] cette ordonnance n'a lieu en pays coustumier où il y a disposition contra[ire] ([Fontanon].) — V. le Code civil de 1805, art. 746 et suiv.

(1) *Vide authen. defuncta. de succes. ab intestat.*

...cles, et autres portans le nom et les armes de ladite maison. ...est une douleur insupportable à celuy qui après avoir ...d'une libéralité à son fils pour le marier, le voit mourir avant ...y, et peu de temps après, ses petits neveux : et en lieu de le ...soler, voit devant ses yeux ses enfans exclus de ses biens, voit ...emporter par une estrangère, voit luy vivant esteindre le nom ...les armes de sa famille : qui est un moyen de rendre lesdites ...fves moins soigneuses et curieuses de la vie de leursdits enfans. ...qui plus est, il advient souvent qu'avant le décez de leurs en... ...elles se remarient, et bien qu'il ne soit croyable qu'elles se ...pouillent de l'amitié maternelle, toutesfois ceux qui les épou... ...nt ne prennent pas tousjours leur part de l'affection maternelle : ...mesmes voyant que par le décedz des enfans du premier lict, ...leurs pourront estre grandement advantagez. Et ne sauroit-on ...re que de l'observance de ladite loy, en vienne aucun profit, ...ais au contraire beaucoup d'inconvéniens insupportables à ladite ...blesse.

Sçavoir faisons, qu'après avoir fait voir et mettre en délibéra... ...n de nostre conseil privé, les remontrances qui nous ont esté ...ce faictes par plusieurs bons et notables personnages, et pour ...lusieurs bonnes et justes causes et considérations à ce nous mou... ...ns, par l'advis et délibération de nostre très-chère et honorée ...ame et mère, et des princes de nostre sang, et gens de nostre... ...t conseil, avons statué et ordonné, et par ces présentes de nos ...ertaine science, pleine puissance et authorité royal, statuons et ...ordonnons par édict perpétuel et irrévocable, voulons et nous ...laist :

(1) Que d'oresnavant telle observance et manière de succéder ...ait lieu, et ne soit suivie ni practiquée en aucun endroict de ...ostre royaume, et laquelle, entant que besoin seroit, nous avons ...brogée, et des puissances et authorité dessusdite abrogeons par ...ces présentes : voulons et nous plaist, que les mères d'oresnavant ...succèdent à leurs enfans, et que les biens desdits enfans, pro... ...venus du père, de l'ayeul, d'oncles collatéraux, ou autres de ...quelque endroict que ce soit du costé paternel, retourneront à ...ceux à qui ils doivent retourner, sans que lesdites mères y puis... ...sent succéder.

(2) Et pour ne laisser lesdites mères ainsi désolées de la perte ...de leursdits enfans, sans leur faire quelque advantage pour se ...pouvoir entretenir, nous avons ordonné et ordonnons qu'elles ...succèderont és meubles et conquests provenus d'ailleurs que du

costé et ligne paternelle : ausquels lesdites mères ne succè[dent] comme dessus est dit. Et outre ce voulons et ordonnons que p[ar] tout droict de légitime part et portion dudit héritage, elles [au]ront leur vie durant de l'usufruict de la moitié des biens p[ro]appartenans à leursdits enfans avant qu'ils fussent décédez : [sans] qu'ores ne pour l'advenir elles y puissent prétendre aucun d[roit] de propriété.

Si donnons en mandement, etc.

N° 126. — DÉCLARATION *portant que cent bourgeois arm[és] ront choisis dans chaque quartier de Paris pour prêter [ap]pui à la justice quand ils en seront requis* (1).

Compiègne, 5 août 1567; au parl. le 6 sept. (Vol 2 C, f° 45. — Reb[uffe] p. 1368.)

---

(1) C'est une espèce de garde civique. V. l'ordonnance de Louis XI, [de] 1467, dite des bannières, et l'art. 106 du Code criminel, sur le droit d'a[rresta]tion en cas de flagrant délit.

IIᵉ GRANDE GUERRE CIVILE (1).

SEPTEMBRE 1567 — 2 AOUT 1570.

Nº 127. — LETTRES *de confirmation du contrat dit de Poissy entre le roi et le clergé* (2).

Paris, 15 octobre 1567 ; reg. au parl. le 22. (Vol. 2 C, fº 56. — Font., IV, 531.)

Nº 128. — ORDONNANCE *sur la transmission des offices* (3).

Paris, 12 novembre 1567. (Font., II, 561.)

---

(1) D'après le récit des historiens, ce fut le parti catholique qui provoqua cette [guerre] en cherchant à faire révoquer l'édit de pacification du 19 mars 1562, et à [faire] arrêter le prince de Condé et l'amiral Coligny. — Le plan de la reine-mère, [suiv]ant Anquetil, était d'exterminer tous les calvinistes. — Elle commença par [écar]ter du conseil le chancelier L'hospital, qui fut obligé de remettre les sceaux à [Morvi]llier et de se retirer dans ses terres. — Ce fut pendant cette période qu'eu[rent] lieu les batailles de Saint-Denis, de Jarnac, le siège de Poitiers, le combat [de Mon]contour et celui d'Arnay-le-duc. — V. à sa date l'édit de pacification du [23]mars 1568, qui ne produisit qu'une suspension d'hostilités de quelques jours, [et l']édit du mois d'août 1570, époque à laquelle les deux partis posèrent les [arm]es.

Le parti dominant au conseil, et faisant les lois depuis le mois de septembre [156]7, était le parti catholique dirigé par le cardinal de Lorraine et le duc de [Guise].

(2) Par ce contrat, qui fut passé le 21 octobre 1561 devant le prévôt de Paris, [le c]lergé s'engageait à fournir, pendant six ans, au roi, une rente de 1,600,000 liv., [qui] devait être employée au rachat des domaines et gabelles aliénés ; il devait en [out]re, dans les dix années suivantes, racheter entièrement tous les revenus des [vill]es, domaines et gabelles aliénés ; moyennant quoi le roi s'obligeait à n'exiger [du]clergé, pendant seize années, ni droit de dîmes, ni aucun autre, et s'enga[gea]it à le faire rentrer dans la possession de ses biens dont les rois ses prédéces[seurs] avaient usurpé la jouissance.

(3) V. à leur date les ordonn. d'Orléans et de Moulins, janvier 1560 et février [156]6. Celle-ci permet aux pourvus d'offices de les céder à prix d'argent à per[son]nes capables, nonobstant toutes dispositions. Par offices, on entendait les [char]ges de magistrature, et non les simples offices ministériels à l'égard desquels [la tra]nsmissibilité a été rétablie par la loi du 28 avril 1816, art. 91.

N° 129. — **Déclaration** *qui permet au prévôt des marchands et échevins de Paris, de faire un amas de salpêtre pour composer de la poudre à canon* (1).

Paris, dernier décembre 1567; reg. au parl. le 17 janvier 1568. (Vol. 2 C, f° 115.)

N° 130. — **Édit** *de création de douze nobles en chaque ville, moyennant finance* (2).

Paris, janvier 1568; reg. au parl. le 5 février. (Vol. 2 C, f° 149. — Mém. c. des compt. 3 H, f° 84. — Font., III, 57.)

N° 131. — **Déclaration** *qui permet aux officiers du parlement de Paris, s'ils n'ont pas de pension sur le trésor royal, de céder leurs offices à personnes capables, en payant le tiers denier* (3).

Paris, 22 janvier 1568; reg. au parl. le 17. (Vol. 2 C, f° 145. — Font., II, 563.)

N° 132. — **Déclaration** *pour la pacification des troubles du royaume* (4).

Paris, 23 mars 1568; reg. au parl. le 27. (Vol. 2 C, f° 183. — Font. IV, 189.)

---

(1) V. les ordonnances des 28 mai 1775, juin 1776 et septembre 1779; la loi du 10 mars et l'ordonnance du 11 août 1819.

(2) V. ci-devant l'édit de François Ier du 4 avril 1540, et les art. 59, 110, 111 et 113 de l'ordonnance d'Orléans. — V. ci-après les édits de Henri III, juin 1577, septembre 1577 et 25 mars 1578. — Il est dit dans l'édit de 1568, qu'*il n'y a rien qui puisse tant servir à la conservation de la grandeur, splendeur et dignité du royaume, que l'accroissement et augmentation de notre noblesse, de laquelle nous estimons que tout ainsi que le nombre en sera plus grand, aussi sa force en accroîtra et augmentera beaucoup davantage avec notre réputation, et à la confusion de tous ceux qui voudroient tendre à la ruine et subversion d'icelui nostre royaume*. — Cette création de nobles n'en est pas moins tout simplement une mesure fiscale. On peut par là juger du mérite personnel de la noblesse.

(3) V. à sa date l'édit du 12 novembre. — Le tiers-denier était un droit appartenant au roi et aux seigneurs hauts justiciers dans les duchés de Lorraine et de Bar. Il consistait dans le tiers du prix des ventes extraordinaires des bois et pâturages des communautés d'habitants. Le besoin d'argent le fit étendre jusqu'aux offices de judicature.

(4) V. à la date de septembre 1567, la note sur la 2e guerre civile. Cette paix, qu'on appela *la petite paix*, ne dura que quelques mois « Ceux qui ne s'y fièrent pas, dit Lelaboureur, furent les plus habiles. » Les hostilités recommencèrent au mois de septembre, et la guerre dura jusqu'au mois d'août 1570. V. à cette date l'édit de pacification.

N° 133. — Déclaration *sur la juridiction des syndics et députés généraux du clergé* (1).

Paris, 29 mars 1568. (Font., IV, 952. — Mém. du clergé, édit. in-4° de 1769, tom. VIII, p. 1889.)

N° 134. — Déclaration *qui ordonne la reprise des procès tant civils que criminels commencés avant et pendant les troubles* (2).

Paris, 8 avril 1568; reg. au parl. le 22 mai. (Vol. 2 C, f° 233. — Font. IV, 291.)

N° 135. — Édit *qui permet à tous possesseurs d'offices vénaux de les résigner à leur gré à personnes capables, ou de les conserver à leurs veuves et enfans, à charge de payer au roi le droit de* tiers denier (3).

Paris, juin 1568, reg. au parl. le 28. (Vol. 2 C, f° 278. — Font., II, 564.)

N° 136. — Édit *de création d'un garde des sceaux en chaque juridiction du royaume, excepté dans les chancelleries des parlemens et des siéges présidiaux* (4).

Paris, juin 1568; reg. au parl. le 12 août, sur lettres de jussion et avec clause que le présent édit ne préjudiciera pas aux seigneurs qui ont des sceaux dans leurs terres. (Vol. 2 C, f° 303. — Mém. ch. des compt. 3 H, f° 389. — Font. I, 173. — Joly, I, 813.)

---

(1) V. ci-devant la note sur les lettres du 15 octobre 1567, confirmatives du traité du 21 octobre 1561. — La déclaration de 1568 accorde aux députés du clergé à Paris la faculté de connaître en dernier ressort des procès à naître entre le clergé et les receveurs chargés de recouvrer les arrérages et rentes des aides et gabelles de la couronne; il permet en outre aux syndics malades ou absens de se faire remplacer par d'autres pour juger les contestations à naître.

(2) La paix durait encore. Le motif de la loi est que les troubles du royaume avaient contraint un grand nombre de personnes à s'expatrier, ce qui avait fait suspendre plusieurs procès tant civils que criminels.

(3) V. la note sur l'édit du 12 novembre 1567. — Celui-ci est motivé sur ce que le roi veut *empêcher la ruine de plusieurs bonnes familles de nos subjets, lesquels, pour la volonté et affection qu'ils ont d'estre nos officiers, vendent la plus grande et claire partie des biens qui leur ont esté acquis et délaissés par leurs prédécesseurs, ou constituent rentes sur iceux pour acheter nos offices vénaux; et advient que tost après ils décèdent sans avoir résigné lesdits offices, lesquels par ce moyen sont perdus pour leurs femmes et héritiers.* — V., pour le droit de tiers-denier, la note sur l'édit du 22 janvier.

(4) C'est ce que nous appelons aujourd'hui les greffiers. V. l'art. 88 de l'ordon. d'Orléans et la déclaration du 8 février 1571.

N° 137. — LETTRES *patentes qui enjoignent aux cours de parlement d'observer dans leurs arrêts les décrets des conciles et les ordonnances y relatives, à peine de nullité des arrêts et jugemens qui y seraient contraires* (1).

Saint-Maur, 7 septembre 1568. (Font., IV, 412.)

N° 138. — LETTRES *patentes qui défendent de faire servir les églises, cloches et autres meubles religieux aux prêches des religionnaires* (2).

Saint-Maur-les-Fossés, 7 septembre 1568. (Font., IV, 598. — Mém. du clergé III, 280.)

N° 139. — ÉDIT *qui défend de professer publiquement d'autre religion que la religion catholique* (3).

Saint-Maur, septembre 1568; reg. au parl. le 28. (Vol. 2 C, f° 335. — Font., 292.)

N° 140. — ÉDIT *qui exclut de l'université et des offices de judicature les membres de la religion réformée* (4).

Saint-Maur, 25 septembre 1568; reg. au parl. le 28. (Font., IV, 294. —Vol. f° 337 et 409.)

---

(1) V. à sa date le concordat de 1515, et ci-après l'ordonnance de Blois art. 1 à 6. Ces lettres ne parlent point du concile de Trente. — V. l'art. 6 de la loi du 8 avril 1802 et le jugement Dumonteil du 19 juin 1828. V. aussi la sur l'édit du 4 août 1564.

(2) Ces lettres, ainsi que les édits suivans, prouvent que le parti catholique se sentant le plus fort, avait rompu l'espèce de trève appelée *petite paix de mars*.

(3) V. les édits des 17 janvier 1561 et 19 mars 1562 à leur date. — Celui-ci déclare que les mesures de tolérance des édits précédens avaient été arrachées à la reine-mère *qui pour lors n'estoit la plus forte et contre son opinion laquelle toujours esté chrestienne.* — Cet édit enjoint aux ministres de la religion réformée de sortir du royaume dans la quinzaine de la publication, sous peine de confiscation de corps et biens.

Les membres du conseil présens étaient la reine-mère, les ducs d'Anjou et d'Alençon frères du roi, les cardinaux de Bourbon, de Lorraine, de Guise, les ducs de Nemours, de Longueville et d'Aumale, les maréchaux de Damville, de Cossé, le duc d'Uzès, de Morvillier garde des sceaux, l'archevêque de Sens, les évêques d'Auxerre et de Limoges.

(4) La persécution religieuse va en croissant; les protestans se lèvent en masse dans les provinces, sous les ordres de Soubise, Montmorency, le vidame de Chartres, Dandelot, Lanoue, Genly, Mouy, et autres gentilshommes de leur parti. Le plus grand nombre se réfugie à la Rochelle sous le commandement du prince de Condé.

141. — Édit *de création d'un mesureur de blé et vins dans aucunes des villes et bourgs où il y a foire et marché* (2).

St-Germain-en-Laye, janvier 1569. (Carton des archiv. du royaume à l'hôtel Soubise.)

142. — Arrêt *du parlement de Paris, qui condamne à mort l'amiral de Coligny, chef de l'armée des protestans confédérés, prononce la confiscation de ses biens, et ordonne que ses châteaux seront rasés* (3).

Paris, 19 mars 1569. — (Preuves des libertés de l'Église gallicane, tome Ier, p. 152.)

143. — Édit *qui affranchit du droit de représailles* (4) *et lettres de marque, les rentes sur l'hôtel-de-ville possédées par des étrangers.*

St-Germain-des-Prés, dernier juillet 1569. (Carton des archiv. du royaume à l'hôtel Soubise.)

144. — Édit *qui exempte du droit d'aubaine, les marchands étrangers qui fréquentent les foires de Lyon* (5).

Plessis-lès-Tours, août 1569; reg. au parl. le 4 février, et en la chamb. des compt. le 29 mars 1572. (Vol. 2 C, f° 284. — Mem. ch. des compt. 5 M, 118. — Font., II, 443.)

145. — Édit *de pacification des troubles du royaume* (6).

St-Germain-en-Laye, août 1570; reg. au parl. le 11. (Vol. 2 D, f° 347. — (Fontanon, IV, 300.)

---

(1) Ce garde des sceaux fut nommé sans commission, le 24 mai, pour remplacer L'hospital qui fut disgracié et renvoyé dans ses terres sous prétexte de maladie. — V. ci-après, 2 mars 1571, la nomination de Biragues par suite de la démission de Morvillier.

(2) Il y a des mesureurs semblables dans tous les marchés de France pour les blés et céréales; mais il n'y en a, pour les vins, qu'à Paris. (V. décret du 15 décembre 1813.) Les mesureurs sont accrédités par l'autorité municipale qui est chargée de la police des marchés.

(3) Pareil arrêt fut rendu contre Jean de Ferrière, vidame de Chartres, et contre Montgomerry. Ces arrêts furent exécutés en effigie.

(4) Ce droit barbare, qui s'exerce encore sur mer pendant la guerre, se trouve aboli pour les particuliers. (V. Nouv. rép. de jurisp., v° *Représailles*.) Cependant on a encore accordé des lettres en 1793 contre les Génois. — V. Mémoire imprimé pour Avierino de Céphalonie, conseil d'état, 1818.

(5) V. à leur date les ordonn. de Philippe IV, 1301; de Charles VI, 30 juillet 1406; de Charles VIII, février 1445, de Louis XI, mars 1462, avril et juillet 1475; et le Nouv. répert. de jurisprud., v° *Aubaine*. V. aussi le code diplom. des aubains, par Gachon. — Il y a un recueil semblable pour la Sardaigne, 1824.

(6) Cet édit ordonne l'oubli des querelles qui ont divisé le pays; il permet le

N° 146. — DÉCLARATION *qui défend aux religionnaires de* tenir *écoles et collèges, et aux libraires d'imprimer ou mettre* en *vente aucun livre, s'il n'a été censuré par la faculté* de *théologie* (1).

Paris, 4 octobre 1570; reg. au parl. le 20 novembre. (Vol. 2 D, f° 458. — Fon... IV, 304.)

CHARLES, etc. Par nos chers et bien amez les recteurs, docteurs régens, maistres et supposts de nostre fille aisnée l'université de nostre bonne ville de Paris, nous a esté par leur requeste cy-attachée soubs le contrescel de nostre chancellerie, à nous et en nostre conseil privé, présentée, faict dire et remontré, que suivant nos précédens édicts et mesme le dixiesme article de nostre dernier édict de pacification, par lequel nous avons défendu de faire aucun exercice de la pretenduë religion reformée, tant par ministère, réglement, discipline ou institution publique des enfans et autres, fors és lieux contenus en nostredit édict, ils auroient fait inquisition, et se seroient ja apperçeus que plusieurs principaux, lecteurs, regens, maistres et pedagogues se sont retirez en ladite université, instruisans les enfans en ladite pretenduë religion : lesquels par tel moyen font une pepinière de ladite pretenduë religion, corrompans nostredite université, qui est le sommaire de tous estats, au moyen dequoy nous

---

libre exercice de la religion réformée, excepté à la cour et aux environs à deux lieues de circonférence ; amnistie générale et restitution des biens confisqués. Ces avantages accordés aux calvinistes firent soupçonner que cette paix n'était qu'un piége, et qu'en la signant, la cour avait déjà le dessein de la rompre d'une manière tragique. (V. Sully, I, 30. — Capi-Lupi, p. 20. — Anquetil, hist. de la Ligue, I, 258.) Il est certain que cette paix dura jusqu'a la Saint-Barthélemy, août 1572. — Pendant cet intervalle, le roi épousa Elisabeth d'Autriche ; il ... et réussit à marier sa sœur avec Henri de Béarn (depuis Henri IV). — Néanmoins le chancelier L'hospital ne fut pas rappelé, et le parti catholique continua de dominer au conseil.

(1) V. l'édit ci-devant et relativement à la censure préalable, l'arrêt du parlement de Paris du 2 mars 1535, les déclarations des 8 décembre 1536, 17 mai 1537, 1er juillet 1542 ; de Henri II, 11 décembre 1547, 27 octobre 1551 ; ci-devant l'édit du 18 février 1565, et ci-après l'arrêt du parlement du 1er décembre 1584, lettres-patentes des 11 octobre et 29 novembre 1586, arrêt de 1601, ordonnances de 1629, 21 décembre 1630 ; arrêts du 18 août 1634, 22 février 1635, arrêt du conseil du ... novembre 1630, 29 novembre 1643, janvier et mars 1644, et dans ... recueil ... note sur la loi du 17 mars 1822. — V. à sa date l'édit du 17 janvier 1561, art. 13, et ci-après l'édit du mois de mai 1571 et la note.

soient très-humblement requis leur vouloir sur ce pourvoir. Sçavoir faisons, que nous désirans bien et favorablement traiter lesdits supplians à la conservation de nostredite université, et conservation de nostredit édict de pacification, de l'advis de nostre conseil, auquel le tout a esté délibéré, avons dit, déclaré, ordonné, et de nostre certaine science, grâce spéciale, pleine puissance et auctorité royal, disons, déclarons, Ordonnons, voulons et nous plaist.

1) Que défenses soient faites à toutes personnes de tenir petites escoles, principautez et colléges, ny lire en quelque art ou science que ce soit en public ou en privé, ou chambre, s'ils ne sont cogneus et approuvez catholiques, tenans la religion catholique et romaine.

2) N'entendons aussi qu'aucun officier ou suppost de ladite université, soit d'autre religion que de la catholique. Faisant pareillement défense à tous libraires et imprimeurs d'imprimer ou faire imprimer ny mettre en vente aucuns livres censurez par la faculté de théologie, permettant aux docteurs qui seront par elle esleuz, de faire la recherche et visitation és maisons des libraires.

N° 147. — ÉDIT *de création d'un receveur-général alternatif des finances, en chacune des 17 provinces du royaume* (1).

Paris, novembre 1570 ; reg. au parl. le 30 janvier, et en la ch. des comptes le 12 février 1571. (Vol. 2 C, f° 23. — Mem. en la chambre des compt., 3 L, f° 41. — Font., II, 825.)

N° 148. — ÉDIT *sur la police de la Cour* (2).

Villers-Cotterets, 29 décembre 1570. (Font. I. 1005.)

---

(1) V. à sa date l'édit de François Ier du mois de décembre 1542 et la note. — Celui-ci dispose que les fonctions de receveur général des finances exigeant un grand soin et beaucoup d'activité, l'un des receveurs sera chargé de l'administration intérieure de son bureau, l'autre du dehors.

(2) V. la note sur l'édit de François II du dernier août 1560. Celui-ci avait pour objet, dit le préambule, « de couper le chemin à infinis désordres, insolences et méchans actes qui se commettent par chacun jour en notre cour » — Il dispose que les maitres d'hôtel du roi, de la reine, des frères et sœurs du roi et autres princes et seigneurs de la cour, donneront au grand prévôt l'état par écrit de tous les gens attachés à leur service, leurs noms, prénoms et qualités. Il enjoint à *tous sollioiteurs, facteurs et clercs, et à tous autres gens attachés à*

N° 149. — LETTRES patentes qui acceptent la démission de Mor- villier, garde des sceaux, et qui confèrent cette charge à René de Biragues (1).

Paris, 2 mars 1571.

N° 150. — ÉDIT sur la fabrication des draps, leur teinture, vente, et création des visiteurs et auneurs (2).

Paris, mars 1571; reg. au parl. le 23 juin 1572. (Vol. 2 F, f° 33. — Fout. I. 1032.)

N° 151. — DÉCLARATION sur les plaintes et doléances du clergé, relatives à la nomination aux prélatures, à la juridic- tion ecclésiastique, collation des bénéfices, censure des li- vres, etc. (3)

Paris, 16 avril 1571; reg. au parl. le 17 août, avec modification. (Vol. 1 L f° 195. — Fout. IV. 193.)

CHARLES, etc. Sçavoir faisons, que sur plusieurs remon- trances, plaintes et doléances à nous faites de la part des prélats et gens du clergé de nostre royaume, contenuës au cahier qui nous a esté présenté, après en avoir oüi la lecture, avons de l'a- vis de nostre conseil, déclaré et ordonné, Déclarons et ordonnons ce qui ensuit.

(1) Que nostre intention a toujours esté, comme elle est et sera, de nommer aux archevêchez, évêchez, abbayes et autres

---

la suite de la cour et qui n'ont maîtres qu'ils servent domestiquement, de delo- ger et vuider de ladite cour dans les 24 heures de la publication de l'édit, à peine du fouet. Jacques Stuart, 1ᵉʳ roi de la maison d'Écosse en Angleterre, fit une ordonnance semblable pour écarter les importuns et empêcher les querelles qui ensanglantaient la cour.

(1) Il fut nommé garde des sceaux en titre, le 6 février 1573, et chancelier le 17 suivant, par lettres patentes vérifiées le 30, après la démission de L'Hospital.

(2) V. à leur date les édits du 12 janvier 1538 et mai 1542. — Celui-ci dispose que les anciennes mesures de draps seront conservées; il veut que tous courtiers et auneurs de draps aient dans leurs boutiques une table longue sur laquelle sera une chaîne de fer ou autre mesure de la longueur de dix à douze au- nes, laquelle sera estalonnée et marquée par nos officiers, et sur icelle table se- ront estendues lesdites draperies tant pour estre aunées que visitées par l'ache- teur. — Cet édit veut en outre que chaque pièce de drap qui sera teinte en quel- que couleur que ce soit, soit marquée au chef et premier bout d'une marque au sceau de plomb indiquant le lieu où est faite ladite teinture.

(3) V. à sa date le concordat de 1515; l'édit de Nantes, ci-après, dernier avril 1598, celui de décembre 1606 et le concordat de 1801.

...ffices de nostre royaume qui sont à nostre nomination, personnages capables et qualifiez suivant les saints décrets, conciles et concordats, et que ceux qui ont esté et seront par nous nommés à nostre Saint Père le Pape, obtiennent leur provisions apostoliques dedans le temps préfix de droit.

(2) Les gens d'église en procès où ils seront parties, pourront récuser les juges qui feront profession ou exercice de la nouvelle prétendue religion, et sans autres expressions de cause, lesdits juges s'abstiendront du jugement desdits procès, nonobstant les édits et ordonnances qu'on pourroit prétendre au contraire.

(3) Défendons très-expressément aux seigneurs temporels et autres personnes quelconques qui sont de ladite prétendue religion, de se servir des cloches et meubles des églises, et d'occuper lesdites églises et lieux dédiez pour le service divin, ni de contraindre les curez ou leurs vicaires de changer ou différer les heures dudit service, ordinaires et accoutumées.

(4) Défendons aussi à tous sieurs et autres quelconques, de démolir et abattre les églises ou chapelles, encore qu'elles fussent de leur fondation ou de leurs prédécesseurs, à peine de privation de tout droit de patronage.

(5) Et afin que la discipline ecclésiastique ne soit empêchée ou retardée par appellations comme d'abus, nous avons déclaré et déclarons n'avoir entendu, comme n'entendons, que lesdites appellations soient reçuës, sinon ès cas des ordonnances, et qu'elles n'auront effet suspensif ès cas de correction et discipline ecclésiastique, mais dévolutif seulement.

(6) N'entendons pareillement, que les juges ecclésiastiques soient aucunement troublez ou empêchez en la juridiction et connoissance des causes qui leur appartiennent.

(7) Les religieux qui sont sans chef d'ordre, seront tenus et contraints élire et choisir ordre certain et réglé, pour estre visitez, sans préjudice de la jurisdiction ordinaire des prélats.

(8) Pour les différends et procès mûs et pendans, tant en nostre conseil qu'en nos cours de parlemens, sur le neuviéme article de nos ordonnances faites à Orléans, touchant les prébendes préceptoriales et obvier à diversité de jugemens : avons ordonné et ordonnons que l'exécution et effet dudit article surseoira jusques à ce que par nous autrement y ait esté avisé et pourvû.

(9) Et pour faire cesser la poursuite de plusieurs procès mûs et intentez par aucuns curez, pour raison de leurs prétenduës

portions canoniques et congruës : Avons ordonné et ordonnons, que les curez desquels les bénéfices vaudront six-vingts livres de revenu annuel, les charges ordinaires déduites et rabattües, ne pourront demander autre portion congruë : et pour le regard des autres bénéfices de moindre valeur et revenu, les juges d'église y pourvoiront ainsi qu'ils verront estre à faire ; défendant à nos juges d'en prendre aucune jurisdiction ni connoissance.

(10) Défendons, à peine de punition corporelle, tous libelles, livres, placards et portraits diffamatoires; et sera procédé extraordinairement, tant contre les auteurs, compositeurs et imprimeurs, que contre ceux qui les publieront à la diffamation d'autruy. Défendons aussi l'impression en nostre royaume de tous nouveaux livres sans nostre permission par lettres de nostre grand sceel, ausquelles sera attachée la certification de ceux qui auront vû et visité le livre ; et ne sera loisible d'imprimer aucun livre sans au commencement et première page d'iceluy nommer l'auteur et l'imprimeur (1).

(11) Ne pourront nos baillis et sénéchaux, ou leurs lieutenans, et autres nos juges, même nos cours de parlemens, contraindre nos prélats et collateurs des bénéfices, bailler aux parties la collation des bénéfices qu'ils pourraient prétendre, mais les renvoyeront aux supérieurs desdits prélats, pour leur pourvoir sur leur refus par les voyes de droit.

(12) Et sur la fréquente plainte desdits gens d'église contre plusieurs nos officiers qui abusent des saisies par faute de non-résidence des bénéficiers : défendons à nosdits officiers de faire procéder par saisie du temporel des bénéfices par faute de non-résidence, sinon après avoir averty le diocésain ou le vicaire du bénéficier titulaire, auquel il baillera délay compétant pour le lui faire entendre, ou faire apparoir de la licence légitime de non-résidence ; auquel cas le temporel du bénéfice dont sera question, ne pourra estre saisi, à peine des dépens, dommages et intérests du bénéficier.

(13) Et à ce que les personnes ecclésiastiques ayent meilleur moyen de faire leur devoir au service de Dieu et de son eglise : Voulons et entendons qu'ils soient maintenus et conservez en leurs priviléges, libertez et franchises de leurs personnes et biens, révoquant toutes lettres obtenuës au contraire.

---

(1) V. la note p. 229.

(14) Ceux qui servent actuellement à l'église joüiront du privilège de cléricature et tonsure, et les prestres et autres promûs aux ordres sacrez, ne seront exécutez en cas de crime, et condamnation de mort, sans dégradation.

(15) Pour la sauve-garde des maisons archiépiscopales, abbatiales, claustrales, canoniales, et toutes autres habitations de personnes ecclésiastiques : ensemble des métairies et maisons des champs, avons permis aux archevêques, évêques, abbez, prieurs, chapitres, couvents et communautez ecclésiastiques, faire attacher nos armes, pannonceaux aux portes principales et entrées de leursdites maisons, tant des villes que des champs, lesquelles nous avons exemptées et exemptons de logement et passage de gens de guerre à pied et à cheval, pour quelque occasion que ce soit.

(16) Suivant les édits et ordonnances de nos prédécesseurs, avons ordonné et ordonnons, que les tenanciers des terres sujettes à dixmes, prémices, quartes, boisseaux et autres droits, seront tenus faire publier et signifier aux prônes des paroisses où seront assises lesdites terres, le jour qu'ils auront délibéré de faire cueillir leurs grains, vins et fruits, à ce que ceux à qui lesdits droits appartiendront s'y puissent trouver, ou leurs gens, pour les recevoir et recueillir. Et si pour raison de ce, aucuns procès ou différends interviennent, en avons attribué et attribuons toute jurisdiction et connoissance respectivement à nos cours de parlemens chacun en son ressort. Et pour certaines considérations à ce nous mouvans : Défendons très-étroitement à tous gentilshommes de prendre par eux ou personnes interposées, directement ou indirectement, les fermes desdites dixmes et autres droits ou revenus ecclésiastiques, encore que ce fût du consentement des bénéficiers, attendu que la plûpart de tels consentemens se font par impression et crainte.

(17) Et sur les remontrances et plaintes qui nous ont esté faites contre aucuns gentilshommes et autres, qui durant les troubles, auparavant et depuis, se sont emparez occupant de fait plusieurs bénéfices, en ont joüi et joüissent encore par force, ou sous prétexte de quelques simulées provisions obtenuës et pratiquées sous les noms d'aucuns leurs serviteurs domestiques ou autres noms empruntez et accommodez, au grand scandale du peuple, mépris et diminution du service divin : Avons très-expressément ordonné et enjoignons auxdits gentilshommes et autres quelconques, de délaisser incontinent après la signification qui leur aura

esté faite, la possession et joüissance desdits benéfices par eux occupez aux titulaires d'iceux, et leur rendre et restituer dans trois mois après ensuivans tous les fruits par eux perçus : et à faute d'y satisfaire et obéir, mandons et ordonnons à chacune de nos cours de parlemens du ressort de laquelle ils seront, procéder extraordinairement contre les violens possesseurs et occupateurs desdits bénéfices et les punir des peines rigoureuses de droit et de nos ordonnances.

(18) Et pour faire cesser toute difficulté en l'article 18 de nos ordonnances faites à Orléans l'an 1560, avons ordonné que les prélats, pasteurs et curez, pourront user des monitions et censures ecclésiastiques, ès cas qu'il leur est permis par les saints décrets et conciles.

Si donnons en mandement à nos amez et féaux les gens tenans nostre cour de parlement, au prévost de Paris, etc. Car tel est nostre plaisir. En témoin de ce nous avons fait mettre nostre scel à cesdites présentes. Donné à Paris, etc.

Enregistrement du 17.

Ladite cour a ordonné et ordonne, que sur les premier, second, huitiéme, neuviéme et onziéme articles, remontrances seront faites audit seigneur, même sur le premier. Que les conciles, anciens décrets et pragmatique sanction soient gardez.

Et quant aux troisiéme, quatriéme, cinquiéme, sixiéme, septiéme, dixiéme, treiziéme, quatorziéme, quinziéme et dix-septiéme, demeureront purement et simplement vérifiez.

Et pour le regard du douziéme, demeurera semblablement vérifié : et néanmoins faisant droit sur la remontrance du procureur général du roy, ladite cour a fait défenses à tous juges autres que royaux, de procéder par saisie du temporel des bénéfices; et seront faites remontrances audit seigneur, pour le réglement du sceau des évêques et archevêques.

Le seiziéme demeurera aussi vérifié, sauf à ladite cour faire renvoy desdites causes pardevant les juges royaux, ainsi qu'elle verra estre à faire : et a déclaré et déclare tous lesdits nobles qui prendront par eux ou par personnes interposées lesdites dixmes, roturiers et taillables, eux et leur postérité : et enjoint aux paroissiens des paroisses dont ils seront, les cottiser en la taille, sur peine de s'en prendre à eux.

Le dix-huitiéme demeurera aussi vérifié, à la charge que les gens d'église ne pourront estre escommuniez pour argent par eux dû, sauf à leurs créanciers faire procéder contr'eux par exécutions de leurs biens meubles et immeubles, ainsi qu'ils verront estre à faire.

N° 152. — DÉCLARATION *sur les monnaies, qui défend aux orfèvres de faire aucun ouvrage d'or ou d'argent au-dessus du poids d'un marc et 1/2, et à tous tailleurs de faire aucun habit d'or ou d'argent* (1).

Paris, 21 avril 1571; reg. en la cour des monn. le 4 mai. (Reg. des monn. O. f° 84. — Font. II. 178.)

N° 153. — ÉDIT *sur l'imprimerie, la police des ouvriers et la taxe des livres* (2).

Gaillon, mai 1571; reg. au parl. le 7 septembre. (Vol. 2 E. f° 190. — Font. IV. 473.)

(23) Que les maistres imprimeurs, qui sont de présent en la ville de Paris, esliront par chacun an deux d'entr'eux, avec deux des 24 maistres libraires jurez pour ladite année, l'office desquels sera de regarder qu'il ne s'imprime aucun livre ou libelle diffamatoire ou hérétique. Et que les impressions qui se feront en chacune ville soient bien et convenablement faites, c'est à sçavoir correctement, et en bon papier, et bons caractères qui ne soient pas trop usez. Et où lesdits jurez trouveront quelques fautes qui méritent répréhension, soit en ladite impression, ou que les présens articles ne soient observez, ils en feront leur rap-

---

(1) V. à sa date l'édit de François Ier, du 25 novembre 1538 et la note.

(2) V. l'édit de François Ier, du 28 décembre 1541, à sa date; celui-ci est une répétition littérale de l'autre jusqu'au 17e article; l'art. 18 se borne à disposer que les fondeurs de caractères sont compris dans la classe des imprimeurs. Les art. 19, 20, 21 et 22 sont relatifs aux devoirs des apprentis. Nous donnons copie des deux derniers articles. V. à sa date l'ord. de Louis XII, 9 avril 1513, et l'édit du 17 janvier 1561, art. 13. V. la note sur la déclaration du 16 avril 1571, et ci-après l'édit de Louis XIV, 29 mars 1656, arrêt du conseil du 14 octobre suivant, déclaration de 1657 sur les remontrances du clergé, arrêt du 14 janvier 1658, lettres patentes d'août, même année; arrêt du grand conseil, 30 janvier 1659, idem, 5 octobre 1663, arrêt du parlement du 13 mai suivant qui ordonne de brûler la *morale pratique des jésuites*; ordonnance de police du 22 août 1670, ordonnance royale du 10 janvier 1671, arrêt du conseil du 29 mai 1671, idem du 23 juin 1676, idem, confirmatif de l'édit de janvier 1629, ordonnance de police du 17 mai 1680, idem du 10 avril 1699, arrêt du conseil du 23 juillet 1703, déclaration royale du 12 mai 1717.

port pour y estre pourveu par le juge ordinaire civil ou criminel, selon l'exigence du cas. Autant en feront ceux de Lyon.

(24) Item, ne pourront lesdits libraires vendre la feuille des livres de classe, latin de grosses lettres, sans commentaires ni grec, plus de trois deniers tournois, le grec plus de six, et autres livres de menuë lettre, ou de plus grand papier que celuy de classe, au prorata. En sorte que advenant que lesdits libraires ayent meilleur marché des journées et salaires des compagnons, seront tenus de diminuer le prix des livres, selon l'advis des recteur, doyens, maistres, et vingt-quatre libraires jurez de ladite université.

Les présens articles du jour de la publication des présentes seront observés tant par les maistres imprimeurs que compagnons, sur peine à ceux qui y auront contrevenu de deux cents livres d'amende pour la première fois, et pour la seconde de punition corporelle, et autre amende arbitraire, selon que lesdits juges verront estre équitable.

N° 154. — EDIT *qui défend l'exportation des blés sans la permission du Roi* (1).

Gaillon, juin 1571; reg. en la ch. des compt. le 19 décembre, et au parl. le 21 janvier. (Mém. ch. des compt. 3 L, f° 369. — Font. I. 964. — Traité de la pol. liv. 5. tit. 13. ch. 4.)

N° 155. — ORDONNANCE *qui attribue aux évêques, archidiacres et officiaux, à l'exclusion de tous autres juges, la connaissance des comptes et revenus des fabriques* (2).

Blois, 3 octobre 1571. (Font. IV. 949.)

N° 156. — DÉCLARATION *qui déclare insaisissables les bestiaux et outils servant au labourage* (3).

Blois, 8 octobre 1571; reg. au parl. le 4 février 1572. (Mém. ch. des compt. M. f° 49. — Font. II. 1190. — Traité de la pol. liv. 5. tit. 2. ch. 2.)

CHARLES, etc. Comme nous eussions esté par plusieurs fois re-

---

(1) L'art. 1er de cet édit porte : que le droit d'octroyer des permissions de transport de blé à l'étranger, *est droit royal et domanial de la couronne*, que le roi *n'entend le partager avec personne*, sous peine aux contrevenans d'être déclarés et punis comme criminels de lèse majesté. — V. au surplus la note sur la déclaration du juin 1539, et l'édit de 1566 sur le domaine.

(2) V. le décret du 30 décembre 1809, qui attribue ces comptes à l'autorité temporelle.

(3) V. ci-après l'édit de Henri IV, 16 mars 1595, et l'art. 592 du Code de

quis par la royne, nostre très-honorée dame et mère, de favoriser, soulager, maintenir et conserver noz pauvres subjects, spécialement ceux qui exercent et labourent la terre, habitans le plat pays, subjects aux passages et injures des gens de guerre : considéré que le vray fondement de tout estat est en la culture de la terre, de laquelle se tirent annuellement les revenuz et moyens de nourrir, vestir et entretenir les hommes : et que d'ailleurs estant advenu que les guerres et troubles passez ayent diminué grandement les hommes, chevaux, bœufs, vaches, et toute sorte de bestail et nourriture, au moyen de quoy infinies terres dans nostre royaume, pays, terres et seigneuries de nostre obéyssance, sont sans culture, et les autres mal cultivées, pour les petits moyens qui sont demeurez à si peu de gens de labeur qui restent pour le fumage et amendement desdites terres, il est fort raisonnable que par tous moyens possibles on ayde, advance et multiplie si peu qu'il y ait de moyen.

Nous ayans mis ceste matière en délibération avec nostredite très-honorée dame et mère, noz très-chers et très-amez frères les ducs d'Anjou et d'Alençon, aucuns princes de nostre sang, et autres grands et notables personnages de nostre conseil privé : et après que par leur advis il ne se seroit trouvé meilleur expédient, que de maintenir les gens de labeur, exerçans le labourage, en telle franchise et liberté, que nul leur créditeur ou autre, pour quelque occasion que ce soit, les puisse exécuter ne faire exécuter en leurs personnes et meubles servans au fait dudit labourage, circonstances et dépendances. Nous de l'advis que dessus, avons dit et ordonné, disons et Ordounons,

(1) Que desormais, et jusques au dernier jour de décembre, qu'on comptera 1574, nul homme exerçant et labourant la terre par luy, ses serviteurs et famille, pour en tirer grains et fruits nécessaires à la nourriture des hommes et bestes, ne pourra estre exécuté pour debte, ne pour autre occasion quelle qu'elle soit, en sa personne, n'en son lict, chevaux, jumens, mules, mulets, asnes, asnesses, bœufs, vaches, porcs, chèvres, brebis, moutons, volaille, charruës, charrettes, chariots, tombereaux, herses, civières, n'en aucune partie de bestail, et meubles servans au fait dudit labourage, circonstances et dépendances, ayans

---

procédure civile. V. aussi la loi 7, au Code, *excultores* ; *quæ res obligari possunt*; la loi 1ᵉ, *intercess.* ibid. *de pignoribus*; et la loi *si quis*, *de cursu publico*.

pour ledit temps affranchy, exempté et délivré, comme par ces présentes pour ce signées de nostre main, et de nostre certaine science, pleine puissance, et authorité royale, nous affranchissons, exemptons et délivrons lesdicts laboureurs de toute exécution, qui par vertu de quelconques arrests, sentences, jugemens, contracts, obligations, cédules et brevets, ou pour quelconque autre qui se puisse présenter, pourroit estre sur eux, leur bestail et meubles servans, comme dit est, au labourage et amendement des terres, circonstances et dépendances faite et exploictée.

(2) Lesquels laboureurs comme estans en nostre protection et sauvegarde, en laquelle nous les avons prins et mis, prenons et mettons par cesdites présentes, nous voulons et entendons qu'ils facent et exercent leur labourage et culture en toute liberté, sans aucun destourbier n'empeschement : excepté toutesfois quand il sera question de noz deniers et affaires, et des moissons de grains, deniers, fruicts, charrois, corvées et autres conditions, à la charge desquelles seront baillées les terres, et du bestail blanc, ou à corne que tiendra le laboureur : auquel cas nous n'entendons le présent affranchissement, protection et délivrance avoir lieu n'effect, ne que les maistres bailleurs desdites terres et bestail, respectivement leurs hoirs, successeurs et ayans cause et droict, ne puissent agir et procéder par les voyes d'exécution, et autres qui seront portées par leurs contracts, obligations, cédules, brevets, et autres conventions contre les laboureurs et preneurs desdites terres et bestail.

N° 157. — DÉCLARATION *qui accorde trois années de sursis aux laboureurs pour payer leurs dettes* (1).

Blois, 13 octobre 1571; reg. au parl. le 4 février 1572. (Vol. 2 E, f° 264.)

N° 158. — DÉCLARATION *qui défend aux comptables de demander la révision des arrêts de la chambre des comptes, s'ils ne représentent pièces nouvelles* (2).

Blois, 14 octobre 1571. (Carton des archiv. du royaume, hôtel Soubise.)

---

(1) Cet édit a pour objet, comme le précédent, de réparer, à l'égard des laboureurs, les maux causés par la guerre civile. On avait tant ravagé le pays!

(2) La révision est autorisée encore dans ce cas par l'art. 14 de la loi du 16 septembre 1807, sur la cour des comptes, en vertu du principe de droit commun que l'erreur de fait ne nuit pas.

159. — Édit *qui défend le commerce à l'étranger et qui règle la police du royaume* (1).

Blois, janvier 1572; reg. au parl. le 21 février. (Vol. 2 E, f° 306. Fontan. I, 901. — Traité de la pol. liv. 1er, tit. 5, ch. 4.)

Charles, etc. Nos prédécesseurs roys grandement amateurs du bien, profit et utilité de leurs sujets, ont pour leur soulagement fait plusieurs belles et loüables ordonnances, lesquelles, à leur imitation nous avons voulu estre suivies et amplifiées selon que la commodité et nécessité du temps nous a fait cognoistre qu'il en estoit besoin. Toutesfois la malice des troubles et divisions qui depuis ont eu cours en cestuy nostre royaume, à présent grâces à Dieu composez et pacifiez, a esté telle, que tout ordre de police a esté interrompu, perverti et négligé au grand détriment et foule de nostre peuple et sujets. Au moyen de quoy voulans à présent y remédier par tous moyens possibles, et essayer de restablir et remettre toutes choses au meilleur estat que faire se pourra, spécialement en ce qui touche le faict de la police : et par ce moyen réprimer tous luxes, somptuositez, et despenses superflues, en quoy nosdits sujets se sont licencieusement adonnez, et la pluspart se consument tous les jours, tant en vivres qu'habillemens. Pour pourvoir aussi à ce qu'ils puissent profiter et s'enrichir de la commodité, fertilité et abondance dont il a pleu à Dieu douër et bénir nostre royaume et pays de nostre obéissance, sans qu'il y ait besoin requérir ne rechercher de l'estranger que bien peu de choses nécessaires à l'usage de l'homme, mais au contraire pouvant secourir commodément ledit estranger de plusieurs sortes de vivres, denrées et marchandises qui croissent et abondent en nosdits royaume et pays.

Sçavoir faisons, que nous ayans de ce conféré par plusieurs fois avec la royne nostre très-honorée dame et mère, nos très-chers et très-amez frères les ducs d'Anjou, nostre lieutenant général, et d'Alençon, nostre très-cher et amé cousin le cardinal de Bourbon, nos très-chers et amez cousins les ducs de Nevers, de Montmorency mareschal de France, et de Boüillon, les seigneurs de Dampville, comte de Secondigny, et de Tavanes, aussi mareschaux de France, et plusieurs autres grands et notables

(1) V. à sa date la note sur l'édit du 4 février 1567, et à sa date celui de Charles VI, 1415. — V. ci-après l'édit de Henri III, décembre 1581.

personnages de nostre conseil, pour ce mandez devers [nous] avons de leur advis, par ce présent nostre Edict perpétuel et [irré]vocable, ordonné, dit, statué, ordonnons, disons et statuons [ce] qui s'ensuit.

(1) Afin que nosdits sujets se puissent mieux addonner à la [ma]nufacture et ouvrages des laines, lins, chanvres, et fillaces [qui] croissent et abondent en nosdits royaume et pays, et en faire tirer le profit que fait l'estranger, lequel les y vient acheter co[m]munément à petit prix, les transporte et fait mettre en œu[vre] et après apporte les draps et linges qu'il vend à prix excessif.

Avons ordonné et ordonnons qu'il ne sera doresnavant loi[sible à] aucun de nosdits subjets ou estrangers souz quelque cause [ou] prétexte que ce soit, transporter hors nosdits royaume, et pa[ys] aucunes laines, lins, chanvres et fillaces. Ce que nous avons expressément inhibé et défendu, inhibons et défendons, sur p[eine] de confiscation desdites marchandises qui se trouveront [ainsi] transportées, sans en pouvoir espérer grâce ne remise : et nous voulons le tiers appartenir aux dénonciateurs, nonob[stant] quelques congez et permissions qu'en puissions avoir cy-de[vant] octroyé, comme aussi déclarons nuls ceux que par cy-après [pour]rions octroyer par surprinse, importunité ou inadvertance, [dé]fendant à nos secrétaires d'estat et des finances, d'en signer [ni] expédier aucuns : et à nostre très-cher et féal chancelier, ou [au]tre ayant la garde de nos sceaux, de les sceller, si ce n'est [par] nostre exprès commandement, pour certaines considéra[tions]. Et en ce cas ne pourront valoir lesdits congez et permissions qu'ils ayent esté vérifiez en nostre cour de parlement à Paris, laquelle nous voulons toutes lesdites permissions estre adress[ées].

(2) Défendons aussi très-expressément toute entrée en [ce] nostredit royaume, de tous draps, toilles, passemens et cand[iz] d'or ou d'argent : ensemble tous velours, satins, damas, taffe[tas], camelots, toilles, et toutes autres sortes d'estoffes rayez, o[u] ayant or ou argent ; et pareillement de tous harnois de cheva[l], ceintures, espées et dagues, estrieux et esperons dorez, argen[tez] ou gravez, sur peine de confiscation desdites marchandises [qui] se trouveront entrées en nosdits royaume et pays, sans espé[rance] d'aucune restitution ne grâce, dont le tiers appartiendra, et se[ra] applicable aux dénonciateurs.

(3) D'avantage défendons l'entrée en nostredit royaume et pa[ys] de toutes sortes de tapisseries estrangères de quelque estoffe et [fa]çon qu'elles soient, sur les mesmes peines que dessus. Et a[ussi]

l'ordonnance par nous faite sur l'entrée des espiceries et dro-
gueries, soit bien gardée et exécutée, déclarons et ordonnons que
dorénavant il ne se fera aucune descente en cestuy nostredit
royaume, commerce, traffic, n'entrée desdites espiceries et dro-
gueries, tant par mer que par terre, sinon ès ports et havres des
villes de Marseille, Rouën, Bourdeaux, et la Rochelle, sur peine
de confiscation desdites marchandises qui seront entrées en
autres lieux que les dessusdits : le tiers applicable, et que nous
voulons appartenir au dénonciateur. Et pour ce qu'il est grandement nécessaire pour le bien de nosdits sujets, et pour permettre
ouvrir le commerce avec les pays voisins de ce royaume, de
cognoistre au vray l'abondance des fruicts et autres choses provenans en iceluy, comme bleds, vins, pastels, sel, huiles, toilles,
cires, fer, cordages, saffran, rouzines, tourmentines, papier,
quincailleries, bœufs, moutons, pourceaux, mulets et mules :
ordonnons et enjoignons très-expressément à tous nos gouverneurs de nos provinces, et en leur absence aux baillifs, séneschaux, ou leurs lieutenans, de nous advertir deux fois l'an, de
six mois en six mois, de l'abondance ou stérilité des fruicts qui
seront creux et levez en leurs provinces, et de la quantité des autres choses cy dessus déclarées, pour après permettre à nosdits
sujets ou estrangers lesdites marchandises, ainsi que nous cognoistrons ce pouvoir faire avec leur bien et commodité.

(4) Et d'autant que par expérience, nous avons cogneu que nos
prédécesseurs et nous, ayant cy devant fait de très-belles ordonnances sur le fait de la police, elles sont néantmoins demeurées
inutiles et sans exécution, par faute de personnes qui spécialement ayent eu ceste charge de vacquer à icelles faire observer
et entretenir : et pour les continuelles et diverses plaintes que
nous avons de tous endroits de nostre royaume, de l'excessiveté
du prix de toutes sortes de vivres, et autres denrées nécessaires
pour la vie et usage des hommes, avons à ceste cause advisé,
qu'en certaines villes de nostre royaume y aura doresnavant certains bons et notables personnages qui seront commis et députés
spécialement pour cet effect.

(5) Et premièrement, pour le regard de nostre bonne ville de
Paris, avons ordonné et ordonnons qu'un des présidens, et un
conseiller de nostre cour de parlement, un maistre des requestes,
lieutenant civil ou criminel, et en leur absence le particulier,
prévost des marchands ou l'un des eschevins, quatre notables
bourgeois de ladite ville, non exerceans fait de marchandise, nos

procureurs au Chastelet, et en l'hostel de la ville, s'assembl[eront]
au palais, en la salle de la chancellerie, deux fois la semaine,
mardy et vendredy, depuis une heure après midy jusques à ci[nq]
sans que durant ledit temps ils puissent vacquer à autre af[faire].
Et à laquelle assemblée pourront intervenir nos advocats et p[ro]
cureur général en nostredite cour, quand bon leur semblera, [et]
qu'ils verront que la nécessité des affaires le requerra. Et ce [en]
la mesme qualité et pouvoir que lesdits commissaires et député[z],
et non pour y requérir ne faire office de nos advocats et pro[cu]
reurs : ausquels députez avons donné et donnons privative[ment]
à tous nos autres officiers, puissance et authorité de mettre [prix]
aux vivres, comme chairs, poissons, bleds, vins, huiles, ch[an]
delles, et autres menuës denrées, et aussi les foins, paille, b[ois]
et cuirs : pareillement mettre prix sur toutes sortes de fa[çons]
d'habillemens : et aux estoffes applicables sur iceux, comme a[ussi]
si ils taxeront autant qu'ils verront estre les journées des man[oeu]
vriers et autres artisans, recevront et jugeront les rapports p[ar]
les commissaires du chastelet, et autres officiers de la police. A[us]
quels pour cet effect enjoignons de se trouver pardevant les[dits]
députez aux jours susdits : voulons et nous plaist que lesdits [dé]
putez facent soigneusement entretenir et garder les ordonnan[ces]
tant de nous que de nos prédécesseurs : et celles qui pour[ront]
estre faites cy après sur le faict de la police, et que les jugem[ens]
et sentences qui seront donnez par eux contre les délinqu[ans]
soient exécutés non obstant l'appel, et sans préjudice d'icel[uy],
jusques à quarante livres parisis, et diffinitivement, et sans [ap]
pel, jusqu'à cent sols parisis et au dessouz. Et où il escherr[a],
outre lesdites amendes, peine et punition corporelle, les déli[n]
quans seront renvoyez pardevant les juges ordinaires, ausqu[els]
la cognoissance desdits délits en appartiendra.

(6) Et pour tenir registre des sentences et expéditions ordon[n]ées par lesdits députez, sera prins et choisi par iceux un d[es] clercs du greffe civil du chastelet de Paris, auquel sera faic[te] taxe modérée sur lesdites amendes, et le surplus d'icelles appli[qué] au bureau des pauvres de nostredite ville de Paris.

(7) Et pour le regard des villes de nostre royaume où il y a p[ar]lement, voulons que le mesme et susdit ordre soit suivi et gar[dé] au plus près qu'il sera possible.

(8) Et quant aux autres villes où il y a siège royal, nous avo[ns] ordonné qu'il sera commis six personnages notables, dont l[es] deux seront officiers, et les quatre bourgeois, lesquels seron[t]

aux assemblées des villes, de six en six mois, pour s'assembler aux jours susdits, et vacquer actuellement au faict et réglement de la police, comme dessus est déclaré pour la ville de Paris. Lequel réglement aura lieu, et sera gardé par tout le ressort dudit siége. Voulons et entendons que ce que par lesdits députez sera condamné et jugé, soit exécuté, nonobstant l'appel, et sans préjudice d'iceluy, jusqu'à la somme de vingt livres parisis, et diffinitivement sans appel, jusqu'à quarante sols parisis.

(9) Et pour le regard des sieurs hauts justiciers, leur enjoignons de donner ordre au réglement de police de leurs villes, terres et seigneuries, ainsi qu'ils cognoistront estre nécessaire pour le bien et commodité de leurs sujets conformément à nos ordonnances sur ce faictes, et s'accommodant au plus près qu'il sera possible aux réglemens faits par les députez des siéges royaux. Si donnons en mandement, etc.

N° 160. — Lettres d'érection du duché d'Usez en pairie, en faveur de Jacques de Crussol d'Usez (1).

Amboise, janvier 1572; reg. au parl. le 5 mars suivant, et en la ch. des compt. le 5 janvier 1577. (Vol. 2 E, f° 325. — Mém. ch. des compt. 5 R, f° 1. — Coquille, des pairs de France, p. 351.)

N° 161. — Édit contre la rebellion, sur l'exécution des mandemens et l'administration de la justice (2).

Amboise, janvier 1572; reg. au parl. le 26 février. (Vol. 2 E, f° 314. — Font. et sa chron. p. 64. — Néron, 1, 509.)

Charles, etc. Comme pour remédier et pourvoir aux désobéissances et mespris qui se font chacun jour contre nostre authorité, et aux excez et violences qui se commettent contre les ministres et officiers de nostre justice, exerçant et faisant le deu de leurs charges et estats, dont nous recevons ordinairement une infinité de plainctes et doléances, nous eussions assemblé aucuns princes, seigneurs, et des principaux conseillers et officiers de nostre conseil privé estans lez nous :

Sçavoir faisons qu'après avoir fait bien meurement et exactement considérer et délibérer en nostre conseil, et en nostre pré-

---

(1) C'est aujourd'hui le plus ancien titre de pairie. V. la liste du 4 juin 1814.
(2) V. ci-devant les ord. d'Orléans, Roussillon et Moulins, et ci-après celle de Blois, 1579, et les art. 206 et suivans du Code pénal de 1810.

sence, ce qui estoit besoin et nécessaire en cest endroict de [...] par l'advis de la royne nostre très honorée dame et mère, noz treschers et très-aimez frères, les ducs d'Anjou et d'Alen[çon] et autres princes, seigneurs, conseillers et gens de nostredit c[on]seil : nous avons dit, statué et ordonné, et de noz cert[aine] science, pleine puissance et authorité royale, disons, statu[ons] et ordonnons par Edict perpétuel et irrévocable ce qui s'ensui[t.]

(1) Nous défendons, sur peine de la vie, à tous nos sujet[s] quelque qualité qu'ils soient, outrager ou excéder la perso[nne] d'aucuns de nos officiers huissiers ou sergens, faisant ou ex[ercitan]t acte de justice, dont n'entendons estre expédiées lettres d[e] grâce ou rémission, et si par importunité aucune estoit accor[dée] par nous, ne voulons nos juges y avoir aucun esgard.

(2) Que ceux qui seront refus ou résistance d'ouvrir aux ju[ges] et commissaires, exécuteurs de nos arrests et jugemens sou[ve]rains, ou tiendront fort en leurs maisons et châteaux contr[e] justice et décrets d'icelle, n'obéissans aux commandemens [qui] leur seront faits, confisquerons à nostre profit ou de ceux à [qui] appartiendra, lesdites maisons, châteaux et fiefs dépendans d[i]ceux. Ensemble seront et demeureront à jamais privez de [tout] droit de justice qu'ils auroient, tant esdites maisons et châtea[ux] qu'en tous autres lieux de nostre royaume : lesquelles justic[es,] si elles dépendent immédiatement de nostre couronne, sero[nt] réünies à nostre domaine : sinon seront confisquées à nous o[u à] qui il appartiendra. En outre, avons déclaré lesdits refusans [et] résistans déchûs des droits par eux prétendus ès choses conte[n]tieuses, et de toutes exceptions et défenses qu'ils pourroient allé[a]guer contre lesdits jugemens et arrests. Voulans néanmoins qu'[ils] soient condamnez en tous les dépens, dommages et intérests d[e] leurs parties, qui en seront crûs par serment jusques à certa[ine] somme, telle que par nos juges sera arbitrée, joint la commu[ne] renommée, de laquelle sera informé d'office, sans que lesdi[ts] refusans et résistans soient reçûs à informer au contraire : voula[ns] en outre contre iceux estre procédé par nosdits juges par pein[e] corporelle ou pécuniaire, comme ils verront estre à faire, sel[on] l'exigence du cas. (1)

(3) Et quant aux sentences provisionnales exécutoires, nonobs[]tant l'appel, suivant nos ordonnances : nous voulons en ca[s]

---

(1) *Vide gloss. cap. dilecti de foro compt. et l. si quando C. unde vi.*

...chement ou résistance à ladite exécution faite par le con-..., ledit condamné estre tenu par corps à faire et souffrir ...lesdites sentences à exécution : Et néanmoins que toute ...ence et défense lui sera déniée jusques à ce qu'à ses propres ...et dépens il ait fait exécuter lesdites sentences, sans espé-...de pouvoir repeter lesdits frais et dépens, encore qu'en fin ...procès il obtint gain de cause. (1)

(4) Et afin que plus sommairement et exemplairement soit pro-...à la punition desdites voyes de fait, nous voulons que sur le ...port signé des sergens ou huissiers exécuteurs de justice, cer-...de records, sans attendre autre information, nosdits juges ...cas de résistance par voye de fait, puissent décréter ad-...ement personnel, sauf après avoir informé procéder par ...ret de prise de corps, ainsi qu'ils verront estre à faire. (2)

(5) Et d'autant que l'un des principaux mépris et illusion de nostre ...tice git en désobéissance que font plusieurs de nos sujets ...saisies faites sur les biens et héritages par autorité de justice, ...en vertu des contrats passés sous notre scel, portans si peu de ...pect aux établissemens ainsi faits, qu'ils outragent et excé-...bien souvent les commissaires, prennent les fruits desdits ...saisis, et les font payer ausdits commissaires, sans qu'ils ...s'en plaindre pour la violence de nosdits sujets : nous vou-...es cas d'empêchement de fait donné ausdits commissaires ...leurs fermiers à l'exécution de leur commission par les pro-...étaires ou possesseurs des lieux, sur lesquels a esté faite ladite ..., lesdits lieux saisis, tant nobles que roturiers, estre confis-...à nous ou à ceux qu'il appartiendra. Sur lesquels lieux, tant ...partie civile pour son dû que lesdits commissaires pour leurs ...frais, dommages et intérest s'il y échet, seront préalablement ...ayez. Ordonnons en outre à nosdits juges de procéder par peine ...porelle ou pécuniaire contre nosdits sujets excedans ou trou-...lesdits commissaires, ainsi qu'ils verront le fait mériter. (3)

(6) Et à ce que nosdits sujets n'ayent ou prennent occasion pour ...déportemens des ministres de nostredite justice, pour n'estre ...qualité par eux connuë, de leur résister lorsqu'ils feront les-...actes de justice : nous enjoignons ausdits sergens procéder

---

(1) V. l'art. 7 du tit. 27 de l'ord. de 1667.
(2) V. l'art. 6 du titre des décrets et de leur exécution, etc. de l'ord. de 1670.
(3) V. l'art. 78 de l'ord. de 1539, l'art. 16 du titre des sequestres de l'ord. de 1667.

ausdites exécutions avec toute modestie, sans user de parole a[rrogante] ou insolente, ains se comporter envers ceux à qui feront lesdits exploits, selon leur estat et qualité, sur peine [de] réparation honorable et profitable, et punition corporelle s'[il y] échet. Et pour faire lesdits exploits ne s'accompagneront no[s] sergens que de leurs records et n'auront autres armes que l'é[pée?]-scule, sinon que par nos juges autrement en fût ordonné. Et p[our] signe d'estre ministres de nos mandemens porteront lesdits [ser-]gens ordinairement l'écusson des trois fleurs de lys, de la gra[n-]deur d'un teston sur leurs habillemens en l'épaule qui soit visi[ble] tellement que nosdits sujets n'en puissent prétendre cause [d'i-]gnorance, avec la baguette en main, le tout sur peine de priva-tion de leurs offices dès la première contravention ou défaut [de] l'observation de cette présente ordonnance. (1)

(7 Et pour ce que l'une des principales et plus fréquentes vo[ies] de fait dont nostre royaume est travaillé, provient de l'usurpa[tion] violente et induë que font plusieurs de nosdits sujets du temp[orel] des bénéfices, justices, censives, terres, dixmes et champa[rts] dépendans d'iceux : et que ce mal naist principalement de ce[ux] qui ayans leurs maisons, terres et seigneuries voisines desd[its] bénéfices, occupent induëment la possession desdits bénéfice[s et] fruits d'iceux, ostans aux vrais titulaires, par le moyen de leu[rs-]dites maisons voisines et de leurs sujets, tout pouvoir d'[y] approcher et joüir ; avons ordonné et ordonnons, qu'à toutes per-sonnes qui usurperont par force, violence ou autrement indu[e]-ment, ou feront usurper les bénéfices, membres et dépendance[s] d'iceux dedans l'enclave de leurs maisons, terres et seigneuries, nos juges confisqueront à nous ou à ceux à qu'il appartiendra leursdites maisons, terres et seigneuries : et s'ils ne sont seigneu[rs] du lieu où ledit bénéfice est assis, seront punis exemplairement, à discrétion de justice. Et à cet effet voulons que ceux qui présen-tement usurpent lesdits lieux et bénéfices, ayent à en laisser la possession vuide dedans huitaine après la publication de cette nostre ordonnance faite en chacune de nos sénéchaussées et bail-liages, sur la peine susdite de confiscation, que nous avons dès à présent, comme pour lors, déclaré nous estre acquise, ou à ceux à qui il appartiendra. Enjoignons à nos officiers et substituts de nostre procureur en chacune de nosdites sénéchaussées et bailli[a-]

---

(1) V. l'art. 31 et 32 de l'ord. de Moulins, et l'ord. d'Orléans, art. 89.

..., après s'en estre informez, procéder à l'encontre desdits usurpateurs, selon la rigueur de nos ordonnances, et avertir de six mois en six mois nostre procureur général, du devoir qu'ils auront fait, et auquel procureur général nous enjoignons aussi de nous en avertir incontinent. Le tout sur peine de recouvrer par lesdits bénéficiers, tous dépens, dommages et intérests sur nosdits officiers négligens, et de privation de leurs offices. Exhortons et admonestons en outre les archevêques et évêques diocésains, faisans leurs visitations et revues, de s'enquérir diligemment des entreprises qui ont esté ou seront faites sur lesdits bénéfices estans en leursdits diocèses, et de ceux par qui elles ont esté faites et d'en avertir nosdits officiers, à ce qu'ils n'ayent aucune occasion d'y user de négligence ou connivence. Entendant aussi estre compris ès peines de ce présent nostre édit, ceux qui sous couleur d'un titre de dévolut directement ou indirectement, auront usurpé ou usurperont la possession desdits bénéfices à l'encontre des possesseurs d'iceux, jusques à ce que par sentences de nos juges, partie ouïe ou appelée, ils ayent en vertu desdits dévoluts obtenu jugement de recréance, au principal du possessoire desdits bénéfices, conformément à nos ordonnances. (1)

(8) Et à ce que lesdits bénéficiers puissent en toute liberté jouir de leursdits bénéfices, soit par leurs mains ou de leurs fermiers et receveurs : nous avons défendu et défendons à tous seigneurs, gentilshommes et nos officiers, de prendre et s'entremettre directement ou indirectement des baux à ferme desdits bénéfices, dixmes, champarts, et leurs appartenances, sous quelque couleur que ce soit ; ne d'empêcher lesdits ecclésiastiques aux baux à ferme faits ou à faire par eux, ou autres telles personnes que bon leur semblera, sur peine quant aux nobles, de perdre les privilèges octroyez à nostre noblesse, et estre mis à la taille, en suivant les ordonnances de nos prédécesseurs et de nous, et à nos officiers de privation de leurs estats, et d'estre déclarez à jamais incapables d'en tenir. Défendons pareillement ausdits bénéficiers de bailler leursdites fermes ausdits nobles et officiers, sur peine de nullité desdits baux. Déclarons en outre ceux qui sont ci-devant faits aux personnes de la qualité susdite, nuls dès à présent et de nul effet, encore que le temps d'iceux ne soit expiré. (2)

---

(1) V. l'art. 13 de l'ord. de Cremieu, l'art. 60 de l'ord. de 1539, et l'art. 47 de l'ord. de Blois.
(2) V. l'art. 48 de l'ord. de Blois.

(9) Et outre que pour obvier aux plaintes que plusieurs de nos sujets nous font, de la facilité dont nos juges usent à l'endroit des gentilshommes et de nos officiers, à l'entérinement des rémissions par eux présentées: nous ordonnons que toutes lettres de rémission obtenuës par lesdits gentilshommes et officiers, seront présentées par eux en personne, teste nuë et à genoux, suivant l'ordonnance, et adressées aux cours de parlement, au ressort duquel les excez seront commis: sauf après d'ordonner si la partie civile le requiert, et soit par nosdites cours avisé, ou autrement par elles ordonné, de renvoyer lesdits rémissionnaires sur les lieux. (1)

(10) Ordonnons pareillement que tous contumax défaillans, tels déclarez par arrest, soit par sentence confirmée par arrest, ou par arrest en première instance, ne soient reçûs à purger leurs contumaces ni élargis après leur comparution, que la consignation de l'amende envers la partie civile, ne soit faite préalablement: et aussi pour fournir aux frais et dépens des procès qui seront de nouveau contre lesdits défaillans après la présentation par eux faite, iceux défaillans consigneront une somme d'argent, telle que par nosdits juges, vû la qualité du fait et du procès, sera avisé. (2)

(11) Et à ce que pour la différence des jurisdictions, la poursuite des crimes ne soit retardée; nous en confirmant le 5e article de nostre édit de Moulins, sur le réglement des cas privilégiez: ordonnons à nos juges et officiers instruire et juger en tout cas les délits privilégiez contre les personnes ecclésiastiques, auparavant que faire aucun délaissement d'icelles à leur juge d'église pour le délit commun. (3)

(12) Suivant les édits par nous faits audit Moulins, nous enjoignons à nos juges présidiaux de renvoyer aux siéges ordinaires les domiciliez, et ceux qui ne sont par les édits leurs justiciables: comme aussi ensemble de renvoyer à nos prélats des maréchaux, ceux dont la connoissance par nos édits leur est attribuée, à peine de répondre en leurs propres noms, des dommages et intérêts des prisonniers par eux détenus, d'estre en outre punis exemplairement s'il se trouve que par faveur ou autrement, ils ayent pro-

---

(1) V. l'art. 12 du tit. 21 des lettres d'abolition de l'ord. de 1670.
(2) V. les art. 25, 28 et 165 de l'ord. de 1539, et les art. 18 et 20 de l'ord. de Roussillon, et l'ord. de Moulins, art. 28.
(3) V. l'art. 8 de l'édit de 1606.

à la déclaration de leur compétence ou incompétence (1).

(13) Et afin que nosdits prévosts ou vice-baillifs puissent procéder diligemment aux instructions des procès, et punition des crimes des prisonniers détenus par eux aux termes de nosdites ordonnances, voulons qu'au cas que la compétence de nosdits prévosts soit en dispute, que nos sujets ne se puissent pourvoir par appel devers nous, ni à nos parlemens, mais par requeste de cavey, qui sera jugée par nos officiers au siége présidial plus prochain du lieu : et défendons esdits cas à nos cours de parlement d'en prendre aucune connoissance, soit par voye de relief d'appel expédié en nos chancelleries, ou par simple requeste présentée à nosdites cours par nosdits sujets, tendans afin d'estre reçus pour bien relevez sur le refus que nos chanceliers en feront : voulons en ce cas nosdits sujets être pas nosdites cours renvoyez devers nosdits juges présidiaux, pour leur estre pourvû selon nos ordonnances (2).

(14) Et que nosdits prévosts se contiennent aux termes de nosdits édits, sans y contrevenir : Nous voulons qu'ès sentences qui seront données par nos juges présidiaux sur le fait de la compétence ou incompétence desdits prévosts, soient insérées d'oresnavant dans icelles les raisons de la déclaration et jugement par eux fait sur ladite compétence ou incompétence, tant pour la qualité du délit, que des personnes des accusez.

Si donnons en mandement, etc.

N° 162. — ÉDIT *qui déclare bons et valables les actes non signés des parties depuis l'ordonnance d'Orléans, et qui veut qu'à l'avenir l'art. 84 de cette ordonnance soit inviolablement observé* (3).

Blois, 19 mars 1572; reg. au parl. le 20 juin. (Vol. 2 F, f° 69. — Font. I, 744. — Joly, II, 1719.)

---

(1) V. l'ord. d'Orléans depuis l'art. 66 jusqu'au 71 inclusivement, et l'ord. de Moulins depuis l'art. 41 jusqu'au 46; l'art. 147 de l'ord. de Blois, et l'art. 17 du titre 8 de l'ord. de 1670.
(2) V. l'art. 42 de l'ord. de Moulins.
(3) V. à sa date. L'art. 84 de cette ordonnance vouloit que les notaires fissent signer les parties sur tous leurs actes, ou mentionnassent qu'elles ne savaient signer. — V. la loi du 25 ventose an IX, art. 14.

N° 163. — Édit *sur la fonte de l'artillerie, la composition, la vente des poudres et salpêtres* (1).

Blois, mars 1572; reg. au parl. le 27 novembre. (Vol. 2 F, f° 147. — Fon. III, 174.)

N° 164. — Édit *de création de courtiers de commerce, tant de banque que de draps, vins, blé, toiles, etc.* (2).

Boulogne, juin 1572; reg. au parl. le 6 septembre. (V. 2 F, f° 94. — Fon. I, 1020.)

N° 165. — Édit *qui défend de constituer des rentes au-dessus de 6 p. 0/0, sous peine de confiscation, tant du capital que de la rente et des intérêts* (3).

Boulogne, juin 1572; reg. au parl. le 17 juillet. (Vol. 2 F, f° 71. — Fon. I, 771.)

N° 166. — Déclaration *sur les atterrissemens et îles des rivières navigables et flottables* (4).

Boulogne, 7 juillet 1572; reg. au parl. le 30 octobre. (Vol. 2 F, f° 129.)

Charles, etc. Comme par nos lettres données à Blois le 18 d'avril dernier cy attachées soubz le contre scel de nostre chancellerie, nous ayons commis et député nos amés et féaux conseillers M. Raoul Moreau, trésorier de France, et Jehan Lefevre, général de nos finances, en la charge d'oultre Seine et Yonne estably à Paris, pour, appelé nostre procureur au trés...

---

(1) Cet édit établit en principe que le droit de recherche et fabrication de salpêtres est un droit royal; il défend, *sous peine de la hart*, de se livrer à cette recherche sans commission légale du grand maître de l'artillerie. — V. la loi du 10 mars 1819 et les notes que nous y avons jointes dans notre recueil, l'ord. du 11 août, même année, et les ord. du 28 mai 1775, juin 1776, et septembre 1777.

(2) Cet édit est purement bursal. Il établit en titre d'office les courtiers alors existans, à la charge qu'ils prendront des lettres de provision dans le délai de deux mois. V. à sa date les édits du roi Jean du 30 janvier 1350, tit. 2, 13 et 16; de Charles VI, février 1415; les lois des 6 juin 1790, 25 mars 1791, 28 ventose et 29 germinal an IX, et 27 prairial an X. — V. aussi le Code de commerce de 1807, art. 74 et suivans.

(3) Cet édit fut révoqué au mois de mars 1574, sur le taux de l'intérêt. V. les édits de Henri IV, juillet 1601; de Louis XIII, mars 1634; Louis XIV, décembre 1665, Louis XV, mars 1720. V. Nouveau Répertoire, v° Rente constituée, et la loi du 3 septembre 1807, sur l'usure.

(4) V. l'ord. de 1669, Code civil, art. 556 et suiv., le décret de 1808, et le traité de la voirie.

autres estans sur les lieux, informer des entreprinses faictes
en les îles, attérissemens et assablissemens des principales rivières de Seine, Yonne, Marne, Loire, Garonne et la Dordogne
qui de disposition de droit nous appartiennent et font partie du
domaine de nostre couronne, s'il n'y a tiltre au contraire, procéder
à la saisye et réunyon d'icelui domaine; pour après en estre par
eulx faict bail à ferme ou bien à cens et rentes ainsi qu'ils verront
estre utile pour nos affaires; et pour autant que nosdits commissaires nous ont remonstré et aux gens de nostre privé conseil
qu'ils ne pouvoient, bonnement, mettre nosdites lettres à exécution, que premièrement elles ne feussent par vous vérifiées, attendu mesme la difficulté que l'on pourroit faire d'acquérir et
achepter de nous ou de nosdits commissaires si leur pouvoir
n'étoit émologué en nostredite cour de parlement (1), et sur ce,
nous auroient requis donner plus ample déclaration de nos
vouloir et intention sur aucuns points de nosdites lettres.

Scavoir faisons que, après avoir bien entendu les remontrances
à nous sur ce faictes par lesdits commissaires, et après en avoir
délibéré en nostredit conseil, de l'advis d'icelui, avons dit, déclaré et ordonné, Déclarons et ordonnons :

(1) Que de l'ordonnance de nosdits commissaires et à la requeste de nostredit procureur au trésor, toutes les îles et attérissemens vagues ou non, en quelque nature qu'ils soient, comme
en prés, saulsoyes, pastis ou autre labour qui se trouvent, de
présent, tant ez grands fleuves et rivières de cestuy nostre royaume, terres et pays de nostre obéissance, même ez dessus nommés
et autres qui fluent et descendent en icelles rivières, seront veuz
et recongneuz sur les lieux, et les détenteurs appelés à certains
et compétens jours, selon la distance desdits lieux, pour mettre
par devers nosdits commissaires les tiltres et enseignemens, par
vertu desquels ils prétendent lesdites îles et attérissemens leur
appartenir.

(2) Et à faulte de comparoir, exhiber et monstrer leurs dits
tiltres après le premier commandement et la première assignation
eschoue, sans qu'il soit besoing faire aultre itératif commandement, sera procédé à la saisye réelle et actuelle desdites îles et
attérissemens, et fait bail du revenu soubz nostre nom, au plus
offrant et dernier enchérisseur, à la charge de mettre les deniers

---

(1) Aveu bien précieux ; la loi n'était parfaite que par l'enregistrement.

es mains de nos recepveurs ordinaires des lieux qui en fe[ront] chapitre à part et lesquelles lettres, tiltres et enseignemen[s que] dits commissaires verront avec nos conseillers en la chambre [de] nostre trésor à Paris, au nombre de quatre ou cinq et par l[eur] avis jugeront les droits prétendus par lesdits détenteurs, et [si] lesdites îles et atterrissemens vagues ou non vagues qui n[ous] auront esté adjugés, déclorés nous compéter et appartenir : [sera] fait bail par lesdits commissaires ou leurs subdélégués à Paris, [en] la chambre du trésor ou sur les lieux, selon et ainsi qu'ils ver[ront] estre à faire pour nostre prouffict, les solemnités de justice [en] tel cas requises gardées et observées et aux charges et conditi[ons] qui seront par eux proposées avant l'adjudication : même que l[es] cens seront payables, par chacun an en nos receptes ordinai[res] des lieux plus prochains.

(3) Et où il y auroit appel des jugemens qui seront donnés p[ar] lesdits commissaires assistés desdits conseillers du trésor a[u] nombre de quatre ou cinq, voulons et entendons ledit appel re[s]sortir et estre jugé en nostre dite cour de parlement, sans reta[r]dation toutefois de l'exécution desdits jugemens, que voulo[ns] estre exécutés, par provision, nonobstant oppositions ou app[el]lations quelconques et sans préjudice d'icelles.

(4) Et d'autant qu'il est besoing faire plusieurs frais, comm[e] pour voiages et exploits des huissiers, commandemens, saisi[es,] proclamations, affiches et aultres choses nécessaires pour lad[ite] exécution, nous voulons que les frais soient prins sur les denie[rs] de nostre recepte générale de Paris, selon la taxe qui en ser[a] faite par lesdits commissaires jusques à la somme de 300 livres; et à cette fin, lesdits commissaires en expédieront leurs mand[e]mens et ordonnances, lesquelles nous avons, dès à présent, validées et auctorisées, validons et auctorisons par cesdites présentes, voulans que les sommes qui seront, par nostre dit recev[e]veur général, payées en vertu d'iceux mandemens et ordonnances, et des quittances des parties prenantes où elles escher[r]ont leur soient passées et allouées en la despense de leu[rs] comptes par nos amés et féaux les gens de nos comptes auxque[ls] nous mandons ainsi le faire, sans aulcune difficulté.

Si vous mandons, etc.

N° 167. — Déclaration *portant que les auditeurs du Châtelet de Paris connaîtront seuls et en 1re instance des contestations pour louages, fournitures de marchandises, et des causes civiles et personnelles au-dessous de 25 livres.*

Paris, 16 juillet 1572; reg. au parl. le 9 avril 1576. (Vol. de Henri III, f° 4. — Joly, II, 1465.)

N° 168. — Édit *de création de procureurs postulans dans toutes les juridictions du royaume* (1).

Paris, juillet 1572; reg. au parl. le 16 août. (Vol. 2 F, f° 85. — Font. I, 85. — Joly, I, 177.)

N° 169. — Contrat *de mariage de Henri, roi de Navarre, (depuis Henri IV) avec Marguerite de France, sœur du roi* (2).

Paris, 17 août 1572. (Corps diplomatique, t. 8, p. 215.)

N° 170. — Ordre *du roi qui enjoint de poursuivre l'auteur de la tentative d'assassinat commise sur l'amiral de Coligny* (3).

Paris, 22 août 1572. (Dufaur de Pibrac, lettre sur les affaires de France, 1572. Anquetil, Histoire de la ligue, I, 282.)

---

(1) Le motif de cette création, dit le préambule, est de rendre tous les procureurs égaux en qualité et titre, afin de les pouvoir à l'avenir réduire en nombre certain et limité; mais il est évident que c'est une mesure fiscale. V. ci-dessus l'édit sur la postulation du mois d'août 1561, qui se plaint du nombre effréné des procureurs. — V. aussi le décret impérial du 19 juillet 1810.

(2) La reine mère et Charles IX avaient entrepris ce mariage pour inspirer de la confiance aux protestans en leur faisant croire à une réconciliation sincère.

(3) Suivant Anquetil, cet assassinat, qui fut le prélude de la Saint-Barthélemy, avait été machiné par la reine mère et les frères du roi, qui avaient choisi pour l'exécution de ce crime le fameux Maurevel, connu alors sous le nom de tueur du roi. Mais Varillas, auteur contemporain, qui a écrit la vie de Charles IX, dit que le roi lui-même trempa dans l'assassinat de l'amiral comme dans la Saint-Barthélemy; qu'il amusa l'amiral jusqu'à la mi-août 1572, et qu'à cette époque la dispense du pape étant arrivée pour le mariage de sa sœur avec le roi de Navarre (depuis Henri IV), toute la famille des Guises y fut invitée sous prétexte de rendre la cérémonie plus éclatante, mais effectivement pour exécuter le massacre général des Calvinistes concerté depuis long-temps. Les actes ci-après ne laissent aucun doute sur la vérité de cette version.

N° 171. — Ordre royal délibéré en conseil privé où assistaient la reine mère, les deux frères du roi, (le duc d'Anjou depuis Henri III, et le duc d'Alençon) et plusieurs conseillers intimes, qui ordonne le massacre de la Saint-Barthélemy (1).

Paris, nuit du 22 au 23 août 1572. (Dufaur de Pibrac, avocat-général et apologiste, p. 257 et 258, édit. de 1823. — Varillas, Histoire de Charles IX, t. II, p. 339.)

N° 172. — LETTRE *du roi au gouverneur de Normandie, pour faire saisir un chef calviniste.*

Paris, 24 août 1572. (Carton manuscrit de Fontanieu, bib. royale, 1572.)

Mons de Matignon, pourceque j'ai entendu que le sieur de Montgomery s'est retiré en ses maisons du costé de Normandie, où il est à craindre qu'il esmeuve mes subjects et assemble ceux de sa religion, et face esmouvoir aussy par ce moyen mes autres subjects catholiques, j'ay advisé vous faire cette lettre, outre l'autre que je vous escripts, pour vous prier de prendre garde doulcement et sans grand bruit où il se sera retiré, afin que avec ce que vous pourrez assembler de forces, vous le preniez ou faciez prendre, et vous en asseuriez si bien que j'en puisse demeurer en repos; mais que l'on ne sçache (2) que je vous en aye escript, et y procédez le plus dextrement qu'il vous sera possible. Priant Dieu, monsieur Matignon, qu'il vous ait en sa sainte garde, etc.

CHARLES.

N° 173. — ÉDIT *royal qui ordonne de cesser les massacres* (3).

Paris, 25 août 1572. (Dufaur de Pibrac, p. 259.)

---

(1) Tous les historiens s'accordent à dire que cet ordre fut signé du roi; mais on conçoit facilement que le texte n'est pas parvenu jusqu'à nous. V. ci-après déclaration du 28.

(2) Cette précaution explique pourquoi le massacre des calvinistes a été interprété de diverses manières. — Le roi fit publier le 26 août que la maison de Guise seule était l'auteur de ce massacre, qu'il appelait une querelle de famille; mais le 28 août il jeta le masque en déclarant que tout avait été fait par son ordre. V. ci-après la déclaration du 28 août, l'arrêt du 26, et l'ordre ci-dessus du 24.

(3) Dufaur mentionne cet édit, mais n'en donne pas le texte. — La plupart des actes de la ligue ont été détruits comme plus tard ceux relatifs à la Fronde.

174. — LIT *de justice tenu au parlement de Paris, à l'occasion de la Saint-Barthélemy, et arrêt du parlement contre la mémoire de l'amiral Coligny* (1).

26 août 1572. (Dufaur de Pibrac, p. 260. — Capi Lupi, p. 180, édition d'Aignan.)

175. — DÉCLARATION *par laquelle le roi se reconnaît l'auteur du massacre de la Saint-Barthélemy* (2).

28 août 1572. (Carton manusc. de Fontanieu, bibl. royale, année 1572.)

De par le roy, S. M. désirant faire sçavoir et cognoistre à tous seigneurs, gentilshommes et autres ses subjects, la cause et occasion de la mort de l'admiral et autres ses adhérans et complices, naguerement advenue en ceste ville de Paris, le 24° jour du présent mois d'aoust, d'autant que ledit faict pourroit leur avoir esté déguisé autrement qu'il n'est.

Sadite Majesté déclare, que ce qui en est ainsy advenu a esté par son exprès commandement et non pour aucune cause de contrevenir à ses édits de pacification, qu'il a toujours entendu, comme encore veult et entend observer, garder et entretenir, pour obvier et prévenir l'exécution d'une malheureuse et détestable conspiration faicte par ledit admiral, chef et autheur d'icelle, et sesdits adhérens et complices, en la personne dudit seigneur roy, contre son estat, la royne, sa mère, MM. ses frères, le roy de Navarre, princes et seigneurs estans près d'eulx.

---

(1) Cet arrêt dans lequel la mémoire de l'amiral fut lâchement flétrie, fut exécuté en effigie en paille (de Coligny). Quelques jours avant, son cadavre avait été traîné dans les rues de Paris par la populace, mutilé, plongé dans la Seine, tiré pour être brûlé, et enfin suspendu à demi consumé aux fourches patibulaires de Montfaucon où le roi alla le voir. — L'arrêt qui n'avait plus rien à ordonner contre ce cadavre, enjoignit de lacérer et briser les portraits et statues de Coligny partout où ils se trouveraient, de raser son château de Châtillon-sur-Loing, sans qu'il pût jamais être rebâti, de couper les arbres à 4 pieds de haut, de semer du sel sur la terre, et d'élever au milieu des ruines une colonne où l'arrêt serait gravé. — Dans le lit de justice, le roi déclara qu'il avait ordonné lui-même le massacre de l'amiral et de ses adhérens pour prévenir une conspiration formée par eux contre sa personne (V. la déclaration ci-après). Le parlement approuva hautement la conduite du roi, et ordonna une enquête sur la prétendue conspiration; deux calvinistes échappés au massacre (Briquemaut et Cavagne) furent pris et condamnés à mort.

(2) V. note sur l'ordre du 23, délibéré en conseil des ministres, et la lettre du même jour à M. de Matignon.

Parquoy sadite Majesté fait sçavoir, par cette présente déclaration et ordonnance, à tous gentilshommes et autres quelconques de la R. P. R., qu'elle veult et entend, qu'en toute seureté ils puissent vivre et demourer avec leurs femmes, enfans et familles en leurs maisons, sous la protection dudit seigneur roy, tout ainsi qu'ils ont par cy-devant fait et pouvoient faire, suivant le bénéfice desdits édits de pacification.

Commandant et ordonnant très-expressément à tous gouverneurs et lieutenans-généraux, en chascun de ses pays et provinces, et à tous autres ses justiciers et officiers qu'il appartiendra, à n'attempter, permettre ne souffrir estre attempté ne entrepris, en quelque sorte et manière que ce soit, ès personnes et biens desdits de la R. P. R., leursdites femmes, enfans et familles, sur peine de la vie contre les délinquans et coulpables.

Et néantmoins pour obvier aux troubles, scandales, soupçons et deffiance qui pourraient advenir, à cause des preches et assemblées qui se pourraient faire tant ès maisons desdits gentilshommes que ailleurs, selon et ainsy qu'il est permis par les susdits édits de pacification. Sadite Majesté, fait très-expresses inhibitions et défenses à tous lesdits gentilshommes et autres, estant de ladite religion, de ne pas faire assemblées pour quelqu'occasion que ce soit, jusques à ce que par ledit seigneur, après avoir pourvu à la tranquillité de son royaume, en soit autrement ordonné; et ce sur peine de désobéissance et de confiscation de corps et de biens.

Est aussi expressément défendu, sur les mesmes peines, à tous ceulx qui, pour raison de ce que dessus, auroient ou retiendroient des prisonniers, de ne prendre aucune rançon d'eulx, et d'advertir incontinent les gouverneurs des provinces ou lieutenans généraux du nom et qualité desdits prisonniers; lesquels sadite majesté ordonne les relascher et faire mettre en liberté, si ce n'est toutesfoys qu'ils soient des chefs qui ont eu commandement pour ceulx de la religion, ou qui ayent faict des pratiques et menées pour eux, et lesquels pourraient avoir cognoissance de la conspiration susdite : auquel cas ils en advertiront incontinent sadite Majesté, pour sur ce leur faire entendre sa volonté.

Ordonnant aussi que d'oresnavant nul ne soit si hardy de prendre et arrester prisonnier aucuns pour raison de ce que dessus, sans l'exprès commandement dudit seigneur ou de ses officiers, et de n'aller courir ni prendre par les champs, fermes et mestairies, aucuns chevaux, jumens, bœufs, vaches et autres bétails, biens, fruits, grains ni choses quelconques, et ne mal faire ne mal dire

...laboureurs, mais les laisser faire et exercer en paix, et [avec] toute seureté, leur labourage et ce qui est de leur vaca[tio]n, et ce sur les peines susdites.

176. — DÉCLARATION *contre les blasphémateurs* (1).

Paris, 24 octobre 1572. (Traité de la police, liv. 3, tit. 16, chap. 2.)

177. — EDIT *qui exempte le clergé de toute contribution aux charges des villes, excepté dans le cas de disette, pour la subsistance des pauvres* (2).

[Pa]ris, 4 novembre 1572; reg. au parl. le 22 décembre. (Vol. 2 F, f° 187. — Font. IV, 600.)

---

(1) Cette déclaration porte que toutes personnes, de quelque qualité qu'elles [soi]ent, qui blasphémeront le saint nom de Dieu, de la Vierge et des saints, se[ront] condamnées pour la première fois en grosses amendes selon leur pouvoir et [én]ormité du blasphème, applicable les deux tiers aux pauvres, et l'autre tiers [au] dénonciateur. Si le blasphémateur n'a pas le moyen de payer les amendes, [il sera] puni corporellement; en cas de récidive, l'amende sera doublée, et [pour] la troisième fois, la langue lui sera percée sans grâce ni rémission. V. à [cette] date la note sur la déclaration du 30 mars 1514.

(2) Les ecclésiastiques logés dans les presbytères ne paient pas l'impôt per[son]nel et mobilier.

IVe GUERRE CIVILE.[1]

NOVEMBRE 1572 A JUILLET 1573.

N° 178. — ÉDIT *qui règle les salaires des greffiers, huissiers et sergens* [2].

Paris, janvier 1573; reg. au parl. le 13 juillet. (Vol. 2 F, f° 441. — Font. IV, 701.)

N° 179. — DÉCLARATION *qui donne acte au chancelier de L'Hôpital de sa démission de chancelier, et lui conserve les honneurs et émolumens de cette place jusqu'à sa mort* [3].

Paris, 1er février 1573, vérifiée au parl. le 11 mars. (Hist. de la chancellerie.)

N° 180. — ÉDIT *sur la réforme des habits* [4].

Paris, 15 février 1573; reg. au parl. le 12 mars. (Vol. 2 F, f° 3.1. — Font. I, 989. — Traité de la police, liv. 3, tit. 1, ch. 4.)

---

(1) Les protestans échappés au massacre de la Saint-Barthélemy se réfugièrent à la hâte en Angleterre, en Allemagne, en Suisse; le plus grand nombre se retira dans le midi de la France, à Nîmes, Montauban, Sancerre, La Rochelle, dans les villes faciles à défendre. Quelques seigneurs catholiques leur ayant témoigné de l'intérêt, ils reprirent courage, et les hostilités recommencèrent sous la direction de Lanoue, que le roi avait envoyé à la Rochelle pour chercher à soumettre les habitans. Ce fut pendant cette guerre qu'eut lieu le siège de La Rochelle qui, par sa belle défense, força le parti catholique à traiter de la paix aux conditions imposées par les calvinistes, savoir, que dans les villes de La Rochelle, Nîmes et Montauban, ils pourraient librement professer leur religion, qu'il en serait de même de tous les seigneurs hauts justiciers qui n'auraient pas abjuré.

(2) Cet édit se borne à augmenter de quelques sous les droits de ces officiers.

(3) Le chancelier L'Hospital avait été disgracié au mois de mai 1568; les sceaux lui avaient été retirés pour être remis à Jean de Morvillier, puis, par la démission de celui-ci, à René de Birague, le même qui assista au conseil privé où fut donné l'ordre de massacrer les protestans le jour de la Saint-Barthélemy. Charles IX, qui voulait donner le titre de chancelier à Birague, demanda et obtint la démission de L'Hospital. Il lui conserva néanmoins les émolumens de sa place. L'Hospital mourut le 13 mars.

(4) Cet édit ne contient rien de nouveau. V. à sa date la note sur les lettres de mars 1514, et ci-dessus l'édit du 12 juillet 1549.

N° 181. — LETTRES *de provision de l'office de chancelier vacant par la démission de L'Hospital en faveur de Biragues, garde des sceaux.*

Paris, 17 février 1573; vérif. au parl. le 3o. (Hist. de la chancellerie.)

N° 182. — ÉDIT *de pacification sur les troubles du royaume* (1).

Boulogne, juillet 1573; reg. au parl. 11 août. (Vol. 2 F, 470. — Font. IV, 340.)

N° 183. — ÉDIT *qui interdit l'exportation des grains et vins, et qui règle la police des boulangers, meuniers, etc.* (2).

Villers-Cotterets, 20 octobre 1573; reg. au parl. le 18 novembre. (Vol. 2 F, f° 545. — Font. I, 969. — Traité de la police, liv. 3, tit. 2, chap. 5.)

N° 184. — ÉDIT *portant que les comptables retardataires qui n'auront pas acquitté leur reliquat au terme prescrit, acquitteront les intérêts sur le pied du denier douze.*

Vitry-le-François, novembre 1573; reg. ch. des comptes 25 janvier. (Font. II, 671.)

N° 185. — RÉGLEMENT *général sur la solde des gens de guerre, leur police et leur habillement* (3).

Saint-Germain-en-Laye, 1er février 1574 (reg. au parl. le 22 du même mois, et en la ch. des compt. le 8 mars. (Vol. 29, f° 73. — Font. III, 111.)

N° 186. — DÉCLARATION *qui révoque l'édit de juin 1572, qui défendait de prêter au delà de 6 p. 0/0* (4).

Vincennes, mars 1574; reg. au parl. 19 avril. (Vol. 29, f° 188. — Font. I, 772.)

---

(1) La belle défense de La Rochelle força le parti catholique à traiter de la paix aux conditions que nous avons rappelées dans la note sur la 4e guerre civile. Cette paix mit fin à la dernière des quatre guerres civiles qui traversèrent le règne assez court de Charles IX.

(2) V. à sa date l'édit de janvier 1572. Celui-ci n'est qu'une répétition.

(3) V. à sa date la note sur l'édit du 13 janvier 1567. — Celui-ci avait pour objet de prévenir et de réprimer les *excès et pilleries* commis par les officiers d'ordonnance qui, quoique gentilshommes, ont commis, dit l'édit, *autant ou plus de pilleries sur nos subjets que les estrangers et vagabonds.*

(4) Le motif de l'édit de 1572 était de remédier aux abus qui provenaient des placemens à intérêts trop élevés. La révocation de cet édit n'est pas motivée.

N° 187. — ÉDIT *sur la juridiction des baillis, prévôts et sénéchaux* (1).

Vincennes, 17 mai 1574; reg. au parl. 1er juillet. (Vol. 29, f° 163. — Font. I, 199. — Joly, II, 846.)

N° 188. — LETTRES *patentes qui constituent la reine mère, régente du royaume, pendant la maladie du roi, et jusqu'au retour du roi de Pologne* (2).

Au château de Vincennes, 30 mai 1574, à huit heures du matin; reg. au parl. 3 juin. (Vol. 2 G, f° 131. — Font. II, 22.)

CHARLES, etc. Considérant qu'il est très nécessaire de pourvoir aux affaires qui se présentent ordinairement, tant au dedans que dehors le royaume, pour l'entretenement, grandeur, et conservation de ceste couronne, n'y pouvant vacquer ny entendre, ainsi qu'il est requis, pour raison de l'indisposition et maladie, de laquelle nous sommes à présent détenus; et que pour cest effet nous ne sçaurions faire élection de personne, sur laquelle nous nous puissions plus reposer, que sur la royne nostre très honorée dame et mère, et qui avec plus de zèle et affection embrasse ce qui nous touche, et cest estat : tant pour l'amitié maternelle qu'elle nous porte, que pour la longue expérience qu'elle a eue de la direction et maniement des affaires de ce royaume, depuis nostre minorité jusques à présent, qu'elle y a esté appelée du consentement et réquisition de l'assemblée générale des estats, qui fut faite après le décez du feu roy François nostre très-cher seigneur et frère.

Pour ces causes, et autres grandes considérations à ce nous mouvans, et de nostre propre mouvement, pleine puissance et authorité royale, nous avons Donné et donnons à la royne nostredite dame et mère.

Plein pouvoir, puissance et authorité d'ordonner et commander aux princes, tant de nostre sang, qu'autres, noz cours de parlement, mareschaux de France, gouverneurs de province, noz lieutenans généraux, capitaines des cent gentils-

---

(1) V. à leur date les édits du 15 juin 1536, 16 juin 1554 et juin 1559, dont celui-ci n'est qu'une confirmation.

(2) Charles IX étant mort le même jour, les lettres de régence furent expédiées à Henri III, qui les confirma jusqu'à son retour en France par déclaration du 15 juin. V. ci après.

hommes de nostre maison, et de noz gardes, baillifs, sénes-chaux, et autres nos justiciers et officiers, et généralement à tous nos subjects, de quelque qualité et condition qu'ils soyent, tout ce qu'elle verra et cognoistra estre bon, utile, et nécessaire pour la conservation de cest estat : faire et ordonner toutes les des-pesches qu'elle adviscra devoir estre faites, tant dedans que de-hors nostre royaume. Voulans que noz conseillers et secrétaires d'estat, ayent à luy obeïr, et faire ce que par elle leur sera com-mandé, tout ainsi que si c'estoit par nous mesmes, et que le sem-blable soit fait par elle pour le faict de noz finances, comman-dant par exprez au thrésorier de nostre espargne, de ne bailler aucunes assignations, ne faire aucun payement, que par son ex-prez commandement : exhortant et admonnestant tous les arche-vesques, évesques et prélats de cedict royaume, de continuer en leur devoir et office, ainsi qu'ils ont fait jusques à présent.

Et où il plairait à Dieu faire sa volonté de nous, et nous ap-peller à soy, sçachant qu'après nous, ne laissant point d'hoirs masles, par les loix de tout temps observées en cedit royaume, le roy de Polongne, nostre très-cher et très-amé frère, est ap-pellé à la succession de ceste couronne, en attendant son retour dudit royaume de Polongne : et afin qu'un chacun se contienne en son devoir et office, et pour lui faire rendre l'obéissance qui lui sera deuë, nous avons par mesme moyen dit, déclaré et or-donné, disons, déclarons, voulons, ordonnons et nous plaist (1).

Que la royne et nostredite dame et mère, ait toute puissance et authorité, d'ordonner et commander à tous nosdits subjects, de quelque qualité qu'ils soient, tout ce qu'elle verra et cognoistra de-voir estre fait, pour faire rendre l'obéissance qui sera deuë au roy de Polongne nostredit frère, faisant chastier et punir par noz cours de parlement, et autres noz juges et officiers, tous ceux qui seront désobeïssans à leur roy et prince : faisant assembler s'il en est besoin, toutes les forces, tant de gens à cheval que de pied, qui sont de noz ordonnances et à nostre solde, et tous noz autres subjects, de quelque qualité et condition qu'ils soient : ausquels nous enjoignons très-expressément d'obéir à ce qui leur sera ordonné et commandé par la royne nostredicte dame et mère

---

(1) La succession a la couronne étant réglée en France par la loi constitu-tionnelle, le prince régnant ne peut donc ordonner le contraire par loi ou tes-tament.

tout ainsi qu'ils feroient à nostre propre personne, et à celle du roy de Polorgne nostredit frère.

Si donnons en mandement, etc.

Par le roy, monseigneur le duc d'Alençon, son frère, le roy de Navarre, le cardinal de Bourbon, le chancelier et autres présens.

FIN DU RÈGNE DE CHARLES IX.

TROISIÈME RACE.

ORDONNANCES DES VALOIS.

RÈGNE DE HENRI III,

PUBLIÉ PAR M. ISAMBERT.

RECUEIL GÉNÉRAL

DES

ANCIENNES LOIS FRANÇAISES,

DEPUIS L'AN 420, JUSQU'A LA RÉVOLUTION DE 1789;

PAR MM.

ISAMBERT, Avocat aux Conseils du Roi et à la Cour de cassation;
DECRUSY, Avocat à la Cour royale de Paris;
TAILLANDIER, Avocat aux Conseils du Roi et à la Cour de cassation.

« Voulons et Ordonnons qu'en chacune Chambre de nos Cours de
« Parlement, et semblablement ez Auditoires de nos Bailifs et Sé-
« néchaux y ait un livre des Ordonnances, afin que si aucune
« difficulté y survenoit, on ait promptement recours à icelles. »
Art. 79 de l'Ordonn. de Louis XII, mars 1498, 1re de Blois.)

TOME XIV.

IIe PARTIE.

MAI 1574. — AOUT 1589.

PARIS,
BÉLIN-LEPRIEUR, LIBRAIRE-ÉDITEUR.
RUE PAVÉE-SAINT-ANDRÉ-DES-ARTS, N° 5.

VERDIÈRE, LIBRAIRE, QUAI DES AUGUSTINS, N° 25.

JUIN 1829.

PARIS, IMPRIMERIE DE E. POCHARD,
RUE DU POT-DE-FER, N° 14.

ORDONNANCES
DES
VALOIS.

BRANCHE DES VALOIS-ANGOULÊME.

HENRI III

Succéda à Charles IX, son frère, le 30 mai 1574, à l'âge de 23 ans, étant né le 19 septembre 1551, sacré et couronné à Rheims le 15 février 1575, mort assassiné et sans enfans le 2 août 1589.

CHANCELIERS ET GARDES DES SCEAUX ; — René de Biragues, chancelier par continuation ; — Honoraire au mois de septembre 1578 ; — Hurault de Cheverny, garde des sceaux au mois de septembre 1578, chancelier à la mort du précédent, le 26 novembre 1583, renvoyé dans ses terres au mois d'août 1588 ; — François de Montholon, avocat, nommé garde des sceaux par lettres du 6 septembre 1588, vérif. le 29 septembre (1).

N° 1. — DÉCLARATION *qui confirme les lettres de régence accordées à la reine-mère par le feu roi* (2).

Cracovie, 15 juin 1574 ; reg. au parl. le 15 juillet. (Vol. 2 C, f° 165. — Font., 21, 23.)

---

(1) V. ces lettres à leur date et la note.
(2) V. ci-devant à la date du 30 mai. Henri III, n'étant encore que duc d'Anjou, avait été élu roi de Pologne et grand duc de Lithuanie, le 9 mai 1573, couronné en cette qualité, à Cracovie, le 15 février 1574. Ce fut dans cette ville qu'il reçut la nouvelle de la mort de son frère et la nomination de la reine-mère, comme régente. Il la confirma dans cette charge jusqu'à son retour à Paris, et prit dès-lors le titre de roi de France et de Pologne, qu'il conserva jusqu'à la fin de son règne, bien que les Polonais, dès qu'il se fut enfui avec ses mignons, de leur pays, eussent élu, pour le remplacer, Étienne Battori, prince de Transilvanie. En général, le cumul des souverainetés est contraire au bien des peuples, quand les deux états ne peuvent se fondre en un seul. (Séparation du Brésil et du Portugal en 1826.)

N° 2. — ORDONNANCE *de la reine régente sur la police et discipline des gens de guerre et sur la répression des excès commis par eux* (1).

Paris, 5 juillet 1574. (Font., IV, 839.)

De par la royne mère du roy, régente en France.

LADICTE Dame Royne, étant bien informée que les gens de guerre font et exercent ordinairement, à son très-grand regret et déplaisir, plusieurs pilleries, violences, et oppressions sur le peuple, contre et au préjudice des bonnes et louables Ordonnances et Reiglemens qui ont été sur ce faicts par les feux roys mêmes le dernier décédé (que Dieu absolve) et l'ordre que depuis son trépas elle y a voulu donner : désirant encore sur toutes choses rechercher les moyens de pourveoir et remédier auxdites insolences et vexations, et faire discipliner lesdits gens de guerre le mieux qu'il luy sera possible, pour le bien des affaires du roy, repos et soulagement de ses subjets.

(1) Elle ordonne et enjoinct à tous capitaines, lieutenans, enseignes, et autres chefs, et ayans charge et conduitte desdits gens de guerre, tant de cheval que de pied, que d'orénavant ils n'ayent à partir de leurs garnisons, ny des armées, ou autres lieux et endroicts esquels ils seront, pour aller et passer en autre lieu, sans en avoir commandement valable.

(2) Veut et entend aussi ladite dame, qu'auparavant partir s'acheminer où ils voudront aller, ils en advertissent les gouverneurs et lieutenans généraux des provinces, par les gouvernemens et charges desquels ils auront à passer. Ausquels gouverneurs et lieutenans généraux ladite dame Royne mande, et donne aussi très-expressément, que, suyvant ce qui leur en a esté cy-devant commandé, ils envoyent incontinent quelque gentilhomme, ou sage et advisé personnage, au-devant, pour recevoir lesdits gens de guerre, ainsi qu'ils entreront en chacun d'iceux gouvernemens et charges, les conduire et mener, et leur faire bailler et administrer estappes de vivres par les lieux où ils passeront, en payant modérément, et selon les taxes qui en seront faites par lesdicts gouverneurs ou leurs lieutenans généraux, ou bien par les juges des lieux.

(3) Et à fin qu'ils sçachent quel chemin ils devront tenir

---

(1) V. à leur date les édits de janvier 1514 et 12 novembre 1549.

lesdits gouvernemens, les noms des lieux où ils devront ..er, et les journées qu'ils auront à faire : iceux gouverneurs .. lieutenans généraux en envoyeront un mémoire par écript ..sdicts capitaines, chefs et conducteurs desdits gens de guerre, ..en bailleront autant à celuy qui ira pour les recevoir et accom- ..gner.

(4) Voulant et ordonnant aussi ladite Dame, que lors que ..eux gens de guerre marcheront, ils aillent et soyent tous en .. ordre, en une même troupe, portans les hocquetons et ca- ..ques de livrées sans s'écarter à droicte ni à gauche, ny faire ..cune file : les enseignes, guidons, et cornettes arborées, lo- ..ans par bulletins de leurs maréchaux des logis et fourriers : ..squels il est très-expressément enjoinct tenir bon registre, de ..s lesdicts logis qu'ils feront, et des noms des personnes par- ..iculièrement qui logeront en chacune maison, et où ils lais- ..t les bulletins desdits fourriers à leurs hôtes : et qu'ils se ..mportent sans faire aucune foule ou oppression au peuple, ..r peine ausdicts capitaines et chefs qui contreviendront à ceste ..ente ordonnance d'être cassez eux et leursdictes compagnies, ..t tenus pour indignes de jamais commander, et porter les ar- ..es ; et à ceux qui s'écarteront et marcheront autrement, d'être ..nis de mort, et sans aucune forme ni figure de procès, s'ils ..uvent être pris par la justice.

(5) Et pour ce qu'il y en a plusieurs qui se renomment des ..mpagnies de gens de guerre entretenues par le roy, et qui tou- ..fois n'en sont point : mais au contraire prennent ce tiltre ..our couvrir plus aysément les pilleries, foulles et oppressions ..'ils font audict peuple : si telles gens ne peuvent être appré- ..endez par les officiers de la justice, ladicte dame Royne veut et ..charge ausdicts gouverneurs et lieutenans généraux, sur leur ..onneur, et le désir qu'ils ont de faire chose agréable au roy, et ..elle, qu'avec les forces qu'ils auront, et autres qu'ils pourront ..sembler des communes, à son de tocq-sainct et autrement, ils ..ur courent sus, et les taillent en pièces.

6) En chargeant et ordonnant aussi à ceste fin ladicte Dame, ..tous prévôts de Messieurs les maréchaux de France, et pro- ..inciaux de ce royaume, et aux lieutenans criminels et de robbe ..courte, establis desdictes villes, faire chacun en son égard gar- ..der, observer et entretenir de poinct en poinct la présente or- ..donnance, sur peine d'être eux-mêmes aussi cassés et destitués ..de leurs charges : leur permettant pour l'exécution de ce que

dessus, d'assembler pareillement à son de tocq-sainct, ou autrement, toutes et quantes-fois que besoin sera, ledit peuple, et les communes des villes et villages, pour courir sus ausdicts gens de guerre, abuzans comme dessus, et les mettre et tailler en pièces, quand lesdicts prevôts ne pourront être assez forts pour les appréhender, et en faire la justice.

Laquelle ordonnance ladicte dame Royne veut et mande aux baillifs, sénéchaux, prevôts, et tous autres juges, ou leurs lieutenans, faire lire et publier chacun en son ressort, à son de trompe et cry public, par les lieux et en droits de leurs ressorts et jurisdictions accoutumés à faire cris et publications, et d'icelle laisser ou envoyer copie collationnée à l'original aux marguilliers de chacune des paroisses de leursdits ressorts, pour la monstrer et en faire apparoir aux capitaines et gens de guerre, à ce que personne n'en prétende cause d'ignorance.

N° 3. — Lettres *de confirmation des privilèges des marchands de vins, taverniers et cabaretiers de Paris.*

Paris, juillet 1574; reg. au parl. le 7 septembre. (Vol. 2 H, f° 1.)

N° 4. — Déclaration *qui défend de transporter l'or et l'argent hors du royaume.*

Paris, 26 juillet 1574; reg. en la cour des monn. le 14 décembre. (Reg. des monn. T, f° 35.)

N° 5. Déclaration *sur le mode d'un impôt de deux millions à lever sur le clergé de France.*

Paris, 30 juillet 1574; reg. au parl. le 9 août. (Vol. 2 G, f° 198.)

N° 6. — Déclaration *qui enjoint à toutes personnes d'ouvrir leurs caves une fois l'an aux fermiers de l'impôt de 5 sous par chaque muid de vin.*

Lyon, 28 août 1574; reg en la cour des aides le 23 septembre. (Corbin, rec. des aides, p. 734.)

N° 7. — Lettres *qui confirment dans leurs offices les officiers de la chambre des comptes, créés à l'occasion du joyeux avènement.*

Lyon, 1er septembre 1574. (Carton des archives du royaume, à l'hôtel Soubise.

V.e GUERRE CIVILE.

PREMIÈRE DU RÈGNE.

SEPTEMBRE 1574. — MAI 1576 (1).

N° 8. — DÉCLARATION *qui défend l'exportation des bleds et autres grains hors du royaume, sans la permission expresse du roi* (2).

Lyon, 25 septembre, 1574. (Font., I, 791. — Traité de la pol. livr. 5, tit. 14, chap. 6, 961.)

N° 9. — LETTRES *confirmatives des privilèges des marchands qui fréquentent les foires de Lyon.*

Lyon, octobre, 1574; reg. au parl. le 30 décembre. (Vol. 2 II, f° 22.)

N° 10. — LETTRES *qui confirment à Diane, légitimée de France, femme du duc de Montmorency, pair et maréchal de France, le don du duché de Châtellerault* (3).

Lyon, octobre, 1574; reg. au parl. le 15 mars en la ch. des compt. le 22 mars 1575. (Vol. 2 II, f° 61.)

---

(1) V. à cette date l'édit de pacification. — Cette guerre est, à proprement parler, le début de la *Ligue*. Dans le principe, la marche de cette faction fut si obscure qu'on ne peut déterminer d'une manière précise, par quel acte elle s'insurgea contre l'autorité royale. Elle se forma de quelques catholiques mécontens qui s'autorisèrent de l'emprisonnement des maréchaux de Cossé et de Montmorency, pour se fortifier dans leurs gouvernemens. D'un autre côté les protestans indignés de l'exécution de Montgomeri, un de leurs chefs et meurtrier involontaire de Henri II, ouvrirent plusieurs conférences, dont la plus célèbre est celle de Millaud. On y décida que les églises protestantes s'imposeraient pour fournir au prince de Condé de quoi lever une armée en Allemagne. (Anquetil, Espr. de la ligue, tom. 1.er, p. 364.)

(2) Cette déclaration est fondée sur l'extrême cherté et nécessité des grains et bleds pendant les années précédentes et sur la crainte d'une disette.

(3) Ce duché avait été donné en usufruit à Diane, par édits de juillet 1551 et 18 janvier 1573. — V. ci-après note sur les lettres de février 1576.

N° 11. — LETTRES-PATENTES pour l'enregistrement d'une bulle du pape, qui permet l'aliénation du temporel des ecclésiastiques (1).

Lyon, 20 octobre 1574; reg. au parl. le 4 et 22 novembre. (Vol. 2 H, f. Font., IV, 559.)

N° 12. — LETTRES-PATENTES qui accordent à Elisabeth d'Autriche, veuve de Charles IX, la jouissance du duché de Berry, pour son douaire.

Avignon, 25 novembre 1574, reg. au parl. le 15 décembre. (Vol. 2 H, f.)

N° 13. — DÉCLARATION qui exempte les ecclésiastiques de toute contributions et du logement des gens de guerre (2).

Avignon, 23 décembre 1574, reg. au parl. le 5 mai 1574. (Vol. 2 H, f. Font., IV, 606.)

N° 14. — DÉCLARATION sur le dernier ressort des jugemens rendus par les juges présidiaux et attribution au grand conseil des contraventions à cette déclaration (3).

Avignon, 27 décembre 1574, reg. au parl. le 5 décembre 1577. (Font. I, Néron, I. — Joly, II, 1002.)

HENRI par la grace de Dieu, roy de France et de Pologne. Nous avons été advertis, que combien que par nos ordonnances faictes à Moulins, au mois de février 1566, publiées par toutes nos Cours de Parlement, ait été expressément défendu à nosdites Cours prendre cognoissance par évocation d'appel comme d'abus, ou autrement, des jugemens donnés par nos juges d'

---

(1) La bulle du pape se fonde sur ce que le malheur des tems et les guerres civiles qui ont ravagé le royaume et qui ont eu pour objet le maintien de la religion catholique, ont ruiné les finances du roi. — La bulle donne à Charles IX le nom de roi d'illustre mémoire, claræ memoriæ.

(2) V. l'ordonnance de saint Louis, mars 1268, à sa date; du roi Jean, 1355; de Charles VI, mars et avril 1418; de François Ier, mars 1522; de Henri II, 8 mars 1547; de Charles IX, 18 octobre 1563; ci-après les lettres du 20 mars 1577; et l'ordon. de Blois, art. 56, 57 et 58; les ecclésiastiques sont encore exempts de cette charge par un privilège tacite, résultant de ce que l'établissement fournit un logement qui est une espèce de maison publique.

(3) V. l'édit d'institution des sièges présidiaux à la date de janvier 1551, l'ordon. de Moulins, 1566, et ci-après les édits de juillet 1580, mai et juin 1586, de Henri IV, juin 1596.

...gistrats présidiaux; és cas esquels suivant l'établissement de ... juridiction ils peuvent juger en dernier ressort, et aux ... des seaux en nos Chancelleries, d'en octroyer relief d'ap... enjoignant à nosdites Cours d'en dénier toute audience aux ...ties, toutesfois plusieurs personnages de mauvaise foy, vou... empêcher l'exécution de tels jugemens donnés contre eux, ... interjectent appellation, et la relèvent en nosdites Cours; ...cunes desquelles, souz prétexte de vouloir recognoître sur les ...océdures, si lesdits jugemens sont des cas que lesdits juges ...sidiaux peuvent juger en dernier ressort, encore qu'il en ap...roisse suffisamment par la lecture d'iceux, commandent aux ...ffiers desdits présidiaux, d'apporter és greffes de nosdites ...ours lesdites procédures, et les y contraignent par adjourne...mens personnels, prises de corps, et condamnations d'amendes: ... lesdites procédures apportées ausdits greffes, reçoivent les ...rties appellantes à introduire en nosdites Cours lesdites ma...ières d'appel qui par après demeurent immortelles et indécises, ...on que les parties intimées délaissent tous leurs autres né... ces, pour aller ès villes où sont établies nosdites Cours, en ...ire la poursuite à si grands fraiz, et avec tant d'incommodité, ...u'ils aiment mieux quitter leur bon droict.

Et si lesdits juges présidiaux mulctent d'amendes, ou autre...ent tels frivols appellans, pour les contraventions qu'ils font ...n ce faisant à nos édicts, nosdites Cours cassent et révoquent ...sdites condamnations, travaillant par adjournemens person...els, et condamnations d'amendes lesdits présidiaux, demeu...ans par telles entreprises l'edict de l'érection d'iceux, et nos... ordonnances de Moulins enfraintes à la grande foule et ...ppression de notre pauvre peuple, lequel par ce moyen paye les ...ges dedits juges présidiaux, et ne jouyt néantmoins du fruict ...e l'établissement d'iceux.

Pour à quoy remédier, de l'advis de notre conseil, avons dit, ...éclaré, statué, voulu et ordonné, disons, déclarons, statuons, ...oulons, ordonnons et nous plaist.

(1) Que d'orénavant lesdits juges et magistrats présidiaux dé...clareront et spécifieront dedans leurs sentences et jugemens de ...dernier ressort, tant civils que criminels, qui sont donnez en der...nier ressort, et és cas de l'edict, soit au moyen de la restraincte ...ou autrement, ainsi qu'il est porté par nosdites ordonnances.

Ce faisant avons défendu et défendons à nosdites cours de ...parlement, recevoir aucun appellant desdites sentences et jugemens, et aux maistres de requestes ordinaires de nostre h[otel] ou autres ayans la garde des seaux de nos chancelleries, en e[xpé]dier aucun relief d'appel.

(2) Et si par inadvertance, surprise ou autrement, a[ucuns] desdits reliefs d'appel estaient expediez, enjoignons à tous h[uis]siers ou sergens, ausquels ils seront presentez, qu'auparav[ant] les exécuter, ils les présentent ausdits juges et magistrats p[rési]diaux, desquels lesdits jugemens seront donnez ès assemblée [de] la chambre du conseil. Lesquels, vérification préalable fa[ite] tant par la bouche du rapporteur, que sur le registre des dé[cla]rations, si lesdits jugemens sont donnez en dernier ressort, i[ls] le déclareront et en feront acte signé de leur greffier, au dos [du]dit relief d'appel.

Après laquelle déclaration, nous défendons très-expres[sément] à tous huissiers ou sergens l'exploicter, et à nosdites cou[rs de] parlement, laxer aucunes contraintes contre les greffiers de[s] présidiaux, pour leur faire apporter les procez ès greffes de [nos]dites cours, soit sous prétexte de vérifier s'ils sont des ca[s de] l'édict, ou autrement ne punir d'amende les parties qui les [fe]ront exécuter. Leur enjoignant d'adjouster pleine et entière [foi] à ce qu'en sera déclaré par lesdits jugemens et actes endo[ssés] sur ledit relief d'appel.

(4) Et où nosdites cours de parlement donneraient aucun[s ar]rests ou jugemens contraires; nous les avons dès à présent c[omme] pour lors, et dèslors comme dès à présent cassez et mis au né[ant] défendant à toutes parties relever et poursuivre telles appel[la]tions, ne s'aider de semblables arrests.

Et où au préjudice de ceste nostre présente ordonnance, a[u]cun entreprendrait faire exécuter lesdits reliefs d'appel, arr[ests] et jugemens dessusdits, enjoignons ausdits magistrats et ju[ges] présidiaux, les empescher, mulcter les contrevenans d'amen[de] et autres punitions, selon l'exigence des cas, nonobstant oppo[si]tions ou appellations quelconques. Ce que nous entendons a[ussi] estre observé et gardé ès jugemens exécutoires par provision, [en] ce qui touche l'érection provisionnelle tant seulement et non a[u]trement.

(5) Et si pour raison de ce, et au comptant de nos présen[tes]

---

(1) D'après l'art. 453 du Code de procédure, les déclarations faites par [les] juges inférieurs qu'ils ont statué en dernier ressort, ne sont pas un obstacl[e à] l'appel dans les cas de droit.

...bitions, nosdites cours de parlement travaillaient lesdits juges présidiaux, greffiers et parties, par adjournemens personnels, décrets de prise de corps, condamnations d'amendes, ou autrement : Voulons, ordonnons, et nous plaist, que lesdits juges, greffiers et parties, se pourvoyent pour la réparation de tels jugemens et arrests de nosdites cours, pardevant les gens tenans nostre grand conseil (1). Ausquels nous en avons attribué et attribuons toute cour, jurisdiction et cognoissance : leur mandant et enjoignant pourvoir à ce que dit est, sur les simplez requestes qui leur en sont présentées, et punir les parties contrevenantes à ceste nostre présente ordonnance, par amendes arbitraires, et autrement, ainsi qu'ils verront estre à faire par raison.

Si donnons en mandement, etc.

N° 15. — ÉDIT *de création d'un maître de chaque métier, dans les villes et bourgs du royaume où il y a maîtrise et jurande, à l'occasion de l'avènement du roi à la couronne* (2).

Dijon, février 1575, reg. au parl. le 24 mars. (Vol. 2 H, f° 69.)

N° 16. — LETTRES *de confirmation des privilèges accordés aux descendans d'Eudes le maire, dit Chalo St.-Mas* (3).

Paris, mars 1575.

N° 17. — DÉCLARATION *pour les privilèges des oiseleurs de Paris* (4).

Paris, 26 mars 1575, rég. au parl. le 11 mars 1577. (Blanchard, compil. chron., I, 1034.)

N° 18. — ÉDIT *qui enjoint aux courtiers de vins de Paris de venir au marché à jour et heure fixes* (5).

Paris, avril 1575, reg. au parl. le 12 avril 1581. (Vol. 2 L, f° 429.)

---

(1) Aujourd'hui cette attribution est dévolue à la Cour de cassation par voie de règlement de juges ou de dénonciation ministérielle, ou de pourvoi des parties.

(2) On trouve des édits semblables à l'occasion du mariage du roi, de l'avènement de la reine et aussi de son mariage. — Henri III est un des rois qui a le plus vendu les offices et les privilèges.

(3) Ces privilèges remontent à une charte de Philippe Ier mars 1085). V. à sa date dans notre recueil; ils sont rappelés dans une ord. de François I, février 1543, art. 10.

(4) Nous n'avons pu retrouver le texte de cette déclaration.

(5) Cet édit est une confirmation, à l'égard des courtiers de vins, de celui

N° 19. — **Lettres-patentes** qui reconnaissent les statuts des musiciens, zélateurs et amateurs de musique, établis à Paris dans l'église des Augustins.

Paris, mai 1575, reg. au parl. le 27 juin. (Vol. 2 H. f° 1;6.)

N° 20. — **Ordonnance** sur les droits et privilèges du premier barbier et chirurgien du roi (1).

Paris, mai 1575, reg. au grand conseil, les 23 et 2? juillet 1578. (Font., IV. 6?)

N° 21. — **Lettres-patentes** qui approuvent les statuts des maîtres, gardes et confrères de draperie à Paris.

Paris, mai 1575, reg. au parl. le 13 décembre. (Vol. 2 H, f° 446.)

N° 22. — **Edit** de création d'offices de notaires, garde-notes en chaque baillage, sénéchaussée et siège royal (2).

Paris, mai 1575, reg. au parl. le 13 juin. (Vol. 2 H., f° 154. — Font. 1, ?— July II, 1714.

N° 23. — **Edit** qui supprime l'office unique de grand maître enquêteur et réformateur des eaux et forêts, et qui crée en remplacement six officiers pareils, et six huissiers au siège de la table de marbre du palais à Paris (3).

Paris, mai 1575, reg. au parl. le 10, et en la ch. des compt. le 21 juin. (Vol. 1 H. f° 158. — Font. II, 510. — Beaudrillart, f° 17. — St-Yon. — Rousseau.

---

de Charles VIII, du 3 juillet 1497 (V. à sa date). V. aussi l'ordon. du roi Jean, 30 janvier 1350; de Charles VI, février 1415, toutes les deux insérées à leur date dans ce recueil, et le décret impérial du 15 décembre 18?

(1) Cette ordonnance accorde au premier barbier du roi et à ses successeurs, le droit de surveillance sur tous les barbiers du royaume, la faculté de se nommer un lieutenant en chaque ville et de recevoir, par lui ou ses lieutenans, le serment de tous ceux qui se destinent au même état.

(2) V. ci-devant l'ordonnance d'Orléans, art. 83, et ci-après les lettres du 29 avril 1578. L'objet de cet édit était la conservation des actes et registres des notaires, pour les représenter aux parties sur leur demande. Il était enjoint aux veuves et héritiers des notaires décédés de bailler et délivrer auxdits officiers toutes notes, minutes, prothocoles et registres qui seront en leur possession; aux curés, vicaires et autres personnes ayant reçu et passé aucuns testamens et codiciles, de les porter, dans les huit jours de la mort des testateurs, auxdits notaires, à peine d'amende arbitraire, etc. — Cette ordonnance paraît renfermer l'origine des répertoires exigés par la loi du 25 ventose an XI.

(3) Cet édit est purement bursal.

DE BIRAGUES, CHANCELIER. — JUILLET 1575.

24. — LETTRES-PATENTES qui défendent d'exposer dans le commerce aucunes pièces de six-blancs, trois-blancs, douzains, trazains et dixains.

Paris, 1ᵉʳ juin 1575, reg. en la Cour des Monn., le 26 juillet. (Reg. cour des Monn. T, f° 75.)

25. — DÉCLARATION portant que les poids et mesures du royaume seront réduits à une règle uniforme pour tout le royaume (1).

Paris, 14 juin 1575, reg. le 4 juillet. (Blanchard, Compil. Chronolog. I, 1059.)

26. — ÉDIT de création de quatre arpenteurs et priseurs jurés en chaque juridiction du royaume (2).

Paris, juin 1575, reg. au parl., le 4 juillet. (Vol. 2 H, f° 174. — Font. IV, 840.)

27. — RÈGLEMENT général pour la police et l'entretien des gens de guerre (3).

Paris, 1ᵉʳ juillet 1575. (Font. III, 122.)

28. — ÉDIT qui réunit les offices de sergens à verge au Châtelet de Paris, à ceux de maîtres-priseurs vendeurs de meubles (4).

Paris, juillet 1575, reg. au parl. le 7 septembre. (Vol. 2 H, Font. I. 512.)

29. — DÉCLARATION qui autorise le cours dans le royaume, des monnaies fabriquées à Dombes, par le duc de Montpensier.

Paris, 16 juillet 1575, reg. au parl., le 7 septembre, et en la cour des Monn., le 23 mai 1576. (Vol. 2 H, f° 305. — Reg. cour des Monn., T. f° 107.)

---

(1) V. à sa date l'édit de Louis XII, du 10 octobre 1508, de Henri II, octobre 1557, et dernier août 1558. — Cet édit, quoique mentionné enregistré par la table chronologique de Blanchard, ne se trouve point dans les recueils du parlement. — V. la loi du 22 mai 1790, qui a enfin mis à exécution le système de l'égalité des poids et mesures.

(2) Le motif de cette création est que ceux qui s'entremettaient de l'arpentage des terres n'étaient entendus ni expérimentés, et commettaient des abus et malversations.. — V. à leur date les lettres de Louis le Gros, de 1115, qui commettent Leiguesin pour arpenter toutes les terres du royaume, et en 1556, l'édit d'institution des priseurs-vendeurs.

(3) V. la note sur l'ordonnance du 13 janvier 1567. Celle-ci veut qu'avant de faire aucun mouvement d'une ville à une autre, les capitaines des compagnies en préviennent les gouverneurs de provinces. — V. ci-devant l'ord. de la régente du 5 juillet 1574.

(4) V. à sa date l'édit d'institution des priseurs vendeurs, (février 1556).

N° 30. — LETTRES-PATENTES *qui évoquent et réservent au roi et à son conseil privé, la connaissance des procès relatifs au clergé* (1).

Paris, 1er août 1575. (Font. IV, 560. — Rec. cassat. 2, in-12.)

N° 31. — EDIT *sur la revendication des biens distraits du domaine de la couronne* (2).

Paris, août 1575, reg. au parl., le 7 septembre. (Vol. 2 H., f° 297.)

N° 32. — EDIT *qui défend pendant un an à toutes personnes de vendre leurs biens, sous peine de confiscation* (3).

Paris, 22 août 1575, reg. au parl. le 7 septembre. (Vol. 2 H, f° 300. — Font. IV 306.)

N° 33. — EDIT *qui défend de lever aucun impôt sans la permission expresse du roi* (4).

Paris, septembre 1575, reg. en la cour des aides, le 20 février 1578. (Reg. cour des aides.)

N° 34. — LETTRES-PATENTES *par lesquelles le roi rétablit la mémoire de Jacques de Coucy, seigneur de Vervins, et celle d'Oudard Dubiez, maréchal de France* (5).

Paris, septembre 1575, reg. au parl. le 1er octobre. (Dupuy, sur l'Histoire de France, p. 502.)

N° 35. — DÉCLARATION *interprétative de l'édit de mai 1567* (6), *sur les successions.*

Paris, 25 octobre 1575, reg. au parl. de Provence, le 24 mai 1576. (Suite des arrêts de Boniface, tit. 3, liv. 1, lit. 21, chap. 1er.)

___

(1) Jusque là ces affaires rentraient dans les attributions du grand conseil. — L'ordonn. ne donne pas les motifs de ce changement. — V. l'édit d'institution du grand conseil, sous Louis XII, 13 juillet 1498.

(2) V. l'ord. de 1566 sur le domaine. — Celle-ci porte que les acquéreurs du domaine de la couronne aliéné seront tenus de fournir un supplément de prix, sous peine de voir remettre en vente les parties du domaine par eux acquises. C'est une espèce d'impôt forcé.

(3) Le motif de cette prohibition, tout-à-fait contraire au droit naturel de propriété, est que la défiance qui agitait les esprits portait un grand nombre de personnes à vendre leurs héritages, à vil prix et qu'ils employaient le prix à fomenter des troubles. Au lieu de s'opposer à l'enregistrement de cet édit, le parlement enjoignait aux substituts du procureur-général d'en poursuivre sévèrement l'exécution.

(4) V. à sa date l'ordonnance de François II, juillet 1560 et la note.

(5) V. les arrêts de condamnation, à la date du 21 juin 1549 et 26 juin 1554 (sous Henri II). L'un et l'autre avait été jugé par commission.

(6) C'est l'édit des mères ; v. à sa date. Cette déclaration porte qu'en Provence les parens issus du côté paternel succèdent aux biens des enfans paternels, exclusivement aux membres du côté maternel. — V. le Code civil de 1803, art. 752.

N° 36. — LETTRES-PATENTES *qui permettent à la reine de gouverner et administrer ses terres* (1).

Paris, 11 novembre 1575, reg. au parl. le 21. (Vol. 2 H, f° 418.)

N° 37. — ÉDIT *portant que les comptables en retard payeront l'intérêt au denier douze de toutes sommes excédant 200 livres.*

Paris, novembre 1575. (Mém. ch. des comp., 3o, f° 24.)

N° 38. — LETTRES-PATENTES *qui confirment les privilèges des maîtres chirurgiens de Paris* (2).

Paris, janvier 1576; reg. au parl. le 3 août. (Vol. 2 J., f° 404.)

N° 39. — DÉCLARATION *confirmative des droits de l'amiral de France sur les prises, etc.* (3)

Paris, 12 février 1576; reg. au parl. le 12 mars. (Vol. 2 H, f° 496. — Chap. de Doman., lib. 1", tit. 15, n° 12.)

N° 40. — LETTRES-PATENTES *qui accordent en don à Diane* (4), *légitimée de France, épouse de François de Montmorency, duc et maréchal de France, les duchés d'Etampes, Coucy, Follembray, Montluçon, Hérisson, Bourbon, Verneuil, etc., avec faculté de rachat perpétuel.*

Paris, février 1576; reg. au parl. le 17 mars, et en la ch. des compt., le 20 décembre. (Vol. 2 H, f° 499.)

N° 41. — LETTRES *de Jussion à la cour des monnaies, pour l'enregistrement de la déclaration qui autorise la circulation des monnaies frappées par le duc de Montpensier, à Dombes* (5).

Paris, 12 mars 1576, reg. en la ch. des monn. le 23 mai. (Reg. cour des monn. 2 T, f° 110.)

---

(1) C'est une autorisation royale, portant que la reine n'aura besoin d'autre provision et homologation.

(2) V. l'ordonnances de Philippe IV, novembre 1311, et la note.

(3) V. à sa date l'édit de François Ier, février 1543. Celui-ci n'est qu'une confirmation. Le code des prises de Lebeau ne le cite même pas.

(4) C'est une fille naturelle de Henri II et de Philippe Desducs, damoiselle de Coni.

(5) V. 16 juillet 1575. — On conçoit l'opposition de la cour des monnaies; c'étaient des monnaies étrangères.

N° 42. — **Déclaration** *qui défend à tous juges d'expédier [sous] leur nom aucunes lettres de chancellerie* (1).

Paris, 16 mars 1576, reg. au parl. le 23 juin. (Vol. 2 J, f° 53. — Font., I, Joly, I, 803. — Hist. de la chancel. I, 188.)

N° 43. — **Edit** *qui supprime les offices de priseurs vendeur[s de] meubles à Paris* (2).

Paris, avril 1576, rég. au parl. le 1er juin. (Vol. 2 J, f. 50.)

N° 44. — **Lettres-patentes** *qui reconnaissent au roi le d[roit] d'arrestation par commandement verbal et ordonnen[t la] mise en liberté du duc de Montmorency, pair et maré[chal] de France* (3).

Paris, avril 1576, rég. au parl. le 7 mai. (Vol 2 J, f° 28. — Duchesne, [hist. de] la maison de Montmorency, preuves, p. 301.)

Henri etc... Retournans de nostre royaume de Pologne et [arri]vans en France, nous trouvasmes nostre très cher et très [cher] beau frère François duc de Montmorency, pair et mareschal [de] France, prisonnier en nostre chasteau de la Bastille, à Pari[s,] par commandement *verbal* de feu nostre très cher seigneur [et] frère le roy Charles dernier décédé, que Dieu absolve.

Par quoy désirans sçavoir quelles pouvaient avoir esté les c[auses]

---

(1) Le motif de cette défense est, que les lettres de chancelleries dépendent [de] la seule autorité du roi et doivent estre dressées sous son nom et tiltre. — Il pa[ît] rait que l'expédition de ces lettres était lucrative pour le chancelier.

(2) V. l'édit de création à la date de février 1556 et la note. — Ils ont été [ré]tablis par l'ordonnance du 11 novembre, moyennant finance.

(3) Nous donnons cette pièce pour prouver dans quel état se trouvait alors [la] liberté individuelle, même des plus grands personnages, et l'extension q[ue] l'autorité royale avait reçue depuis un siècle, où les grands seigneurs avaient [le] droit de guerre, même à l'égard du roi. Le chancelier Poyet fut aussi arrêté [par] ordre du roi. Aujourd'hui le roi de France ne peut ordonner l'arrestation d'au[u]cun Français, et un tel ordre ne pourrait être exécuté à moins de flagrant [délit]. — Les précautions minutieuses que Henri III prit pour s'assurer de l'innoce[nce] du duc de Montmorency, prouvent combien les rois d'alors tenaient à l'exe[rcice] d'une prérogative aussi monstrueuse. — Le motif de l'arrestation du maré[chal] de Montmorency, ainsi que du maréchal de Cossé, c'est qu'il furent [soup]çonnés d'être membres de la conspiration de Saint-Germain en Laye (10 [mars] 1574) dans laquelle on tenta d'enlever le duc d'Alençon. (V. le dictionnaire [de] Moreri.)

…ions de cest emprisonnement, nous en fismes une grande et … inquisition, tant envers la royne nostre très honorée … et mère, vers les princes de nostre sang et lignaige de … très cher et féal chancelier et principaulx officiers de … couronne, conseilliers du conseil privé de nostredit frère, … autres personnes qui estaient près de luy au temps dudit … emprisonnement; et après que nostre dite dame et mère nous … fait entendre qu'elle n'avait jamais trouvé, en la personne … dit seigneur de Montmorency que grande fidélité envers nostre … seigneur et frère et nous, et une singulière dévotion à cette … couronne, sans avoir jamais sceu ni congneu les causes dudit … emprisonnement, et que tous les autres dessus nommés et cha-… d'eulx nous auraient dit, affirmé et attesté, sur leurs ser-… et service qu'ils nous doibvent, que nostre dit feu seigneur … frère ne leur avait jamais déclaré qu'il y eût aucune charge … contre ledit seigneur de Montmorency, et qu'ils n'avaient, pen-… nostre absence, ne oncques, vu ni entendu ez actions et dé-… dudit seigneur de Montmorency, chose qui peut … meu nostre dit feu seigneur et frère, à décréter ledit empri-… sonnement.

Nous aurions, d'abondant, fait recherche, en tous lieux, dont … pourrions estre advisés, s'il se trouveroit aucunes charges et … informations contre ledit emprisonnement, et avec toutes les … recherches qui en ont été faites ne s'est trouvé chose quelconque … qui pust apporter suspicion contre ledit seigneur de Montmo-… rency, et encore voulans essayer, si par le temps nous pour-… rions descouvrir la vérité des choses, nous avons sursis la déli-… vrance dudit seigneur de Montmorency, et enfin aurions voulu … ouyr pour entendre ce qu'il nous pourroit dire sur ledit em-… prisonnement; et après qu'il nous auroit affirmé, en paroles de … vérité, qu'il ne luy serait jamais tombé au cœur de faire ni dire … choses quelconques, contre la foy et obéissance qu'il devait à … nostre dit feu seigneur et frère et à sa couronne et état de son … royaume, et qu'il croiait n'avoir point esté emprisonné, de la … pure et simple volonté de nostredit feu seigneur frère, qui était … gisant au lit, griefvement malade, mais que ayant esté pré-… venu de faux rapports d'aucuns ennemis secrets dudit seigneur … de Montmorency, il aurait commandé ledit emprisonnement:

Pourquoy ne pouvons, de nostre part, avec droiture et justice, retenir icelui sieur Montmorency, plus longuement prisonnier.

Nous l'aurions mis hors de ladite Bastille et délivré de la garde en laquelle il estait sans ce que auparavant ni depuis, il soit venu en nostre congnoissance contre luy, chose digne de blâme ou répréhension.

Nous, à ces causes, par l'advis, conseil et délibération de la royne, nostre tres-honorée dame et mère des princes de nostre sang et autres princes seigneurs et gens de nostre conseil privé.

Avons adnullé et révoqué ledit emprisonnement fait de la personne dudit sieur de Montmorency et iceluy mis et mettons au néant et oultre déclaré et déclarons que la délivrance de sa personne a esté par nous faite, à pureté de justice, le tenant pour incoupable et innocent; tant envers notredit feu seigneur et frère et nous que envers l'État de nostre royaume sans que pour ny à l'occasion dudit emprisonnement, l'honneur et réputation dudit sieur de Montmorency soit ou puisse estre ores ni pour l'avenir tiré en doute ni suspicion, ni qu'il puisse estre travaillé en sa personne, honneur ou biens, pour raison ou à l'occasion de ce que dit est.

Si mandons etc.

N° 45. — Edit *de création au parlement de Paris, d'une chambre chargée de juger les procès et différens des protestans* (1).

Paris, mai 1576, reg. au parl. le 7 juin. (Vol. J. J. f 51.)

N° 46. — Edit *sur la pacification des troubles du royaume, les protestans, les religionnaires fugitifs, la convocation des États-Généraux, etc.* (2).

Paris, mai 1576, reg. au parl. le 14, et en la ch. des compt. le 16. (Vol. f° 61. — Font., IV, 307. — Rec. des traités de paix, II, 357.)

Henry, etc. Nous n'avons rien tant désiré depuis qu'il a pleu à Dieu nous appeler à ceste couronne, pour la singulière bienveillance et amour que nous portons à nos subjects, que de les re-

---

(1) V. ci-après les articles de la conférence de Nérac, art. 10, et ci-dessus l'édit de pacification, art. 18. — Il y a eu plusieurs autres ordonnances semblables. En Angleterre quand un étranger est accusé, on forme un jury mi-partie, on suspecte donc les nationaux.

(2) V. la note sur la 5e guerre civile, septembre 1574, et ci-après l'édit de Poitiers, septembre 1577.

...lier à une parfaite union et concorde, et les remettre en
... paix, tranquillité et repos, pour à quoy parvenir, après
... cherché tous moyens convenables à cest effect, et sur ce en
... avis, avec meure et grande délibération de la royne nostre
... honorée dame et mère, des princes de nostre sang, officiers
... nostre couronne; et autres seigneurs et notables personnages
... nostre conseil privé. Avons par cestuy nostre édict perpétuel et
... irrévocable, dict, déclaré et ordonné, disons, déclarons, sta-
... tuons et ordonnons ce qui s'ensuit :

(1) Que la mémoire de toutes choses passées d'une part et
... autre, dès et depuis les troubles advenus en nostredit
... royaume, et à l'occasion d'iceux, demeurera esteinte et as-
... soupie, comme de chose non advenuë : et ne sera loisible ny
... permis à nos procureurs généraux, ny autres personnes publiques
... ny privées quelconques, en quelque temps, ny pour quelque
... occasion que ce soit, en faire mention, procez ou poursuitte en
... aucune cour ou jurisdiction.

(2) Défendons à tous nos subjects de quelque estat et qualité
... qu'ils soient, qu'ils n'ayent à en renouveller la mémoire, s'atta-
... quer, s'injurier, ne provocquer l'un l'autre par reproche de ce
... qui est passé, en disputer, contester, quereller, ne s'outrager, ou
... offenser de fait ou de parolle, mais se contenir et vivre paisible-
... ment ensemble, comme frères, amis et concitoyens : sur peine
... aux contrevenans d'estre punis comme infracteurs de paix et
... perturbateurs du repos public.

(3) Ordonnons que la religion catholique et romaine sera remise
... et restablie en tous les lieux et endroicts de cestuy notre royaume
... et pays de nostre obéissance, où l'exercice d'icelle a esté inter-
... dis, pour y estre librement et paisiblement exercée, sans aucun
... trouble ne empeschement : défendant très expressément à toutes
... personnes, de quelque estat, qualité ou condition qu'elles soient,
... sur les peines que dessus, de ne troubler, molester ne inquiéter
... les ecclésiastiques en la célébration du divin service, jouis-
... sance et perception des dixmes, fruicts et revenus de leurs béné-
... fices, et tous autres droits et devoirs qui leur appartiennent,
... voulans que tous ceux qui durant les présens et précédens troubles
... se sont emparez des églises, maisons, biens et revenus apparte-
... nans ausdits ecclésiastiques, et qui les détiennent et occupent,
... leur en délaissent l'entière possession, et paisible jouyssance en
... tels droits, libertez et seuretez qu'ils avoient auparavant qu'ils
... en eussent esté dessaisis.

(4) Et pour ne laisser aucune occasion de troubles et differ[ends] entre nos subjects, avons permis et permettons l'exercice [pu]blic et général de la religion prétendue réformée par toutes villes et lieux de nostre royaume, et pays de nostre obéissance [et] protection, sans restriction de temps et personnes, ne pa[rtelle]ment de lieux et places, pourveu qu'iceux lieux et places [leur] appartiennent, ou que ce soit du gré et consentement des [vrais] propriétaires, ausquels ils pourroient appartenir, esquelles [villes] et lieux, ceux de ladite religion pourront faire presches, prie[res,] chants de psalmes, administration du baptesme, et de la C[ene,] publication et célébration de mariages, escholes et leçons [pu]bliques, correction selon ladite religion et toutes autres ch[oses] appartenans au libre et entier exercice d'icelle.

Pourront aussi tenir Consistoires et Synodes, tant provinc[iaux] que généraux, appellez nos officiers és lieux où lesdits syno[des] seront convoquez et assemblez : ausquels synodes généraux [et] provinciaux enjoignons à nosdits officiers d'assister, ou au[cun] d'eux. Et néantmoins voulons et ordonnons que ceux de la[dite] religion s'abstiennent dudit exercice public en nostre ville [de] Paris, faux-bourgs, et à deux lieues és environs d'icelle : [les]quelles deux lieues nous avons limitées et limitons aux lieux [qui] s'ensuivent : à sçavoir, Sainct-Denis, Sainct-Maur-des-Foss[ez,] pont de Charenton, le Bourg-la-Royne, et port de Nully. Esq[uels] lieux nous n'entendons qu'il soit fait aucun exercice de la[dite] religion, sans toutesfois que ceux d'icelle religion puissent e[stre] recherchez de ce qu'ils feront en leurs maisons, pour le fa[it de] ladite religion, ny les enfans, ou précepteurs d'iceux, contrai[nts] de faire aucune chose contre et au préjudice d'icelle. S'abstie[n]dront aussi de faire ledit exercice en nostre Cour, et à deux lie[ues] és environs : et pareillement en nos terres et pays qui sont de[là] les monts, esquels pays ne seront recherchez de ce qu'ils fer[ont] en leurs maisons pour ladite religion : espérant que Dieu [nous] fera la grace par la détermination d'un libre et sainct concile [gé]néral, de voir tous nosdits subjects réunis en une mesme [foy,] religion, et créance, comme est nostre désir et intention.

(5) Ne pourront en nostre royaume, pays, terres et seigne[u]ries de nostre obéissance, estre vendus aucuns livres, sans e[stre] premièrement veus par nos officiers des lieux, ou (pour le reg[ard] des livres concernans ladite religion) par les chambres cy-ap[rès] par nous ordonnées en chacun parlement, pour juger des ca[uses] et différends de ceux de ladite religion : défendant très expres[sément]

...nt l'impression, publication et vendition de tous livres, li-
...les et escrits diffamatoires, tant d'une part que d'autre, sur
...peines contenues en nos ordonnances : enjoignant à tous nos
...ces et officiers d'y tenir la main.

(6) Ordonnons que pour l'enterrement des morts de ceux
... ladite religion estans en nostredite ville et faux-bourgs
... Paris, leur sera baillé le cimetière de la Trinité, et pour
... les autres villes et lieux, leur sera pourveu promptement
... nos officiers et magistrats, en chacun lieu d'une place la plus
...mmode que faire se pourra : ce que nous enjoignons à nosdits
...ciers de faire, et tenir la main qu'ausdits enterremens, soit en
...stredite ville de Paris, ou ailleurs, ne se commette aucun
...ndale.

(7) N'entendons que ceux de ladite religion soient aucunement
...straincts ny demeurent obligez pour raison des abjurations
...'ils auroient cy devant faites, promesses, sermens, ou cautions
... eux baillées, concernant le fait de ladite religion, ne qu'ils
... puissent estre molestez ni travaillez en quelque sorte que ce
... it.

(8) Pourront lesdits de la religion faire édifier et construire
... lieux pour faire ledit exercice ; excepté à Paris, faux-bourgs,
... à deux lieues és environs d'icelle ville, et à ceux qui ont ja esté
... eux édifiez, leur seront rendus en tel estat qu'ils sont. Et où
... auroient prins pour iceux construire quelques églises, ou mai-
...ns appartenans aux ecclésiastiques ou autres catholiques, se-
...nt tenus de les rendre, sans toutesfois estre recherchez ne mo-
...tez pour les matières qui y auront été employées, encores
...'elles ayent esté prinses des ruines et démolitions faites durant
... présens, ou précédens troubles.

(9) Pour le regard des mariages des prestres et personnes re-
...ieuses qui ont esté cy devant contractez, nous ne voulons ny
...tendons pour plusieurs bonnes considérations, qu'ils en soyent
...cherchez ny molestez : imposans sur ce silence à nos procu-
...urs généraux et autres nos officiers. Déclarons néantmoins que
... enfans issus desdits mariages pourront succéder seulement
... meubles, acquets et conquets immeubles de leurs pères et
...ères : ne voulans que lesdits religieux et religieuses profez
...issent venir à aucune succession directe ny collatérale.

(10) Seront ceux de ladite religion tenus garder les lois reçues
... l'église catholique, pour le fait des mariages contractez et à
...ntracter, és degrez de consanguinité et affinité, pour éviter aux

débats et procez qui s'en pourroient ensuyvre, à la ruine de pluspart des bonnes maisons de nostredit royaume, et dissolu[tion] des liens d'amitié qui s'acquièrent par mariages, et alliances e[ntre] nos subjects. Et néanmoins pour les mariages faits en tier[s et] quart degré, ne pourront ceux de ladite religion estre moles[tez] ny la validité desdits mariages revoquée en doubte, ne parei[lle]ment la succession ostée ny querellée aux enfans descen[dans] desdits mariages, faits ou à faire. Et pour juger de la validité [des] mariages faits et contractez par ceux de ladite religion, et de[ci]der s'ils sont licites ou illicites, si celui d'icelle religion est [dé]fendeur, en ce cas le juge royal cognoistra du fait dudit maria[ge,] et où il seroit demandeur, et le défendeur catholique, la cogn[ois]sance en appartiendra à l'official et juge ecclésiastique.

(11) Ordonnons qu'il ne sera fait différence ny distinct[ion] pour le regard de la religion, à recevoir tant és universites, c[ol]lèges, escolles, hospitaux et maladeries, qu'aumosnes publiqu[es,] les escoliers malades et pauvres.

(12) Ceux de ladite religion payeront les droits d'entrée, com[me] il est accoustumé pour les charges et offices, dont ils ser[ont] pourveus, sans estre contraints d'assister à aucune céremon[ie] contraire à leurdite religion, et estans appelez par serment, [ne] seront tenus d'en faire d'autre, que de lever la main, jure[r et] promettre à Dieu qu'ils diront la vérité, et ne seront aussi ten[us] de prendre dispense du serment par eux presté en passant l[es] contracts et obligations.

(13) Voulons et ordonnons, que tous nos subjects, tant cath[o]liques que de ladite religion prétendue reformée, de quelque qual[ité] et condition qu'ils soient, soient tenus et contraints par tou[tes] voyes deues et raisonnables, et sous les peines contenues en [les] précédens édicts sur ce faits, payer et acquitter les dixmes a[ux] curez et autres ecclésiastiques, et à tous autres à qui ils appa[r]tiennent, selon l'usance et coustume des lieux.

(14) Nostre cher et bien aimé cousin le prince d'Orange ser[a] remis, et réintégré en toutes ses terres, jurisdictions et seigneu[ries] qu'il a dedans nostredit royaume, et pays de nostre[dite] obéissance; ensemble en la principauté d'Orange, droits, tiltr[es,] documens et papiers, si aucuns en ont esté prins et transportes p[ar] nos lieutenans généraux, et autres nos officiers. Lesquels bie[ns,] droits et tiltres, seront rendus à nostredit cousin, remis et re[s]tablis au mesme estat qu'ils estoient auparavant les troubles, p[our] en jouir par luy et les siens d'oresnavant, suivant les provisi[ons]

rests et déclarations qui auroient esté sur ce faites et accordées
par le feu roy Henry nostre très honoré seigneur et père, que
… absolue, et autres roys nos prédécesseurs, tout ainsi qu'il
… avant lesdits troubles.

(15) Ceux de ladite religion seront tenus garder et observer les
… indictes en l'église catholique et romaine, et ne pourront
… jours d'icelles besongner, vendre ny estaller à boutiques ou-
…; et aux jours esquels l'usage de la chair est défendu par
…ladite église, les boucheries ne s'ouvriront.

(16) En tous actes et actions publiques où sera parlé de ladite
religion, sera usé de ces mots, religion prétendue réformée.

(17) Afin de réunir d'autant mieux les volontez de nos subjects,
comme est notre intention, déclarons tant les catholiques unis (1),
que ceux de ladite religion prétendue réformée, capables de tenir
et exercer tous états, dignitez, offices et charges quelconques,
royales, seigneuriales, ou des villes de nosdits royaume, pays,
terres et seigneuries de nostre obéissance, et d'estre en iceux indifféremment admis et receuz, sans qu'ils soient tenus prester
autre serment, ny astraincts d'autres obligations, que de bien et
fidèlement exercer leurs estats, dignitez, charges et offices, et
garder les ordonnances. Esquels estats, dignitez, charges et offices, pour le regard de ceux qui seront en nostre disposition,
sera par nous pourveu, advenant vacation indifféremment, et
sans distinction de religion, de personnes capables comme verrons
estre à faire pour le bien de notre service et de nos subjects.

(18) Et d'autant que l'administration de la justice est un des
principaux moyens pour contenir nos subjects en paix et concorde:
nous inclinans à la requeste qui nous a esté faicte, tant de la part
des catholiques associez, que ceux de ladite religion prétendue
réformée, avons ordonné et ordonnons qu'en nostre Cour de
parlement de Paris sera establie une chambre composée de
deux présidens et seize conseillers, moytié catholiques, et moytié
de ladite religion. Et lesquels offices de la religion seront par
nous creez et érigez à ceste fin, aux mesmes gages, honneurs,
auctoritez, prérogatives, que nos autres conseillers de nostredite cour; pour par icelle chambre cognoistre et juger en souveraineté, dernier ressort, et par arrest, privativement à tous
autres, de procez et différends meuz et à mouvoir. Esquels procez

---

(1) La Ligue.

lesdits catholiques associez, ou de la religion prétendue réf[ormée]
du ressort de nostredite cour, seront parties principales, ou gar[ands]
en demandant ou en défendant, en toutes matières, tant ci[viles]
que criminelles, soyent lesdits procez par escript, ou appell[ations]
verbales, et ce si bon semble ausdites parties, et l'une d'ic[elles]
le requiert. Laquelle chambre, ainsi que dit est composée et [es-]
tablie, sera par nous envoyée en nostre ville de Poictiers, pou[r]
seoir et rendre la justice à nosdits subjects catholiques unis,
de ladite religion, de nos pays de Poictou, Angoulmois, A[unis]
et la Rochelle, en mesme forme et qualité que lors de la sé[ance]
à suivre de ladite chambre, en nostredite cour de parleme[nt de]
Paris : et ce trois mois durant chacune année, commença[nt]
premier jour d'aoust jusques au dernier jour d'octobre.

(19) Et pour le ressort de nostre cour de parlement de Tho[u-]
louze, sera establie une chambre en la ville de Montpellie[r]
composée de deux présidens et dix-huit conseillers, moytié [ca-]
tholiques et moytié de ladite religion. Lesquels catholiques ser[ont]
par nous choisis de nos cours de parlemens et grand conseil :
lesdits de la religion créez et érigez de nouvel, aux mesmes ga[ges]
honneurs, auctoritez, prérogatives et prééminences, que les p[ré-]
sidens et conseillers de nostredite cour du parlement dudit Tho[u-]
louze. En laquelle chambre seront aussi créez un advocat et u[n]
procureur général, deux greffiers, l'un civil et l'autre crimin[el]
huissiers et tous autres officiers nécessaires, tant pour lad[ite]
chambre, que pour la chancellerie qui y sera par nous establ[ie]
Tous lesquels officiers seront moitié catholiques et l'autre moit[ié]
de ladite religion, et cognoistra et jugera ladite chambre en so[u-]
veraineté, dernier ressort et par arrest, privativement à tous a[u-]
tres, des procez et différends meuz et à mouvoir. Esquels les[dits]
associez ou de ladite religion prétenduë réformée, du ressort [de]
nostredite cour de parlement de Thoulouze, seront parties pri[n]-
cipales ou garends, en demandant ou en défendant en tout[es]
matières, tant civiles que criminelles, soient lesdits procez pa[r]
escrit ou appellations verbales, et ce si bon semble ausdites par[-]
ties et l'une d'icelles le requiert.

(20) Semblables chambres voulons estre establies en nos cour[s]
de parlement de Grenoble, Bourdeaux, Aix, Dijon, Rouen e[t]
Bretaigne, composées du nombre de deux présidens et dix co[n-]
seillers en chacune chambre, qui seront, comme dit est, moitié
catholiques et moitié de la susdite religion. Et iceux de lad[ite]
religion par nous de nouvel creez à cet effect, pour, par lesdit[es]

bres chacune au ressort où elle sera establie, avoir telle juridiction, auctorité et pouvoir, cognoistre et juger en la forme, qualité, et tout ainsi qu'il est dit cy dessus pour les ressorts des parlemens de Paris et de Thoulouze : et sera pour le regard de stre pays de Dauphiné, la séance de ladite chambre mipartie : sçavoir, six mois, audit Grenoble, et autres six mois à Saint-arcellin, commençant la première séance audit Saint-Marcellin.

(21) Voulons aussi par manière de provision, et jusques à ce qu'en l'assemblée générale qu'entendons tenir des estats de nostre yaume, il en soit par nous autrement ordonné, que de tous jumens qui seront donnez és procez meuz ou à mouvoir, là où sdits catholiques unis et de ladite religion seront en qualité emandant ou défendant, parties principales ou garends, en utes matières tant civiles que criminelles par les officiers de os siéges présidiaux, ou autres, ausquels aurions donné ouvoir de juger en certaines causes souverainement et en derier ressort, il y aura appel esdites chambres nouvellement stablies en nosdits parlemens, chacune en son ressort : nonobtant tous esdicts concernans l'auctorité et jurisdiction desdits présidiaux : ausquels, pour l'effect susdict nous avons desrogé et desrogeons, sans y préjudicier en autres choses : lequel appel és matières civiles, présidiales, aura effect dévolutif seulement et non suspensif, sinon que du consentement des deux parties fust accordé, que leurs procez seroient jugez par lesdits présidiaux en souveraineté. Auquel cas le contenu au présent article n'aura lieu : ne pareillement aux siéges où il y auroit nombre suffisant de ceux de ladite religion, pour juger lesdits procez : ce qu'ils pourront faire avec nombre pareil de catholiques en souveraineté et sans appel és cas des édicts : et néanmoins, pour certaines causes et considérations à ce nous mouvans, ordonnons que l'instruction et jugemens des procez criminels intentez ou à intenter au siége du séneschal de Thoulouze, estably en ladite ville de Thoulouze, esquels procez les catholiques unis et ceux de ladite religion seront défendeurs, ne se fera en ladite ville, ains au plus prochain siége dudit séneschal : auquel nous avons iceux procez dés à présent renvoyez et renvoyons, à la charge de l'appel en la chambre establie en ladite ville de Montpellier.

(22) Les prévosts de nos très-chers et amez cousins les mareschaux de France, vibaillifs, viseneschaux, lieutenans de robbe courte, et autres officiers de semblable qualité, jugeront selon

les ordonnances et réglemens cy devant donnez pour le regard des vagabonds. Et quant aux domiciliez, chargez et prévenus de cas prevostables, s'ils sont des catholiques unis ou de ladite religion : lesdits officiers seront tenus appeler en l'instruction et jugement desdits procez, nombre esgal de nos officiers de qualité requise, tant de catholiques que de ladite religion, és plus prochains siéges présidiaux, ou royaux és provinces où il n'y a point de siéges présidiaux si tant y en a de ladite religion : sinon en leur lieu appelleront des advocats s'il s'y en trouve de ladite qualité.

(23) Ordonnons, voulons et nous plaist que nostre très cher et très amé beau-frère le roy de Navarre, nostre très cher et bien amé cousin le prince de Condé, nostre très-cher et amé cousin le sieur de Damville, mareschal de France, et semblablement tous autres seigneurs, chevaliers, gentils-hommes et autres de quelque qualité ou condition qu'ils soient, tant catholiques unis que de ladite religion, rentreront et seront conservez en la jouissance de leurs gouvernemens, charges, estats et offices royaux dont ils jouyssoient auparavant le 24 aoust 1572 : sans estre astraincts prendre nouvelles provisions, et nonobstant tous arrests et jugemens contre eux donnez, et les provisions qui auroient esté obtenuës desdits estats par autres. Pareillement rentreront en la jouyssance de tous et chacun leurs biens, droicts, noms, raisons et actions, nonobstant les jugemens ensuyvis pour raison desdits troubles : lesquels arrests, jugemens, provisions, et tout ce qui s'en seroit ensuivy, nous avons pour cest effect déclaré et déclarons nuls et de nul effet et valeur.

(24) N'entendons par ce qui est cy devant dit, que ceux qui ont résigné leurs estats et offices en vertu de nos lettres patentes ou du feu roy dernier nostre très-cher seigneur et frère, puissent les recouvrer et entrer en la possession d'iceux : leur reservant néantmoins leur action contre les possesseurs et titulaires desdits offices pour le payement du prix convenu entr'eux au moyen desdites résignations. Et pour le regard de ceux qui ont esté contraincts de fait et par force par les particuliers à résigner leursdits estats et offices, leur permettons et à leurs héritiers d'en faire instance et poursuite par justice civilement, tant contre ceux qui auront usé desdites forces, que contre leurs hoirs et successeurs.

(25 Ordonnons aussi, si aucunes commanderies de l'ordre de Sainct Jean de Jérusalem, appartenans aux catholiques associés ou de ladite religion, se trouvoyent saisies par authorité de nos

gés, ou si par autres, à l'occasion et prétexte des troubles, ils estoient en quelque sorte que ce soit dépossédez, que pleine et entière main-levée en soit faite ausdits commandeurs, et eux remis en tel estat et possession desdites commanderies qu'ils estoient avant le 24 aoust, 1572.

(26) Et quant à iceux, tant catholiques de l'union que de la dite religion qui auroient esté pourveuz d'offices, et non encores receuz en iceux : voulons et nous plaist qu'ils soient receuz esdits estats, et toutes provisions nécessaires leur en estre expédiées.

(27) Et semblablement que lesdits catholiques associez rentrent en la mesme possession et jouyssance de leurs bénéfices qu'ils avoyent auparavant ledit 24° jour d'aoust : et que ceux qui, d'auctorité privée, sans mandement ou don de nous, auront joüy et perceu les fruicts desdits bénéfices, appartenans ausdits catholiques associez, soient tenus et contraincts les leur rendre et restituer.

(28) Tous différends concernans les rançons de ceux qui ont esté faits prisonniers d'une part et d'autre, durant ces troubles, sont réservez, comme nous les réservons à nous et nostre personne, défendant aux parties d'en faire ailleurs que par devant nous, poursuite : et à tous nos officiers et magistrats d'en prendre aucune cour, jurisdiction ne cognoissance.

(29) Les criées, affiches et subhastations des héritages dont on poursuit le décret, seront faites és lieux et heures accoustumez, si faire se peut, suyvant nos ordonnances : ou bien és marchez publiques, si au lieu où sont assis lesdits héritages y a marché : et où il n'en y auroit point, seront faites au plus prochain marché, estant du ressort du siège où l'adjudication se doit faire. Et seront les affiches mises au posteau dudit marché, et à l'entrée de l'auditoire dudit lieu : et par ce moyen seront bonnes et valables lesdites criées, et passé outre à l'interposition du décret, sans s'arrêter aux nullitez qui pourroient estre alléguées pour ce regard.

(30) Les acquisitions que les catholiques associez ou ceux de ladite religion prétendue réformée, auroyent faites par auctorité d'autres que de nous, pour les immeubles appartenans à l'église, n'auront aucun lieu ny effect. Ains ordonnons, voulons et nous plaist que lesdits ecclésiastiques rentrent incontinent et sans délay, et soyent conservez en la possession et jouyssance réelle et actuelle desdits biens ainsi aliénez, sans estre tenus de rendre le prix desdits ventes. Et ce nonobstant lesdits contracts de vendi-

tion, lesquels à cest effect nous avons cassez et révocquez consuls, saufs leur recours ausdits acheptcurs contre qui il appartiendra. Et néantmoins seront expédiées nos lettres patentes de permission à ceux de ladite religion, d'imposer et égaler sur eux les sommes à quoy se monteront lesdites ventes pour rembourser les acheptcurs des deniers par eux véritablement et sans fraude desboursez, sans que lesdits acquéreurs puissent prétendre aucune action pour leurs dommages et intérests à faute de jouissance : ains se contenteront du remboursement des deniers par eux fournis pour le prix desdites acquisitions, précomptant sur iceluy prix les fruicts par eux perceuz, au cas que ladite vente se trouvast estre faite à trop vil et injuste prix.

(31) Les exhérédations ou privations, soit par disposition d'entre vifs ou testamentaires, faites en haine de la religion ou des troubles, n'auront lieu, tant pour le passé que pour l'advenir, au préjudice des catholiques de l'union, ny de ceux de ladite religion prétendue réformée : pourveu qu'il n'y ait autre cause que du faict d'icelle religion et prinse des armes. Entendans aussi que le semblable soit gardé pour le regard des exhérédations et privations faites en haine de la religion catholique : et néantmoins les testamens militaires qui ont esté faicts durant les présens et précédens troubles, tant d'une part que d'autre, vaudront et tiendront selon la disposition de droict.

(32) Les désordres et excez faits le 24 aoust et jours ensuyvans en conséquence dudit jour à Paris, et en autres villes et endroits de nostre royaume, sont advenues à nostre très grand regret et desplaisir. Et pour démonstration singulière de nostre bonté et bien-veillance envers nos sujects, déclarons les veufves et enfans de ceux qui ont esté tuez lesdits jours, en quelque part que ce soit de nostredit royaume, exempts de contribuer aux impositions qui se feront pour raison de nos ban et arriereban, si leursdits maris ou pères estoient nobles : et où leursdits maris ou pères auroient esté de qualité roturière et taillables, nous, pour les mesmes considérations, deschargeons lesdites veufves et enfans de toutes tailles et impositions : le tout pour et durant l'espace de six années prochaines et consécutives. Défendant à nos officiers, chacun en son endroict, de les y comprendre au préjudice de nos présens vouloir et intention.

(33) Déclarons aussi toutes sentences, jugemens, arrests, procédures, saisies, ventes et decrets faicts et donnez contre ceux de ladite religion prétenduë réformée, tant vivans que morts,

depuis le trespas du feu roy Henry, nostre très-honoré seigneur et père, à l'occasion de ladite religion, tumultes et troubles de puis advenus, ensemble l'exécution d'iceux jugemens et décrets soit à présent cassez révocquez et annullez: et iceux cassons, révocquons et annullons: ordonnant qu'ils seront rayez et ostez des registres et greffes des cours, tant souveraines qu'inférieures. Comme nous voulons aussi estre ostées et effacées toutes marques, vestiges et monumens desdites exécutions, livres et actes diffamatoires contre leurs personnes, mémoire et postérité. Et que les places esquelles ont esté faites pour ceste occasion démolitions ou razemens seront renduës en l'estat qu'elles sont aux propriétaires d'icelles, pour en jouyr et disposer à leur volonté. Le semblable voulons et ordonnons estre fait pour les catholiques associez, et nommément pour raison des arrests et jugemens donnez contre les sieurs de la Molle, Coconas et la Haye, lieutenant général de Poictou. Et généralement avons cassé, révocqué et annullé toutes procédures et informations faites pour entreprinses quelconques, charges, prétendus crimes de lèze majesté ou autres, nonobstant lesquelles procédures, arrests et jugemens, contenans réünions, incorporations et confiscations, tant lesdits catholiques associez et ceux de ladite religion que leurs héritiers, rentreront en la possion réelle ou actuelle de tous et chacuns leurs biens.

(34) Et d'autant qu'au moyen de nostre susdite déclaration tous arrests et jugemens donnez contre le feu sieur de Chastillon, admiral de France, et exécution d'iceux sont nuls et de nul effect comme chose non faite, ny advenüe: nous en conséquence d'icelle déclaration, voulons et ordonnons que tous lesdits arrests, jugemens, procédures et actes faits contre ledit sieur de Chastillon, soient rayez, biffez et mis hors des registres des greffes, tant de nos cours de parlemens que de toutes autres jurisdictions: et que tant la mémoire dudit admiral que les enfans d'iceluy demeurent entiers en leurs honneurs et biens pour ce regard, nonobstant que lesdits arrests portent réünion et incorporation d'iceux biens au domaine de nostre couronne, dont nous ferons expédier ausdit enfans plus ample et spéciale déclaration si bon nous semble.

(35) Le semblable voulons estre fait pour le regard des sieurs de Montgommery, Montbrun, Briquemault et Cavaignes.

(36) Défendons de ne faire aucunes processions, tant à cause de la mort de feu nostre cousin le prince de Condé, que journée

saincte Barthélemy et autres actes qui puissent ramener la mémoire des troubles.

(37) Toutes procédures faites, jugemens et arrests don[nés]
contre ceux de ladite religion portans les armes ou absen[s de]
ce royaume, ou bien retirez ès villes et pays d'iceluy par e[ux]
tenues en quelque autre matière que de ladite religion et tr[ou-]
bles, ensemble toutes péremptions d'instances, prescripti[ons]
tant légales, conventionnelles, que coustumières et saisies fé[o-]
dales, escheües pendant les présens et précédens troubles, ser[ont]
estimées comme non faites, données ny advenües, et telles [les]
avons déclarées et déclarons, et icelles mises et mettons [au]
néant, sans que les parties s'en puissent aucunement ay[der,]
encores que ceux de ladite religion ayent esté ouys et défe[ndus]
par Procureurs, ains seront remises en l'estat qu'elles estoi[ent]
auparavant, nonobstant lesdits arrests, et l'exécution d'ice[ux;]
leur sera rendüe la possession en laquelle ils estoient, po[ur le]
regard desdites choses, le 24 août 1572. Et aura ce que dessus p[a-]
reillement lieu pour les catholiques de l'union, depuis qu'ils [ont]
prins les armes ou esté absens de cedit royaume, pour le fa[it]
des troubles, et pour les enfans mineurs de ceux de la qua[lité]
susdite, qui sont morts pendant lesdits troubles. Déclarons a[ussi]
nulles et de nul effect toutes procédures faites et jugemens donn[és]
durant le mesme temps contre les susdits par défauts et contumaces, ensemble l'exécution d'iceux jugemens, remettans [les]
parties au mesme estat qu'elles estoient auparavant, sans re[n-]
dre les despens, ny estre tenus de consigner les amendes.

(58) Tous prisonniers qui sont détenus, soit par auctorité [de]
justice, ou autrement, mesmes ès galères, à l'occasion des présens et précédens troubles, seront eslargis et mis en libert[é]
d'un costé et d'autre, sans payer aucune rançon : cassant et a[n-]
nullant toutes obligations passées pour ce regard, et desch[ar-]
geant les cautions d'icelles. N'entendons toutesfois que les [ran-]
çons qui ont esté jà desboursées et payees par ceux qui estoi[ent]
prisonniers de guerre, seulement puissent estre répétées sur c[eux]
qui les auront receüs. Et quant à ce qui a esté fait et prins [par]
la voye d'hostilité ou par hostilité, contre les reiglemens pub[lics]
ou particuliers des chefs ou des communautez et provinces [qui]
avoient commandement, et qui n'a esté ou ne sera advoüé d[ans]
deux mois après la publication de nostre présent édict, d'[une]
part ou d'autre, en pourra estre faite poursuite par la voye [de]
justice civilement.

(39) Ordonnons aussi que punition soit faite des crimes et délicts commis entre personnes de mesme party, en temps de trouble, trefves ou suspension d'armes, si ce n'est que lesdits actes soient avouéz par les chefs d'une part ou d'autre dans le mesme temps de deux mois. Et quant aux levées, exaction de deniers, ports d'armes et autres exploicts de guerre faicts d'autorité privée sans adveu, en sera faite poursuite par la voye de justice.

(40) Les meubles qui se trouveront en nature et qui n'auront esté prins par voye d'hostilité, seront rendus à ceux à qui ils appartiennent, s'ils sont et se trouvent estre encores, lors de la publication de ce présent édict, és mains de ceux qui les ont prins, ou de leurs héritiers, sans rendre aucuns deniers pour la restitution d'iceux : et où lesdits meubles auroient esté venduz et aliénez par autorité de justice ou par autre commission ou mandement public, tant des catholiques que de ceux de ladite religion pourront néantmoins estre vendiquez en rendant le prix d'iceux aux achepteurs : déclarant n'estre acte d'hostilité ce qui fut faict à Paris et ailleurs le 24 aoust 1572, et és jours consécutifs, en conséquence de ce qui fust faict ledit 24 d'aoust.

(41) Pour le regard des fruicts des immeubles, chacun rentrera dans ses maisons et biens, et jouyra réciproquement des fruicts de la cueillette de la présente année, mesmement les ecclésiastiques : nonobstant toutes saisies et empeschemens au contraire, durant lesdits présens et précédens troubles comme aussi chacun jouyra des arrérages des rentes qui n'auront esté prinses par nous ou par nos mandemens et permission, ou par ordonnances de justice, ou par mandemens des chefs de l'autre part.

(42) Les forces et garnisons qui sont ou seront és maisons, places, villes et chasteaux appartenans à nos sujects de quelque religion et qualité qu'ils soient, vuideront incontinent après la publication du présent édict, pour en laisser là libre et entière jouissance aux propriétaires, comme ils avoient auparavant en estre dessaisis, nonobstant toutes prétentions de droict que ceux qui les détiennent pourroient alléguer : sur lesquelles prétentions se pourvoiront par les voyes ordinaires de justice, après qu'ils auront délaissé ladite possession : ce que espécialement voulons estre effectué pour le regard des bénéfices dont les titulaires auroient esté dépossédez.

(43) Tous tiltres, papiers, enseignemens et documens qui ont esté prins, seront rendus et restituez d'une part et d'autre, à ceux à qui ils appartiennent, encores que lesdits papiers ou les chas-

teaux et maisons esquelles ils estoient gardez, ayent esté prises et saisies, soit par nos spéciales commissions ou mandemens à nos lieutenans et gouverneurs, ou de l'auctorité des chefs de l'autre part ou sous quelque autre prétexte que ce soit.

(44) Le libre commerce et passage sera remis par toutes les villes, bourgs et bourgades, ponts et passages de nostre royaume, pays, terres, et seigneuries de nostre obéissance et protection, tant par mer que par terre, rivières et eaues douces, comme ils estoient auparavant les présens et précédens troubles; et tous nouveaux péages et subsides imposez par autre auctorité que la nostre, durant iceux troubles ostez.

(45) Toutes places, villes et provinces de nosdits royaume, pays, terres et seigneuries de nostre obéissance, useront et jouiront de mesmes privilèges, immunitez, libertez, franchises, foires, marchez, jurisdictions et sièges de justice, qu'elles faisoient auparavant les présens troubles, nonobstant les translations d'aucuns desdits sièges, et toutes lettres à ce contraires, lesquels sièges seront remis et restablis és villes et lieux où ils estoient auparavant.

(46) Et d'autant que cy dessus nous avons déclaré lesdits catholiques unis, et ceux de ladite religion capables de tenir tous estats, offices, dignitez, et charges quelconques, seigneuriales, et de villes de nosdits royaume, pays, terres, et seigneuries de nostre obéissance, et d'estre en iceux indifféremment admis et receuz : nous voulons qu'ils puissent pareillement tenir les charges de procureurs et syndics des pays, villes et lieux, et estre admis en tous conseils, délibérations, assemblées, tant électives des estats des provinces, qu'autres fonctions qui dépendent des choses susdites, sans que pour raison de ladite religion, ou desdits troubles, ils en puissent estre rejettez, ou empeschez d'en jouyr.

(47) Ne pourront lesdits de la religion estre cy après surchargez ny foulez d'aucunes charges ordinaires ou extraordinaires plus que les catholiques, et selon la proportion de leurs biens et facultez : et pourront les parties qui prétendront estre surchargées se pourvoir pardevant les juges ausquels la cognoissance en appartient : et seront tous nos subjects, de quelque religion et qualité qu'ils soient, deschargez indifféremment de toutes charges qui ont esté imposées d'une part et d'autre sur ceux qui estoient absens, et ne jouissoient de leurs biens à cause des trou-

... sans toutesfois pouvoir répéter les fruicts qui auroient... employez au payement desdites charges.

(48) N'entendons aussi que lesdits catholiques, unis et ceux de... religion, ny autres catholiques qui estoient demeurans és... et lieux par eux occupez et détenus, et qui leur ont contri-... soient poursuivis pour le payement des tailles, aydes, oc-..., creuës, taillon, réparations, utensiles et autres impositions... subsides escheuës et imposées depuis le 24° aoust 1572, jusques... présent, soit par nos mandemens ou par l'advis et délibération... estats, gouverneurs des provinces, cours de parlemens et au-..., dont nous les avons deschargez et deschargeons : defendans... thresoriers de France, generaux de nos finances, receveurs... et particuliers, leurs commis et entremetteurs, et au-... intendans et commissaires de nosdites finances, les en re-... chercher, molester ne inquieter directement ou indirectement,... quelque sorte que ce soit.

(49) Déclarons que nous reputons et tenons nostre très-cher et... amé frère le Duc d'Alençon pour nostre bon frère, nostre... cher et très-amé beau-frère le roy de Navarre pour nostre... frère et bon parent, et nostre très-cher et bien-amé cousin... prince de Condé pour nostre parent, fidéle sujet et serviteur :... aussi nous tenons et reputons nostre très-cher et amé... cousin le sieur Damville, mareschal de France, et tous autres... seigneurs, chevaliers, gentils-hommes, officiers, habitans de... villes, communautez, bourgs, bourgades et autres lieux de nosdits... royaume et pays de nostre obéissance qui les ont suyvis et secou-..., presté ayde et faveur, en quelque sorte et façon que ce soit,... pour nos bons et loyaux subjets et serviteurs. Et après avoir en-... tendu la déclaration faite par nostredit frère le duc d'Alençon,... nous nous tenons bien et suffisamment satisfaits et informez de... bonne intention, et n'avoir esté par luy, n'y par ceux qui y... sont intervenus, ou qui s'en sont en quelque sorte que ce soit... meslez, tant vivans que morts, rien fait que pour nostre service.... Déclarons tous arrests, informations et procédures sur ce faits et... ensez, nuls et de nul effect, comme chose non faite ny adve-... nuë : voulans qu'ils soient rayez, biffez et mis hors des registres... des greffes, tant de nos cours de parlemens que des autres juris-... dictions où ils ont esté enregistrez.

(50) Nous tenons aussi et réputons pour nos bons parens, voi-... sins et amis nos très-chers et amez cousins les comte Palatin,

électeur du saint empire, et le duc Jean Casimir, son fils, ce qui a esté fait par eux n'a esté fait que pour nostredit service.

(51) Déclarons pareillement la levée et sortie des Suisses, tant des comtez de Neuf-chastel et Vallangin, et autres des cantons quels qu'ils soient, n'avoir esté faite que pour nostre service.

(52) Voulons que les enfans de ceux qui se sont retirez hors nostredit royaume depuis la mort du feu roy Henry nostre très honoré seigneur et père, pour cause de la religion et troubles, encores qu'ils soient naiz hors nostredit royaume, soient tenus pour vrais François et regnicoles (1), et tels les avons déclarez et déclarons, sans qu'il leur soit besoin prendre aucunes lettres de naturalité ou autres provisions de nous, que le présent édict nonobstant nos ordonnances à ce contraires, ausquelles nous avons dérogez et dérogeons.

(53) Demeureront tant nostredit frère le duc d'Alençon, le roy de Navarre, et prince de Condé, que lesdits sieur de Dam-ville et autres seigneurs, chevaliers, gentils-hommes, officiers, corps de villes, communautez et tous autres qui ont aydez et secouru, leurs hoirs et successeurs, quittes et déchargez de tous deniers qui ont esté par eux ou leurs ordonnances prins et levez, tant de nos receptes et finances, à quelque somme qu'ils se puissent monter, que des villes, communautez et particuliers, des rentes, revenus, argenteries, ventes de biens meubles ecclésiastiques et autres boys de haute fustaye à nous appartenans, ou à autres, amendes, butins, rançons ou autres natures de deniers, à l'occasion des présens et précédens troubles, sans qu'eux ny ceux qui ont esté commis par eux à la levée desdits deniers, ou qui les ont baillez et fournis par leursdites ordonnances, en puissent estre aucunement recherchez à présent ny pour l'advenir : et demeureront, tant eux que leurs commis, quittes de tout le maniement et administration desdits deniers, en rapportant pour toute descharge, acquits expédiez dans quatre mois après la publication de nostre présent édict faite en nostre court de parlement de Paris, et ce de nostredit frère, du roy de Navarre, prince de Condé, et mareschal Dam-ville, ou de ceux qui auront esté par eux commis à l'audition et closture de leurs comp-

---

(1) V. La loi de 1790 qui statue de même pour les descendans des religionnaires fugitifs, et l'application qui en a été faite en 1824 à M. Benjamin Constant.

ou des autres chefs, et communautez des villes qui ont en mandement et charges durant lesdits troubles. Demeureront pareillement les habitans de la ville de la Rochelle, et autres communautez deschargées de toutes assemblées générales et particulières, establissement de justice, police et reiglemens faits entre eux, jugemens et exécutions d'iceux, soit en matière civile ou criminelle : ensemble de tous actes d'hostilité, levée et conduite de gens de guerre, frabrication de monnoye faite selon l'ordonnance desdicts chefs, fonte et prinse d'artillerie et munitions, tant en nos magasins que des particuliers, confection de pouldres à salpestres, prinses, fortifications, desmantellemens et démolitions de villes, chasteaux, bourgs et bourgades, entreprinses sur icelles, bruslemens et démolitions de temples et maisons, voyages, intelligences, négociations, traictez et contracts faits avec tous princes et communautez estrangers, introduction desdits estrangers ès villes, et autres endroits de nostredit royaume : et généralement de tout ce qui a esté fait, geré et negocié, tant par les catholiques associez, que ceux de ladite religion, durant les troubles présens ou passez depuis la mort de feu nostredit seigneur et père : encore qu'il deust estre particulièrement exprimé et spécifié. Entendans que suyvant nostre présente déclaration les sieurs Vidame de Chartres et de Beauvoir, soyent et demeurent deschargez, et les deschargeons spécialement des traictez et négociations par eux faites avec la royne d'Angleterre en l'an 61 : ne tenans ny reputans avoir esté en cet endroit rien fait par eux que pour nostre service : encores qu'ès précédens edicts de pacification n'en ait esté faite expresse mention : moyennant ce que dessus, lesdicts catholiques unis et ceux de ladite religion se départiront et désisteront de toutes associations qu'ils ont dedans et dehors ce royaume, et ne feront doresnavant aucunes levées de deniers sans nostre permission, enrollement d'hommes, congrégations ny assemblées, autres que celles qu'il leur est permis cy-dessus, et sans armes : ce que nous leur prohibons et défendons sur peine d'estre punis rigoureusement comme contempteurs et infracteurs de nos ordonnances.

(54) Nos officiers de ladite ville de la Rochelle, ny les maire, eschevins, pairs et autres habitans d'icelle ne seront recherchez, molestez ny inquiétez pour les mandemens, decrets de prinse de corps faits tant en ladite ville que dehors, exécutions de leurs jugemens depuis ensuyvis, tant pour raison de quelques préten-

dites entreprinses faites contre ladite ville au mois de décembre 1563, que pour un navire nommé la Rondelle, et exécutions de jugemens donnez contre ceux de l'équippage d'iceluy : ne pour autres actes quelconques dont nous les avons entièrement déchargez, ainsi qu'il est dit cy dessus.

(55) Toutes prinses qui ont esté faites en vertu des congés et adveuz donnez, et lesquels ont esté jugées par les juges de l'admirauté et autres commissaires à ce députez par lesdits catholiques unis, et de ladite religion, demeureront assoupies sous bénéfice de notre présent édict : sans qu'il en puisse estre faite aucune poursuitte, ny les capitaines, leurs cautions, et lesdits juges, officiers et autres recherchez ny molestez en quelque sorte que ce soit : nonobstant toutes lettres de marque et saisies pendantes et non jugées, dont nous voulons leur estre faite pleine et entière main-levée.

(56) Ès villes démantellées pendant les troubles passez et présens, pourront les ruines et desmantellemens d'icelles estre redifiez par les habitans, si bon leur semble, à leurs frais et dépens.

(57) Ceux des catholiques unis et de ladite religion qui auroyent prins à ferme avant les présens troubles aucuns greffes, autres domaines, gabelles, imposition foraine et autres droicts nous appartenans, dont ils n'ont peu jouyr à cause desdits troubles, demeureront deschargez, comme nous les deschargeons de ce qu'ils n'auroyent receu de leursdites fermes, depuis le 24 aoust 1572, ou qu'ils auroient sans fraude payé ailleurs qu'és receptes de nos finances, nonobstant toutes obligations sur ce par eux passées.

(58) Et d'autant que l'aigreur et continuation des troubles qui ont dés si long temps eu cours en cestuy nostre royaume, tellement altéré l'ordre de toutes choses, que, sans le restablissement d'iceluy, il seroit impossible de contenir nos subjets en bonne union et intelligence qui doit estre entre eux pour les faire vivre en tranquillité et repos : qui auroit esté toujours notre principal soing et estude, considérant que pour y prendre une bonne résolution nous ne sçaurions mieux faire que d'ouyr sur ce les remonstrances de nosdits subjets, de toutes les provinces de nostredit royaume, nous aurions à cest effect dès notre advenement à ceste couronne délibéré faire une convocation et assemblée générale des estats : ce que n'aurions peu effectuer encores à nostre grand regret, au moyen desdits troubles. Ausquels ayant plu

donner fin, continuans nostre bonne et saincte intention au [bien] de nosdits sujets, nous disons et déclarons, voulons et nous [plaist] que lesdits estats généraux seront par nous mandez et convoquez en nostre ville de Bloys, pour y estre tenus selon les bonnes, anciennes et louables coustumes de ce royaume, dans six [mois] prochains, à compter du jour de ladite publication de nostre présent édict en nostre cour de parlement de Paris : et à ces [fins] seront par nous expédiées les commissions pour ce nécessaires. Pour les remonstrances, plaintes et doléances qui nous seront faites et présentées de leur part, ouys, estre par nous ordonné ce que verrons estre requis et convenable pour le bien de nostredit royaume.

(59) Lesdits catholiques unis et de ladite religion seront tenu [in]continent après la publication faite de nostre présent édit, faire vider toutes garnisons des villes, places, chasteaux et maisons qu'ils tiennent, appartenans tant à nous qu'aux particuliers, [mesme]ment aux ecclésiastiques, et les délaisser, rendre et remettre en toute liberté, au mesme estat qu'elles estoient en plaine [p]aix auparavant les présens et précédens troubles. Et néantmoins [p]our certaines bonnes considérations, avons baillé en garde ausdits catholiques unis et ceux de ladite religion, les huict villes [qu]i s'ensuyvent : à sçavoir, Aiguesmortes et Beaucaire, en Languedoc : Perigueux et le Mas de Verdun, en Guyenne : Noyons et Serres, ville et chasteau, en Dauphiné : Yssoire en Auvergne : et Seine la grand'tour, et le circuit d'icelle en Provence. Et promettront nostredit frère, le roy de Navarre, prince de Condé, mareschal Dam-ville, et ceux qui seront commis à la garde d'icelles villes, sur leur foy et honneur, de les nous bien et fidèlement garder. Ne seront aussi mis par nous aucuns gouverneurs [n]y garnisons és autres villes qu'ils tiennent à présent, et qui par [e]ux seront renduës, comme dit est, sinon qu'il y en eust eu de tout [t]emps, et mesme du règne du feu roy Henry nostredit seigneur et père : et pareillement désirans soulager en tout ce qu'il nous est possible, nos sujets de toutes nos autres villes, déclarons qu'il n'y aura garnison ny gouverneur, sinon ainsi qu'ils estoient du mesme temps de nostredit feu seigneur et père. Comme aussi ne voulons qu'il y ait és chasteaux, villes, maisons et biens appartenans [aux] particuliers nos subjects de quelque qualité qu'ils soyent, [autres] garnisons que celles qui ont accoustumé d'y estre en temps de paix.

(60) Défendons à tous prescheurs, lecteurs, et autres qui par-

lent en public, de n'user d'aucunes paroles, discours et propos tendans à exciter le peuple à sédition : ains leur avons enjoint et enjoignons de se contenir et conduire modestement, ne dire rien qui ne soit à l'instruction et édification des auditeurs, et maintenir le repos et tranquillité par nous estably en cedit royaume, sur les peines portées par nos précédens édicts : enjoignant très-expressément à nos procureurs généraux, et autres nos officiers d'y tenir la main.

(61) Voulons, ordonnons et nous plaist, que tous gouvernemens de provinces, baillifs, séneschaux, et autres juges ordinaires des villes de cestuy nostre royaume, incontinent après la réception d'iceluy nostre édict, jureront de le faire garder et observer chacun en leur destroict : comme aussi feront les maires, eschevins, capitouls, et autres officiers des villes annuels ou perpétuels. Enjoignons aussi à nosdis baillifs, séneschaux, ou leurs lieutenans, et autres juges, faire jurer aux principaux habitans des villes tant d'une que d'autre religion, l'entretenement du présent édict dedans huictaine après la publication d'iceluy, mettant tous nosdits subjects en nostre protection et sauvegarde, et les uns en la garde des autres : semblable serment sera fait par devant les baillifs et séneschaux, chacun en son ressort, par les seigneurs et gentils-hommes, où à ces fins ils seront tenus les faire assembler dedans ledit temps en personne, ou par procureur. Et sera le serment pour le regard des officiers temporels renouvellé à l'installation de leurs charges.

(62) Et afin que tant nos justiciers, officiers, qu'autres nos subjects, soient clairement, et avec toute certitude advertis de nos vouloir et intention, pour oster toutes ambiguitez et doute qui pourroyent estre faits au moyen des précédens édicts, nous avons déclaré et déclarons tous autres édicts, lettres, déclarations, modifications, restrinctions, et interprétations, arrests et registres, tant secrets qu'autres délibérations cy devant par nous faites en nos cours de parlement, et autres qui par cy après pourroyent estre faites au préjudice de cestuy nostre présent édict, concernans le faict de la religion et des troubles advenus en cestuy nostre royaume, estre de nul effect et valeur : ausquels, et aux dérogatoires y contenuës, avons par cestuy nostre édict dérogé et dérogeons, et dès à présent comme pour lors les cassons, révoquons et annullons : déclarant par exprez que nous voulons que cestuy nostre édict soit seur, ferme, et inviolable, gardé et observé, tant par nosdits officiers et justiciers, que subjects, sans

d'arrester, ny avoir aucun esgard à tout ce qui pourroit estre contraire et dérogeant à iceluy. Et pour tenir la main à l'exécution d'iceluy nostredit édict, et ouyr les plaintes de nosdits subjects sur les contraventions d'iceluy : ordonnons à nos très-chers et amez cousins les mareschaux de France, se transporter chacun ès provinces de son département, et pourvoir promptement à ce qui sera requis pour l'entretenement et exécution d'iceluy édict.

(65) Mandons aussi à nos amez et féaux les gens de nos cours de parlement, qu'incontinent après le présent édict receu, ils ayent, toutes choses cessantes, et sur peine de nullité des actes qu'ils feroient autrement, à faire pareil serment que dessus, et iceluy nostre édict faire publier et enregistrer en nosdites cours selon sa forme et teneur, purement et simplement, sans user d'aucunes modifications, restrinctions, déclarations ou registres secrets, ny attendre autre jussion ny mandement de nous. Et à nos procureurs généraux en requérir et poursuivre incontinent et sans délay ladite publication : enjoignant pareillement à nos lieutenans généraux et gouverneurs de nos provinces de le faire incontinent chacun endroit soy publier par tous les lieux et endroits de leurs provinces, garder et observer, sans attendre la publication de nosdites cours, à ce que nul n'en prétende cause d'ignorance, et que plus promptement toutes voyes d'hostilité, levées de deniers, prinses et démolitions d'une part et d'autre cessent : déclarant dès à présent icelles levées de deniers, démolitions, prinses et ravissemens de biens meubles, et autres actes d'hostilité qui se feroyent après ladite publication et signification que nosdits lieutenans généraux en auront fait faire, subjectes à restitution, punition, et réparation.

A quoy nous voulons estre procédé contre les contrevenans selon l'exigence des cas : sçavoir ceux qui useront d'armes, forces et violences en la contravention et infraction de cestuy nostre présent édict, empeschant l'effect et exécution d'iceluy, de peine de mort, sans espoir de grace ne rémission : et quant aux autres contraventions qui ne seront faites par voye d'armes, force et violence, seront punis par autres peines corporelles, bannissemens, amendes honorables et autres, selon la gravité des cas, à l'arbitrage et modération des juges, ausquels en avons donné la cognoissance : chargeant en cest endroit leurs honneurs et consciences d'y procéder avec la justice et égalité qu'il appartient, sans acception ou différence de personnes, ou de religion. Voulons aussi que toutes trouppes de gens de guerre, tant de cheval que de pied, François ou estrangers, d'une part ou d'autre, excepté compagnies de nos gardes, et les garnisons ordinaires des frontières, ayent à s'ascheminer pour se retirer en leurs pays et maisons incontinent après la publication de nostredit édict en nostre cour de parlement : vivans le plus doucement et modestement, et à la moindre foule de nos subjects que faire se pourra, sans user de force, violence ou rançonnemens, à peine de la vie.

N° 47. — Déclaration *qui interdit aux créanciers des ecclésiastiques l'exercice de la contrainte par corps* (1).

Paris, 5 juillet 1576; rég. au parl, le 9 août. (Vol. 2, J, f° 125. — Font., R, 509.)

N° 48. — Lettres-patentes *en faveur des frères mineurs, dits les capucins* (2).

Paris, juillet 1576; rég. au parl. le 6 septembre. (Vol. 2 J, f° 134.)

Henry, etc. La chose la plus digne de recommandation et que nous debvons avoir en plus grand soing pour le lien auquel, par la grâce de nostre seigneur, sommes constitués, est l'augmentation et accroissement de la saincte religion chrétienne et catholique, par laquelle, comme seule et unique voie de salut, sommes contenus en la vraye et certaine congnoissance de Dieu qui ainsi qu'un bon père a toujours eu extrême soing de nos infirmités, nous aydant mesme, au temps qu'il a semblé que par mauvaises disputes et malices des hommes, ceste saincte religion peut recevoir quelque diminution, suscitant de sainctes et notables personnaiges, tant en mœurs, saincteté de vie que doctrine, afin que à l'exemple d'iceux-cy, et par leurs sainctes admonitions, les dévoiés feussent réunis ou du moings contenus et d'autant que ce temps auquel nous voions, quasy, ung renouvellement de

---

(1) Le motif de ce privilége est tiré de ce que les *ecclésiastiques constitués en ordres sacrés, méritent, pour la dévote révérence qui est due aux saints mystères qu'ils administrent, et au service divin dont ils ont l'entière charge, estre privilegiés sur toutes autres personnes et mesmement sur le commun populaire et autres dont la profession principale consiste à manier affaires profanes*, etc. — N'y a-t il pas un motif plus impérieux pour généraliser cette disposition, dans le principe que la liberté est un don du ciel, dont on ne peut être privé que pour un délit ?

(2) Il y a encore aujourd'hui des frères capucins en France, à Marseille et ailleurs, malgré la loi du 5 = 10 février 1792, qui les supprime eux et tous les ordres monastiques.

hérésies anciennes, Dieu qui a soing de son église nous a suscité outre une bonne quantité de bons évesques, docteurs prescheurs grands en doctrine et en vertu, ces personnes insignes en piété, religion et saincte conversation, tant séculiers que religieux, et entre autres les frères mineurs appelés Capucins, de la reigle Monsieur Saint-François : lesquels faisant vraie profession de l'institution première de leur reigle, par la grâce de Dieu, sont exemple pour beaucoup de bien faire, employans toutes leurs actions à psalmodier, vaquer à jeusnes, prières et oraisons et annoncer la parole divine, et si donnent grande espérance d'un merveilleux advancement à sa gloire, ce qui se voit par l'augmentation de leur nombre et monastères, chose qui aurait, naguères, meu nostre saint Père le pape, à présent Grégoire treizième de ce nom, après s'en estre bien et diligemment informé et à la prière de nostre très-honorée dame et mère la royne et de plusieurs princes et seigneurs de nostre royaume, donner permission à ung nombre de ces religieux, venir d'Italie où ils ont commencé leur premier fondement en nostre royaume, où soubs la protection de nostre très-cher seigneur et frère le feu roi Charles dernier décédé (que Dieu absolve) a esté érigé quelques monastères, même un aux faubourgs Saint-Honoré de nostre ville de Paris, près nostre palais des Thuileries, ung autre au lieu et bourg de Meudon, près icelle ville de Paris et deux autres en villes de Lyon et Avignon au grand contentement d'un chacun et grande édification des bons et vrais catholiques chrétiens qui sont grandement consolés et édifiés à leur bonne vie. Au moyen de quoy, à l'imitation de nos prédécesseurs roys, lesquels, pour avoir eu toujours ung très-grand soing, non-seulement à la conservation mais augmentation de la religion chrétienne et service divin, n'y ayant espargné leurs biens et vies, se sont acquis ce beau titre sur tous les princes chrétiens, de très-chrétien, et premier fils de l'église catholique : nous avons advisé et résolu prendre iceux-ci frères mineurs en nostre spéciale protection et sauvegarde et sur ce, leur octroier et impartir nos lettres.

Scavoir faisons que nous, pour ces causes et autres justes et sainctes considérations, à ce nous mouvans, afin aussi que nous et nos subjects puissions participer aux prières et oraisons desdits pères religieux.

(1) Avons iceux-cy dits frères religieux appelés Capuchins dudit ordre Saint-François, ensemble leurs monastères, congrégations,

famille et tout ce qui leur appartient pris et mis, prenons meitons en nostre protection et sauvegarde spécial et en celle nos successeurs roys; de grâce spéciale, pleine puissance et autorité royale, par ces présentes, signées de nostre main.

(2) Voulons et nous plait que tous et chacun les lieux qui leur ont esté cy-devant donnés et aumônés, tant par nostredit seigneur et frère que par nostredite dame et mère et autres, leur pourraient estre encore, cy après donnés tant par nous que autres personnes que ce soient, pour construire églises, monastères, habitations et préclôtures, ils les puissent accepter et iceux demeurer et habiter librement, faire édifier monastères et couvens, y célébrer le service divin, prescher dans les églises, exercer toutes autres choses semblables en nostre royaume et pays de nostre obéissance, selon la reigle de Monsieur Saint François et la louable coutume de leurs assemblées et congrégations, et qu'ils jouissent aussi de tous et tels priviléges, franchises, libertés et immunités que ceux qui ont esté par nos prédécesseurs roys et nous, et autres religieux dudit ordre Saint François et tout ainsi, comme si lesdits priviléges estaient particulièrement, spécifiés et déclarés sans qu'en ce ils puissent estre empêchés ores ni pour l'advenir en quelque sorte que soit.

N° 49. — LETTRES-PATENTES *pour l'établissement dans un des faubourgs de Paris, d'un hôpital destiné à la guérison des écrouelles*(1).

Paris, juillet 1576; rég. au parl. le 11 décembre. (Vol. 2 J, f° 212.)

N° 50. — DÉCLARATION *confirmative des priviléges de l'université de Paris* (2).

Paris, juillet 1576; rég. au parl. le 15 novembre. (Vol. 2 J, f° 204.—Chop. Dom. liv. 3 tit. 17, n° 12.)

(1) D'après une ancienne tradition, les rois de France et d'Angleterre guérissaient les écrouelles quand ils étaient sacrés. Voltaire, au dictionnaire philosophique, v° écrouelles, raconte que Louis XI fit venir, pour se guérir des suites de son apoplexie, saint François de Paule. Le saint arriva avec les écrouelles; il ne guérit point le roi, et le roi ne guérit point le saint.

(2) V. dans notre recueil les lettres de Philippe-Auguste, 1200, la note, celles de Charles VI, dernier mars 1409, et celle sur l'édit de François Ier, 1515. Cette déclaration est purement confirmative.

51. — Édit *sur la réforme des habits, qui défend aux roturiers de prendre des titres de noblesse, et à leurs femmes de porter l'habit de damoiselles* (1).

[Paris], juillet 1576; rég. au parl. le 23 décembre. (Vol. 2 J, f° 230. — Font., I, 992.)

52. — Lettres *de convocation des États-Généraux adressées aux prévôts et baillis des différentes villes du royaume.*

Paris, 6 août 1576. (Etats-Gén., VII, 338.)

De par le roi, notre amé et féal, depuis qu'il a plu à Dieu nous appeler à ceste couronne, nous n'avons rien eu si grand désir et recommandation que par le moyen d'une bonne paix, mettre fin aux troubles dont ce royaume a esté affligé par si long tems, et de pourvoir à l'altération et désordre qui y est survenu, tant en l'estat ecclésiastique que séculier, par l'aigreur et continuation des guerres civiles, et rétablir toutes choses en leur première splendeur, mesme pour le regard de la justice, police et discipline, et surtout soulager nos sujets à l'avenir des grandes charges, foules et oppressions que la malice des tems les a contraints de supporter à nostre très grand regret. Ce que nous avons toujours estimé ne se pouvoir mieux faire que par une convocation et assemblée générale des estats de toutes les provinces de nostre royaume; mais le malheur a esté tel que, à nostre avènement à la couronne, nous avons trouvé les affaires en tel estat qu'il nous a esté du tout impossible de parvenir si tost que nous désirions, à une entière pacification et reconciliation de nos subjets.

Laquelle enfin nous ayant esté octroyée par la grace de Dieu,

---

(1) Cet édit est une confirmation des précédens sur la même matière, et spécialement de celui du 12 juillet 1549. (V. a sa date.) — V. aussi la note sur l'édit de mars 1514. L'art. relatif à l'usurpation des titres de noblesse est ainsi conçu : « Défendant très expressément à toutes personnes, roturiers, non-nobles, ou qui n'auront pas été ennoblis, de prendre et usurper le tiltre de noblesse, soit en leurs qualités ou en habillemens. Ce que nous leur avons inhibé et défendu, inhibons et défendons, et mesme aux femmes desdits non-nobles, de porter l'habit et acoustrement de damoiselles et atour de velours;.... sur peine de l'amende de mille écus, dont un tiers applicable à nous, l'autre au dénonciateur, l'autre au receveur des amendes. » — V. traité de La Roque et essai sur les noms, par M. Eusèbe Salverte (1824). La cour d'Aix a jugé le 31 août 1818, que les particuliers n'avaient pas le droit de poursuivre ces usurpateurs.

nous voulons leur faire sentir les fruits de nostre première intention et perpétuel amour et bienveillance envers eux. Nous promettans aussi que de leur part ils apporteront une droite dévotion et sincère affection à nostre service et au bien de nostre royaume, et répondront au saint désir que nous avons toujours eu de les soulager en tout ce qui nous sera possible et les maintenir en paix, repos et sûreté, tant de leurs biens que de leurs personnes, moyennant la grace de Dieu, duquel nous espérons tout aide et secours en ceste bonne et entière volonté.

A ceste cause nous vous advertissons et signifions que nostre intention est de commencer à tenir les estats libres et généraux des trois ordres de nostre royaume au 15 novembre prochain en nostre ville de Blois, où nous entendons, désirons que se trouvent aucuns des plus notables personnages de chacune province, bailliage et sénéchaussée de nostredit royaume pour en pleine assemblée nous faire entendre les remontrances, plaintes et doléances de tous affligés, afin, sans exception de personnes, d'y donner tel ordre et remède tant en général qu'en particulier que le mal requerra et leur faire connaitre par effet, la grande affection qu'avons toujours eue et qui nous continuë encore de plus en plus de remettre et rétablir toutes choses en bon estat et les y maintenir tant et si longuement qu'il plaira à Dieu nous faire la grace de régner sur eux.

Aussi pour nous donner avis et prendre avec eux une bonne résolution sur les moyens d'entretenir nostre estat et acquitter la foi des rois nos prédécesseurs, et la nostre le plus au soulagement de nos sujets que faire se pourra.

Pour à quoi satisfaire, nous voulons, vous mandons et très-expressément enjoignons qu'incontinent après la présente reçue, vous ayez à son de trompe et cri public ou autrement à convoquer et faire assembler en la principale ville de nostre ressort, dedans le plus bref tems que faire se pourra, tous ceux des trois états d'icelui, ainsi qu'il est accoustumé faire et que ci-devant s'est observé en semblable cas pour conférer et communiquer ensemblement tant des remontrances, plaintes et doléances que moyens et avis qu'ils auront à proposer en l'assemblée générale de nosdits estats; et ce fait élire, choisir et nommer un d'entre eux de chacun ordre qu'ils envoieront et seront trouvez audit jour 15 novembre en nostredicte ville de Blois, avec amples instructions et pouvoirs suffisans, pour, selon les bonnes, anciennes et louables coutumes de ce royaume, nous faire entendre de la

..... desdicts estats tant leursdictes plaintes et doléances que ce ..... leur semblera tourner au bien public, soulagement et repos ..... chacun, ensemble les moyens qui leur sembleront plus ..... pres et moins dommageables pour entretenir nostre estat et ..... nostredict royaume de la nécessité en laquelle ils le voient ..... à notre grand regret, les assurant que de nostre part, ils ..... toute nostre bonne volonté et affection d'exécuter en- ..... ce qui aura été avisé et résolu ausdicts estats, à ce ..... chacun en son endroit puisse recevoir et sentir les fruits ..... peut et doit attendre et espérer de l'issue d'une telle et si ..... assemblée.

N° 53. — Loi en *forme de mandement contre l'usure* (1).

.... 6 octobre 1576, publiés par les carrefours de Paris, le 1ᵉʳ février 1577.
(Font. I, 680.)

Henry, etc. Nous avons cy-devant décerné nostre édict et lettres patentes en date du mois d'aoust dernier passé, pour procéder contre tous ceux qui seront trouvez chargez et coulpables du crime d'usure par la rigueur de nos édicts et ordonnances, selon et ainsi qu'il est plus au long contenu et déclaré en nosdits édicts et lettres vérifiées en nostre cour de parlement du mois de Septembre dernier passé : ausquelles ayans été obmises certaines clauses nécessaires et importantes pour l'acheminement et entière exécution d'icelles, dont il pourrait revenir quelque retardement à une chose si saincte et nécessaire pour le bien universel et soulagement de nos pauvres subjets, si par nous n'estoit sur ce faite plus ample déclaration de nos vouloir et intention.

Sçavoir faisons que nous estans deuement advertis que l'entremise desdites usures ne se fait et pratique ordinairement que par voye des courtiers, proxénètes, et entremetteurs, gens de pauvre et misérable condition, lesquels le plus souvent obligez

---

(1) Un arrêt du parlement de Paris, du 26 juillet 1565, dont nous n'avons pu donner le texte, défendait aussi l'usure sur peine de confiscation de corps et de biens. V. à leur date les lettres de Charles IX, du 20 janvier 1567 et la note. — Une déclaration d'aoust avait confirmé les édits antérieurs. Nous donnons de préférence le texte de ce mandement parce qu'il est plus ample. V. ci-après l'édit de Henri IV, avril 1594, et la loi de septembre 1807, contre l'usure. Cette loi est mauvaise ; l'argent est une marchandise, et l'usure n'est punissable que quand elle dégénère en escroquerie, ainsi que le déclarait la loi du 6 floréal an III, et celle du 5 thermidor an IV, (arrêt de cassation du 5 octobre 1813).

et engagez ausdits usuriers, sont contrains pour se re[...] peine, vexation, et de la nécessité de leurs affaires, les [...] accommoder de leurs noms et entremises au fait desdites [...] qui mériteroient possible que l'on leur fist quelque grace d[...] don, s'ils vouloient recognoistre leur [faute], et en venir [...] lation à justice. Et d'ailleurs ayant le malheur de ce siècle [...] porté quelque relasche et impunité à ceux qui se sont ad[...] à l'exercice desdites usures, tant par la connivence et dis[...] tion d'aucuns de nos officiers ordinaires, que d'autres par [...] vant à ce particulièrement commis et députez en divers [...] vinces de nostre royaume, qui avait causé la révocation [...] que nous aurions cy devant faite de toutes commissions d[...] nées sur le fait desdites usures, pour à l'advenir suivant [...] intention vous renvoyer et commettre le tout; ce que nous [...] rions naguères fait, privativement à tous autres commiss[...] devant députez, pour en estre par vous cogneu, jugé et d[...] ainsi que de raison.

À ces causes, et autres bonnes considérations à ce nous [...] vans, désirans de tout nostre pouvoir extirper d'entre [...] peuple un si pernicieux et dommageable traffic, et faire ve[...] lumière la vérité du fait et entremise desdites usures, vous [...] dons et commettons, voulons et nous plaist :

(1) Qu'incontinent et sans délay vous ayez à faire défenses de p[...] nous, à son de trompe et cry public par tous les lieux et end[...] que vous verrez bon estre, à toutes personnes de quelque est[...] qualité ou condition qu'ils soient, d'exercer usures par eux [...] par gens attiltrez et interposez, ny de prester deniers ou [...] chandises, souz prétexte du commerce public, à intérest, so[...] gages par desguisement d'obligations et contracts, ou autre[...] s'entremettre du fait desdites usures, directement ou indire[...] ment, en quelque sorte et manière que ce soit, sur peine de [...] nition corporelle : avec injonction à toutes personnes qui en [...] vent et cognoissent aucuns, d'en venir à révélation à ju[...] dedans six sepmaines après ladite publication, sur peine de [...] livres parisis d'amende, applicable suivant l'édict, et de p[...] tion corporelle, s'il y eschet; comme au cas semblable le d[...] ausdits dénonciateurs en cas de condamnation le quart des a[...] [...] et [confi]scations desdites usures.

(2) [Nea]ntmoins entant que touche les courtiers, pro[...] entremetteurs desdites usures, qui ne font qu'accommod[...] prester leur nom pour autruy, qui dedans le temps susdit [...]

... et délais, voudront venir à révélation, et décla... ... la vérité du fait et entremise desdites usures, qu'il ... pour cette fois pardonné, et remis la peine des fautes ... pour ce regard, avec le profit de leur dénonciation, s'il y ... comme au contraire, à faute de ce, ils encourront la ... de la peine, là où par cy après ils en seraient trouvez coul...

... Et pour estre plus exactement procédé en ce ..., voulons ... entendons et nous plaist, tous procez criminels extraordi... ... intentez et poursuivis en ceste matière, pendans par... ... quelques juges, et en quelques cours et jurisdictions que ... estre par vous évoquez en l'état qu'ils sont et pourraient ... et iceux nos juges dès à présent et à l'advenir interdits de ... cognoistre : avec commandement de renvoyer tous lesdits ... et instances pardevant vous en nostredite cour, sinon en... ... seraient pour raison de ce par vous commis et subdé... ... faisant aussi faire injonction à tous grefliers et leurs com... ... d'envoyer et faire apporter lesdits procez et instances deda... ... qui pour ce faire leur sera par vous prefix, et si besoin est ... leurs registres et dépost : comme aussi à tous com... ... enquesteurs, huissiers et sergens, d'envoyer dedans ... temps toutes minutes et registres d'informations et enquestes ... le fait desdites usures, qu'ils ont par devers eux.

4) Et pour le regard des notaires et tabellions, d'autant que leurs ... sont chargez de plusieurs contracts secrets, il les appor... ... et feront apparoir lors seulement qu'ils en seront requis, ... payant de leur salaire raisonnable : le tout sur peine de ... et privation de leurs estats et offices, s'il y eschet : ... obstant oppositions ou appellations quelconques, pour les... ... ne voulons estre différé : nonobstant aussi quelconques ... ordonnances, commissions, dons, concessions ou man... ... contraires à ces présentes, lesquels (entant que besoin ...) avons cassez, révoquez et annulez, cassons, révoquons et ... ... , et à iceux dérogé et dérogeons par cesdites présentes.

5) Et en cas d'absence, empeschement ou récusation de celuy ... amez et feaux présidens qui préside en ladite chambre, vou... ... en son absence le plus ancien conseiller d'icelle chambre ... , en la forme et ainsi qu'il est accoustumé faire en nos... ... cour de parlement : et ainsi advenant, que pour l'absence, ... ou autres empeschemens d'aucuns conseillers d'icelle ... chambre, ils ne se trouvent en nombre suffisant pour

procéder au jugement desdits procez, ou qu'ils fussent parti[s] ce fait, soit prins le plus ancien de nostre grand chamb[re] autres selon l'ordre du tableau : validans les jugemens qui [seront] donnez avec lesdits conseillers ainsi appellez, et voulan[s] soient de pareille force et vertu, comme s'ils avaient esté [faits et] donnez par vous. Car tel est nostre plaisir.

N° 54. — LETTRES-PATENTES *pour l'établissement à Paris, [d'un] hôpital pour les pauvres honteux* (1).

Paris, octobre 1576, rég. au parl. le 18 décembre. (Vol. 2 J, f° [...])

N° 55. — LETTRES-PATENTES *qui accordent en don à M[arie] Stuart, reine d'Ecosse, comme veuve de François II, [la] jouissance du comté de Vermandois.*

Paris, dernier octobre 1576, rég. au parl. le 17 décembre (Vol. 2 J, [...])

N° 56. — ORDONNANCE *sur la jurisdiction et le jugeme[nt des] voies de fait qui ont lieu au logis du roi et à la suite [de la] cour* (2).

Paris, dernier octobre 1576. (Font., I, 1007.)

(1) Le premier qui injuriera autruy de paroles au logis du [roi] méritera telle peine que l'offense le requerra, soit de tenir p[rison] en son logis, quatre, cinq ou huict jours, ou bien au log[is du] capitaine de la garde, et finalement prison fermée, au ca[s que] y eust injure griefve, mesme si elle portoit crime : et au p[rononcé] d'icelle s'en desdira en la présence du roy, et demandera p[ardon] à sa majesté : et à faute de ce faire, ne sortira de prison.

(1) V. l'ordonnance de police de M. Debelleyme du 20 septembre 1828, [fon-] dée sur les lois relatives à la mendicité ; et les lois des 22 décembre 178[9], ticle 2, n° 1er, sect. 3 ; art. 2 de celle du 26 mars 1790 ; le décret du [...] 1790 ; la loi en forme d'instruction du 20 avril 1790, ch. XII ; loi du 22 [juillet] 1792, art. 22 et suiv., titre v, art. 14 ; décret du 19 mars 1793 ; loi du 15 oc[tobre] même année ; arrêté du 12 messidor an VIII ; art. 5, arrêté du 27 octobre [...] décret, 18 septembre 1807 ; réglement, 5 juillet 1808 ; décret du 22 [décembre] 1808, art. 269 et suiv. du Code pénal de 1810, dont l'art. 4 abroge le p[ouvoir] accordé à l'administration d'ordonner seule la détention.

(2) V. ci-devant la note sur l'édit de Charles IX, du 29 décembre 157[0]. Cette loi a subsisté en Angleterre du temps de Jacques Ier. V. la nouve[lle de] Walter-Scott, *Aventures de Nigel*. Le 28 février 1816, il a été prése[nté un] [pro]jet de la loi attributif de juridiction dans le palais du roi à la pet[ite de] l'hôtel. — Aujourd'hui la justice ne peut s'introduire dans les châteaux [royaux] sans permission du gouverneur ; mais la peine des délinquans est la mê[me que] dans les autres lieux, quoique les palais soient privilégiés. — Cette or[donnance] n'est pas en forme.

(2) Celuy qui audit logis donnera un démenty, soit pour se [venger] de injures dites à l'instant, ou autrement en général, [tiendra] prison pour huict jours, soit en son logis, ou du capitaine [de] la garde. Et si le démenty est donné bien légèrement, en prison fermée, pour ledit temps : demandera pardon au roy : et [d'a]vantage se remettra à s'appointer avec sa partie selon l'advis [de] sadite majesté. Et s'il estoit donné en la chambre, antichambre, garderobbe ou salle de sa majesté, tiendra prison fermée [six] mois. Et si quelqu'un estoit assez téméraire d'en donner un [en] la présence du roy, sa majesté retient à elle d'en faire telle [pu]nition qu'elle verra en devoir estre faite, pour estre chastié si [ex]emplairement comme le cas le mérite.

(3) Celuy qui frappera quelqu'un dans le logis du roy sans estre [arm]é, tiendra prison fermée six mois : et si c'estoit de coup [d']armes, tiendra aussi prison un an : demandera pardon au roy [à g]enoux, et fera telle réparation à sa partie que sa majesté ordonnera : et au cas qu'il y eust blessure, aura le poing couppé ou [la t]este tranchée, advenant que ce fust avec advantage ou supercherie. Et si on met les armes au poing en la chambre, antichambre, garderobbe et salle de sa majesté, ou en sa présence, [aura] le point couppé : et s'il avoit blessure, la teste tranchée.

(4) Celuy qui de parole injuriera le premier à la suite de la cour, [tien]dra telle prison et pour tel temps qu'il sera advisé par sa majesté selon la qualité de l'injure.

(5) Celuy qui sera le premier à offenser autruy de faict à ladite [su]ite, sans que mort s'ensuive, combien qu'il ait esté provoqué, [tien]dra prison close pour un mois ou tel temps qu'il sera advisé par sa majesté, et au cas que cela advienne par supercherie [ou] advantage, tiendra prison six mois ou aura le poing couppé [se]lon que l'excez sera grand, et fera telle réparation à sa partie [que] sa majesté ordonnera.

(6) Celuy qui sera agresseur et tuera un autre à ladite suite, [po]sé que ce fust d'homme de bien perdra la vie ou le poing droit [sans] rémission. Et si la querelle est advenue inopinément sur [le] champ et sans que l'on puisse penser qu'elle soit préméditée [au]paravant, à cause des injures précédentes : en ce cas, la peine [ser]a arbitrée par S. M. plus ou moins rigoureuse, selon qu'elle [ver]ra que le fait le requerra.

(7) Que à la dite suite, le roy estant arresté, on n'ait à porter [aut]res armes offensives que l'épée ou la dague sur peine de la vie.

(8) Et qui portera au logis du roy des corps de cuirasse, mail-

les, casquets et autres armes défensives, tiendra prison pendant trois mois, et s'il en porte à la suite, ses armes seront confisquées et tiendra prison un mois.

(9) Que les archers de la garde ayent à sommer celuy qui mettra le premier la main aux armes dans le logis du roy; et en cas que tous deux missent les armes au poing, tascheront de les séparer pour puis après les chastier, comme ils auront mérité, et surtout l'assaillant. Et advenant qu'ils ne se voulussent séparer, les assommeront tous deux, ensemble ceux qui auroient les armes au poing et seroient interessez de leur querelle.

(10) Et quant à ceux qui mettront les armes au poing à la suite de la cour, est mandé aux archers du grand prévost qui seront en garde ce jour-là, de les séparer en faisant défense *de par le roy*, de ce faire, pour après les mener au logis du grand prévost, qui soudain en advertira sadite majesté pour savoir son bon plaisir. Et advenant qu'ils n'y voulussent obéir, si en les séparant il les tuoient, l'on ne pourra les rechercher, d'autant qu'ils n'auront voulu obéir au commandement qu'ils leur auront fait de par sa majesté.

(11) Celuy qui ira appeler un autre de la part de l'une des parties perdra la vie au cas que les parties se battent, et s'ils ne se battent, tiendra prison trois mois.

(12) Et d'autant que sa majesté entend qu'un chacun ait à se contenir en son devoir et obéir à ses ordonnances, défend très-expressément à tous gentils-hommes et autres de ne se partialiser pour qui que ce soit qui ait querelle, et les aller trouver en leur logis pour s'y offrir, d'autant que par ce moyen, les assemblées se font : et ce sur peine que celuy-là tiendra prison en son logis quinze jours, et sera banni de son logis pour 3 mois.

(13) Aussi sadite majesté veut et entend que le gentil-homme qui aura querelle ne puisse s'accompagner de plus de quatre gentilshommes avec quatre valets ou soldats qu'il nommera au grand prévost : lesquels seront en tout le nombre de dix portans espées et dagues seulement et non plus sur peine de tenir prison pour un mois et d'estre banni pour six mois de la cour, ou plus ou moins, selon qu'ils se trouvera accompagné.

(14) Pareille défense sera faite à tous autres de ne les accompagner outre ledit nombre sur ladite peine.

(15) Que ceux qui se trouveront présens à la querelle survenue seront tenus incontinent de le reveler ou faire sçavoir à sa majesté : et où dedans le jour ils ne l'auroient fait, seront condam-

... c'est dans le logis du roy, à tenir prison un mois, et si ... du logis, quinze jours.

(16) Pareillement ceux qui en sçauront quelque chose seront ... de le dire à sa majesté dans le jour, ou autrement encour... ladite peine.

(17) La cognoissance et jugement de tels crimes appartient au ... prévost, lequel sera tenu dedans vingt-quatre heures après ... dénonciation à luy faite, en faire la justice sans autre forme ... de procez, que d'ouir sommairement les deux parties, ... ceux qui en pourront parler nonobstant les formes introduites ... tels cas.

(18) Et outre lesdites peines et chastiemens de ceux qui offen... autruy, sera fait satisfaction à la partie par le coupable, ... que sa majesté le trouvera bon, ainsi qu'il est dit cy dessus.

(19) De toutes les contrevenances qui seront faites aux ordon... concernans le fait des querelles, sera tenu ledit grand prévost de faire procez verbal, lequel il rapportera toutes les sep... au conseil privé, pour estre sa majesté advertie de tout ... se passera à la suite de sa cour.

(20) Quant aux peines des soldats ou autres n'estans nobles, ... demeureront à l'arbitrage du grand prévost, qui les équi... à celles des gentilshommes. A sçavoir pour le piloris, ... honorable, le foüet, l'estrapade, les gallères, d'avoir le ... couppé et d'estre pendus selon que la gravité du fait le re...

Fait, etc.

N°57. — ÉDIT *de création, de regratiers et de mesureurs de sel dans tous les greniers et chambres à sel du royaume* (1).

Paris, novembre 1576; reg. en la cour des aides, le 21. (Font., II, 1056.)

N°58. — DÉCLARATION *qui défend à tous sergens et à tous priseurs-vendeurs de meubles, d'exercer les offices les uns des autres, sans avoir pris provision du roi* (2).

Paris, 11 novembre 1576. (Font., 1, 519. — Joly, II, 1610.)

---

(1) Cette création avait pour objet, dit le préambule, d'obvier aux abus et ... qui se commettent par chacun jour, en la distribution du sel.
(2) V. l'édit de mars 1576, qui réunit ces deux offices en un seul. Cette dé... montre dans quel but la réunion avait été faite. V. l'arrêt de la Cour ... du 10 décembre 1818, sur les droits respectifs des notaires et des ... subrogés aux commissaires priseurs, par une loi de 1790.

59. — Assemblée des états-généraux (1).

Blois, 6 décembre 1576. (Recueil des états généraux et autres assemblées nationales, tom. XIII, p. 135 et suiv., 1789.)

Le roy est monté sur son siège royal, couvert d'un drap de velours violet, semé de fleurs de lys d'or ; au côté droit, la reine mère et le duc d'Anjou, frère du roi ; au côté gauche, la reine femme du roi. (Sur un échafaud, plus bas que le marche-pied du roi, les princes et ducs à droite sur un banc ; les pairs de l'église à gauche sur un autre banc. Sur cet échafaud, au bout du marche de pied du roi, le siège du chancelier, non adossé, couvert d'un drap de velours violet semé de fleurs de lys d'or. Derrière la chaise du roi était une barrière, et par delà les 200 gentils-hommes tenant leurs haches en becs de corbin. Au dessus, à côté du dais du roi, petite galerie pour les princesses. Au pied de l'échafaud, à droite du siège du roi, table des quatre secrétaires d'état, couverte d'un tapis de velours violet. Des deux côtés de la table, les membres du conseil privé sur un banc de droite ; les chevaliers de l'ordre et conseillers de robe courte sur un autre banc à gauche.

Derrière le banc des conseillers de robe longue, dix banquettes devant l'échafaud pour les députés de l'église ; les archevêques et évêques séants les premiers, ayant leurs rochets et camails ; après eux, les religieux chefs d'ordre et autres selon la préséance des lieux d'où ils étaient députés, au nombre de 104.

Au bout de ces bancs étaient, sur un banc, le prévôt des marchands de la ville de Paris, président du tiers-état, et avec lui les députés de ladite ville. Sur quatre autres bancs, d'autres députés du tiers-état. Au côté droit de l'échafaud, les évêques non députés sur un banc, les intendans des finances et trésoriers de l'épargne sur un autre banc.

Derrière les conseillers de robe courte, il y avait six bancs pour les 72 députés de la noblesse, et six autres pour les députés du tiers-état qui remplissaient encore trois bancs contre la muraille. Ils étaient 150 y compris ceux de Paris.

Au bout de ces bancs, derrière la barrière, on laissa entrer le commun peuple.)

L'assemblée ayant pris place, le roi, sur son siège royal, parla ainsi :

« MM. Il n'y a personne de vous qui ne sache les causes de

---

(1) V. ci-après l'ordonnance de Blois, mai 1579.

j'ai été mû à convoquer cette assemblée. Pour ce, est-il besoin de consommer le tems à vous le faire entendre. Je crois qu'il n'y a celui de vous qui ne soit venu bien instruit et préparé pour satisfaire à tout ce que j'ai mandé par mes commissions (1) publiées en chacune province, et m'assure davantage qu'il n'y a homme en cette compagnie qui n'y ait apporté le zèle et affection qu'un bon et loyal sujet doit avoir envers son roi et le salut de sa patrie. Présupposant cela, j'espère qu'en cette assemblée de tant de gens de bien, d'honneur et d'expérience, se trouveront les moyens pour mettre ce royaume en repos, pourvoir aux désordres et abus qui y sont entrés, délivrer mon peuple d'oppression, et en somme, donner remède aux maux dont le corps de cet état est tellement ulcéré qu'il n'a membre sain et entier, au lieu qu'il souloit être le royaume le plus florissant, plus heureux et sur tous autres renommé de religion envers Dieu, d'intégrité en justice, d'union entre les sujets, d'amour et obéissance envers leur roi et de bonne foi envers les hommes. Toutes lesquelles choses se voient maintenant tant altérées et en plusieurs endroits si effacées, qu'à peine s'en reconnaît ombre ni marque. »

Le roi exposa alors l'état des affaires, et comparant la situation du royaume, à son avènement à la couronne, avec ce qu'elle était sous François Ier et Henri II, il rappela à l'assemblée qu'arrivant très jeune au trône (2), il avait eu à pacifier le royaume troublé par des querelles religieuses, et que, pour parvenir à rétablir la paix dans l'état, il avait *finalement pris la voie de douceur et conciliation*. Le roi termina son discours en engageant les députés des états à se réunir à lui pour assurer une bonne paix comme seul et unique remède à la conservation de l'état.

Le chancelier (de Birague) qui prit ensuite la parole disserta

---

(1) V. les commissions de Louis XVI, pour la convocation des états de 1789; celles de Henri III recommandaient aux commissaires « de voir et visiter les sujets du roi, d'entendre comme les choses qui touchent au service de Dieu, et les charges et dignités ecclésiastiques, sont faites, tenues, maniées et exercées ; quels sont les déportemens de la noblesse, et comment la justice et nos finances sont administrées ; comment notre dernier édit de pacification est gardé et observé ; avec charges expresses d'entrer en l'assemblée desdits états (les états provinciaux), etc. » Nous n'avons pu retrouver les commissions générales dont parle le discours du roi. — V. ci-devant la lettre de convocation des états généraux, à la date du 6 août.

(2) Il avait 23 ans.

longuement sur l'état du royaume. Il insista particulièrement sur la nécessité de maintenir et de fortifier la paix qui, seule, pouvait guérir le royaume des maux qu'il avait soufferts. Passant ensuite en revue les moyens d'arriver à ce résultat, il exposa les réformes dont le clergé, la noblesse et le tiers-état avaient besoin. Il finit en répondant aux reproches qu'on pouvait faire au roi et à la reine mère.

« Je ne doute pas, dit-il, que quelqu'un ne dise que le roi, qui
« est si sage et vertueux, dispose des bénéfices à personnes inca-
« pables, ce qui cause un grand désordre et scandale en l'église
« de Dieu, vend les offices de judicature, d'où vient la corrup-
« tion en la justice, fait tous les jours des édits de création de
« nouveaux officiers pour les vendre, en chargeant ses finances
« et son peuple de gages, outre que la multiplicité des officiers
« est dommageable au public, fait des dons immenses, est facile
« à concéder rémissions et évocations, ce qui renverse l'ordre de
« la justice et travaille infiniment les sujets, à raison de quoi on
« blâme le roi qui commande et le chancelier qui passe de telles
« choses, et puisque j'en suis sur ce propos, et que cette notable
« compagnie que ne pouvons avoir souvent, m'y invite, je dirai
« aussi qu'aucuns par ignorance ou par malice parlent de la reine
« mère du roi, et disent en somme qu'elle a mal gouverné le
« royaume depuis la mort du roi son seigneur et mari (1) que
« Dieu absolve.

« A quoi avant que je réponde, je suis bien aise parler pour
« leurs majestés comme on fait ordinairement pour ceux qui ont
« eu charge de quelque tutelle, curatelle, garde-noble ou admi-
« nistration sans obligation de rendre compte, et néanmoins
« sans être obligés ou tenus à ce, rendent leurs comptes pour
« faire connaître combien ils ont fidèlement versé en leurs
« charges, car vous savez tous que le roi n'a à rendre raison à
« autre qu'à Dieu, la reine au roi qui est en âge, sacré et cou-
« ronné. Et toutes fois leurs majestés désirent, afin qu'on n'a-
« joute foi aux calomnies et impostures (comme je m'assure que
« vous n'avez fait et ne voudriez faire, étant trop sages et ver-
« tueux), que la vérité soit découverte et que chacun connaisse
« comment toutes choses sont passées. Pour cette occasion, com-
« mençant en premier lieu, au roi, je dirai, et crois que le cœur

---

(1) Henri II.

« ...avec moi, qu'il a été, en son particulier, peu heureux, ayant, à son avènement à la couronne, trouvé le royaume grandement désolé et presque ruiné par les guerres intestines qui avaient (comme vous savez) déjà pris un long trait et continuaient encore en quelques endroits de la France, aux quelles ayant tâché de mettre fin et n'ayant trouvé ses sujets capables de son intention, étant contraint faire une grande dépense, il a usé des moyens les plus doux et moins violens qu'il lui a été possible pour trouver argent et fournir aux frais de la guerre qui sont infinis; pour cet effet, a vendu le reste de son domaine avec intention de le racheter quelque jour; a créé des offices que les sujets prennent volontiers et se peuvent supprimer par mort et tout sans contraindre ou offenser personne. Quant aux nominations, je vous ai déclaré qu'elle était son intention et bonne volonté; et quant aux rémissions et évocations, je vous puis assurer que le bruit en est plus grand que l'effet. »

Arrivant à parler de la reine, le chancelier la combla d'éloges pour avoir si bien gouverné l'état et sa famille malgré la mort du roi son époux. Il ne trouva qu'à admirer dans sa conduite et ne dit pas un mot de la justification qu'il avait annoncée. — Après la harangue du chancelier, l'archevêque de Lyon au nom du clergé, le sieur de Rochefort au nom de la noblesse, et le prévôt des marchands de Paris pour le tiers-état, remercièrent le roi d'avoir bien voulu les convoquer pour prendre leur avis sur les réformes dont l'état pouvait avoir besoin, et lui donnèrent l'assurance d'un entier dévoûment.

Après cette séance les trois ordres se réunirent plusieurs fois, pour rédiger leurs cahiers. Comme presque tous les membres étaient ligueurs, ils demandèrent au roi de révoquer l'édit de pacification (voyez ci-devant, mai 1576) et de déclarer la guerre aux calvinistes, s'ils ne voulaient rentrer dans le sein de l'église catholique. Les princes et seigneurs de la cour à qui le roi demanda des avis écrits, furent unanimes sur la question de révocation de la liberté de conscience accordée aux protestans. Les plus modérés engagèrent le roi à s'adresser au roi de Navarre, au prince de Condé et au maréchal Dampville, en employant les voies de douceur. Henri III, balancé entre la ligue qui devenait menaçante et qui allait demander un chef aux états, et les protestans armés auxquels il ne pouvait faire la guerre dans l'état d'épuisement de ses finances, traita avec les deux partis. D'un côté, il se déclara chef de la ligue et signa le formulaire, d'où l'on trancha, dit Anquetil, les ambiguités dangereuses pour l'autorité royale; d'un autre côté, il envoya parlementer avec le roi de Navarre et le prince de Condé, et confirma en faveur des réformés l'édit de pacification (1).

N° 60. — EDIT *qui accorde aux princes du sang la préséance sur les autres princes et sur les pairs de France, dans toutes les solennités publiques.* (2).

Blois, décembre 1576; reg. au parl. le 18 janvier 1577. (Vol. 2 J, f. 154. — Font., II, 32.)

N° 61. — *Edit qui accorde des titres de noblesse aux prévôts et échevins de la ville de Paris, à commencer par ceux qui ont rempli ces fonctions depuis 20 ans* (3).

Blois, janvier 1577. (Rec. des privilèges de la ville de Paris, p. 249.)

N° 62. — DÉCLARATION *qui confirme les contrats et actes passés par les notaires de Blois, bien qu'ils n'aient pas observé les formalités prescrites par l'art. 84 de l'ordonnance d'Orléans (janvier 1560).* (4).

Blois, 18 janvier 1577; reg. au parl. le 26. (Vol. 2 J, f° 349.)

N° 63. — DÉCLARATION *pour la reddition des comptes des maladreries et hôpitaux* (5).

Blois, 20 janvier 1577; reg. au parl. le 9 mars. (Vol. 2 J, f° 295.)

---

(1) V. ci-après l'édit de Poitiers, septembre 1577.

(2) Le motif de cet édit était d'obvier aux différens et procès élevés à l'occasion de l'ordre de préséance, entre les princes du sang et seigneurs de la cour. V. ci-devant l'édit de Henri II, avril, 1557, et la note; l'ordonnance précédente du dernier octobre ; et les discussions relatives aux princes légitimés à la fin du règne de Louis XIV; édits de 1694, 1711 et 1714.

(3) Ceci indique l'origine des parties de la noblesse. — Parmi les municipaux combien sont sans aucune notabilité morale?

(4) Les formalités dont il est ici question, sont la signature des parties et des moins ; et en cas d'ignorance des parties, la mention qu'elles ne savent signer. — Il existe un grand nombre de déclarations semblables à celle-ci. Nous nous bornons à l'indiquer.

(5) l'édit d'octobre 1576, qui avait institué un hôpital pour les pauvres honteux, et un établissement d'éducation pour les enfans pauvres, avait déclaré

64. — LETTRES-PATENTES qui accordent en douaire à Elisabeth d'Autriche, veuve de Charles IX, les duchés d'Auvergne et de Bourbonnais.

Blois, 10 janvier 1577; reg. au parl. le 9 mai. (Vol. 2 J, f° 302.)

65. — LETTRES de confirmation des exemptions et privilèges accordés au clergé de France (1).

Blois, 12 février 1577; reg. au parl. le 5 mai 1578. (Vol. 2 K; f° 174.)

66. — ÉDIT portant qu'aucun comptable ne sera admis dans l'exercice de sa charge, avant d'avoir fourni caution (2) et fait élection de domicile.

Blois, février 1577; reg. en la ch. des compt. le 2 avril. (Font., II, 1141.)

67. — DÉCLARATION sur les mines et minières (3).

Blois, 10 mars 1577; reg. au parl. le 20 juillet. (Vol. 2 J, f° 395.)

68. — DÉCLARATION sur la procédure à suivre contre les usuriers (4).

Blois, 12 mars 1577. (Guén., 624, I, 7.)

---

(1) ...tablissement serait élevé des deniers provenant des reliquats de comptes des ... Dieu, léproseries, maladeries et confréries du royaume. La déclaration de 1577, commet Christophe de Thou, premier président au parlement de ..., Pierre Séguier, et Bernard Prévôt, présidens au dit parlement, pour re... les comptes de tous les hôpitaux établis depuis 30 ans, et en appliquer le ...quet à la fondation de l'hospice créé par l'édit d'octobre 1576. — V. ci-de... l'édit de François Ier, février 1546.

(2) Il s'agit ici de l'exemption du logement des gens de guerre, et de la dis... des impôts. Accordé pour la première fois par l'édit de Constance en 343, Cod. Just., loi 1re de episcopis. — V. les lettres du 23 décembre 1574, et 5 mai 1576. Ces nouvelles lettres sont motivées sur ce que le clergé a fourni au roi une subvention importante.

(3) V. à sa date l'ordonnance de Charles IX, 16 janvier 1565. Aujourd'hui les comptables, les officiers ministériels, les agens de change, même les journa..., sont soumis à la condition du cautionnement. — V. la loi du 28 mai 1816, et celle du 18 juillet 1848.

(3) C'est la confirmation d'un privilége accordé à un particulier, d'exploiter pendant dix ans toutes les mines du royaume. — V. note sur l'édit de Charles IX, 1 mai 1565.

(4) V. les lettres-patentes du 6 octobre 1576, et la note, et celle d'avril 1594. ... n'avons pu retrouver le texte de cette déclaration, qui probablement ... pas, le recueil de Guénois étant sous ce rapport entaché de beaucoup ... de date. — C'est probablement un article détaché des ordonnances de ... qui nous sont conservées.

N° 69. — Édit *sur les hôtelleries, cabarets et tavernes*(
Blois, mars 1577; reg. au parl. le 4 juillet. (Vol. 2 J, f° 386. — Font., I,

Henry, etc. Combien que pour corriger et réprimer les a
et malversations qui journellement se commettent par ceux q
tiennent hostelleries, cabarets et tavernes ordinaires, infinies o
donnances ayent esté faites par nos prédécesseurs roys, tant s
la réduction du prix excessif qu'il ont accoustumé prendre d
passans et séjournans, que sur le règlement et taux des vi
qu'ils sont tenus de fournir : et que de nostre part à nostre adve
ment à la couronne nous ayons fait ce qui nous a esté possible p
y establir quelque ordre et règlement au soulagement de nos s
jets : si est ce que pour la malice et insatiable avarice d'aucuns d
dits hosteliers, cabaretiers et taverniers, négligence ou conniven
de nos officiers qui ont deu avoir l'œil et tenir la main à l'obs
vation et entretenement de nosdites ordonnances, et confusi
que les troubles qui de long-temps, à nostre très-grand regre
ont duré en nostre royaume, ont apporté, toutes chos
n'ont pu estre policées selon le désir de nosdits prédéces
seurs et de nous : au contraire l'on voit le tout de plus en pl
desréglé, ne pouvant plus nos subjets qui sont contrains loger
hostelleries, cabarets et tavernes, porter si excessives dépens
et qui pis est contre la teneur expresse de nos ordonnances, p
lesquelles est expressément défendu à toutes personnes de s'in
gérer à tenir hostelleries, cabarets ou tavernes ordinaires, sans
préalable avoir presté serment devant le juge des lieux ;
nombre effréné de personnes en ont establi d'eux mesmes et s
congé : et plusieurs d'entr'eux ont quitté leurs trafiques et autr
vacations, pour les exercer et tenir : de sorte que l'on voit la plu
part d'iceux, tant és villes, bourgs, bourgades, que le plat pay
comme un refuge et retraite de larrons, voleurs, blasphéma
teurs et dissipateurs de biens, et autres gens mal vivans.

A quoy désirans pourvoir comme chose qui importe grandeme
au bien et commodité de nos subjets, et suivant la réquisition q
nous en a esté faite en l'assemblée générale des estats-généraux
dernièrement tenus en nostre ville de Bloys. Avons voulu re
chercher les occasions et causes principales qui maintienne

---

(1) V. à leur date les édits de Louis XII, 20 octobre 1508 ; François I⁰ʳ,
novembre 1519 et la note. Nous donnons le texte de celui-ci parce qu'il contie
des dispositions nouvelles ; maintenant cette industrie est libre en payant p
tente.

désordres, ensemble le remède qui y peut être establi, nous avons par le bon conseil et advis de la royne nostré honorée dame et mère, princes de nostre sang, et gens de conseil privé, trouvé consister en deux seuls points, l'un retrancher le nombre superflu desdits hosteliers, cabaretiers taverniers : l'autre en l'élection de personnes bien vivans, de vie, mœurs et conservation : pour plus grande approbation desdits hosteliers, cabaretiers et taverniers ordinaires, nous avons résolu qu'à l'advenir aucun d'eux ne les pourra tenir ne avoir sans nostre congé et permission, à celle fin de n'y en admettre aucuns qui ne soient de la qualité susdite, et qui gardent et observent nos ordonnances et le contenu de ce présent édict. Sçavoir faisons que pour ces causes et autres considérations à ce nous mouvans, de l'advis de nostredite très honorée dame et mère, desdits princes de nostre sang, et gens de nostredit conseil, auquel le tout a esté meurement délibéré, avons de nos certaine science, plaine puissance et authorité royale, par édict et ordonnance perpétuelle et irrévocable, ordonné et statué, ordonnons et statuons, voulons et nous plait :

(1) Que d'oresnavant nul ne puisse tenir hostelleries, cabarets et tavernes ordinaires, sans au préalable avoir pris de nous lettres de permission, qui seront expédiées en tel nombre et lieux de nostre royaume que trouverons estre requis et nécessaires, et à telles gens de bien, resseans, de bonne vie et renommée, mœurs et conservation, ayans commodités et moyens propres de pouvoir entretenir suivant nos ordonnances : à prendre et recevoir lesquelles permissions seront receus toutes personnes estans de la qualité susdite, sans que ceux qui de présent tiennent lesdits hostelleries, cabarets et tavernes les puissent quitter ne laisser, mesmes qu'ils ayent pris de nous lettres de ladite permission, lesquelles ils seront, estans trouvez de la qualité susdite, tenus prendre dans un mois après la publication de ce présent édict. Et cependant leur enjoignons très-expressément les continuer et tenir fournies de toutes choses nécessaires, suivant nos ordonnances faites sur le fait de la police, sur les peines y contenues, et autres de cent livres parisis d'amende, que voulons estre levees de mois en mois, sans déport sur les contrevenans, et ce jusqu'à tant qu'ayons pourveu au nombre qui sera trouvé convenable les réduire, suivant l'advis de ceux que nous commettrons. De laquelle permission leur seront expédiées et délivrées lettres en bonne forme, à leurs dépens, à la charge expresse

qu'avant pouvoir jouir de ladite permission qui leur en sera expédiée, ils feront apparoir à nos officiers des lieux attestations valables et suffisantes de leur vie, mœurs et bonne conversation, pardevant lesquels ils presteront le serment de bien et deuement entretenir et garder nos ordonnances.

(2) Pourvoiront lesdits hosteliers, cabaretiers et taverniers, que les passans et séjournans és villes et autres lieux soient receus en leur logis, et que les vivres ordonnez par lesdites ordonnances leur soient administrez, en payant par eux prix raisonnable, jusques à ce qu'il y aye esté par nous autrement pourvu : et advenant difficulté entr'eux et les passans, ils seront sommairement vuidez par les juges des lieux : ce que leur enjoignons très-expressément de faire, sans remise ni longueur.

(3) Défendons très-expressément ausdits hosteliers, cabaretiers et taverniers de tenir ou permettre en leurs maisons brelans, jeux de dez, cartes et autres débauchemens pour la jeunesse, enfans mineurs et autres gens debauchez, mesmes leur faire pour cet effect nul crédit, sur peine de perdition de leur debte, sans qu'il leur soit permis ni loisible d'en faire aucune poursuite contre eux.

(4) Défendons à tous nos justiciers et officiers d'avoir aucun esgard aux promesses, cédules ou obligations qui pourroient pour telle occasion à l'advenir estre faites, ains dès à-present les avons déclarées nulles et de nulle valeur : souffrir assemblées illicites contre nos ordonnances, ny aucuns blasphèmes et juremens exécrables, contre lesquels actes venans à la cognoissance, ils feront devoir de gens de bien : et où ils continueraient, donneront ordre que la justice en puisse estre advertie, pour la punition desdits crimes.

(5) Seront tenus lesdits hosteliers, cabaretiers et taverniers establis és villes, chasteaux et places fortes, s'enquérir curieusement des noms et demeures de tous ceux qui arriveront en leur logis, de la description de leurs armes et chevaux, pour à l'instant en advertir les gouverneurs ou lieutenans desdites villes, chasteaux et places fortes. Et au regard de ceux des bourgs, bourgades et plat pays, prendront soigneusement garde que leurs logis ne soient receus les voleurs ne autres personnes mal vivans : et où ils s'appercevraient qu'ils fussent tels, leur enjoignons expressément en advertir incontinant le sieur du lieu ou officiers, à fin de pourvoir aux surprises et voleries qui en pourraient advenir.

... Les pourveus de nostredite permission feront mettre, à
... que personne ne prétende cause d'ignorance, és lieux
... apparens de leurs maisons une enseigne sous telle devise
... adviseront, au-dessous de laquelle sera escrit en grosses
... *Hostellerie, Cabaret, ou taverne par permission du*
... Défendons très-expressément à tous autres de tenir hostel-
..., cabarets ou tavernes, ny recevoir personne en leurs mai-
... pour en prendre argent, sans la dite permission, ainsi que
... est dit, sur peine de cent livres parisis d'amende pour la
... fois, qui doublera à la seconde fois, et par corps.
... Défendons très-expressément suivant ladite réquisition qui
... esté faite en ladite assemblée générale desdits estats géné-
..., aux rotisseurs, cuisiniers et autres manières de gens qui
... accoustumé d'asseoir et traiter la jeunesse, et autres gens dé-
..., en certains lieux et à certains prix, où se consomment
... ment de grands deniers, les recevoir à l'advenir en leurs
..., ny faire ou entretenir tel train, sur peine de quatre
... livres parisis d'amende, applicable un quart aux pauvres,
... part aux dénonciateurs, et le reste és mains des receveurs
... nostre domaine, et par corps.

(8) Et à fin qu'ils puissent soigneusement satisfaire au deu de
... charge, sans que par autres vacations ils en soient divertis
... détournez : les avons déclarez et déclarons par ces présentes
... de toutes commissions tant royales que des commu-
... ordinaires et extraordinaires, d'estre collecteurs des tailles,
..., et autres deniers extraordinaires, encore qu'ils fus-
... consuls des villes, en aucunes desquelles ils ont accoustumé
... la cueillette de nos deniers, tout ainsi que les collecteurs
... tailles, des marguilliers ou thrésoreries des paroisses, charges,
..., tutelles et curatelles, déposts et gardes des biens de
..., tant meubles qu'immeubles, si ce n'est du gré et consen-
... desdits hostéliers, cabaretiers et taverniers ordinaires, à
... option : et en ce cas les en avons dès à présent comme dès-
..., et dès-lors comme dés à présent, deschargez et deschargeons.

(9) Pareillement les avons affranchis et exemptez par ces mes-
... présentes, de tous guets et gardes des portes, de loger en
... logis nuls gens de guerre, tant à pied qu'à cheval, passans
... séjournans, prendre ne fourrager és maisons à eux appare-
... aucune chose, en quelque lieu qu'elles soient ou puissent
... assises, des corvées et fournitures de chevaux et harnois que
... prend pour tirer les chariots et artilleries et munitions d

guerre, de contribuer aux cottisations qui cy après pou[rront] estre faites és villes, bourgs, bourgades, ou paroisses et li[eux de] leurs demeurances, pour la nourriture desdits gens de g[uerre] tant de pied que de cheval, passans, estans ou séjournans.

(10) Enjoignons très-expressément à tous nos lieutenans g[éné]raux de nos provinces, capitaines, prevots des mareschaux, [ma]reschaux des logis, fourriers, et autres membres conduisa[ns] compagnies de gens de guerre, baillifs, séneschaux, p[revots,] esleus, et autres nos officiers, d'observer et garder, faire [en]tenir, observer et garder ceste nostre ordonnance, sur p[eine] d'en respondre en leur propre et privé nom, leur perme[ttons] aussi de faire ou faire faire train de marchandise non proh[ibée] telle qu'ils verront bien estre, en payant les droicts tout ain[si que] font les autres marchans.

(11) Défendons très-expressément à ceux qui feront les a[s]siettes des tailles, emprunts, et autres deniers, tant és vill[es que] plats pays, de surcharger, sous couleur desdits priviléges, l[esdits] hosteliers, cabaretiers et taverniers ordinaires, de plus gr[ande] somme, part et portion qu'ils avaient accoustumé d'estre a[upa]ravant cottisez, sur peine d'en respondre en leur propre [et privé] nom. Déclarons n'avoir entendu et n'entendons qu'iceux p[our]veus par ce présent édict desdites lettres de permission, s[oient] cottisez pour ceste occasion au ban et arrière ban, ny a[utres] charges inaccoustumées, contre et au préjudice des privi[léges] dont ils jouyssaient au précédent du bénéfice : desquels n[ous] voulons que les pourveus de nostre permission jouyssent, [tout] ainsi qu'ils eussent fait ou pouvaient faire auparavant avo[ir ob]tenu de nous lesdites lettres de permission.

(12) Et pour les proclamations des affiches et autres dilige[nces] qu'il conviendra faire, et qui dépendront de l'exécution d[u] présent édict tant seulement, nous permettons au premier h[uis]sier ou sergent, et aux commissaires des tailles, ou autr[es à] ce requis, leur commis ou députez, d'exploiter pour ce [fait] par tous lieux que bon leur semblera, encores que ce soit h[ors] des limites de leur ressort, et sans qu'au moyen des priviléges nosdits huissiers ou sergens leur puisse estre fait, mis ou d[onné] aucun destourbier ou empeschement.

(13) Et d'autant que par inconvénient de maladie, déchée[ment ...]ns, ou autres semblables inconvéniens, lesdits hostel[iers, cabare]tiers et taverniers qui seront par nous pourveus d[esdites lettres] de permission, ne les pourraient entretenir, en ces [...]

...permis et permettons de pouvoir substituer et subro-
... leur lieu leur droict de ladite permission et exemption,
... que ce soit à personne de la qualité susdite, sans toutefois
... ...ance pour la premiere subrogation qu'ils feront, à la
... néanmoins de prendre de nous nouvelle permission. Per-
... aux veufves, pendant leur viduité seulement, de con-
... après le décez de leurs maris lesdites hostelleries, caba-
... tavernes, et faire tout ainsi que faisaient leurs maris de
... vivant, sans prendre de nous autres lettres de permission
... ...elles qu'ils auraient de leursdits maris.
...disons en mandement, etc.

... — Edit *de création des états et offices de prévôt général,*
...connétables et maréchaux (1) *de France, de trois lieute-*
...ns, deux de robes longue et un de robe courte, d'un gref-
...et 50 archers.

... ...rs 1577; reg. au grand conseil le 12 avril. (La Maréchaussée de Fr.
p. 201.)

... — Déclaration *pour la fourniture des munitions et*
vivres des places fortes.

Blois, 11 avril 1577; reg. au parl. le 18 juin. (Vol. 2 J, f° 379.)

...ry, etc. Ayans entendu en nostre conseil les remontrances
...nous a faictes nostre amé et féal conseiller secretaire de nos
..., général et super-intendant des vivres, munitions et ad-
...emens de nostre royaume, le seigneur de Beaulieu, de ce
...y a eu aucuns de nos vivres de munition que nous tenons en
...villes de frontières, enlevés de nos magasins et vendus soit
...payement ou prêt aux soldats qui y sont en garnison, ou au-

---

... le recueil des actes de la maréchaussée de France, donne le nom des
... qui ont été revêtus du titre de maréchaux depuis Clotaire I, en 543,
... Louis XVI, en 1775. La création du connétable ne remonte pas au delà
... ...e siècle. Les fonctions des maréchaux étaient en grande partie militaires.
...dant la police du royaume et l'exécution de la justice rentraient dans leurs
... ...tions. Ils étaient chargés de maintenir la tranquillité dans le royaume pen-
... guerre; delà, dit l'ouvrage cité, l'établissement des compagnies d'or-
... ...nces et aussi des prévôts, vice-baillis, lieutenans provinciaux. Le tri-
... ...l des maréchaux était la seule juridiction qui pût connaître des causes de
... ...eur et des militaires, en matières d'engagemens d'honneur. — Cette in-
... ...ion a été abolie le 7 septembre 1790.

trement et considérant que telles ventes ne se font que à [...] très-grand dommaige, et que pis est, que la conséquence [...] si pernicieuse et dangereuse que lesdits vivres mis en [...] pour la conservation et garde, en toute extrémité de siége [...] dites places et frontières comme ung relicquaire sacré, ne [se]ront, désormais, que de sûreté et caution, pour le payement [des]dits soldats s'il n'y est pourvu pour l'advenir :

Sçavoir faisons que nous ayans mis ceste affaire en d[élibéra]tion, en nostre conseil :

Avons, par l'advis d'icelui, ordonné et ordonnons, voul[ons et] nous plaît, que doresnavant, aucuns quels qu'ils soient [ne] puissent ingérer de faire vendre aucune part ou portion de[s] vivres de munition de toutes les villes et places fortes de n[ostre] dit royaume où il y en a eu garde uy de toucher à icelles [s'il] n'est en temps de siége seulement, quelques lettres qu'[ils] pourraient avoir et obtenir, cy après, de nous, par import[unité] ou autrement : lesquelles, dès-à-présent, nous révocquons [et] voulons que l'on y ait aucun égard, et ce, sur peine de [...] ce qui en serait, ainsi pris et vendu sur ceux qui s'en se[raient] mêlés : En quoi nous n'entendons en rien préjudicier, à l'[en]tenement des contrats faits et passés, en nostredite cour, p[our] le regard desdites munitions, à tous nos munitionnaires et g[ard]ains qu'ils jouissent et usent d'iceux, selon les conditions y [con]tenues pour rafraischir, renouveller et entretenir nosdites [...] ainsi qu'ils sont obligés.

Si donnons en mandement, etc, par le roy en son consei[l...]

VIe GUERRE CIVILE,

IIe DU RÈGNE.

AVRIL A SEPTEMBRE 1577 (1).

(Anquetil, *Esprit de la ligue*.)

N° 72. — E[dit] *de création de quatorze offices de conseill[ers du] roi, contrôleurs généraux provinciaux des greni[ers à] sel* (2).

Chenonceaux, mai 1577; reg. en la ch. des des compt. le 6 juillet, et en [la ch.] des aides, le 21 août. (Font., II, 1038. — Corbin, rec. de la co[ur des] aides, p. 557 et 573.)

---

(1) V. à cette date, note sur l'édit de Poitiers qui mit fin à cette gu[erre].
(2) Bursal.

— Edit d'établissement à prix d'argent en chaque paroisse du royaume, d'une personne qui sera exempte pour dix ans des tailles et autres impôts (1).

Juillet 1577; reg. en la ch. des compt. le 5 août, et en la cour des aides, le 28 octobre. (Font., II, 865.)

N° 74. — DÉCLARATION contre le luxe (2).

7 septembre 1577. (Traité de la police de Delamarre, liv. 3 ; tit. 1er, chap. 5.)

— Edit sur les monnaies, portant qu'à l'avenir on comptera par écus et non par livres (3).

septembre 1577; reg. au parl. le 18 du même mois et en la ch. des ... le 11 octobre. (Vol. 2 J, f° 191. — Font., II, 172. — Reg. cour des ..., II, f° 1.)

..., etc. Considérans que l'usage de l'or et de l'argent a esté ... entre les hommes, au lieu de l'ancienne permutation ... choses, pour mettre juste prix et estimation à icelles, ... rendre plus de facilité à la conversation et société ... : Nous aurions estimé n'y avoir rien si nécessaire, que ... justice en la proportion et correspondance d'entre ces ... métaux, à ce que l'un achepte l'autre. Et ayant cogneu ... long-temps l'abuz qui s'y commet, mesmes à l'exposition ... haussement excessif en nostre royaume de nos monnoyes, ... plus des estrangers qui y entrent : le tout par l'extrême ... tant d'aucuns nos subiects et estrangers y trafficquans, ... par l'ignorance et simplicité des autres. Nous aurions pour y ... fait plusieurs ordonnances.

... autres par nostre édict du mois de mars dernier, meu... délibéré en l'assemblée de noz estats, lors estans en nostre ... de Bloys, ordonné ce qui aurait semblé nécessaire pour re... toutes espèces d'or et d'argent, à leur juste prix et valeur,

---

(1) Toutes ces créations de privilèges indiquent l'estrême pénurie du trésor qui s'épuisait en largesses pour les mignons du roi.

(2) V. la note sur l'édit de juillet 1576. — Cette déclaration défend l'usage ... sur bois, sur plâtre, cuir, plomb, cuivre, fer et acier, à tous ... princes; la peine contre les ouvriers doreurs qui en vendraient à ... est une amende arbitraire.

(3) Nous donnons le préambule et les 9 premières lignes de cette ordonnance; ... n'ont plus aujourd'hui aucune importance.

avec toute correspondance d'icelle en leur bonté int[...]
sous les peines aux infracteurs portées par iceluy. Mai[s...]
s'en faut qu'il ait aucunement arresté le mal, qu'au contr[aire]
autheurs d'iceluy se sont encores plus témerairement eff[...]
le continuer et accroistre. Ce que nos juges par leur néglig[ence]
connivence ont tolleré, ne tenans compte de faire observ[er]
contenu en nostredit édict : dont est à craindre, à nostre [très]
grand regret, que toutes les choses de nostre estat tombe[nt]
si grand désordre et confusion, que sans doute il s'en ens[uivra]
l'entière ruine d'iceluy.

Pour à quoi pourvoir, ayant recherché tous les remèdes p[os]-
sibles, aurait esté cogneu la principale cause de cest abus [pro]-
céder du compte à livres, d'autant que ladite livre estoit fo[rmée]
du nombre de vingt sols, et lesdits sols diminuans de leur [...]
selon que l'escu hausse, parconséquent ladite livre est re[ndue]
de valeur incertaine et variable, selon le prix dudit escu, [que]
l'on fait valoir (contre nosdites ordonnances), quelquefois q[uatre]
cinq, six, jusqu'à sept livres en aucuns lieux : non que ledit [...]
se paye à ceste raison en espèces de sols : mais le font malici[eu]-
sement à leur profit, pour avec moins d'or et d'argent faire p[lus]
grand nombre de livres, et par ce moyen d'autant plus s'aqu[iter]
ou acheter des simples gens les choses de tout temps avall[ées à]
livres : desquelles néanmoins le prix n'est augmenté à l'équi[va]-
lent. Exposant encores en la mesme intention, les autres esp[èces]
à prix plus excessif, autant qu'ils peuvent, spécialement les [é]-
trangères, selon que par leur damnable avarice ils trou[vent]
moyen et facilité de l'exécuter, dont néanmoins, le peupl[e]
sentant son mal, ayant son nombre de livres, pense estre b[ien]
payé, et avoir son compte : ne s'appercevant que deux livres n[e]
vallent pas une, et qu'il ne fait tant de quatre qu'il souloit f[aire]
de deux, à sa très grande ruine, et de tout le public. Et p[our]
oster l'occasion de ce désordre et desreiglement, ny avoir au[tre]
moyen que d'abolir, et supprimer le nom et usage de ladite li[vre]
et de faire et réduire d'oresnavant tous comptes et payeme[ns en]
escus.

Ce que ayans considéré en nostredit conseil, et fait rédiger [par]
escrit, nous aurions le tout renvoyé à nostre très-cher et b[ien]-
amé oncle le cardinal de Bourbon, nostre lieutenant-général [en]
nostre bonne ville de Paris, pour en l'assemblée que luy av[ons]
ordonnée faire à ceste fin des principaux officiers de nos co[urs]
souveraines et autres, du prévost des marchands, et esche[vins]

... bourgeois, marchans d'icelle, délibérer de ce fait, et ... donner advis, comme auroit esté fait d'ailleurs : Aurions ... eu l'advis d'autres bonnes villes de nostre royaume, ... ecclésiastiques, noblesse, que tiers-estat; et le tout ... encores d'abondant reveu et digéré en nostredit conseil, ... iceluy avec le plus grand nombre des advis susdits esté ... tout ainsi que les nouveaux accidens requièrent nouveaux ..., et bien souvent changement de loix, quelques an... qu'elles soyent, spécialement quand l'utilité y est évi... ny avoir autre moyen d'y pourvoir et éviter tel desregle... pour l'advenir, que d'arrester et establir le pied, compte, ... et estimation de toutes choses sur un fondement solide, ... et stable, et non variage, comme s'est trouvé parmy tant ... desordre, et corruption au faict desdites monnoyes, l'escu sol ... toujours demeuré sain et entier en son poids et loy, sans ... jusques ici souffert aucune altération.

Ce qui nous fait arrester et résoudre, de prendre ledit escu ... pied et seul fondement de tout compte, valeur et estima-... de quelque chose que ce soit, à prix d'argent en nostre ..., tant du passé que de l'advenir, avec promesse en foy ... parole de roy, pour nous et noz successeurs, d'entretenir et ... server pour toujours ledict escu en son poids et bonté inté-..., qui est de de deux deniers quinze grains de poids, et ... trois carats de loy, sans qu'il puisse à jamais estre altéré, ... minué en sesdits poids et loy : et sur ce pied et fondement ... la correspondance de toutes autres espèces, tant d'or et ... gent que billon, à ce que l'une achepte l'autre.

Et pour effectuer ceste nostre intention, circonstances et dé-... ances d'icelle, réduire, avalluer et apprécier toutes choses à ... pte d'escus et portions d'iceux : Nous, par l'advis et meure ... ération de nostredit conseil, auquel estoient nostre très-... ée dame et mère, nostre très cher et très-amé frère le duc ... jou, les princes, seigneurs et autres de nostredit conseil, en ... nombre, avons par édict perpétuel et irrévocable, fait, ... et ordonné, faisons, statuons et ordonnons par loi invio-... ce qui s'ensuit.

... d'oresnavant et à commencer du 1er janvier 1578, pro-... ment venant, soit pour nostre faict ou de nos subjets, tous ... ptes, contracts, baux à ferme, conventions, accords, es-... prix, marchez, cédules, obligations, promesses, re-... papiers de raison, constitutions de rentes, deposts, consignations, prests, advances, avaluations, vente de meubles, immeubles, droits seigneuriaux, testamens, donations, lettres de change, condemnations, amendes, taxes de despens: généralement tous actes et négotiations portant prix d'or et d'argent au dessus de 60 sols tournois, soit par escrit ou autrement en quelque sorte et manière que ce soit, seront faits, dressez et conclus en escus d'or sol des poix et loy portez par nostre présente ordonnance, etc.

N° 75. — ÉDIT *de pacification des troubles du royaume* (1).

Poitiers, septembre 1577; reg. au parl. le 8 octobre, et en la ch. des comptes le 11. (Vol. 2, J, f° 460. — Font., IV, 460. Recueil des traités de paix, II, 380.)

N° 76. — ARTICLES SECRETS *ajoûtés à l'édit précédent, relatifs à la religion* (2).

Bergerac, 17 septembre 1577. (Rec. des traités de paix, II, 387.)

(1) S. M., pour gratifier le roy de Navarre, luy permettra, outre ce qui est accordé par les articles généraux aux seigneurs hauts justiciers de la religion, de faire faire le service pour tous ceux qui y voudront aller, encore qu'il en soit absent, és maisons à luy appartenantes és lieux qui s'ensuivent; savoir au duché de Vendômois en la ville de Montoire.

(2) Pareillement sadite M. permettra à monseigr. le prince

---

(1) Cet édit est en grande partie la confirmation de celui de mai 1576 (V. sa date). Comme lui, il assure aux protestans le libre exercice de leur religion. Henri III répète ce qu'il avait déjà dit dans l'ordonnance de 1576, que, « les désordres et excès faits le 24 août et jours suivans (St. Barthélemi), sont advenus à son grand regret et déplaisir (art. 33). » Il était présent au conseil de Charles IX, lorsque le massacre fut décidé (Anq., Esp. de la lig., I, 285 et suiv.). — En défendant aux protestans toutes pratiques, ligues et intelligences hors royaume; Henri III, par son édit de septembre 1577, fait la même défense aux catholiques, et *il casse et annulle toutes ligues, associations et confréries faites à faire, sous quelque prétexte que ce soit.* — Indépendamment de ces articles généraux, le roi conclut à Bergerac, avec les chefs protestans, un traité secret (voy. ci-après), qui valide le mariage des prêtres qui avaient violé leurs vœux, mais en maintenant le principe, et leur accorde plusieurs autres avantages, que la crainte de blesser la ligue l'empêcha de publier. Toutefois ces articles furent reconnus par la déclaration du 14 mars 1579.

(2) V. ci-devant l'édit de mai 1576, et ci-après, la déclaration du 14 mars 1579, sur le traité du dernier février, entre la reine-mère et le roi de Navarre.

[...] avoir ledit exercice en ses maisons de la Ferté sur [...], et Anguien, encore qu'il en soit absent.

[...] sur l'article faisant mention des bailliages, a été déclaré [...] ce qui s'ensuit : 1° que S. M. entend sous le nom [...] bailliages, parler de ceux qui étoient du temps du feu [...] tenus pour bailliages, sénéchaussées, gouvernemens [...] nuement et sans moyen és cours de parlement; [...] bailliages, sénéchaussées, et gouvernemens, esquels [...] de ladite religion tiennent à présent deux villes ou bourgs [...] à sadite M., ou à seigneurs catholiques hauts jus-[...], esquels il leur est permis continüer l'exercice de ladite [...], ne leur sera pourvu d'un autre lieu pour y faire ledit [...], comme és autres bailliages de ce royaume; 3° qu'au [...] ment de Picardie, ne sera pourvu par sadite M. que de [...] villes, aux fauxbourgs desquelles ceux de ladite religion [...] avoir ledit exercice pour tous les bailliages, sénéchaus-[...] et gouvernemens qui en dépendent, et au défaut des villes [...] seront baillez deux bourgs ou villages commodes; 4° pour [...] étendüe des sénéchaussées de Provence et Poitou, a été [...] à ceux de ladite religion en chacune d'icelles une autre [...], és fauxbourgs de laquelle, ou en défaut de ville un bourg [...] village commode, où ils pourront avoir l'exercice de ladite [...], outre ceux qui leur seront ottroyez par ledit article.

[...] Pareillement a été accordé, qu'il ne sera en vertu dudit ar-[...] établi és terres appartenantes en propre à la reine mère de [...]., aucun lieu pour faire l'exercice public de ladite religion : [...] moins les gentilshommes qui ont haute justice ou fiefs de [...] dedans lesdites terres, pourront joüir et user de la per-[...] qui leur sera accordée par l'édit, comme ailleurs.

[...] Ne sera aussi pourvu d'aucun lieu pour le bailliage de Beau-[...], appartenant à monseigneur le duc de Montpensier; mais [...] seigneurs hauts justiciers y joüiront du privilége de l'édit, [...] ailleurs.

[...] Sera ordonné un lieu pour toutes les isles de Marennes, [...] autre pour l'isle d'Oleron, esquels deux lieux sera permis [...] de ladite religion avoir l'exercice d'icelle, pour tous ceux [...] isles qui y voudront aller.

[...] Pareillement sera pourvu pour le païs de Messin, et autres [...] sous la protection du roy, comme il fut fait par les arti-[...] faits avec l'édit de l'an 1570.

[...] Pour les mariages des prêtres et personnes religieuses qui

ont été cy-devant contractez, Sa Majesté ne veut ni s'e[n]
pour plusieurs bonnes considérations qu'ils en soient recherch[és]
ni molestez, et sera sur ce imposé silence ausdits procureu[rs gé]
néraux, et autres ses officiers. Sadite Majesté déclare néan[moins]
qu'elle entend, que les enfans issus desdits mariages pou[rront]
succéder seulement aux meubles, acquêts et conquêts im[meu]
bles de leurs pères et mères, ne voulant que lesdits religie[ux ou]
religieuses profez puissent venir à aucune succession direc[te ou]
collatérale. Sadite Majesté ne veut aussi, que ceux de ladite r[eli]
gion qui auront cy-devant contracté mariage au tiers ou q[uart]
degré en puissent être molestez, ni la validité desdits maria[ges]
révoquée en doute, ni pareillement la succession ôtée, ni q[ue]
rellée aux enfans nais ou à naître descendans desdits mariag[es];
et pour juger de la validité desdits mariages faits et contra[ctés]
par ceux de ladite religion, et décider s'ils sont licites ou illici[tes],
si celuy d'icelle religion est défendeur, en ce cas le juge r[oyal]
connoîtra du fait dudit mariage; et où il seroit demandeur, e[t le]
défendeur catholique, la connoissance en appartiendra à l'offi[cial]
et juge ecclésiastique; de quoy seront expédiées par sadite Maje[sté]
lettres patentes, pour être vérifiées en ses cours de parlement.

(9) Et quant aux mariages qui pourroient jà être traitez, ou [en]
second ou autres entre ceux de ladite religion, se retirans v[ers]
sadite majesté ceux qui seront de cette qualité, et auront co[n]
tracté mariage en tel degré, leur seront baillées telles provisi[ons]
qui leur seront nécessaires, afin qu'ils ne soient recherchez n[i]
molestez eux ni leurs enfans.

(10) Sur ce qui a été accordé par les articles généraux, qu[e]
chacun des parlemens de Paris, Roüen, Dijon, et Rennes, s[era]
composée une chambre d'un président, et certain nombre d[e]
conseillers, pris et choisis esdites cours, a été avisé et conve[nu]
afin d'ôter toutes occasions de soupçon à ceux de ladite religi[on],
et satisfaire en cela à la requête et supplication très humble qu'[ils]
en ont faite à sa majesté; que les présidens et conseillers ser[ont]
par sadite Majesté choisis sur le tableau des officiers d'iceux pa[r]
lemens, des plus équitables, paisibles et modérez, desquels [la]
liste sera communiquée aux députez dudit sieur roy de Navar[re]
et de ceux de ladite religion, qui se trouveront auprès de sa[dite]
majesté, avant qu'être ordonnez pour servir lesdites chambre[s];
et où aucuns d'iceux leur seroient suspects, leur sera loisible [le]
faire entendre à sadite M., laquelle en élira d'autres en le[ur]
place.

11) Le semblable sera observé en l'élection des officiers catholiques qui doivent servir ès chambres, qui seront établies ès païs de Guyenne, Languedoc, Dauphiné et Provence.

12) Pour le regard de la provision de ceux de ladite religion, tant de présidens et conseillers qui seront érigez par ledit sieur pour servir esdites chambres, a été accordé qu'elle sera faite par sadite Majesté, sur l'attestation dudit sieur roy de Navarre, pour la première fois, et sans en prendre aucune finance : et advenant vacation d'iceux, qu'il y sera par sadite majesté pourvu de personnes capables, étans de ladite religion.

13) Et d'autant que ceux de ladite religion ont allégué plusieurs causes de soupçon contre ceux de la cour de parlement de Paris, à raison de quoy ils faisoient instance d'y établir une chambre, comme pour les parlemens de Bordeaux, Thoulouse et Dauphiné, afin de ne rendre ledit parlement difforme à ceux de Paris, Dijon et Rennes, a été accordé que ceux de ladite religion qui auront procés audit parlement, s'ils ne veulent recevoir pour juges ceux de la chambre qui y sera dressée, en se retirant vers sadite Majesté, leur sera par elle pourvu de lettres d'évocation en la chambre du parlement de Paris, ordonnée pour l'administration de la justice à ceux de ladite religion, ou au grand conseil, des procés mus, ou de ceux à mouvoir avant contestation en cause, en apportant attestation bien et dûment faite, comme ils sont de ladite religion prétendüe réformée.

14) Sadite Majesté veut et entend qu'icelles chambres composées et établies esdits parlemens, pour la distribution de la justice à ceux de ladite religion, soient réünies et incorporées en ces parlemens, quand besoin sera ; et que les causes qui ont meu sadite majesté d'en faire l'établissement cesseront, et n'auront plus de lieu entre ses sujets.

15) A ces fins les présidens et conseillers qui seront pourvus des offices nouvellement créez esdites chambres, seront nommez présidens et conseillers des cours de parlement, chacun en celle où ils seront établis, et tenus du nombre des présidens et conseillers d'icelle cour ; et jouïront des mêmes gages, autoritez, prérogatives que font les présidens et conseillers des autres cours.

16) L'examen desquels présidens et conseillers nouvellement créez, sera fait au conseil privé de sa majesté, ou par lesdites chambres, chacun en son détroit, quand elles seront en nombre suffisant ; et néanmoins le serment accoutumé sera par eux prêté ès cours, où lesdites chambres seront établis : excepté ceux de

ladite chambre de Languedoc, lesquels prête ront le ser[ment]
mains de monsieur le chancelier, ou en icelle chambre [où]
elle sera établie.

(17) En ladite chambre de Languedoc y aura deux sub[stituts]
du procureur et avocat de sadite majesté, dont celui du pro[cureur]
sera catholique, et l'autre de ladite religion, lesquels se[ront]
pourvus par sadite majesté, avec gages compétens.

(18) Y aura aussi deux commis du parlement de Thou[louse],
l'un au civil et l'autre au criminel, dont les greffiers répond[ront].

(19) Plus il sera ordonné des huissiers, qui seront pris e[n la]
dite cour ou d'ailleurs, selon le bon plaisir du roy, autan[t que]
besoin sera pour le service d'icelle chambre.

(20) La séance de laquelle sera par sa majesté établie et tra[ns]-
férée aux villes et lieux dudit païs de Languedoc, selon qu'il [sera]
par elle avisé, pour la commodité de ses sujets.

(21) Sur ce qui a été remontré par ceux de ladite religion, [que]
depuis la publication de l'édit fait l'an 1572 jusques au jour d[e la]
publication de celuy qui sera présentement, il y a plusieurs p[res]-
criptions, péremptions d'instances, ou jugemens donnez c[ontre]
ceux de ladite religion, où ils n'ont été ouïs ne défendus;
bien ayant demandé renvoy aux chambres miparties, leur a [été]
dénié : leur accorde qu'en faisant de ce dûment apparoir, il[s se]-
ront reçus en leur premier état.

(22) Pareillement sur ce qui a été remontré de la part de[s]
sieurs roy de Navarre et prince de Condé, qu'ils sont poursu[ivis]
en plusieurs instances, par ceux qui ont acheté durant les t[rou]-
bles des biens du temporel de l'église, requérant qu'il soit d[onné]
toute action aux acquéreurs contr'eux et autres, qui par l[eur]
commandement ont fait les contracts desdites ventes : leur [a été]
accordé au nom de sadite majesté, que toutes provisions qu[i leur]
seront nécessaires pour les décharger et indemniser des[dites]
ventes, leur seront particulièrement expédiées : à la charge [néan]
moins du remboursement des deniers, comme il est porté par [les]
articles généraux de l'édit.

(23) Sa Majesté promettra et jurera l'observation et entre[tene]-
ment de l'édit qui sera fait sur lesdits articles généraux, et [de]
faire jouir ceux de ladite religion, et autres qui ont suivi l[eur]
party : et pareillement fera promettre et jurer à la reine sa [mère]
et à monsieur le duc d'Anjou son frère garder et observer l[edit]
édit.

(24) Le semblable sera fait aussi par lesdits sieurs roy de Navarre et prince de Condé.

(25) Desquelles promesses et sermens seront faits et passez, signez des mains, et scellez du scel des armes de ceux qui seront faits, qui seront réciproquement mis et délivrez és mains de sa majesté, et dudit sieur roy de Navarre, ou de ceux qui seront par eux députez pour les recevoir.

(26) Sera permis audit seigneur roy de Navarre, après la conclusion de la paix, envoyer vers la reine d'Angleterre et le duc Casimir, pour les en avertir; et sera baillé passeport et sauf-conduit de sadite majesté à ceux que le roy de Navarre y députera.

(27) Tous ceux de ladite religion qui seront demeurez titulaires desdits bénéfices, seront tenus les résigner dans six mois à personnes catholiques, et ceux qui auront promesses de pensions sur lesdits bénéfices avant le vingt-quatrième août 1572 en seront doresnavant payez, et le payement desdites pensions continué; et seront ceux qui doivent lesdites pensions, contraints leur payer les arrérages si aucuns y en a; pourvu qu'ils ayent actuellement joui des fruits d'iceux bénéfices, excepté toutefois les arrérages échus durant les troubles.

(28) Et pour le regard de ceux qui ne seront de ladite religion, et néantmoins les ont suivis durant les troubles, ils rentreront en la même possession et jouissance de leurs bénéfices qu'ils avoient auparavant le 24 août 1572, et ceux qui d'autorité privée, sans jugement ou don de sadite majesté auront joui et perçu les fruits desdits bénéfices appartenans aux dessusdits, seront tenus et contraints le leur rendre et rétablir.

(29) Sur l'instance faite d'annuller les obligations, cédules et promesses faites par ceux de ladite religion, et autres qui ont suivi leur party; ensemble les jugemens donnez sur icelles contr'eux, pour raison des états, charges et offices à eux résignez avant les derniers troubles ou depuis, dont au moyen d'iceux troubles n'auront pû obtenir les provisions, et cependant lesdits états et offices auroient été impétrez par autres requerans pareillement remboursement de ce qu'ils en auront fourni, soit aux finances de sa majesté ou aux résignans; a été déclaré, que faisant entendre à sadite majesté les faits particuliers dont est question, elle y pourvoira, et fera faire ouverture de justice.

(30) Sera aussi pourvu par les officiers de la justice, sur le débat particulier et instance des parties, touchant la cassation

requise par ceux de ladite religion, et autres qui ont suivi le party, des baux à ferme par eux faits de leurs biens et héritages depuis ledit 24 août, pour pouvoir rentrer en iceux en remboursant par eux ce qu'ils en auront reçu.

(31) Les officiers de sa majesté en la ville de la Rochelle, maires, échevins, consuls, pairs et autres habitans d'icelle ville, seront conservez et maintenus en leurs anciens droits et privilèges; ne seront recherchez, molestez ni inquiétez pour leurs mandemens, décrets et prises de corps faites tant en la ville que hors, exécutions de leurs jugemens depuis ensuivis, tant pour raison de quelques prétenduës entreprises faites contre ladite ville au mois de décembre 1573, que par un navire nommé l'Isabelle, et exécution des jugemens donnez contre ceux de l'équipage d'icelle, ne pour autres actes quelconques, dont ils seront entièrement déchargez. N'auront aussi autre gouverneur que le sénéchal, et ne sera mis aucune garnison en ladite ville et gouvernement.

Ne pareillement és villes et places qui sont du gouvernement de Languedoc, sauf à celles où il y en avoit du tems du feu roy Henri.

(32) Sera confirmée par sa majesté la déclaration octroyée par le feu Roy dernier aux habitans de Pamiers de ladite religion, pour la cassation des arrêts donnez pour quelques excès avenus en ladite ville au mois de juin 1566, et sera icelle déclaration à cette fin présentée à sadite majesté.

(33) A été accordé audit roy de Navarre et autres de ladite religion l'entretenement de huit cens hommes payés par sadite majesté, pour mettre dans les villes qui leur seront laissées en garde pour leur sûreté; auxquelles, ne pourra sadite majesté mettre aucun gouverneur, ni autres garnisons, et pourvoira de telle façon : si bien fera connoître aux gouverneurs et lieutenans généraux de ses provinces, que lors qu'ils voudront passer par icelles et les visiter, ils ne donneront à ceux de ladite religion aucune occasion d'entrer en affaire.

(34). Ledit sieur roy de Navarre représentera à sadite majesté ceux qu'il prétendra colloquer à la garde desdites villes, lesquels y seront par elle commis : et là où aucun d'iceux commis à la garde se gouverneroit insolemment, et malverseroit en sa charge, n'observant ledit édit de pacification, ledit sieur roy de Navarre sera tenu de le déposséder, et d'en présenter un autre à sadite majesté, pour être mis en sa place.

(35) La ville de Saint Jean d'Angeli sera délaissée à monsieur le prince de Condé pour sa retraite et demeure, pour le tems et terme de six ans, en attendant qu'il puisse effectuellement jouir de son gouvernement de Picardie, auquel sa majesté veut qu'il soit conservé.

(36) Ledit sieur prince promettra à sadite majesté de bien et fidellement garder ladite ville de Saint Jean, et au bout et termes desdits de six ans la remettre avec le château és mains de celuy qu'il plaira à sa majesté de députer, en tel état qu'elle est, sans rien innover ni altérer, et sans aucun retardement ou difficulté, pour cause ou occasion quelle qu'elle soit; voulant sa majesté que tous les ecclésiastiques puissent librement rentrer en ladite ville, faire le service divin en toute liberté, et jouir de leurs biens, ensemble tous les habitans catholiques; lesquels ecclésiastiques et autres habitans ledit sieur prince prendra en sa protection et sauvegarde, à ce qu'ils ne soient empêchez à faire ledit service divin, molestez, ne travaillez en leurs personnes, ni en la jouissance de leurs biens, mais au contraire remis et réintégrez en la pleine possession d'iceux.

(37) Ledit sieur prince de Condé présentera et nommera à sadite majesté celuy qu'il voudra commettre à la garde de ladite ville, afin qu'il luy en soit expédié provision par sadite majesté, comme il a été cy-devant fait.

(38) Pour la garde et sûreté de ladite ville, sera accordé audit sieur prince 50 hommes entretenus aux dépens de sadite majesté, outre ce que ledit sieur roy de Navarre luy départira des huit cens, qui luy sont délaissez pour la garde des autres villes. Voulant sadite majesté que lesdits 850 hommes d'armes délaissez, ainsi que dit est, ausdits sieurs roy de Navarre et prince de Condé, soient départis et colloquez en garnison dans lesdites villes, ainsi qu'il a été arrêté, sans en pouvoir estre tirez ni employez ailleurs que par le commandement exprès de sadite majesté, pour éviter la foule de son peuple, et lever toutes occasions de deffiance entre ses sujets. Entendant aussi sadite majesté, que les 850 hommes de guerre soient licentiez après le terme échu de la remise et restitution desdites villes.

(39) Par les articles généraux la ville de Montpellier est destinée en garde à ceux de ladite religion, pour la retraite et sûreté de ceux du païs de Languedoc, mais sadite majesté entend que ce soit à la charge que ladite ville se trouve encore entre les

mains, et au pouvoir de ceux de ladite religion, le jour que [ces] présens articles seront accordez et signez en cette ville de [Ber]gerac, et non autrement; auquel cas au lieu d'icelle ville leur [en] sera par sadite majesté baillée une autre, de celles qu'ils tienne[nt] et occupent de présent audit païs de Languedoc à leur choix.

(40) Sadite majesté écrira à ses ambassadeurs faire instance [et] poursuite pour tous ses sujets de quelque religion qu'ils soie[nt], à ce qu'ils ne soient recherchez en leur conscience, ni suje[ts à] l'inquisition, allans, venans, survenans, négotians et trafiqu[ans] par toute l'Espagne, l'Italie, et tous autres païs étrangers, a[lliez] et confédérez de cette couronne, pourveu qu'ils n'offensent [la] police du païs où ils seront.

(41) Toutes pièces d'artillerie apparienantes à sa majesté, [qui] ont été prises durant les présens et précédens troubles, ser[ont] incontinent renduës et mises aux magasins de sadite majes[té,] néanmoins celles qui sont és villes baillées pour sûreté y deme[u]reront; mais sera fait inventaire d'icelles, afin qu'elles soient re[n]duës passé le terme de six ans.

(42). D'autant que si tout ce qui a été fait contre les reglem[ens] d'une part et d'autre est indifféremment excepté, et reservé de [la] générale abolition portée par l'édit, et sujet à être recherché, il [n'y] a homme de guerre qui ne puisse être mis en peine; dont pou[r]roit avenir renouvellement de troubles, à cette cause a été [ac]cordé que seulement les cas exécrables demeureront exceptés [de] ladite abolition, comme ravissemens et forcemens de femm[es] et filles, brûlemens, meurtres et voleries faites par prodition, et pour exercer vengeance particulière contre le devoir de [la] guerre, infraction de passeports et sauvegarde, avec meurtre [et] pillages sans commandement; pour le regard de ceux de ladi[te] religion, et autres qui ont suivi le party du roy de Navarre, [et] de monsieur le prince Condé, fondé sur particulieres occasio[ns] qui les ont mus à le commander et ordonner.

(43) Sera ordonné que tout ce qui sera pris d'une part [et] d'autre par voye d'hostilité ou autrement, pour quelque cau[se] ou occasion que ce soit ou autrement, procédant des prese[ns] troubles, dès et depuis le 17 du présent mois, que les articl[es] ont été accordez, arrêtez en cette ville de Bergerac, sera suje[t à] restitution et réparation civile.

(44) Pour le regard de la ville d'Avignon, et Comtat Venai[ssin,] désirant sadite majesté que les habitans d'icelle ville et com[tat]

...sentent et jouissent du fruit de la paix qu'elle espère avec ... de Dieu établir dans son royaume, tant pour la consi... ...tion de notre saint-père le pape, que pour avoir toujours ...te ville et Comtat été sous la protection des rois ses prédéces... ...rs, et que c'est chose qui importe grandement à l'établisse... ...nt de ladite paix és provinces qui en sont circonvoisines : ...te majesté suppliera sadite sainteté de vouloir accorder aux ...jets de ce royaume qui ont biens en ladite ville d'Avignon et ...omtat, et pareillement aux sujets de ladite ville et Comtat, les... ...els sont de ladite religion, ou qui ont suivi leur party, qu'ils ...ient remis et réintégrez en l'entière et paisible jouissance de ...rs biens, desquels ils auroient été privez à l'occasion des ...oubles passez et de ladite religion, sans qu'ils puissent être cy-... ...rès empêchez ou molestez en ladite jouissance pour ladite oc-... ...sion. Et ce fait seront ceux qui occupent et détiennent à pré-... ...t audit païs les villes, places et lieux de sa sainteté ou de ses ...jets, tenus les remettre incontinent et sans aucune difficulté, ...elai ou longueur entre les mains de ceux qui seront ordonnez ...ar sadite sainteté : à l'effet de quoy le roy de Navarre et mon-... ...sieur le prince de Condé envoyeront un gentilhomme exprès ...devers les détenteurs d'icelles places, pour leur signifier ce que ...dessus, et les requérir et semondre d'y obéir ; et où ils ne vou-... ...droient satisfaire, promettent lesdits sieurs roy de Navarre et ...prince de Condé, tant en leurs noms que de ceux de ladite reli-... ...gion et autres qui ont suivi leur parti, et autres, de ne leur don-... ...ner aucun confort, aide ni assistance. Comme aussi sa majesté ...promet que là où après la restitution et remise desdites places ...entre les mains de ceux qui y seront ordonnez par sadite sainteté, ...aucuns des sujets de sadite majesté ayant biens esdites villes et ...Comtat, ou de ceux de sadite sainteté faisans profession de ladite ...religion, seroient empêchez en la jouissance de leursdits biens à ...l'occasion susdite de la religion, leur pourvoir sur les biens que ...les autres sujets de ladite ville d'Avignon et Comtat ont és terres et ...païs de son obéissance, par lettres de marque et représaille, les-... ...quelles seront à cette fin adressées aux juges auxquels de droit la ...connoissance en appartient.

(45) Les sommes qu'il leur conviendra lever pour le paiement ...de ce qui est dû aux reîtres, tant des presens que précédens ...troubles, seront imposées égales sur tous les sujets de sa majesté. ...Et d'autant que lesdits de la religion prétendent que la plupart ...des deniers destinez pour le paiement desdits reîtres des troubles

précédens étoient levez auparavant le 24 août 1572, et leur f[urent] ôtez et remis, et que sa majesté pourroit par surprise avoi[r fait] don de quelques parties desdits deniers à certains particuliers, [sa] majesté entend que ceux qui auront eu lesdits deniers pour qu[elque] que occasion que ce soit, et sous quelque prétexte que ce s[oit] seront contraints par toutes voyes duës et raisonnables à les ren[dre] et les receveurs et autres qui ont encore des deniers de ladite nat[ure] seront tenus de les mettre promptement és mains des receveurs [gé]néraux de sadite majesté, et ce par emprisonnement de leurs pe[r]sonnes, si besoin est : et moyennant ce, sadite majesté a d[é]chargé et décharge lesdits de la religion de toutes obligations, [et] promesses qu'ils en auroient faites et passées, tant envers s[a]dite majesté que lesdits reîtres et tous autres.

(46) Sur l'instance que ledit sieur roy de Navarre et ceux [de] ladite religion ont fait à sadite majesté, pour le payement d[es] reîtres dû audit Jean Casimir, ses colonels et rent-mestres; sadi[te] majesté a déclaré qu'elle mettra peine d'y satisfaire le plus prom[p]tement, et aux plus briefs termes que la nécessité de ses affai[res] luy permettra.

(47) Et pour le regard des six cens mille livres que ceux [de] ladite religion ont fait entendre leur avoir été permis par la der[]nière paix d'imposer et lever sur eux, pour s'acquitter de certaines sommes par eux duës : leur a été accordé qu'en faisan[t] apparoir de ladite permission, et qu'il n'a cy-devant été par eu[x] rien levé en vertu d'icelle, ainsi que les sommes pour lesquel[les] elle leur avoit été ottroyée sont encore duës, ladite permissio[n] leur sera par sadite majesté confirmée.

(48) Monsieur le prince d'Orange sera remis et réintégré e[n] toutes ses terres, juridictions et seigneuries qu'il a dans ced[it] royaume, et païs de l'obéissance de sadite majesté. Pareillement luy seront rendus les titres, documens et papiers concernan[t sa] principauté d'Orange, si aucuns ont été pris et transportez par les gouverneurs et lieutenans généraux, et autres officiers de sadite majesté, si jà ce que dessus n'a été exécuté.

Les présens articles ont été faits et accordez par exprès commandement du roy, au nom de sa majesté, sous son bon plaisir, par monsieur le duc de Montpensier, et les sieurs de Biron, Descar[s], S. Sulpice, de la Mothe-Fenelon, en vertu du pouvoir à eux donné par sadite majesté, pour conclure et accorder de la pa[]cification des troubles de ce royaume, d'une part

DE BIRAGUES, CHANCELIER. — NOVEMBRE 1577.

... par le roy de Navarre et monsieur le prince de Condé, et les ... de ceux de ladite religion prétenduë réformée, se faisant ... tant par ledit sieur roy de Navarre et prince de Condé, et ... pour tous ceux des provinces de ce royaume, pais, terres ... seigneuries qui sont sous l'obéissance de sadite Majesté, les... font profession de ladite religion, et autres qui les ont ... d'autre part. Pour témoignage de quoi lesdits articles ... été signez de leurs propres mains en la ville de Bergerac, ... septembre 1577.

77. — LETTRES-PATENTES *pour l'exécution d'un règlement du conseil privé du roi, sur la police du royaume* (1).

..., 11 novembre 1577; reg. au parl. le 2 décembre. (Font., I, 823. — Traité de la police, livr. I, tit. 5, ch. 4.)

78. — LETTRES-PATENTES *qui exemptent les abbé et religieux de Saint-Denis, de toute prescription, hormis celle de cent ans* (2).

Paris, décembre 1577; reg. au parl. le 17 mars 1578. (Vol. 2 K, f° 133.)

79. — ÉDIT *qui accorde droit de chauffage aux officiers des eaux et forêts, et à leurs successeurs* (3).

..., janvier 1578; reg. au parl. le 8 février, et en la ch. des compt. le 8 mai, ... la condition que les maitres particuliers et autres officiers dont le droit ... été changé en argent, n'auront aucun droit de chauffage; non plus que les ... de la table de marbre; sous peine à ceux qui couperaient et détour... raient des bois à leur usage d'être privés de leur état et punis d'amende ... arbitraire. (Vol. 2 K, f° 77. — Font., II, 318. — Baudrillart, I, 17.)

---

(1) V. à sa date l'édit de Charles VI, février 1413, et la note sur celui de Charles IX, du 4 février 1567. — Celui-ci a pour objet de réduire le prix des ..., notamment les grains, le pain, le vin, le bois, le foin, la viande de ... cherie, la volaille, le fer, le cuir, les draps de soie et teintures. — Il fixe ... le prix des transports de ces denrées, confirme la dernière ordonnance sur ... cabaretiers (V. ci-devant, mars 1577) et défend l'exportation des laines, ... filasses et chanvres.

(2) C'est un privilége accordé de règne en règne ... ces religieux. Ces lettres ... sont qu'une confirmation.

(3) Cette concession est motivée sur ce que les officiers s'attribuaient ce droit ... manière illimitée, en quoi il y avait grand abus. Le code forestier actuel ... accorde pas le même droit aux agens de l'administration, mais il est pro-

N° 80. — Lettres *de confirmation des priviléges des archers et arquebusiers de la ville* (1).

Paris, février 1578; reg. au parl. le 7 octobre. (Vol. 2 K, f° 260.)

N° 81. — Lettres *d'érection du comté de Ventadour en duché, en faveur de Gilles de Levis, comte de Ventadour.*

Paris, février 1578; reg. au parl. le 15 mai, en la ch. des compt. le 3 j... (Vol. 2 K, f° 107. — Mém. ch. des compt. 3 S, f° 350.)

N° 82. — Déclaration *confirmative des priviléges des marchands étrangers qui fréquentent les foires de la ville de Lyon* (2).

Paris, 18 février 1578. (Rec. des priviléges des foires de la ville de Lyon.)

N° 83. — Mandement *pour la visite des religieux laïcs, placés* (3) *dans les abbayes et prieurés, et injonction de les remplacer par ceux qui ont été blessés au service de l'état.*

Paris, 14 mars 1578. (Font., IV, 956.)

N° 84. — Déclaration *qui suspend pour une année de leurs fonctions, plusieurs officiers des finances* (4).

Paris, 6 avril 1578. (Blanchard, compil. chronol.)

---

bable qu'ils le prennent en vertu de l'antique usage. — V. à leur date les ordonnances de Charles VI, septembre 1402, art. 10; de François Ier, mars 15..., art. 27 (les ordonnances de 1516 et de 1518 dont parle l'édit de 1578, ne ... rien de ce droit); Voy. l'ordonnance de Henri II, février 1554.

(1) Il y a en Suisse des compagnies semblables, présidées par un magi... mais elles sont libres. — V. à leur date les lettres-patentes de Charles VII, avril 1448; de Louis XI, 30 mars 1475, après Pâques, confirmée... Charles VIII, le 12 septembre 1489; de Louis XII, juillet 1498, et de François Ier, juin 1544.

(2) Les priviléges de ces foires sont très anciens. V. à leur date, les ord... de Philippe IV, 1301; de Charles VI, 30 juillet 1406; de Charles VII, ... vrier 1413; de Louis XI, mars 1462, avril et juillet 1475, et le nouveau ré... toire de jurisprudence, v° aubaine; voy. aussi le code diplom. des ... par Gachon.

(3) Ces places étaient réservées aux soldats estropiés au service de l'état. mandement de 1578 se plaint de ce qu'au détriment de ces malheureux, l... abbés et prieurs y introduisaient leurs serviteurs et domestiques. Nous n'... pu retrouver l'origine de ce privilége. — V. ci-après l'édit de 1586.

(4) Cette déclaration n'existe point dans les recueils, parce qu'elle ne fut p... enregistrée, ainsi qu'on le voit dans celle ci-après, du 10 janvier 1582. V...

DE BIRAGUES, CHANCELIER. — AVRIL 1578.   343

84. — Édit de création des juges assesseurs dans les sièges des prévôts, viguiers et juges royaux (1).

Avril 1578, reg. au parl. le 19 juillet 1582. (Vol. 2 M, f° 241. (Font., I, 220. — Joly, II, 862. — Traité de la police, liv. 1, tit. 12, chap. 3.)

86. — Déclaration interprétative de l'art. 45 de l'ordonn. d'Orléans, relativement au nombre de juges qui doivent connaître des propositions d'erreur (2).

Paris, 28 avril 1578; reg. au parl. le 2 mai (Vol. 2 K, f° 173.)

87. — Déclaration portant que les notaires jouiront de la survivance des gardes notes et réunion des deux offices en un seul (3).

Paris, 29 avril 1578; reg. au parl. le 23 septembre, par lettres de Jussion (Vol. 2 K, f° 239. — Font., I, 716. — Joly, II, 1717.)

88. — Édit portant que tous deniers provenans des debets des officiers comptables, seront employés à la construction du palais des Tuileries, et qui annule tous dons faits de ces deniers depuis le commencement de ce palais (4).

Paris, mai 1578; reg. en la ch. des compt. le 15. (Font., II, 675.)

, et l'ordonnance de Blois, art. 100 et 233. — V. aussi la déclaration du mois de juin 1580.

(1) Le motif de cette création, suivant le préambule, qui d'ailleurs a peu d'importance, était de rendre la justice plus aisée, facile et dignement administrée : le véritable motif était d'avoir de l'argent. — Les juges de paix ont eu des assesseurs, et il est question de les leur rendre en élevant leur compétence. — V. ci-devant l'édit du 19 juin 1556 et la note, et ci-après l'édit du mois de décembre 1581.

(2) Cette déclaration dispose que sur l'appel des jugemens, en matière de propositions d'erreurs, il sera continué de statuer jusqu'à jugement définitif, bien que quelques-uns des juges qui auroient assisté au premier jugement, sont absens par maladie ou autre empêchement légitime.

(3) V. ci-devant, mai 1575.

(4) En 1518, François Ier acheta, pour sa mère, d'un sieur de Neuville, une maison appelée les Tuileries, parce qu'elle était située dans un lieu où l'on fabriquait de la tuile. — Plus tard, Catherine de Médicis fit choix de cette maison pour s'y construire un palais. Elle acheta en conséquence plusieurs maisons et terrains qui l'avoisinaient. — Les fondemens du nouvel édifice furent jetés en 1564. Charles IX destina aux frais de sa construction les restes de comptes des officiers comptables. C'est pour rendre ces fonds à leur destination que Henri III ordonna la vérification des comptes rendus depuis 1564, par les officiers comptables. Cet édifice a été continué par Henri IV et Louis XIII, et

N° 89. — *Edit de réglement pour les offices de courtiers, mets et commissionnaires de vins* (1).

Paris, mai 1578. (Blanchard, Compil. chron.)

N° 90. — *Déclaration qui défend d'exporter les bestiaux* (2).

Paris, 2 juin 1578; reg. au parl. le 9. (Vol. 2 K, f° 114.)

N° 91. — *Edit de création de receveurs des dépôts et consignations dans tout le royaume* (3).

Paris, juin 1578; reg. au parl. le 26 juillet, et en la ch. des compt. le août 1590. (Vol. 2 L, 228. — Font., I, 357. — Joly, II, 1631.)

HENRY, etc. Comme nous avons cy devant receu plusieurs plaintes particulières de nos subjets, des abus qui se commettent en ce royaume, au maniement des deniers qui sont par ordonnance de nos juges et officiers journellement consignez en garde ou dépôt, soit ez mains des greffiers, notaires, tabellions, commissaires, examinateurs, huissiers, sergens, et autres. Combien que par leur establissement et provision de leurs offices, nous ne leur ayons attribué aucun pouvoir de recevoir ni garder ladite nature de deniers, jusques à présent ont esté les dites consignations faites à l'option de nos juges, qui y auroient commis telles personnes que bon leur auroit semblé. Lesquels

---

n'a été terminé que sous Louis XIV. (Dulaure, Histoire de Paris, tom. IV, 192, 257, et V. 225.)

(1) Nous n'avons pu retrouver le texte de cet édit. — L'institution des courtiers remonte à Philippe le Bel. (V. ordonn. de février 1321, art. 11.). V. la grande ordonn. de police du roi Jean, 30 janvier 1350, tit. 7; de Charles V, février 1415, art. 104 et suiv.; note sur l'édit de Henri II, octobre 1550, et décembre 1553; édit du 8 mars 1556; de Charles IX, 4 février 1567 (note), juin 1572 (id), et ci-après, décembre 1581; de Henri IV, février 1596, juin, et 19 octobre 1598, novembre 1601, 7 janvier 1602; de Louis XIII, vrier 1620, août 1627; de Louis XIV, avril 1656, juin 1691, 20 octobre 1691, 3 mars et 15 septembre 1695, et réglement du 4 mai 1695. — V. aussi loi du 14, 19, 21 avril, et 8 mai 1791, qui suppriment le courtage; celle du 28 démiaire an IV, les arrêtés des 29 germinal an IX, 27 prairial an X, et le décret du 15 décembre 1813. Ils ont un réglement imprimé approuvé par le ministre de l'intérieur (Corbière, le 11 mai 1827).

(2) Cette défense est fondée sur ce que « Les bouchers alloient au devant des fournisseurs de denrée et victuailles, et les revendaient à des marchands forains et étrangers. » — V. note sur l'ordonnance précédente de 1577, relative à la réduction du prix des denrées.

(3) Voilà l'origine de la caisse des dépôts et consignations. V. la loi du avril 1816, art. 110 et suiv., et l'ordonn. du 3 juillet de la même année.

... payez de la garde desdits deniers déposez, consignez
... font infinies exactions, quelquesfois sont aussi dépo-
... consignez entre les mains des marchans, la plus-part des-
... sont parens et alliez de nos juges et officiers.

... lesquels, au cas que les parties ne condescendent à leur
... ce qu'ils veulent exiger d'eux, se font faire taxes ex-
... pour leursdites gardes, trafiquans desdits deniers avec
... officiers : ou bien les baillent à profit ou intérest, s'as-
... que nosdits officiers feront prolonger le procez le plus
... pourront, pour cependant eux ayder desdits deniers. Et ad-
... le plus souvent, que lorsque lesdits dépositaires sont con-
... vuider leurs mains desdits deniers, nosdits subjets col-
... contrains faire faire procéder par saisies et emprisonne-
... de leurs personnes et biens. Pendant lesquelles longues
... l'on a veu arriver, que lesdits marchans ont fait ces-
... de biens, et s'en sont fuis avec lesdits deniers, ou les ayans
... , les ont si mal asseurez, qu'il n'y a moyen d'une part ny
... d'en pouvoir tirer quelquefois la moitié.

... au regard desdits huissiers ou sergens convoiteux de tou-
... deniers pour eux en ayder, reçoivent tous opposans, et
... plus souvent suscitent personnes pour s'opposer à la déli-
... des deniers procédans des exécutions par eux faictes,
... consignez entre leurs mains. Au moyen dequoy les parties
... contrainctes remettre leurs droicts, et quitter la plus grand
... de leurs deniers pour avoir l'autre, et obvier ausdits procez,
... suscitation, ainsi que dit est, desdits huissiers ou sergens,
... n'en veulent vuider leurs mains, encore que sur lesdites op-
... soient intervenuës sentences ou arrests, recherchent
... subtilitez, et se trouvent enfin lesdits huissiers et sergens
... insolvables. Joinct qu'il est notoire que la caution
... baillent n'excède point deux cens livres au plus : desquelles
... ... et déposts ainsi faits que dit est, nos subjects, et
... marchands estrangers trafiquans en ce royaume, à faute d'y
... cy devant donné l'ordre qui y estoit requis, et spécialement
... commis pour faire ladite recepte, gens de bien, caution-
... et certifiez solvables et suffisans, ayans serment à nous et
... , ont souffert grandes et inestimables pertes.

... quoy désirans pourvoir, et relever nosdits subjets de telles
... et pertes, et faire en sorte que les deniers qui seront
... consignez, déposez, garnis ou séquestrez, soient fidelle-
..., et à la conservation du droict de chacun de nosdits sub-

jets, gardes en la mesme nature et espèces qu'ils seront b[aillez]
et délivrez, sans aucune exaction. Sçavoir faisons, que [pour] [ces]
causes et autres à ce nous mouvans, de l'advis des gens de [nostre]
conseil privé:

(1) Avons par édict perpétuel et irrévocable, créé et érigé, [créons]
et érigeons en tiltre d'office formé en chacune des villes, b[ourgs]
et bourgades de cestuy nostre royaume, esquelles y a cour d[e par-]
lement, chambre de nos comptes, cour des aydes, des mon[noyes,]
thrésor, forests, connestablie, mareschaussée de France, bailli[ages,]
vicomtez, prévostez, séneschaussées, mairies, vigueries, ju[rats,]
consuls des marchands, des hostels communs de nos villes, et g[é-]
néralement en tous les sièges, justices, et jurisdictions de [nostre]
royaume, où la justice est exercée soubs nostre nom, et des[dits]
justiciers, mesmement en nostre privé et grand conseil, et pre[vosté]
de nostre hostel, un receveur qui sera recepte, et se charg[era] [et]
obligera comme pour nos propres deniers, de tous et cha[cuns]
les deniers qui seront cy après consignez, soit par ordon[nances]
de nosdits officiers, ou par déposts volontaires entre march[ands]
et particuliers, tous séquestres, exécutions, sentences ou [ar-]
rests diffinitifs, interlocutoires, provisions, garnissemens, m[ise]
des deniers provenans des décrets d'héritages, pendant qu[e se]
tiendra l'estat des oppositions, pour estre lesdits deniers par [le-]
tredit receveur distribuez : et généralement de tous autres [de-]
niers qui seront déboursez, consignez, ou garnis par ar[rest,]
sentence, ou jugement de nosdits officiers civilement ou cri[mi-]
nellement, en quelque sorte que ce soit, sans en faire auc[une]
exception, mesmes tous deniers arrestez entre les mains de [nos]
huissiers ou sergens : et de ceux de hauts justiciers, procéd[ans]
des exécutions par eux faites, et sur lesquelles interviendront [op-]
positions. Lesquels deniers arrestez, lesdits huissiers et ser[gens]
délivreront incontinent entre les mains de nosdits receveurs [nou-]
vellement créez, sur peine de privation de leurs estats, et [d'a-]
mende arbitraire.

(2) Lesquels receveurs ainsi créez que dit est, iouyront [de]
semblables honneurs, authoritez, prérogatives, prééminen[ces,]
exemptions, franchises et libertez que font nos autres recev[eurs,]
et auront pour gages six deniers pour livre, de ce que se mo[nte-]
ront lesdites consignations, séquestres, garnissemens et dep[osts,]
lesquels six deniers pour livre ils recevront par leurs mains [sur]
lesdits deniers, sans que pour la longueur du temps de la[dite]
garde ils puissent prendre autre plus grande taxe ny salaire,

...les espèces, dont ils feront bordereaux au pied de leur ... qu'ils bailleront à chacune des parties, à peine de ... de leursdits offices.

... Voulons aussi que les deniers qui se trouveront lors de la pu-... de nostre présent édict consignez entre les mains de ... greffiers, commissaires, et autres, soient par eux remis ... les mains de nosdits receveurs nouvellement créez, qui ... chargeront à la descharge des dessusdits, sans que nosdits ... veurs puissent prétendre pour ladite garde aucune taxe ny ... : mais lesdits premiers gardiens ou dépositaires, lesquels ... avoir remis lesdits deniers se retireront pardevers nosdites ... ou juges, pour leur estre fait taxe raisonnable, et telle qu'ils ... ront. Et en leur refus seront lesdits dépositaires contrains ... pour nos propres deniers et affaires.

(4) Et lesquels receveurs seront tenus de bailler caution par-... les juges des lieux pour la seureté desdites consignations : ... ceux de nos privé et grand conseil, et cours de parle-..., de quinze mil livres pour eux et leurs commis : et ceux ... seront establis à nos sièges présidiaux, de moitié de ladite ... : et à nos autres justices inférieures à l'arbitrage de nos ..., de moitié ou autre somme modérée et raisonnable, que ... remettons à leur advis et discrétion : leur défendant aussi ... expressément sur les mesmes peines, d'ordonner à l'advenir, ... permettre ou souffrir que aucune consignation, dépost, ou ... ...ement soit fait ailleurs, qu'entre les mains de nosdits re-... veurs : et à tous nos subjets de les consigner en autre main, ...tairement, ou autrement, en quelque sorte que ce soit, à ... de confiscation desdits deniers à nostre profit.

(5) Au contraire enjoignons à nosdits juges en ce cas, de pro-... sommairement à l'adjudication desdites confiscations, et ... faire mettre les deniers és mains desdits receveurs nouvelle-... créez, par les mesmes contrainctes qu'il est accoustumé ... pour nos autres deniers, nonobstant oppositions ou appella-... quelconques ; pour lesquelles, et sans préjudice d'icelles, ... voulons estre différé. Desquels deniers confisquez, iceux re-... nous tiendront compte, et vuideront leurs mains en celles ... receveurs généraux de nos finances des provinces esquelles ... receptes de consignations seront establies, retenans néant-... lesdits droits de six deniers pour livre, sur ladite nature de ... consignez, que voulons être rabatus à nosdits receveurs ... en l'audition de leurs comptes audit cas de confisca-

tion, par nos amez et féaux les gens de nos comptes de nos p[rovin]-
ces où il y aura chambres des comptes establies. Auxquels [nous]
mandons ainsi le faire sans difficulté : sans que des autres de[niers]
consignez, déposez ou séquestrez, ils soient tenus rendre co[mpte]
en nosdites chambres, mais en vuideront leurs mains par les [man]-
demens, sentences, et arrests qui leur seront signifiez ; sans au[cun]
délay, ou bien par accord des parties, si les consignations [sont]
volontaires.

Si donnons en mandement, etc.

N° 90. — ÉDIT *de rétablissement de la jurisdiction des élus [et]
création d'offices en cette partie* (1).

Paris, juillet 1578; reg. en la ch. des compt. le 12, et en la cour des aid[es]
20 août. (Font., II, 931. — Filleau, part. 3, tit. 1, chap. 24, p. 2[6].

N° 91. — MANDEMENT *aux gens des aides, généraux d[es fi]-
nances, etc., de ne pas porter les officiers de l'artillerie [sur]
leurs rôles de perception* (2).

Paris, 13 août 1578; reg. au parl. le 10 février. (Font. II, 1170. — La [Mo]-
rinière, p. 447.)

---

(1) Le préambule de cet édit se plaint qu'au mépris des ordonnances in[struc]-
tives de la jurisdiction des élus, « les maires et échevins des villes ont »
« et usurpent la cognoissance des procès et différens, procédans des ferme[s]
« aides et tailles, sous prétexte de l'engagement à ceux faits par nos préd[éces]-
« seurs rois desdites aides et levées esdites villes et fauxbourgs d'icelles. »
V., dans notre recueil, les édits de Charles VI, 25 mai 1413, art. 96 et [ss]
de Charles VII, 19 juin 1445 et la note, 26 août 1452, 30 avril 145[9];
Louis XI, lettres de destitution générale (nous n'avons donné que le tit[re]
du 6 août 1462, l'ordonn. du 17 décembre 1464, 29 juillet 1474, de Louis [XII]
11 novembre 1508; de François Ier, dernier juin 1517; de Henri II, f[évrier]
1552, et décembre 1553; ces deux derniers omis dans notre collection, [comme]
ne contenant pas de dispositions nouvelles. — V. ci-après, note sur la dé[clara]-
tion du 28 novembre, et sur les lettres de Jussion du 2 juillet 1579. — Il [y a]
encore un grand nombre d'édits de création d'offices en cette partie d[ans la]
fin de ce règne, mais ce ne sont que des édits bursaux, et pour cette r[aison]
nous n'en donnons pas le texte.

(2) C'est un privilège accordé de toute ancienneté aux officiers de l'artil[lerie.]
Nous n'avons pu en retrouver l'origine, mais tous les édits sur la matière [rap]-
pellent que les rois de France l'ont donné ou confirmé. — V. à sa date, l'[édit]
de Henri II, du mois de décembre 1552.

DE BIRAGUES, CHANCELIER. — SEPTEMBRE 1578.   349

N° 92. — Déclaration *sur le fait des chasses* (1).

14 août 1578; reg. le (2). (Font., II, 330. — Baudrillart, rec. des réglemens forestiers. — Code des chasses, I, 159.)

93. — Lettres-patentes *pour la réforme des statuts accordés aux jurés anciens et maîtres de la communauté des bourreliers de Paris* (3).

Paris, août 1578; reg. au parl. le 19 décembre. (Vol. 2 K, f° 222.)

94. — Déclaration *qui accorde aux avocats du roi droit d'entrée et de séance dans les siéges présidiaux, bailliages et sénéchaussées où ils sont établis* (4).

[...], août 1578; reg. au parl. le 15 octobre. (Vol. 2 K, f° 282. — Font., I, 433. — Joly, II, 1243. — Bouchel, livr. 3, chap. 62.)

95. — Lettres-patentes *confirmatives des priviléges accordés aux marchands d'Ausbourg, Nuremberg, Strasbourg et autres villes impériales* (5).

Fontainebleau, septembre 1578; reg. au parl. le 10 octobre. (Vol. 2 K, f° 261.)

---

(1) V. à sa date l'ordonn. de François I.er, janvier 1515; celle de Henri II, de 1554. Celle-ci n'est qu'une confirmation des précédentes dispositions contre les roturiers et non nobles qui chassent sans en avoir la permission. Voy. aussi l'ordonnance plus ample de 1581.

(2) Nous n'avons pu retrouver l'enregistrement.

(3) Ces statuts avaient été donnés à la corporation des bourreliers, par lettres-patentes de Charles VI, du 24 février 1405. — Nous n'en avons pas donné le texte dans notre recueil comme étant peu important, nous les citons seulement en titre, pour faire voir que toutes les professions étaient [...]. Les nouveaux articles veulent que pour être reçu membre de la [...], on ait été apprenti pendant quatre ans et fait un chef-d'œuvre de [...] de limon complet, etc.

(4) V. l'édit d'institution des siéges présidiaux, janvier 1551. Cette déclaration [dit] que les avocats du roi sont les conseillers-nés des siéges où ils sont établis, leur permet, en l'absence des juges, de siéger, prendre séance et conclure des procès où ils n'auront pas été consultés. — Un arrêt de la cour de cassation du 30 septembre 1826, chambre criminelle, affaire des hommes de couleur, décide que les fonctions du ministère public sont incompatibles, par le droit public du royaume, avec celles des juges.

(5) Ces priviléges consistaient particulièrement dans l'exemption de loger les gens de guerre, et d'être imposés aux cotisations des villes, ainsi que dans la [liberté de] commerce avec la France, tant par terre que par mer. — V. note sur [... du] octobre 1505, confirmé le 20 janvier 1536, par François I.er, et [par] Henri II, le 20 janvier 1552.

N° 96. — Edit d'érection de l'office de garde des sceaux [de] France, en faveur de Hurault de Cheverny, pour [être] réuni de plein droit sur sa tête au titre de chancelier, à [la] mort de René de Biragues.

Fontainebleau, septembre 1578; reg. au parl. le 9 décembre. (Vol. [...], Hist. de la chancel. I, 206.)

N° 97. — Edit portant que tous ceux qui seront pourvus d'[of]fices de judicature vénaux ou non vénaux, ordinaires [et] extraordinaires seront tenus de payer le droit de serm[ent] avant d'obtenir leurs provisions (1).

Fontainebleau, octobre 1578; pub. au sceau, le 9. (Hist. de la chancel. I, [...])

N° 98. — Edit d'institution de l'ordre du St. Esprit, et statu[ts] de cet ordre (2).

Paris, décembre 1578. (Font., II, statuts de l'ordre du St. Esprit, éd. de [...])

Henry par la grâce de Dieu roy de France et de Pologne : à to[us] présens et à venir. Comme en toutes choses créées se recognoist [la] toute-puissance de Dieu, ainsi en leur disposition, cours et co[n]duite, ne se peut désadvoüer sa saincte et éternelle providence, de laquelle dépend entièrement toute nostre félicité : et n'y a [rien] en ce bas monde, qui de là ne reçoive tout son bonheur, et le[s] moyen de se bien régir et gouverner. Que si les moindres créa[tu]tures ne se peuvent soustraire de sa puissance, les plus gran[ds] et constituées en plus grande authorité ne peuvent aussi prosp[é]rer et se bien conduire sans sa grâce et providence. C'est po[ur]quoy de nos jeunes ans l'ayant ainsi créu et cogneu, nous a[vons] addressé nos vœux et colloqué nostre principale et entière fi[ance] en sa divine bonté : de laquelle recognoissans avoir et tenir [tout] le bonheur de notre vie, il est bien raisonnable que le remett[ant] en mémoire nous nous efforcions aussi luy en rendre graces i[m]mortelles, et que nous tesmoignons à toute nostre postérité [ses] grands bien-faicts. Singulièrement en ce qu'il luy a pleu [...]

---

(1) Les magistrats ne peuvent juger sans avoir prêté serment. V. nouv. [...] de jurisp. v° Serment.

(2) Cet ordre existe encore aujourd'hui. Le roi de France en est le che[f,] ve[...] et le grand maître. Il prête à son sacre, serment de le maintenir [...] mais, tel qu'il a été fondé. V. dans notre recueil, la cérémonie du [sacre de] Charles X, 29 mai 1825. — V. aussi les lettres d'institution de l'ordre d[e St.] Michel, sous Louis XI, 1er août 1469.

... de contraintes et diverses opinions qui ont exercé leurs plus ... forces en nostre temps, nous conserver en la cognois-... de son sainct nom : avecques une profession d'une seule ... catholique, et en l'union d'une seule Eglise apostolique et ro-... , en laquelle nous voulons, s'il luy plaist, vivre et mourir : ... ce qu'il luy a pleu aussi par l'inspiration du bénoist sainct ... au jour et feste de la Pentecoste unir tous les cœurs et vo-... de la noblesse polonaise, et ranger tous les estats de ce ... et renommé royaume, et grand duché de Lituanie, à ... eslire pour leur roy : et depuis, à mesme jour et feste, nous ... au régime et gouvernement de ceste couronne très-... par sa volonté et droict successif. Au moyen de quoy ... par commémoration des choses susdictes, que pour tousjours ... et maintenir davantage la foy et religion catholique : pa-... aussi pour décorer et honorer de plus en plus l'ordre ... de la noblesse en cestuy nostredict royaume, et le re-... en son anciene dignité et splendeur, comme celuy au-... par inclination naturelle et par raison nous avons tousjours ... très-grand amour et affection : tant parce que en luy con-... nostre principale force et authorité royale, que pour avoir ... et depuis nostre advénement à la couronne fait preuve en ... grandes, hazardeuses et mémorables victoires, de ceste ... et singulière loyauté, générosité et valeur, qui la rend ... et recommandable entre toutes les nations estranges : nous ... advisé avecques nostre très-honorée dame et mère, à laquelle ... recognoissons avoir, après Dieu, nostre principale et en-... obligation : les princes de nostre sang, et aux autres princes ... de nostre couronne, et des seigneurs de nostre conseil ... près de nous : d'ériger un ordre militaire en cestuy nostre-... royaume, outre celui de M. S. Michel, lequel nous voulons ... entendons demeurer en sa force et vigueur, et estre observé tout ... qu'il a esté depuis sa première institution jusques à présent. ... ordre nous créons et instituons en l'honneur et soubs ... et tiltre du bénoist sainct Esprit : par l'inspiration duquel ... il a pleu à Dieu cy devant diriger nos meilleures et plus ... actions, nous le supplions aussi qu'il nous fasse la grace ... voyions bien tost tous nos subjects réünis en la foy et re-... catholique : et vivre à l'advenir en bonne amitié et con-... les uns avec les autres, soubs l'observation entière de nos ... l'obéissance de nous et de nos successeurs roys à son hon-... et gloire, et à la louänge des bons et confusion des mau-

vals : qui est le but auquel tendent toutes nos pensées et a[ctions]
comme au comble de notre plus grand' heur et félicité.

(1) En cet ordre il y aura un souverain chef et grand ma[istre]
qui aura toute auctorité sur tous les confrères commande[urs]
officiers d'iceluy : auquel seul, et non à autre appartiend[ra la]
réception de ceux qui y entreront : toute direction et pui[ssance]
de faire statuts, et de dispenser de ceux qui seront pour cert[ains]
cas dispensables, exceptez certains articles qui seront cy a[près]
spécifiez : desquels pour quelque cause et occasion qui se p[uisse]
présenter, il ne pourra jamais dispenser : de quoy il sera [tenu]
de prester serment, et faire vœu solennel à l'entrée qu'il [sera]
receu en grand maistre, et faire tout ce que peut de droi[t et]
raison un grand maistre d'ordre, et avec toutes les facult[ez et]
puissances qui se trouvent y appartenir de droit ou privilége, [tout]
ainsi que si elles estoient cy plus amplement spécifiées.

(2) Que nous serons à jamais chef souverain et grand m[aistre]
dudict ordre, tenu et nommé le premier fondateur d'iceluy :
après nous sera ladite grande et souveraine maistrise unie et [in]
corporée à la couronne de France, sans qu'elle en puisse jam[ais]
estre séparée par nous ny par nos successeurs, pour quel[ques]
causes et considérations qui se puissent présenter.

(3) Que les roys nosdicts successeurs ne pourront disposer [en]
façon quelconque dudict ordre, ny conférer aucune comman[de,]
encores qu'elle fust vacante, qu'après avoir receu le sainct s[acre]
et couronnement.

(4) Auquel jour ils seront requis par l'archevesque de Re[ims,]
ou celuy qui le représentera audit sacre, en l'assemblée et p[ré]
sence des douze pairs, et officiers de la couronne qui y ser[ont]
officians, de jurer l'observation dudict ordre, selon la forme [cy]
dessoubs escrite. Ce qu'ils seront tenus de faire, sans en pou[voir]
estre dispensez pour quelque cause que ce soit.

(5) A ceste fin nous ordonnons que la forme dudict ser[ment]
sera insérée et transcrite au livre du sacre, avec les autres [ser]
mens que les roys sont tenus de faire avant que d'estre cou[ron]
nez, sans jamais pour l'advenir estre ledict acte et ser[ment]
obmis.

(6) Et d'autant que desja nous avons par la grace de Dieu [re]
ceu ledit sacre et couronnement, nous entendons faire et pre[ster]
ledict serment entre les mains dudict archevesque de Reims, [ou]
autre évesque qu'il nous plaira commettre en son lieu, en [la]
première assemblée que nous tiendrons dudict ordre, en la p[résence]

... princes officiers de nostre couronne, et seigneurs qui ... par nous convoquez en l'église où se fera la célébration ... nos mains touchantes la saincte vraie croix, et les ... évangiles : duquel serment solennel ainsi par nous ... sera faict et passé acte, lequel sera enregistré audict livre ... pour servir de tesmoignage à l'advenir de nostre sus... promesse et obligation.

(7) « Nous Henry par la grace de Dieu roy de France et de Po... jurons et voüons solennellement en vos mains, à Dieu le ... de vivre et mourir en sa saincte foy et religion catho... apostolique, et romaine, comme à un bon roy très-chres... appartient, et plus tost mourir que d'y faillir : de mainte... à jamais l'ordre du benoist Sainct Esprit, fondé et institué ... nous, sans jamais le laisser dechoir, amoindrir ne diminuer, ... qu'il sera en nostre pouvoir : observer les statuts et ordon... dudict ordre entièrement selon leur forme et teneur, et ... exactement observer par tous ceux qui sont et seront cy ... receuz audit ordre : et par exprès ne contrevenir jamais, ... dispenser ou essayer de changer ou immuer les statuts irrévo... ... d'iceluy.

(8) Sçavoir est, le statut parlant de l'union de la grande maistrise ... couronne de France : celuy de ne pouvoir transférer la provi... des commandes en tout ou en partie à aucun autre, soubs ... d'appennage ou concession qui puisse estre. Celuy par ... nous nous obligeons, en tant qu'à nous est, de ne pou... dispenser jamais les commandeurs et officiers receuz en ... ordre, de communier et recevoir le précieux corps de nostre ... gneur Jésus-Christ aux jours ordonnez : qui sont les premiers ... de l'an, et de la Pentecoste. Comme semblablement celuy ... lequel il est dict, que nous et tous commandeurs et officiers ... pourront estre autres que catholiques, et gentilshommes de ... races paternelles, ceux qui le doivent estre. Celuy par ... nous nous ostons tout pouvoir d'employer ailleurs les de... affectez au revenu et entretenement desdits commandeurs ... officiers, pour quelque cause et occasion que ce soit : ny ad... audit ordre aucuns estrangers, s'ils ne sont naturalisez et ... ricoles. Et pareillement celuy auquel est contenu la forme des ... et l'obligation de porter tousjours la croix aux habits or... ... et l'habit aux jours destinez. Ainsi le jurons voüons et ... ... sur la saincte vraye croix et le sainct Evangile touchez. »

(9) « Ayant principalement faict et créé le présent ordre en

l'honneur de Dieu, nous ordonnons qu'il y aura en iceluy quatre cardinaux, et quatre archevesques, évesques ou prélats, qui seront tousjours choisis entre les plus grands et vertueux personnages du clergé de nostre royaume : lesquels seront commandeurs dudict ordre, feront preuve de noblesse en la forme cy après ordonnée, auront entrée, séance et voix délibérative aux chapitres généraux, assemblées et délibérations, qui se tiendront pour les affaires de l'ordre : ensemble charge d'informer de la religion, vie, mœurs et aages des princes, seigneurs, gentilshommes et officiers qui entreront en l'ordre. Et de nous le entendre, et remonstrer ausdits chapitres les fautes et abus qui se commettront par ceux dudit ordre au fait de ladite religion.

(10) Outre lesquels quatre cardinaux et prélats, nous avons à présent associé et associons pour l'advenir audict ordre en tiltre de commandeur, nostre grand aumosnier, et ses successeurs audict estat, lesquels toutes fois ne seront tenus faire preuve de noblesse.

(11) Lesdicts cardinaux, archevesques, évesques ou prélats seront par nous esleuz et choisis aux chapitres et assemblées dudit ordre, et recevront de nostre propre main la croix dudit ordre, à l'église, aux jours ordonnez à cest effect, et non autrement comme aussi fera nostredict grand aumosnier. Laquelle croix lesdits cardinaux seront obligez porter à tousjours pendant à leur col, avec un ruban de taffetas de couleur bleue céleste. Et lesdits cinq prélats, outre celle qu'ils porteront au col, comme lesdits cardinaux, seront tenus d'en porter une autre cousue à leurs robes et manteaux : tout ainsi et en la mesme forme et manière, que les autres commandeurs. Seront tenus d'assister aux festes et cérémonies qui se célébreront dudit ordre : sçavoir est lesdits cardinaux avecques leurs grandes chappes, et lesdits évesques et preslats vestus de soutanes de couleur violette, et mantelet de mesme couleur, auquel la croix dudit ordre sera cousue, leur roquet et camail : et aux jours que le service se fera pour les trépassez, lesdits cardinaux porteront leurs chappes violettes, et lesdits prélats seront vestus de noir en la forme susdicte : lesquels prélats les uns après les autres diront la messe, et célébreront le service divin les jours de la cérémonie, en gardant entre eux, tant pour la célébration dudit service divin, comme en tout ce qui sera et dépendra de leur séance en l'église et assemblée dudit ordre seulement, le rang qui a accoustumé d'estre observé entre les ecclésiastiques de nostre royaume : mais si ladicte cérémonie

...se célèbre dans le diocèse de l'un d'entreeux, celuy qui... en son diocèse, précédera les autres. Et quant audict grand ..., il demeurera à l'église auprès de nostre personne, ...le requiert son estat, sinon quand il lui escherra de cé... et faire le service divin, lequel il célèbrera à son rang ...me les autres. Lesdits cardinaux, et prélats feront à leur ré... ...tion és mains du souverain le serment qui s'ensuit.

(12) « Je jure Dieu, et vous promets, Sire, que je vous seray loyal ...delle toute ma vie, vous recognoistray, honoreray et serviray, ...me souverain de l'ordre des commandeurs du Sainct Esprit, ...il vous plaist presentement m'honorer : que je garderay ...observeray les loix, statuts et ordonnances dudit ordre, sans ...rien y contrevenir : en porteray les marques, et en diray tous ...jours le service autant qu'un homme ecclésiastique de ma ...lité peut et doibt faire; que je comparoistray personnellement ...jour des solennitez, s'il n'y a empeschement legitime qui ...la garde, dont je donneray advis à vostre Majesté : et ne reve... ...ny jamais chose qui soit traittée ny concluë aux chapitres d'ice... ...; que je feray, conseilleray et procureray, tout ce qui me ...biera en ma conscience appartenir à la manutention, gran... ...et augmentation dudit ordre; prieray tousjours Dieu pour ...lut tant de vostre Majesté, que des commandeurs et suppots ...eeluy, vivans et trepassez. Ainsi me soit Dieu en ayde, et ses ...inctes Evangiles. »

(13) Et comme nous instituons le présent ordre en l'honneur ...Dieu, et pour de plus en plus exciter et adstraindre noz sub... ...ets à perseverer en sa sainte religion catholique, apostolique et ...maine : et pareillement pour illustrer l'estat de la noblesse de ...tre royaume, avons dict, statué et ordonné, disons, statuons ...ordonnons.

(14) Premièrement, que nul pourra estre fait Commandeur, ...recevoir l'habit dudit ordre, si notoirement il ne fait profes... ...de ladite religion catholique, apostolique et romaine, et ...aye protesté vouloir vivre et mourir en icelle.

(15) Secondement, qu'il ne soit gentil-homme de nom et d'ar... ...de trois races paternelles pour le moins, sans estre remarqué ...aucun cas reprochable, ny prevenu en justice, et n'aye vingt ...accomplis, fors le roy, chef et souverain dudit ordre.

(16) Nous seulement, et après nous les roys noz successeurs, ...ds maistres dudit ordre, eslirons et nommerons ceux que ...nous semblera, pour entrer audict ordre : et ne sera loisible

à personne quelconque, de le requérir et poursuivre pour soy pour autruy : déclarant dès à présent indignes à jamais d'y venir ceux qui le demanderont, ou feront demander pour eux afin que le grade d'honneur que nous entendons estre distribué par grâce et mérite, ne soit subject à brigues et monopoles.

(17) Et jaçoit que nous espérions que Dieu nous fera la grâce et à nos successeurs, par l'inspiration de son sainct esprit, que nous invoquons à ceste fin à notre présente intention, que ne n'eslirons et nommerons personne pour estre associé audit ordre, qui ne soit orné des qualitez susdictes : néantmoins à d'obvier à toutes surprises, et rendre nostre eslection sans reproche, tant qu'il nous sera possible, voulons que tous les ans soit tenu un chapitre le dernier jour de décembre au matin : où assisteront les cardinaux, prélats, commandeurs et officiers dit ordre : auquel nous proposerons et nommerons ceux que nous aurons advisé eslire pour entrer au dit ordre. Et prirons les assistans s'enquérir, s'il y aura aucune chose à redire sur eux, pour nous en informer fidèlement au chapitre qui se tiendra à ceste fin le lendemain, devant vespres.

(18) Auquel lesdits cardinaux, prélats et commandeurs, qui auront assisté à ladite proposition, seront obligez se retrouver et apporter chacun un bulletin, dedans lequels ils auront escrit leur advis et opinion sur l'admission des proposez : laquelle s'ils approuvent, ledit bulletin contiendra seulement ce mot (Ouy). Mais s'ils sont de contraire advis, sera escript en iceluy. Il plaira au roy de faire informer des choses dont ils penseront estre besoing que nous soyons informez et esclairciz : lesquelles ils spécifieront par ledit bulletin, qu'ils mettront eux mesmes l'un après l'autre selon l'ordre de leur séance, dedans un vaze qui sera posé à ceste fin sur une table, au milieu de l'assemblée, duquel ils seront après tirez, et leuz sur le champ par le greffier de l'ordre, puis bruslez en leur présence.

(19) Au cas qu'il se trouve quelque chose à redire sur aucuns desdits proposez, nous commettrons à l'heure mesme tels desdits cardinaux, prélats et commandeurs que nous adviserons pour en informer, ou bien en ordonner ons sur le champ selon le mérite du fait. Advenant aussi que ladite eslection soit approuvée, les dénommez seront appelez en ladicte assemblée par le hérault de l'ordre, ausquels sera demandé par la bouche du chancellier, s'ils font profession de la religion catholique, apostolique et romaine : si en icelle ils veulent vivre et mourir : s'ils

...-hommes de trois races paternelles, et se veulent
... mettre à en faire preuve, en la forme et manière pres-
... et ordonnée par les statuts de l'ordre : s'ils ne sont preve-
... en justice, n'y remarquez d'aucun cas reprochable : Et s'ils
... vingt ans accomplis. A quoy ils respondront pour le regard
... la religion par serment qu'ils en feront, leurs mains touchan-
... les sainctes évangiles. Et quant à leur extraction et mœurs,
... avoir dit ce qui en est, se soubsmettront toutesfois aux
... ordonnées par lesdits statuts, et semblablement pour
... si mestier est.

(30) Quoy fait, ledit chancellier reprenant la parole, luy dira
... le roy, chef de l'ordre, nostre souverain seigneur, auquel
... il appartient eslire et nommer ceux qui doivent entrer en
... ayant fait tel jugement de leur religion, qualitez et bon-
... mœurs, qu'ils ont juré et déclaré de leur bouche en la pré-
... de sa royale majesté, et de l'honorable compagnie : Les a
... nommez et proposez en icelle, comme dignes d'y estre
... et participer aux honneurs et prééminences qui en dé-
... laquelle eslection, nomination et proposition a esté
... et approuvée unanimement de toute l'assistance, pour leurs
... et mérites. Et pour ceste cause ont esté appelez en icelle :
... ayans publiquement et solennellement juré et promis vouloir
... et mourir en la religion catholique, apostolique et romaine :
... prouver qu'ils sont gentils-hommes de trois races pater-
... par les formes prescriptes par les statuts de l'ordre, à esté
... qu'il luy sera ordonné commissaires pour cest effect, dont
... les admonestera remercier sa majesté, et toute l'assistance, et
... peine de se rendre digne de plus en plus de l'honneur
... ils sont appelez, ce qu'ils promettront faire : en remer-
... très-humblement le roy et ladicte assistance, de la grâce
... leur aura été faicte : puis ils se retireront. Et sera à l'heure
... procédé à l'eslection et nomination des commissaires,
... auront charge d'informer desdictes preuves, et les vérifier.

(31) Lesdites preuves se feront tousjours pour regard de la re-
... vie et mœurs, et semblablement pour l'aage, si besoing
... par l'un des cinq prélats incorporez en l'ordre. Et en son
... par l'archevesque ou évesque du diocèze, où les pré-
... feront leur résidence. Auquel sera à ceste fin décerné
... scellée du sceau de l'ordre : par laquelle leur sera
... informer diligemment de la religion, et vie et mœurs du
... et de l'aage, si faire se doibt : luy faire faire entre

ses mains profession de foy, selon la forme prescripte par le saint siége apostolique. Laquelle information bien et deuëment faicte avecques l'acte de ladite profession, signée de la main dudit prétendant, et certifiée par ledict prelat, archevesque ou evesque, sera envoyée clause et scellée audit chancellier de l'ordre, pour estre représentée et leuë au prochain chapitre.

(22) Les preuves de noblesse seront faictes par contracts de mariages ou partages, testaments, donations, transactions, acquisitions, adveux, dénombrements et hommages ou extraits de fondations des pères, ayeulx et bisayeulx, dont lesdits pretendans seront tenus exhiber les originaux, ou bien copies bien et duëment collationnées sur iceux, faictes en vertu des commissions expédiées de l'ordonnance du grand maistre, et scellées du seau de l'ordre, par devant aucuns des principaux seigneurs des provinces, ausquelles résideront lesdits prétendans, y appellant nos officiers et procureurs des lieux : lesquels seigneurs seront tousiours éleuz et députez ausdicts chapitres, sans qu'ils puissent estre changez, sinon par l'ordonnance dudit grand maistre. Partant il en sera tenu bon et fidéle registre par le greffier dudit ordre.

(23) Lesdits prétendans seront informez par ledit chancellier de la forme desdictes preuves, qui leur en baillera instruction signée du greffier, devant que de leur délivrer commission pour lever lesdites copies. D'avantage leur communiquera les statuts dudit ordre, pour les instruire et esclaircir des poincts desquels ils pourraient avoir doute, afin qu'ils déclarent s'ils voudront s'y assubjectir. Et en ce cas leur assignera le temps et lieu qu'ils devront représenter leursdictes preuves.

(24) Pour la vérification desquelles sera adressé commission à deux commandeurs dudict ordre, qui seront par nous esleuz ausdicts chapitres, pour appellez de réchef nosdits officiers et procureurs des lieux, si besoing est, informer diligemment et bien, par tesmoings qu'ils choisiront d'office, et par actes autentiques, si lesdits nommez pour entrer en l'ordre sont gentilshommes de trois races paternelles : si les surnoms et armes qu'ils portent, ont esté portées par leurs prédécesseurs, et de quelles terres et seigneuries ils ont jouy et prins le tiltre, si le conteau aux preuves, qu'ils représenteront, est véritable, et s'ils ne sont attaints et convaincus de cas et crimes contrevenans à noblesse: dont ils dresseront aussi procez verbal, avec un extraict d'iceluy qu'ils envoyeront audict chancellier, clos et scellé du séel de leurs armes, affermé sur leur foy et honneur, et signé de leurs mains

(...) Ledit chancellier ayant receu lesdits procez verbaux, les (...) tousjours clos et fermez au chapitre, qui se tiendra (...) ledit dernier jour de décembre au matin, où ils se(...) ouverts et leus en nostre présence et des cardinaux, pré(...), commandeurs et officiers, qui nous assisteront, pour estre (...) derechef advisé et délibéré sur iceux, si lesdits prétendans sont (...) d'estre honorez de l'habit dudit ordre : Et en cas que (...), ou partie d'iceux en soient jugez dignes par nous, et les (...) tiers de ladicte assemblée : Nous et nosdits successeurs, (...) grands maistres et souverains dudit ordre, ferons choix (...) élection de celuy ou ceux que bon nous semblera : lesquels (...) sur l'heure mesme appelez audict chapitre par le hérault (...) ordre, pour estre advertis par nous de leur association au(...) ordre, et leur estre ordonné ce qu'ils auront à faire.

(...) Ledict chancellier rapportant lesdits procez verbaux, nous representera aussi en ladite assemblée les charges et grades dont (...) prétendans auront esté honorez, et les lieux où ils nous (...) servy en nos camps et armées, suivant les mémoires que chacun d'eux lui délivrera, afin de rendre leur reception plus honorable.

(27) Et comme les étrangers, regnicoles et naturalisez en nostre royaume, ausquels nous permettons par la présente institution entrer audit ordre, tout ainsi que nos subjects, en se soubmettant aux reiglements et statuts d'icelui, ne pourroyent bonnement accomplir en tout et par tout ce que nous avons ordonné estre observé esdictes preuves, il suffira qu'ils exhibent et mettent és mains dudict chancellier les originaux des contracts de mariages, testamens ou investitures de leurs pères, ayeulx et bisayeulx, ou des actes extraicts, des archifs et lieux publics des villes et lieux de l'extraction et origine de leur maison, ou les copies des contracts et pièces cy dessus dictes deuëment faictes avec lesdits extraicts, en vertu d'une commission qui sera expédiée de l'ordonnance dudit souverain, et scellée du seau de l'ordre, sans qu'ils soient tenus faire de plus amples preuves.

(28) Nous ordonnons aussi que les fils, frères, nepveux et cousins germains d'un commandeur dudict ordre, portans mesmes noms et armes, et estans de mesme extraction, ayans esté par nous nommez pour entrer audict ordre, ne seront tenus produire, pour le regard de leur noblesse, autres preuves que celle que leursdits pères, frères, oncles ou cousins auront faite : Mais

seront astraincts à faire celle de leur religion, vie, m[œurs et] anges, tout ainsi que les autres.

(29) Afin que ceux qui seront honorez dudit ordre com[parais]sent aux festes et cérémonies d'iceluy, avecques l'habit [dudit] ordre : comme nous ordonnons qu'ils soient tenus de faire, [sans] estre contraints en emprunter : Nous voulons et entendons [qu'ils] consignent et payent cinq cens écus entre les mains du thré[sorier] dudit ordre, pour employer à l'achat dudit habit, devant que[de] le pouvoir recevoir.

(30) Lesdits habit et collier dudit ordre, ne pourront est[re ja-]mais vestus et baillez par nous et nosdits successeurs, que le d[er]nier jour de décembre après vespres, en l'église où elles au[ront] esté dites, en la forme qui s'ensuit.

(31) Ceux qui auront esté receuz pour entrer audit ordre, trouveront ledit jour après disner au lieu où les cardinaux, p[ré]lats, commandeurs et officiers s'assembleront avec nous, p[our] aller à l'église ouyr vespres : en laquelle ils seront conduicts, [mar-]chant à part, ou deux à deux, s'il y en a plusieurs, selon qu['ils] auront esté appelez en leur eslection, entre le chancellier [de] l'ordre et lesdicts commandeurs, vestuz de chausses et pou[r]-points de toile d'argent, et le plus honorablement qu'ils po[ur]-ront.

(32) Estans arrivez à l'église, se mettront à genoux, gard[ant] ledict ordre, auprès des bancs qui seront à ceste fin posez de[dans] le chœur, de l'autre costé de ceux des officiers. Les vespres ch[an-]tées, nous partirons de nostre siège, et irons auprès de l'au[tel] les officiers marchans devant nous, et estans assis en la chaire préparée pour cest effect. Le prévost et maistre des cérémon[ies] dudit ordre, les hérault et huissier marchant devant loy, [ira] advertir les deux ducs derniers receuz en l'ordre, si celuy des[dits] esleuz, qui devra estre receu, est duc : et au cas qu'il ne s[oit] duc, ira seulement advertir les deux commandeurs dernier[s re-]ceus en iceluy, d'aller prendre le premier desdits esleus : le[quel] ils ameneront et conduiront entre eux deux, marchant ledit [pré]-vost devant, jusques où nous serons assis : où estant arrivé [se] mettra à genoux, et luy sera par nous baillé le manteau et col-lier dudit ordre, à ce assistans les officiers d'iceluy, pour fa[ire] chacun leur office, ainsi qu'il s'ensuit :

(33) Sçavoir est ledit chancellier, pour présenter et teni[r l'é]-vangile, sur laquelle ledit gentil-homme aura les deux main[s po-]sées, en faisant son vœu et serment.

puis après le greffier baillera audict gentil-homme la vœux et serment qu'il devra faire, escrits en parchemin, lesquels il lira luy mesme à haute voix, puis en signera la de sa main, et la nous présentera. Laquelle cédule sera enregistrée par ledict greffier au registre de l'ordre, pour tesmoignage du jour de sa réception. Et l'original d'icelle par ledict chancellier mis au trésor des chartres dudict ordre, pour y estre soigneusement gardé.

(35) Le prévost et maistre des cérémonies nous présentera le manteau et mantelet dudit ordre, dont nous le vestirons, en disant, l'ordre vous revest et couvre du manteau de son aimable compagnie et union fraternelle, à l'exaltation de nostre foy et religion catholique : Au nom du père, du fils, et du sainct esprit; faisant le signe de la croix.

(36) Et après le grand thrésorier dudict ordre nous présentera le collier d'ycelui, lequel nous mettrons au col dudict commandeur, disant, Recevez de nostre main le collier de nostre ordre de benoist sainct esprit, auquel nous, comme souverain grand maistre, vous recevons : et ayez en perpétuelle souvenance la mort et passion de nostre seigneur et rédempteur Jésus-Christ. En quoy dequoy nous vous ordonnons de porter à jamais cousuë en vos habits extérieurs la croix d'iceluy : et Dieu vous fasse la grâce de ne contrevenir jamais aux vœux et serment que vous venez de faire : lesquels ayez perpétuellement en vostre cœur : estant certain que si vous y contrevenez en aucune sorte, vous serez privé de ceste compagnie, et encourrez les peines portées par les statuts de l'ordre. Au nom du père, du fils, et du sainct esprit, amen.

(37) A quoy ledit commandeur respondra : «Sire, Dieu m'en donne la grâce, et plus tôt la mort que jamais y faillir : remerciant très-humblement vostre majesté de l'honneur et bien qu'il vous a pleu me faire. Et, en achevant, nous baisera la main.

(38) «Je jure et voue à Dieu en la face de son église, et vous promets, Sire, sur ma foy et honneur, que je vivray et mourray en la foy et religion catholique, sans jamais m'en départir, ny de l'union de nostre mère saincte église, apostolique et romaine. Que je vous porteray entière et parfaite obéissance, sans jamais y manquer, comme un bon et loyal subject doit faire. Je garderay, défenderay et soustiendray de tout mon pouvoir l'honneur, querelles et droicts de vostre majesté royale envers tous et contre tous. Qu'en temps de guerre je me rendray à vostre suitte en l'équi-

page de chevaux et d'armes que je suis tenu avoir par les [...]
de cest ordre : et en paix quand il se présentera quelque [occa]-
sion d'importance, toutes et quantes fois qu'il vous plaira [com]-
mander pour vous servir contre quelque personne qui p[uisse]
vivre et mourir, sans nul excepter, et ce, jusques à la [mort.]
Qu'en telles occasions je n'abandonnerai jamais vostre pers[onne]
ou le lieu où vous m'aurez ordonné servir, sans vostre [exprès]
congé, et commandement signé de vostre propre main, [ou de]
celuy auprès duquel vous m'aurez ordonné d'estre, sinon q[ue]
je luy auray fait apparoir d'une juste et légitime occasion. [Que]
je ne sortirai jamais de vostre royaume, spécialement pour a[ller]
au service d'aucun prince estranger, sans vostredict comman[de]-
ment : et ne prendrai pension, gaiges ou estat d'autre roy, pr[ince,]
potentat et seigneur que ce soit : ny m'obligeray au service d'[au]-
tre personne vivante que de vostre majesté seule, sans vostre e[x]-
presse permission. Que je vous revelerai fidèlement tout ce [que]
je sçaurai cy après importer vostre service, l'estat et la cons[er]-
vation du présent ordre du saint esprit, duquel il vous pl[aît]
m'honorer : Et ne consentiray ni permettray jamais, entant [que]
moy sera, qu'il soit rien innové ou attenté contre le service [de]
Dieu, ny contre vostre authorité royale et au prejudice dudi[ct or]-
dre : lequel je mettray peine d'entretenir et augmenter de [tout]
mon pouvoir. Je garderay et observeray très-religieusement [tous]
les statuts et ordonnances d'icelui. Je porteray à jamais la cr[oix]
cousuë, et celle d'or au col, comme il m'est ordonné par lesd[icts]
statuts. Et me trouveray à toutes les assemblées des chapi[tres]
généraux, toutes les fois qu'il vous plaira me le commander, [ou]
bien vous feray présenter mes excuses : lesquelles je ne tiend[rai]
pour bonnes, si elles ne sont approuvées et authorisées de v[ostre]
majesté, avec l'advis de la plus grand part des commande[urs]
qui seront près d'elle, signé de vostre main, et scellé du scel[de]
l'ordre, dont je serai tenu retirer acte. »

(3) Et d'autant que par le susdict serment, il est expres[sé]-
ment porté que lesdicts commandeurs ne s'obligeront au ser[vice]
d'aucun prince estranger : ce qui ne pourrait estre bonnem[ent]
observé par ceux qui sont subjects d'autres que de nous : Nous [dé]-
clarons que nuls étrangers, s'ils ne sont regnicoles et natura[li]-
sez, en cestuy nostre royaume, ne pourront entrer auditc[t ordre]
en quelque sorte que ce soit, ny pareillement à nos subjec[ts]
qui sont desja de quelque autre ordre. Excepté toutes fois cel[uy]
de M. Sainct Michel, lequel désirant remettre et maintenir [...]

... première splendeur, nous voulons qu'il se puisse porter ... cestuy cy, par ceux qui seront honorez de l'un et de ...

(40) Exceptons aussi de la susdicte exclusion, les cardinaux ... sainct siége, archevesque et évesques, et pareillement nos ... , lesquels par permission de nous, ou des roys nos pré... , auraient esté et seront cy après receus ès ordres de ... et de la jartière, en considération de la proximité, ... paix et amitié qui est entre nous et les chefs et souverains ... ordres. Tous lesquels nous entendons pouvoir entrer au... ordre, comme les autres, observans les formes et réglemens ... par la présente institution.

(41) Pour entretenir cest ordre, et donner moyen aux cardi... , prélats et commandeurs, de se maintenir en l'estat hono... qu'il convient, et nous servir ès occasions qui se présen... , sera faict un fonds de certaine somme de deniers, les... leur seront départis pour en estre payez en plein chapitre, ... en nostre présence, selon l'estat qui en sera par nous faict et ... , sans que lesdits deniers, de quelque nature qu'ils soient, ... autre que nous et nos successeurs y pourrons cy après adjous... et destiner, puissent estre à jamais distraicts ny employez à ... usage que à l'entretenement et payement des pensions des... commandeurs, selon le département qui en aura été faict.

(42) Voulons et ordonnons le présent ordre estre composé et ... du nombre de   Commandeurs, en ce comprins ... quatre cardinaux, cinq prélats, et les officiers : lequel nombre ... pourra estre augmenté ny retranché par nous ny nos succes...

(43) Ne sera aussi permis au grand maistre et souverain de ... ordre, accroistre la pension de l'un desdits commandeurs à la ... minution des autres.

(44) A nous seul, et aux roys nos successeurs, comme souve... grands maistres de l'ordre, appartiendra l'entière collation ... provision de toutes les commandes, sans que jamais nous ... puissions céder ny transporter nostre droict en tout, ou en par... , à personne quelconque, soubs quelque prétexte d'octroy, ... cession gratieuse, douaire, appennage ou advancement ... hoirie, en quelque façon que ce soit.

(45) D'avantage sera aussi estroictement observé, que vaquant ... commanderie, il n'y sera par nous pourveu, sinon aux cha-

pitres généraux, en la forme susdicte, sans pouvoir pour occasion quelconque advancer ou anticiper le terme.

(46) Il y aura un chancellier de l'ordre, lequel fera vœu preuves de noblesse, ne plus ne moins que lesdits commandeurs. Aura mil escus sol de gages ordinaires, pour son entretenement et portera la croix comme un commandeur. Il sera toujours prins et choisi entre les plus doctes, notables, dignes et féaux personnages de nostredit royaume : afin que ladicte charge soit administrée tant plus honorablement et dignement.

(47) Icelui chancellier aura en garde le scel, qui sera fait et ordonné pour ledict ordre, duquel il scellera toutes expéditions, provisions et mandemens concernans ledict ordre, qui seront commandées par nous et nos successeurs, en l'assemblée générale desdits commandeurs et officiers, et non autrement. Et sera toujours souscript en la signature desdites lettres, en ces mots, par le roy chef et souverain grand maistre, séant en l'assemblée générale des commandeurs de l'ordre du sainct esprit.

(48) Ledit chancellier sera tenu se trouver aux chapitres généraux, qui se tiendront, ausquels il aura charge de proposer ce qui luy sera commandé par ledict souverain : Et sera pour le bien, profict, honneur et avantage dudict ordre, faire fidele rapport des informations, et procez verbaux, qui auront esté présentez par les gentils-hommes, qui seront nommez pour entrer en l'ordre, et envoyez par lesdicts cardinaux, prelats et commandeurs, ou autres commis à ce faire pour la réception desdicts gentils-hommes, aquoy il prendra garde qu'il ne soit usé d'aucun abus, fraude, ou connivence; tiendra la main que les statuts et ordonnances dudict ordre soient exactement gardez et observez par lesdicts commandeurs et officiers, et advertira le souverain et l'assemblée, de ceux qui y contreviendront, pour procéder à la correction, et punition d'iceux; recevra aussi les plaintes et doléances desdits commandeurs et officiers; aura la superintendance sur le maniement des deniers dudit ordre, et assistera tousiours à la reddition des comptes du trésorier. Ledit chancellier jurera, et promettra à sa réception garder et observer tout ce que dessus, sans y faillir.

(49) Et afin que les statuts, ordonnances et cérémonies dudit ordre soient gardées, entretenuës et observées, comme il appartient, nous avons créé, érigé et institué en iceluy un office de prévost, maistre des cérémonies, lequel fera vœu et preuve de noblesse, ne plus ny moins que lesdicts commandeurs et chancellier

aura 750 escus sol de gaiges : il prendra garde que les ordonnances et constitutions dudit ordre ne soient enfreincts par les commandeurs et officiers dudit [ordre] : mettra peine de s'informer diligemment et secrettement [de] ceux qui ne les observeront : pour, si la faute est légère, en advertir doucement les défaillans, afin qu'ils se corrigent : sinon les faire enregistrer par le greffier de l'ordre, pour en estre fait rapport au premier chapitre qui se tiendra.

(50) Prendra garde aussi que és jours et festes de la célébration dudit ordre, toutes choses soient préparées à l'église, comme elles doivent estre, tant pour le parement d'icelle que pour l'assiette et rang des chaires et bancs du souverain, cardinaux, prélats, commandeurs et officiers dudit ordre, ensemble des ambassadeurs des roys et princes, et autres qui devront assister à ladite cérémonie, et que les armoiries dudit souverain et desdits commandeurs, soient rangées et attachées au dessus des bancs ausquels ils seront assis. Et pour ce faire, ledit prévost sera tenu se trouver la part que nous ferons, pour le moins huict jours devant ladicte feste, sans y faillir.

(51) Quand aucuns desdits cardinaux, prélats, commandeurs et officiers dudit ordre iront de vie à trespas, ledit prévost sera tenu avoir véritable certification de leur mort et trespassement, du jour, mois et an : par quel inconvénient naturel ou autre accident, et de l'estat de leur dernière fin. Dequoy il fera bons et véritables mémoires pour nous en advertir, afin de faire faire le service des trespassez, ainsi qu'il appartient : puis le fera enregistrer par le greffier.

(52) Ledit prévost mettra peine aussi de s'enquérir et sçavoir quand il y aura quelque débat, contention ou querelle entre lesdits commandeurs et officiers, pour incontinent nous en advertir : afin que nous y puissions remédier et empescher que les choses ne passent plus avant. Et fera serment à sa réception d'effectuer et observer soigneusement les choses susdictes.

(53) Il y aura pareillement audit ordre un trésorier, qui s'appellera grand trésorier dudit ordre : lequel fera vœu de sa religion. Et aura 750 escus sol de gaiges ordinaires.

(54) Il aura en garde toutes chartres, privilèges, lettres, mandemens, escritures, registres et enseignemens touchant la fondation dudit ordre, ses appartenances et dépendances : recevra, maniera, payera et distribuera les pensions, charges et toute autre sorte et nature de deniers affectez et employez à l'entrete-

nement et frais dudit ordre, et à l'occasion d'iceluy : au[x]
garde des ornemens de l'église appartenans audit ordre, et sem[-]
blablement des manteaux et mantelets des commandeurs servan[s]
l'estat et cérémonie dudit ordre : lesquels il sera tenu de repré[-]
senter et délivrer ausdits commandeurs aux chapitres et conven[-]
tions qui se tiendront, et après iceux retirer et garder soigneuse[-]
ment jusques à l'autre chapitre.

(55) Sera tenu faire faire les colliers que nous donnerons aus[-]
dits commandeurs, du poids et façon qu'il sera ordonné : les no[us]
présentera à l'église à leur réception. Et advenant le trespas o[u]
privation d'aucuns d'eux, sera obligé de les retirer de leurs héri[-]
tiers. Et où aucuns d'eux seroient refusans ou trop tardifs à le[s]
rapporter et remettre entre ses mains dans le temps ordonné, ser[a]
décerné commission à la poursuitte dudit trésorier, à tel de no[s]
juges et officiers que mestier sera, pour procéder à la saisie e[t]
vente des biens meubles et immeubles délaissez par ledit défunct
jusques à la concurrence de la valeur dudit collier : et en sera l[e]
payement préféré à toutes autres debtes et hypothèques pour
privilégiées qu'elles soient.

(56) Ledit grand trésorier sera tenu de rendre bon et loyal
compte par chacun an ausdits chapitres généraux, et non ailleurs,
de toute la recepte et despense qu'il aura faicte des deniers
dudit ordre : lequel compte sera veu et examiné par ledit chan[-]
celier et cinq desdits commandeurs, commis par ledit chapitre.
Où nous voulons aussi que assiste l'un des présidens de nostre
chambre des comptes à Paris, tel que nous choisirons et eslirons.
Et seront tous lesdits comptes par eux arrestez, finez et signez
d'iceux, mis au trésor des chartres dudit ordre, dont il sera dé[-]
livré copie audit grand trésorier bien et duëment collationnée e[n]
la présence desdits chancelier, commandeurs et président : qui
luy servira d'entière descharge du maniement desdits deniers.
Lesdits cinq commandeurs commis à l'audition desdits comptes
seront changez tous les ans : et ne pourront assister deux fois con[-]
sécutives à la reddition et closture d'iceux. Et quant audit pré[-]
sident, il ne sera subject à mutation : et aura lettre de nous pour
assister ausdicts comptes, signées par le greffier dudit ordre, et
quatre cens escus de gages par chacun an : desquels il sera payé
par ledict grand thrésorier, des deniers qui luy seront par nous
ordonnez pour cet effect, et la jouissance des mêmes privilèges,
franchises, immunitez et exemptions, que les cardinaux, pré[-]
lats, commandeurs et officiers de nostredict ordre.

(57) Nous voulons aussi que ledict thrésorier soit tenu faire un rolle de tous les dons, legs, augmentations et bien faicts qui seront donnez et faicts à l'ordre, tant par nous et nos successeurs que par lesdits cardinaux, prélats et commandeurs : auquel sera escript le nom, surnom, et ce que chacun d'eux aura donné, pour avoir mémoire perpétuelle des bienfacteurs et prier Dieu pour eux. Ledit thrésorier, à sa réception, promettra et jurera fidellement garder et observer entièrement tout ce que dessus, sans y faillir.

(58) Pareillement y aura audit ordre un officier, appelé greffier de l'ordre, qui fera vœu de religion, et aura 500 escus de gages ordinaires. Il sera tenu faire deux livres en parchemin, en chacun desquels sera escrite la fondation du présent ordre, les statuts, causes et ordonnances d'iceluy. Au commencement desquels livres sera peinte une histoire de la représentation du souverain, et de l'assiette desdicts cardinaux, prélats, commandeurs et officiers, le jour de la cérémonie. Desdicts livres, l'un sera enchainé au chœur de l'église où sera ladicte fondation, enclos dans un coffre, dont ledit grand thrésorier aura la clef : et l'autre sera toujours apporté et représenté audit souverain par ledit greffier de l'ordre, aux chapitres et conventions qui se feront par chacun an, pour y avoir recours, s'en servir et ayder en ce que besoin sera.

(59) Ledit greffier recevra, escrira et enregistrera bien et fidellement toutes les provisions, appoinctemens, conclusions, ordonnances qui se feront ausdits chapitres : fera et signera toutes commissions, lettres, mandemens et expéditions qui seront nécessaires touchant et concernant ledit ordre : Déclarant nulles et de nul effect et valeur toutes celles qui pourroient cy après estre signées par autres que par luy. Luy est inhibé et défendu aussi d'en signer et expédier aucunes, pour quelque cause et occasion que ce soit, qu'elles n'ayent esté proposées, délibérées et ordonnées par ledit souverain séant audit chapitre général de l'ordre : dont il sera tenu faire registre certain, lequel il rapportera et représentera en chacun chapitre.

(60) Il tiendra aussi registre à part des informations, procez-verbaux et cédules qui seront rapportées audit chapitres, de ceux qui seront receus en l'ordre : Pour rendre tesmoignage des preuves qu'ils auront faictes de leur religion et noblesse, comme aussi du jour de leur réception. Enregistera pareillement les mémoires qui luy seront délivrez par le prévost de l'ordre, tant des fautes et

délicts commis par lesdits commandeurs et officiers, pour les ra[p]porter et lire ausdits chapitres, que des decez advenus d'ice[lles]. Et promettra et jurera à sa réception, d'exécuter, garder et [ob]server les choses susdites sans y faillir.

(61) Tous lesdits quatre officiers seront commandeurs, por[te]ront la croix cousue en leurs habillemens, et une autre d'or au [col] comme lesdits commandeurs.

(62) D'avantage il y aura audict ordre un officier [ap]pelé le [hé]rault, roy d'armes, de l'ordre du sainct Esprit à qui sera ch[oisi] faisant profession de la religion catholique, homme de bonne [re]nommée et expert en telle charge ; qui aura quatre cents esc[us] sol de gages ordinaires : portera une croix d'or de l'ordre [pendue] au col à deux petites chaisnettes d'or avecques son esmail. Il se[ra] tenu faire un livre auquel seront dépeinctes au vray les arm[oi]ries, tymbres et tenans de tous les cardinaux, prélats, comma[n]deurs et officiers qui seront receus en l'ordre : où sous chacu[ne] d'icelles armoiries, seront escrits leurs noms, surnoms, seign[eu]ries et qualitez. Et pour ce faire chacun desdits cardinaux, prela[ts] et commandeurs, sera tenu luy donner un marc d'argent à sa réception.

(63) Quand il sera besoin de faire quelque signification, man[dement ou dénonciation à quelqu'un desdits commandeurs et off[i]ciers, ledit hérault en aura la charge, et de rapporter en plein chapitre la réponse qui luy aura esté faicte, et ce qu'il aura ap[p]ris en son voyage concernant le bien, honneur et service dud[it] ordre.

(64) Nous ordonnons aussi qu'il y aura un huissier audit ordre, lequel assistera à la cérémonie dudit ordre avec une masse qu'il portera sur le col, laquelle sera faicte exprès pour servir aud[it] ordre. Il aura trois cens douze escus sol de gages ordinaires qu[i] luy seront payez tout ainsi que ceux des susdits officiers, par le[]dit grand thresorier. Ledit huissier sera choisi faisant profession de la religion catholique : et sera tenu se trouver aux chapitres qui se tiendront, pour garder la porte et faire ce qui dépend de ladicte charge.

(65) Advenant le decez de l'un desdits officiers, l'eslection de celuy qui luy succédera, sera faite par ledit souverain : entre les mains duquel il fera ses vœux et recevra l'habit et la croix, comme lesdits commandeurs, excepté les hérault et huissier qui feront leurs sermens, et recevront leur esmail et croix par les mains dudit chancelier, en la présence dudit souverain.

66) Les pensions desdits cardinaux, prélats et commandeurs gaiges desdits officiers, ne pourront estre hypothecquez ny [...], pour quelque cause que ce soit, si ce n'est pour achapt [d'ar]mes et de chevaux : encore par permission signée de la main [du] grand maistre et scellée du sceau de l'ordre.

67) Voulons et entendons que lesdits cardinaux, prélats, com[m]andeurs et officiers dudit ordre soient cy après exempts de con[tri]buer aux ban et arrièreban de nostre royaume, et de nous payer [auc]uns rachapts, lots, ventes, quints et requints, tant des terres [qu'i]ls vendront que de celles qu'ils pourront achepter, relevans [de] nous : sans que à l'occasion des coustumes de nostre royaume, [port]ans que l'achepteur soit tenu payer le quint denier du pris de [la ve]ndition du fief, il puisse estre aucune chose querellé ou de[man]dé ausdits cardinaux, prélats, commandeurs et officiers [dud]it ordre, ny pareillement à ceux desquels ils auront fait les[dic]tes acquisitions.

68) D'avantage, nous voulons que lesdits cardinaux, prélats, commandeurs et officiers dudit ordre, ayent leurs causes com[m]ises aux requestes de nostre palais à Paris : et jouissent de tous [au]t semblables privilèges, que font noz officiers domestiques et commensaux : desquels privilèges nous ferons expédier noz lettres [et] déclarations, pour estre publiées et enregistrées, tant en noz cours de parlement, chambre des comptes, et court de noz aydes, que partout ailleurs, où il appartiendra, afin de leur servir et valoir.

69) Chacun desdits cardinaux, prélats, commandeurs et officiers, sera tenu prendre lettres de provision, scellées du grand [s]eau dudit ordre, et signées par le greffier d'icelluy pour luy servir de tesmoignage du jour qu'il aura esté associé audit ordre.

70) Les délibérations, mandemens et ordonnances qui se feront ès chapitres généraux dudict ordre, ne pourront estre valables si elles ne sont approuvées et faictes par l'advis des deux tiers des commandeurs qui seront assemblez : en comptant pour deux voix celle du souverain. Et ne se pourront tenir lesdits chapitres, qu'il n'y ait dix-huict commandeurs présens sans les officiers.

71) Et afin que le tems à venir un chacun puisse cognoistre au vray la noblesse, vertus et mérites de tous ceux que nous appellerons et associerons audit ordre, nous voulons que tous lesdicts commandeurs, après qu'ils auront esté receus, facent faire en parchemin un arbre de leur généalogie : lequel ils feront si-

gner et certifier par ceux qui auront esté commis à vérifier et rapporter leurs preuves. Laquelle certification contiendra le jour qu'ils en auront fait rapport audit chapitre, et comme ils auront veu et vérifié bien exactement lesdites preuves : voulans que ladite généalogie soit escrite et registrée au greffe de l'ordre: et que le greffier d'iceluy certifie aussi comme lesdits commandeurs commissaires auront en notre présence fait ledit rapport, pour à l'advenir y avoir recours, quand l'occasion se présentera, comme à chose véritable, et à laquelle il sera à jamais adjousté foy.

(72) Tous les ans, la feste de l'ordre se célébrera le premier jour de janvier, en l'église des Augustins de nostre bonne ville de Paris : qui est le lieu que nous avons choisi et destiné pour cet effect. Et si les affaires publiques de nostre royaume ne nous permettaient estre en nostredite ville de Paris : ledit jour, la dicte feste se célébrera où nous serons en la plus spatieuse église que faire se pourra, où nous voulons et entendons que se trouvent et assistent tous les cardinaux, prélats, commandeurs et officiers dudit ordre, s'ils n'ont autre commandement de nous. Lesquels à ceste fin seront tenus se rendre là par où nous serons, deux jours devant la veille du premier jour de l'an, pour assister à ladicte cérémonie : laquelle commencera la veille dudit jour à vespres, où lesdits cardinaux, prélats, commandeurs et officiers accompagneront le souverain de l'ordre depuis son palais jusqu'à l'église, ainsi qu'il s'ensuit.

(73) C'est à sçavoir, l'huissier marchera devant, le héraut après l'huissier, le prévost, grand trésorier et greffier, ledit prévost au milieu des deux autres, et le chancellier seul après : Puis marcheront lesdicts commandeurs deux à deux, selon le rang qui sera cy après dit. Après lesquels ira ledict souverain et grand maistre, qui sera suivy des cardinaux et prélats qui seront dudit ordre : Ledit grand maistre et commandeurs vestus de longs manteaux faits à la façon de ceux qui se portent le jour de la Sainct-Michel, de velours noir en broderie tout autour d'or et d'argent : ladicte broderie faicte de fleurs de lys et neuds d'or entre trois divers chiffres d'argent : et au-dessus des chiffres, des neuds et fleurs de lys, il y aura des flambes d'or semées. Ledit grand manteau sera garny d'un mantelet de toile d'argent verte, qui sera couvert de broderie, faicte de mesme façon que celle du grand manteau : réservé que au lieu des chiffres, il y sera mis des coulombes d'argent. Lesdicts manteaux et mantelets seront doublez de satin jaune orangé. Et se porteront lesdits manteaux

trousses du costé gauche, et l'ouverture sera du costé droict, ſur le patron qu'en avons fait faire : et porteront chausses et pourpoints blancs ou orengez, avec façon à la discrétion du commandeur, un bonnet noir, et une plume blanche. Sur lesdits manteaux porteront à descouvert le grand collier de l'ordre, qui leur aura esté donné à leur réception. Pour le regard desdicts officiers, le chancellier sera vestu tout ainsi que lesdits commandeurs : mais il n'aura le grand collier, ains seulement la croix cousuë au devant de son manteau, et celle d'or pendante au col. Le prévost, grand thrésorier et Greffier auront aussi des manteaux de velours noir, et le mantelet de toile d'argent : mais ils seront seulement bordez à l'entour de quelques flambes d'or, et porteront aussi la croix de l'ordre, et celle d'or, pendante au col. Le héraut et l'huissier auront des manteaux de satin, et le mantelet de velours vert, bordé de flambes, comme ceux des susdits officiers. Ledit héraut portera son esmail pendu au col, ainsi que dit est, et l'huissier une croix de l'ordre; mais plus petite que celle des autres officiers. Au retour desdites vespres, lesdits commandeurs et officiers ne fauldront d'aller à confesse.

74) Le lendemain au matin lesdits cardinaux, prélats, commandeurs et officiers accompagneront de rechef ledict souverain au mesme ordre et habillemens que dessus, à l'église oüir la messe à l'offerte de laquelle nous offrirons autant d'escus au soleil, comme nous aurons d'années, et lesdits commandeurs chacun un escu sol : que nous avons dès à présent donnez et affectez à l'entretenement et nourriture des religieux novices desdicts Augustins. Lesdicts commandeurs iront ensemble à l'offerte, marchans toutesfois l'un après l'autre, gardans l'ordre de leur séance. La messe finie, lesdits commandeurs et officiers recevront en nostre présence le sainct Sacrement du corps de nostre Seigneur : exhortans lesdicts cardinaux, évesques et prélats, de faire aussi leurs pasques ledit jour, devant que de venir à la cérémonie, ou après, ainsi qu'ils adviseront.

(75) Après ladicte messe ils reconduiront ledict grand maistre en son palais, là où lesdicts cardinaux, prélats, commandeurs et chancellier de l'ordre seront assis, et disneront à la table et aux dépens dudict grand maistre en signe d'amour. Auquel palais, et en un lieu à part, sera aussi dressé une table, là où disneront ledit prévost, grand thrésorier, greffier, hérault et huissier.

(76) A l'heure de vespres iceluy souverain, cardinaux, prélats

commandeurs et officiers, par ordre, comme dit est, portant manteaux et mantelets de drap noir, excepté celuy du souverain, qui sera d'escarlatte brune morée, sur lesquels manteaux sera toujours la croix dudit ordre cousuë, comme sur les autres : iront en la mesme église ouyr vespre pour les trespassez, et le lendemain au matin iront ouyr la messe et le service. À l'offerte de laquelle messe ledit souverain et lesdits commandeurs offriront chacun un cierge d'une livre de cire. Et estant à l'offerte, ledit greffier leur dira les noms des souverains, cardinaux, prélats et commandeurs dudit ordre trepassez, depuis la dernière cérémonie, pour les ames desquels celuy qui celebrera la messe, dira d'abondant à la fin de l'offertoire un *De profundis*, et une oraison des trépassez. Et au sortir de la messe leur sera donné à disner par ledit souverain, comme le jour devant.

(77) Et sera dressé lesdits jours en ladite église, des chapelles ardentes, avec les escussons de ceux qui seront décédez, au bas et derrière desquelles chapelles sera posé un banc couvert d'un drap noir, sur lequel seront mis les colliers des commandeurs trespassez. Et derrière ledit banc y en sera mis un autre, où demoureront les héritiers desdits décédez, ou ceux qui les représenteront, vestus en deuil durant le service des trépassez : et icelui faict, nous apporteront et présenteront lesdits colliers, qui seront receuz par ledit grand tresorier.

(78) Après disner se tiendra le conseil et chapitre général dudit ordre, auquel nous assisterons avecques tous les cardinaux, prélats, commandeurs et officiers, et non autres, de quelque qualité qu'ils soient. Et devant que de rien mettre en avant, sera faict serment solemnel par nous et les assistans, de ne reveler ni descouvrir à personne vivante ce qui sera dict, traicté et conclud en ladite assemblée, à peine d'estre privez de l'ordre, et déclarez traistres et infames. Ledict serment faict, qui sera enregistré par le greffier dudit ordre, sera proposé par la bouche dudict chancellier tout ce qu'il pensera et cognoistra estre à propos et nécessaire pour l'honneur, bien, accroissement et conservation dudict ordre.

(79) Et s'il est sceu qu'aucuns desdits commandeurs ayent forfaict en leur honneur, ou commis acte indigne de leur profession, et de leur devoir : comme s'ils étaient attaints et convaincus de crime d'hérésie, trahison, fuite de bataille, sacrilège, volerie, détention de biens ecclésiastiques, et autres actes

ligues de gentils-hommes, faisans profession d'honneur et de vertu : et ce par bonnes et suffisantes preuves : en ce cas nous voulons qu'ils soient privez et dégradez dudict ordre : et soit advisé audict chapitre à la correction et punition d'iceux, selon que le cas le requerra.

(80) Afin qu'il soit mémoire à tousjours de l'élection que nous avons faicte de ladite église du couvent des Augustins de nostre dite bonne ville de Paris, pour y célébrer les festes de la cérémonie dudict ordre, nous avons ordonné et ordonnons ausdits religieux et couvent la somme de trois cents trente trois escus au tiers de rente par chacun an : dont seront expédiez et passez les contracts pour ce nécessaires : à la charge qu'ils seront tenus dire par chacun jour de l'année deux messes, l'une haute pour la prospérité et santé dudict souverain, cardinaux, prélats, commandeurs et officiers de l'ordre, et l'autre basse pour les trépassez : dont nous chargeons nostredict grand aumosnier avoir soing, afin que nostre intention soit suivie, et ledit service faict ainsi qu'il appartient.

(81) Et parce que ledit ordre est institué en l'honneur de Dieu, et du benoist sainct esprit, qui a pour agréable les cœurs plus humiliez, ordonnons qu'il n'y aura au marcher dudit ordre, ny aux séances, aucune dispute pour les rangs : ains que chacun marchera selon l'antiquité de sa réception. Sçavoir est après nos enfans et frères, et les princes de nostre sang, les princes issus de maison souveraine, qui sont ducs, puis les princes qui ne seront ducs, et après eux les ducs, qui ne seront que gentilshommes, en gardant l'ordre et rang qui leur est attribué par la création de leur duchez : et après, les commandeurs, selon l'antiquité de leur réception audit ordre : Sauf pour le regard de ceux qui ont esté par nous choisis et esleuz pour entrer au présent ordre dès la première institution d'iceluy, lesquels garderont le rang de leur réception en l'ordre sainct Michel, encores qu'ils reçoivent l'habit dudit ordre après les autres.

(82) Voulons et entendons que lesdits commandeurs ayent et tiennent cy après en tous lieux tel rang, séance, auctoritez et prérogatives, que souloit avoir les chevaliers de l'ordre de S. Michel : Déclarant que ceux qui seront chevaliers dudict ordre de sainct Michel, et commandeurs de celuy du sainct Esprit, précéderont ceux qui n'auront que l'ordre dudit sainct Michel, attendu qu'ils sont honorez des deux ensemble : S'entendant toutesfois ce présent article, pour les seigneurs et gentils-hommes

seulement, qui n'ont autre rang ny séance que celuy qui leur est acquis par l'ordre.

(83) Tous lesdits prélats, commandeurs et officiers porteront à jamais la croix de velours, cousuë sur le costé gauche de leurs manteaux, robbes et autres habillements de dessus : Nous seul et nos successeurs, la porterons aux habillements de dessoubs au milieu de l'estomach, quand bon nous semblera, et en ceux de dessus au costé gauche, de mesme grandeur que lesdits commandeurs. Ladicte croix, qui sera cousuë sur lesdits habillements et manteaux, pour le regard desdits prélats, commandeurs et officiers, sera toujours de velours jaune orengé, reservé en faits de guerre, que nous permettons ausdits commandeurs et officiers, qui s'y trouveront, la porter de toile d'argent, ou velours blanc, faite en la forme d'une croix de Malte, au milieu de laquelle il y aura une colombe figurée en broderie d'argent, et aux angles des rais et fleurs de lys d'argent, de la grandeur selon le pourtraict que nous en avons faict faire.

(84) Lesdits cardinaux, prélats, commandeurs et officiers porteront aussi une croix dudit ordre pendante au col à un ruban de couleur bleuë céleste : ladicte croix aussi faite en la forme de celle de Malte, toute d'or, esmaillée de blanc par les bords, et le milieu sans esmail. Dedans les angles y aura une fleur de lys. Et sur le milieu, ceux qui seront chevaliers de l'ordre sainct Michel, porteront la marque dudit ordre d'un costé, et de l'autre une colombe, qui sera portée des deux costez par lesdits cardinaux et prélats, et ceux qui ne seront dudit ordre saint Michel.

(85) Pour marque et cognoissance dudit ordre et des commandeurs qui en seront, nous donnerons à chacun commandeur un collier d'or fait à fleurs de lys, et trois divers chiffres entrelassez de neuds, de la façon de la broderie du manteau. Lequel collier sera tousjours du poids de trois cents escus d'or, sans estre enrichy de pierreries ny autres choses. Et ne le pourront lesdicts commandeurs vendre, engager ny aliéner, pour quelque nécessité ou cause ne en quelque manière que ce soit : Ains demeurera, sera et appartiendra tousjours audit ordre, et seront tenus les héritiers desdits commandeurs qui seront décédez, le rapporter et remettre és mains dudict grand trésorier de l'ordre, trois mois après ledict décez au plus tard, duquel trésorier ils retireront récépissé pour leurs décharges.

(86) Les habillemens de l'ordre demoureront en la garde dudict grand trésorier, pour estre mieux conservez : et si aucun

lesdits commandeurs alloit de vie à trespas, sesdits héritiers ne pourront rien prétendre ausdicts habillements, lesquels demeureront audict ordre, pour servir à celuy qui succédera en sa place, lequel sera tenu payer aux héritiers dudit défunct, des deniers de la première année de sa commande, la valleur dudict grand manteau et mantelet, qui luy sera affecté, dont l'estimation sera faicte par ledict chancellier, appellez avec luy les officiers dudict ordre.

(87) Tous lesdits cardinaux, prélats et commandeurs dudict ordre, seront tenus à leur réception fournir et payer és mains dudict grand trésorier la somme de dix escus d'or sol : lesquels dix escus nous avons dès à présent aumosnez au couvent desdits Augustins.

(88) Et pour ce qu'il est raisonnable que ceux qui se veulent principalement dédier à Dieu, et en porter signe extérieur, soyent adstraints à plus grandes prières et exercices spirituels, que les autres: nous exhortons et prions tant qu'il nous est possible, tous ceux dudict ordre, à se rendre soigneux d'assister chacun jour dévotement au sainct sacrifice de la messe, s'ils ont le moyen et le loisir : et aux jours de festes, à la célébration du service divin. Mais sçachant qu'ils sont obligez à dire chacun jour un chappellet d'un dizain, qu'ils porteront ordinairement sur eux, et les heures du sainct Esprit, avec les hymnes et oraisons qui seront dedans un livre que nous leur donnerons à leur réception : ou bien les sept psaumes pénitentiaux, avec les oraisons qui seront faites sur chacun psaume, la litanie suivie des oraisons ordinaires, qui seront aussi dans ledit livre : et où ils seront défaillans aux choses susdictes, seront obligez de donner une aumosne aux pauvres. Plus nous leur enjoignons de ne faillir, deux fois l'an pour le moins, se confesser à personnes constituées en auctorité en l'église, et recevoir le précieux corps de nostre Seigneur Jésus-Christ, sçavoir au premier jour de janvier, et feste de la Pentecoste. Ordonnant que esdits jours, et tous autres, esquels par dévotion ils communiront en quelque lieu qu'ils se trouvent, ils soient tenus durant la messe, et icelle communion, porter le collier dudict ordre, sur peine contre ceux qui défaudront en une même année à communier esdits deux jours, de perdre le revenu de leur commande durant ladicte année. Et où il adviendrait qu'aucuns desdits commandeurs et officiers persévérassent trois années consécutives à ne communier esdits jours, en ce cas la croix et l'habit dudit ordre leur seront ostez, et pour telle volonté endurcie seront pri-

vez de l'ordre : mais si aucun d'eux y faut seulement à l'une desdites deux fois en une année, sera retenu des fruicts de sa commande de la cinquiesme partie du revenu d'une année : laquelle nous avons dés à présent aumosnée ausdits Augustins. Partant lesdits cardinaux et prélats seront tenus jurer tous les ans au chapitre sur leurs sainctes ordres, et les commandeurs et officiers sur les sainctes Evangiles, avoir fait leurs pasques esdits deux jours de feste.

(89) Nous et lesdicts commandeurs porterons tousjours le grand collier de l'ordre aux quatre festes annuelles, quand nous irons à la messe, aux processions générales, et autres actes publics qui se font aux églises et és entrées des villes de nostre royaume, esquelles il y a cour de parlement : et pareillement toutes et quantes fois qu'il leur sera ordonné par le souverain de l'ordre.

(90) Estant cet ordre institué pour la défense de nostre foy et religion et de nostre personne et estat : tous lesdits commandeurs seront tenus nous venir trouver toutes les fois que nous les manderons, accompagnez selon leur qualitez, payant par tout où ils passeront de gré à gré, et sans aucune foulle de nostre peuple sur peine d'estre dégradez et privez de l'ordre.

(91) Estant ceste compagnie et société instituée en l'honneur de Dieu, lequel nous commande et enjoinct d'exercer toute fraternité et dilection les uns envers les autres, nous ordonnons aux cardinaux, prélats, commandeurs et officiers dudict ordre, de déposer dés à présent toute espèce d'envie, et inimitié et rancune, qu'ils pourroient avoir les uns contre les autres, pour d'oresnavant et à jamais vivre ensemblement et en toute vraye et bonne amitié, concorde et union : comme nous déclarons avoir volonté de faire de nostre part envers eux, les soutenir, défendre, honorer et gratifier en ce qui se présentera, comme leurs qualitez et vertus le méritent, et le lien de fraternité, duquel les avons honorez.

(92) Et si aucun débat ou contention survenoit par cy aprés entre aucuns commandeurs ou officiers dudict ordre, dont vraysemblablement l'on peust douter que voye de faict se peust ensuivre : nous promettons que la chose venuë à nostre cognoissance, nous défendrons incontinent par nos lettres aux parties toutes voyes de faict, et que lesdits débats seront par nous vuidez et terminez par l'advis desdits confrères et commandeurs qui seront près de nous le plustost que faire se pourra, lesdites parties ouïes en ce qu'elles voudront dire l'une contre l'autre : lesquelles

tenuës à ceste fin d'y comparoir, ou procureur pour elles, obtempérer à l'appointement qui sur ce sera fait par nous et les commandeurs : sauf par tout le droict et hautesse de nostre justice et auctorité royale, et de nos successeurs.

93) Nous ordonnons aussi ausdits cardinaux, prélats, commandeurs et officiers, s'il vient à leur cognoissance, y avoir querelle, debat ou contention entre deux confrères dudit ordre, nous en advertir diligemment, afin d'y pourvoir.

94) Après avoir estably et statué en cet ordre, ce qui nous a semblé estre plus nécessaire et important, il est mal-aisé d'avoir par mesme moyen preveu à faciliter toutes les exécutions qui y sont nécessaires, et que chacun jour aydant Dieu, l'expérience nous monstrera ce qu'il y faudra adjouster et interpréter. Au moyen de quoy avons remis à nous et à nos successeurs de pouvoir faire, et establir toutes loix, statuts et autres ordonnances, qui se trouveront sainctes et raisonnables, et icelles incorporer et adjouster au livre de nostre ordre : pourveu toutesfois que lesdites ordonnances ne changent, altèrent ou diminuent en rien les choses ja par nous establies et ordonnées, et qu'elles soient leues, publiées et registrées és assemblées générales de l'ordre, qui se feront chacun an et approuvées par les deux tiers commandeurs qui s'y trouveront.

Si promettons pour nous et nos successeurs roys de France, chefs souverains, grands maistres dudict ordre du sainct Esprit, garder et accomplir à nostre pouvoir les susdits poincts, articles, ordonnances et constitutions, entièrement, inviolablement et à toujours, selon le vœu et serment solennel que nous en avons faict. En tesmoing dequoy, et afin que ce soit chose ferme et stable à toujours : nous avons signé ces présentes de nostre propre main, et à icelles faict apposer nostre seel.

Donné à Paris, etc.

N° 99. — ARTICLES *conclus sur la religion entre la reine mère et les chefs protestans* (1).

Nérac, dernier février 1579; ratifiés à Paris le 14 mars, par le roi, et reg. au parl. le 16 juin 1580. (Vol. 2 L, f° 212. — Font., IV, 580. — Mém. du clergé, 6, 589. — Rec. des traités de paix ; II, 409.)

---

(1) V. à sa date l'édit de pacification de mai 1576, note sur celui de Poitiers,

N° 100. — LETTRES *de commission à un président et à des conseillers au parlement de Paris pour la réforme des ma[i]deries du royaume.*

Paris, 22 mars 1579; reg. au parl. le 6 mai. (Vol. 2 K, f° 378.)

N° 101. — EDIT *portant qu'en toutes les forêts du royaume ne pourra être fait aucune coupe et vente de bois de haute futaie sans une commission du roi vérifiée en parlement* (1).

Paris, mai 1579; reg. au parl. le 15 juin. (Vol. 2 K, f° 421. — Font., II, 3[..])

N° 102. — DÉCLARATION *qui attribue au parlement de Paris [la] connaissance des affaires du domaine de la couronne* (2).

Paris, 10 mai 1579, reg. au parl. le 17 juin. (Vol. 2 K, f° 420.)

HENRY, etc., Comme par nos lettres cy devant expédiées, nous ayons, conformément à ce qui a esté délibéré par les articles nous présentés à Blois, par les estats de nostre royaume, [...] que les commissions et establissemens faits par nous et feu nostre très-cher sieur et frère Charles dernier décédé pour le fai[t et] éclaircissement de nostre domaine, droits et debvoirs qui en dé[-] pendent, sauf à y estre cy après par nous pourvu, ainsi qu[e] nous semblerait expédient et meilleur; et d'autant qu'il e[st] très utile et nécessaire tant pour le bien de nos affaires qu[e] soulagement de nos subjets de pourveoir et donner ordre a[ux] entreprinses qui se sont faites par le passé et se font encor[e] chacun jour sur nostredit domaine, ce qui ne pourroit estre e[f-] fectué si la cognoissance en estoit délaissée à nos baillifs, séné[-] chaux, leurs lieutenans ou autres nos juges inférieurs, tant p[our] avoir cognoissance des anciens tiltres faisant mention de nostre[-] dit domaine que pour l'intérêt que aucun d'eux leurs pare[ns] et alliés peuvent avoir et pretendre à la susdite poursuite.

A quoy désirant pourvoir, et à l'imitation même des édicts [...]

---

septembre 1577, et les articles secrets de ce traité. Ceux de Nérac reconn[aissent] et confirment tous les privileges accordés aux protestans.

(1) V. l'ordonn. de François Ier, mars 1515, art. 41 à 44; celle de Henri II, février 1554, et ci après la grande ordonnance de Louis XIV, 1669. — V. a[ussi] le code forestier de 1827, art. 16.

(2) Les affaires domaniales sont aujourd'hui jugées par les tribunaux; mai[s il] y a deux degrés de juridiction. V. M. de Cormenin, questions de droit admi[nis-] tratif, t. II, p. 155 et la note.

...els pour pareil sujet et occasion en furent faits par nostre très-honoré seigneur et ayeul le défunt roy François, ès mois de may et janvier 1543, publiés en nostre cour les 10 juillet et 19 février suivant audit an. Par lesquels il auroit privativement attribué cognoissance de nostre dit domaine à nostre grande chambre et chambre du domaine en icelle.

(1) Nous voulons, vous mandons et ordonnons, par ces présentes, qu'ayez par tels jours et heures en la sepmaine que adviserez indifféremment vous estre plus commode à vous employer, vaquer et entendre à l'avenir, le plus diligemment que faire se pourra, à l'instruction, jugement et réunion de nostre domaine, possessions, fiefs, justices, censives et héritages sur nous usurpés, restitution et condamnation des fruits levés par les usurpateurs ensemble à la décision et esclaircissement de nos droits de quints, requints, rachats, ventes, aubeines, déshérences et autres devoirs féodaux, domaniaux et seigneuriaux qui nous en sont dûs et non acquittés depuis l'an 1540 ou de plus long-temps s'il y eschet.

Et pour cet effet nous vous avons renvoié et renvoyons tous et chacuns les procès et instances mus et intentés pour raison de nostredit domaine, fiefs, justices, censives, droits et devoirs susdits, circonstances et dépendances pardevant quelconques nos juges, justiciers et officiers de l'estendue de votre cour, pouvoir et juridiction en l'estat qu'ils sont et peuvent estre de présent, mesme ceux qui estoient pendans pardevant lesdits juges cy-devant députés pour le fait susdit et iceux vous en avons, en tant que besoin est ou seroit, attribué et attribuons toute cour, juridiction et cognoissance et icelle interdite et défendue interdisons et défendons par ces présentes à nosdits baillifs, séneschaux, leurs lieutenans et quelconques nos autres juges justiciers et officiers; pour lesdits procez mis et rapportés par devers vous, s'ils sont en estat et ceux qui n'y seront, repris les erremens et instruits par un ou deux de vous que commetterez à cette fin, ou nostre procureur général, estre par vous en tel nombre de juges que le fait et mérite requerra sommairement jugés, décidés et terminés en nostre grand chambre ainsi qu'il appartiendra par raison; voulons neantmoins que pour l'instruction desdits procez où congnoistriez ne le pouvoir faire ne y vacquer commodément, vous puissiez, si voyez que bon soit, y commettre les conseillers de nostre trésor ou autres nos juges, chacun en leur ressort et juridiction ainsi que adviserez bon estre.

De ce faire et accomplir ce que dit est, circonstances et dépendances, vous avons donné et donnons plein pouvoir, puissance, autorité et mandement spécial nonobstant que quelconques lettres, mandement, édits ou ordonnances à ce contraires auxquelles et aux dérogatoires y contenus, nous avons dérogé et dérogeons par cesdites présentes, car tel est notre plaisir.

Par le roy en son conseil, etc.

N° 103. — ORDONNANCE rendue sur les plaintes et doléances des états-généraux assemblés à Blois en novembre 1576, relativement à la police générale du royaume.

Paris (1), mai 1579; reg. au parl. le 25 janv., et en la ch. des compt. le 4 mars 1580, sans modification, mais après plusieurs délibérations et remontrances très-humbles. (Vol. 2 L, f° 154. — Font., en sa chronol. — Néron, I. 56.)

SOMMAIRE.

Les 64 premiers articles traitent de l'état ecclésiastique. — Les art. 65 et 66 confirment les édits précédens sur les hôpitaux et contiennent de nouvelles dispositions à cet égard. — Les art. 67 à 88 inclusivement, traitent des universités et de l'instruction publique. — Les art. 89 à 209 sont relatifs à l'administration de la justice et à tout ce qui s'y rattache. — Les art. 210 à 255 traitent des offices et de leur réduction ou suppression; — de 256 à 328 il est question de la noblesse et du règlement des gens de guerre; — 329 à 353, domaine de la couronne et perception des aides et tailles. Enfin les art. 354 et suivans contiennent des dispositions diverses, notamment sur la police et sur l'entretien des routes.

HENRY par la grace de Dieu roy de France et de Pologne, à tous présens et à venir, salut. Comme au mois de novembre 1576, nous eussions fait assembler en nostre ville de Blois les trois estats de nostre royaume, et

---

(1) Cette ordonnance, quoique datée de Paris, porte le nom d'ordonnance de *Blois*, parce qu'elle fut rendue sur les plaintes des états assemblés en cette ville : c'est la 2ᵉ de Blois, v. celle de Louis XII, mars 1498. — En la collationnant, nous avons remarqué que plusieurs articles importans en ont été biffés à l'original, du commandement du roi et avant l'enregistrement. Nous en donnons le texte qui ne se trouve dans aucun recueil.

soigneusement ouï et reçû leurs plaintes, doléances et remontrances rédigées et présentées par écrit : ausquelles toutesfois nous ne pûmes faire lors réponse, et pourvoir de remède convenable au soulagement de nos sujets, pour avoir esté nostre bonne et droite intention retardée par nouveaux troubles, qui recommencèrent, comme chacun sçait en divers endroits de notre royaume, lesquels aussi-tost qu'ils furent par la grace et bonté de Dieu aucunement appaisez au mois de mars 1578, assistez de la reine nostre très honorée dame et mère, fismes assembler en nostre bonne ville de Paris, plusieurs princes, seigneurs, principaux officiers de nostre couronne, et autres grands personnages de nostre conseil privé, en la présence desquels aurions vû et fait voir les cahiers qui nous furent présentez par les députez desdits estats. Néanmoins, nous aurions esté contraints de différer la publication de l'édict que nous entendions faire dresser sur les articles y contenus, estant impossible que l'exécution et observation d'icelui fût telle que nous désirions, et que l'autorité de nos ordonnances le requiert, pour ce qu'il restoit beaucoup de reliques des troubles passez en plusieurs provinces de nostredit royaume, esquelles il estoit besoin auparavant rétablir le repos. Et pour cet effet nostredite dame et mère auroit voulu prendre la peine de s'y transporter et s'y employer, comme elle fait encore de present, avec le même soin, zèle et affection qu'elle a toujours porté au bien général de nostredit royaume. Et voyant que par sa grande et accoustumée prudence, toutes choses estoient disposées à une bonne pacification, n'avons voulu plus longuement différer la publication de nostre édict, pour le singulier désir que nous avons de pourvoir aux plaintes de nos sujets : et sur toutes choses, entant qu'à nous est, faire que l'ordre des gens d'église soit remis en bon estat, par le rétablissement de la discipline ecclésiastique, selon les saints décrets, dont la garde et protection nous appartient. Et après avoir vû et fait voir derechef lesdits cahiers en nostredit conseil privé, auquel assistoient aucuns princes, seigneurs, officiers de nostredite couronne et autres grands personnages : avons par l'avis d'iceux, fait, statué et ordonné, faisons, statuons et ordonnons les choses qui ensuivent.

(1° Déclarons qu'avenant vacation des archevêchez et évêchez, abbayes, prieurez, et autres bénéfices estant à nostre nomination : nous n'entendons nommer sinon personnes d'âge, prud'hommie, suffisance et autres qualitez requises par les saints décrets et constitutions canoniques et concordats. Et afin qu'il soit plus mûrement par nous pourvu au fait desdites nominations, ne sera à l'avenir par nous nommé à aucuns desdits bénéfices, sinon un mois après la vacation d'iceux. Et encore apparaissant la délivrance de nos lettres de nomination, que nous avons accoutumé faire à nostre S. père le pape, seront les noms des personnes par nous nommées envoyez à l'évêque diocésain du lieu, où ils auront fait leur demeure et résidence les cinq dernières années précédentes, ensemble aux chapitres des églises et monastères vacans, lesquels informeront respectivement de la vie, mœurs, bonne renommée et conversation catholiques desdits nommez, et de tout feront bons procès verbaux, qu'ils nous envoyeront clos et scellez le plutôt que faire se pourra.

(2) Ceux que nous voudrons nommer ausdits archevêchez et évêchez, seront âgez de vingt-sept ans pour le moins : et encores avant l'expédition de nos lettres de nomination, examinez sur leur doctrine aux saintes lettres, par un archevêque ou évêque que commettons, appelez deux docteurs en théologie, lesquels nous envoyeront leur certificat de la capacité ou insuffisance desdits nommez. Et où tant par lesdites informations, qu'examen, ils ne se trouveroient estre de vie, mœurs, âge, doctrine et suffisance requise, sera par nous procédé à nouvelle nomination d'autres personnes, de la vie, mœurs et doctrine, desquels sera informé et enquis comme dessus. Défendons à tous nos juges d'avoir aucun égard aux provisions qui auroient esté obtenues autrement que selon la forme prescrite ci-dessus : voulons que nos procureurs généraux se puissent porter pour appellans comme d'abus, des exécutions desdites provisions, lesquelles nous voulons estre déclarées nulles et abusives, et desdites appellations nous attribuons la connoissance à nos cours de parlement, pour icelles jugées, estre par nous nommé autres personnes, selon la forme susdite.

(3) Pour rétablir, conserver et entretenir l'estat régulier et discipline monastique : voulons que advenant vacation des abbayes et monastères, qui sont chefs d'ordre, comme Clogny, Cisteaux, Prémonstré, Grammont, le Val des Escoliers, saint Antoine de Viennois, la Trinité dite des Mathurins, le Val des Choux, et ceux ausquels le droit et privilège d'élection a esté conservé; et semblablement ès abbayes et monastères de S. Edme de Pontigny, la Ferté, Clervaut et Morimont, appelez les quatre premières filles de Cisteaux, y soit pourvû par élection des religieux

rolez desdits monastères, suivant la forme des saints décrets et constitutions canoniques.

4) N'entendons que ci-après aucun puisse estre pourvû d'archevêchez, évêchez, ni d'abbayes de chef d'ordre, soit par mort, résignation ou autrement, qu'il ne soit originaire François, nonobstant quelque dispense ou clause dérogatoire qu'il puisse obtenir de nous, à laquelle ne voulons qu'on ait aucun égard : et quant à ceux de nation étrangère qui ont esté ci-devant pourvûs de bénéfices en ce royaume, ne pourront avoir vicaires ni fermiers en leursdits bénéfices, autres que naturels François, à peine de saisie de leur temporel, et de perte des fruits qui seront distribuez aux pauvres des lieux (1).

5) Pour obvier aux scandales et désordres qui proviennent de trop longue vacation des bénéfices étant en nostre nomination : ordonnons que ceux que nous y nommerons ci-après, seront tenus dedans neuf mois après la délivrance de nos lettres de nomination (de laquelle sera fait registre) obtenir leurs bulles et provisions, ou faire apparoir à l'évêque diocesain de diligences valables et suffisantes : et à faute de ce faire demeureront déchûs de ce droit de nomination, sans qu'il en soit besoin obtenir autre déclaration que la nomination que nous ferons d'autres personnes des qualitez et suffisances que dessus. Et pour le regard de ceux que nous avons ci-devant nommez, nous leur enjoignons, sous mêmes peines, d'obtenir leurs bulles et provisions dans six mois, après la publication de la présente ordonnance, pour toutes préfixions et délais.

6) Et d'autant que plusieurs abbayes et prieurez sont tenus par œconomat, ou par personnes inconnuës; enjoignons à nos archevêques, évêques, ensemble à nos baillifs, sénéchaux, ou leurs lieutenans, et à nos procureurs, envoyer à nostre très-cher et féal chancelier, ou garde des sceaux, dedans trois mois après la publication du présent édit, le nombre des abbayes et prieurez qui sont en leurs diocèses, sénéchaussées et bailliages, ensemble le nom et qualité tant des titulaires que de ceux qui les possèdent par œconomat : et outre leur enjoignons d'informer diligemment, si pour obtenir les nominations et provisions y a esté commise aucune simonie ; et nous envoyer les informations closes et scellées, pour après y pourvoir à l'honneur de Dieu et décharge

---

(1) V. l'art. 17 de l'ordonn. d'Orléans, et l'art. 76 de l'ord. de Moulins.

de nostre conscience : enjoignons aussi à nos baillifs et séneschaux de faire le semblable pour le regard des archevêchez et évêchez estans au dedans de leur ressort et jurisdiction.

(7) Nous révoquons toutes réserves d'archevêchez, évêchez, abbayes, prieurez et autres bénéfices estant à nostre nomination; déclarons que nous n'entendons ci-après en donner ou octroyer aucunes : et où par importunité ou autrement, il s'en trouveroit à l'avenir aucunes accordées, les avons déclarées nulles, et seront ceux qui les auront poursuivies et obtenues, déclarez incapables de tenir à jamais bénéfices, suivant les saints décrets, et constitutions canoniques : voulons que tous brevets de réserve ci-devant dépêchez, soient apportez par ceux qui les ont obtenus, pour estre rompus et cancelez, comme nuls et de nulle valeur (1).

(8) Les archevêques et évêques seront tenus se faire promouvoir aux saints ordres et consacrer dedans trois mois après leurs provisions obtenuës, autrement à faute de ce faire, sans autre déclaration ; seront contraints de rendre les fruits qu'ils auront pris et perçûs, pour estre employez à œuvres pitoyables ; et si dedans autres trois mois ensuivant ils ne se sont mis en droit de ce faire, ils seront entièrement privables du droit desdites églises, sans autre déclaration, suivant les saints décrets.

(9) Les abbez et prieurs conventuels ayans atteint l'âge requis par les conciles, seront suivant iceux tenus se faire promouvoir à l'ordre de prestrise, dedans un an après leur provision, sinon qu'ils eussent sur ce obtenu dispense légitime : et néanmoins si dedans deux ans ensuivant ils ne se feront promouvoir audit ordre ; seront les bénéfices par eux tenus déclarez vaquans et impétrables, et encore contraints de rendre et restituer les fruits qu'ils auront perçûs, pour estre employez et distribuez à œuvres pitoyables.

(10) Ceux qui seront d'oresnavant pourvûs d'aucuns bénéfices ecclésiastiques, de quelque qualité qu'ils soient, seront tenus avant que pouvoir prendre possession, s'ils sont présents, sinon deux mois après ladite prise de possession, de faire profession de foy entre les mains de l'évêque ou son vicaire général, ou en son absence de son official, dont sera fait registre : et outre, si c'est dignité, personnat, office ou prébende d'église cathédrale et collégiale, sera tenu le pourvu faire semblable profession au cha-

---

(1) V. l'art. 80 de l'ordon. de Moulins.

...re de ladite église auparavant que d'estre reçû, et ce à peine ...perte des fruits desdits bénéfices après ledit temps passé. La-...quelle profession de foy se fera aussi, et continuera aux conciles ...synodaux et provinciaux par tous ceux qui de droit ou coutume ...ont entrée et assistance; autrement en seront les refusans ex-...clus, et sera procédé contre eux par les peines portées par les ...saints décrets : et semblable profession de foy seront tenus faire ...ceux qui se voudront faire promouvoir aux saints ordres.

(11) Nul ne pourra d'oresnavant tenir deux archevêchez, évê-chez ou cures ès églises paroissiales, quelques dispenses qu'on pourroit ci-après obtenir, nonobstant lesquelles suivant les saints décrets et constitutions canoniques, seront les bénéfices de ceux qui les obtiendront déclarez vaquans et impétrables.

(12) Ceux qui auront impétré en cour de Rome provisions de bénéfices en la forme qu'on appelle *dignum*, ne pourront prendre possession desdits bénéfices, ne s'immiscer en la joüis-sance d'iceux, sans estre préalablement présentez à l'archevêque ou évêque diocésain et ordinaire, et en leur absence à leurs vi-caires généraux, afin de subir l'examen et obtenir leur visa, le-quel ne pourra être baillé sans avoir vû et examiné ceux qui seront pourvûs, et dont ils seront tenus faire mention expresse : pour l'expédition duquel visa, ne pourront lesdits prélats, ou leurs vicaires et secrétaires, prendre qu'un écu pour le plus, tant pour la lettre que scel d'icelle.

(13) Et où lesdits impétrans seroient trouvez insuffisans et in-capables, le supérieur auquel ils auront recours, ne leur pourra pourvoir sans précédente inquisition des causes du refus, les-quelles à cette fin les ordinaires seront tenus d'exprimer et insé-rer aux actes de leur refus.

(14) Seront tenus les archevêques et évêques faire résidence en leurs églises et diocèses, et satisfaire au devoir de leur charges en personne. De laquelle résidence ils ne pourront estre excusez, que pour causes justes et raisonnables, approuvées de droit, qui seront certifiées par le métropolitain, ou plus ancien évêque de la province; autrement et à faute de ce faire, outre les peines portées par les conciles, seront privez des fruits qui écherront pendant leur absence, lesquels seront saisis et mis en nostre main, pour estre employez aux réparations des églises ruinées, et aumônes des pauvres des lieux et autres œuvres pitoyables : et surtout admonestons et néanmoins enjoignons ausdits prélats, de se trouver en leurs églises au temps de l'avent, et carême,

festes de Noël, Pâques, Pentecoste, et jour de la Feste-Dieu, à semblables résidences et sous pareilles peines, seront tenus les curez, et tous autres ayans charge d'ames, sans se pouvoir absenter que pour causes légitimes, et dont la connaissance en appartiendra à l'évêque diocésain, duquel ils obtiendront par écrit licence ou congé, qui leur sera gratuitement accordé et expédié: et ne pourra ladite licence, sans grande occasion, excéder le temps et espace de deux mois.

(15) Et néanmoins sur la fréquente plainte desdits ecclésiastiques contre nos officiers, qui abusent des saisies par faute de non résidence des bénéficiers; défendons à nosdits officiers de faire procéder par saisie du temporel des bénéfices, sinon après avoir averti le diocésain, ou le vicaire du bénéficier titulaire, auquel ils bailleront délai compétent, pour le lui faire entendre, ou faire apparoir de dispense de non résidence.

(16) Pareillement défendons très expressément à tous sieurs hauts justiciers, et leurs officiers, de saisir ou faire saisir les biens et revenus desdits ecclésiastiques, sous prétexte de la non résidence desdits bénéficiers ou réparations non faites : ains seront icelles saisies faites esdits cas, et autres par nos officiers seulement, à la requeste de nos procureurs généraux ou leurs substituts. Ausquels néanmoins nous défendons de procéder à telles saisies, et de vexer et travailler les bénéficiers sans raison et apparence.

(17) Et pour ce que pour la crainte et malheur des troubles, plusieurs prestres se sont retirez de leurs diocèses, ou bien sont allez demeurer dans les villes, en sorte qu'en la plupart des villages, il n'y a qu'un seul vicaire ou curé, dont il advient bien souvent que pour leur maladie ou autre empêchement, le service divin est discontinué : enjoignons à tous prestres de se retirer en leurs diocèses et paroisses, exceptez ceux qui ont bénéfices ou biens suffisans pour les entretenir selon leur estat, ou qui sont habituez et servent actuellement ès églises cathédrales, collégiales et paroissiales.

(18) Et afin que les ecclésiastiques puissent résider en plus grande sureté en leurs bénéfices, les avons mis et mettons en nostre protection et sauvegarde spéciale, et les baillons en garde aux gentilshommes et sieurs des villes, bourgs et villages où ils résideront. Leurs enjoignans très-expressément de les preserver bien et soigneusement de toute oppression, sur peine de repondre en leurs propres et privez noms, des torts, outrages, ou injures qui

[...] seroient faites en leurs terres et seigneuries, au cas qu'ils en auront fait faire justice.

(19) Et sur la requeste faite par lesdits ecclésiastiques, leur avons permis et accordé pour un an seulement, qu'ils puissent en l'assemblée générale du clergé de chacun diocèse, élire un syndic ou solliciteur, pour faire poursuite en justice des torts qui leur auront esté faits, sauf après ledit temps passé leur prolonger le terme, ou leur pourvoir autrement sur leurdite requeste, ainsi que nous verrons estre à faire par raison.

(20) Les évêques et autres collateurs ordinaires, ou leurs vicaires et officiers, ne pourront rien prendre, sous quelque couleur ou prétexte que ce soit, pour la collation d'aucuns ordres, tonsure des clercs, lettres dimissoires et testimoniales, soit pour le scel ou autre chose quelconque, encore qu'il leur fût présenté ; sauf néanmoins à faire taxe pour les lettres dimissoires et testimoniales aux greffiers pour leur salaire, qui ne pourra excéder la dixième partie d'un écu, et ce seulement pour le regard de ceux qui n'ont autres gages et émolumens pour exercer leurs offices, et sans qu'aux évêques et autres collateurs, puisse venir aucun profit directement ou indirectement, nonobstant tous statuts, usances et coutumes contraires : et seront ceux qui se trouveront avoir pris ou donné, punis des peines ordonnées de droit contre les simoniaques,

(21) Lesdits archevêques et évêques procéderont soigneusement et sévèrement, sans dissimulation ni exception de personnes, contre les personnes ecclésiastiques qui auront commis crime de simonie, par les peines indictes et portées par les saints décrets et constitutions canoniques : enjoignant à nos baillifs et sénéchaux procéder au semblable contre les personnes laïques coupables et participans du même crime ; pour duquel avoir révélation, pourront lesdits évêques et nos officiers faire publier monitions au temps qu'ils verront propre et opportun, par toutes les paroisses.

(22) Es lieux où des cures ou églises paroissiales, le revenu est si petit qu'il n'est suffisant pour entretenir le curé, les évêques avec düe connoissance de cause, et selon les formes prescrites par les conciles, y pourront unir autres bénéfices, cures ou non cures, et procéder à la distribution des dixmes et autre revenu ecclésiastique.

(23) Semblablement aux églises cathédrales ou collégiales, esquelles il se trouvera y avoir tel nombre de prébendes, que le

revenu avec la distribution quotidienne, ne soit suffisant pour soutenir honnestement le degré et estat de chanoine, selon la qualité des lieux et des personnes : lesdits archevêques et évêques pourront procéder à l'augmentation dudit revenu, soit par union de bénéfices simples, pourvû qu'ils ne soient réguliers, et par réduction desdites prébendes à moindre nombre, pourvû qu'il soit suffisant pour la célébration du service divin et entretenement de la dignité de l'église, le tout néanmoins avec le consentement du chapitre et des patrons, ausquels la présentation en appartient, si lesdites prébendes et bénéfices sont en patronage lay.

(24) Et d'autant que l'institution des séminaires et collèges, qui ont esté en aucuns évêchez de celluy nostre royaume, pour l'instruction de la jeunesse, tant aux bonnes et sainctes lettres, qu'au service divin, a apporté beaucoup de bien à l'église, et mêmes en plusieurs provinces de celluy nostre royaume, grandement désolées pour l'injure du temps et dépourvûës de ministres ecclésiastiques. Admonestons et néanmoins enjoignons aux archevêques et évêques d'en dresser et instituer en leur diocèse, et aviser de la forme qui semblera estre la plus propre selon la nécessité et condition des lieux, et pourvoir à la fondation et dotation d'iceux par union de bénéfices, assignation de pension ou autrement, ainsi qu'ils verront estre à faire : enjoignant à tous nos officiers, tant de nos cours souveraines, qu'autres, de tenir la main à l'exécution de ce qui en aura esté ordonné pour l'institution, dotation et réglement des séminaires.

(25) En chacune abbaye et prieuré conventuel sera entretenu un précepteur pour instruire les moines et religieux.

(26) Les abbez, couvents et prieurez conventuels, seront tenus d'entretenir aux écoles et universitez tel nombre de religieux que l'abbaye, prieuré ou couvent pourra porter : et pour cet effet y sera employé la portion monacale des estudians; et si elle n'est suffisante, sera parfournie par lesdits abbez, prieurs et couvents.

(27) Tous monastères qui ne sont sous chapitres généraux, et qui se prétendent sujets immédiatement au saint siège apostolique, seront tenus dans un an se réduire à quelque congrégation de leur ordre en ce royaume; en laquelle seront dressez statuts et commis visitateurs, pour faire exécuter, garder et observer ce qui aura esté arresté pour la discipline régulière : et en cas de refus ou délay, y sera pourvû par l'évêque.

(28) La profession, tant des religieux que religieuses ne se

auparavant l'âge de seize ans accomplis, ni devant l'an de probation après l'habit pris : et où elle seroit faite auparavant, avons déclaré et déclarons les contrats, obligations et dispositions de biens faits à cause d'icelles, nulles et de nul effet : et pourront ceux qui auront fait profession avant ledit âge, disposer de leurs biens et successions échues et à échoir en ligne directe et collatérale, au profit de celui de leurs parens ou autres que bon leur semblera, non toutefois d'aucun monastère directement ni indirectement, et ce trois mois après qu'ils auront atteint ledit âge de seize ans : et s'ils n'ont disposé dedans ledit temps, viendront lesdits biens à leurs prochains héritiers *ab intestat*. Outre voulons que les abbesses ou prieures, auparavant que faire bailler aux filles les habits de professes, pour les recevoir à la profession seront tenues un mois devant avertir l'évêque, son vicaire, ou supérieur de l'ordre, pour s'enquérir par eux et informer de la volonté desdites filles, et s'il y a eu contrainte ou induction, et leur faire entendre la qualité du vœu auquel elles s'obligent.

29) Les ordres sacrez se prendront en l'âge prescrit par les constitutions canoniques : sçavoir est, l'ordre de sous-diacre à 22 ans, de diacre à 23 et de prestre à 25 nonobstant l'ordonnance d'Orléans, à laquelle avons dérogé et dérogeons pour ce regard.

30) En tous monastères réguliers, tant d'hommes que de femmes, les religieux et religieuses vivront en commun, et selon la règle en laquelle ils ont fait profession ; et à cet effet seront tenus les archevêques, évêques ou chefs d'ordre, en faisant la visitation des monastères dépendans de leurs charges, y rétablir la discipline monastique et observance, suivant la première institution desdits monastères ; et de mettre le nombre des religieux requis pour la célébration du service divin, et ce qui sera par eux ordonné, sera exécuté nonobstant oppositions ou appellations quelconques, et sans préjudice d'icelles, et pour lesquelles ne sera différé, ains passé outre.

31) Admonestons les archevêques, évêques et autres supérieurs des monastères de religieuses, de vaquer soigneusement à remettre et entretenir les clostures des religieuses : à quoi faire les contraindront les désobéissantes par censures ecclésiastiques et autres peines de droit, nonobstant oppositions ou appellations quelconques ; enjoignons à nos officiers leur prester ayde et confort : et ne pourra aucune religieuse, après avoir fait profession,

sortir de son monastère pour quelque tems et sous quelque couleur que ce soit, si ce n'est pour cause légitime, qui soit approuvée de l'évêque ou supérieur, et ce nonobstant toutes dispenses et priviléges au contraire : comme aussi ne sera loisible à personne, de quelque qualité, sexe ou âge qu'il soit, d'entrer dans la clôture desdits monastères, sans la licence par écrit de l'évêque ou supérieur, ès cas nécessaires seulement, sur les peines de droit.

(32) Les archevêques et évêques seront tenus de visiter en personne, ou s'ils sont empêchez légitimement, leurs vicaires généraux, les lieux de leurs diocèses tous les ans : et si pour la grande étenduë d'iceux, ladite visitation dedans ledit temps ne peut estre accomplie, seront tenus d'icelle parachever dedans deux ans.

(33) Nous voulons que l'ordonnance faite à la réquisition des estats tenus à Orléans, tant pour les prébendes théologales que préceptoriales, soit exactement gardée ; fors et excepté toutefois pour le regard des églises, où le nombre des prébendes ne sera que de dix, outre la principale dignité.

(34) Ès églises cathédrales et collégiales, (où par les saints décrets doit avoir une prébende théologale, et esquelles jusques à présent n'en a esté establi aucune,) la première prébende canoniale qui viendra a vaquer ci-après, en quelque sorte que ce soit, si ce n'est par résignation, sera suivant les saints conciles, perpétuellement affectée à un théologien, sans pouvoir estre conférée à autre qui ne soit de ladite qualité. Défendons à nos cours souveraines et à tous nos autres juges d'avoir aucun égard aux provisions qui autrement en auroient esté faites.

(35) Enjoignons très-étroitement à tous nos juges, sur peine de privation de leurs estats, de procéder par exemplaire punition contre les blasphémateurs du nom de Dieu et des saints, et faire garder et entretenir les ordonnances faites, tant par nous que par les rois nos prédécesseurs, sans dispense des peines contenuës en icelles, pour quelque occasion qui puisse estre prise ou alléguée : enjoignant à nos procureurs généraux et à leurs substituts, de nous avertir du devoir et diligence qui en sera faite pour ce regard.

(36) Tous devins et faiseurs de prognostications et almanachs, excedans les termes de l'astrologie licite, seront punis extraordinairement et corporellement : et défendons à tous imprimeurs et libraires sur les mêmes peines, d'imprimer ou exposer en

aucuns almanachs ou prognostications, que premièrement ayent esté vûs et visitez par l'archevêque, évêque, ou ceux qu'ils auront députez expressément à cet effet, approuvez par leurs certificats et signez de leurs mains, et qu'il n'y ait aussi permission de nous ou de nos juges ordinaires.

(37) Suivant les anciennes ordonnances des rois nos prédécesseurs, nous avons défendu et défendons toutes confrairies de gens de mestier et artisans, assemblées et banquets, et sera le revenu desdites confrairies employé, tant à la célébration du service divin, selon l'ordonnance qui en sera faite par l'évêque diocésain, qu'à la nourriture des pauvres du mestier et autres œuvres pitoyables.

(38) Enjoignons à tous nos juges de faire garder et observer étroitement les défenses portées par les ordonnances faites à Orléans, tant pour le regard des foires, marchez et danses publiques ès jours de fêtes, que contre les joueurs de farces, basteleurs, cabaretiers, maistres de jeux de paulme et d'escrimes, sur les peines contenuës esdites ordonnances.

(39) Défendons à toutes personnes de quelque qualité et condition qu'elles soient de se promener dans les églises durant la célébration du service divin : enjoignant aux huissiers ou sergens, sur peine de privation de leurs estats, de mettre et constituer prisonniers ceux qui se trouveront contrevenir à la présente ordonnance.

(40) Pour obvier aux abus et inconvéniens qui adviennent des mariages clandestins, avons ordonné et ordonnons que nos sujets de quelque estat, qualité et condition qu'ils soient, ne pourront valablement contracter mariage, sans proclamations précédentes de bancs faites par trois divers jours de festes, avec intervalle compétent, dont on ne pourra obtenir dispense, sinon après la première proclamation faite : et ce seulement pour quelque urgente ou légitime cause, et à la réquisition des principaux et plus proches parens communs des parties contractantes, après lesquels bans seront épousées publiquement : et pour pouvoir témoigner de la forme qui aura esté observée esdits mariages, y assisteront quatre personnes dignes de foy, pour le moins, dont sera fait registre ; le tout sur les peines portées par les conciles : enjoignons aux curez, vicaires ou autres de s'enquérir soigneusement de la qualité de ceux qui voudront se marier ; et s'ils sont enfans de famille, ou estant en la puissance d'autrui, nous leur défendons étroitement de passer outre à la célébration desdits mariages, s'il

ne leur apparoît du consentement des pères, mères, tuteurs, curateurs, sur peine d'estre punis comme fauteurs du crime de rapt.

(41) Nous voulons que les ordonnances ci devant faites contre les enfans contractans mariage sans le consentement de leurs pères, mères, tuteurs et curateurs soient gardées; même celle qui permet en ce cas les exhérédations.

(42) Et néanmoins voulons que ceux qui se trouveront avoir suborné fils ou fille mineurs de vingt-cinq ans, sous prétexte de mariage ou autre couleur, sans le gré, sçû vouloir ou consentement exprès des pères, mères et des tuteurs, soient punis de mort, sans espérance de grace et pardon : nonobstant tous consentemens, que lesdits mineurs pourroient alléguer par après, avec donné audit rapt hors d'icelui ou auparavant : et pareillement seront punis extraordinairement tous ceux qui auront participé audit rapt, et qui auront presté conseil, confort et aide en aucune manière que ce soit.

(43) Défendons à tous tuteurs accorder ou consentir le mariage de leurs mineurs, sinon avec l'avis et consentement des plus proches parents d'iceux, sur peine de punition exemplaire.

(44) Pareillement défendons à tous notaires, sur peine de punition corporelle, de passer ou recevoir aucunes promesses de mariage par paroles de présent.

(45) Nul ne pourra estre vicaire général ou official d'aucun archevêque ou évêque, s'il n'est gradué et constitué en ordre de prestrise : et ne pourra le vicaire ou official tenir aucune ferme de son prélat, soit du sceau ou autre.

(46) Tous dévolutaires ayant obtenu provisions fondées sur vacation de droit, seront admis et reçus à en faire poursuite, encore qu'il n'y ait aucune déclaration précédente, nonobstant le contenu en l'ordonnance d'Orléans, à la charge toutefois de bailler bonne et suffisante caution, et d'élire domicile, et de contester en cause dedans trois mois, à compter du jour de leur prise de possession, et de mettre les procès en état de juger dedans deux ans au plus tard ; autrement et à faute de ce, défendons à nos juges d'avoir aucun égard ausdits dévolus : et voulons silence estre imposé ausdits dévolutaires, auxquels aussi nous défendons de s'immiscer en la jouissance des fruits desdits bénéfices, auparavant qu'ils aient obtenu sentence de provision, ou difinitive à leur profit, donnée avec légitime contradicteur, est celui qui jouit et possède, et sur lequel le devolut est impé-

Et là où ils le feraient, nous les déclarons déchus du droit [acces]soire par eux prétendu, tant par ledit dévolut, qu'autrement.

(47) Et afin de donner ordre et pourvoir à la diminution notable qu'on voit croistre de jour à autre des biens et revenus ecclésiastiques, laquelle provient en partie de la violence et indue occupation faite par aucuns de nos sujets; en partie aussi au refus et dénégation que plusieurs font de payer les dixmes, prémices et autres droits : avons suivant l'ordonnance faite par feu nostre très-cher seigneur et frère à Amboise, fait et faisons très-expresses inhibitions et défenses à toutes personnes de quelque qualité et condition qu'ils soient, sur peine de confiscation de corps et de biens, d'usurper ou faire usurper par force, violence ou autrement indûement, les bénéfices, maisons, justices, censives, terres, dixmes, champarts dépendans d'iceux : enjoignons à ceux qui présentement usurpent et détiennent lesdits lieux et bénéfices, en laisser la possession vuide et vague, et la puissance paisible desdits droits ausdits ecclésiastiques, dans un mois après la publication de la présente ordonnance en chacun de nos bailliages et sénéchaussées, que nous voulons estre faite à son de trompe et cri public, afin qu'aucun n'en prétende cause d'ignorance : autrement et à faute de ce faire dans ledit temps, et icelui passé, nous avons dès à présent, comme dès-lors, déclaré tous les fiefs desdits usurpateurs unis à nostre domaine, et leurs autres biens à nous confisquez, nonobstant que par la coutume des lieux la confiscation n'aurait lieu : et voulons en outre lesdits détenteurs estre punis extraordinairement comme infracteurs de nos ordonnances : ce que semblablement nous voulons estre gardé et observé contre ceux, qui sous couleur d'un titre de dévolut, ou d'un supposé patronage, directement ou indirectement, se seront mis et intrus en la possession desdits bénéfices, sans sentence précédente donnée avec légitime contradicteur. Enjoignons très-expressément à tous nos officiers et substituts de nos procureurs généraux en chacun desdits bailliages et sénéchaussées, sur peine de suspension de leurs estats, que sans attendre la plainte desdits ecclésiastiques, ils informent diligemment desdites usurpations, et procèdent contre lesdits usurpateurs selon la peine contenue en nostredite ordonnance, sans que par eux elle puisse être modérée en quelque sorte ce soit : et outre avertir nosdits procureurs généraux [dans] six mois du devoir qu'ils y auront fait, pour le nous faire

entendre, afin d'y estre par nous pourvu. Permettant néanmoins ausdits ecclésiastiques s'addresser pour les cas susdits en première instance à nos Cours de parlement ou juges présidiaux, ausquels nous enjoignons de leur administrer sur ce prompte et briève justice.

(48) Et d'autant que nonobstant l'ordonnance faite à Amboise, plusieurs gentils-hommes dérogeans au nom et titre de noblesse, et semblablement aucuns de nos officiers, contre nos édits et ordonnances, ne délaissent à prendre à ferme le revenu desdits ecclésiastiques, intimidans et menaçans ceux de nos sujets qui le veulent prendre et enchérir par-dessus eux : nous suivant lesdites ordonnances, avons défendu et défendons à tous gentils-hommes et officiers, tant de nous que desdits seigneurs et gentils-hommes, de prendre à l'avenir et s'entremettre directement ou indirectement és baux à ferme desdits bénéficiers, dixmes, champars et autres revenus ecclésiastiques, sous quelque couleur que ce soit, par eux ou par personnes interposées pour y participer, ni d'empêcher lesdits ecclésiastiques aux baux à ferme faits ou à faire; ni intimider ceux qui les voudront prendre ou enchérir, sur peine, quant aux gentils-hommes, d'estre déclarez roturiers et comme tels mis et imposez aux tailles, ensemble leurs successeurs, combien qu'il n'y eust eu de leur vivant jugement donné à l'encontre d'eux au procès qui en aurait esté intenté : et ausdits officiers de privation de leurs estats, et d'être déclarez incapables d'en tenir jamais d'autres; défendons semblablement ausdits bénéficiers de bailler leursdites fermes ausdits nobles et officiers, sur peine de nullité desdits baux; déclarant en outre les baux qui auraient esté ci-devant et seront à l'avenir faits aux personnes de la qualité susdite nuls et de nul effet, sans qu'on puisse aider, soit en jugement ou dehors : et pourront lesdits ecclésiastiques impétrer censures et les faire publier où il appartiendra, contre ceux ou celles qui presteront ou accommoderont leurs noms ausdits gentils-hommes et officiers, soit pour prendre à ferme les dixmes ou autres revenus desdits bénéfices, ou cautionner ou pleger ceux qui les prendront au profit desdits gentils-hommes ou officiers; sans que les appellations comme d'abus, puissent empêcher ou retarder la publication ou fulmination d'icelles : enjoignons à nos amez et feaux les maistres des requestes ordinaires de nostre hostel, qu'en faisant leurs chevauchées ils aient à s'enquérir, informer, et faire leurs procès

... des contraventions qui se feront à cette présente ordonnance.

(49) Toutes personnes de quelque estat, qualité et condition qu'ils soient, tant propriétaires que possesseurs, fermiers et autres tenanciers de terres, vignes et autres héritages sujets au droit de dixme, seront tenus faire signifier et publier aux prônes des églises paroissiales, où sont situez et assis lesdits héritages, le jour qui aura esté pris et désigné pour dépouiller et enlever les fruits et grains venus et crus sur iceux, et ce le dimanche ou feste prochaine précédente icelui jour, afin que lesdits ecclésiastiques, leurs receveurs, fermiers ou commis s'y puissent trouver, faisant expresses inhibitions et défenses à tous détenteurs et possesseurs desdits héritages sujets à dixmes, de mettre en gerbe, enlever ou emporter les fruits d'iceux, sans avoir préalablement payé ou laissé ledit droit de dixme, à la raison, nombre et quantité qu'il a accoutumé d'estre payé : le tout sur peine de confiscation au profit desdits ecclésiastiques, de tous les fruits et grains ainsi dépouillez, et des chevaux et harnois de ceux qui auront retenu et recelé ladite dixme, et de trente écus d'amende pour la première fois, laquelle doublera ou tiercera selon le refus et contumace desdits refusans ou dilayans : lesquels encore nous voulons estre punis extraordinairement comme infracteurs de nos ordonnances. Enjoignans très-expressément à tous nos juges, officiers et procureurs sur les lieux d'informer diligemment, et faire punir ceux qui auront contrevenu à la présente ordonnance, sur peine de suspension et privation de leurs estats.

(50) Ne pourront les propriétaires et possesseurs des héritages sujets à dixme, dire, proposer et alléguer en jugement ledit droit de dixme n'estre dû qu'à la volonté, ni alléguer prescription ou possession autre que celle de droit, en laquelle ne sera compris le temps qui aura couru pendant les troubles et hostilité de guerre ; faisans très-expresses inhibitions et défenses à tous les redevables sujets à champarts, dixmes et autres droits d'exiger aucuns banquets, buvettes, frais et dépense de bouche desdits ecclésiastiques, et ausdits ecclésiastiques de les faire. Déclarons aussi que lesdites dixmes se leveront selon les coutumes des lieux et de la quotte accoutumée en iceux.

(51) Nous voulons et ordonnons que les curez, tant des villes que autres, soient conservez ès droits d'oblations, et autres droits paroissiaux qu'ils ont accoutumé percevoir selon les anciennes et louables coutumes : nonobstant l'ordonnance d'Or-

nos bonnes causes et raisonnables (dont nous chargeons l'honneur et conscience des juges d'icelles) ayent ordonné qu'aucunes causes civiles ou criminelles pendantes en nosdites cours, lesdits ordinaires bailleront lesdits vicaires ou vicariats à l'un des conseillers d'icelles cours, lesquels lesdits ordinaires audit cas pourront choisir tels que bon leur semblera.

(62) Les sentences de provision et garnison de main, données par les juges ecclésiastiques sur contrats, obligations et cédules reconnues, non excédens la somme de huit écus et un tiers d'écu, seront exécutoires nonobstant oppositions ou appellations quelconques et sans préjudice d'icelles en baillant bonne et suffisante caution, et si pourront estre mises à exécution par les appariteurs desdits juges d'église sur ce requis, par toutes voies et manières dues et raisonnables.

(63) Pourront les curez et vicaires recevoir les testamens et dispositions de dernière volonté, encore que par iceux y ait legs à œuvres pies, saintes et religieuses, pourvû que les legs ne soient faits en faveur d'eux ou de leurs parens, à la charge de faire signer le testateur et les témoins, ou de faire mention de l'interpellation qu'ils auront faite ausdits testateurs et témoins pour signer, et de la cause pour laquelle ils ne l'auront sçû faire, suivant nos ordonnances, sans déroger néanmoins aux coutumes et communes observances des lieux requérans autre ou plus grande solemnité, soit en pays de droit écrit ou coutumier.

(64) Nous défendons à nos cours de parlement et à tous autres nos juges, de contraindre les prélats et autres collateurs ordinaires, de bailler provisions de bénéfices dépendans de leurs collations, ains de renvoyer les parties pardevant les supérieurs desdits prélats et collateurs, pour se pourvoir pardevant eux par les voies de droit, et en cas d'empêchement pourront avoir recours au supérieur ecclésiastique.

(65) Et sur les plaintes que nous avons reçues de la mauvaise administration qui se fait ordinairement ès hôpitaux et maladreries de nostre royaume, nous enjoignons à tous nos officiers, sur peine de suspension et privation de leurs estats, faire procéder, observer et exécuter les édits faits pour ce regard par les rois nos prédécesseurs, même celui de l'an 1561. Et ce nonobstant toutes provisions et lettres de déclaration que nous aurions délivrées au contraire, lesquelles en tant que besoin seroit, nous avons révoquées et révoquons, ensemble les évocations des dits au contraire, et que les arrêts donnez suivant nos ordonnances

soient exécutez, nonobstant lesdites évocations et interdictions : voulons le revenu et deniers provenant desdits hôpitaux et maladreries, estre employé suivant nosdits édits. Et ne pourront désormais estre establis commissaires au régime et gouvernement des fruits et revenus desdites maladreries et hôpitaux, autres que simples bourgeois, marchands ou laboureurs, et non personnes ecclésiastiques, gentils-hommes, archers, officiers publics, leurs serviteurs, ou personnes par eux interposées.

(66) Et d'autant que la plupart du revenu desdits hôpitaux et maladreries a esté usurpé et appliqué au profit de ceux qui en ont eu le maniement par l'intervention et soustraction des titres et enseignemens : enjoignons à nos officiers des lieux, sans pour ce prendre aucun salaire, faire bon et loyal inventaire de tous lesdits titres et enseignemens (contenant sommairement et par abrégé la teneur et substance desdits titres) ensemble une description du revenu desdits hôpitaux et maisons-Dieu : lequel inventaire sera mis et déposé ès greffes de nosdites jurisdictions plus prochaines, pour y avoir recours quand besoin sera : sur lequel inventaire sera dressé l'estat du revenu qui sera transcrit au commencement des comptes des administrateurs.

(67) Nous entendons que suivant ce qui a esté arresté sur les remontrances des trois estats ci-devant tenus en la ville d'Orléans, lettres de commissions soient expédiées et addressées à certain nombre de notables personnages que nous députerons, pour dedans six mois voir et visiter tous les priviléges octroyez aux universitez par les rois nos prédécesseurs, ensemble les fondations des colléges et la fondation du feu cardinal de Touteville : et ce fait, procéder à l'entière réformation et restablissement de l'exercice et discipline desdites universitez et colléges; nonobstant oppositions ou appellations quelconques : et cependant pour y donner quelque réglement, avons ordonné ce qui s'ensuit.

(68) En chacune université tous les ans seront faits principes et lectures ordinaires en chacune des facultez dont elle sera fondée : autrement sera interdite la provision des degrez en la faculté de laquelle les principes n'auront esté faits, ni les lectures ordinaires continuées.

(69) Défendons à ceux de l'université de Paris, de lire ou graduer en droit civil.

(70) Tous professeurs et lecteurs de lettres et sciences tant

divines que profanes, ne pourront lire en assemblée et multitude d'auditeurs, sinon en lieu public, et seront sujets aux recteurs, loix, statuts et coutumes des universitez où ils liront.

(71) Tous les principaux même des petits colléges ausquels n'y a exercice, ne logeront, ne recevront en leurs colléges autres personnes qu'étudians et écoliers, ayans maistres et pédagogues; ausquels défenses sont faites de recevoir gens mariez, solliciteurs de procès, et autres semblables, sur peine de cent livres paris d'amende et de privation de leur principauté.

(72) Seront tenus les principaux et supérieurs de quelque collége que ce soit, de résider en personne et faire les charges ausquelles les statuts les obligent, faire lectures, disputes et autres charges contenues esdits statuts : ausquels principaux défendons de souffrir aucun boursier demeurer plus de temps qu'il est porté par les statuts, sur peine de privation de leur principauté et de s'en prendre à eux en leurs propres et privez noms, pour la restitution des deniers qui en auront esté perçus par ceux qui auroient esté demeurans esdits colléges, outre le temps porté par leursdits statuts.

(73) Ne pourront lesdits principaux bailler à ferme leurs principautez ne prendre argent des regens pour leur donner classes, ains leur enjoignons pourvoir gratuitement lesdits regents desdits classes selon leur sçavoir et suffisance, sur peine de privation de leur charge de principaux et priviléges des universitez.

(74) Défendons à tous principaux des universitez, régens et pédagogues, de s'entremettre de solliciter procès, soit en nos cours de parlement, ou autres jurisdictions; à peine d'estre privez de leurs charges et de la jouissance des priviléges desdites universitez.

(75) Les recteurs qui seront ci-après esleus, visiteront chacun collége une fois pendant leur rectorerie, pour voir l'estat d'iceux colléges, ouïr plaintes si aucunes se présentent, tant des disciples, que régens et pédagogues, et tenir la main à l'entretennement des statuts des universitez et colléges.

(76) Voulons que toutes eslections, tant de recteurs, procureurs, intrans, qu'austres dignitez, offices ou charges desdites universitez, soient faites à l'avenir sans brigues, banquets ou autres choses tendans à corruption de voix et suffrage ou sédition, sur peine d'estre déclarez incapables de telles dignitez, charges et offices où aucuns seroient entrez par telles brigues et moyens

, et de quarante écus d'amendes appliquables aux pau- (1)

77) Ausdites charges de supérieurs, séniors, maistrises, ne pourront estres eslus ne institués gens pourvus de bénéfices qui auront charges d'ames et requièrent résidence : et si après qu'ils auront esté eslus et pourvus desdites charges, estoient pourvus de bénéfice de la qualité que dessus, déclarons lesdites charges vacantes et impétrables, sans qu'ils les puissent résigner, si ce n'est qu'ils soient pourvus de bénéfices estans de dans les villes où sont lesdites universitez, ou hors d'icelles, en telle distance que l'on puisse aller et venir en un jour.

78) Lesdits supérieurs, séniors et boursiers ne pourront résigner lesdits estats et charges, soit au dedans du temps introduit, pour icelles tenir par les statuts et fondations, ne après icelui temps expiré, mais y pourvoiront les patrons et collateurs de personnes capables et de qualité requise par lesdits statuts et fondations, et sans que lesdits principaux, séniors, boursiers et autres, puissent demeurer, ne prendre ne percevoir les droits appartenans ausdites bourses, après le temps introduit par les statuts et fondations : lequel expiré, avons déclaré et déclarons lesdites bourses vacantes et impétrables, sans qu'ils les puissent résigner, et de rendre ce qu'ils auront reçu depuis ledit temps expiré.

79) Lesdits supérieurs, séniors, maistres et principaux, ne pourront faire baux à ferme ou loyer de maisons, fermes, censes, terres, seigneuries et autre revenu desdits collèges, qu'en public, au plus offrant et dernier enchérisseur : et à cette fin seront mises affiches aux portes des églises paroissiales, et publiées aux prônes des messes paroissiales des lieux où sont les choses à bailler situées et assises ; avec défenses de prendre pots de vin, n'avances desdites fermes, sur peine de quadruple : et ne pourront faire lesdits baux à plus long-temps que de neuf années, sur peine de nullité desdits baux qui auroient autrement esté faits, et d'amende arbitraire ; aussi leur défendons toutes venditions, échanges, permutations, engagemens, hypotèques et toutes autres aliénations desdites choses : et si aucunes ont esté vendues, échangées, compermutées, engagées, hypotéquées ou autrement aliénées, sans autorité de justice et les solemnitez en tel cas requises et accoutumées en aliénation de biens ecclésiasti-

---

(1) V. l'art. 183 de l'ordonn. de 1539.

ques et de communautez, non observées ne gardées, et telles venditions et aliénations révoquées, cassées et annullées.

(80) Défendons aux supérieurs, senieurs, principaux et régens, de faire et permettre aux écoliers, ne autres quelconques, joüer farces, tragédies, comédies, fables, satyres, scènes, ne autres jeeux en latin ou françois, contenans lascivetez, injures, invectives, convices, ne aucun scandale contre aucun estat public, ou personne privée, sur peine de prison et punition corporelle, et de répondre aux réparations, tant honorables que profitables, à nos procureurs généraux, ou leurs substituts, et parties privées, qui se sentiront injuriées et scandalisées.

(81) Aussi enjoignons aux senieurs, supérieurs et principaux des colléges de nostre ville de Paris, où il n'y a à présent exercice, et néanmoins y en doit avoir par la fondation, y en rétablir tant en philosophie que grammaire, avec le nombre des boursiers de la qualité requise par les statuts et fondations d'iceux, et mettre au greffe de ladite cour tous les statuts, fondations, comptes, lettres, titres et enseignemens concernans lesdits colléges, pour estre communiquez à nostre procureur général, pour prendre telles conclusions qu'il verra estre à faire par raison, à peine de cent livres parisis d'amende, privation de leurs supérioritez, principautez, et des priviléges de ladite université : et jusques à ce qu'ils ayent ce fait, seront les fruits, profits, revenus, et émolumens desdits colléges, saisis et régis sous nostre main par commissaires qui y seront établis.

(82) Enjoignons aux recteurs, principaux et supérieurs desdits colléges, de faire lire publiquement devant les écoliers et suppôts d'iceux les fondations et statuts de leurs colléges deux fois l'an, ensemble le réglement desdits colléges portez par les arrests de nos cours de parlement, sçavoir est le premier samedy d'après Pâques et d'après la feste saint Denys, afin que personne n'en prétende cause d'ignorance, et que le tout soit gardé et observé par manière de provision, et jusques à ce que sous nostre authorité et mandement ait esté pourvû de plus ample et générale réformation sur le corps des universitez.

(83) Ne seront delivrez aucuns mandemens par les conservateurs des priviléges apostoliques ou royaux, ne par leurs greffiers, pour écoliers, docteurs, régens, principaux, lecteurs, bedeaux, messagers, supposts ou officiers des universitez, que premièrement ne leur apparoisse des lettres testimoniales de l'étude, régence, lecture et service : ne vaudront telles lettres testimoniales

écoliers, si elles ne sont signées de leurs principaux ou docteurs actuellement régens, lisans ordinairement : et ne seront délivrées ni expédiées, sinon aux écoliers présens en personne, et lesquels pour cet effet se souscriront au papier du recteur.

(84) Tout examen sera fait, et chacun degré passé en public, où se trouveront tous les maistres et docteurs régens de la faculté, assistez des bedeaux selon les anciennes solennitez et cérémonies ; lesquelles nous entendons estre inviolablement gardées, et ce sans faire aucuns banquets ; déclarons toutes collations de degré faites en chambre et en privé, nulles et de nul effet et valeur.

(85) Les degrez ne seront conférez, sinon à personnes qui auront estudié par temps intervales opportuns, selon les ordonnances des rois nos prédécesseurs, dont ils seront tenus faire apparoir par certificat et rapport de leurs régens et recteurs.

(86) Quand il y aura régence vacante en droit canon ou civil, les docteurs régens en la faculté, mettront dans le mois affiches de ladite vacance, et en envoyeront autant aux plus prochaines et fameuses universitez du parlement esquelles y aura exercice de ladite faculté, assignant jour certain et compétent pour ouvrir la dispute : et sera préféré celui qui par leçons continuera un mois durant et par répétition publique, aura esté trouvé le plus digne par le jugement des docteurs régens en ladite faculté.

(87) Nul ne pourra pratiquer en médecine, qu'il ne soit docteur en ladite faculté : et ne sera passé aucun maistre chirurgien ou apoticaire ès villes où il y aura université, que les docteurs régens en médecine n'ayent esté présents aux actes et examen, et ne l'ayent approuvé : aussi en leur présence seront visitées deux fois l'an les boutiques des apoticaires, le tout sans préjudice des statuts et réglemens particuliers qui se trouveront estre faits sur ce par les rois nos prédécesseurs et arrests de nos cours.

(88) Nostre intention est que les universitez joüissent respectivement de tous et chacun les priviléges dont elles ont par ci-devant bien et dûement joüy, nonobstant que les lettres de leursdits priviléges se trouvent perduës et adirées par le moyen des troubles ou autrement.

(89) Pour le désir et affection que nous avons de soulager nos sujets, et les relever d'oppressions, déclarons nostre vouloir et intention estre ès jours, où nos affaires le pourront permettre, donner audience ouverte et publique à ceux de nosdits sujets qui se voudront présenter pour nous faire leurs plaintes et doléances, afin d'y pourvoir et de leur faire administrer justice.

(90) Pareillement nous voulons que nostre très cher et féal garde des sceaux baille audience ouverte à l'issuë de son dîner, à tous ceux qui auront affaire à lui : à laquelle audience assisteront les maistres des requestes ordinaires de nostre hostel, qui seront en quartier, ou deux d'iceux au moins, pour prendre les requestes des parties, et en faire rapport au premier conseil, si besoin est.

(91) Et au regard de nostre conseil privé et d'estat, ayant en cet endroit, comme en tous autres, bénignement reçu les remontrances qui nous ont esté faites par nos estats, afin aussi de le restablir en sa première dignité et splendeur, et que d'oresnavant nostredit conseil ne soit occupé ès causes qui gissent en jurisdiction contentieuse ; et conserver la jurisdiction qui appartient à nos cours souveraines et justices ordinaires, avons renvoyé les instances pendantes, indécises et introduites en icelui nostredit conseil, tant par évocation qu'autrement, pardevant les juges qui en doivent naturellement connoistre, sans que nostredit conseil à l'avenir prenne connaissance de telles et semblables matières, lesquelles voulons estre traitées pardevant nos juges ordinaires, et par appel en nos cours souveraines suivant nos édits et ordonnances.

(92) Déclarons que les arrêts de nos cours souveraines ne pourront estre cassez ne rétractez, sinon par les voyes de droit, qui sont requeste civile et proposition d'erreur, et par la forme portée par nos ordonnances, ni l'exécution d'iceux arrests suspendue ou retardée sur simple requeste à nous présentée en nostre conseil privé.

(93) Nostredit garde des sceaux scelera trois fois la semaine, ausquels jours assisteront deux ou trois desdits maistres des requestes qui seront en quartier, l'un desquels signera lesdites lettres : leur faisans inhibitions d'en signer aucune contraire au droit et à nos ordonnances, sur peine d'en répondre en leur propre et privé nom.

(94) Les audienciers, secrétaires ou autres quels qu'ils soient, estans à la suite de nostre très cher et féal garde des sceaux, ne prendront aucune chose des parties pour faire sceller leurs lettres ; ce que leur défendons sur peine de punition exemplaire.

(95) Défendons aussi sur peine de punition corporelle, à toutes personnes, n'estans officiers de nostre chancellerie, de se mesler ou entremettre de lettres qui seront présentées au sceau, ni les soustraire, faire égarer, ou en supposer d'autres en leur place.

(96) Et sur les plaintes qui nous ont esté faites de l'excessive [taxe] des expéditions de lettres de nostre chancellerie, avons or[don]né et ordonnons que la réduction et modération qui fut faite [pa]r le feu roy nostre très honoré seigneur et frère, au mois de [jan]vier 1563 sur pareille réquisition des estats assemblez à Or[lé]ans, sera gardée et observée. Défendons à nos grands audien[ci]ers et contrôlleurs de l'audience d'icelle, de l'excéder et outre[pa]sser, sur peine d'en répondre en leur privé nom.

(97) Nous avons déclaré et déclarons, que nous n'entendons [d]oresnavant bailler aucunes lettres d'évocation, soient générales [ou] particulières, de nostre propre mouvement, ains voulons que [le]s requestes de ceux qui poursuivront lesdites évocations, soient [r]apportées en nostre conseil privé par les maistres des requestes [or]dinaires de nostre hostel, qui seront en quartier pour y estre [veu]es suivant les édits de la Bourdaisière et de Chanteloup, et [au]tres édits depuis faits par nos prédecesseurs rois et par nous. [Et] où lesdites requestes tendantes à évocation se trouveroient [rai]sonnables, parties ouïes, et avec connoissance de cause, les[di]tes lettres seront octroyées et non autrement : et seront toutes [év]ocations signées par l'un de nos secrétaires d'estat ou de nos fi[n]ances, qui aura reçu les expéditions lorsque lesdites évocations [au]ront esté délibérées : déclarant les évocations qui seront par ci[ap]rès obtenuës contre les formes susdites, nulles et de nul effet [et] valeur ; et, nonobstant icelles, voulons estre passé outre à [l'in]struction et jugement des procès par les juges dont ils auront [e]sté évoquez.

(98) Pour faire cesser les plaintes à nous faites par nos sujets, [à l']occasion des commissions extraordinaires par ci-devant dé[cer]nées, avons révoqué et révoquons toutes lesdites commissions [ex]traordinaires : voulans poursuite estre faite de chacune matière [pa]rdevant les juges ausquels la connoissance en appartient.

(99) Les maistres des requestes ne pourront instruire et juger [en] leur auditoire autres matières que celles dont la connoissance [leur] appartient par nos edits et ordonnances, ni juger en dernier [re]ssort, ni souverainement aucuns procès quelques lettres attri[bu]tives de juridiction et renvoy qui leur puisse estre fait desdites [c]auses, le tout sur peine de nullité.

(100). Avenant vacation des officiers de judicature, nous vou[l]ons et entendons que lesdits officiers demeurent supprimez, [jus]ques à ce qu'ils soient réduits à l'estat et au nombre ancien, [se]lon qu'il sera ci-après déclaré, et qu'à l'avenir soit pourvû aus-

dits estats de personnes de qualitez requises, sans pour ce [payer]
aucune finance : déclarans que nostre intention est de faire [cesser]
du tout la vénalité desdits offices, laquelle à nostre très [grand]
regret a esté soufferte pour l'extrême nécessité des affaires [de]
nostre royaume : voulans et ordonnans, que ceux qui se [trouve]
ront à l'avenir avoir directement ou indirectement vendu of[fices]
de judicature, perdent le prix, soient davantage condamne[z au]
double ; semblablement ceux qui auront pris argent pour [en]
porter parole, et requérir de faire pourvoir aucune personne desdits offices, et que ceux qui les auront achetez [ou]
fait acheter, donné ou promis argent pour parvenir ausdits of[fi]-
ces, en soient privez, et de tous autres, dont ils seront lors pourvûs et déclarez indignes et incapables de tenir jamais of[fices]
royaux : ne pourront semblablement ceux de quelque qualité [et]
condition qu'ils soient, qui tiennent par appanage, engage[ment]
et bien-fait, ou autrement, terres de nostre domaine, ve[ndre]
directement ou indirectement les offices de judicature : et [ne]
pourront pourvoir ou nommer aux offices supprimez, tant [par]
cette ordonnance qu'édits ci-devant faits.

(101) Et outre seront les seigneurs justiciers, tant ecclé[siasti]-
ques que séculiers, de quelque qualité qu'ils soient, qui vend[ront]
directement ou indirectement estats de judicature, privé[s du]
droit de présentation et nomination qu'ils auront ausdits offices [:]
semblablement toutes autres personnes de quelque qualité qu'el[les]
soient, qui auront droit de provisions et nominations d'offi[ces,]
ne pourront prendre argent, ou chose équipolente pour lesd[ites]
provisions et nominations : et si aucuns pour obtenir lesdites [pro]-
visions, en avoient baillé, encourreront les uns et les autres [la]
même peine que dessus. Enjoignons à tous nos officiers d'in[for]-
mer dilligemment des contraventions qui se feront à la prése[nte]
ordonnance, pour y estre pourvû suivant nos édits.

(102) Et pour mieux effectuer nostre intention, voulons qu['ad]-
venant vacation des offices de conseiller en nos cours de parlement, et autres souveraines, après ladite réduction faite à l'ancien nombre, lesdites cours ayent à nous nommer personnes [de]
l'âge, qualité et capacité requise, sans que nosdites cours puissent nommer plus d'un, natif de la ville où elles sont establi[es,]
pour laquelle eslection tous ceux qui y assisteront presteront [ès]
mains de celui qui présidera, le serment en tel cas requis et [ac]-
coutumé ; sans toutefois que par telle eslection ou nominat[ion]

... ou nommés soient exempts ou excusez de l'examen ordinaire.

(103) Et quant aux estats de présidens et conseillers des requestes, après la réduction faite, sera pourvû ausdits estats des
plus anciens conseillers de nos cours de parlement, suivant les
ordonnances.

(104) Et quant aux autres estats et offices de judicature non
sujets à suppression, qui vaqueront ci-après aux provinces, afin
qu'il y soit pourvû de personnages approuvez et certifiez par les
provinces : voulons que nos principaux officiers, par l'avis des
plus apparens et notables, tant du clergé, noblesse du païs, que
tiers-estat, nous envoyent de trois ans en trois ans une liste des
personnes qu'ils jugeront estre dignes, capables et suffisans pour
estre pourvûs desdits estats. (1)

(105) Et afin que la justice soit administrée en la dignité qu'il
appartient ; nous n'entendons que par ci-après aucun puisse
estre pourvû ne reçû en estat et office de judicature de nos cours
souveraines, qu'il ne soit âgé de vingt-cinq ans complets, et n'ait
esté et fréquenté les barreaux et plaidoieries.

(106) Et néanmoins d'autant que les offices de présidens des
cours et compagnies souveraines de nostre royaume, sont de
ceux ausquels, pour la grandeur de la charge à laquelle ils sont
appellez, il est très nécessaire de pourvoir de personnages de
grand sçavoir et longue expérience, afin que par leur sçavoir,
vertu et âge, ils puissent estre respectez et donner loi et exemple
de faire à ceux ausquels ils président : avons ordonné et ordonnons que nul ne sera d'oresnavant pourvû ausdits estats de présidens, tant de parlement, que des enquestes, grand conseil et
cours des aydes qu'il n'ait atteint l'âge de quarante ans pour le
moins, et qu'au préalable il n'ait esté conseiller en cour souveraine l'espace de dix ans, ou tenu estat de lieutenant général en
nos bailliages et sénéchaussées par pareil espace de temps, ou
fréquenté les barreaux des cours souveraines ; exercé l'office d'a-
vocat si longuement et avec telle réputation et renommée, qu'il
soit estimé digne et capable desdits estats.

(107) Les lieutenans de nos baillifs et sénéchaux ne seront
pourvûs ni reçûs esdits estats, qu'ils n'ayent trente ans complets ;
et quant aux conseillers des siéges présidiaux, qu'ils n'ayent

---

(1) V. l'art. 11 de l'ordonn. de Moulins.

vingt-cinq ans accomplis, et fréquenté trois ans auparavant [les] barreaux et plaidoiries de nos jurisdictions.

(108) Voulons que les examens qui se feront à l'avenir en [nos] parlemens et cours souveraines des pourvûs d'offices sujets [à] examen, soient faits les matinées et non les après-disnées, et [que] sur la loy qui leur sera baillée, ils soient trois jours après [sans] plus long délay ou remise, examinez tant sur icelle loy, et sur [la] pratique, qu'en la fortuite ouverture de chacun livre qui se [fera] en trois endroits pour le moins. Et où pour les grandes occupa[tions] de nosdites cours, on ne pourroit vaquer ausdits exam[ens] dedans ledit temps, leur sera la loy changée pour en repondre [au] troisième jour ensuivant, sans qu'au cas qu'ils ne seroient [trouvez] suffisans par leursdits examens, il leur puisse estre baillé d[élai] d'étude ou sac à rapporter. Et pour le regard de l'examen [des] maistres des requestes, et conseillers de nos cours de parleme[nt], seront outre les présidens et conseillers qui voudront argume[n]ter, commis et députez pour cet effet deux conseillers de cha[que] chambre des enquestes, pour avec les présidens d'icelle, exami[-] ner ceux qui se présenteront pour estre reçûs ausdits estats: [fai]sons expresses inhibitions et défenses à ceux qui toucheront [en] quelque degré de parenté, proche alliance, ou grande amitié, [ou] qui auront poursuivi, parlé ou usé de recommandation p[our] ceux qui auront esté pourvûs desdits estats, d'assister ou [être à] ausdits examens, et de ce seront tenus se p'urger par serm[ent] avant que pouvoir assister ausdits examens.

(109) Auparavant la réception de ceux qui seront par [nous] pourvûs d'aucuns offices de judicature, sera informé de le[urs] vies, moeurs et conversation : et se feront les informations par [les] juges des lieux, esquels lesdits pourvûs auront resideé par les [six] années précédentes; et ne seront oüis en icelles que témoins [de] qualité dignes de foy et hors de tout soupçon de faveur et al[liance] qui seront nommez et produits par nos procureurs généra[ux et] leurs substituts; ausquels défendons, sur peine de privati[on de] leurs estats, de ne recevoir les noms desdits témoins de la p[art] de ceux qui auront esté pourvûs : et pour le regard de l'âge, [sera] d'oresnavant vérifié par l'extrait des registres des baptêm[es ou] par l'affirmation des plus proches parens qui seront mand[ez à] cette fin et oüis d'office.

(110) Ceux qui ont esté ou seront désormais gratuite[ment] par nous pourvûs d'offices, ne seront reçûs à les rés[igner]

à les gratifier par nous selon que leur valeur et mérite le requerront.

11) Et ne seront ci-après octroyées par nous aucunes lettres de provision d'offices, à condition de survivance, révoquant dès à présent celles qui ont esté accordées par nos prédécesseurs rois : sauf toutefois les offices pour lesquels a esté payé finance, et le prix porté par nostre édit fait sur icelles survivances : et aussi les suffisances d'offices, esquels les pourvûs ont jà esté reçûs, encore qu'ils n'ayent pour ce payé aucune finance.

12) Avons, suivant les ordonnances des rois nos prédécesseurs, inhibé et défendu, inhibons et défendons à tous présidens, maistres des requestes ordinaires de nostre hostel, conseillers, nos avocats et procureurs et autres officiers de nos cours de parlement, grand conseil, chambre des comptes, généraux de la justice, des aydes et généralement à tous autres nos officiers tant des cours souveraines que subalternes, de prendre charge directement ou indirectement, en quelque sorte ou manière que ce soit, des affaires des seigneurs, chapitres, communautez et autres personnes quelconques : ni pareillement aucuns vicariats d'évêques ou prélats pour le fait du temporel, spirituel, ou collation des bénéfices de leurs évêchez, abbayes et prieurez, et de s'entremettre ou empêcher aucunement des affaires d'autres personnes que de nous, de la reine nostre honorée dame et mère, et de nostre très chère et très aimée compagne et épouse la reine, et de nostre très cher et très amé frère duc d'Anjou, et en prenant par ceux que nostredit frère voudra appeler en son conseil, lettres de déclaration et permission de lui, sur peine de privation de leursdits estats, et ce nonobstant les permissions et dispenses sur ce obtenuës, ou qui se pourront obtenir ci-après; lesquelles nous avons révoquées et annullées, révoquons et annullons par cesdites présentes, comme contraires à nos édits et ordonnances.

13) Seront nosdits officiers qui sont aussi officiers des autres seigneurs tenus dedans deux mois après la publication de la présente ordonnance, opter lequel des deux estats ils voudront retenir: et à faute de ce faire, déclarons à présent, comme dessous, les estats qu'ils tiennent de nous, vaquans et impétrables; et y sera par nous pourvû d'autres en leur lieu.

14) Nous défendons à tous nos officiers et autres, ayans charge et commission de nous, de quelque estat, qualité et condition qu'ils soient, de prendre ne recevoir de ceux qui auront

affaire à eux aucuns dons et présens, de quelque chose que [ce] soit, sur peine de concussion.

(115) Avons défendu et défendons à tous juges de s'entreme[ttre] de postuler et consulter en leurs sièges, pour les parties, [en] quelque cause que ce soit, encore que nous n'y ayons inté[rest,] nonobstant tout usage ou dispense au contraire : ce que p[a-] reillement avons défendu à nos avocats et procureurs géné[raux] de nos cours souveraines et leurs substituts ès sièges inféri[eurs.] Et quant à nos avocats desdits sièges, leur avons permis de [pos-] tuler, consulter où nous n'aurions aucun intérest, et ce par [pro-] vision seulement, jusqu'à ce que par nous leur soit autre[ment] pourvû de gages suffisans; le surplus des autres défenses su[b-] tenans en leur regard : le tout sur peine de concussion, do[nt les] juges et officiers seront tenus nous avertir, sur peine de priv[ation] de leurs estats.

(116) Et pour obvier aux récusations de nos cours souver[aines] et autres, et pourvoir aux plaintes qu'on fait ordinairement [des] grandes alliances qui sont entre les officiers de nostre ju[stice,] voulons que l'article 32 contenu en l'ordonnance d'Orléans, [por-] tant défense de recevoir en un même parlement, chambre [des] comptes et autres cours souveraines, ni en un même siège, [le] père, le fils, les deux frères, l'oncle et le neveu, soit à l'av[enir] inviolablement gardé. Et avons dès à présent déclarées nulles [tou-] tes les dispenses qui seront ci-après octroyées au contraire : néanmoins enjoignons à nos avocats et procureurs généra[ux et] leurs substituts, de nous envoyer dedans deux mois après la [pu-] blication du présent édit, le nombre et nom de nos officie[rs qui] sont esdites cours et sièges, reçus contre la prohibition de[s-] dites ordonnances, pour puis après y pourvoir, ainsi que ver[rons] estre à faire par raison.

(117) Ordonnons cependant que les procès mûs et à mou[voir] de ceux qui sont du corps de nostre parlement de Paris, qui [se-] ront audit parlement jusques au nombre de huit, et des au[tres] parties n'estans dudit corps au nombre de dix proches paren[s ou] alliez, comme père, beau-père, enfans, gendres, frères, be[aux-] frères, oncles, neveux, cousins germains ou remuez de germ[ain,] seront renvoyez au plus prochain parlement, si l'autre parti[e le] requiert : le semblable voulons estre gardé en nos cours de p[ar-] lemens de Toulouse, Bordeaux, Rouen, quand aucun de c[eux] d'icelles aura cinq parens ou alliez au degré susdit, ou q[ue les] autres n'estans dudit corps y en auront six; comme aussi [en]

parlemens de Dijon, Aix, Grenoble et Bretagne, esquels aux desdites compagnies auroient trois parens ou alliez audit degré, ou bien autres n'estans d'icelles compagnies y en auront jusques au nombre de quatre.

(118) Tous juges, tant de nos cours souveraines ou inférieures, qui sçauront causes de suspicion ou récusation pertinente et admissible en leurs personnes, soit pour parentelles ou alliances, pour lesquelles ils pourroient estre valablement récusez par les parties plaidantes, seront tenus les déclarer pardevant les juges, sans attendre que l'on les leur propose, et de leur déclaration sera fait registre, et communiqué aux parties avant que proceder au jugement du procès, sur peine de privation de l'estat de celui de nosdits juges qui ne l'auroit déclaré, et d'estre incapable de tenir à jamais office de judicature.

(119) Défendons à tous juges de connoistre des causes ou assister au jugement des procès des prélats, collateurs et patrons ecclesiastiques, desquels leurs enfans, frères, oncles et neveux auroient tenu aucuns bénéfices, soit que lesdits collateurs ou patrons soient parties principales ou jointes.

(120) Défendons à toutes nos cours souveraines et autres, de s'entremettre de recommander ou solliciter les procès des parties plaidantes en icelles, sur peine d'estre privez de l'entrée de nosdites cours et sièges, et de leurs gages pour un an (1).

(121) En ajoutant au 53e article de l'ordonnance d'Orléans: avons ordonné et ordonnons que les procès mûs et à mouvoir ès chambres de nos cours de parlemens, esquels aucuns de nos présidens ou conseillers d'icelles, leurs parens, enfans, gendres, frères, beaux-frères, oncles, neveux ou cousins germains se trouveront parties, ne seront jugez esdites chambres, ains renvoyez en une autre, à la simple réquisition de la partie adverse: ce que semblablement voulons estre gardé pour les procès pendans ès chambres esquelles les parties auront trois parens ou alliez jusqu'au quatrième degré: et pour le regard des juges présidiaux, selon l'art. 52 de ladite ordonnance faite à Orléans, estre gardé et observé selon sa forme et teneur.

(122) Nos présidens, maistres des requestes, conseillers, maistres des comptes et officiers, tant de nos cours souveraines, que juges présidiaux, s'abstiendront de l'entrée de nosdites cours, chambres et sièges, pendant le jugement des procès, esquels eux

(1) V. l'art. 124 de l'ord. de 1539.

ou ceux dont ils sont présomptifs et apparens héritiers, sont p[ar]ties. Ausquels nous voulons estre vaqué, toutes choses dé[laissées] et intermises.

(123) Aucun incident appointé en droit ne pourra estre [rap]porté, soit en cour souveraine ou sièges présidiaux, sans q[ue] préalable les productions ayent esté mises au greffe, et distribu[ées] sur le registre, sur peine de nullité des jugemens.

(124) Nous voulons que l'ordonnance d'Orléans, art. 42, p[our] faire appeller les causes des appellations verbales, et juger les p[ro]cès par écrit à tour de rôlle, soit exactement gardée, tant e[n] cours souveraines que sièges présidiaux, et que les rôlles qu[i] seront pour lesdits procès par écrit, soient mis entre les main[s de] l'huissier des chambres des enquestes de nos parlemens et si[èges] présidiaux.

(125) Voulons aussi les causes plaidées ès audiences, e[stre] promptement vuidées et expédiées si faire se peut. Et où par [nos] cours sera ordonné qu'on en délibérera au conseil, pour le [déci]der sur le registre; avons ordonné et ordonnons que le [lende]main avant toute expédition, il en sera délibéré par les pré[sidens] et conseillers qui auront assisté à la plaidoirie, et les arrests [qui] interviendront, prononcez à la prochaine audience: seront [les] avocats et procureurs, par la faute desquels la cause n'aura p[û] estre vuidée sur le champ, condamnez en telles amendes qu[i] sera avisé par nosdites cours. Leur enjoignons très-étroitement [de] procéder à rigoureuse punition desdits avocats qui se trouver[ont] en plaidant avoir allégué sciemment aucuns faux faits: enj[oi]gnons aussi à nos avocats et procureurs généraux de procurer [que] la présente ordonnance, et celles faites par nos prédécess[eurs] rois pour ce regard, soient entièrement gardées et observées [à] peine d'en répondre en leur propre et privé nom.

(126) Quand aucun procès se trouvera parti en nos parlem[ens] soit en la grand' chambre ou chambre des enquestes: nous v[ou]lons qu'incontinent et sans délay soit procédé au départeme[nt] dudit procès: et à cette fin enjoignons aux présidens des cha[m]bres, chacun en leur égard, de donner promptement audie[nce] au rapporteur et compartiteur dudit procès, sans aucune remis[e] afin que le même jour qu'ils se seront présentez, le procès [soit] mis sur le bureau, pour estre départi et jugé incontinent (1).

(127) Les épices seront taxées par ceux qui présideront sur [...]

---

(1) V. les art. 125 et 126 de l'ord. de 1539.

...des rapporteurs qu'ils auront faits eux-mêmes. Enjoignons à nosdits présidens d'user de telle modération en la taxe desdites épices, que par ce moyen, ils pourvoyent à la plainte que l'on fait à l'augmentation d'icelles, dont nous chargeons leurs conscience et honneurs.

(128) Et pour le regard des juges inférieurs, où il apparoistra par les sentences qui seront données, la taxe desdites épices estre excessive : enjoignons à nos cours de parlemens d'y pourvoir et donner de la répétition d'icelles, tant contre le rapporteur que celui qui les aura taxées, et y user de plus grande sévérité et animadversion s'il y échet.

(129) Défendons très expressément à nos présidens et à tous autres juges de taxer aucunes épices où il n'y aura que nos procureurs généraux et leurs substituts parties : excepté néantmoins pour le regard des gros procès domaniaux, pour lesquels leur sera pourvû particulièrement.

(130) Les procès criminels faits et instruits en nos parlemens en première instance ne seront rapportez par celui qui aura fait les récollemens, confrontations, et instruit lesdits procès.

(131) Nulles épices seront taxées ne payées pour arrests, sentences ou jugemens qui seront ci-après donnez sur requestes présentées par l'une des parties seulement, soit en matière civile ou criminelle, même pour l'élargissement des prisonniers, excepté toutefois au cas qu'il y ait vacation du rapporteur, pour avoir vû les informations et procédures, et que rapport en ait esté fait, dont leur honneur et conscience seront chargez.

(132) Nuls officiers de judicature, avocats, procureurs, solliciteurs, greffiers et leurs commis, tant des sièges royaux que subalternes, et sergens ne pourront estre fermiers des amendes, droits et émolumens des cours en leursdits sièges, ni estre adjudicataires des fruits saisis par justice, ou cautions pour les fermiers et adjudicataires d'icelles, directement ou indirectement, à peine d'être privez, tant des émolumens desdites fermes et adjudications, et néantmoins contraints payer le prix d'icelles, que de leurs estats et offices.

(133) Et pour le regard des procès qui se jugent par commissaires, voulons l'ordonnance faite à Moulins, art. 68 et 69, tant pour la qualité desdits procès, jour et heure pour vaquer à iceux, que pour le nombre des juges, estre inviolablement gardée : sauf toutefois à nosdites cours, où l'on a accoutumé de juger à dix, de pouvoir s'assembler jusqu'au nombre de douze, y compris les

présidens, si les parties le demandent, et selon que l'import...
et longue visitation des procès le requerrera, dont nous char...
geons l'honneur et conscience de nosdits présidens et conseil...

(134) Et néanmoins, pour ce qu'on ne peut avoir ais...
expédition à la grand'chambre de nostre parlement de Paris, p...
les audiences et autres grands empêchemens où elle est occu...
à nostre service, seront les procès instruits et pendans en icel...
qui ne pourront estre expédiez en ladite grand'chambre, renv...
és chambres des enquestes selon qu'il sera avisé par nos prési...
et conseillers d'icelle grand'chambre, dont nous chargeons l...
honneur et conscience.

(135) Suivant l'édit fait à Paris au mois de janvier 1563, a...
défendu aux juges présidiaux de procéder à la visitation et ju...
mens d'aucuns procès par commissaires, sur peine de null...
des sentences et jugemens qui seront par eux donnez, et des...
pens, dommages et intérests des parties, pour lesquels ils p...
ront estre pris à partie en leur propre et privé nom.

(136) Seront tenus tous nos présidens, conseillers, av...
procureurs généraux et greffiers de nos cours de parlement...
trouver à l'ouverture qui s'en fait le lendemain de la saint Mar...
Sera lû le tableau et fait registre des absens, et leur nom bail...
même jour aux receveurs et payeurs des gages et droits de no...
tes cours : ausquels défendons de payer les gages desdits abs...
pour tout le mois de novembre, encore qu'ils se trouvassent...
continent après ledit jour en nosdites cours, sur peine de les r...
péter sur lesdits payeurs, quelque excuse que les absens puis...
alléguer, si ce n'est de maladie ou empêchement pour nostre s...
vice, dont ils seront tenus faire apparoir : et seront lesdits ga...
employez en aumônes aux pauvres prisonniers des concierge...

(137) Suivant les ordonnances des rois nos prédécesse...
avons défendu et défendons à nos présidens, conseillers et au...
officiers tant de nos cours souveraines qu'autres, de s'ab...
pendant la séance et service qu'ils nous doivent, sans express c...
de nous et de nosdites cours et sièges, ni excéder le temps à eux...
cordé : le tout sur les peines portées par icelles ordonnances [1]

(138) Nos présidens et conseillers seront tenus d'entrer en no...
dites cours faire le service qu'ils nous doivent aux jours et heur...
tant de matinées qu'aprèsdinées, portées par nos ordonnanc...
sur les peines indites par icelles.

---

(1) V. l'art. 129 de l'ord. de 1539.

(139) Nosdits conseillers, tant de la grand' chambre que des [enquestes] de nos parlemens, qui seront destinez pour le service [de la] Tournelle, vaqueront diligemment à l'expédition des pri[sonn]iers et jugement des procès criminels, sans se distraire à [autres] affaires, suivant nos anciennes ordonnances et réglemens [de nos]dits parlemens.

(140) Les conseillers des enquestes, après avoir fait leur ser[ment] à la Tournelle, seront tenus remettre au greffe trois jours [après] pour le plus tard, tous procès criminels qui leur auront [esté] distribuez, sur peine de privation de leurs gages, pour les [jour]s qu'ils auront esté en demeure de ce faire. Et quant aux [con]seillers de la grand' chambre, les présidens leur pourront [oster] tels desdits procès qu'ils aviseront, s'ils voyent que pour [l'ex]pédition et bien de justice il se doive faire; dont il sera fait [regi]stre au greffe de la cour.

(141) Toutes les déclarations de dépens seront par les procu[reu]rs mises au greffe, et paraphées par les greffiers ou leurs com[m]is, sans que pour ledit paraphe ledit greffier en puisse préten[d]re aucun salaire pour estre lesdites déclarations par nos prési[den]s distribuées à chacun des conseillers selon leur ordre. Et [po]ur le regard des déclarations de dépens des procès par écrit se[ro]nt sans autre distribution baillées par les greffiers ou leurs [com]mis à ceux qui auront lesdits procès.

(142) Et pour ce qui se juge en nos cours de parlemens grand [nom]bre de défauts et congez, qui le plus souvent sont obtenus par [la] faute et malice des procureurs: enjoingnons à nosdites cours [en] procédant au jugement desdits défauts et congez ainsi obtenus [de] mander et oüir les procureurs des parties, pour adjuger les [dé]pens contre celui desdits procureurs en son propre et privé [nom] de la part duquel se trouvera faute, surprise et demeure.

(143) Défendons à nosdits conseillers de se charger d'aucunes [in]formations, si elles ne leur sont distribuées par les présidens: et [au]ssi d'interroger les appelans, soit d'un décret d'une prise de [co]rps ou d'un ajournement personnel, si par nostredite cour [n'e]st ordonné; sur peine de nullité et de répétition de dépens, [dom]mages et intérests des parties en leur propre et privé nom.

(144) Voulons les mercuriales estre receües de six mois en six [mo]is, tant en nos cours de parlement, grand conseil, chambre [des] comptes, généraux de la justice et autres cours souveraines, [qu'è]s sièges présidiaux: à sçavoir en nosdits parlemens, les pre[mie]rs mercredis après la lecture des ordonnances qui se fait après

les festes de saint Martin et Pâques. Et quant au parlement de Bretagne, grand conseil et chambre des comptes, le premier mercredi d'après l'entrée en leur séances; et aux sièges présidiaux les mercredis qu'on y lira les ordonnances. Auxquelles mercuriales voulons les fautes et contraventions faites à nosdites ordonnances par les officiers de nosdites cours et juridictions estre pleinement et entièrement déduites, et les articles proposez estre incontinent après jugez, sans intermission ou discontinuation, tant ès jours d'audiences qu'autres, pour lesdites mercuriales estre renvoyées, sçavoir celles de nosdites cours souveraines à nous et à nostre cher-cher et féal chancelier ou garde des sceaux : et celles de nos juges inférieurs à nosdites cours souveraines de leur ressort. Faisons très expresses inhibitions et défenses, tant à nosdites cours et sièges présidiaux, chacun en son regard, de vaquer à l'expédition d'autres affaires, que lesdites mercuriales n'ayent esté jugées, déclarant les jugemens qui auront esté auparavant donnez, nuls, et de nul effet et valeur : enjoignons aussi à nos avocats et procureurs généraux et à leurs substituts, sur peine de privation de leurs charges, les promouvoir et en poursuivre le jugement, et de nous avertir promptement de la retardation ou empêchement d'icelles.

(145) Pour relever nos sujets des frais qui se font à la taxe des dépens et liquidation des dommages et intérêts ès matières légères et de peu d'importance, ordonnons que les dépens des congez, défauts, désertions, folles intimations ou assignations, appellations interjettées des sentences données par défauts et contumaces, ou ès matières de fins de non procéder, et tous autres de petite conséquence, et pareillement les dommages et intérêts des emprisonnemens, tortionnaires, saisies, exécutions réelles et actuelles induëment faites; seront désormais taxez et liquidez par le même jugement, par lequel ils auront esté adjugez, si faire se peut, dont nous chargeons les consciences des juges.

(146) Celui qui aura obtenu requeste civile contre un arrest, et en aura esté débouté, ne sera plus reçu à proposer erreur contre le principal arrest, ne contre l'arrest donné contre la requeste civile: celui aussi qui aura proposé erreur, et en aura esté débouté, ne sera plus reçu à proposer erreur ne requeste civile.

(147) Défendons à tous juges, pardevant lesquels les parties tendront afin de non procéder, de se déclarer compétens, et débâter le renvoy des causes dont la connaissance ne leur appartient par nos édits et ordonnances, sur peine d'estre pris à partie, se

qu'ils ayent ainsi jugé par dol, fraude ou concussion, ou que nos cours trouvent qu'il y ait faute manifeste du juge, par laquelle il doive estre condamné en son nom.

148) Pareillement ne pourront nosdits juges ressortissans en nos cours, vuidans les appellations des juges inférieurs, retenir la cause du procès principal, ains leur enjoignons les renvoyer devant les juges ordinaires royaux, et des seigneurs particuliers autres que ceux qui auront jugé.

149) Et pour le regard de nos souveraines cours, leur défendons, en procédant au jugement des causes d'appel, d'évoquer le principal de la matiere, si ce n'est pour le vuider, et sur le champ.

150) D'oresnavant y aura publication d'enqueste en nos parlemens, cours souveraines et requestes du palais, ainsi que pardevant les juges ordinaires.

151) Les commissions de nos cours souveraines, tant pour l'instruction des procès que pour l'exécution des arrests qu'il conviendra faire aux provinces du ressort de nosdites cours, s'adresseront aux juges des lieux, sinon que l'une des parties l'eût requis au contraire, laquelle audit cas ne peut répéter plus grands frais, que si lesdites commissions estoient exécutées à la barre ou par lesdits juges des provinces.

152) Les gardes gardiennes qui auront esté anciennement obtenues sous ombre que les provinces, bailliages et villes où estoient les ressorts ordinaires, estoient tenus par autres que nous, en apanage, douaire ou engagement ou par bien-fait, dont l'occasion cesse à présent, n'auront lieu à l'avenir pour oster la connaissance aux juges qui sont à présent royaux. Et au surplus, quant aux gardes gardiennes, entendons les ordonnances d'Orléans et de Moulins estre observées.

153) Tous juges, tant royaux qu'autres, seront tenus d'expedier sommairement et sur le champ, les causes personnelles et qui n'excederont la somme de trois écus un tiers, ou la valeur pour une fois, après avoir ouï les parties, qui seront tenues comparoir à cette fin en personne à la première assignation, s'ils n'ont légitime excuse d'absence ou maladie, pour estre ouïs par le juge, sans assistance d'avocat ou procureur, et se purger par serment si elles en sont requises. Et où lesdites parties seroient contraires en faits, seront appointées à amener quelque nombre de témoins, qui seront ouïs sur le champ : et si ledit différend ne se peut vuider à l'instant, sera tenu le juge de le vuider sur le registre, sans pour ce prendre épice : et sera le jugement donné

par nos juges en ce cas exécutoire par provision, sans préjudice de l'appel, et sans pour ce vouloir restraindre le pouvoir donné aux juges par autres ordonnances.

(154) Les fins de non procéder seront jugées sommairement par nos juges sans appointer les parties à mettre pardevers eux. Aussi sera fait préalablement droit sur les fins de non recevoir, proposées et alléguées par les défendeurs auparavant que régler et appointer les parties en contrariété et preuve de leurs faits sans en faire aucune réservation; et au cas de contravention, pourront lesdits juges estre intimez et pris à partie en leur propre et privé nom.

(155) Et pour le regard des délais qui sont le plus souvent cause de la longueur des procès : voulons et ordonnons que suivant l'édit fait à Paris au mois de janvier 1563, tous juges soient tenus par l'appointement de contestation en cause regler trois délais requis et nécessaires, selon la qualité de la matière et distance des lieux, comme d'informer et écrire, produire, bailler reproches, contredits et salvations, et autres semblables, selon que chacune cause y sera disposée : tous lesquels seront peremptoires, sans qu'il soit besoin d'obtenir autres forclusions. Et s'il y a appel des forclusions ou du refus d'autre délay, ne sera différé, mais passé outre par le juge qui aura donné l'appointement, jusques à sentence définitive inclusivement, de laquelle s'il y a appel, sera conclud, comme en procès par écrit, joint l'appel de forclusion et du refus de délay pour y faire droit. Pourra néanmoins l'appellant qui aura esté forclos de faire enqueste, requérir en cause d'appel estre reçû á ce faire; ce qui lui sera permis par un seul delay, à la charge que sa partie pourra insister et faire preuve au contraire, si faite ne l'a, sauf à ordonner à quels depens.

(156) Enjoignons très expressément à tous nos juges, tant de nos parlemens, cours souveraines, que sièges présidiaux ou autres, garder et observer ledit réglement pour les délais et forclusions, sans avoir aucun égard aux lettres obtenuës au contraire : et défendons à nos amez et féaux conseillers, maistres des requestes et garde des sceaux, de les octroyer ou accorder, et à nos secretaires de les signer, à peine d'en répondre en leur nom; réservons néanmoins à l'arbitrage des juges, pour le regard des veuves, tuteurs, personnes misérables, gens absens pour nostre service hors nostre royaume, prisonniers de guerre ou autres prisonniers détenus et malades de longue infirmité, qui ne peuvent entendre à leurs affaires, de pouvoir bailler ou renouveller plus

délay de faire enqueste, par connaissance de cause du mérite du procès et qualité des parties : et en ce cas, pour obvier à subornation des témoins, leur ordonnons surseoir la publication des enquestes des parties.

(157) Enjoignons à nos avocats et procureurs généraux de prendre le moindre nombre de substituts qu'il leur sera possible, et de voir eux-mêmes les requestes ordonnées leur estre communiquées, comme aussi les informations à décréter et interrogatoire des accusez. Défendons ausdits substituts de prendre ou exiger aucune chose des parties pour le rapport desdites requestes, informations et interrogatoires qui seront mises entre leurs mains, à peine d'estre punis comme de crime de concussion.

(158) Et pour le regard de nos procureurs ès sièges ordinaires, voulons en cas de maladie, absence ou légitime empêchement d'eux, que nos avocats fassent et exercent leurs charges, sans que nosdits procureurs puissent commettre substituts en leurs places, quand lesdits avocats seront présens.

(159) Tous juges, enquesteurs, greffiers, ajoints, notaires, sergens et autres officiers de justice, leurs clercs et commis seront tenus d'écrire et parapher de leurs mains tout ce qu'ils auront reçu des parties, soit pour épices, vacations, salaires et autres causes : et tout sur peine de concussion et de privation de leurs offices.

(160) Enjoignons tant à nos jurisdictions souveraines que tous autres subalternes, de régler les salaires des greffiers, sergens et autres ministres de justice, le plus justement que faire se pourra : et que du réglement qui sera fait contenant ledit salaire, soit mis un tableau ès greffes desdites cours et jurisdictions inférieures ; avec defense à tous lesdits greffiers, sergens et autres ; sur peine de la vie, de prendre plus grand salaire que leursdites taxes, encore qu'il leur fût volontairement offert.

(161) Les avocats et procureurs seront tenus signer les délibérations, inventaires et autres écritures qu'ils feront pour les parties, et au dessous de leur seing écrire et parapher de leur main ce qu'ils auront reçu pour leur salaire, et ce sur peine de concussion.

(162) D'oresnavant en toutes matières où il sera question d'informer et faire preuve par temoins de la valeur de quelque chose, seront tenuës les parties d'une part et d'autre convenir de gens experts et à ce connaissans : et à faute d'en convenir en seront nommez d'office par les juges pour estimer et évaluer lesdites choses et en rendre raison, sans autrement les appointer à informer et en faire enqueste ; sauf quant aux autres faits qui seront

déduits aux procès, de les recevoir à faire telle preuve par témoins qu'ils verront bon estre.

(163) Les juges et greffiers ne prendront aucune taxe ne salaire pour tenir et recevoir les enchères, ni pareillement lesdits greffiers ou autres pour la distribution des deniers, sinon ce qui leur sera taxé par les juges pour ladite distribution selon leur labeur, nonobstant toute usance au contraire : abolissant dès à présent le style d'aucunes cours, par lequel les juges et autres officiers d'icelles prétendent leur estre permis, en taxant depens ou frais, ou delivrant deniers d'enchères ou confiscation, se faire payer à raison d'un sol ou autre somme pour livre ou écu : leur enjoignant très étroitement se contenter de salaire modéré et raisonnable selon leur labeur et vacation : le tout sur peine de concussion, tant contre lesdits juges, que greffiers et autres officiers.

(164) Après le decès d'aucun, soit qu'il y ait enfans ou non, les heritiers du defunt ne seront contraints admettre aucune garnison ni appeler nos juges ou procureurs, ni pareillement le greffier de la justice pour faire inventaire; mais pourront prendre notaires et tabellions à leur choix et commodité, sinon en cas de prétenduë confiscation, aubaine ou contention entre les parties, ou que par aucun y ayant interest, il soit requis à ses dépens, périls et fortunes, sauf aussi de procéder par voye de scel, si faire se doit, pour la conservation des biens des mineurs ou absens. Ce que nous entendons aussi avoir lieu ès justices subalternes, non royales, esquelles quand le sieur justicier ou ses officiers auront saisi et mis la main, nous n'entendons que nos officiers s'y entremettent, sinon pour la conservation de nos droits.

(165) Tous notaires ou tabellions, tant royaux qu'autres, soit en païs coutumier ou de droit écrit, seront tenus faire signer aux parties et aux témoins instrumentaires, s'ils sçavent signer, tous contrats et actes, soient testamens ou autres qu'ils recevront, dont ils feront mention, tant en la minute que grosse qu'ils en delivreront, à peine de nullité desdits contrats, testamens ou actes, et d'amende arbitraire : et encore que les parties ou témoins ne sçauront signer, lesdits notaires et tabellions feront mention de la réquisition par eux faite ausdites parties et témoins de signer, et de leur réponse : le tout nonobstant toutes lettres de déclaration que lesdits notaires pourroient avoir obtenu au contraire, lesquelles nous avons cassées et révoquées, encores qu'elles ayent esté vérifiées en nos cours de parlement.

(166) Et afin d'obvier aux faussetez et suppositions qui se peu-

commettre pour ce regard, nous voulons qu'ès lieux où jusqu'à présent a esté permis qu'un seul notaire en présence de deux témoins, puisse recevoir et passer contrats, testamens et autres actes, ledit notaire, s'il est ès villes ou gros bourgs, esquels vraisemblablement on puisse avoir témoins qui sçachent signer, et au cas que la partie qui s'oblige ne puisse signer, soit tenu appeler pour le moins un témoin qui sache signer, et lequel actuellement signera avec lui la minute.

(167) Seront aussi tenus nos notaires, mettre et déclarer par lesdits contrats, testamens et actes, la qualité, demeurance et paroisse des parties et des témoins y denommez, la maison où les contrats seront passez, et pareillement le temps de devant ou après midy, qu'ils auront esté faits.

(168) S'il est besoin d'examiner aucuns témoins hors des lieux de la demeurance des juges lesdits juges seront tenus, s'ils en sont requis, octroyer commission addressante aux officiers des lieux, sans qu'ils la puissent refuser. (1)

(169) Tous juges exécutans les commissions qui leur seront addressées prendront pour écrire sous eux le greffier de leur siège, ou son commis, et non leurs clercs, sur peine de nullité: et se contenteront lesdits juges de leur salaire modéré, sans qu'ils prennent aucune part à celui dudit greffier; excepté toutefois par le regard des présidens, conseillers, maistres des requestes, qui ont leurs clercs, desquels ils se pourront servir pour lesdites écritures.

(170) Les originaux des registres et expéditions judiciaires demeureront ès mains des greffiers, et non ès mains des seigneurs justiciers, à peine de perdition de leur justice. Et quant aux greffiers qui sont fermiers, soit de nos greffes ou autres seront tenus au bout de leur ferme, laisser leurs registres, sacs et autres pièces ès mains de leurs successeurs, sur peine d'amende arbitraire, et autre punition s'il y échet.

(171) En toutes jurisdictions, même des cours ecclésiastiques les actes et toutes autres expéditions, seront délivrées aux parties par journées, et selon qu'elles le requèreront, sans pouvoir contraindre lesdites parties à lever toute la procédure, et sans insérer les écritures premières, secondes ou autres, ni pareillement les reproches, contredits ou salvations, mais seront baillées copies desdites escritures, selon le seing des avocats et procureurs,

---

(1) V. l'art. 37 de l'ord. de 1539 et l'art. 6 de l'ordonn. de Roussillon.

nonobstant tout usage ou coutume au contraire : et enjoignons très-expressément à nos procureurs généraux, à leurs substituts d'y tenir la main, et ne permettre ledit abus continuer à l'avenir.

(172) Nous voulons que suivant les ordonnances de nos prédécesseurs, nos huissiers ou sergens puissent exécuter tous mandemens, commissions, sentences et jugemens, sans estre astraints de demander permission, placet, visa; ne pareatis; pourveu toutefois qu'il n'y ait distraction hors du ressort du parlement de la partie contre laquelle tel exploit se fera, sinon qu'il fût question de recours de garantie, ou de jugement et arrest contradictoirement donné par ledit parlement contre ladite partie.

(173) Tous exploits de sergens contenans exécution, saisie et arrest, porteront les jours et le temps de devant ou après midi qu'ils auront esté faits, et mettront lesdits sergens au bas de leurs exploits ce qu'ils auront pris pour leur salaire; ensemble les noms et domiciles de leurs records, tant aux copies qu'ils bailleront à la partie exécutée, qu'en l'original de leur exploit, sur peine d'amende et suspension de leurs offices.

(174) Les sergens qui establiront commissaire au régime et gouvernement d'héritage, feront signer leurs exploits par lesdits commissaires, ou bien par un notaire, à leur requeste en présence de témoins, ou bien par deux témoins, lesquels par exprès seront tenus de signer. Et par faute de notaire ou tabellion, lesdits exploits pourront estre signez par le greffier de la justice des lieux; autrement foy ne sera ajoutée au rapport desdits sergens.

(175) Seront tenus les sergens à peine de nullité de leurs exploits, dépens, dommages et intérêts des parties, déclarer et insérer en leurs exploits et procès verbaux, le domicile que les parties (à la requeste desquels ils exploiteront auront eslû au lieu où lesdites exécutions seront faites.

(176) Nul laboureur ne pourra estre établi commissaire és biens du seigneur duquel il est sujet.

(177) Voulons aussi que l'ordonnance faite à Moulins, par le feu roy nostre très-cher et très honoré seigneur et frère, pour les priviléges des gardes gardiennes et committimus, soit exactement gardée, sans qu'autres que ceux qui sont nommez en ladite ordonnance, puissent joüir desdits priviléges; et ce seulement pour droit que lesdits privilégiez auront de leur chef, ou à cause de leurs femmes seulement, et non en vertu de cession ou transport.

(178) Et afin qu'on ne puisse commettre aucun abus pour le regard de nos avocats et procureurs de nos cours de parlement

(179) Défendons à nos cours souveraines, sur les acquiescemens ou appellations mises au néant, retenir la connoissance de la cause principale, ni pareillement l'exécution de leurs arrests et jugemens, sinon pour ce qui concerne l'interprétation d'iceux; mais leur enjoignons renvoyer la connoissance de la cause au juge d'où provient l'appel, s'il a esté bien jugé, et si la sentence a esté infirmée, à celui qui tient le siége immédiatement après lui, fors ès cas esquels par les ordonnances il leur est permis user de rétention de cause. Et le semblable voulons estre gardé par les juges présidiaux, et autres juges d'appel en leur regard, et tout à peine de nullité des procédures et jugemens, et de tous dépens, dommages et intérests.

(180) Défendons très estroitement à tous notaires de quelque jurisdiction qu'ils soient, de recevoir aucuns contrats d'héritages, soit vendition, donation, échange ou autres, sans que par iceux soit déclaré par exprès en quel fief ou censive sont les choses cédées, et à quelle charge et devoirs elles sont sujettes et relevables envers les seigneurs féodaux et censuels, qui seront aussi particulièrement et spécialement déclarez.

(181) Pour éviter les preuves par témoins, que l'on est souvent contraint faire en justice, touchant les naissances, mariages, morts et enterremens de personnes : enjoignons à nos greffiers en chef de poursuivre par chacun an tous curez, ou leurs vicaires, du ressort de leurs siéges d'apporter dedans deux mois, après la fin de chacune année, les registres des baptêmes, mariages et sépultures de leurs paroisses faits en icelle année. Lesquels registres lesdits curez en personne ou par procureur spécialement fondé, affirmeront judiciairement contenir vérité : autrement et à faute de ce faire par lesdits curez ou leurs vicaires, ils seront condamnez ès dépens de la poursuite faite contr'eux, et néanmoins contraints par saisie de leur temporel, d'y satisfaire et obéir : et seront tenus lesdits greffiers de garder soigneusement lesdits registres pour y avoir recours, et en délivrer extraits aux parties qui le requèreront.

(182) Et d'autant que plusieurs femmes veuves, mêmes ayans enfans d'autres mariages, se remarient follement à personnes indignes de leur qualité, et qui pis est, les aucunes à leurs valets. Nous avons déclaré et déclarons tous dons et avantages, que par lesdites veuves ayans enfans de leurs premiers mariages, seront

faits à telles personnes sous couleur de donation, vendition, association à leur communauté, ou autre quelconque, nuls, de nul effet ou valeur : et icelles femmes lors de la convention de mariages, avons mis et mettons en l'interdiction de leurs biens, leur défendant les vendre, ou autrement aliéner en quelque sorte que ce soit, et à toutes personnes d'en acheter, ou faire avec elles autres contrats, par lesquels leurs biens puissent estre diminuez, déclarons lesdits contrats nuls et de nul effet et valeur.

(183) Nous faisons très-étroites inhibitions et defenses à toutes personnes de quelque état, autorité, qualité ou condition qu'elles soient, sans nul excepter de d'oresnavant entrer en aucune association, intelligence, participation ou ligue offensive ou defensive avec princes, potentats, républiques, communautez, dedans ou dehors le royaume, directement ou indirectement par eux ou par personnes interposées, verbalement ou par écrit, faire aucune levée ou enrollement des gens de guerre, sans nostre expresse permission, congé et licence. Et declarons tous ceux qui s'oublieront tant que d'y contrevenir, criminels de leze majesté et proditeurs de leur patrie, incapables et indignes, eux et leur posterité, de tous estats, offices, titres, honneurs, dignitez, graces, privilèges et de tous autres droits : et en outre, leurs vies et biens confisquez, sans que lesdites peines leur puissent estre jamais remises à l'avenir par lettres ou autrement en quelque manière que ce soit.

(184) Enjoignons à tous nos juges et des hauts justiciers, informer en personne et diligemment, sans divertir à autres actes, des crimes et délits qui seront venus à leur connoissance, vaquer et procéder, toutes choses délaissées, à la confection des procès criminels, selon le contenu au soixante-troisième article de l'ordonnance faite aux estats tenus à Orléans, ensemble faire procès verbal des plaintes et denonciations qui leur auront esté faites des crimes et délits commis en leur ressort. Et afin de connoistre quel devoir et diligence ils y auront fait : enjoignons à nos prévosts, chastelains, et tous autres juges inférieurs d'envoyer aux baillifs et séneschaux ou leurs lieutenans le rôlle des procès criminels qu'ils auront jugez, et lesdits baillifs et séneschaux, envoyer semblable rôlle à nos cours de parlement et procureurs généraux en icelles : lesquels et leurs substituts en chacun siege, et semblablement les procureurs fiscaux des seigneurs, seront tenus faire diligente poursuite et recherche desdits crimes, sans attendre qu'il y ait instigateur, denonciateur ou partie civile, le tout sur

... privation de leurs estats, en cas de connivence ou né[gligence]
... et de tous dépens, dommages et intérests des parties
...

... Les prévosts tant de nos amez et féaux les maréchaux de
... que provinciaux et semblablement les vice-baillifs et lieu[tenants]
... [cri]minels de robe courte, seront tenus, suivant nos ordonnan[ces]
... monter à cheval si-tost qu'ils seront avertis de quelque volerie,
... ou autre délit commis és lieux où ils sont establis, afin
... [d'in]former, prendre et appréhender les délinquans, et aussi
... promptement et sans remise, excuse ou dissimulation,
... [déc]rets et mandemens de justice qui leurs seront délivrez par
... juges et substituts de nos procureurs généraux, encore qu'il
... plainte de partie civile. Le tout à peine de privation de
... [e]stats; et de plus grande selon l'exigence des cas.

... En ajoutant au 44° article des ordonnances faites à Mou[lins]
... voulons et ordonnons que lesdits prévosts des maréchaux,
... baillifs, vice-sénéchaux, ou leurs lieutenans, seront tenus
... [fai]sant l'inventaire des biens de ceux qu'ils arresteront prison[niers]
... appeler un notable bourgeois ou habitant du lieu auquel
... [cap]tures seront faites, et déposer les biens saisis et inventoriez
... [ma]ins d'un voisin ressé[ant] et solvable qui s'en chargera.

... Sur les mêmes peines leur enjoignons de faire leurs che[vauchées]
... par les champs, y vaquer continuellement, sans séjour[ner]
... [au]x villes, sinon pour occupations nécessaires et légitimes,
... [les] procès verbaux de leursdites chevauchées, et iceux commu[niquer]
... à nos juges et procureurs. Défendons aux receveurs et
... [payeu]rs de leurs gages, leur délivrer aucuns deniers, s'ils ne rap[portent]
... acte signé de nos juges et procureurs, contenant qu'ils
... [ont b]ien et düement fait lesdites chevauchées.

... Défendons sur peine de la vie aux prévosts des maré[chaux]
... vice-baillifs et vice-sénéchaux, de vendre les estats de
... [leurs] archers, et ne pourront en prendre aucuns qui ne soient
... [habi]lez, et non leurs domestiques. Et néanmoins seront tenus
... [avant] que les recevoir de les présenter à nos baillifs et sénéchaux,
... [ou leurs] lieutenans, pour estre informé d'office, à la requeste
... [des sub]stituts de nos procureurs généraux, de la qualité, vie et
... [moeurs] de ceux qu'ils voudront commettre ausdites places d'ar[chers]
... et s'il y aura eu aucuns deniers déboursez pour y parve[nir]
... lesdits archers seront tenus se purger par serment avant
... [qu'est]re receus à l'exercice desdites charges.

... Voulons au surplus les ordonnances faites par les rois

nos prédécesseurs, touchant la jurisdiction et règlement des p[ ]vosts des maréchaux : même les articles contenus ès édits [ ]par feu nostre très-cher seigneur et frère, tant aux estats ten[us à] Orléans, que ceux faits à Moulins et à Amboise, estre inviola[ble]ment gardez et observez.

(190) Défendons sur peine de la vie à nos subjets de quelque [qua]lité qu'ils soient, excéder et outrager aucuns de nos magistra[ts,] officiers, huissiers ou sergents, faisans, exerçans et exé[cu]tans acte de justice. Voulons que les coupables de tels cri[mes] soient rigoureusement châtiez, sans espoir de miséricorde, co[mme] ayant directement attenté contre nôtre autorité et puissan[ce.] Faisons très-étroites inhibitions et défenses à tous princes, s[ei]gneurs et autres, qui ont cet honneur d'approcher de nostre p[er]sonne, faire aucune requeste pour obtenir grace, pardo[n ou] rémission pour lesdits coupables : et si par importunité au[cune] chose estoit accordée par nous, ne voulons nos juges y a[voir] égard, quelque jussion ou dérogation que nous ferions ci-[après] à la présente ordonnance.

(191) Voulons que les ordonnances qui ont esté faites, [tant] par les rois nos prédécesseurs, que par le feu roy nostre t[rès] cher seigneur et frère : même par les édits faits tant à Mo[ulins] qu'à Amboise, contre ceux qui font résistance aux juges et c[om]missaires exécuteurs des arrests et jugemens souverains, et ti[en]dront fort dedans leurs maisons et chasteaux contre la justi[ce et] décrets d'icelles, n'obéissans aux commandemens qui leur s[ont] faits, soient entièrement et rigoureusement observées et ent[rete]nuës, sans que, par nos cours de parlemens, ou autres juges, [les] peines contenuës en iceux édits puissent être modérées.

(192) Ce que semblablement voulons estre observé contre l[es] hauts justiciers qui souffriront ports d'armes, forces et violen[ces] estre faites en leurs terres, seigneureries et justices, et n'en f[e]ront poursuites, lesquels dès à présent comme dès lors nous d[é]clarons privez de leursdites justices, qui seront unies et incorp[o]rées à nostre domaine : et les officiers en cas de connivence [ou] dissimulation, privez de leurs estats, sans espérance d'y pou[voir] jamais estre remis.

(193) Et d'autant que plusieurs de nos sujets donnent conf[ort] aident et recèlent les coupables, contre lesquels il y a décret p[our] crime et délit : même qu'aucuns desdits coupables se retire[nt à] la suite desdits seigneurs qui sont près de nostre personne, [ou] parmi nos gardes, où les sergens n'osent les appréhender

... les décrets de justice : défendons à tous nos sujets de
... estat et qualité qu'ils soient, de recevoir ni receler au-
... cusez et poursuivis en justice pour crime et délit, ains
... enjoignons de les mettre ès mains de ladite justice, sur
... d'estre punis de la même peine que seront les coupables.
... dons et enjoignons en outre aux capitaines de nos gardes,
... de nôtre hostel, ou lieutenans, si-tost qu'ils en seront
... interpellez ou avertis, d'appréhender, tant lesdits cou-
... qui se retireront à nostre suite, ou parmi nos gardes, que
... aussi qui les auront recelez et favorisez, pour estre punis
... la rigueur de nos ordonnances, sur peine d'en répondre en
... propre et privé nom des reparations, dommages et interets
... aux parties intéressées.

...) Nous voulons que les édits et ordonnances faites par les
... prédécesseurs pour les meurtres de guet-à pens, soient
... ment gardées et observées, tant contre les principaux au-
... que ceux qui les accompagneront, pour quelque occasion
... texte que lesdits meurtres puissent estre commis, soit pour
... querelles, ou autrement : dont nous n'entendons estre
... lettres de grace ou remission. Et où aucunes par impor-
... seront octroyées, défendons à nos juges d'y avoir aucun
... encore qu'elles fussent signées de nôtre main, et contre-
... par un de nos secrétaires d'estat.

...) Et pour le regard des assassins, et ceux qui, pour prix
... ou autrement, se loüent pour tuer, outrager, exceder
... , ou recourre prisonniers pour crime, des mains de jus-
... ensemble ceux qui les auront loüez ou induits pour ce faire :
... voulons la seule machination et attentat estre puni de peine
... , encore que l'effet ne s'en soit ensuivi, dont aussi n'en-
... donner aucune grace ou rémission. Et où aucune par
... unité seroit octroyée, défendons à nos juges y avoir égard,
... qu'elles fussent signées par nos secrétaires d'estat.

...) Et afin d'empêcher la fréquence des meurtres et vole-
... se commettent par les champs avec toute impunité,
... enjoignons à tous hauts justiciers, et leurs officiers des lieux
... eux se commettront, ensemble aux habitans des plus
... villages, de poursuivre en toute diligence, inconti-
... ils auront connoissance des malfaicteurs pour les appré-
... et constituer prisonniers, si faire se peut. Sinon faire di-
... perquisition et remarque de la façon de leurs habits,
... et chevaux, et du lieu de leur retraite, dont sera fait pro-

cès verbal. Le tout sur peine ausdits hauts justiciers de p[erdre]
les droits de leur justice, et à leurs officiers de leurs estats,
habitans desdits villages, de grosses amendes, applicables [moitié]
à nous, et moitié aux excédez, ou leurs héritiers.

(197) Enjoignons à tous habitans des villes, bourgs et vil[lages]
faire tout devoir de séparer ceux qu'ils verront s'entrebattre [à]
épées, dagues, ou autres bâtons offensifs, et d'appréhend[er et]
arrester les délinquans, pour les livrer ès mains de justice. (1)

(198) Et parce que nous avons esté avertis que plusieurs [vol-]
leries, meurtres et assassinats se commettent par les champ[s par]
personnes masquées : nous voulons qu'il leur soit couru sus [par]
les autoritez de justice, et avec les officiers d'icelle en toute [forme]
d'hostilité et à son de toxin, et qu'étant appréhendez, ils so[ient]
punis par les juges des lieux sans dissimulation.

(199) Les addresses de graces, pardons et rémissions obte[nues]
par les personnes n'estans de noble condition, seront faites [aux]
juges ordinaires, ressortissans nûement et immédiatement [à]
nos cours de parlement. Et quant aux gentils hommes, e[t offi-]
ciers, voulons l'édit d'Amboise être inviolablement gardé.

(200). Ne sera par nous accordé aucun rappel de ban o[u]
galères, à ceux qui ont esté condamnez par arrest de nos [cours]
souveraines. Et où par importunité ou autrement en seroie[nt]
nous accordez avec clause d'adresse à autres juges, leur d[éfen-]
dons d'y avoir aucun égard, ne d'en entreprendre connai[ssance]
quelque attribution de jurisdiction qui leur en puisse estre [faite.]
Néanmoins faisons défenses très-étroitement à tous capitaine[s de]
galères, leurs lieutenans, et à tous autres, de retenir ceux [qui]
y seront conduits, outre le temps porté par les arrests ou [sen-]
tences de condamnation, sur peine de privation de leurs esta[ts.]

(201). Les juges présidiaux connoistront par concurre[nce et]
prévention des cas attribuez aux prévosts des maréchaux, [des]
baillifs et vice sénéchaux, et pourront instruire les procès [et]
juger en dernier ressort au nombre de sept, selon la forme [por-]
tée par les ordonnances, même par celles faites à Moulins, e[n]
1566.

(202) Faisons inhibitions et défenses à toutes personne[s de]
quelque estat, sexe et condition qu'elles soient, d'exercer [au-]
cune usure, ou prester deniers à profit et intérest, ou b[ail-]

---

(1) V. l'art. 615 de l'ord. d'Orléans.

... à perte de finance, par eux ou par autre, encore ... fût sous prétexte de commerce. Et ce sur peine pour la ... fois d'amende honorable, bannissement et condamna... grosses amendes, dont le quart sera adjugé aux dénoncia... et pour la seconde, confiscation de corps et de biens. Ce ... vraisemblablement nous voulons estre observé contre les ..., médiateurs et entremetteurs de tels trafics et con... ... et réprouvez; sinon au cas qu'ils vinssent volontai... à révélation, auquel cas ils seront exempts de ladite ...

...) Enjoignons à tous juges enquesteurs, commissaires, ... et sergens, d'examiner les témoins qui seront ouïs ès ...mations sur la pleine vérité du fait, tant de ce qui concerne ... que décharge des accusez; ensemble enquérir desdits ..., s'ils sont parens ou alliez des parties, et en quel degré ...stiques et serviteurs d'icelles, et en faire faire mention ...encement de leurs dépositions, sur peine de nullité et ...pens, dommages et intérests des parties, qu'elles pourront ... sur ceux qui feront telles obmissions.

...) Ordonnons que tous nos sujets de quelque estat, qua... condition qu'ils soient, qui se trouveront avoir impétré de ... de confiscations ou d'amendes, auparavant le juge... condamnation et adjudication, ou aucuns offices aupa... la vacation, ou reliquats des comptes auparavant la clos... ...ceux, soient privez non-seulement des choses données, ... condamnez en une amende de pareille valeur; et outre, ... indignes et incapables d'obtenir aucune chose de nous à ... défendant à tous nos juges d'avoir aucun égard ausdits ... et procéder contre les impétrans d'iceux, suivant la rigueur ... ordonnances, sans que les peines contenuës en icelles ... estre modérées.

...) Voulons que les ordonnances faites contre les banque... et ceux qui doleusement et fraudulentement font fail... cessions de biens soient gardées, et que telles tromperies ... soient extraordinairement et exemplairement punies.

...) Les grands-jours se tiendront tous les ans aux provinces ...taines de nos parlemens (suivant le département qui en ... nous fait) par le temps et espace de trois mois, et plus ... Ausquels grands-jours seront tenus les gouverneurs, ...tenans-généraux des provinces, avec les baillifs et séné-

chaux d'icelles, assister en leur personne pour tenir main [forte à]
la justice et exécution des arrests.

(207) Et sur la requeste qui nous a esté faite par nos estats, [de]
faire revoir les ordonnances faites par les rois nos prédéces[seurs,]
aucunes desquelles ont esté révoquées et abrogées, les autres [ne]
s'observent; à la publication d'aucunes, nos cours souver[aines]
ont ajouté certaines modifications, contenuës en leur reg[istres]
inconnuës à nos sujets: nous avons avisé de commettre cert[aines]
personnages pour recueillir et arrester lesdites ordonnances, [ré]
duire par ordre en un volume celles qui se trouveront utiles [et]
nécessaires; et pareillement rédiger, réformer et éclaircir [le]
mieux qu'il sera possible les constitutions particulières et loc[ales]
de chacune province.

(208) Cependant voulons que les ordonnances faites tant [par]
nous, que par les rois nos prédécesseurs, qui ont esté pub[liées]
en nos cours de parlemens, mêmement celles concernans le [fait]
de la justice, et qui depuis n'ont esté révoquées ni modérées, [et]
ne le sont par ces présentes, signamment celles faites par le [feu]
roy notre très-honoré seigneur et frère, à Orléans, Roussil[lon,]
Moulins et Amboise, soient inviolablement gardées et observ[ées.]
Enjoignons à tous nos juges, magistrats, officiers et autres j[usticiers]
tant des seigneurs ecclésiastiques que séculiers, de les gard[er et]
faire garder exactement, tant és jugemens des procès, qu'a[utre]
ment, sans y contrevenir, ni s'en dispenser, ni modérer [les]
peines contenuës en icelles, pour quelque occasion, et s[ous]
quelque prétexte que ce soit, d'équité ou autrement: [dé]
clarant les jugemens, sentences et arrests qui seront don[nés]
contre la forme et teneur d'icelles, nuls, et de nul effe[t et]
valeur. Et seront tenus nosdits juges, procureurs et offi[ciers]
des sièges inférieurs, à peine de privation de leurs estats, [de]
faire par chacun an recüeil de nos ordonnances mal obser[vées]
en leurs sièges, et les renvoyer en nos cours de parlement de l[eur]
ressort, et à nos procureurs généraux en icelles, avec mém[oire]
des occasions dont telles fautes procéderont, afin d'y estre [par]
nosdites cours pourvu.

(209) Les maitres des requestes ordinaires de nostre hostel [fe]
ront leurs chevauchées par toutes les provinces de nostre roy[au]
me, selon le département qui à ces fins sera fait par chacun [an]
par notre garde des sceaux, auquel ils rapporteront leurs pro[cès]
verbaux des contraventions qu'ils trouveront avoir esté faite[s]

...nances, et autres cas qui mériteront punition et correc-

...) Avons dès à présent révoqué et supprimé, révoquons et ... tous estats, tant ordinaires qu'extraordinaires, de ... qualité et condition qu'ils soient, de judicature, ou au... créés et érigez de nouveau, dont les lettres d'érection et créa... se trouveront avoir esté vérifiées en nos cours de parle..., chambres des comptes et cours des aydes.

...) Et quant à ceux qui ont esté érigez depuis le règne du ... Henry nostre très-honoré seigneur et père, par édits vérifiez ...dites cours et chambres des comptes, les avons, vacation ... par mort, supprimez et supprimons, et néanmoins per... aux provinces, villes et communautez qui se sentiront ...ées et foulées desdits estats, de les pouvoir faire supprimer ... présent, en les remboursant des deniers par eux actuelle... payez, et qui sont entrez en nos finances sans fraude.

...) Et pour réduire le nombre effréné de nos officiers, avons ...é que les offices de présidens, maistres des requestes, ...llers et autres nos officiers, en toutes nos cours souveraines, ... supprimez, comme dès à présent nous les supprimons, ... vacation en adviendra ci-après, soit par mort, forfaiture ...mpatibilité, jusques à ce qu'ils soient réduits au nombre ... ensuit.

...) A sçavoir pour nostre cour de parlement de Paris, au ... de quatre présidens, seize maistres des requestes, quatre ...llers clercs, y compris les présidens des enquestes, et ...te conseillers laïcs, y compris les présidens, conseillers et ...saires des requestes du palais, nos deux avocats et pro... général, les greffiers civil, criminel et des présentations, ... quatre notaires et secrétaire de nostredite cour, douze huis... et un payeur de leurs gages.

...) Pour nostre cour de parlement de Toulouse, au nombre ... quatre présidens, dix conseillers clercs, vingt-quatre conseil... laïcs, un avocat et un procureur général, un greffier civil ... criminel et huit huissiers.

...) Pour nostre cour de parlement de Bourdeaux, au nombre ... présidens, six conseillers clercs et dix-huit conseillers ..., un avocat et un procureur général pour nous, un greffier ... et criminel, six huissiers.

...) Pour nostre cour de parlement de Bourgogne, au nom... de deux présidens, six conseillers clercs, seize conseillers laïcs, un avocat, un procureur général, un greffier et h[uissiers].

(217) Pour nostre cour de parlement de Bretagne, au no[mbre] de quatre présidens, qui est deux pour chacune séance, un a[vo]cat et un procureur général qui seront François, huit con[seillers] clercs et vingt-quatre conseillers laïcs, qui seront moitié Fra[n]çois, moitié Bretons, un greffier et dix huissiers pour servir [aux] deux séances.

(218) Pour nostre cour de parlement de Roüen, trois prési[dens,] six conseillers clercs, dix-huit conseillers laïcs, un avocat, [un] procureur général, un greffier et six huissiers.

(219) Pour nostre cour de parlement de Dauphiné, deux p[ré]sidens, quatre conseillers clercs, douze conseillers laïcs, un a[vo]cat, un procureur général, un greffier et quatre huissiers.

(220) Pour nostre cour de parlement de Provence, trois p[ré]sidens, six conseillers clercs, dix-huit conseillers laïcs, un avoc[at,] un procureur général, un greffier, six huissiers.

(221) Pour le regard de nostre grand conseil au nombre de d[eux] présidens et vingt-quatre conseillers, qui est douze par chac[une] séance, un avocat et un procureur général, un greffier et h[uit] huissiers : lesquels présidens seront du nombre des maistres [des] requestes ordinaires de nostre hostel, et ne pourront demeu[rer] présidens quand ils se démettront desdits offices de maistres [des] requestes.

(222) Pour nostre cour des Aydes à Paris, deux présiden[s,] douze conseillers, un avocat, un procureur général, un gre[ffier] et six huissiers.

(223) Et pour celle de Montpellier, deux présidens, six gé[né]raux, un procureur pour nous, un greffier et quatre huissiers.

(224) Pareillement avons supprimé et supprimons, vaca[nce] avenant par mort, forfaiture, ou incompatibilité, les préside[ns,] maistres, correcteurs, auditeurs et huissiers de nos chambr[es] des comptes, jusques à ce qu'ils soient réduits au nombre q[ui] s'ensuit.

(225) A sçavoir pour celle de Paris, à quatre présidens, vin[gt] maistres des comptes, quatre correcteurs et seize auditeurs, n[os]tre procureur, un greffier, un garde des livres et huit huissie[rs.]

(226) Pour Bretagne, à deux présidens, huit maistres d[es] comptes, six auditeurs, un procureur pour nous, un greffie[r et] quatre huissiers.

(227) Pour Dijon, à deux présidens, huit maistres des c[omptes]

auditeurs, un procureur, un greffier et quatre huissiers.

(228) Pour Montpellier, à deux présidens, six maistres, six auditeurs, un procureur, un greffier et six huissiers.

(229) Pour la chambre des comptes de Dauphiné, à un président, quatre maistres rationnaux, deux auditeurs, un procureur pour nous, un greffier et deux huissiers.

(230) Pour nostre chambre des comptes et cour des Aydes establie en Provence, à deux présidens, six maistres rationnaux, quatre auditeurs, un procureur pour nous, un greffier et six huissiers.

(231) Et quant à nostre chambre des comptes de Blois, ensemble la cour des Aydes establie à Montferrand, nous avons résolu à y pourvoir cy-après.

(232) Et pour le regard de nostre cour des Monnoyes, nous en avons supprimé et supprimons les officiers, jusques à ce qu'ils soient réduits au nombre de deux présidens seulement, huit conseillers généraux desdites monnoyes, un procureur pour nous, un greffier et quatre huissiers, vacation avenant comme dessus.

(233) Et pour la chambre du trésor, à six conseillers, un procureur pour nous, un greffier et quatre huissiers.

(234) Auquel nombre susdit nous entendons que lesdites compagnies soient doresnavant réglées et réduites, sans que nous, ni nos successeurs rois les puissent en aucune sorte augmenter. Et si aucunes lettres estaient cy-après par nous accordées en forme d'Edit ou autrement, nous les avons déclarées et déclarons nulles. Défendons à nostre amé et feal garde des sceaux les sceller, et à nos cours les vérifier.

(235) Et pour le regard des siéges présidiaux, nous avons aussi supprimé et supprimons par ces présentes, et vacation avenant par mort ou forfaiture, ou autrement, les conseillers, huissiers audienciers, et autres nouvellement érigés esdits siéges, depuis l'érection qui en fut faite par le feu roy Henry nostredit seigneur et père, jusqu'à ce qu'ils soient réduits au nombre de leur première érection et establissement, que nous ne voulons estre aucunement decru, ni augmenté, fors néanmoins et exceptés les offices de conseillers clercs, qui ont esté creez esdits siéges du temps du feu roy Charles nostredit seigneur et frère, à la requeste du clergé de nostre royaume, esquels sera pourvû à personnes de suffisance et qualité requise, suivant l'édit sur

ce fait. Semblablement avons supprimé, avenant vacation comme dessus, les sièges présidiaux ci-devant establis en aucuns sièges particuliers de nos bailifs et sénéchaux, et ordonné qu'il n'y aura qu'un siège présidial au principal siège et ville capitale de chacun bailliage et sénéchaussée.

(236) Pareillement avons supprimé et supprimons comme dessus les estats des présidens présidiaux : voulons néanmoins qu'avenant vacation auparavant ladite supression des estats de lieutenans généraux en aucuns desdits sièges, les présidens présidiaux qui seront lors en iceux, seront pourvus desdits estats de lieutenans généraux, demeurant en ce cas l'estat de président supprimé.

(237) Et pour ce qu'en plusieurs bailliages et sénéchaussées de nostre royaume, il y a un lieutenant général, lieutenant particulier et lieutenant criminel de robbe longue ; nous voulons qu'avenant vacation de celui de lieutenant criminel, il demeure supprimé pour estre uni à l'estat de lieutenant général, afin qu'il ne demeure qu'un lieutenant général et un particulier en chacun bailliage et sénéchaussée, excepté toutefois ès villes où il y a parlement, et ensemble celles de Lyon, Poictiers, Orléans, Tours, Troyes, Ryom, Angers, Sens et le Mans, esquelles les lieutenans criminels demeureront, pour y estre exercez lesdits estats, ainsi que par cy-devant.

(238) Avons aussi supprimé et supprimons, vacation avenant comme dessus, tous les conseillers créez et establis ès sièges subalternes des bailliages et sénéchaussées, vicomtez, prévostez, et généralement tous autres estats y establis, jusques à ce qu'ils soient réduits au nombre qu'ils estaient à l'avénement à la couronne de nostredit seigneur et père.

(239) Et quant à la suppression requise par les députez du tiers estat, des sièges et jurisdictions des juges et consuls par nous establis en plusieurs villes de nostre royaume : ordonnons que lesdits sièges demeureront seulement ès principales et capitales des provinces de ce royaume, esquelles y a grand train et trafic de marchandise : et à cette fin enjoignons à nos procureurs généraux de nos parlemens, de nous envoyer les noms et nombre des villes qui peuvent commodément porter lesdits sièges et Jurisdictions, pour y estre par après plus particulièrement par nous pourvû : et pour le regard de la suppression desdits sièges aux autres villes, avons différé y pourvoir ci-après.

(240) Et néanmoins nous avons dès à présent supprimé et

l'establissement desdits sièges, fait ès villes inférieures, ausquelles n'y a affluence de marchands, et avons renvoyé et renvoyons les causes pendantes et indécises esdits sièges pardevant les juges ordinaires des lieux : ausquels nous enjoignons de vuider sommairement les procès de marchand à marchand, et pour fait de marchandise, sans tenir les parties en longueur de procès ni les charger de plus grands frais, qu'elles eussent supportez pardevant lesdits juges et consuls, sur peine de concussion.

(241) Pareillement avons revoqué et révoquons les édits par ci-devant faits, par lesquels les charges de procureurs ont esté érigés en titres d'offices formez, tant en nos cours souveraines qu'autres, voulans à l'avenir quand il y aura lieu d'en recevoir, qu'il y soit pourvu de personnes capables et de suffisance requise, comme au précédent lesdits édits : entendons néanmoins que les ordonnances des rois nos prédécesseurs touchant la suppression desdites charges et estats, et les réglemens par cy-devant faits pour la réduction du nombre desdits procureurs, soient entièrement gardées et observées.

(242) Et quant aux offices de nos finances pour ce qu'il est bien requis d'aviser à la réduction d'iceux, et autres dont le nombre se trouve aujourd'hui si grand que la meilleure partie de nostre revenu, qui devrait servir à l'entretenement de nostre estat et subvention de nos affaires, se consomme au paiement des gages d'officiers : nous mûs d'un singulier désir de remettre les choses de nostre royaume au plus près qu'il sera possible de leur bon et pristin estat; avons, quand vacation adviendra par mort, forfaiture, ou incompatibilité, supprimé et supprimons les offices de trésoriers de France, généraux de nos finances, jusques à ce qu'ils soient réduits à un seul, qui sera l'estat de trésorier de France, et général des finances en chacun des dix-neuf bureaux et généralités de présent establis. Lesquels nous voulons néanmoins, vacation avenant de nos officiers, estre réduites en dix-sept, selon qu'elles estaient au temps du feu roy François I, nostre ayeul : qui sont Paris, Châlons, Amiens, Rouen, Caen, Lyon, Riom, Tours, Bourges, Poitiers, Nantes, Toulouse, Montpellier, Bourdeaux, Bourgogne, Dauphiné et Provence.

(243) Et quant aux offices de receveurs et controlleurs généraux de nosdites finances, tant anciens qu'alternatifs et controlleurs généraux des rentes de nos hostels des villes de Paris et de Rouen, avenant aussi vaccation d'iceux comme dessus, demeu-

reront supprimez, comme dès à présent nous les supprimons, jusques à ce qu'ils soient réduits à un recevenr général et à un controlleur général en chacun bureau et hostel de ville.

(244) Nous supprimons en semblable, les receveurs et controlleurs généraux du taillon, vacation avenant, comme dessus est dit, pour estre les deniers dudit taillon reçus par nos receveurs généraux et mis en un coffre à part, duquel les controlleurs généraux de nos finances, chacun en sa charge, aura une clef et en seront registres séparement, pour en après les deniers estre mis ès mains des trésoriers ordinaires des guerres.

(245) Nous entendons aussi demeurer supprimez, vacation avenant comme dessus, les receveurs et controlleurs des aydes, tailles et taillon, les grenetiers et controlleurs généraux et particuliers des greniers à sel, et tous les élus en chacune élection, ensemble tous autres officiers qui y peuvent avoir esté de nouveau érigez, jusques à ce qu'ils soient réduits au nombre de leur première érection et establissement.

(246) Nous avons en semblable, ladite vacation avenant comme dessus, supprimé les eslections qui ont esté nouvellement créées, tant par le feu roy Charles nostre très-honoré seigneur et frère, que par nous, pour demeurer les villes, lieux et villages desquels elles ont esté composées, aux mêmes tables et élections qu'elles faisaient auparavant : semblablement les chambres à sel et officiers d'icelles.

(247) Nous entendons aussi estre compris en la présente suppression les grands maistres des eaues et forests par nous nouvellement érigez, pour estre lesdits estats réduits à un seul office, vacation avenant, comme dessus est dit : semblablement les receveurs des bois, selon qu'ils estaient du temps de nostredit feu seigneur et frère.

(248) Et quant aux offices de nostre gendarmerie, nous avons semblablement supprimé et supprimons, vacation avenant, comme dessus est dit, des offices de commissaires ordinaires des guerres, jusques à ce qu'ils soient réduits à trente, les offices de controlleurs généraux des guerres, jusques à ce qu'ils soient réduits à un seul; les offices de controlleurs provinciaux et controlleurs ordinaires desdites guerres, et des payeurs de compagnies de nostre gendarmerie, jusques à ce qu'ils soient réduits au nombre de trente controlleurs et trente payeurs, défendans très-expressément à tous marchands, faisans trafic de marchandise, de se faire pourvoir desdits offices de payeurs de compagnies;

peine de perdition d'iceux, et ausdits payeurs de faire aucun trafic de marchandise.

(249) Pour le regard des offices comptables de nostre maison, et autres qui sont à nostre suite, nous avons ordonné, que vacation avenant, comme dessus est dit, de l'un des offices de trésoriers des parties casuelles, de trésoriers de nostre maison, maistre de la chambre aux deniers, de nos argentiers, des receveurs de nostre écurie, et des controlleurs desdites charges : semblablement de l'un des offices des trésoriers de nostre vénerie et fauconnerie, des trésoriers des menuës affaires de nostre chambre, et des trésoriers des offrandes, ils demeurent supprimés, comme nous les supprimons, jusques à ce qu'ils soient réduits à un seul, pour chacune charge, ainsi qu'ils estaient lors du décès du feu roy François nostre ayeul. Le semblable sera par les offices de trésoriers des deux cents gentils-hommes de nostre maison, des payeurs de chacune compagnie de nos gardes et de la prévosté de nostre hostel, lesquels demeureront aussi supprimez, comme nous les supprimons dès à présent, vacation avenant, comme dessus est dit, jusques à ce qu'ils soient réduits à un seul, pour chacune charge.

(250) Nous entendons aussi vacation avenant des offices de trésoriers de l'extraordinaire des guerres et des réparations, qu'ils demeurent supprimez, jusques à ce qu'ils soient réduits ainsi qu'ils estaient à l'avénement à la couronne du feu roy nostre très-honoré seigneur et père.

(251) Et pour le regard des offices de nostre chancellerie, les audienciers et controlleurs de la chancellerie de France, seront aussi supprimez, comme nous les supprimons dès à présent vacation avenant, ainsi que dessus est dit, jusques à ce qu'ils soient réduits à un seul office de chacun estat.

(252) Nous entendons estre observé le semblable ès chancelleries de Paris, Rouen, Toulouse, Bourdeaux, Bourgogne, Provence, Dauphiné et Bretagne : et en cette présente suppression nous comprenons les secrétaires de nos finances et greffiers de nostre conseil, jusqu'à ce qu'ils soient réduits selon qu'ils estoient lors du décès du feu roy Henry nostre très-honoré seigneur et père. Item, les quarante secrétaires qui ont esté nouvellement créez par nostredit seigneur et frère le roy Charles, vacation avenant d'iceux, comme dessus est dit : ensemble les autres (qui se trouvent supernuméraires, et outre le nombre de dix-vingt de l'ancien establissement du collège de nos ames et

feaux notaires et secrétaires de la maison et couronne de France, avenant aussi vacation d'iceux offices, comme dessus est dit, sans que cy-après, lors de ladite vacation, il puisse estre par nous pourvû jusques à ce que ladite réduction soit faite.

(253) Et généralement voulons estre compris en cette présente suppression, tous offices de judicature, de finance, greffiers, sergens, collecteurs des tailles, notaires et gardenotes, et semblablement les gardes des petits sceaux, et autres qui se trouveront érigez de nouveau, depuis le règne de nostredit seigneur et frère, jusqu'à ce qu'ils soient réduits selon qu'ils estoient lors du trépas du feu roy François nostre ayeul, réservez toutefois ceux qui sont ci-dessus particulièrement déclarez : et où il aviendroit que par importunité ou autrement, aucuns édits fussent ci-après expédiez, contenans rétablissement desdits offices, les avons dès à présent déclarez nuls; et néanmoins avenant vacation desdits offices de gardes des petits sceaux, les droits et émolumens anciens desdits sceaux, qu'on avait accoutumé de prendre auparavant l'érection desdits estats, demeureront unis et annexez à nostre domaine.

(254) N'entendons toutefois empêcher pour cela la provision des officiers de nouvelle création, dont les édits ont esté ja publiés en aucune de nos cours, ausquels n'a esté encore pourvû, ce que voulons estre fait de personnes suffisantes et capables, et procédé à leur réception, nonobstant et sans préjudice de nostre présent édit, et pour après vacation avenant, demeurer supprimez comme les autres.

(255) Avons pareillement supprimé et supprimons, comme dessus est dit, vacation avenant par mort ou forfaiture, les offices d'enquesteurs de tous les siéges de nostre royaume, tant de l'ancienne que nouvelle création.

(256) Et pour ce que la principale force de nostre couronne gît et consiste en nostre noblesse, en la diminution de laquelle est l'affoiblissement de l'estat : Nous voulons et entendons qu'elle soit conservée et maintenue en ses anciens honneurs, droits, franchises et immunitez accoutumées.

(257) Et à cette fin voulons estre gardée l'ordonnance faite sur la remontrance des estats tenus à Orléans, contre ceux qui usurpent faussement et contre vérité le nom et titre de noblesse, prendront le nom d'écuyer, ou porteront armoiries timbrées, lesquels nous entendons estre mulctez d'amendes arbitraires par

... à la diligence et poursuite de nos procureurs chacun en ... siège.

(258) Les roturiers et non nobles achetans fiefs nobles, ne se... pour ce annoblis, ni mis au rang et degré des nobles, de ... que revenu et valeur que soient les fiefs par eux acquis.

(259) N'entendons que par ci-après aucun soit reçu aux estats ... gentilshommes de nostre chambre, ou ès compagnies de ... gentilshommes, ni aux places de nos maistres d'hostel; ...hommes servans et écuyers d'écurie, qu'ils ne soient ... de race : et si aucuns s'en trouvent qui ne soient de ladite ...lité, y sera par nous pourvû d'autres en leur place.

(260) Semblablement avons défendu aux capitaines de nos ...des, de recevoir aux estats d'archers de leurs compagnies, ...uns qui ne soient gentilshommes, capitaines ou soldats si-...ez, et sans que lesdits estats puissent estre vendus directe-...t ou indirectement.

(261) Nul ne pourra estre reçu aux estats de nostre maison, ...'il n'a esté trois ans entiers de nos ordonnances, ou capitaine ... chef des gens de pied.

(262) Et afin d'exciter et stimuler nostre noblesse, de s'appli-...er à l'étude des sciences requises et nécessaires par espérance ... parvenir aux honneurs et dignitez de nostre royaume, pour ... maniement de nos affaires et administration de la justice, ... nous les voulons et entendons gratifier ci-après, quand ils ... trouveront suffisans et capables : voulons à la nomination qui ... sera faite par nos cours de parlemens, pour les estats ...celles, qu'entre les autres soit nommé un de la noblesse, s'il ... trouve de la qualité et suffisance requise par nos ordon-...nces.

(263) Et d'autant que les offices de baillifs et sénéchaux de nos ...vinces, sont de ceux auxquels pour la grandeur de la charge ... ils sont appellez, est très-nécessaire de pourvoir de personnes ... respect : ordonnons que nul ne sera par ci-après pourvû aus-... estats, qu'il ne soit de robe courte, gentilhomme de nom et ...armes, agé de trente ans pour le moins, et qui auparavant ... commandé en l'estat de capitaine, lieutenant, enseigne, ... guidon des gens d'armes de nos ordonnances, lesquels offices ... pourront estre vendus directement ou indirectement, sur les ... ...es de nos ordonnances.

(264) Et afin qu'aux vacations qui adviendront, nous puissions ... ...lection de personnages dignes et capables : Nous enjoi-

gions aux gouverneurs et lieutenans généraux de nos provinces de nous envoyer une liste des plus notables seigneurs et gentilshommes ayans les qualitez ci-devant déclarées et requises ès baillifs et sénéchaux, ensemble le nom, âge, et qualité de ceux qui de présent sont pourvûs desdits estats.

(265) Et pour ce que plusieurs qui ne sont de la qualité requise par nos ordonnances, ont esté reçus aux estats de baillifs et sénéchaux de nos provinces; nous leur enjoignons dedans un [mois] pour toutes préfixions et délais, nous nommer personnes capables pour en estre pourvûs : et à faute de ce faire dedans ledit temps, icelui passé, avons déclaré et déclarons dès-à-présent leurs offices vaquans.

(266) Nosdits baillifs et sénéchaux pourront, si bon leur semble, assister à tous jugemens qui se donneront en leurs sièges, sans néanmoins y avoir voix, n'opinion délibérative, ni [pouvoir] ce prétendre aucun émolument : tous lesquels baillifs et sénéchaux seront tenus faire continuelle résidence en leurs provinces, suivant nos édits : et en faisant leurs chevauchées, avoir l'œil [et] tenir la main forte à la justice.

(267) Et afin que nous ayons moyen de récompenser nostre noblesse, et que plusieurs se puissent ressentir de nos libéralités et bienfaits : Nous avons déclaré et déclarons que nous n'entendons par ci-après qu'aucun puisse estre pourvû de deux estats, charges et offices, mêmement des estats de grand maistre, maréchal ou admiral de France, grand chambellan, grand maistre de l'artillerie, général des galères, grand écuyer, colonel de gens de pied, gouverneur de province : lesquels nous avons déclaré et déclarons incompatibles, et ne pouvoir estre tenus à l'avenir conjointement par une même personne, quelque dispense qui en puisse estre obtenue de nous.

(268) Pareillement ne pourront les colonels ou maistres de camp de gens de pied, général ou capitaines des galères, avoir compagnies de gens d'armes.

(269) Quiconque sera pourvû d'offices, ou couché en estat de nostre maison, ne pourra estre en estat ou office d'aucun autre prince ou seigneur quel qu'il soit ; autrement sera l'estat ou office qu'il tient de nous, réputé vaquant ; et dès-à-présent entendons que ceux qui en tiennent, soient contraints opter l'un desdits estats dans trois mois après la publication de la présente ordonnance.

(270) Vacation avenant de l'estat des maréchaux de France

s'entendons y pourvoir jusqu'à ce qu'ils soient réduits au [nombre] de quatre, comme auparavant, la moitié desquels [sera] ordinairement près de notre personne, et les autres [pour] les chevauchées accoutumées : et outre le serment [qu'ils] presteront en nos mains, en les pourvoyans desdites char[ges] feront autre serment en nostre cour de parlement à Paris, [ainsi] qu'ils souloient faire par ci-devant.

71) Les gouverneurs des provinces de nostre royaume, se[ront] réduits à la forme ancienne au nombre de douze, et en cha[cun] desdits gouvernemens n'y aura qu'un gouverneur et un lieu[tenant], excepté néanmoins nostre province de Normandie, et [avons] révoqué et révoquons par ces présentes, tous gouverneurs [qui] auront esté par ci-devant instituez ou commis aux villes de [nostre] royaume, par la nécessité de la guerre pendant les troubles, [quelques] commissions qu'ils en ayent de nous.

72) N'entendons plus d'oresnavant admettre aucunes rési[gnations] desdits estats de gouverneurs.

73) Seront tenus lesdits gouverneurs de résider en leurs gou[verne]mens, et exercer en personne leurs estats, six mois de l'an [pour] le moins. Et quant aux lieutenans, feront continuelle rési[dence], sans pouvoir partir desdites provinces, même en l'ab[sence] du gouverneur, sinon par nostre congé et permission [expresse].

74) Voulons que les ordonnances faites par les rois nos pré[décesseurs], pour le règlement du pouvoir et connaissance des [gouverneurs] de nos provinces, même l'édit fait à Moulins par [nostre] très-cher et très-honoré seigneur et frère le roy Char[les, soit] entièrement gardé et observé : et en ce faisant avons [déclaré] que lesdits gouverneurs ne peuvent, et leur défendons [d'octroyer] aucunes lettres de grace, et rémission et pardon, foires [et] marchez, et légitimations, et autres semblables, d'évoquer les [causes] pendantes pardevant les juges ordinaires, leur interdire la [connoi]ssance d'icelles, et s'entremettre aucunement du fait de [la jus]tice : leur enjoignons toutefois, où besoin seroit, de prester [aide] et secours de force militaire à la justice, pour l'exécution [des sen]tences et jugemens de nosdits prevosts de Paris, baillifs, [séné]chaux, et arrests de nos parlemens, et tenir les pays à eux [com]mis en sûreté, les garder de pilleries, visiter les places fortes, [nous] avertir des entreprises qu'on pourroit faire en nos royau[mes], pays et terres de nostre obéissance qui sont de leurs gouver-

(275) Suivant lesdites ordonnances, défendons à tous [gou]verneurs, baillifs, sénéchaux, trésoriers de France et [géneraux] de nos finances, eslus et autres quelconques nos offici[ers de] lever ou faire lever aucuns deniers en nos pays, terres [et sei]gneuries, sur les sujets d'icelles, quelque autorité qu'ils a[yent] ou pour quelque cause que ce soit : ne permettre qu'au[tres en] levent, soit en nom de particulier ou de communauté, [sans] qu'ils ayent nos lettres patentes précises et expresses pour [ce ef]fet, qui soient enregistrées aux greffes des seigneurs princ[ipaux] des lieux où la levée se fera, le tout à peine de confiscati[on de] corps et de biens : enjoignant à nos procureurs généraux et [leurs] substituts, d'avoir l'œil à ce qu'aucune levée ne soit faite, [et] nous avertir de ce qui sera fait au contraire, sur peine de p[riva]tion de leurs estats.

(276) Nul ne sera par nous pourvû de capitaineries [des] fortes de nostre royaume, qu'il ne soit naturel Français, e[t] par longs services faits à nous, et à nos prédécesseurs rois : [ne] pourront lesdits capitaines désemparer lesdites places pour [quel]que cause que ce soit, sans nostre exprès commandement : [dé]fendant très expressément de convenir à prix d'argent, ni [à] chose équipollente, pour se faire pourvoir desdites capitain[eries] sur peine de privation d'icelles pour les pourvûs, et confi[sca]tion des deniers, ou autres choses équipollentes qui en a[uront] esté baillées.

(277) Avenant nécessité de guerre, tous gentilshommes fa[isant] profession des armes, seront tenus de prendre les armes, [et se] rendre là par où il leur sera par nous commandé, pour nous [ser]vir, suivant l'obligation de leurs fiefs, ainsi qu'il est porté [par] nos ordonnances, à peine de privation du titre de noble[sse et] de leurs fiefs.

(278) Défendons à tous gentilshommes et autres, de faire [as]semblées de gens, sous prétexte de querelles particulières, [ou] autres que ce soit, sur peine d'estre punis comme criminels [de] lèze-majesté, et perturbateurs du repos public de [nostre] royaume. Enjoignons à nos gouverneurs, lieutenans, bailli[fs,] sénéchaux, de composer les querelles qui s'exciteront en [leurs] provinces, et de nous avertir du devoir qu'ils y auront fait, [afin] d'y pourvoir.

(279) Ne voulons et entendons que l'ordonnance faite au [mois] de juillet 1566, sur l'érection des duchez, marquisats et c[omtés] et union de nostre domaine, soit inviolablement gardée,

...tes lettres de jussion et dérogation au contraire. Et se... ceux qui voudront obtenir de nous telles érections aux... et conditions de l'ordonnance, se purger préalablement... ment, si les dites terres sont sujettes à fideicommis ou sub-... , à peine de déchéoir de nostre concession, et de priva-... autres fiefs qu'ils tiendront de nous : ne voulant que nos... de parlement ayent aucun égard aux lettres de dispense qui... soient estre par nous accordées au contraire du présent ar-...

Défendons à tous seigneurs et autres, de quelque estat et... qu'ils soient, d'exiger, prendre ou permettre estre pris ou... sur leurs terres et sur leurs hommes, ou autres, aucunes exac-... indûës par forme de taille, aydes, crûës, ou autrement, et... quelque couleur que ce soit ou puisse estre, sinon ès cas des-... les sujets et autres, seront tenus et redevables de droit, où... pouvent estre contraints par la justice, et ce sur peine d'estre... selon la rigueur de nos ordonnances, sans que les peines... par icelles puissent estre modérées par nos juges.

Défendons aussi à tous gentilshommes et seigneurs, de... contraindre leurs sujets et autres, à bailler leurs filles, nièces ou... ...les, en mariage à leurs serviteurs ou autres, contre la vo-... et liberté, qui doit estre en tels contrats, sur peine d'estre... du droit de noblesse, et punis comme coupables de rapt.... semblablement nous voulons aux mêmes peines estre ob-... contre ceux qui abusent de nostre faveur par importunité,... subrepticement ont obtenu ou obtiennent de nous... de cachet, closes ou patentes, en vertu desquelles ils font... ...er et séquestrer filles, icelles épousent ou font épouser,... le gré et vouloir du père, mère, parents, tuteurs et cura-...

Abolissons et interdisons tous péages de travers nou-... ment introduits, et qui ne sont fondez en titre ou possession... ...e : et seront ceux à qui lesdits droits de péages appartien-... tenus entretenir en bonne et dûë réparation les ponts, che-... ...et passages, et garder les ordonnances qui ont esté faites... ...par nos prédécesseurs, tant pour la forme du payement... droits en deniers, que pour l'affiche et entretenement... tableau ou pancarte : le tout sur les peines portées par les... ordonnances, et de plus grièves s'il y échet.

Et pour les continuelles plaintes que nous avons de plu-... seigneurs, gentilshommes, et autres de notre royaume, qui ont travaillé et travaillent leurs sujets et habitans du plat [pays] où ils font résidence, par contributions de deniers ou gr[ains] corvées ou autres semblables exactions induës, même sou[s] crainte des logemens de gens de guerres, et mauvais traite[mens] qu'ils leur font et font faire par leurs gens et serviteurs : e[njoi]gnons à nos baillifs et sénéchaux tenir la main à ce qu'aucu[ns] nosdits sujets ne soient travaillez ni opprimez par la puissa[nce et] violence des seigneurs, gentilshommes ou autres : ausquel[s dé]fendons les intimider, menacer ou excéder par eux, ni aut[res,] ni retirer et favoriser ceux qui les auroient excédez. ains se c[om]porter envers eux modérément, poursuivre leurs droits pa[r] voyes ordinaires de justice, sur peine d'estre declarez ignob[les,] roturiers et privez à jamais des droits qu'ils pourroient prét[endre] sur leursdits sujets.

(284). Pareillement enjoignons à nosdits procureurs faire [in]former diligemment et secrettement contre ceux qui de leur p[ro]pre autorité ont osté et soustrait les lettres, titres et autres [en]seignemens de leurs sujets, pour s'accommoder des comm[unes] dont ils joüissoient auparavant, ou sous prétexte d'accord les forcez de se soumettre à l'avis de telles personne que bon le[ur a] semblé, et en faire poursuite diligente : déclarant dès à pré[sent] telles soumissions, compromis, transactions, ou sentences a[rbi]trales ainsi faites de nul effet.

(285). Défendons pareillement aux gentilshommes, et à [tous] autres, de chasser, soit à pied ou à cheval, avec chiens et oise[aux] sur les terres ensemencées depuis que le bled est en tuyau, ni [aux] vignes depuis le premier jour de mars jusques après la dépou[ille,] à peine de tous dommages et intérests des laboureurs et pro[prié]taires, que les condamnez seront contraints payer après s[om]maire liquidation d'iceux faite par nos juges, nonobstant opp[osi]tions ou appellations quelconques et sans préjudice d'icelles.

(286). Nostre vouloir et intention est de réduire le nombre [des] compagnies des hommes d'armes de nos ordonnances et ge[ns de] pied, selon que nous aviserons estre expédient pour le bien [de] notre service et soulagement de nostre peuple : et ne donne[r ci-] après aucune compagnie de nos gens d'armes, sinon à gentil[hom]mes signalez, âgez de vingt-cinq ans pour le moins, et qui aup[ara]vant auront esté capitaines de chevaux légers, guidons, ensei[gnes] de gendarmes, ou qui auront esté gendarmes, chevaux lé[gers] ou capitaines de gens de pied, par le temps et espace de si[x ans] continuels.

##). Pourront néanmoins lesdites compagnies estre données [à ceux] qui auront atteint l'âge de dix-huit ans, et non au[parava]nt.

##). Et quant aux membres des compagnies de nostre gen[darme]rie, ne pourront estre donnez qu'à gentilshommes qui nous [auront] fait service à nos ordonnances, pour le moins trois ans [continu]els, ou capitaines de chevaux légers.

##). Ne pourra aucun estre gendarme, qu'il n'ait esté archer, [ou che]vau léger un an continuel : ni estre archer qu'il ne soit [de] noble race.

##). Ceux qui auront abandonné leur enseigne au combat, [seront] dégradez des armes, déclarez ignobles; et comme rotu[riers] assis et imposez à la taille.

##). Nous voulons et entendons que nostre gendarmerie soit [payée] selon l'ordonnance faite par le feu roy Charles, nostre très[honoré] seigneur et frère, en l'an 1574.

##). Toutes garnisons et rafraichissement de gendarmeries se [feront ès] villes closes et non au plat païs.

##). La quatrième partie de notre gendarmerie tiendra gar[nison] trois mois l'année : et y seront les compagnies entières et [complè]ttes, avec leurs chefs, et tous les membres, sinon le capi[taine] en chef, lorsque par nostre commandement et permission [spéciale] il sera près de nostre personne, ou employé ailleurs à [nostre] service. Et quand ladite quatrième partie entrera en gar[nison], et aussi quand elle en sortira, elle fera monstre en armes; [et les] autres quartiers en robe longue.

##). Les gendarmes estant en garnison, seront tenus, tant [pour ex]citer leurs personnes au fait des armes, que pour dresser [leurs] chevaux au combat, courir la bague deux fois la semaine, et [com]battre à l'épée, armez des armes portées par les ordonnances.

##). Nos gens de guerre payeront raisonnablement de gré à [gré ce] qu'ils prendront, et se défrayeront avec leurs valets et [chevau]x, de tout ce qui leur sera nécessaire, tant en marchant [païs], que séjournant et résidant en leurs garnisons, sans [aucune] exaction, foule, ou oppression de nostre peuple.

##). Et afin que nosdits gens de guerre soient accommodez [de] vivres et fourrages nécessaires, nous voulons que nos [gens] d'armes de nos ordonnances, marchans par païs en [troupe, et] nos gens de pied ayans à passer par païs, ou s'y sé[journer] soient tenus marcher et se loger en troupe le plus qu'il [se]ra possible.

(297). Et seront tenus les capitaines d'avertir ceux qui seront députez en chacune province pour dresser estapes, et marquer logis selon le nombre de la gendarmerie ou infanterie qui devra arriver, afin que les vivres leur soient fournis et baillés à prix raisonnable et modéré.

(298). Les villages esquels lesdites compagnies de gendarmes ou gens de pied auront logé, seront récompensez ou soulagez de ce qui sera avisé à la contribution des frais des estapes, et ainsi qu'il se trouvera estre raisonnable. Desquels frais sera rendu compte de trois mois en trois mois, pardevant les juges royaux ou autres ordinaires des lieux, appellés à ce les maires, eschevins des villes, et un député de chacun bourg ou village qui y aura contribué : lequel compte se rendra gratuitement, et sans frais et salaires, tant pour l'audition qu'assistance.

(299). Et afin que notre gendarmerie et infanterie allant et séjournant par païs, n'ayent occasion de mal faire, nous enjoignons très-expressément à tous nos capitaines, tant d'hommes d'armes, que de gens de pied, de se tenir en leurs compagnies, et ne s'en départir, esloigner ni absenter, sans nostre expresse permission et licence : auquel cas encore ils seront tenus de laisser leurs lieutenans, pour empêcher qu'aucun tort et outrage ne soit fait par leur compagnie : et représenteront à justice ceux de leurs gendarmes ou soldats dont on leur fera plainte. Autrement et à faute de ce faire, seront en leurs propres et privez noms, responsables civilement des torts, excès et outrages faits par ceux de leur compagnie qui ne comparoistront. Pour raison de quoi ils pourront estre appellez pardevant les juges des lieux où lesdites fautes auront esté commises.

(300). Tous capitaines et gens de guerre, tant de pied que de cheval, n'entreront en aucuns gouvernemens, bailliages, sénéchaussées, sans préalablement en avertir les gouverneurs, baillifs, ou sénéchaux des lieux où ils voudront aller. Ausquels ils seront tenus monstrer et exhiber leurs commissions, afin de leur faire bailler un commissaire pour les conduire, sans aucun séjour, à cinq ou six lieuës par jour, par le plus droit chemin, tirant où ils auront commandement d'aller, sans faire aucune force, rançonnement ou extorsion au peuple, dont lesdits capitaines et commissaire en répondront civilement. Et seront les capitaines tenus bailler par écrit leurs noms à leurs hostes, en tous les logis qu'ils seront : voulant que s'ils changent ou déguisent leurs noms, ils soient punis de mort.

302). Ne séjourneront lesdits gens de guerre qu'une nuit aux [lieux] qui leur seront baillez pour loger, sans qu'il soit permis [aux] gens de guerre vaguer et s'écarter de village en village [pour] faire et piller le pauvre peuple, sur peine d'estre pen[dus] et étranglez.

303). Fera le commissaire, baillé pour conduire, avant que [sortir] du lieu où logeront lesdits gens de guerre, venir aussi de[vant] lui par chacun jour tous les habitans du lieu où ils auront [logé], pour recevoir toutes les plaintes. Et s'il se trouve que les[dits] ayent fait quelque exaction et violence, ou induë dispense, [le] commissaire en fera faire la raison sur le champ par le ca[pitaine] à ceux qui auront estez endommagez et offensez ; et où [le] capitaine ne le voudroit faire, ledit commissaire envoyera [toutes] les plaintes et les noms des soldats qui auront fait le mal, [au] premier baillif, sénéchal, prévost des maréchaux, ou autres [qui] se trouveront ès villes et lieux plus proches où ils pas[seront]. Et enjoindra au capitaine de mettre entre leurs mains [les] soldats qui auront mal fait.

303). Les compagnies des gens de pied tiendront rang en mar[chant] par pais, et marcheront le tambour battant et enseigne [déployée] : défendant sur peine de la vie auxdits soldats de s'ab[senter], esloigner et détourner desdites compagnies, sans expresse [permission] et congé signé de leurs capitaines, ou de leurs lieu[tenants].

304). Et afin que les compagnies de nostre gendarmerie pour [aller] à leur monstre ne soient contraints de traverser d'un pais [à l'] autre, qui vient à la grande foule de nostre peuple : nous vou[lons] que les monstres desdites compagnies soient faites ès lieux [les] plus propres, commodes et proches de la demeurance des ca[pitaines] et de plus grand nombre des gendarmes. Et à cette fin [enjoignons] auxdits capitaines de faire et composer leursdites com[pagnies] de gensilthommes de leurs provinces et des circonvoisines [au] plus grand nombre que faire se pourra.

305). Tous chefs et membres de compagnies, tant de gens à [cheval] qu'à pied, qui se trouveront avoir pris et extorqué deniers [pour] se loger ès maisons et villages, seront punis de mort, sans [espérance] de grace, pardon et rémission. Et si par importunité, [autrement] leur en estoit par nous accordé lettres, défendons [expressément] à nostre très-cher et féal garde de nos sceaux [de] les sceller, et à nos juges d'y avoir égard.

306). Nous voulons que toutes les contraventions faites à nos ordonnances par capitaines, lieutenans, guidons, enseignes, maréchaux des logis, gendarmes, soldats, fourriers, trompettes, soit de gens de cheval ou de pied, nos juges ordinaires des lieux ou autres, puissent concurremment ou par prévention, avec les prévosts des maréchaux connoistre, sans estre tenus d'en faire renvoy. Et pourront tels crimes estre jugez par nos juges présidiaux en souveraineté et sans appel, selon les formes prescrites par l'ordonnance faite à Moulins.

(307). Et afin que nos compagnies de gens de pied soient fournies et mieux complettes qu'elles n'ont esté par le passé, nous ordonnons que le payement desdites compagnies sera fait particulièrement à la banque à chacun soldat, et sans que deniers puissent estre mis de leurs chefs et capitaines.

(308). Et pour mieux obvier aux fraudes, qui se font ordinairement aux monstres des gens de guerre, nous voulons que les monstres de gens de pied d'une même garnison, ou estans en une armée, ou en un siége, se fassent d'oresnavant en un même jour et même heure, et que les maire ou eschevins des lieux où lesdites monstres se feront, y assistent pour voir et controller ce qu'on pourroit supposer : et que les passe-volans, et ceux qui trouveront avoir presté ou déguisé leur nom, soient punis de mort et les armes confisquées. Et demeureront les rôlles de ceux qui se seront trouvez ausdites monstres, au greffe du lieu, pour y avoir recours quand besoin sera.

(309). Défendons très-expressément aux capitaines et soldats des compagnies de gens de pied, de prendre aucuns chevaux, jumens, bœufs, mulets ou asnes, pour faire porter leur bagage et s'il se trouvoit aucunes charettes avoir esté prises et emmenées par force, permettons à tous de les saisir et arrester, pour les faire rendre et délivrer à ceux ausquels elles appartiendront : enjoignons à nosdits officiers, à la première dénonciation qui leur en sera faite, d'y faire tout le devoir qui sera requis. Pour lequel effet leur pourront faire courir sus, et les poursuivre à son de toxin, si autrement ils ne les peuvent appréhender.

(310). Défendons à toutes personnes, sur peine de la vie, d'aller à la suite des compagnies de gens de guerre, soit pour y vivre à leur aveu et acheter d'eux butin, qu'autre chose.

(311). Enjoignons non seulement aux prévosts des maréchaux et leurs lieutenans, mais aussi à nos juges ordinaires, de chasser les filles de joye, s'il s'en trouve à la suite desdites compagnies, et les chastier de peine de foüet : et pareillement les goujats, qu'il s'en trouve plus d'un pour trois soldats. Et à cette fin tenu le fourrier de la compagnie avoir le nom par écrit des goujats, pour les faire chasser, à peine du foüet pour la première fois; et s'ils y retournent, estre pendus et étranglez, sans autre forme ne figure de procès.

(312). Et afin que nous puissions faire estat certain du nombre des soldats qui seront à nôtre service, nous voulons que les compagnies de gens de pied ne puissent estre moindres, ne plus grandes que de trois cent hommes.

(313). L'occasion s'offrant ci-après de nouvelle levée, ou crues de gens de pied, les commissions seront par nous baillées à capitaines connus, versez et expérimentez au fait de la guerre: lesquels seront tenus faire la levée en personne, sans bailler à qui que ce soit copie de leursdites commissions; ce que nous leur défendons sur peine de la vie. Et ne pourront sur la même faire battre et sonner tambour pour leurs compagnies, qu'ils n'ayent premièrement présenté leurs commissions aux gouverneurs, ou à nos lieutenans généraux, baillifs ou sénéchaux des païs, pour icelles faire enregistrer, et ce fait leur bailler un commissaire pour assister tant à la levée que conduite hors le bailliage ou sénéchaussée, afin de les faire diligenter pour se rendre promptement là par où il leur aura esté par nous commandé, et empêcher le séjour desdits capitaines, qui ne pourra estre que pour l'effet de ladite levée qu'ils auront faite, et seront les capitaines tenus bailler les noms, surnoms et demeurances des gens par eux levez, pour estre enregistrez ès greffes des siéges ordinaires.

(314). Et où aucuns capitaines, sans nostre commission ou charge, ains de leur autorité privée, et sans avoir gardé la forme susdite, s'ingéreront de lever compagnies ou faire des crües en nostre royaume, et tiendront sous ce faux prétexte la campagne: commandons à nos gouverneurs et lieutenans, baillifs et sénéchaux, prévosts des maréchaux, de leur courir sus, les tailler en pièces, et faire pendre et étrangler, sans forme ne figure de procès, tous ceux qu'ils pourront prendre et appréhender en tels actes.

(315). Au surplus voulons les ordonnances faites pas nostre très-honoré seigneur et père le Roy Henry, en l'an 1549, et par les aussi nostre très-cher seigneur et frère le roy Charles, en l'an 1574, pour la discipline militaire et réglement de gens de guerre, estre inviolablement gardées et observées de point en point, selon leur forme et teneur.

(316) Nous voulons les ordonnances des rois nos prédécesseurs, faites pour le ban et arrière-ban de nostre royaume, estre gardées selon leur forme et teneur.

(317) Avons supprimé et supprimons l'estat de capitaine général de l'arrière-ban, sans que par ci-après aucun en puisse estre pourvu. Et sera aux occasions qui se présenteront pour la conduite générale dudit ban, et arrière ban par nous choisi personnage capable et digne de telle charge, tant que la nécessité durera seulement, et sans que par après il puisse prendre qualité de capitaine général dudit arrière-ban, et estre tiré à conséquence.

(318) En la place des gentilshommes, qui pour légitime empêchement ne pourront servir en personne à nostre ban et arrière-ban, ou qui par faute d'équipage ou suffisance en auroient esté cassez, seront mis ou subrogez autres gentilshommes de la même province.

(319) Si le baillif ou sénéchal pour quelque légitime empêchement ne peut conduire ledit ban et arrière-ban, les nobles du ressort éliront en sa présence un chef, aux mêmes honneurs et gages que ledit baillif ou sénéchal.

(320) Nous voulons que d'oresnavant les comptes des deniers levez pour le ban et arrière-ban, soient rendus pardevant nos baillifs et sénéchaux ou leurs lieutenans, et quatre gentilshommes du ressort, en la présence de nostre procureur : sans que ceux qui auront manié lesdits deniers puissent estre contraints les rendre ailleurs. Et où il se trouvera par la closture et issuë desdits comptes quelque reste, en sera fait restitution à la noblesse du ressort, sans que nous en puissions faire don, ni les commuer en autres usages.

(321) Et sur la plainte qui nous a esté faite par lesdits estats, du désordre qui est à la suite de nostre cour, pour le grand nombre de gens qui s'y retirent : nous voulons et ordonnons que suivant l'ordonnance faite par le feu roy Charles nostre très cher sieur et frère à Villerscottcrests, le 29 décembre 1570, que le premier de nos maistres d'hostel, qui sera en quartier, fera bailler par écrit les noms et surnoms de tous nos domestiques commensaux, et autres qui sont sous sa charge, à nostre grand prévost général de France, et de nostre hostel ou son lieutenant.

(322) Le semblable feront les maistres d'hostel de nostre très-honorée dame et mère la reine, de nostre très-chere et très-

compagne la reine, de nos très-chers et très-amez frère et sœur, tous les princes, seigneurs, et autres estant à nostre suite, de tous leurs serviteurs, domestiques et commençaux, qui sont nécessaires pour leur service et non autres : dont ils feront un rolle, où seront écrits les noms, surnoms et qualitez de leursdits serviteurs, qu'il mettront au greffe de ladite prévosté dedans vingt quatre heures après la publication de ces présentes. Outre lequel nombre ils ne pourront avoir ne retirer à leur train et suite aucun autre, de quelque qualité qu'il soit ; sur peine d'en répondre.

(323) Ceux qui seront mandez venir vers nous, ou qui auront à poursuivre aucunes expéditions, tant envers nous, nostre conseil privé, chancellerie, aucuns princes, seigneurs et autres de nostre suite, deux jours après qu'ils seront arrivez, ils iront se faire écrire au registre du greffe de ladite prévôté de nostre hostel, et poursuivront leurs expéditions le plus diligemment qu'ils pourront ; et le même jour ou le lendemain qu'ils seront expédiez, se retireront sans faire aucun séjour en nostredite suite.

(324) Tous solliciteurs, clercs et autres gens suivans nostredite cour et chancellerie, qui sont sans aveu et n'ont maistres, les servant domestiquement ; aussi tous autres vagabonds, dedans ledit temps de vingt-quatre heures, après la publication ce cesdites présentes, deslogeront et vuideront de nostredite cour et suite, à peine du fouët.

(325) Aucuns gentils-hommes et autres estans à nostre suite, et desdits princes et seigneurs, ne pourront avouër autres que leurs gens et serviteurs, à peine de faux et d'amende arbitraire.

(326) Défendons à tous sommeliers et pourvoyeurs, tant nostres, qu'autres, d'enlever aucuns bleds, vins et autres vivres sur nos sujets, sans payer comptant ce qu'ils enlèveront.

(327) Nous voulons et ordonnons qu'ès lieux où nous séjournerons, les buletins qui seront baillez par nos maréchaux des logis pour loger aux villages circonvoisins, soient signez des maréchaux, contenans le nombre des personnes et chevaux qu'ils envoyeront en chacun endroit.

(328) Suivant lesquels buletins, si ceux qu'ils logeront se départent sans satisfaire à leurs hostes, lesdits maréchaux des logis seront tenus les représenter pardevant le grand prévost de nostre hostel, pour les condamner et contraindre payer promptement, et par corps ce qu'ils devront et n'auront payé : et à faute de les

représenter par lesdits maréchaux des logis, ils en seront eux-mêmes responsables en leurs propres et privez noms.

(329) Voulons que les édits faits par les rois nos prédécesseurs, pour la conservation du domaine de nostre couronne, même celui fait par le feu roy Charles, nostre très-cher seigneur et frère, l'an 1566, contenant les règles et maximes anciennes de nostredit domaine, soient exactement et inviolablement gardez et observez. Enjoignons à nos procureurs généraux et à leurs substituts d'empêcher les contraventions, si aucunes se faisoient, à peine de privation de leurs estats.

(330) Le doüaire des reines doüairières de France ne pourra à l'avenir estre constitué en terre, sinon jusques à la valeur de trois mille cinq cent trente-trois écus sol de revenu annuel, portant titre de duché ou comté : et le surplus desdits doüaires, et de leurs autres conventions matrimoniales, sera assigné sur les aydes, tailles et équivalents et autres deniers extraordinaires, à le prendre par les mains du receveur.

(331) Es aliénations et délaissement des terres de nostre domaine, à quelque titre que ce soit, ne pourra par ci-après estre faite par nous ni nos successeurs rois aucune cession de droits de nomination des offices extraordinaires desdites terres, ni semblablement des droits royaux dépendans de nostre couronne, comme y estans inséparablement unis et annexez, défendons à nos cours de parlement et chambre des comptes d'avoir aucun égard aux lettres qui en pourront par ci-après estre expédiées.

(332) Et afin de remettre et réünir nostre domaine en son ancien estat, suivant la réquisition qui nous en a esté faite par nosdits estats, avons révoqué et révoquons les ventes, cessions, transports et engagemens imaginaires et simulez, et dont les deniers ne sont tournez à nostre profit, ni de nos prédécesseurs rois. Semblablement les dons faits par nous et nosdits prédécesseurs membres du domaine de nostre couronne, soit que lesdits dons ayent esté faits pour récompense, rémunérations de services, assignation de pensions ou gages, faveur, grace, biens-faits, ou autrement, en quelque manière, pour quelque temps et à quelque personne que ce soit : et icelles parts et portions avons réünies et incorporées au principal corps de nostre domaine, nonobstant toutes vérifications faites en nos cours de parlement et chambres des comptes : n'entendons néanmoins comprendre en la présente révocation, les concessions et délaissemens faits, tant à titre d'apanage que de doüaire et assignation de deniers dotaux

la reine nostre très-honorée dame et mère, nostre très-cher et bien-amé frère le duc d'Anjou, nos très-chères et très-amées belles-sœurs les reines doüairières de France, notre très-chère et très-amée sœur la reine de Navarre, nostre très-chère et amée tante la feuë duchesse de Ferrare, et nostre très-chère et bien-amée sœur la duchesse de Montmorency : voulans que pour l'avenir l'ordonnance faite par le feu roy Charles nostre très-cher seigneur et frère, sur le fait du domaine, soit gardée et observée, et mêmement que les doüairières de nostre royaume ne jouissent de leurs doüaires en terres et domaines, mais que demeurant la possession du domaine à nos successeurs, elles perçoivent ce qu'elles devroient avoir de leurdit doüaire par les mains des fermiers. En quoi faisant, leur sera néanmoins laissé un chasteau ou maison pour leur demeure, selon qu'il se trouvera plus commode ; et pour la sureté du payement des deniers qui seront à prendre des mains d'iceux fermiers, ils s'obligeront par corps envers lesdites doüairières et bailleront bonne et suffisante caution de les payer de terme en terme.

(333) Et quant aux terres du domaine de nostre couronne qui ont esté aliénées pour la nécessité des guerres, à deniers comptans, en vertu de lettres vérifiées en nos cours de parlement, seront à la diligence de nos trésoriers généraux et procureurs sur les lieux, baillées à ferme judiciairement aux plus offrans et derniers enchérisseurs, les solemnitez en tels cas requises observées, et selon les instructions qui en seront plus amplement dressées et envoyées à nosdits officiers. Sur le prix desquelles fermes seront lesdits acquéreurs préalablement payez de l'intérêt et rente des deniers, qu'ils vérifieront et feront düement apparoir avoir fournis et estre entrées actuellement en nos finances, sans fraude ou déguisement ; à sçavoir, à raison du denier dix pour ce qui est situé en nostre païs et duché de Normandie, et du denier douze pour les autres provinces de nostre royaume, et ce par les mains des fermiers adjudicataires, qui en demeureront spécialement obligez envers lesdits acquéreurs, lesquels néanmoins ne pourront par ci-après faire exercer la justice en leurs noms, ni prétendre aucun droit de provision de bénéfices ou offices dépendans desdites terres : et le surplus des deniers revenans bons desdites fermes sera employé au rachat de nostredit domaine et remboursement des acquéreurs d'icelui.

(334) Et quant aux terres de nostre domaine qui ont esté engagées, ou aliénées, pour sureté des deniers prétendus nous avoir esté prestez et fournis, ou à nos prédécesseurs rois, seront saisies en

nos mains, et baillées à ferme en la forme susdite, sauf à pourvoir aux détempteurs de leur remboursement ou rente au denier douze, de ce qu'ils vérifieront et feront apparoir leur estre bien et loyaument dû; par pièces, contrats et obligations qu'ils seront tenus à cette fin mettre pardevers nos procureurs generaux : et en ce cas que les détempteurs dudit domaine moustreront promptement les contrats de prests ou aliénations à eux faites pour deniers par eux deboursez; nous voulons que pendant la connoissance et discussion de la dette, si elle est tournée à nostre profit ou non, lesdites détempteurs soient payez du profit desdits deniers en la manière que dessus.

(335) Avons révoqué et révoquons toutes pensions qui sont de présent assignées sur nos recettes générales; et les avons remises et transférées sur nostre épargne, pour estre payées et acquitées à la fin de l'année, selon la nature d'icelles.

(336) Et afin que suivant les remoutrances à nous faites par nosdits estats, soit pourvû à la diminution, dégradation et ruine de nos forests, provenans principalement des chauffages, dont plusieurs de nos sujets jouïssent en vertu des dons à eux faits, tant par nous que par nos prédécesseurs rois, avons révoqué et révoquons tous et chacuns lesdits chauffages, qui ont esté concédez et accordez gratuitement depuis le règne du feu roy François nostre très honoré seigneur et ayeul, à quelques personnes et pour quelque temps que ce soit : défendans aux grands maistres enquesteurs et généraux reformateurs de nos eaux et forests, leurs lieutenans et maistres particuliers, de faire aucune delivrance desdits chauffages à l'avenir, encore que les lettres de don ayent esté vérifiées en nos cours de parlemens et chambres des comptes, sur peine d'en répondre en leurs propres et privez noms: et si aucunes lettres de don par ci-après en estoient par nous accordées, n'entendons que nos officiers y ayent aucun égard.

(337) Ne voulons aussi à l'avenir estre faits aucuns dons des bois de nos forests, ou deniers procédans de la vente d'iceux, à quelque personne que ce soit, ni semblablement estre fait vente et coupe par pied de nosdits bois : défendans à nos officiers, tant de nos cours souveraines qu'autres, d'avoir égard aux lettres qui au contraire en pourroient estre ci-après expédiées.

(338) Défendons aussi ausdits grands-maistres, leurs lieutenans et maistres particuliers, d'exécuter aucunes commissions pour la vente des bois de haute-fustaye, tant de celles qui sont à présent de nostre domaine, que celles qui sont és terres

tiltées en appanage, doüaires, usufruit et engagemens, ou celles qui appartiennent aux ecclésiastiques, sans que lesdites commissions ayent esté vérifiées en nosdits parlemens et chambres des comptes, sur peine de privation de leurs estats : voulons au surplus qu'il soit informé à la diligence de nos procureurs généraux ou de leurs substituts, contre nos officiers qui auront procédé à la vente d'aucuns desdits bois, contre les formes ci-dessus prescrites, pour en avoir répétition contr'eux des deniers qui en seront provenus, en leurs propres et privez noms, sur tous et chacun leurs biens, et de l'intérest et dommage où sera faite ladite vente et coupe : laquelle nous avons aussi déclarée acquise à nous, au péril et perte des acquéreurs et adjudicataires.

(339) Seront lesdits grands maistres, leurs lieutenans et maistres particuliers, tenus envoyer par chacun an à nostre très-cher et féal garde des sceaux, ensemble aux officiers des sièges de la table de marbre, un estat de toutes les ventes de bois de haute-futaye, tant ordinaires qu'extraordinaires, qui auront esté faites en leurs départemens, par qui et en vertu de quel pouvoir elles auront esté faites, sur peine de radiation du dernier quartier de leurs gages.

(340) Nous voulons que ceux qui se prétendront avoir esté grevez par les jugemens des commissaires députez, tant par le feu roy Henry notre très-honoré seigneur et père, que par nos très-chers frères le roy François II et Charles IX, et par nous depuis nostre avènement à la couronne, pour le fait des terres vaines et vagues, landes, marais, pastis et communes, se puissent pourvoir par la voye ordinaire d'appel contre lesdits jugemens, sans préjudice des fins de non recevoir, sur lesquels sera préalablement fait droit.

(341) En attendant que nous puissions pourvoir à la diminution et réduction de nos tailles, crües, aydes et subsides, et les remettre en quelque meilleur ordre et estat : nous enjoignons à tous officiers et autres, qui ont et auront la charge de faire l'assiette et département de nos tailles sur nos sujets, procéder avec toute égalité au soulagement des pauvres, sans y apporter aucune faveur ne permettre qu'autres que ceux qui doivent assister à ladite assiette, y soient présens et employer à la fin des rolles, les exempts prétendus en leurs paroisses, et la cause de leur exemption, sur peine de s'en prendre ausdits asséeurs en leur propre nom.

(342) Les officiers de nostre maison, et ceux de la reine nostre très-honorée dame et mère, de nostre très-chère et très-amée

compagne la reine, de nos très-chers et très-amez frères et le duc d'Anjou, roy et reine de Navare, de nos très-chères et très-amées belles sœurs, les reines d'Escosse et Ysabel douairière de France, ne seront exempts de la contribution de nos tailles s'ils ne sont couchez és estats des domestiques et ordinaires, à gages pour le moins de vingt écus, et servans actuellement, dont les trésoriers bailleront certification signée d'eux et sans fraude, à peine de s'en prendre à eux.

(343) Et au regard des officiers de défunctes nos très-honorées et très-amées tantes les duchesses de Ferrare et de Savoye, ne joüiront de ladite exemption, sinon ceux qui estoient couchez en leurs estats, aux gages que dessus, et les servoient actuellement lors de leur décès.

(344) Ensemble, ne pourront les officiers de nos monnoyes prétendre avoir exemption de nos tailles et subsides, sinon ceux qui seront résidens et demeurans és lieux où sont establis nos monnoyes ouvertes, et qui y servent actuellement et continuellement : comme aussi les officiers de nostre artillerie, couchez et employez és estats d'icelle : desquels officiers le nombre sera réduit et limité, et certifié par chacun an de ceux qui auront servi, et envoyé pardevers nostre procureur en notre cour des aydes qui envoyera une copie en chacune des élections.

(345) Seront les deniers de nos tailles, aydes et autres impositions, attendant la modération susdite, levez au plus grand soulagement de nos sujets que faire se pourra : défendant aux sergens de nosdites tailles et autres d'user d'aucunes exactions faisans les recherches et contraintes du payement desdits deniers, sur peine de la vie.

(346) Ordonnons que tous vivres et deniers procédans de la revente d'iceux, restant et revenans bons des levées qui en seront d'oresnavant faites sur nos sujets, leur seront rendus et restituez, ou employez à leur décharge, au payement de nos tailles ; de la restitution desquels deniers, nous voulons et entendons estre faite mention par les eslûs au commencement des assiettes desdites tailles : ce que nous leur enjoignons très-expressément faire, sans qu'ils puissent estre donnez, ni ailleurs divertis et employez pour quelque occasion que ce soit.

(347) Et à cette fin voulons et entendons que tous receveurs ou commis à recevoir munitions, grains, vins, chairs et autres espèces de vivres levez sur nosdits sujets, ayent à dresser incontinent l'estat au vray de leur administration sur le département de

d'iceux, et de la distribution qu'ils en auront faite, sur récépissez dûement expédiez, de ceux ausquels ils auront esté ..., lequel estat ils seront tenus présenter aux principaux des villes et lieux où les levées et distributions desdits ... auront esté faites, pour estre vû et examiné en public et à ... ouvert, en la présence des eschevins et notables bourgeois des villes et lieux, proclamations préalablement faites pour ... assemblée ; et qu'au payement des deniers qui se trouve... ... leurs mains de ladite administration, lesdits commis ... contraints par emprisonnement de leurs personnes, iceux ... ès mains des receveurs de nos tailles en chacune élection, ... aussi sera fait le semblable des deniers qui pourront pro-... ... de la revente que voulons estre faite des vivres qui se trou... ... en nature restans desdites levées ; de tous lesquels deniers ... seront ainsi reçûs par nosdits receveurs des tailles, leur en-... de bailler estat aux eslûs sur le fait de nosdites tailles, ... à la prochaine assiette estre déduits et précomptez à la dimi-... de ce que nosdits sujets doivent porter pour le payement ... tailles : et ce à peine contre lesdits receveurs du double, et ... lesdits eslûs, à faute de faire faire ladite déduction, de ... de leursdits offices : et lesdits estats ainsi vérifiez et ar-... par lesdits juges en ladite assemblée, estre portez ou envoyez ... chambre des comptes par ledit commis, pour servir de ... et correction des comptes, qui en seront reçûs pour ... de la levée tant générale que particulière desdits vivres.

(348) Voulons et ordonnons que les chevaux d'artillerie qui au... esté pris et levez sur nostre peuple, en vertu de nos commis-... après le service fait, rendus à ceux ausquels ils appar-... à peine du quadruple contre ceux qui les retiendront, ... seront appellez pardevant les baillifs et sénéchaux des lieux ... auront esté levez, sans que les ajournez puissent décliner ...isdiction : et sera sur ce donné jugement prompt et sommaire, à ... contre les juges d'en répondre en leur propre et privé nom.

(349) Et pour le regard de la réception et distribution d'iceux ..., qui sera faite en nos camps et armées par ordonnances ... nos commissaires généraux : nous leur enjoignons qu'inconti-... après la rupture et licentiement desdites armées, ils ayent à ... dresser l'estat au vray de la levée et distribution desdits ..., par celui ou ceux à ce commis, et icelui toutes affaires ces-... dûement vérifier, arrester et signer, afin que si par la clos-... dudit estat il reste quelques vivres en nature ou en deniers,

ès mains desdits commis, ils les fassent promptement rendre restituer à nosdits sujets, le plus justement et également se faire se pourra, dont ils feront département, qui sera transmis à la fin dudit estat et par eux signé, sans que lesdits vivres ou deniers restans et revenans bons puissent estre, pour quelque occasion que ce soit, donnez et employez ailleurs, sur peine de les en prendre ausdits commissaires, et d'en répondre en leurs propres et privez noms. Enjoignons aussi aux gens de nos comptes tenir la main bien estroitement à l'observation de nos vouloir et intention sur le règlement desdits vivres et restitution d'iceux à nosdits sujets, n'ayant aucun égard aux dons que nous pourrions faire desdits vivres ou deniers, quelque commandement qu'ils en puissent recevoir de nous en cet endroit.

(350) Voulons semblablement que tous les deniers revenans bons des levées de pionniers et chevaux d'artilleries, soient restituez et rendus à nos sujets des élections esquelles lesdites levées auront esté faites, et mises ès mains des receveurs des tailles qui seront en charge, eu l'acquit et payement de leurs tailles, faisans défenses ausdits receveurs ou commis à la levée desdits deniers, de les employer ailleurs, ni souffrir qu'ils soient divertis sur peine du quadruple, encore que nous en eussions fait dons lesquels ne voulons estre vérifiez, ni passez par lesdits gens de nos comptes, quelque commandement qu'ils en ayent sur ce de nous.

(351) Les deniers d'octroy et impositions accordés par les rois nos prédécesseurs et nous, aux villes de ce royaume, pour les réparations, garde et entretenement d'icelles, seront employez à l'effet à quoi ils sont destinez par les ordonnances des escheins et non ailleurs, sur peine de répéter sur eux ce qui aura esté donné au contraire : entendons toutefois estre compris en la dépense desdites réparations, celles qui concernent l'entretenement des horloges, gardes des portes et guets. Et pour le regard de l'entretenement des fontaines, prédicateurs et maistres d'école, nous entendons estre fait le semblable, pourvû que ladite dépense n'excède la somme de cent livres, et qu'il n'y ait deniers patrimoniaux pour y satisfaire.

(352) Et d'autant que ci-devant pour les troubles et empêchemens ausdits, nous aurions outre lesdits octrois, permis et accordé à aucunes desdites villes, de faire lever sur les paroisses et élections prochaines d'icelles, plusieurs deniers pour les fortifier : ce qui présent se continuë, encore que ce soit à la grande charge et foule de nostre peuple, assez d'ailleurs affligé : nous voulons

..., afin de le décharger, que lesdites levées ne soient ... sinon que lesdites fortifications fussent continuées ... permission en cas de nécessité.

(...) Et quant à la recherche requise par lesdits estats des fautes ... par eux prétendus avoir esté commis en l'aliénation de ... domaine, baux à ferme d'icelui, aydes, gabelles et autres ... de quelque qualité qu'elles soient, vérification et acquit-... de mauvaises dettes, partis mal faits, constitutions de ... imaginaires et faites sous fausses causes, en quoi nous ... estre grandement lésez et intéressez : nous pour y ... avons fait expédier nos lettres et commissions expresses, ... procéder exactement esdites recherches : suivant lesquelles ... voulons que nos sujets soient gens d'église, nobles et au-..., puissent bailler mémoire à nos officiers, ausquels les com-... sont addressées pour en faire les informations, vérifica-... et poursuites à ce nécessaires : voulons aussi qu'il soit ... contre ceux qui ont pris et prennent profit directement ... indirectement des partis que nous faisons faire, ou qui ont ... ligence avec ceux avec lesquels ils sont faits, soient nos offi-... ou autres personnes de quelque qualité qu'ils soient.

(354) Voulons en outre que suivant les ordonnances de nos ... cesseurs et les nostres, tous dons excédans mille écus, soient ... par lesdits gens de nos comptes : lesquels toutefois nous ... tendons estre acquittez qu'en fin d'années, les dépenses ordi-... de nostre maison et autres préalablement payées et acquit-...; lesquels donataires néanmoins seront tenus en leurs lettres ... don, déclarer les autres dons qu'ils auront eus de nous durant ... trois années précédentes, sur peine de décheoir desdits dons.

(355) Et pour les plaintes qui nous ont esté ci-devant faites du ... estat auquel sont de présent les ponts, chemins et chaus-... de cettuy nostre royaume, encore qu'il y ait deniers affectez ... l'entretenement d'icelles chaussées, ponts et chemins, levez par ... seigneurs pour le droit de péage, barrage et travers, sans ... ils y soient néanmoins employez, dont nos sujets reçoivent ... des incommoditez : pour à quoi pourvoir et remédier en-... nons bien expressément à nos procureurs ès bailliages, séné-... chaussées, prévostez et eslections de cettuy nostre royaume, de ... procéder par saisie sur lesdits travers et péages, pour les de-... en provenans estre convertis et employez en ladite répara-... et non ailleurs. A quoi nos officiers esdites sénéchaussées, ... bailliages et prévostez et leurs lieutenans tiendront la main à ce

que le tout soit réparé, et nostre intention effectuée et gardée sans souffrir qu'il soit fait aucune main-levée desdits deniers, non lesdites réparations duement faites, sur peine de nous prendre à eux, et d'en répondre en leur propre et privé nom.

(356) Tous grands chemins seront réduits à leur ancienne largeur, nonobstant toutes usurpations, par quelque laps de temps qu'elles puissent avoir esté faites. Et à ce que ci-après n'y soit fait aucune entreprise, seront plantez et bordez d'arbres, comme ormes, noyers ou autres, selon la nature et commodité du païs, au profit de celui auquel la terre prochaine appartiendra. Défendons à toutes personnes de couper ou endommager les arbres plantez sur lesdits chemins ou ailleurs, sur peine d'amende arbitraire et de punition exemplaire. (1)

(357) Défendons à tous étrangers de lever banque en nostre royaume, sans qu'au préalable ils ayent baillé caution recevable et solvable dans icelui, de la somme de quinze mille écus sol, laquelle, si besoin est, ils seront tenus de renouveller de trois en trois ans. Et voulons que toutes compagnies jà faites, ou qui se feront ci-après entre lesdits estrangers estans en nostre royaume, soient inscrites et enregistrées aux registres des bailliages, sénéchaussées et hostels communs des villes, où ils seront tenus nommer et déclarer tous leurs participans et associez, sur peine de faux, ordonnant que ceux qui auront des banques et societez, ne puissent avoir aucune action l'un contre l'autre, s'ils n'ont fait faire leur enregistrement contenu ci-dessus.

(358) Tous étrangers trafiquans, ou qui trafiqueront ci-après en nostre royaume et païs de nostre obéissance, seront tenus présenter aux greffes des jurisdictions ordinaires des lieux, leurs procurations, commissions et pouvoir, pour y estre enregistrez, ce que chacun en puisse avoir copie. Et outre, seront tenus exprimer en tous leurs contrats, cédules, promesses et acquits, le nom de celui ou ceux pour qui ils feront lesdits acquits, achats, ventes et promesses, afin que par ci-après, s'ils font banqueroute ou faillite, ceux qui y auront intérest puissent en tout événement avoir recours contre ceux qui les auront commis. (2)

(359) Aucuns jurez de mestiers ne seront ci-après establis autrement que par eslection ; ceux qui auront esté pourvûs en titre d'office, demeureront supprimez, vacation avenant par mort ou

---

(1) V. l'ordon. de Henri II, 19 janvier 1552 et notre traité de la voirie.
(2) V. l'art. 38 de l'ordonn. de Roussillon.

..., et sauf aux villes de mestiers de les rembourser dès à ... si bon leur semble.

(360) Défendons à tous taverniers et cabaretiers de recevoir et ...ger en leurs maisons gens sans aveu plus d'une nuit, sur... ... des galères. Et leur enjoignons sur pareilles peines de le ... révéler en justice.

(361) Défendons aussi ausdits taverniers et cabaretiers de faire ... acquisitions pour dettes et tailles de dépenses de bouche, ... en leurs tavernes et cabarets pour pain, vin et autres den... ...par eux fournies, sur peine de nullité des contrats : et à tous ... de passer tels contrats, sur peine d'amende arbitraire.

362. Enjoignons à tous juges de garder et faire garder très-étroi... l'ordonnance faite sur la revente des marchandises, qu'on ... perte de finance ; et non seulement dénier action à tels ...deurs et supposeurs de prests, mais aussi procéder rigoureu... ... contr'eux et contre leurs courretiers et racheteurs, qui se ...veront sciemment estre participans de tels trafics et marchan... ...illicites, par mulctes, confiscation de biens, amendes hono-... ..., et autres peines corporelles selon les circonstances, et ... aucune dissimulation ou connivence.

(363) Nous voulons que toutes eslections des prévosts des mar... ...ands, maires, eschevins, capitouls, jurats, consuls, conseillers ...ouverneurs des villes se fassent librement ; et que ceux qui par ...tres voyes entreront en telles charges, en soient ostez et leurs ... rayez des registres.

Si donnons en mandement à nos amez et féaux les gens tenans ... cours de parlement, chambres des comptes, généraux de la ...tice de nos aydes, et à tous nos officiers et à chacun d'eux, si ...me à luy appartiendra, que nos présentes ordonnances faites ... les plaintes, doléances et remontrances des députez desdits ...s estats de nostre royaume tenus en nostre ville de Blois, ils gar-..., observent et entretiennent, fassent garder, observer et en-...enir inviolablement de point en point selon leur forme et te-...eur, sans les enfraindre ne souffrir aucune chose estre faite au con-...ire : enfin de perpétuelle mémoire et qu'elles soient notoires à ...os sujets, les fassent lire, publier et enregistrer incontinent ...ans délay, après la publication d'icelle ; car tel est notre plaisir. Donné à Paris, au mois de mai, l'an de grace 1579 et de nostre ...ne le 5.

Signé HENRY. — Par le roi en son conseil. — BRULART.

Articles biffés par ordre du roi.

(53) Le revenu des marguilliers et fabriques, après les fondations accomplies, sera appliqué aux réparations et achapt des ornemens des églises et autres œuvres pitoyables suivant les saints décrets et non ailleurs, sur peine aux marguilliers et procureurs desdictes églises d'en répondre en leur propre et privé nom; lesquels marguilliers seront tenus faire bon et fidèle inventaire de tous et chacuns des tiltres et enseignemens desdites fabriques et rendre bon et loyal compte, par chacun an, de leur administration, par devant les paroissiens ou aucun d'eux, le curé présent ou appellé pour y assister, si bon lui semble, en la manière accoutumée : les présidens des eslus et eslus de l'élection se pourront aussi trouver à la reddition desdits comptes selon l'attribution qui leur en est donnée par nostre édict; et quant aux bourgs et villages, le procureur de la seigneurie y assistera, le tout sans salaire, et le compte sera rendu par les marguilliers qui auront administré trois mois après leur charge expirée, et à faculté de ce faire, ledit temps passé, lesdits marguilliers seront condamnés à l'intérêt à raison du denier douze.

(124) Tous arrêts, sentences et jugemens qui seront donnés tant en nos cours souveraines que autres, seront huit jours, pour le plus tard (1), après les procès jugés, lus en pleine chambre intelligiblement et distinctement en la présence de ceux qui auront assisté auxdits jugemens si faire se peut, sinon de la plus grande partie desdits juges, de laquelle lecture sera fait registre et mention en la minute desdits arrêts, sentences et jugemens : le dispositif desquels sera inscript de la main du rapporteur. Autrement défendons à ceux qui auront présidé de les signer et de faire aucune taxe pour la visitation et rapport et à tous greffiers, leurs clercs, commis et tous autres de s'ingérer de dresser ou escrire les dictum desdits arrêts, sentences et jugemens, ni iceux expédier, grossoier ou signer, sur peine de privation de leurs charges, au cas qu'ils soient trouvés avoir fait le contraire et seront lesdits arrêts, sentences et jugemens tant de nos cours souveraines, requêtes du palais et autres nos jurisdictions subalternes prononcés aux parties, à leur simple réquisition ou de leurs procureurs, nonobstant que les espices n'ayent esté payées.

---

(1) V. le Code d'instruction criminelle, art. 190 et le Code de procédure civile, art. 116.

CHEVERNY, GARDE DES SCEAUX. — OCTOBRE 1579.

(180) seront tenus nos advocats et procureurs généraux de recevoir les plaintes qui leur en seront faictes et en faire remonstrances promptement, tant aux chambres où les arrêts auront esté donnés que lorsque les mercuriales se tiendront, le tout sur peine de suspension de leurs estats.

(153) Les requêtes afin d'avoir commissaires pour ouïr les parties à la barre ou interroger tant en civil que criminel, seront rapportées à la compagnie, et sera le nom du commissaire escript de la main du président et ne pourra estre celui qui rapportera la requête, sinon qu'il fût rapporteur du procès principal.

(181) Voulons que l'ordonnance des arbitres par le feu roi François nostre très-cher seigneur et frère pour le jugement des causes entre proches parens, en fait de partage et autres différends, soit gardée et observée selon sa forme et teneur.

(351) Nul ne pourra étant hors notre suite se faire loger par barrier sinon la royne nostre très honorée dame et mère, la royne nostre très chère et très amée compaigne et épouse; nostre très cher et très amé frère le duc d'Anjou, nos très chers et très amés frère et sœur les roy et royne de Navarre, les princes et princesses et autres officiers de nostre couronne.

N° 104. — DÉCLARATION *sur le fait de la gabelle du sel* (1).

Paris, 13 août 1579; reg. en la cour des aides de Paris, le 1er octobre, et en celle de Rouen, le 15 décembre. (Font., II, 1065. — Corbin, rec. de la cour des aides, p. 622.)

N° 105. — DÉCLARATION *qui permet l'exportation des laines hors du royaume* (2).

Paris, 17 octobre 1579; reg. au parl. le 18 janvier 1580. (Vol. 2 L, f° 12).

---

(1) V. à leur date les ordonn. de Philippe V, 1328; Louis XII, 23 mai 1500, 11 novembre 1508; François 1er, dernier juin 1517, 25 août 1535, 1er juin 1541, mil 1542, mai 1543, juillet 1544; de Henri II, 4 janvier 1547, septembre 1549, dernier décembre 1551, octobre 1552, décembre 1553, septembre 1555; de François II, 10 décembre 1559; Charles IX, décembre 1571, et janvier 1572, et ci-après, édit d'abolition de l'impôt du sel, décembre 1584, mars 1588; de Henri IV, septembre 1591, octobre 1594, mars et avril 1595, janvier 1596, 20 octobre 1598, 3 décembre suivant, 28 avril 1599, avril, mai et juin 1600, mars 1606, et 18 décembre 1608; la loi de 1806.

(2) Rendue sur la requête du fermier général de la douane en Normandie. L'exportation n'est accordée que moyennant un droit de douane.

N° 106. — **Déclaration** du clergé de France, contre les confidenciers, pensionnaires illicites et simoniaques (1).

Paris, 22 décembre 1579. (Font., IV, 992. — Abrégé des mém. du clergé.)

N° 107. — **Déclaration** qui révoque l'interdiction d'une année prononcée contre plusieurs officiers des finances (2).

Paris, 10 janvier 1580; reg. en la ch. des comp. le 16. (Font., II, 137.)

Henry, etc. Comme pour certaines considérations, nous eussions interdit à plusieurs officiers de nos finances d'exercer leurs estats pour la présente année; et ordonné entr'autres choses que en chacun bureau estably en nos généralitez, il ne demeureroit de nos trésoriers-généraux de France que le plus ancien poursuy et receu, et que les autres s'abstiendroient de l'exercice de leursdits estats et offices pour ladite année seulement, et sur ce fait expédier nos lettres patentes d'interdiction addressantes aux gens de nos comptes pour procéder à la vérification d'icelles: ce qui auroit esté différé d'autant qu'il nous auroit esté remontré que par nostre édict fait sur le cahier des états-généraux de nostre royaume tenus à Blois, qui est en nostre cour de parlement pour y estre vérifié, il est dit que nos officiers ne seront supprimez que par mort ou forfaiture ou remboursement actuel, lequel remboursement ne pouvant estre fait pour le présent, et aus-y ayant plus avant considéré ceste affaire;

Nous avons advisé, delaisser les choses en l'estat qu'elles estoient auparavant ladite interdiction, laquelle nous voulons à ceste fin demeurer sans aucun effect, et que nosdits thrésoriers

---

(1) V. le concordat de 1515, à sa date, sous la rubrique des élections, p. 77, tom. 12). Le clergé avait demandé plusieurs fois à être rétabli dans le droit d'élection aux prélatures. Le roi ayant conservé son droit de nomination avec promesse de pourvoir à l'avenir personnes dignes et capables, le clergé protesta par la déclaration du 22 décembre, que, « jusqu'à ce que Dieu eût inspiré au roi la volonté de restituer les élections, il ne recevrait dans les églises, assemblées et communautés, aucun évesque ou autre bénéficier diffamé ou taché de simonie, confidence ou faisant pension des fruits de son bénéfice à personnes laïques. » — En 1828, le corps des évêques a présenté un mémoire au roi contre deux ordonn. du 16 juin, disant : *nec volumus, nec possumus.* Le ministère a cédé.

(2) V. à sa date, note sur la déclaration du 6 avril 1578. — Le motif de cette révocation est le principe posé dans l'ordonn. de Louis XI, 21 octobre 1467, et renouvelé dans l'ordonnance de Blois, mai 1579, que les offices de judicature ne peuvent se perdre que par mort, forfaiture ou résignation volontaire.

...raux qui ordonnent sur le reste des officiers dénommez en ...elles, continuent de leur part et facent continuer par les au... l'exercice de leurs charges, ainsi qu'il se faisoit auparavant ...icte interdiction, n'ayant par icelles entendu aucunement leur ...éjudicier. Si donnons, etc.

---

108. — EDIT *sur les plaintes et remontrances du clergé assemblé à Melun, touchant les conciles provinciaux, les appels comme d'abus, les privilèges des ecclésiastiques, etc.*

..., février 1580; reg. au parl. le 8 mars, avec modification (1). (Vol. 2 L, f° 61. — Néron; 1, 658. — Font., IV, 1058.)

HENRY, etc., les prélats et clergé de nostre royaume, assemblez ...r notre permission en la ville de Melun, nous ont fait plusieurs ...montrances, plaintes et doléances sur plusieurs articles con...us au cahier qui nous a esté par eux présenté. Et combien ...e par l'édit par nous fait à la réqueste des estats de nostredit ...yaume tenus à Blois, ait esté pourvû à la plûpart desdits ar...cles: néanmoins, après les avoir vûs en nostre conseil, avons, ...nt sur iceux qu'autres contenus audit cahier, déclaré et or...donné, déclarons et ordonnons ce qui ensuit:

1) Nous admonestons les archevêques métropolitains de nostre ...yaume, et néanmoins leur enjoignons de tenir les conciles pro...iaux dans six mois prochainement venans: et dès-lors en ...ant de trois ans en trois ans, en tel lieu de leurs provinces ...'ils connoistront estre plus propre et convenable pour cet effet, ...our pourvoir à la discipline, correction des mœurs et direction ... la police ecclésiastique, et institution des séminaires et écoles, ...lon la forme des saints décrets. Défendons à tous nos juges ...'empêcher directement la célébration desdits conciles, et leur ...joignons tenir la main à l'exécution des décrets et ordonnances ...iceux, sans que les appellations comme d'abus de ce qui sera ...donné ausdits conciles pour la correction et discipline ecclésias...ique, ayent aucun effet suspensif. 2

(2) Les archevêques, évêques ou chefs d'ordre, en faisant la ...isitation des monastères dépendans de leurs charges, seront te-

---

1) V. ci-après l'arrêt d'enregistrement.
2) D'après l'art. 4 de la loi organique du concordat, de 1802, il ne peut y ...oir de conciles métropolitains sans la permission expresse du gouvernement. V. art. 5, ordonn. de 1539, états de Blois, art. 59 et 60, art. 16, édit de 1571, édit de 1606, et art. 6 de 1610.

nus suivant le 30e art. dudit édit des estats tenus à Blois, rétablir la discipline monastique et observance en tous monastères réguliers, tant d'hommes que de femmes, suivant la première institution desdits monastères, et de mettre le nombre de religieux requis pour la célébration du service divin (1). Et ce qui sera par eux ordonné sera exécuté nonobstant oppositions ou appellations quelconques, et sans préjudice d'icelles, et pour lesquelles ne sera différé, mais passé outre.

(3) Semblablement lesdits archevêques, évêques et autres supérieurs, suivant ledit édit art. 52, en faisant leurs visitations, pourvoiront, appelez les officiers des lieux, à ce que les églises soient fournies de livres, croix, calices, cloches et ornemens nécessaires pour la célébration du service divin : et pareillement à la restauration et entretènement des églises paroissiales et édifices d'icelles, en sorte que le service divin s'y puisse commodément et duëment faire à couvert et que les curez soient convenablement logez : ausquels officiers enjoignons tenir la main à l'exécution de ce qui sera ordonné pour ce regard (2). Et à ce faire, ensemble à la contribution des frais requis et nécessaires, contraindre les marguilliers et paroissiens par toutes voyes et manières dûes et raisonnables : même les curez par saisie de leur temporel à porter telle part et portion desdites réparations et frais, qu'il sera arbitré par lesdits prélats, selon qu'ils auront trouvé le revenu des cures le pouvoir commodément porter.

(4) Et sur la fréquente plainte desdits ecclésiastiques de nos officiers qui abusent des saisies par faute de non-résidence des bénéficiers : défendons à nosdits officiers de faire procéder par saisie du temporel des bénéfices, sinon après avoir averti le diocésain, ou le vicaire du bénéficier titulaire, auquel ils bailleront délay compétent pour lui faire entendre ou faire apparoir de la dispense de non-résidence (3).

(1) Les ordres monastiques sont abolis par une loi de 1792. Une loi du 24 mai 1825, rétablit les couvents de femmes; V. ordonnance d'Orléans, art. 6 et 11, lettres-patentes de 1571, art. 7, et art. 3 de l'ordonn. de 1606.

(2) Aujourd'hui les églises et frais de culte sont à la charge des communes en cas d'insuffisance des fabriques. Décret de 1809.

(3) Aujourd'hui que les bénéfices n'existent plus et que les évêques et curés sont inamovibles, l'obligation de résider ne peut être imposée par le gouvernement que par la suspension du traitement ou en considérant l'absent comme démissionnaire, comme on ferait pour les magistrats ; V. ordonnance d'Orléans, art. 5 et 21, ordonn. de Blois, art. 14 et 18, lettres de 1571, art. 12.

(5) Pareillement défendons très-expressément à tous seigneurs justiciers et leurs officiers, de saisir ou faire saisir les biens et revenus desdits ecclésiastiques, sous prétexte de la non-résidence desdits bénéficiers ou réparations non faites, mais seront lesdites saisies esdits cas et autres, faites par nos officiers seulement à la requête de nos procureurs généraux ou leurs substituts : ausquels néanmoins défendons de procéder à telles saisies pour vexer et tailler les bénéficiers sans raison ni apparence.

(6) Nous défendons à tous nos juges de commettre et autoriser aucuns prédicateurs aux églises, mais leur enjoignons laisser libre et entière disposition aux archevêques, évêques et autres supérieurs ecclésiastiques, ausquels de droit elle appartient. Voulons que ce qui sera par eux ordonné, soit exécuté, nonobstant oppositions ou appellations quelconques, et sans préjudice d'icelles (1).

(7) Les chantres de nostre chapelle, après qu'ils seront hors de quartier seront tenus d'aller déservir en personne les prébendes et autres bénéfices sujets à résidence dont ils auront esté pourvûs, autrement à faute de ce faire seront privez des fruits desdites prébendes et autres bénéfices sujets à résidence.

(8) Nous défendons très-étroitement à tous nos juges et à tous autres, de divertir ne appliquer le revenu des biens qui a esté donné pour les fondations aux églises et chapelles, à autre usage qu'à celui auquel il est destiné. Et voulons que si aucune chose avoit esté faite au contraire, que le tout soit remis au premier estat et dû (2).

(9) Le revenu des marguilliers et fabriques, après les fondations accomplies, sera appliqué aux réparations et achat des ornemens des églises et autres œuvres pitoyables, suivant les saints décrets, et non ailleurs, sur peine aux marguilliers et procureurs desdites églises, d'en répondre en leur propre et privé nom. Lesquels marguilliers seront tenus faire bon et fidèle inventaire de tous et chacuns les titres et enseignemens desdites fabriques, et rendre bon et loyal compte par chacun an de leur administration pardevant qui il appartiendra (3).

(10) Nous voulons que les prélats, leurs vicaires et autres ecclé-

---

(1) Les prédicateurs doivent être choisis, aujourd'hui d'accord avec le conseil de fabrique ; V. le décret de 1809, et les articles 32, 33, 34 et 50 de la loi de 1802.

(2) Ceci est administratif et réglé par le décret de 1809.

(3) V. le décret du 30 décembre 1809.

siastiques qui ont droit de pourvoir aux administrations des hôpitaux et maladreries, et autres, y soient maintenus et gardez, ensemble d'ouïr les comptes du revenu d'icelles, et seront les réglemens et ordonnances qui seront faites par lesdits ecclésiastiques pour la célébration du service divin, distribution des œuvres pies, exécutées nonobstant oppositions ou appellations quelconques, et sans préjudice d'icelles.

(11) Nous voulons et ordonnons que les lettres patentes par nous accordées ausdits ecclésiastiques le 3 novembre 1574 vérifiées en nostre cour de parlement de Paris, sur le fait et réglement des aumônes, soient gardées selon leur forme et teneur: défendons à nos juges y contrevenir en quelque façon que ce soit (1).

(12) Et sur la plainte à nous faite par lesdits ecclésiastiques au désordre qui est avenu à cause de l'édit par nous naguères fait, portant création et érection en titre d'un œconome en chacun diocèse, pour recevoir les fruits, avenant vacation des bénéfices qui sont à nostre nomination : nous avons révoqué et révoquons ledit édit, et n'entendons qu'aucun puisse en vertu d'icelui estre pourvû desdits offices d'œconome, et si aucune provision en estoit faite, nous l'avons déclaré et déclarons nulle. Voulons au surplus que l'art. 5 dudit édit à la requête des estats tenus à Blois, par lequel est ordonné que ceux que nous nommerons ci-après seront tenus après la délivrance de nos lettres de nomination, desquelles sera fait régistres, obtenir bulles et provisions dans neuf mois : et ceux que nous avons nommez ci-devant d'obtenir leurs dites bulles et provisions dans six mois après la publication de la présente ordonnance, estre inviolablement gardé et observé sur les peines contenues en icelui. En outre, nous avons ordonné et ordonnons, que les fruits échûs et qui écherront après ledit temps qui pourroient appartenir à ceux que nous aurons nommez seront appliquez aux réparations des églises, monastères et couvents, entretenement et nourriture des pauvres, et autres œuvres pitoyables, ainsi qu'il sera avisé et ordonné par les chapitres et convents, appellez les substituts des procureurs généraux sur les lieux, sans que ceux qui auront esté par nous nommez les puissent prendre et percevoir en aucune façon que ce soit. Et si aucuns en ont reçu, seront tenus les rendre et restituer par toutes

---

(1) V. les art. 55 et 56 de l'ordonn. de Blois.

... manières dûes et raisonnables. Et ce nonobstant toutes ... qu'ils pourroient ci-après obtenir de nous, lesquelles nous ... déclaré et déclarons nulles.

(13) Les prébendes ou le revenu d'icelles destiné pour un précepteur, suivant l'art. 9 de l'ordonnance d'Orléans, sera pris sur le nombre ordinaire des prébendes, vacation avenant seulement, ... que le salaire dudit précepteur puisse estre pris sur les fruits et revenus de l'évêque et chapitre auparavant ladite vacation.

(14) Ceux qui auront impétré en cour de Rome provisions de bénéfices en la forme qu'on appelle *dignum*, ne pourront prendre possession desdits bénéfices ne s'immiscer en la jouissance d'iceux, sans estre préalablement présentez à l'archevêque ou évêque diocésain et ordinaire, et en leur absence à leurs vicaires généraux, afin de subir l'examen et obtenir leur visa, lequel ne pourra estre baillé sans avoir vû et examiné ceux qui seront pourvûs, et dont ils seront tenus faire mention expresse (1).

(15) Et où lesdits impétrans seroient trouvez insuffisans et incapables, le supérieur auquel ils auront recours, ne leur pourra pourvoir sans précédente inquisition des causes de refus. Lesquelles à cette fin les ordinaires seront tenus d'exprimer et insérer aux actes de leurs refus.

(16) Et si aucuns procès ont esté ci-devant, ou seroient ci-après mûs pour le possessoire d'aucuns bénéfices dont les collations auroient esté expédiées seulement en vertu d'un simple compulsoire de nos juges, nonobstant le refus fait par lesdits ordinaires fondez sur incapacitez, scandale ou autre cause légitime: Ne voulons que nos juges y ayent aucun égard. Et ne pourra sur icelles provisions estre donné jugement de sequestre, recréance ou maintenuë, que premièrement la vérité desdites causes et refus n'ait esté diligemment enquise et connuë.

(17) Tous les dévolutaires ayant obtenu provisions fondées sur vacations de droit, seront admis et reçûs à en faire poursuite, encore qu'il n'y ait aucune déclaration précédente, nonobstant le contenu en l'ordonnance d'Orléans article quatre, à la charge toutefois de bailler bonne et suffisante caution et d'élire domicile, et de contester en cause dedans trois mois, à compter du jour de la prise de possession, et de mettre le procès en estat de juger

---

(1) Nul ne pourra être nommé à une fonction ecclésiastique sans l'approbation du roi, loi de 1802.

dedans deux ans au plus tard : autrement et à faute de ce, défendons à nos juges d'avoir aucun égard ausdits dévoluts. Voulons silence estre imposé ausdits dévolutaires, ausquels aussi nous défendons de s'immiscer en la jouissance des fruits desdits bénéfices auparavant qu'ils ayent obtenu sentence de provision ou définitive à leur profit, donné avec légitime contradicteur, qui est celui qui jouit et possède sur lequel le dévolut est impétré. Et où il seroit, nous le déclarons déchû du droit possessoire par lui prétendu, tant par ledit dévolut qu'autrement.

(18) Suivant nostredit édit fait à la requête des estats de nostre royaume tenus à Blois, art. 58, entendons que tous les priviléges, franchises, libertez et immunitez, octroyées ausdits ecclésiastiques, tant en général qu'en particulier, par les feus rois nos prédécesseurs, et vérifiées en nosdites cours de parlement, leur soient entièrement gardées, sans qu'il soit besoin obtenir aucunes lettres particulières, ou de confirmation que les présentes. Voulons et entendons que les réglemens qui ont esté faits par les rois nos prédécesseurs touchant les présidens des enquêtes et conseillers d'église de nos parlemens, soient entièrement gardez et observez.

(19) En confirmant et amplifiant les lettres par nous accordées à ceux dudit clergé au mois de décembre 1574, nous voulons qu'iceux ecclésiastiques, pour le regard des biens et revenus qu'ils tiennent à cause de leurs bénéfices, demeurent francs et exempts de toutes contributions de deniers, garnisons, munitions, fortifications, subsides, garde des portes, sentinelles, rondes, fournissement de magazins, estapes, fourrages, chevaux d'artillerie, emprunts généraux et particuliers, et entretenement des gouverneurs desdites villes, capitaines et soldats commis à la garde d'icelles, encore que par nos commissions fût porté y comprendre exempts et non exempts (1).

(20) Et sur la remontrance à nous faite par lesdits ecclésiastiques, que aucune de nos cours de parlement et chambre des comptes, font saisir les fruits des évêchez vacquans pour les employer aux réparations et fortifications des villes : nous avons déclaré et déclarons que nous n'entendons lesdits fruits estre employez à autre usage qu'à celui porté par les saints décrets, édits

---

(1) Voyez l'art. 15 de l'édit de 1571, et les art. 55, 56 et 57, des états de Blois.

ordonnances des rois nos prédécesseurs et les nostres : lesquels voulons estre inviolablement gardez, défendant à nosdites cours d'y contrevenir.

(21) Les ordinaires ne pourront estre contraints à bailler vicariats, sinon ès causes criminelles où il y aurait crainte manifeste de recousse de prisonniers, auquel cas sera libre choisir en leur conscience tels vicaires qu'ils jugeront capables, suffisans et non suspects aux parties.

(22) L'instruction des procès criminels contre les personnes ecclésiastiques, pour les cas privilégiez, sera faite conjointement, tant par les juges desdits ecclésiastiques, que par nos juges : et en ce cas seront ceux de nosdits juges, qui seront commis pour cet effet, tenus aller au siège de la juridiction ecclésiastique.

(23) Nous défendons aux gardes des sceaux de nos chancelleries, d'expédier aucunes lettres de relief, portant élargissement de ceux qui seront prisonniers par autorité des juges ecclésiastiques, ni injonction de bailler le bénéfice d'absolution à ceux qui auront esté par eux excommuniez. Et ne pourront les appelans estre élargis ni absous pendant l'appel, jusqu'à ce que par arrest de nos cours de parlemens, les informations vûës, en ait esté ordonné.

(24) Nous enjoignons à nos juges de prester aide et confort pour l'exécution des sentences des juges ecclésiastiques, implorant le bras séculier : et leur défendons de prendre connaissance des jugemens par eux donnez, sauf aux parties à se pourvoir pour les appellations comme d'abus, suivant nos ordonnances.

(25) Nous défendons à nos juges, qu'ès causes de mariages pendantes pardevant lesdits ecclésiastiques, de faire défense de passer outre au jugement d'icelles, sous prétexte de rapt, sans grande et apparente raison, dont nous chargeons leur conscience et honneur. Et néanmoins seront tenus les délateurs, ou parties instigantes, faire instruire et mettre en estat de juger ladite instance de rapt dans un an : autrement et à faute de ce faire, sera passé outre au jugement desdits mariages par lesdits juges ecclésiastiques. Voulons néanmoins l'article 40 dudit édit des estats tenus à Blois, portant défenses aux curez et vicaires d'épouser aucuns enfans de famille, ou ceux qui sont en puissance d'autrui, s'il ne leur appert du consentement des pères, mères,

tuteurs, ou curateurs, estre inviolablement gardé sur les peines contenuës en icelui édit.

(26) Et sur la remontrance à nous faite par lesdits ecclésiastiques, de la perte de leurs titres, avenue par l'injure du temps, au moyen de laquelle ils ne peuvent contraindre les redevables à la reconnoissance et payement de leurs droits fonciers. Voulons suivant ledit édit desdits états tenus à Blois, article 54, que par nos baillifs, sénéchaux, leurs lieutenans et autres officiers, soit procédé à la confection de nouveaux terriers des fiefs et censives desdits ecclésiastiques, sans que pour ce ils soient contraints obtenir autres lettres patentes et commission de nous, que ces présentes. Et seront tenus les détempteurs et propriétaires desdits héritages, passer titre nouveau, et iceux droits payer et continuer, en faisant apparoir par lesdits ecclésiastiques, par l'exhibition des anciens baux, reddition des comptes, et autres documens et information sommairement faite, les parties appelées, iceux droits leur estre dûs, et sans que les détempteurs puissent alléguer aucune prescription que celle de droit, en laquelle ne sera compris le temps qui a couru depuis l'an 1561, que les troubles sont arrivés en ce royaume.

(27) Semblablement voulons que les curez, tant des villes qu'autres lieux, suivant l'article 51 dudit édit des états tenus à Blois, estre conservez ès droits d'oblations et autres droits paroissiaux, qu'ils ont accoutumé percevoir suivant les anciennes et louables coutumes : et ce nonobstant l'ordonnance faite à la requête des estats tenus à Orléans, article quinze, à laquelle nous avons dérogé et dérogeons pour ce regard. Et outre ès lieux où ès cures et églises paroissiales le revenu est si petit qu'il n'est suffisant pour entretenir le curé : les évêques, suivant le dit édit des estats tenus à Blois, art. 22, pourront avec duë connoissance de cause, selon la forme prescrite par les conciles, unir autres bénéfices, cures ou non cures, et procéder à la distribution des dixmes et autre revenu ecclésiastique.

(28) Nous voulons que les articles 49 et 50, contenus en nostredit édit des estats tenus à Blois pour la perception des dixmes, soient entièrement gardez et observez : et en ce faisant, que toutes personnes de quelque qualité, estat et condition qu'ils soient, tant propriétaires que possesseurs, fermiers et autres tenanciers de terres, vignes et autres héritages sujets au droit de dixmes, prémices, quastes, boisseaux et autres droicts, seront

de faire signifier et publier aux prônes des églises paroissiales où sont situez lesdits héritages, le jour qui aura esté pris et désigné pour dépouiller et enlever les fruits et revenus et crus sur iceux, et ce le dimanche et fête prochaine précédente icelui jour, afin que les dits ecclésiastiques, leurs receveurs, fermiers ou commis, s'y puissent trouver. Faisant expresses inhibitions et défenses à tous détempteurs et possesseurs desdits héritages sujets à dixmes, de mettre en gerbe, enlever ou emporter les fruits d'iceux, sans avoir préalablement mis ou laissé ledit droit de dixmes, à la raison, nombre et quantité qu'il est accoutumé d'être payé. Le tout sur peine de confiscation au profit desdits ecclésiastiques, de tous les fruits et grains ainsi dépouillez, et des chevaux et harnois de ceux qui auront retenu et recellé ledit dixme, et de trente écus d'amende pour la première fois : laquelle doublera ou tiercera selon le refus et contumace desdits refusans et dilayans. Lesquels encore nous voulons être punis extraordinairement comme infracteurs de nos ordonnances. Enjoignons très-expressément à tous juges, officiers et procureurs sur les lieux, sans attendre la plainte desdits ecclésiastiques, qu'ils informent diligemment et punissent suivant la rigueur de nos édits ceux qui auront contrevenu à la présente ordonnance, sur peine de suspension et privation de leurs estats: leur enjoignant sur les mêmes peines d'avertir nos cours de parlemens des contraventions qui se feront à la présente ordonnance, et du devoir qu'ils auront fait à l'exécution d'icelle.

(29) Ne pourront les propriétaires et possesseurs des héritages sujets à dixme, dire, proposer et alléguer en jugement ledit droit de dixme n'être dû qu'à volonté, ni alléguer prescription ou possession autre que celle de droit, en laquelle ne sera compris le temps qui aura couru pendant les troubles et hostilitez de guerre : faisant très-expresses inhibitions et défenses à tous les redevables sujets à champarts, dixmes et autres droits, d'exiger aucuns banquets, beuvettes, frais et dépense de bouche desdits ecclésiastiques : et ausdits ecclésiastiques de les faire. Et où par ci-après sera mû aucun procès pour raison de la cotte desdites dixmes : voulons iceux être jugez par nos juges suivant les coutumes anciennes des lieux. Et où ladite coutume seroit obscure ou incertaine, sera suivie celle des lieux circonvoisins; et seront les sentences données en faveur des ecclésiastiques exécutées par provision nonobstant l'appel, en baillant par lesdits ecclésiastiques caution.

(30) Semblablement suivant ledit édit, article 47, avons [fait] et faisons très-expressément inhibitions et défenses à to[utes] personnes de quelque qualité et condition qu'ils soient, [à] peine de confiscation de corps et de biens d'usurper ou [faire] usurper par force, violence ou autrement indûement, les [bé]néfices, maisons, justices, censives, rentes, dixmes, cha[mp]parts, dépendans d'iceux. Enjoignons à ceux qui présenteme[nt] usurpent et détiennent lesdits lieux et bénéfices, en laisser [la] possession vuide et vacuë, et la joüissance paisible desdits dr[oits] ausdits ecclésiastiques dans un mois après la publication de [la] présente ordonnance, en chacun de nos bailliages et sénéch[aus]sées, que nous voulons être faite à son de trompe, et cry p[u]blic, afin qu'aucun n'en prétende cause d'ignorance. Au[tre]ment à faute de ce faire dans ledit temps et icelui passé, [nous] avons dès à présent, comme deslors, declaré tous les fiefs d[es]dits usurpateurs unis à nostre domaine, leurs autres biens à n[ous] confisquez; nonobstant que par la coutume des lieux la con[fis]cation n'auroit lieu. Et voulons en outre lesdits détemp[teurs] estre punis extraordinairement, comme infracteurs de no[s or]donnances. Ce que semblablement nous voulons estre gardé [et] observé contre ceux qui sous couleur d'un titre dévolu ou d[']un supposé patronage, directement ou indirectement, se sont [mis] ou introduits en la possession desdits bénéfices, sans sente[nce] précédente, donnée avec légitimes contradicteurs. Enjoig[nons] très-expressément à tous nos officiers et substituts de nos [pro]cureurs généraux, en chacun de nosdits bailliages et sénéch[aus]sées, que sans attendre la plainte des parties ils informent d[ili]gemment desdites usurpations, et procèdent contre lesdits us[ur]pateurs selon la peine contenuë en nostredite ordonnance, s[ans] que par eux elle puisse être modérée en quelque façon que [ce] soit, et outre avertir nosdits procureurs généraux dedans [un] mois du devoir qu'ils y auront fait, pour nous le faire entend[re] afin d'y estre par nous pourvû. Permettons néanmoins aus[dits] ecclésiastiques de s'addresser pour les cas susdits, en prem[ière] instance, à nos cours de Parlement ou juges présidiaux, [aux]quels nous enjoignons de leur administrer sur ce promp[te et] briève justice.

(31) Semblablement voulons que l'ordonnance faite à A[m]boise, art. 8, par le feu roi Charles nostre très-honoré s[ei]gneur et frère, que Dieu absolve, et par nous réitérée en [l'é]dit des états tenus à Blois, article 48, pour le regard [de]

... des biens ecclésiastiques, soit entièrement gardée et ob-
... et en ce faisant suivant icelle, avons défendu et dé-
... à tous gentilshommes et officiers, tant de nous que
... sieurs gentilshommes, de prendre à l'avenir et s'entre-
... directement ou indirectement des baux à fermes desdits
... dixmes, champarts et autres revenus ecclésiastiques,
... quelque couleur que ce soit, par eux, ou par personnes in-
... pour y participer, ni d'empêcher lesdits ecclésiasti-
... aux baux à ferme faits ou à faire, ni intimider ceux qui les
... prendre ou enchérir, sur peine quant aux gentils-hom-
... d'estre déclarez roturiers, et comme tels mis et imposez
... tailles; et ausdits officiers de privation de leurs estats et
... déclarez incapables d'en tenir jamais d'autre. Défendons
... ausdits bénéficiers de bailler leursdites fermes
... nobles et officiers, sur peine de nullité desdits baux. Dé-
... en outre les baux qui auront esté ci-devant et seront à
... faits aux personnes de la qualité susdite, nuls et de nul
... sans qu'on s'en puisse aider, soit en jugement ou dehors.
... pourront lesdits ecclésiastiques impétrer censures, et les faire
... où il appartiendra, contre ceux et celles qui prêteront
... accomoderont leurs noms ausdits gentilshommes et officiers,
... pour prendre à ferme les dixmes et autres revenus desdits
... ou cautionner et pleiger ceux qui les prendront au
... desdits gentilshommes ou officiers, sans que les appella-
... comme d'abus puissent empêcher ou retarder la publica-
... et fulmination d'icelles.
(52) Et sur la plainte à nous faite par lesdits ecclésiastiques,
... pour les ports d'armes, forces et violences qu'aucuns de
... sujets commettent, sont tellement redoutez, que les ser-
... n'osent approcher, et n'ont sûr accès en leurs maisons pour
... donner les assignations requises en telles poursuites: avons
... donné et ordonnons que toutes personnes ayans seigneuries ou
... fortes et autres de difficile accès, demeurant hors des
..., seront tenus élire domicile en la prochaine ville royale
... leur demeure et résidence ordinaire; et quant aux assigna-
... et significations, sommations, commandemens et exploits,
... seront faits ausdits domiciles eslûs, vaudront et seront de
... effet et valeur, comme si faits estoient à leurs propres person-
..., en baillant ausdits domiciles eslûs délay compétent, selon la
... tance des lieux, pour leur faire savoir lesdits exploits, qui se-
... faits à l'un des officiers, baillifs, prevosts, lieutenans, pro-

31.

cureurs fiscaux, greffiers, fermiers ou receveurs des terres seigneuries, ou maisons des personnes de la qualité sus[dite] ou à leurs serviteurs et domestiques, et seront de tel effet [et] valeur, comme s'ils estoient faits à leurs propres personnes [et] domiciles. Et en matière criminelle, au défaut de ladite est[ima-]tion, permettons iceux faire ajourner à son de trompe et cri public, en la plus prochaine ville royale de leur demeure; par ce moyen enjoignons à tous sergens de faire tous exploits et aux notaires de faire tous actes et instrumens, dont ils ser[ont] requis et sommez par les parties. Et leur faisons défenses d'exi[-]ger ne prendre desdites parties plus que ce qui leur est dû p[our] leur salaire raisonnable et modéré, selon leur peine et vacation. Et pour connoistre quel salaire ils auront pris, leur enjoign[ons] de mettre au vrai ce qu'ils auront reçu pour leursdits exploits au pied d'iceux, et les signer de leur seing outre les au[tres] seings qu'ils auront apposez ausdits exploits, à peine de suspen[-]sion de leurs estats et offices, et d'autres plus grandes pein[es] si elles y échéent.

(33) Et sur la requeste faite par lesdits ecclésiastiques, [nous] avons révoqué et révoquons les lettres patentes par nous ci-dev[ant] octroyées, par lesquelles est ordonné que lesdits ecclésiastiq[ues] en vendant leurs bois taillis seront tenus laisser la quatri[ème] partie desdits taillis sur pied, pour croistre en bois de haute f[u-]taye : et leur avons permis et permettons de faire couper les[dits] bois, comme ils avoient accoutumé auparavant icelles lett[res,] à la charge toutefois qu'ils seront tenus laisser en chacun a[r-] pent le nombre des baliveaux requis par nos ordonnances, sans qu'il leur soit loisible de les couper.

Si donnons en mandement, etc. Par le Roy en son cons[eil.]

Enregistrement, 5 mars 1580.

Enregistré au parlement aux charges, restrictions et mo[di-]fications qui suivent, savoir :

Que le dixième article aura lieu, sans déroger à l'édit [des] hôpitaux; pour le quatorzième, à la charge que ledit art[icle] sera gardé avec l'arrêt donné le lundy dix février 1578, e[ntre] maistre Robert Pichon chantre ordinaire, d'une part, et ma[is-] tre Henry Lambert, d'autre. Pour le regard du 17 que ce m[ot] nonobstant l'ordonnance d'Orléans, sera rayé : au lieu de [sera] mis, nonobstant toutes ordonnances à ce contraires. Pour le du 21 à la charge du règlement du cahier des états de Blois. Pour le regard des 19 et 22 seront les ordonnances et gardez. Pour le regard du 23 seront les absolutions à elle baillées et octroyées par les formes de droit, pourvû que requérans estre absous ne soient excommuniez *pro manifesta*. Pour le regard du 25, y sera pourvu selon les ordonn. et Pour le regard du 26, que l'ordonn. aura lieu pour toutes sortes, et au surplus y sera pourvû par les juges, et qu'en la scription n'y sera compris le temps des troubles. Pour le regard du 27, oster, non-obstant l'ordonn. d'Orléans. Pour le regard du 29, sera le semblable gardé pour les dixmes inféodées. le regard du 31, l'article sera général. Pour le regard du 32, l'édit narré par l'article, et tous arrests donnez sur icelui dez, et sera informé des contraventions.

IIIᵉ GUERRE CIVILE.

FÉVRIER A NOVEMBRE 1580 (1).

109. — LETTRES-PATENTES *qui confèrent aux cardinaux, prélats, commandeurs et officiers de l'ordre du Saint-Esprit les privilèges et exemptions des officiers et commensaux de la maison du roi* (2).

Mars 1580; reg. au parl. le 29 juillet, en la ch. des compt. le 8 août, et en celle des aides le 30. (Vol. 2 L, f° 108. — Statuts de l'ordre du St. Esprit, édition de 1703, f° 75.)

(1) V. à cette date, note sur les articles conclus entre le duc d'Anjou et le de Navarre. — Cette guerre est appelée par l'histoire, *guerre des amoureux*, des intrigues qui lui ont donné naissance.

(2) Ces privilèges consistaient dans l'exemption des droits seigneuriaux et le droit de committimus aux requêtes du palais. — V. ci-devant, décembre l'institution de l'ordre du St.-Esprit.

N° 110. — Édit de suppression de tous les offices de greffiers, tant civils que criminels, de clercs des greffes, de tabellions, de gardes des sceaux et de garde-notes, et réunion de ces offices au domaine du roi; pour les vendre à charge de rachat perpétuel (1).

Paris, mars 1580; reg. au parl. le 26 juillet. (Vol. 2 L, 218. — Font., I, 483. — July 11, 89.)

N° 111. — Lettres de confirmation des privilèges des maîtres huchers et menuisiers de la ville de Paris. (2).

Paris, avril 1580; reg. au parl. le 28 juin. (Vol. 2 L, f° 127. — Delamarre Traité de la police, tom. IV, p. 107.)

N° 112. — Lettres-patentes adressées au parlement pour qu'il ait à faire lire et publier de nouveau l'édit de pacification de septembre 1577, et les articles de la conférence de Nérac (3).

Paris, 3 mai 1580. (Font., IV, 343.)

N° 113. — Déclaration contre les rebelles et sur la défense du port d'armes (4).

Paris, 3 juin 1580; reg. au parl. le 6. (Vol. 2 L, f. 99.)

Henry etc... Comme depuis la conclusion de nostre dernier édict de pacification, nous n'ayons cessé de tenter tous moiens

---

(1) V. l'art. 100 de l'ordonnance de Blois, qui condamne la vénalité des offices. — Le parlement adressa des remontrances au roi, lors de l'enregistrement de cet édit, mais Henri III ordonna de passer outre, par lettres de jussion du 25 juillet, et déclaration du 11 septembre, qui lève l'exemption accordée aux greffes et tabellionages des apanages du duc d'Anjou.

(2) Les menuisiers étaient autrefois sous la juridiction du maître charpentier du roi. En 1290, Charles de Montigny, garde de la prévôté, leur donna des statuts qui furent augmentés par son successeur en 1371. — Robert d'Estouteville fit d'autres ordonnances pour les menuisiers; Louis XI les confirma par lettres-patentes du 24 juin 1467. — Nous n'avons pas donné ces ordonnances parce qu'elles ne contiennent que des privilèges de corporation. V. ci-après les statuts d'août 1645, approuvés par lettres-patentes du même mois, édit de décembre 1655, déclarations des 22 mai 1691, 25 février 1701, et 19 juillet 1704.

(3) V. à leur date, et ci-après 26 novembre 1580, note sur le traité de Fleix. Le roi par cette nouvelle publication voulait éteindre la guerre civile.

(4) Sur le port d'armes, V. les ordonn. de Charles VIII, 25 novembre 1487 et la note; de François Ier, dernier octobre 1532, 6 mai 1539, 16 juillet 1546; de Henri II, 25 novembre 1548, 28 novembre 1549; de François II, 10 août

nous ont esté possibles, pour en faire recueillir à tous nos
subjects le fruit que nous avons désiré de leur promouvoir par
celui et de les faire vivre les ungs avec les autres en toute union,
paix et amitié avec une entière oblivion des maulx soufferts de
part et d'autre pendant le temps que les troubles avoient eu
cours, et fait ainsi que nous n'ayons rien oublié en cela du soing
paternel que peult avoir ung bon roy sur ses subjects envers les
quels a esté tesmoignée nostre amitié et affection de toutes les
façons qu'elle se pouvoit exprimer, dont il est advenu, par la
grâce de Dieu, que plusieurs de nos provinces sont demeurées
pacifiquées, aux quelles ceux qui font profession de la religion
prétendue réformée ont vécu, comme ils vivent encore aujour-
d'hui paisiblement avec nos autres subjects catholicques, jouis-
sans tous ensemble d'un heureux repos et tranquillité soubs le
bénéfice dudict édict (1). lequel pour avoir congneu n'estre bien
estably ny exécuté en d'autres provinces, la royne nostre très-honorée dame et mère, qui n'a jamais épargné aucune peine ny
travail pour advancer le bien de nostre royaume, se seroit fort
volontiers acheminée, et en un long et fort incommode voiage
qu'elle y auroit fait, accompagnée d'aucuns princes de notre
sang, et autres grands personnages de nostre conseil privé et
d'estat, elle auroit recherché tous moïens propres et convenables
pour faire establir et exécuter iceluy édict ; pour lequel édict elle
serait entrée en conférence avec nostre très-cher et très-amé beau-
frère le roy de Navarre et aucuns députés de nos subjects, faisant
profession de ladite religion prétendue réformée, ayant accordé
avec eulx les articles de la conférence de Nérac (2) que nous avions
depuis approuvés et ratifiés, et fait publier par toutes nos cours de
parlement, en espérance que ceulx de ladite religion prétendue
réformée, qui par lesdits articles ont eu quelqu'exécution favorable plus grande que ce qui étoit contenu en nostre dict édict,
seraient d'autant plus induits à embrasser le repos que nous leur
avons voulu donner, et de délaisser le scrupule de défiance qui
faisaient les tenailler ; dont tant s'en fault qu'ils ayent fait leur
profit, qu'au contraire ils n'ont en la pluspart des lieux tenu
aucun compte de satisfaire au contenu dudit édict et articles d'i-

1559, 17 décembre suivant, 5 août 1560; de Charles IX, 21 octobre 1561,
dernier avril 1563, et ci-après de Henri IV, 4 août 1598, et 12 septembre 1609.
(1) L'édit de Poitiers (septembre 1577).
(2) V. note sur l'édit de Poitiers.

celle conférence contre la promesse et jurement solempnel qu'ils en auraient fait, ne s'étant pas contentés de ne point rendre et remettre les villes qui leur avoient esté baillées en garde pour certain temps au terme pour ce arresté et préfix, mais en ayant pris d'autres par force et violence. En la prise desquelles ont esté infinis meurtres, rançonnemens, massacres et autres actes inhumains sur nos subjects catholiques, comme il se peult dire estre advenu en la ville de Maude, et plusieurs autres villes des païs de Guyenne et Languedoc, qu'ils detiennent encore aujourd'hui contre notre volonté;

A quoy auroit esté adjoutée la venue inopinée de notre trescher et très-amé cousin le prince de Condé, a la ville de La Fère en Picardie, sans nous en avoir adverti ni eu sur ce nostre congé ni permission; au quel lieu encore qu'il ne peut avoir sa demeure qui lui est destinée à Saint-Jean-d'Angely suivant le 34e des articles secrets faits avec ledit édict de pacification, ce neantmoins, en usant de nostre plus grande bonté envers luy, et voulant essayer de vaincre les mauvais desseins de ceulx qui ont envie de troubler nostre royaume, nous aurions eu agréable qu'il y peust demeurer au lieu dudit Saint-Jean-d'Angely, à la charge de se contenir doulcement sans troubler le repos de la province, de faire vuider la garnison qui était audit Saint-Jean, et de la remettre en tel estat qu'il devoit estre suivant nostredit edict au bout des six années; à quoi nostredit cousin n'auroit aucunement, de sa part, satisfait; ains pendant son séjour de La Fère, se seroient assemblés beaucoup de gens en armes de ceux de ladite nouvelle religion, qui auroient tenté des entreprises sur aucunes des places de nostredit païs de Picardie et Ile de France, fait plusieurs incursions, levées de deniers et contributions de vivres sur nos bons subjects catholiques et autres violences à leur grande ruine et oppression, comme ils y continuent encore de présent, ensemble en plusieurs autres de nos provinces, ez quelles ils prennent prisonniers nos bons subjects catholiques, chassent les ecclésiastiques de leurs églises, occupent et détiennent par force leurs biens et possessions, lèvent les deniers de nos tailles, et saisissent ceux de nos receptes, tous actes bien éloignés du debvoir, révérence et obéissance que nous devons attendre et qui nous est due par nos subjects; pour lesquels ceux qui les ont commis sont, suivant le 25e article de ladite conférence, déclarés criminels de lèze majesté, eulx et leur postérité, infâmes et inhabiles à jamais de tous honneurs, charges, dignités et succes-

..., ainsi que plus amplement le contient icelui article, et comme nous entendons estre procédé contre eux, suivant la rigueur de nostre susdit édict et articles d'icelle conférence, ainsi nostre volonté et intention est de maintenir et conserver ceulx qui se contiennent selon le devoir de l'obéissance duquel ils nous sont naturellement obligés;

Et à celte cause sçavoir faisons que nous après avoir mûrement considéré, sur cette affaire avec la royne nostre très-honorée dame et mère, les princes de nostre sang et autres grands princes et seigneurs de nostre conseil privé et d'estat estant près de nous, avons, par leur advis et de nostre pleine puissance et autorité royale, de nouveau, dit, déclaré et ordonné, disons, déclarons et ordonnons, que aimant, comme nous faisons, le bien de nos subjets, et desirant éviter toutes occasions qui peuvent faire resaltir les troubles en nostre royaume, nous voulons et entendons;

(1) Que nostre susdit édict de pacification et les articles de ladite conférence de Nérac soient maintenus, gardés et observés inviolablement, selon leur propre forme et teneur, et que ceux de nos subjects de la religion prétendue réformée qui se voudront contenir soubs iceux, comme l'obéissance et loyaulté qu'ils nous doivent, les y oblige, soient conservés en leurs personnes, vies et biens, en tous les endroits de nostre royaume, avec liberté de leur conscience, et exercice de leur dite religion, selon qu'il est permis par iceux édict et articles d'icelle conférence de Nérac, sans qu'il leur soit en cela donné aucun trouble n'y empêchement;

(2) Et là où aucun d'iceux de quelque estat, qualité ou condition qu'ils soient, auroient esté si mal advisés, que de s'élever en armes pour troubler le repos public, contre l'obéissance qu'ils nous doivent, seroient partis de leurs maisons à cet effet, ou pour se retirer hors de notre royaume en Allemagne ou ailleurs, afin d'adhérer ou participer avec ceulx qui font pratiques et menées, pour amener des gens de guerre étrangers contre nostre service, à l'offension de nos bons et loyaux subjets, nous voulons que, après due perquisition et information faite par les gens de nos cours de parlemens, baillifs, sénéchaux, prévosts et leurs lieutenans ou autres des juges royaux, de ceux qui seront de la qualité susdite, ils procèdent à la saisie de leurs biens, meubles et immeubles, faisant faire bon et loyal inventaire desdits meubles, et les baillent en garde à quelque bon et notable personnage pour être procédé à la vente d'iceux au plus offrant et dernier

enchérisseur, sans que les achepteurs puissent être à l'avenir contraints de rendre et restituer les choses par eux ainsi achetées, quelques déclarations qui puissent être expédiées au contraire, et ce nonobstant oppositions ou appellations quelconques proposées ou à proposer par les femmes, enfans, héritiers, créanciers ou autres prétendans droits sur les biens susdits, pour saisies auparavant faites ou autrement; sur lesquelles oppositions ils auroient à se pourvoir à la chambre de l'edit de pacification qui se trouvera établie en nosdites cours de parlement :

(3) Et là où il n'y auroit aucune chambre de l'edit établie se videront icelles oppositions en la grande chambre de nos dites cours de parlement sous le ressort desquels se trouveront lesdits biens.

(4) Et quant aux immeubles, nous voulons qu'ils soient semblablement saisis sous nostre main, et que au regime et gouvernement d'iceux soient établis de bons et suffisans commissaires, qui seront contraints en accepter la charge et commission, nonobstant toutes excuses, exemptions et priviléges généraux et particuliers qu'ils puissent alléguer au contraire, pour être par après procédé au plustôt que faire se pourra, au bail à ferme au plus offrant et dernier enchérisseur, en la manière accoutumée, pris et perçus les fruits d'iceux, nonobstant toutes oppositions ou appellations quelconques qui seront jugées et décidées ainsi que dessus est dit desdits meubles, n'entendant que en vuidant icelles oppositions, l'on ait aucun égard aux prétendues avances, que aucuns fermiers pourroient alléguer ny que les créanciers puissent être paiés sur les meubles et fruits saisis et vendus comme dit est, pourveu que les immeubles soient suffisans et qu'il apparoisse que la dette a esté créée sans fraude et simulation (1), semblablement à ce que les femmes pourroient dire, que les meubles et fruits des immeubles leur appartiennent comme étant de leur dot et propre, sauf à nos juges de leur ordonner pour leur vivre et entretenement telles provisions modérées qu'ils adviseront bon estre, comme ils seront en semblable pour la nourriture des enfans, desquels les pères ont la garde noble et jouissent des fruits de leurs biens, pourveu que lesdites femmes et enfans se contiennent sous notre obéissance sans particier, adhérer ou favoriser auxdits élevés en armes en quelque sorte ou manière

---

(1) C'est ainsi qu'on a procédé contre les émigrés en 1792, et années suivantes.

que ce soit (1), demeurant néantmoins auxdits opposans leurs actions entières sur lesdits immeubles ainsi que de droit.

5) Défendons, en outre, à tous ceulx qui doivent aux susdits élevés en armes ou leurs adhérens ou complices, rentes ou autres choses, de leur en rien payer; ains leur enjoignons de le venir déclarer à nos juges, incontinent après la publication de ces présentes sur peine de quadruple; et d'estre procédé contre eux criminellement, comme fauteurs et adhérens auxdits élevés en armes.

6) Faisons aussi très-expresses inhibitions et défenses à toutes personnes d'acheter aucune chose des susdits élevés en armes, de leurs adhérens et complices, déclarant, dès à présent, tout ce qu'ils auroient achepté à nous acquis et confisqué : voulons, en outre, estre procédé contre lesdits achepteurs criminellement.

(7) De tous lesquels deniers provenus de la vente d'iceux meubles et fruits des immeubles, seront dressés de bons et amples procès-verbaux par les commissaires à ce commis, qui les mettront ez mains des trésoriers de France, généraux de nos finances en la généralité sous l'étendue de laquelle se trouveront lesdits meubles et seront situés et assis iceux immeubles, sur lesquels procès-verbaux nosdits trésoriers généraux dresseront leurs états aux receveurs particuliers des lieux, pour être lesdits deniers par eux reçus et mis ez mains des receveurs généraux de nos finances, et employés par les mandemens, rescriptions ou quittances des trésoriers de nostre espargne en l'acquit des dépenses que nous serons contraints et forcés faire à l'entretenement des gens de guerre que nous mettrons sus, pour résister aux entreprinses et pernicieux desseins de ceux qui se sont élevés en armes contre nostre autorité et veullent troubler le repos public de nostre royaume : voulans, en outre, que nosdits officiers vaquent en toute diligence et toutes autre affaires cessant, à faire et parfaire le procès criminel et extraordinaire auxdits élevés, leurs fauteurs et adhérens, et procèdent aux jugemens et arrêts contre les susdits selon la rigueur de nos édits et ordonnances.

Si donnons, etc.

Par le roi, en son conseil.

---

(1) Ainsi l'on punissait l'obéissance aux plus saintes lois de la nature.

N° 114. — Edit *portant que le roi pourvoira aux offices vacans de judicature tant que la guerre durera, malgré l'ordonnance de Blois* (1).

Paris, juin 1580; reg. au parl. le 26 juillet. (Vol. 2 L, f° 225. — Font., II, 588.)

N° 115. — Edit *de création d'une seconde chambre des requêtes au parlement de Paris* (2).

Saint-Maur des Fossés, juin 1580; reg. au parl. le 26 juillet. (Vol. 2 L, f° 226. — Font., I, 28.)

N° 116. — Déclaration *qui interdit au gouverneur du Dauphiné la faculté de délivrer des lettres de grâce, de conférer les offices royaux, et de faire publier sous son nom, les arrêts du parlement de Grenoble* (3).

Saint-Maur des Fossés, 4 juillet 1580; reg. au parl. de Grenoble, le 7 décembre. (Chopin de Doman., lib. 2, tit. 7, n° 11.)

N° 117. — Edit *de rétablissement de celui de novembre 1563, qui soumet à la consignation d'amende ceux qui intentent un procès pour somme déterminée* (4).

Saint-Maur des Fossés, juilllet 1580; reg. au parl. le 26. (Vol. 2 L, f° 226. — Font., IV, 705.)

---

(1) V. à la date de mai 1579. — Les courtes trèves que faisaient les parties, n'empêchaient pas la guerre d'être permanente. — L'ordonnance de Blois, dans les articles 100, 210 et 211, disposait qu'il ne serait point pourvu au remplacement des offices vacans, jusqu'à réduction au nombre ancien.

(2) Le préambule de cet édit contient les lieux communs ordinaires, pour cacher une mesure fiscale. *C'est le désir de rendre la justice plus prompte et facile*, etc. Il y a à la date du mois d'août, plusieurs édits semblables pour les parlemens de Toulouse, Rouen, Bordeaux, Dijon.

(3) C'était une usurpation de souveraineté. — Chopin mentionne cette déclaration importante, sans en donner le texte. Nous n'avons pu la retrouver ailleurs. V. dans notre recueil les lettres de Louis XI, septembre 1477, qui déléguent le droit de grâce au duc d'Angoulême, dans ses terres; l'ordonnance de 1670, et Legraverend, Traité de la législation criminelle, II, 712, 2° édition. (Il y a beaucoup d'erreurs dans les citations d'ordonnances.) — Le droit de grâce et de commutation est réservé au roi seul, par la charte de 1814.

(4) V. à sa date, la note sur cet édit. Il avait été révoqué par déclaration du 1er avril 1668.

N° 118. — Édit *qui étend la compétence des sièges présidiaux en matière civile et criminelle, et qui crée un président en chacun de ces sièges* (1).

Saint-Maur, juillet 1580; reg. au parl. le 26. (Vol. 2 L, f° 233. — Font., I, 355. — Joly, II, 1004. — Néron, I, 664.)

N° 119. — Déclaration *qui réunit au domaine du roi les greffes et tabellionages des terres données en apanage au duc d'Anjou, frère du roi* (2).

Fontainebleau, 11 septembre 1580; reg. au parl. le dernier juillet 1581, en la cour des aides, le 30 août, et en la chamb. des comptes, le 12 septembre suivant. (Vol. 2 L, f° 407. — Font., II, 31.)

N° 120. — Articles *conclus entre le duc d'Anjou, au nom du roi, et le roi de Navarre, sur le fait de la religion* (3).

Fleix, 26 novembre 1580; ratif. par le roi au mois de décembre, et reg. au parl. le 26 janvier 1581. (Vol. 2 L, f° 281. — Font., IV, 335. — Rec. des traités de paix, II, 443. — Mém. du clergé, VI, 611.)

N° 121. — Déclaration *portant que les greffes des tailles et geôles sont compris dans l'édit qui réunit au domaine de la couronne tous les greffes et tabellionages du royaume* (4).

Blois, 16 janvier 1581. (Font., IV, 707.)

---

(1) V. l'édit de création de ces sièges, janvier 1551. Celui-ci autorise les juges présidiaux à connaître souverainement et en dernier ressort de toutes matières civiles, jusqu'à concurrence de mille livres en capital, ou de 50 livres de rente, ainsi que de l'exécution de ces jugemens. En matière criminelle, la juridiction des sièges présidiaux est étendue au jugement en dernier ressort des vagabonds et mal vivans qui étaient auparavant sous la juridiction des prévôts des maréchaux de France. — V. la loi du 24 août 1790, et Carré (lois de la compétence), tom. 2, p. 447.

(2) Les offices des apanages du duc d'Anjou avaient été exemptés par l'édit du mois de mars de la réunion au domaine. « Toutefois, dit cette déclaration, « ayant depuis considéré que ceste exception et réservation nous pourrait être « préjudiciable, et que faisant procéder à la réunion et revente desdits greffes « et tabellionages des terres de notre dit frère, comme a été fait des nôtres, ce « sera chose qui nous apportera profit et commodité, etc., avons réuni et « réunissons, etc. »

(3) Ces articles sont la confirmation de l'édit de mai 1576, et de celui de Poitiers, septembre 1577. C'est par eux que finit la guerre dite *des amoureux*, commencée au mois de février précédent.

(4) V. cet édit à la date de mars 1580. — Cette déclaration est motivée sur ce que les greffes des tailles et geôles n'étant pas nominativement compris dans

N° 122. — Édit d'établissement des grands jours à Clermont en Auvergne (1).

Blois, 6 avril 1581; reg. au parl. le 4 juillet (Vol. 2 L, f° 392. — Font., IV, 708.)

N° 123. — Lettres, en forme de jugement et déclaration, au sujet d'un démenti donné à un prince du sang (2).

Blois, 18 avril 1581; reg. au parl. le 27. (Vol. 2 L, f° 327.)

Henry, etc. Comme sur un bruit qui courut en l'année dernière nostre cher et amé cousin le duc de Nevers eut envoyé le seigneur de Laulnay, gentilhomme ordinaire de nostre chambre et Lieutenant de la compaignie d'hommes d'armes de nos ordonnances dont a charge nostre très-cher et amé cousin le comte de Rethellois, publier un desmenti en nostre ville d'Angiers où pour lors estoit nostre très-cher et très-amé frère le duc d'Anjou, et de ce adverty nostre très-cher et très-amé oncle le duc de Montpensier (pensant que ledit desmenty eust esté donné en conséquence des propos par luy peu auparavant tenus d'icelui nostredit cousin à nostredict frère) s'en sentant offensé, et voulant s'en ressentir il eust fait une déclaration par escript de ses propos que nostredit frère approuva estre véritables, laquelle déclaration parvenue jusqu'à nostredit cousin il fit imprimer et manifesta ung escript dès le mois de.... pour esclaircir ung chacun qu'il n'avoit jamais eu intention contredire les propos de nostredit oncle et serait bien marry de l'avoir fait; ce néantmoins nous eussions esté advertis que nostredit oncle ne s'en voulait tenir pour satisfait, ains avoit opinion qu'il y eust plusieurs mots dans ledit manifeste qu'aucuns pourroient interpréter à son désavantage.

Nous, pour entendre au vray le sens et intelligence desdites

---

l'édit de 1580, les officiers qui occupaient ces greffes ne voulaient pas s'en dessaisir.

(1) Un des principaux motifs de cette création, c'est que dans les prévôtés, baillages, et sénéchaussées de la haute et basse Auvergne, *il se commettait tous les jours plusieurs grands crimes, excès, délits, forces publiques, voies de fait et autres maléfices, par les gentilshommes et autres nos subjets dudit pays contre le repos public et à l'oppression du pauvre peuple.* La justice est appelée dans cet édit, la *lumière souveraine.* Aujourd'hui, il y a une cour royale pour ces provinces, séant à Riom.

(2) C'était pour prévenir un duel, dont les princes n'étaient pas dispensés.

déclaration et manifeste, aurions fait assembler ceux des princes, mareschaux de France, seigneurs de nostre conseil privé et d'estat et capitaines de gens d'armes qui estaient au mois de décembre dernier près de nous et à nostre suite, en ceste nostre ville de Blois et en leur présence bien et exactement fait examiner et très-meurement digérer lesdites déclaration et manifeste, et après avoir esté de l'advis et conseil des dessusdits par nous finalement jugé, arrêté et résolu que ledit desmenty ne touchait nullement à nostredit oncle, y aux propos mentionnés par son escript et déclaration cy-dessus, et que lesdits démenty et manifeste ne le pouvaient ny peuvent aucunement offenser : nous le luy aurions fait entendre, mais il aurait toujours continué en sa première difficulté, d'autant qu'il se peust trouver quelque chose au discours dudit manifeste dont il se deust ressentir, ce qui nous aurait donné occasion de dépescher vers nostredit cousin le duc de Nevers pour nous en donner ung plus ample éclaircissement.

Sur quoy il nous aurait envoyé escript et signé de sa main qu'il n'a jamais entendu donner ni faire donner desmenty sur les propos que nostredit oncle le duc de Montpensier a divulgués par son escript avoir tenu de lui à nostredit frère le duc d'Anjou, et qu'il serait bien marry de l'avoir offensé, ains qu'au contraire il a toujours respecté, révéré et honoré et le respecte, révère et honore pour estre prince de nostre sang et de nostre maison et couronne de France et celuy auquel attouchant de parenté il désire demeurer en sa bonne grâce et luy faire service, et croit que nostredit oncle luy portera désormais de sa part, la même affection et bonne volonté qu'il faisait auparavant; ce que nous aurions envoyé avec tout le contenu cy-dessus communiquer à nostredit frère le duc d'Anjou et à nostre très-cher et très-amé frère le roy de Navarre.

Lesquels unanimement ont dit, conclu et signé de leurs mains, pour chose certaine, et qu'ils croyent et tiennent pour très-véritable, que ledit desmenty ne touche aucunement nostredit oncle et ne se doit ni peut approprier à luy ny à ce qui est contenu en sadite déclaration et que d'iceluy ny dudit manifeste, vu le dire de nostredit cousin le duc de Nevers, nostredit oncle ne peut et ne doit se tenir offensé.

Ce que voulant estre notoire à tous et en semblable nostre intention, tant sur ledit desmenty que sur tout le contenu esdits escripts et manifeste comme à nous appartenant l'interprétation et intelligence d'iceux.

Sçavoir faisons que le tout par nous veu et bien meurement et exactement considéré et digéré en nostre conseil et après avoir que les opinions et résolutions cy-dessus de nosdits très-chers et très-amez frères les duc d'Anjou et roy de Navarre, comme dit est, signées de leurs mains ont pareillement esté par nous vues en nostredit conseil;

Nous bien records et memoratifs des choses passées et combien l'honneur de nostredit très-cher et très-amé oncle nous est et doit estre cher et recommandable tant par la proximité de sang et lignage dont il nous attouche, et les bons, entiers et signalés services qu'il a faits à nous et aux roys nos prédécesseurs, ayeul, père et frères, que pour avoir esté le miroir et vray exemple à tous nos subjects de l'obéissance qui nous est justement deue et celuy qui pour nous la conserver, a infinis fois hazardé sa vie et porté une grande partie des peines et travaulx advenus en cestuy notre royaume, depuis la mort du feu roy nostre très-honoré seigneur et père (que Dieu absolve) jusques à cette heure, et s'est comporté si sagement et vertueusement en toutes les charges qui lui ont esté commises que nous avons très-juste occasion de nous en contenter et dire que sa vie et vertueuses actions ont rendu nostre estat obligé à luy et à sa mémoire, ayans aussi d'autre part très juste occasion de nous contenter des dignes et recommandables services de nostredit cousin le duc de Nevers.

Avons, avec le bon conseil, advis et résolution de nosdits très-chers et très-amés frères les duc d'Anjou et roy de Navarre que nous tenons et croyons pour certains et très-veritables, dit, déclaré, jugé et arrêté, et par ces présentes de notre certaine science, pleine puissance et autorité royale disons, déclarons, jugeons et arrêtons que le démenty cy-dessus mentionné ne touche nullement nostredit oncle le duc de Montpensier, ny les propos par luy tenus de nostredit cousin le duc de Nevers à nostredit frère le duc d'Anjou mentionnés par son escript et déclaration et choses contenues par icelle, et que d'iceluy ny dudit manifeste nostredit oncle ne s'en peut ni doit tenir aucunement offensé, ce que nous le prions de croire avec nous et les seigneurs dessus dits, l'assurant que son honneur n'y est en façon du monde offensé, duquel (pour les raisons cy-dessus déclarées) nous désirons la conservation comme lui-même; et, en tant que

...is serait, voulons de nostre autorité que dessus qu'il re-
...la déclaration de nostredit cousin le duc de Nevers pour
...satisfaction qu'il eût pû ou pourroit prétendre pour ce qui
...passé en ce fait que nous voulons à jamais demeurer nul,
...assoupy et comme non avenu, et tel le déclarons, étei-
...et assoupissons, ensemble lesdits escripts et manifeste cy-
...mentionnés, et tout le contenu en iceux, défendant à
...nos subjets de quelqu'état, qualité ou condition qu'ils soient
...apporter par cy après aucune interprétation ni les mettre et
...en avant sur peine de la vie;

Voulons aussi que tous ceux qui se sont entremis en ceste af-
...n'en puissent estre recherchés ny inquiétés de part ni d'autre
...quelque sorte ou manière que ce soit.

Si donnons, etc.

Par le roy en son conseil.

---

124. — DÉCLARATION *portant que par l'article 168 de l'ordonn.
de Blois* (1), *le roi n'a point entendu déroger aux droits
des enquêteurs et adjoints, ni donner pouvoir aux baillis,
sénéchaux, non plus qu'aux juges présidiaux, de connaître
de l'audition et examen d'aucun témoin, sinon dans le
cas où ils demeureraient hors du ressort de la juridiction
desdits enquêteurs.*

..., 6 mai 1581; reg. au parl. le 15 février 1582. (Vol. 2 M, f° 178. — Joly,
II, 1317. — Descorbiac, p. 542.)

125. — ÉDIT *de création d'un procureur du roi en chaque
juridiction des prévôts des maréchaux, lieutenans criminels de robe courte, vibaillis et visénéchaux* (2).

..., mai 1581; reg. au parl. 4 juillet (Vol. 2 L, f° 387. — Font., I, 407. —
Joly, II, 1162. — Traité de la police, liv. 1, tit. 10.)

..., etc. Nos prédécesseurs roys, considérans combien il es-

---

(1) V. cette ordonnance à la date de mai 1579. — La justice était-elle donc
...moine ?

(2) L'institution d'un officier chargé de défendre devant les tribunaux les in-
...du prince et de la société est très ancienne. — V. L. 1, *fisci advoc.*, Cod.
...*de advoc. fisci*; L. 3 et 32, ibid., *de petit*; L. 41 et 43, ibid., *de ap-*
...L. 3, *omnis*, ibid., *de his quæ administ.*; L. ult. ibid., *de bonis vac.*;

toit nécessaire de pourvoir à la seureté et repos de nos sujets, et à la correction et punition des crimes et délicts qui se commettoient, auroient estably des prévosts provinciaux de nos très chers et bien amez cousins les mareschaux de France, des lieutenans criminels de robbe courte, vibaillifs, viséneschaux, ensemble leurs lieutenans, greffiers et archers. Iceux distribués par les provinces de nostre royaume, pour faire les chevauchées et visitations d'icelles, nettoyer et purger le pays de voleurs et mal-vivans, et procéder à la punition exemplaire de tous malfaiteurs. Ce qui a réussi au très-grand bien, repos et seureté de nosdits subjects. Et par ce que nostre intention a toujours esté d'entretenir ledit établissement, mesme y donner toute la force et authorité que nous cognoistrons y estre nécessaire, pour d'autant plus accommoder nosdits subjects, nous avons puis naguères réglé la charge et exercice desdits prévosts, vibaillifs, viséneschaux, lieutenans, greffiers et archers : et pour leur donner plus de moyen de faire leur devoir esdites charges, accordé augmentation de leurs gages. En quoy faisant avons trouvé, pour rendre lesdites charges plus faciles, estre nécessaire establir en chacune d'icelles un procureur pour nous, qui assisteront auxdites chevauchées, pour requérir, conclure, et faire tout ce qui sera pour ce requis. Au moyen dequoy la preuve, recherche et vérification des meurtres, assassinats, voleries, fabrication de faulse monnoye, et autres crimes, en sera plus exactement et diligemment faite, et conséquemment la punition, qu'il n'a esté fait jusques à présent : mesme que cy devant nos procureurs en chacun bailliage et séneschaussée ont substitué telles personnes que bon leur a semblé comme en semblable ont fait lesdits prévosts, vibaillifs et viséneschaux : lesquelles personnes substituées n'ont eu le soin de faire leur devoir à la vérification et poursuite desdits crimes, qui par ce moyen ont demeuré impunis. Joint

---

L. si patron. ibid., de advoc. divers. judic.; L. 1 et seqq. Cod. de proced. conduct. dom. aug. — Ces dispositions s'introduisirent dans les Gaules avec la domination romaine, et furent conservées par les rois Francs de la première et seconde race. Les anciennes chartes parlent souvent de ces officiers, qu'ils appellent *actores dominici*, *actores fisci*, *actores publici*, *actores vel procuratores reipublicæ*. — V. l'ordonnance de St. Louis, décembre 1254, art. 3; de Philippe le Bel, 23 mars 1302, art. 15 et 20; de Philippe VI, décembre 1346, la note; de Jean, 1355; de Charles VI, 1408; de François Ier, 19 juin 1536; d'Henri II, novembre 1553; l'ordonnance d'Orléans, janvier 1560, art. 51, 72, 115 et 158; et ci-après l'édit de mai 1586, et de Henri IV, février 1607.

nosdits procureurs estant d'ailleurs assez occupez à l'exercice de leurs charges, sont tenus faire résidence actuellement ès villes et lieux où ils sont establis, ne pouvant monter à cheval avec lesdits prévosts, vibaillifs et viséneschaux ou lieutenans criminels de robbe courte. Parquoy ne voulans rien delaisser en arrière de ce qui est requis à la punition desdits crimes après avoir traicté de ceste affaire en nostre conseil, et sur ce meurement déliberé.

(1) Avons de l'advis d'iceluy ordonné et ordonnons qu'en chacune jurisdiction desdits prévosts, lieutenans criminels de robbe courte, vibaillifs et viséneschaux, y aura doresnavant un procureur pour nous : lesquels procureurs nous avons à cest effect par nostre edict perpétuel et irrévocable créez et érigez, et par ces présentes créons et érigeons en chef et tiltre d'offices formez, pour y estre par nous présentement pourveu, et cy-après, quand vacation y escherra, de personnes capables, qui les tiendront et exerceront aux honneurs, auctoritez, prérogatives, prééminences, franchises, libertez, droicts, profits, revenus et émolumens tels et semblables, dont jouyssent nos procureurs esdits bailliages et sénéchaussées.

(2) Voulant que ceux présentement créez jouyssent de telles et semblables exemptions que nosdits prévosts des mareschaux, soient tenus les assister esdites chevauchées, faire requérir et poursuivre tout ce qui est du devoir et charge de nosdits procureurs, tant à la recherche et vérification desdits crimes, que instruction et jugement des procez, qui seront intentez pour raison desdits crimes et délits, sans que nosdits procureurs esdits bailliages, sénéchaussées et autres jurisdictions s'en puissent entremettre : ce que nous leur défendons très-expressément à peine de nullité, et de tous despens, dommages et intérêts, sinon en l'absence, récusation ou légitime empeschement de nos dits procureurs présentement créez, ausquels donnons aussi pouvoir de faire semblables réquisitions et autres choses nécessaires pour nous esdits bailliages et sénéchaussées, que seroient et pourroient faire nosdits procureurs en iceux au cas susdit, et non autrement.

(3) Et afin que nosdits procureurs présentement créez ayent moyen de s'entretenir esdits estats et supporter la despense qu'il leur conviendra pour ce faire, avons à chacun d'eux ordonné et attribué, ordonnons et attribuons tels et semblables gages qu'a et prend chacun archer en la prévosté et mareschaussée

où nostredit procureur sera establi : lesquels gaiges luy seront payez par chacun an aux quatre quartiers accoustumez. Et afin que nostre peuple ne soit foullé, ny surchargé au moyen de la présente création, avons dès à présent supprimé et supprimons une place d'archer de chacun desdits prévosts, lieutenans criminels de robbe courte, vibaillifs et viséneschaux, et les gaiges appartenans attribués à nostredit procureur présentement créé. Enjoignons à iceux prévosts, lieutenans criminels, vibaillifs et viséneschaux, de incontinent réduire et retrancher un desdits archers, sur peine de nous en prendre à eux en leur propre et privé nom, et à tous nos receveurs qu'il appartiendra de payer aucune chose ausdits archers retranchez de leurs gages : ains les payer à nosdits procureurs sur leurs simples quittances, ra portant lesquelles ils leur seront passez et allouez en la despense de leurs comptes.

(4) Et par ce qu'il y a en aucunes desdites prévostez, bailliages et séneschaussées des lieutenans ordonnez résider en aucunes villes et lieux du ressort desdits bailliages et sénéchaussées qui sont tenus faire leurs chevauchées à part et particulièrement : tellement que nosdits procureurs n'y pourroient assister, et afin que par ce moyen il ne soit aucune chose retardé de ce qui est requis au devoir de ladite charge de nostre procureur, nous luy avons permis et permettons de substituer et commettre personnes capables pour assister ès chevauchées et instructions des procez desdits lieutenans : sans toutesfois que pour ce ils puissent prétendre aucune augmentation de gages.

Si donnons en mandement, etc.

N° 126. — DÉCLARATION *qui exempte des tailles et autres droits les receveurs des consignations créées par un édit précédent* (1).

Blois, 16 mai 1581, reg. en la cour des aides, le 26 juin 1582. (Font., I, 53 Joly, II, 1633.)

N° 127. — ÉDIT *d'établissement d'un bureau de douanes dans chaque ville du royaume* (2).

Blois, 20 mai, 1581 ; reg. au parl. le 4 juillet, et en la cour des aides, le 31 août (Vol. 2 L, f° 383. — Font., II, 529.)

(1) V. à la date de juin 1578.
(2) V. à sa date l'édit de septembre 1549, et la note. L'objet de celui-ci est

138. — Édit *de création de vingt offices de conseillers laïcs au parlement de Paris* (1).

mai 1581 ; reg. au parl. le 4 juillet, et en la ch. des compt. le 12. (Vol. 2 L, f° 386. — Font., I, 12. — Joly, I, 8.)

139. — Édit *de création d'un bureau de contrôle des actes extra-judiciaires en chaque siège royal* (2).

juin 1581, reg. au parl. le 4 juillet. Vol. 2 L, f° 368. — Font., I, 721. Joly, II, 1781.)

Henry, etc. Nos prédécesseurs roys voulans pourvoir au soulagement de nos sujets, auraient faict plusieurs ordonnances, pour le réglement de la justice, abbréviation de procez, ordres de la police que autres concernans la société mutuelle, pour tant plus augmenter le moyen à nosdits sujets de vivre en paix souz la grâce et bénéfice de nos édicts : et nous depuis nostre avenement à ceste couronne, avons recherché tous moyens possibles pour effectuer les susdites ordonnances, estimant par là avoir entièrement satisfait à ce qui est de nostre devoir et auctorité. Toutesfois par les longs troubles qui ont eu cours en nostre royaume, chacun a prins telle licence que nosdites ordonnances sont, à nostre très-grand regret, demeurées sans effect. Considérant combien est louable et digne de nostre grandeur regler et remettre ce qui a esté altéré, tant en l'ordre de la justice que police, faire cesser les fraudes, procez, faulsetez, circonventions, dont plusieurs ont cy-devant usé à la ruine d'aucuns nos subjects, procédans lesdits différens d'une infinité de faulsetez qui se seront commises, et se commettent chacun jour par aucuns notaires et tabellions de nostre royaume ès actes et contrats qu'ils passent et reçoivent. En quoy faisant iceux nótaires et tabellions, qui sont deux, ou un seul avec deux témoins, s'aident de noms et témoins morts ou incognuz, avec antidate ou

---

d'arracher de l'argent. Le préambule l'avoue en disant que l'impôt ne tombera que sur les riches, attendu qu'il s'agit d'objets de luxe.

(1) Cette création de nouveaux offices motivée sur ce que le roi allait envoyer en Guyenne et en Auvergne plusieurs présidents et conseillers du parlement de Paris, pour y calmer les troubles, et qu'il fallait remplacer ces officiers à Paris, où ils étaient nécessaires.

(2) Voilà l'origine de l'enregistrement. M. Dalloz (Jurispr. gén., v° *Enregistrement*), l'a vue dans l'ordonnance de 1693, mais cette ordonnance n'est qu'ampliative de celle de 1581. — V. les lois des 5-19 décembre 1790, 9 octobre 1791, 14 thermidor an 4, 9 vendémiaire an 6, 22 frimaire an 7, 27 ventôse an 9, et celle du 28 avril 1816. Le contrôle n'existe pas aux colonies. — Il est question de l'y introduire pour empêcher les antidates.

transposition de temps, et par supposition des personnes obligent les absens, falsifians leur seing pour colorer leur faulseté si à propos et approchant du vray, qu'il es' quasi impossible d'en tirer la vérité : Aussi tels contracts n'apparoissent bien souvent, sinon après le décez des contractans, et qui plus est, s'est faict d'autres faulsetez ès contracts passez ès présences des parties à l'une d'icelles, par addition d'aucunes clauses non résolues, au grand intérest de nos sujets.

D'avantage ès testamens et ordonnances de dernière volonté, legs et donations, s'y practiquent de plus subtiles faulsetez : mesmes que lesdits contracts ne sont signez des testateurs et donateurs, mais y est fait mention, que à cause de leur foiblesse et débilité, ils ne pouvoient signer : le tout à la persuasion de ceux qui s'en veulent prévaloir, au préjudice des légitimes héritiers : entre lesquelles faulsetez il y a des abus remarquables, en ce qu'aucuns desdits notaires, après avoir passé contracts, dont les originaux n'ont esté grossoyez, ne les parties, au profit desquelles ils ont esté passez, retiré aucunes copies, ceux à qui il touche, et contre lesquels ils ont esté faits et contractez, combien qu'ils les ayent libéralement accordez et receu le prix y contenu, neantmoins procédans de mauvaise foy, souz prétexte de quelque gain qu'en prennent aucuns notaires, ou après leur decez leurs veufves et héritiers en retirent les originaux : tellement que les parties à qui ils appartiennent en demeurent frustrées.

De tous lesquels abus et faulsetez, nos cours de parlement et juges ont assez de cognoissance : Et en ont esté faites plusieurs punitions exemplaires, mesmes récemment. A l'occasion dequoy nos sujets différent de contracter l'un avec l'autre, et se secourir : dont advient que pour n'estre l'achepteur asseuré, et le vendeur n'ayant souvent aucun bien ne amis pour garantie, cesse le commerce entre nosdits sujets. Et avec les choses dessusdites, il y va de nostre intérest et des seigneurs féodaux, justiciers et fonciers : d'autant que les contracts de venditions, aliénations et eschanges, sont secrettement passez, qui ne viennent que bien tard à cognoissance, et sont de difficile et longue perquisition, estant besoin de rechercher tous les registres des notaires des villes et lieux, chose très-difficile à descouvrir : au moyen dequoy nous et eux sommes souvent frustrez des droicts et profits de fief, quints et requints, et autres devoirs seigneuriaux : ce qui n'adviendroit si tous lesdits contracts se trouvoient en un seul lieu et endroict.

A quoy estant très-requis et nécessaire de remédier, et après avoir recherché tous moyens, et diverses fois délibéré en nostre conseil, où étoient la royne et nostre très-honorée dame mère, aucuns princes de nostre sang et gens de nostre conseil : et de leur avis et délibération, pour obvier ausdites fraudes, et donner moyen d'icy en avant à nosdits sujets de seurement contracter : avons par cestuy nostre édict et ordonnance perpétuelle et irrévocable, statué et ordonné, statuons et ordonnons :

(1) Que par quelque contract que ce soit, de vendition, eschange, mariage, donations, cessions et transports, constitutions de rente, garantie, contre-lettres, licites et déclarations, transactions, partages, adjudications par décret, baux perpétuels d'emphytéose, ou à temps, excédans neuf années, et généralement toute autre disposition, soit entre vifs ou de dernière volonté, ne pourra estre acquise aucune seigneurie, propriété, ne droict d'hypothèque et réalité, encore que les acquéreurs ou autres, au profit desquels lesdits contracts auront esté passez, ayent prins possession naturelle ou par constitution de précaire rétention d'usufruit, ou autre voye de droict, s'ils ne sont enregistrez dedans deux mois du jour et datte d'iceux, és registres qui seront par nous ordonnez és bailliages, séneschaussées, prévostez et juridictions royales, tant és sièges généraux que particuliers, où lesdits biens ainsi aliénez, en et sur lesquels on voudra respectivement prétendre droict de propriété, seigneurie, hypothèque ou réalité, sont assis par les contrerolleurs, qui par nous seront commis et députez pour cet effect, pourveu que le contract excède cinq escus en sort principal, et de rente foncière trente sols : lesquels seront tenus de mettre au dos desdits contracts l'acte dudit enregistrement, faisant mention du jour et an, et du feuillet de leur registre où ils auront esté enregistrez. Et néantmoins en pourront bailler et délivrer un acte à part aux parties, si elles le requièrent. Tellement que toutes venditions, cessions, transports, permutations, constitutions de rente, partages, transactions, baux à emphytéose, et tous autres contracts perpétuels et portans hypothèques, excédans le temps susdit, ensemble lesdites adjudications par décret, qui auront esté enregistrées en la forme desusdite, seront préférez pour lesdits droits de propriété, seigneurie, hypothèque et réalité, à tous autres qui ne l'auront esté, combien qu'ils soient en datte précédente, et que les contractans eussent prins et fussent en possession des choses à eux cédées et transportées.

(2) Et ne se pourra prendre ledit droit de propriété, seigneurie, hypothèque et réalité, que du temps, jour et datte dudit contract, pourveu qu'il ait esté enregistré dedans ledit temps de deux mois : lequel vaudra, tant pour acquérir ladite proprieté et seigneurie que pour le droict d'hypothèque et réalité, concernant le faict de la garantie en quelque lieu que lesdits heritages, sujets à ladite garantie, soient situez et assis : et quant à tous autres contracts, au moyen desquels on voudroit prétendre droict d'hypothèque et réalité, ne sera acquis aucuns desdits droits, sinon sur les lieux et heritages estans en la jurisdiction en laquelle sera fait ledit enregistrement. Et quant aux testamens et autres dispositions de dernière volonté, il suffira les faire enregistrer esdites jurisdictions, tant du domicile du testateur que du lieu où il sera décédé.

(3) Et pour ce qu'il se pourroit trouver qu'un même lieu et héritage ou partie d'iceluy, seroit assis en divers bailliages, sénéchaussées ou autres juridictions royales, comme dit est : en ce cas, lesdits contracts seront enregistrés au siège royal, où sera assis le manoir principal desdits lieux.

(4) Et pour obvier aux abus et fraudes qui se pourroient commettre au fait des testamens, avons ordonné et ordonnons par cesdites présentes, que tous testamens portans institutions, substitutions, fidéicommis, ou autres dispositions soient enregistrez esdites jurisdictions, comme les autres contracts dessusdits, et que tous heritiers ou autres y ayans intérest, seront tenus les faire enregistrer, comme dit est, dedans deux mois après la mort des testateurs, sur peine, à faute d'avoir satisfaict à ce que dit est dedans ledit temps de deux mois, et iceluy expiré, d'estre privez d'icelles successions, au cas toutesfois que, pour leur absence, ou autre occasion légitime, il ne soit venu à leur cognoissance : lequel enregistrement leur servira ; et aussi aux substituts, fidéicommis et légataires. Et pour la conservation de leur droict pourront prendre acte et instrument des clauses dudit testament, faisant mention de leur substitution, fidéicommis et droicts par eux prétenduz, et par lesquels ils prétendent estre substituez, appelez ou avoir droit esdites successions, portions d'iceluy ou fidéicommis.

(5) Et pour ce accomplir et exécuter, avons statué et ordonné, statuons et ordonnons que chacun de nosdits sujets faisant, passant, et consentant les contrats dessusdits, sera tenu exprimer le ressort et siège royal, auquel l'héritage par lui vendu, permuté

hypothéqué ou donné, est situé ou assis : et à tous notaires, tabellions, et personnes publiques, de ne recevoir aucuns contracts, donations, venditions, et autres dispositions entre vifs, que lesdits ressorts n'y soient exprimez. Sur peine quant ausdits notaires et tabellions de privation de leurs estats : et aux vendeurs d'estre punis extraordinairement, et comme faux vendeurs.

6 Et seront tenus lesdits contractans faire ledit enregistrement dans ledit temps, et ainsi que dessus est dit, après les contracts passez. Et en ce faisant vaudra ledit enregistrement, comme s'il eust esté faict du jour et date dudit contract : sans que pendant ledit temps l'on puisse acquérir droict de propriété, seigneurie, hypothèque et réalité au préjudice du premier contractant, et ayant fait faire ledit enregistrement dedans ledit temps.

7 Et à l'effect que dessus avons créé et érigé, créons et érigeons par ces présentes en chacun siège royal, soit capital, présidial ou particulier, du baillif, seneschal, ou prevost, allouë, vicomte ou autre en tiltre d'office formé, un contrerolleur qui s'appellera contrerolleur des tiltres : ausquels offices de contrerolleur sera à présent, et cy après, vacation advenant par mort, ou résignation, par nous, et non par autres, pourveu de bons et notables personnages, qui enregistreront chacun en son ressort lesdits contracts et adjudications, où les biens y contenus seront situez et assis, et ainsi que les parties le requerront, ainsi qu'il est contenu cy dessus : et les deniers en provenans employez tant à partie du payement de gens de guerre, estant en nos garnisons et villes de frontière, et autre despense pour le bien et conservation de nostre estat.

8 Et à ce que lesdits contrerolleurs ne prennent salaire outre mesure, avons ordonné et ordonnons qu'ils ne pourront prendre que dix sols tournois pour le premier enregistrement, contenant une peau de parchemin, et deux sols pour chacun feuillet de papier, et du plus ou du moins à l'équipollent. En ce faisant seront tous lesdits contrerolleurs mettre au dos desdits contrats les jours, ans, et feuillets de leurs registres, où ils auront esté enregistrez. Et dudit endossement seront tenus faire mention en l'endroit de leur registre, où ledit contract aura esté enregistré. Duquel registre ledit contrerolleur ne fera communication qu'à ceux qui y auront interest, ou autres, ainsi que par justice sera ordonné, et non autrement. Et pour la communication de chacun contract, prendra douze deniers tournois. Et là où les parties en voudroient avoir extrait en parchemin, leur seront par

luy expédiez, en payant pour tout salaire et expédition desdits contracts à ladite raison de dix sols pour peau de parchemin, et deux sols pour feuillet de papier, où les parties ne les voudroient qu'en papier.

(9) Ordonnons en outre que lesdits contrerolleurs feront leursdits registres en parchemin, reliez et continuez, et non par feuillets attachez. Et à la fin de chacun enregistrement de contract mettront leur seing entre iceux contrats, sans laisser aucun feuillet ou partie d'iceluy vague : mais continueront leursdits registres sans intervalle d'escriture. Le tout sur peine de faux. Et avant qu'escrire aucune chose audit registre, sera chacun desdits feuillets cotté en teste selon son nombre, et escrit au dernier feuillet le nombre de tous les feuillets dudit registre : lequel nombre sera escrit au long, arresté et contresigné par le juge, nostre procureur, et par ledit contrerolleur : sans que pour ce faire lesdesusdits puissent prendre aucun salaire : et où aucune partie voudra avoir extrait desdits registres, se fera par lesdits contrerolleurs : et estant par eux signé, foy y sera adjoustée, comme à l'original, pour leur servir, ainsi que de raison : sans ce neantmoins qu'ils puissent porter aucune exécution. Et pourront lesdits contrerolleurs commettre à l'exercice desdites charges personnes capables, dont ils seront responsables, qui auront serment à nous, et néantmoins seront destituez par lesdits contrerolleurs, quand bon leur semblera.

(10) Et pour oster toutes les difficultez qui pourroient naistre de ce que dessus, déclarons que nos présens édict, statut et ordonnance, n'auront lieu, sinon du jour et datte que lecture et publication auront esté faites en nos cours de parlement. Et pour le regard des ressorts et pays qui y sont sujets, et quant à tous contracts, testamens, et toutes autres dispositions, transactions, partages et adjudications faites et passées auparavant lesdites publications, ils demeureront en leur force et vertu, sans qu'il soit besoin les faire enregistrer, si ce n'est de la volonté des parties, et pour leur plus grande asseurance, si bon leur semble.

(11) Et pour pourvoir à la garde et conservation desdits registres, voulons qu'advenant le trespas desdits contrerolleurs, que leurs registres soient portez et mis au greffe du siége royal, auquel aura esté estably iceluy contrerolleur, pour en faire bonne et seure garde, et après délivrez à celuy qui succédera : et sera immédiatement pourveu dudit office de contrerolleur, pour les garder,

faire les expéditions nécessaires, en la forme et salaire cy dessus contenu.

(12) Et pour régler du tout le faict dudit enregistrement, et ne laisser rien en arrière de ce qui sert pour l'accomplissement de cestuy nostre édict, avons déclaré et déclarons que toutes ventions, eschanges, mariages, testamens, partages, transactions, constitutions de rente, baux perpétuels et à emphytéose, et autres contracts dessusdits, qui seront faicts et passez tant és cours royales que souz seaux royaux, que tous autres, cours, justices, et seaux inférieurs, seront enregistrez ainsi qu'il est dit cy dessus, sans aucune exception ne reservation; ne que l'on puisse prendre lesdits contracts passez souz seaux inférieurs n'estre compris en ces présentes, pour n'estre passez par notaires souz seaux royaux.

(13) Et à cet effect enjoignons très-expressément à tous tabellions et notaires, tant royaux que subalternes, et des justices et seaux inférieurs, lorsqu'ils passeront les contracts dessusdits, qu'ils ayent à les notifier aux parties, et les en advertir, et faire mention en leurs dits contrats, de ladite notification et advertissement, sur peine de tous despens, dommages et intérests, en quoy lesdites parties pourront encourir à faute d'avoir fait enregistrer iceux contracts.

(14) Et d'autant qu'avons cy devant ordonné par l'édict du mois de juillet 1580, que tous notaires et tabellions prendroient dix sols tournois d'augmentation pour chacune peau de parchemin des contracts et autres expéditions qu'ils feroient, qui tourneroit à trop grande foule à nostre peuple, si lesdite augmentation avoit lieu, avec la présente création desdits offices de contrerolleurs : nous avons iceluy édict de ladite augmentation, attribuée auxdits notaires, révoqué, cassé et annullé par ces présentes, ne voulant qu'il sorte aucun effect. Si donnons en mandement, etc.

N° 130. — Édit *qui établit pour six ans, un impôt de 20 sous sur chaque muid de vin à son entrée dans les villes* (1).

Saint-Maur, 18 juillet 1581; reg. en la cour des aides, le 9 août, sur lettres de Jussion. (Font. II. 1124. — Corbin, p. 311.)

---

(1) Cet impôt était destiné, suivant le préambule, au rachat du domaine

N° 131. — **Déclaration** *portant que les prévôts des marchands et échevins de la ville de Paris, prendront le droit ancien de 5 sous* (1) *par muid de vin entrant à Paris, sur les 20 sous fixés par l'édit précédent.*

Saint-Maur, 20 juillet 1581; reg. en la cour des aides, le 9 août. (Font., II, 1126. — Corbin., rec. des aid. 743.)

N° 132. — **Édit** *portant que les arrêts et sentences seront prononcés sitôt qu'ils auront été signés, si les parties le requièrent* (2).

Paris, juillet 1581; reg. au parl. le 7 mars 1583. (Vol. 2 M, f° 479. — Reg. en la ch. des compt. de Grenoble.)

Henry, etc. Nos prédécesseurs roys de France par plusieurs édicts et ordonnances, même par celles qui furent faites à Orléans par feu nostre très-honoré seigneur et frère le roi Charles, dernier décédé, que Dieu absolve; à la requisition des estats et pour certaines bonnes et grandes considérations, ont expressément enjoint à tous juges, avec charge expresse de leur honneur, prononcer leurs arrêts et jugemens incontinent après qu'ils auroient été signés, sans attendre le jour des prononciations ordinaires ou que les espices fussent payées, lesquelles ordonnances, encore qu'elles soient plaines de grande justice, et l'observation d'icelles grandement nécessaire pour éviter les inconvéniens qui sont depuis advenus et peuvent advenir pendant cet intervalle, et aussi pour le long séjour et grands frais que font les parties pendant icelui temps, toutefois la plupart de nos cours de parle-

---

aliéné; mais comme Henri III prodiguait à ses mignons tout l'argent qu'il arrachait, la cour des aides eût soin de déclarer dans son enregistrement forcé, que *les deniers de cette contribution ne seraient employés que suivant la teneur de l'édit.* — V. déclaration ci-après.

(1) Cet impôt avait été créé pour 6 ans, par la déclaration du 22 septembre 1561 (V. à sa date), prorogé par déclaration d'avril 1568, et 8 juillet 1575. — Henri III le continua, en confirmant l'exemption de le payer à ceux qui jouissaient de ce privilége, mais avec la condition expresse que nul ne serait exempt de l'impôt de 20 sous réduit à 15 par cette déclaration.

(2) V. l'art. 116 du code de procédure civile, et l'art. 190 du code d'instruction criminelle. — Il y a encore sur ce point de grands abus. En 1828, il a été dénoncé au garde des sceaux, un jugement prononcé 8 mois après les plaidoiries, 3 mois après que le ministère public avait donné ses conclusions. Le ministre a répondu le 25 novembre, que c'était un abus, et qu'il userait de toute son autorité pour le détruire.

ment et autres nos siéges subalternes n'ont pratiqué nosdites ordonnances, d'autant que en aucunes de nosdites cours, la prononciation ne se fait qu'à certain jour de la sepmaine, et aux autres seulement après que les épices sont payées: en quoy n'est satisfait à nosdites ordonnances et ne sont les choses administrées avec telle sincérité que faire se doibt, parce que en celle de nos dites cours et juridictions où la prononciation se fait aux jours ordinaires, outre le long séjour que font les parties depuis le jour que les arrêts ou jugemens sont donnés jusques au jour de la prononciation d'iceux se peut ainsi révéler et découvrir par les dites parties le contenu d'iceux jugemens ou arrêts qui cause bien souvent la surséance de la prononciation d'iceux et pour le regard de nosdites cours et siéges où la prononciation ne se fait que lesdits droits ne soient payés, oultre les inconvéniens ci-dessus déclarés, advient que les arrêts ou jugemens ne sont quelquefois datés que d'un an ou plus après qu'ils ont esté donnés et mis au greffe, chose très-préjudiciable aux parties, notamment aux créanciers pour leurs hypothèques, fruits, arrérages et intérêts à eux dûs.

Pareillement nous sommes bien avertis que la plupart des greffiers desdits siéges, ne font aucun registre desdits droits d'épices, ou s'ils en font, négligent la sollicitation du recouvrement d'icelles tant pour ne se détourner de leurs charges ordinaires que pour ce qu'il ne leur est fait aucune taxe, pour raison de ce, de façon que nosdits juges sont le plus souvent frustrés de leurs dits droits et juste labeur.

A quoy désirant pourvoir et à l'advenir donner moyen à nos dits juges d'estre, avec honneur, assurés des droicts qui de tout temps et par les ordonnances des roys nos prédécesseurs leur seront légitimement dûs, même pour obvier aux importunités par lesquelles nous sommes souventes fois requis de faire surseoir la prononciation desdits arrêts.

Sçavoir faisons que après avoir mis cette matière en délibération en nostre conseil privé, auquel assistoient nostre très-chère et très honorée dame et mère et plusieurs princes de nostre sang, et autres grands et notables personnages de nostre conseil privé; nous avons, de l'advis d'iceux et de nostre certaine science, pleine puissance et autorité royale, ensuivant lesdites ordonnances, dit, statué et ordonné, disons, statuons et ordonnons, voulons et nous plait:

(1) Que doresnavant tous arrêts, sentences et jugemens seront

prononcés, incontinent qu'ils auront esté arrêtés, signés et mis au greffe, par chacun jour et à telle heure ordinaire qu'il sera advisé par nosdits juges, sans aucunement différer ny retarder la prononciation d'iceux à autre jour de la sepmaine, ainsi que cy-devant a esté observé en plusieurs lieux et nonobstant que les épices ne soient payées :

(2) Et néanmoins afin d'établir un bon ordre à la perception desdicts droicts ès quels nous désirons maintenir et conserver nos dits juges : Avons, de l'advis susdit par cestuy nostre édict perpetuel et irrévocable, signé de nostre propre main, créé, érigé et etabli, créons, érigeons et establissons en chef et titre d'office formé en chacune de nos cours de parlement, chambres de nos comptes, grand conseil, cour des aides et autres juridictions souveraines, requêtes du palais et de l'hôtel, sieges presidiaux, prévostés, bailliages, sénéchaussées et généralement en toutes nos juridictions de cestuy nostre royaume, un dépositeur et receveur desdictes épices et autres deniers consignés pour les procès de commissaires et vacations tant ordinaires qu'extraordinaires de nos juges, soit en première instance ou en cause d'appel, incidens qui interviennent ès dits procès, défauts et congés et généralement de tous autres procès et différends qui sont jugés et terminés soit par nosdits juges inférieurs ou cours souveraines, pour y estre dès maintenant pourveu et quand vacation y escherra de personnes de qualités requises, lesquelles bailleront bonne et suffisante caution de la somme qui sera par nous limitée par leurs lettres de provision et presteront le serment à la cour, siège ou juridiction où ils seront par nous établis pour faire la recette de tous et chacun lesdits droicts qui par chacun jour, sont ou seront taxés au bas desdits arrêts, jugemens et sentences :

(3) Et à cette fin, voulons et nous plaît, que par chacun jour, il soit delivré par le greffier ou son commis en ladite cour ou juridiction au receveur qui sera ainsi par nous créé un rôle ou extrait signés de l'un d'eux, contenant tous les arrêts qui auront esté donnés et prononcés le jour précédent, soit définitifs, interlocutoires, sur requêtes présentées, congés, défauts ou autrement ; ensemble les noms et qualités des parties, les noms des procureurs, celui du rapporteur du procès et la taxe des droits appartenans à nosdits juges pour chacun desquels extraits ou rôle sera tenu icelui receveur payer auxdits greffiers ou leursdits créanciers, assavoir à ceux de nos cours souveraines, six deniers tournois et à ceux des autres juridictions, trois deniers tournois,

sur lequel rôle ou extrait icelui receveur sera tenu, incontinent, faire et dresser bon et fidèle registre pour incontinent lesdits droits par lui reçus, en faire recette en la marge de son registre et coter le jour qu'il les aura reçus afin que le même jour, si faire se peut, ou le lendemain il les délivre audit rapporteur : par lequel rapporteur et celui auquel lesdites épices seront taxées ledit receveur fera lors décharger son registre.

(4) Lequel registre néantmoins, pour bonnes causes, nous voulons estre tenu, particulièrement entre lesdits juges, receveur, procureur des parties et clercs du greffe, lesquels avant que délivrer lesdits arrêts et sentences, vérifieront sur les registres ce qui aura esté payé et enregistré sur icelui, sans que, pour quelque cause que ce soit, on puisse d'icelui registre faire transport hors du lieu où se tiendra le bureau du receveur, si ce n'est par commandement exprès de nosdits juges.

(5) Et afin que lesdits receveurs puissent plus dignement exercer leurs charges et recettes, voulons et nous plaît qu'ils soient tenus et réputés du corps de nosdites cours et juridictions où ils seront establis comme ayant le serment à icelles et oultre puissent des mêmes priviléges, exemptions, droits, franchises et libertés que les autres officiers des siéges desquels ils seront pourvus.

6) Voulons aussi et nous plaît qu'il leur soit baillé une petite chambre ou étude en l'enclos desdites cours et juridictions ou siéges en lieu le plus sûr et commode que faire se pourra et que nosdits juges verront bon estre, pour y tenir leur bureau et faire leur recette en plus grande sûreté; leur permettant un ou plusieurs commis pour l'exercice de leurs charges, desquels, toutefois ils demeureront responsables.

(7) Et pour leur donner meilleur moyen eux entretenir et fidèlement exercer leursdites charges et offices et supporter la grande dépense qu'ils auront à faire pour l'entretenement d'eux, leurs clercs et commis et même payer les six et trois deniers cidessus ordonnés auxdits greffiers pour confection desdits rôles et extraits.

(8 Avons ordonné et ordonnons à chacun desdits receveurs qui seront establis par vertu de cestuy nostre présent édict : assavoir à ceux de nos cours souveraines et chambres des comptes, la somme de cinquante escus sol, et à ceux de nosdits présidiaux, bailliages et sénéchaussées, la somme de seize écus deux tiers par forme de pension pour leur avoir logis et maison près des lieux

desdites cours et juridictions où il seront establis : icelles sommes avoir et prendre sur les amendes qui seront adjugées en icelles par les mains du receveur d'icelles amendes sous leurs simples quittances et oultre la somme de trois sols pour chacun escu qu'ils recevront desdits droits et espices qui est à raison de 1 s. pour livre ; lesquels se taxeront et recevront avec lesdites épices sur les parties plaidantes ou comptables et seront alloués en la taxe de leurs despens et dépenses de leurs comptes :

(9) Défendant au surplus à tous nos juges, leurs clercs, greffiers ou leurs commis de plus recevoir doresnavant lesdits droits sous peine de privation de leurs estats, et à tous autres qui pourroient prétendre avoir été nommés et ordonnés à cet effet, sur peine de pareille condamnation d'amende envers nous, comme pourroit monter la somme qu'ils auroient receue et auxdites parties plaidantes ou comptables et leurs procureurs sur les mêmes peines les délivrer à d'autres que auxdits receveurs, par nous pourvus, à peine aussi de les répéter de rechef sur ledit receveur, ains lui en laisser faire la recette entière actuelle ainsi qu'il est cy-dessus ordonné.

Si donnons, etc.

N° 133. — EDIT *de suppression des offices de procureurs du roi dans les juridictions des prévôts des maréchaux et réunion de ces offices à ceux du procureur du roi dans les siéges présidiaux et royaux* (1).

Saint-Maur, août 1581; reg. au parl. le 1er, et en la ch. des compt. le 15 septembre.
(Vol. 2 L, f° 446. — Joly, II, 1163. — Traité de la pol., liv. 1, tit. 10.)

N° 134. — LETTRES *d'érection d'un duché-pairie en faveur d'Anne de Joyeuse* (2), *chambellan ordinaire du roi.*

Paris, août 1581; reg. au parl. le 7 septembre, sur lettres de Jussion. (Vol. 2 L, f° 451. — Coquille, des Pairs de France.)

---

(1) V. l'édit précédent du mois de mai, et la note.
(2) C'est un des mignons de Henri III. Ces lettres lui accordent droit de séance, tant au parlement qu'en autres lieux, immédiatement après les princes du sang et avant tous les autres ducs, pairs et officiers de la couronne. Le parlement ne sanctionna cette faveur que sur lettres de Jussion, du 4 septembre.

Des lettres du mois de novembre accordent un pareil privilége à Nogaret, autre mignon du roi.

CHEVERNY, GARDE DES SCEAUX. — SEPTEMBRE 1581.

135. — Édit *qui défend à toute personne le trafic de deniers, et la banque sans permission* (1).

Paris, 7 septembre 1581. (Guénois, 249, 4, II.)

136. — Édit *de création en chaque paroisse d'un sergent des tailles et aides* (2).

septembre 1581; reg. en la cour des aides de Paris, le 24 novembre, lettres de jussion, et d'après l'ordre du roi plusieurs fois réitéré. (Font., I, 868.)

137. — Édit *de création d'un contrôleur général du domaine en chaque généralité.* (3).

octobre 1581; reg. en la ch. des compt. le 4. (Font., II, 376. — Soumival, p. 339.)

138. — Édit *portant que le retrait lignager aura lieu dans tout le royaume, même en pays de droit écrit* (4).

novembre 1581, reg. au parl. le 2 janvier 1582. (Vol. 2 M, f° 74. — Font., I, 456. — Joly, II, 1390.)

139. — Lettres *d'érection du marquisat d'Elbeuf en duché-pairie, en faveur de Charles de Lorraine* (5).

novembre 1581; reg. au parl. le 29 mars 1582. (Vol. 2 M, f° 172. — Coquille des pairs de France, p. 534.)

140. — Déclaration *pour la punition des blasphémateurs* (6).

4 décembre 1581. (Font., IV, 241. — Mém. du clergé, II, 207. — Traité de la pol., liv. 3, tit. 6, ch. 2.)

---

(1) Cet édit qui est aussi mentionné dans la table chronologique de Blanchard, ne trouve dans aucun recueil; Guénois seul en a conservé un fragment. à sa date, l'ordonnance de Blois, art. 357 et 358.

(2) V. à sa date, l'ordonnance de Charles VII, 28 février 1435, et la note, devant l'ordonnance de mai 1578, qui rétablit les élections des aides.

(3) Sensi, V. l'ordonnance de François Ier, 30 juin 1539, 16 février suivant, 1540; de François II, 18 août 1559, et de Charles IX, février 1566

(4) Aboli comme privilège par les lois des 13 — 18 juin, 19 — 23 juillet le code civil de 1803 permet au vendeur de se réserver la faculté de racheter 5 années, mais il n'accorde aucun droit de retrait à ses parents ou Entre parents, le retrait est autorisé par l'art. 841 du code civil.

(5) C'est la seconde pairie dans l'ordre d'ancienneté, dans la création de

(6) remarque dans son traité de la police, que dès les premiers

N° 141. — *Lettres qui attribuent à l'ordre du Saint-Esprit le cinquième des dons que fera le roi au-dessus de 200 liv. tant en argent qu'en aubaines, confiscations, etc.* (1).

Paris, 7 décembre 1581; reg. en la ch. des compt. les 12 novembre et 8 décembre 1582. (Statuts de l'ordre du St.-Esprit, édition de 1703, p. 89.)

N° 142. — DÉCLARATION *sur le fait des chasses* (2).

Paris, 10 décembre 1581. (Font., II, 322. — Baudrillart, recueil des règlemens forestiers, I, 17. Code des chasses, I, 173.)

HENRY, etc. Les feuz roys nos prédécesseurs d'heureuse mémoire, vrais amateurs de tous honnestes et généreux exercices, et mesmement du nostre plaisir de la chasse, ont, sur le faict d'icelle, et port d'harquebuses, establi, faict et ordonné plusieurs bonnes et profitables ordonnances, réglemens et déclarations qui ont eu lieu, et ont esté très estroictement et religieusement observées de leurs temps, comme nostre désir et vouloir a tousjours esté qu'elles fussent observées depuis nostre advenement à la couronne, ayant plusieurs fois enjoint à tous officiers d'y tenir la main; néantmoins nous voyons, et sommes aussi journellement advertis d'infinis désordres et abus, qui se commettent contre l'expresse teneur et défenses portées par icelles ordonnances et déclarations; de manière que le plaisir qui nous doit estre réservé (3), et aux princes, seigneurs et gentils-hommes

---

siècles de l'église, les princes chrétiens ont puni le blasphème. V. Justinien novelle; Louis 1er, 819, 826. (Cap. des rois de France, Baluzze, add. col. 1172, — Ibid. t. 1, col. 940.) — V. dans notre recueil, l'ordonn. de St. Louis, décembre 1264, augmentée d'un article par Philippe le Hardi, en 1273; Philippe de Valois, 22 février 1347; de Charles VI, 7 mai 1397; de Charles VII, 7 mai 1437; de Charles VII, 1er décembre 1437, 14 décembre 1460; Charles VIII, 28 août 1486 et 3 décembre 1487; de Louis XII, 9 mars 1510; de François 1er, mars 1514; de Henri II, 5 avril 1546; l'ordonnance d'Orléans, art. 23; déclaration du 24 octobre 1572; ordonnance de Blois, mai 1579, art. 35; et ci-après de Henri IV, 6 avril 1594, de Louis XIII, 10 novembre 1607 et 7 août 1631; de Louis XIV, déclar. du 7 septembre 1651, et 30 juillet 1669.

La déclaration de 1584 n'est que confirmative.

(1) V. les lettres d'institution à la date de décembre 1578.

(2) V. la grande ordonnance de François 1er, mars 1515, et la note; de Henri II, février 15..; de Henri IV, ci-après mai 1597, juin 1601, et l'ordonnance de ... — Celle-ci est remarquable en ce qu'elle fait dériver le droit de chasse du bon plaisir et non du droit de propriété.

(3) La chasse dérive du droit naturel et de la défense de soi-même. V. l'art. de la loi de 1789 qui permet de détruire toute sorte de gibier.

... recréer en temps de paix, au retour des guerres, ou de ... pour notre service, comme chose plus que nulle ... approchante le faict des armes, et bien séante à la noblesse, ... commun à tous autres, par la licence que chacun s'en ..., n'en estant faicte la punition et chastiement qu'il est ... : et osent, au mespris de nous et de noz ordonnances, ... personnes non nobles et roturiers, tant d'églises que ..., marchans, artisans, et gens méchaniques, délaissans ... et profession ordinaire, porter lesdites harquebuses, ..., pistolets, et arbalestes, et entrer dans les bois, forests, ... et garennes, battre les plaines, chasser, tuer et ravager ... tout ce qu'ils peuvent rencontrer, soyent bestes ..., rousses ou noires, lièvres, counils, phaisans, perdrix, ... de rivières, et autre gibier, avec lesdites harquebuses et ..., furets, chiens couchans, gros mastins, tirasses, ..., panneaux, tonnelles, escopettes, cordes, filets et au... ... servans au fait desdites chasses, jusques à battre, et ... triquetrac pour faire aller et passer le gibbier à l'endroit ... l'attendent avec lesdites harquebuses : les uns, soubs pré... ... qu'ils sont receveurs ou fermiers d'aucunes terres, en estans ... seigneurs et propriétaires absens, soit pour nostre service, ou ... occasion. Dont s'ensuit plusieurs desbauches entre les ha... ... et artisans des villes, et autres du plat pays, qui délais... ... leur estat, mestier et labourage, s'accoustument à chasser : ... ce, gastent en la saison les vignes et les bleds (1). Les ..., souz couleur de quelques passeports et pouvoirs de porter ... harquebuse, allans par les champs, qu'ils ont obtenus de nous ... par surprinse, font aussi profession et coustume d'eux ... le long des bois, pour attendre le gibbier. Et autres vont ... de çà de là à la desrobée, tant de nuict que de jour, és ... des seigneurs et gentils-hommes : chassent, et font chas... ... la tonnelle, panneaux et autres engins, pour les vendre et ... aux hostelleries, tavernes et cabarets : dépeuplans par ... moyens tout le pays, et nous ostans le plaisir, et aux princes, ... et gentils-hommes, que pourrions prendre en allant ... nostre royaume ; tirans licencieusement sur les estangs, ... et grandes rivières, et bien souvent sur les pigeons ... trouvent par les champs. De manière que d'heure à autre,

---

(1) N'est-ce pas ce que faisaient les seigneurs?

et de moment en moment, l'on n'entend que coups d'harque[buses] faisans grand meurtre et dégasts desdits pigeons, lesquels [ainsi] frappez, viennent mourir dans les coulombiers et fuyés. A c[ause] de quoy il advient que les petits ne pouvans plus estre nou[rris] meurent aussi et les coulombiers et fuyés en demeurent infe[ctés] et dépeuplez. Toutes lesquelles choses sont de très mauv[aix] exemple, et pernicieuse conséquence. Considérant que la to[lé]rance de porter lesdites harquebuses, arbalestes, et autres ar[mes] aux dessusdits non nobles, les rend enfin fayneans, vagabo[nds] et inutiles, et en advient ordinairement de grands meurtr[es], assassinats et inconvéniens:

Sçavoir faisons, que voulant obvier aux cas et fautes des[us]dites, et faire observer nos anciennes ordonnances sur le f[ait] desdites chasses, de nostre pleine puissance et authorité roy[ale] eu sur ce l'advis des princes et seigneurs estans lez nous.

(1) Avons très expressément inhibé et défendu, inhibons et [dé]fendons à tous noz subjets généralement quelconques, de qu[elque] que estat et condition qu'ils soient, de tirer, ou faire tirer, [en] quelque sorte que ce soit, dans les forests, bois, buissons, tail[lis], garennes, et autres lieux de cestuy nostre royaume, soit par les forestiers, ny autres, aux bestes sauves, rousses et noires, [ny] autre gibier fréquentant lesdites forests, qui leur sont défend[ues] par les anciennes ordonnances des roys noz prédécesseurs et [des] nostres, faites sur le fait des chasses, et réformation des eau[x et] forests. N'entendons toutesfois défendre l'honneste plaisir [et] exercice de nostre noblesse, és cas, et ainsi qu'il lui est toléré [et] permis par nosdites ordonnances.

(2) Et quant aux roturiers et non nobles, nous leur fais[ons] défense, sur peine de la hart, de contrevenir à nosdites ord[on]nances, ni de s'entremettre du fait des chasses en aucune so[rte] que ce soit, ny moins porter harquebuses, arbalestes, tenir rets, [ny au]tres engins quelconques, servans au fait desd[ites] chasses. Bien pourront aucuns d'eux, s'ils sont appellez, et n[on] autrement, par les seigneurs, gouverneurs, et capitaines des lie[ux,] les accompagner quelquefois à la chasse, qui leur est permi[s] quand ils iront en personne tant seulement, pourveu néantm[oins] qu'ils ne portent harquebuses.

(3) Voulons, ordonnons, et nous plaist qu'il soit infor[mé] à l'encontre de ceux, qui licencieusement ont par cy-devant abu[sé] ou abuseroient à l'advenir desdites chasses et ports d'harq[ue]buses, contrevenans à nosdites ordonnances: et que suiva[nt]

..., il soit procédé, et le procez faict et parfaict aux coulpa-
... ainsi qu'il appartiendra. Et d'autant qu'aucuns de ceux qui
... ent dans les villes, cachent et latitent le plus souvent
... harquebuses, arbalestes et engins, és maisons des
... bourgs, pour les y prendre lorsqu'ils veulent aller tirer et
...

Nous défendons sur mesme peine à ceux desdits faulx-
... et à tous autres, de receler lesdites harquebuses, arba-
... et engins de chasse. Ordonnons qu'il soit informé contre
..., et chastiez exemplairement. Nous défendons semblablement
... mesme peine aux gardes, sergens et officiers desdites forests
... buissons, de porter harquebuses, et avoir lesdits engins de
..., tant ausdits bois que ailleurs : d'autant que soubs pré-
... de conserver et garder le gibier, comme ils sont tenus de
..., le plus souvent ce sont eux qui le tirent et prennent pour
... faire leur profit.

---

143. — Edit confirmatif de la jurisdiction des baillis, sénéchaux, prévôts, viguiers et autres juges ordinaires (1).

..., décembre 1581; reg. au parl. le 7 mars 1583. (Vol. 2 M, f° 483. — Font.,
I, 207. — Joly, II, 867. — Traité de la pol., liv. 1, tit 5, ch. 4.)

144. — Edit d'établissement des maîtrises en tous arts et
métiers (2).

Paris, décembre 1581, reg. au parl. le 7 mars 1583. (Vol. 2 M, f° 448.
Font., I, 1091.)

---

(1) V. à leur date les édits de François Ier, 18 juin 1536; de Henri II,
1554, juin 1559, et Charles IX, mai 1574. — Celui-ci n'est qu'une confirmation. — Il s'agissait de régler des débats de compétence entre les baillis,
... et châtelains.

(2) C'est par cet édit qu'a été généralisée l'institution des maîtrises que l'ordonnance de 1776 signale comme une mesure fiscale dans son origine. Elle existait déjà
... Louis XI, juin 1467, la grande ordonnance d'organisation des métiers,
des tanneries. — L'ordonnance de François Ier, août 1539, art. 185 à 191;
... François II, juillet 1559; l'ordonn. d'Orléans, art. 10, 98 et 99; l'ordonn.
..., février 1566, art. 74; celle de Blois, art. 37 et 359; de Henri IV,
1597. Les maîtrises et jurandes ont été supprimées par la loi des 2. — 17
... 1791.

N° 145. — LETTRES *de provision de la charge de gouverneur duchés d'Orléans, d'Étampes, etc., en faveur de Hurault de Cheverny, chancelier de France* (1).

Paris, 2 janvier 1582; reg. au parl. le 10. (Vol. 2 M, f° 44.)

N° 146. — ÉDIT *qui réunit à l'office de procureur général parlement de Paris, celui de garde des chartres* (2), *titres et papiers de la couronne.*

Paris, janvier 1582; reg. au parl. le 5 mars. (Vol. 2 M, f° 100.)

HENRI, etc... Considérans que M° Jean Jacques de Mesmes par nous pourveu de l'office de trésorier et garde de nos chartres, titres, papiers et registres de cette couronne, par la résignation d'icelui faite en sa faveur par M° Hugues Formaget, s'est, avant que d'y avoir esté receu, volontairement démis dudit office en nos mains, par son procureur suffisamment fondé de lettres de procuration pour en disposer et pourvoir telle personne que bon nous sembleroit, et attendu que telle charge et garde de nos titres et papiers est plus séante et à propos à nostre procureur général que à aulcun autre, pour estre le vrai acteur et défenseur des droits du domaine et patrimoine de nostre dite couronne, et que sans iceux titres et papiers il ne peut avoir l'entière lumière et congnoissance, ny faire telles recherches et poursuites des droicts que son dit estat de notre procureur général le requiert.

A ces causes et autres bonnes, justes et raisonnables considérations à ce nous mouvans, à plein confians de la loyauté, prud'homie, fidélité, expérience, debvoir et diligence de nostre amé et féal conseiller, en nostre conseil d'estat et privé et procureur général, M° Jean de la Guesle;

---

(1) Les fonctions judiciaires cumulées avec des fonctions administratives. V. le président Henrion de Pansey, de l'Autorité judiciaire en France.

(2) Le trésor des chartres contenant tous les actes royaux jusqu'à cette époque, depuis Philippe-Auguste environ, est déposé aujourd'hui dans des boîtes de fer blanc, aux archives du royaume, à l'hôtel Soubise. Ce recueil est authentique, mais les ordonnances n'y sont pas par ordre de date. — A partir de Henri IV, les actes furent si nombreux, qu'on a cessé de les transcrire sur les mêmes registres. V. dissertation en tête du premier volume de ce recueil. — L'édit de 1582, en accordant au nouveau garde des chartres, les privilèges de secrétaire du roi, mentionne les ordonnances de 1379 et de 1547, dont nous n'avons pas retrouvé le texte.

A icelui avons donné et octroyé, donnons et octroyons, ces présentes, ledit office de trésorier et garde de nosdites [chartes], titres, papiers et registres de nostredite couronne, vacant par ladite démission ou résignation dudit de Mesmes, et ledit office, pour le bien, commodité et utilité de nos affaires [et] service, joint, uni et incorporé et de nostre certaine science, [de nostre] spéciale, pleine puissance et autorité royale, joignons, unissons et incorporons, par ces présentes, à toujours, inséparablement, à l'office de nostre dit procureur général que tient, à présent, ledit de la Guesle, pour par lui, M° Jean de la Guesle, [son] fils, qui est ja receu et a presté le serment en notre cour de [parle]ment audit état de nostre procureur général, à la survivance [de son] dit père et leurs successeurs après audit office de nostre [procur]eur général de l'exercer [doresnavant], conjointement et [inse]parablement et en jouir et user aux honneurs, auctorités, [preroga]tives, prééminences, franchises, libertés, gages de cinq [cents] livres tournois par an, droits, profits, revenus et esmolumens accoustumés, audit office de trésorier et garde de nos[dites] chartes et titres appartenans: même se pouvoir dire, nom[mer] et qualifier notaires et secrétaires de nous et de la maison et [cou]ronne de France, et en ce faisant aussi jouir et user de tous, [tels] et semblables privilèges, franchises, libertés et immunités [que] ont accoustumé jouir et user les notaires et secrétaires de [nous] et de la maison et couronne de France, aux charges toutes [et au] plus à plein portées par les lettres de chartres sur ce expé[diées] tant par feu de bonne mémoire le roy Charles V, l'an 1379, [que] feu nostre très honoré seigneur et père le roy Henry l'an 1547, [at]tachées sous le contre-scel de nostre chancellerie avec la susdite [reso]lution.

Si donnons, etc.

147. — ORDONNANCE *sur la fourniture des poudres et salpêtres, la punition des contrefacteurs, etc.* (1).

[...], février 1582; reg. en la ch. des compt. le 30 mars, et en celle des aides le 30 mai suivant. (Font., IV, 841.)

(1) Cette ordonnance en vise une de Henri II, de 1547, dont nous n'avons [pu] retrouver le texte. V. à leur date celle de François Ier, novembre 1540, [février] 1543; de Charles IX, décembre 1567, et mars 1572; et ci-après de [Henri] IV, 6 avril 1596, et décembre 1601; de Louis XIII, janvier 1634;

N° 148. — Edit *pour la perception du droit d'un sou par livre établi sur les draps et autres ouvrages de laine* (1) *nonobstant toute prescription contraire.*

Paris, février 1582; reg. en la cour des aides, le 23 mars. (Font., I, 1035.)

N° 149. — Lettres *de confirmation des statuts de la confrérie des maîtres libraires, écrivains, enlumineurs, relieurs et parcheminiers de la ville de Paris* (2.

Paris, février 1582; reg. au parl. le 12 janvier 1583. (Vol. 2 M., f° 414.)

N° 150. — Edit *portant qu'aucune terre ne sera érigée en duché-pairie, si elle ne vaut 8,000 écus de revenu annuel* (3).

Paris, mars 1582, reg. au parl. le 10 avril. (Vol. 2 M, f° 188. — Ord. de la ch. des compt. bibl. du conseil d'état, tom. IV.)

Louis XV, 30 mai, et 24 juin 1775; de Louis XVI, 8 août 1777, et 24 janvier 1778; Lois du 5 juin 1793, et 13 fructidor an 5, et arrêté du 27 pluviôse an 8 — V. aussi la loi du 10 mars 1819, et l'ordonnance du 11 août même année. celle-ci augmente de trente le nombre des magasins à poudre, et ordonne que les villes et communautés fourniront par an et par quartier la même quantité de poudres et salpêtres qu'elles fournissaient par an auparavant.

(1) L'édit d'établissement de cet impôt ne se trouve pas dans les recueils. V. à sa date celui du 4 juillet 1376, et la note; celui de Charles VI, du 28 mai 1392, 8 janvier 1398; de Charles VIII, 18 décembre 1488, de François I, 25 novembre 1540, 10 juin 1541, 20 avril 1542; de Henri II, septembre 1551, 14 novembre 1551. — Il paraît, d'après l'édit de 1582, que les fermiers des aides avaient mis de la négligence à percevoir le droit de sou pour livre sur les draps. Henri III, qui avait toujours besoin d'argent, ordonne de le percevoir à l'avenir sur tous les marchands, nonobstant toute prescription. — Une déclaration du 20 mars dont nous ne donnons pas le texte, règle le mode de perception.

(2) Les statuts avaient été approuvés par lettres-patentes de Louis XI, juillet 1467. V. l'ordonnance de Louis XII, 9 avril 1513, à sa date. Celle-ci fut elle-même confirmée par une déclaration du 16 novembre suivant dont nous ne donnons pas le texte.

(3) L'édit ajoute à cette condition celle de réversion à la couronne au décès du titulaire, soit qu'il ait ou qu'il n'ait pas d'enfans mâles. Il n'y a d'exception qu'en faveur des princes. V. l'édit de Charles IX, juillet 1566, qui porte stipulation de réunion au domaine de la couronne, seulement en cas d'extinction de la race masculine. — Le dictionnaire de la noblesse attribue à Philippe-Auguste les premières lettres d'anoblissement. V. dans ce recueil note sur celles accordées en 1270 à Michel Lorfèvre par Philippe le Hardi; idem sur celles de Charles V, juillet 1371, qui confèrent la noblesse personnelle aux bourgeois de Paris; de François Ier, 4 avril 1540; de Charles IX, ordonnance d'Orléans, art. 59, 110 et 113, modifiés par la déclaration du 22 janvier 1568; de Henri III, notamment, janvier 1577, qui anoblissent les prévôts des marchands et échevins

N° 151. — Déclaration *qui attribue aux avocats du roi près les élections et les greniers à sel, les mêmes droits qu'à ceux des siéges présidiaux* (1), *et qui augmente leurs appointemens d'un tiers.*

Paris, 25 mars 1582; reg en la ch. des compt. le 16 mai, et en la cour des aides, le 29 août. (Font., II, 943. — Descorbiac, p. 535.)

N° 152. — Déclaration *qui maintient et confirme les maîtres des requêtes ordinaires de l'hôtel du roi, dans la connaissance des procès et différens concernant les offices* (2).

Paris, mars 1582, reg. au parl. le 5 avril. (Vol. 2 M, f° 175. — Font., II, 136. Joly, I, 672.)

N° 153. — Déclaration *qui défend à toutes personnes, sous prétexte d'érection de leurs terres en duchés, marquisats, comtés, etc., de prendre le pas sur les officiers de la couronne, en quelque lieu que ce soit* (3).

Saint-Germain en Laye, 3 avril 1582. (Hist. des chancel., 648.)

---

(1) Ce privilège fut supprimé par Louis XIV en 1667, rétabli en 1707, supprimé de nouveau en 1715, et enfin rétabli en 1716, tel qu'il a subsisté jusqu'à la révolution. — Autrefois la profession des armes anoblissait. Henri IV déclara dans son édit de 1600, qu'à partir de l'année 1563 (époque de la première guerre civile religieuse), ceux qui auraient servi ne jouiraient plus des privilèges de la noblesse; mais Louis XV, par édit de novembre 1750, rendit ces privilèges aux gens de guerre. — La noblesse héréditaire a été abolie par la loi du 19 juin 1790, et rétablie par le décret du 30 mars 1806, et le sénatus-consulte du 14 août suivant. — Voy. décret des 1er mars, 24 juin, 28 octobre et 21 décembre 1808, 4, 17 mai et 4 juin 1809, 3 mars 1810 et 11 juin 1811. — La charte de 1814, a rendu à l'ancienne noblesse ses titres, et conservé les siens à la nouvelle. Le roi aujourd'hui fait des nobles à volonté, mais il ne leur accorde que des rangs et des honneurs sans aucune exemption des charges et devoirs de la société (art. 71 de la charte). V. ci-après, mars 1583, l'ordonnance sur les tailles et sur la défense d'usurper les titres de noblesse.

(1) V. à sa date l'édit d'août 1578.

(2) Dans le préambule, il est dit que les autres juridictions, notamment les baillis, sénéchaux et siéges présidiaux, s'attribuaient la connaissance de ces causes. — V. dans notre recueil, les ordonn. de Philippe V, 25 févr. 1318 (art. 6, 7 et 9); de Philippe VI, décembre 1344 (art. 8); de François Ier, août 1539 (T. 12, p. 59); l'ordonnance de Moulins, février 1566, art. 6; et ci-après l'arrêt du conseil privé du 19 juin 1596.

Cette juridiction a été abolie avec les offices, par la loi du 27 avril 1791. Les offices ont été rétablis par l'art. 71 de la loi du 28 avril 1816, qui promet une loi d'organisation.

(3) La déclaration établit une exception en faveur des princes du sang, des

N° 154. — Déclaration *qui enlève aux élus la connaissance des comptes des deniers des fabriques ecclésiales, et qui rétablit les choses dans l'état où elles étaient avant l'édit de juillet 1578* (1).

Fontainebleau, 11 mai 1582; reg. au parl. le 28. (Vol. 2 M, f° 195. — Font., I, 942. Mém. du clergé, III, 340.)

N° 155. — Édit *de création d'un office de conservation de fiefs et domaines du roi en chaque bailliage et sénéchaussée* (2).

Fontainebleau, mai 1582, reg. au parl. le 7 mars 1583, et à la ch. des compt. le 20 août, après trois lettres de jussion. (Vol. 2 M, f° 475. — Font., I, 372.)

N° 156. — Lettres *de provision de l'office d'amiral de France, en faveur d'Anne de Joyeuse, pair de France* (3).

Fontainebleau, 1er juin 1582. (Blanchard., Compil. chronol.)

N° 157. — Mandement *et commission à plusieurs conseillers au parlement de Paris, pour le jugement des banqueroutiers frauduleux dénoncés depuis vingt ans* (4).

Fontainebleau, 25 juin 1582; reg. au parl. le 21 juillet. (Vol. 2 M, f° 237.)

Henry, etc... Nous avons cy devant reçu plusieurs plaintes des

---

princes des maisons de Guise, de Montmorency, des ducs de Joyeuse et d'Epernon (mignons du roi), et de ceux dont les terres ont été érigées en duchés sous Henri III. V. le décret du 13 juillet 1804.

(1) V. à sa date. Cette révocation est motivée sur ce que les agens du clergé ont présenté au roi des remontrances pour être relevés de la *peine et travail* que les marguilliers ont à la reddition de leurs comptes vis-à-vis des élus et contrôleurs des aides. V. les décrets du 30 décembre 1809, 14 février 1810, et l'avis du conseil d'état du 9 décembre suivant.

(2) Les fonctions de cet officier devaient consister à faire *exacte recherche, vérification et éclaircissement des fiefs, vassaux, cens, surcens, rentes foncières, redevances, droits féodaux et domaniaux, confiscations, aubaines, amendes; faire réparer et rétablir les entreprises, usurpation et recèlement du domaine royal, etc.* — V. ci-devant l'édit d'octobre 1581 qui crée les contrôleurs du domaine.

(3) Mignon du roi. Maintenant ce titre appartient au dauphin, héritier de la couronne. — V. dans notre recueil des lois nouvelles, l'ordonnance du 18 mai 1814 à sa date, et la note. — V. ci-après l'édit de mars 1584.

(4) V. à sa date l'ordonnance de François Ier, 10 octobre 1536 la note; de Charles IX, janvier 1560, art. 142; l'ordonnance de Blois, mai 1579 art. et ci-après l'édit de Henri IV, mai 1609, et le code pénal de 1810, art. 402 et suivans. — La législation actuelle sur les banqueroutes a soulevé des plaintes,

faillites et banqueroutes qui se font en nostre royaume plus fréquentes et accoustumées que par le passé, les unes dignes de considération quand elles sont advenues par les dommages et pertes que la calamité des troubles passés a apporté à cestuy nostre royaume, ou quand elles sont advenues par naufrages, vols et autres cas semblables; les autres dignes de pugnition exemplaire, qui se font par dol et fraude de ceulx qui n'ayant souffert aucune perte latitlent malicieusement leurs biens, feignent doleusement des hypothèques, et après ladite latitlation ou transport de leursdits biens hors nostre royaume, s'absentent d'iceluy, et par autres pareilles voyes, contraignent leurs créanciers d'accorder avec eulx et les payent du leur même ou bien les contraignent s'ils ne veulent tout perdre, de passer par l'advis et volontés de certains députés mis à leur poste : et finalement les autres qui en acheptent des deniers et marchandises de leurs créanciers, et à leurs dépens des états, rentes et terres, ou qui consomment leurs biens en dissolutions, jeux, festins et mauvais ménages ; à toutes lesquelles estant nécessaire pourveoir, pour estre les juges ordinaires assez occupés d'ailleurs ; et considérant que non seulement lesdits banqueroutiers qui de dol et malice précogitée font lesdites banqueroutes sont dignes de pugnition exemplaire, mais aussi leurs faulteurs, recellateurs, participes et complices :

Et ayant fait veoir les ordonnances sur ce faites tant par nostre honoré seigneur et ayeul le roi François I" en l'an 1536; par feu nostre très cher seigneur et frère le roy Charles sur les plaintes et doléances des estats tenus à Orléans. article 142, que par nous aux cahiers de la justice des estats tenus à Blois.

Nous ensuivant icelles aurions décerné commission particulière à trois d'entre vous pour informer desdites banqueroutes faites puis vingt ans en ça, décreter lesdites informations, faire et parfaire les procès auxdits banqueroutiers, leursdits participes et complices, suivant nos édicts jusques à sentence définitive, nonobstant oppositions ou appellations, lesquelles nous aurions retenues à nous et à nostre conseil pour après les renvoyer où verrions bon estre : mais pour autant que le fait mérite pugnition exemplaire, pour obvier à toute longueur nous avons advisé que

---

universelles, qu'il est question aujourd'hui (1829), d'un projet de loi sur cette matière.

establissant, bon nombre de juges et de la qualité, intégrité et vertu requises, les choses n'iroient que mieux et leur en attribuer toute jurisdiction et congnoissance en souveraineté et dernier ressort :

(1) Pour ce est-il que nous vous avons commis, establis et institués, commettons, establissons et instituons, par ces présentes, pour cognoistre, juger et terminer tous et un chacun les procès qui sont ou seront mis en estat de juger par lesdits trois commissaires jà par nous députés, pour le fait de l'instruction, en vertu des commissions jà à eux décernées ou par quelqu'un d'entre vous cy après pour procéder aux jugemens desdits procès souverainement et par arrest ainsi qu'il est accoutumé en nos cours de parlement : Vous donnant et attribuant, pour ce, par ces dites présentes, toute jurisdiction et cognoissance du fait desdites banqueroutes, et icelle interdisant et défendant à tous autres nos juges ordinaires et cours de parlement et pour plus prompte expédition de justice, et afin que nostre dite commission réussisse au bien de nos subjets selon nostre désir et volonté,

(2) Nous avons évoqué et évoquons à nous et à nostre personne tous les procès pendant et indécis pardevant les juges des consuls, conservateurs des foires, prévosts, baillifs, séneschaux et tous autres nos juges ordinaires, et même en nos cours de parlement et iceux en estat qu'ils sont renvoyés pardevant vous pour estre parachevés d'instruire pardevant l'un de vous, si instruits ne sont, et iceux mis en état de juger, jugés par vous, vous en commettant et attribuant aussi toute cour, jurisdiction et cognoissance, laquelle nous avons pareillement interdite et défendue, interdisons et défendons à tous autres nos juges ;

(3) Voulons que pour l'instruction desdits procès vous ayez à vous transporter, si besoin est, en toutes les villes et lieux de nostre obéissance, où telles fraudes et malversations pourroient avoir été commises, ou bien députer et commettre telles personnes capables de nos officiers des lieux ou autres que vous adviserez dont nous vous en donnons puissance, par ces dites présentes, pour informer sur lesdits lieux et lesdites informations, si le cas le requiert, vues par vous tous ou l'un de vous, décréter et en vertu desdits décrets faire amener lesdits banqueroutiers prisonniers ès prisons de la Conciergerie de nostre palais à Paris, comme plus à plein est porté par les susdites lettres de commission ; lesquelles en ce qu'il n'est dérogé, par ces dites présentes, voulons sortir leur plein et entier effet ;

(1) Vous mandons, en outre que pour procéder auxdits jugemens vous vous puissiez assembler, toutes les fois que besoin sera, en la chambre établie en nostre palais pour tenir les requêtes de l'hôtel ou en tel autre lieu que vous verrez bon être et qu'en l'absence, récusation ou légitime empêchement d'aucun de vous, le nombre puisse être suppléé par ceux qui seront assemblés pour cet effet, du corps de nostre dite cour, tant des présidens que maîtres des requêtes et conseillers pour y voir toujours pareil nombre auxdits jugemens que celuy qui est cy-dessus establi.

Si donnons, etc.

N° 158. — ÉDIT *portant suppression des offices de judicature, lorsqu'ils viendront à vaquer par mort, forfaiture ou autrement, jusqu'à réduction au nombre porté par les articles 210 et 211 de l'ordonnance de Blois* (1).

Fontainebleau, juillet 1582; reg. au parl. le 23. (Vol. a M, f° 244.)

N° 159. — DÉCLARATION *qui soumet à l'enregistrement de la chambre du trésor du palais à Paris, les lettres de naturalisation obtenues par les étrangers et les bâtards* (2).

Saint-Maur-des-Fossés, 17 septembre 1582, reg. au parl. le 7 septembre 1583. (Vol. a N, f° 69. — Bacquet, 507.)

Henry, etc..... La chose que nous avons eue en plus grande recommandation depuis nostre advénement à la couronne, a esté de faire vivre nos subjets en la plus grande tranquillité et repos qu'il nous seroit possible, et les maintenir et conserver de toute foule et oppression. Toutesfois nous avons esté advertis que nostre procureur en la justice de nostre trésor pour trouver les droits d'aubaine, bastardise et plusieurs autres beaux droits qui nous appartiennent, à cause de nostre dite couronne est le plus souvent contraint faire saisir les biens, tant des estrangers

---

(1) V. à leur date, mai 1579.
(2) Les bâtards étaient assimilés aux aubains et soumis aux mêmes formalités pour se faire naturaliser. V. dans notre recueil les art. 97, 98, 99, des établissemens de St.-Louis (1270) et les notes; (p. 483, t. 1er), 30 et 31, liv. 2, (p. huitd.); de Philippe IV, 1301; de Philippe V, mandement du 20 août 1319; de Charles VI, lettres du 5 septembre 1386, et les notes. V. aussi le nouveau répertoire de jurisprudence, v° Bâtard. — Le droit de bâtardise a été aboli par la loi du 15 avril 1790.

que bastards n'ayant obtenu de nous lettres de naturalité, légitimation et déclaration desdites naturalités et légitimations, que de ceulx qui en ont obtenu, ignorant icelles, et n'estant venues à sa congnoissance, par faulte d'être registrées au greffe dudit trésor, comme il est très nécessaire; tellement que les veuves et héritiers desdits étrangers et bastards qui ont obtenu de nous lesdites lettres, sont constitués en grands frais pour lesdites recherches et obtenir main levée des saisies qui se font sur leurs biens: à quoy voulans pourvoir,

Avons ordonné et ordonnons que doresnavant ceulx qui obtiendront de nous lesdites lettres de naturalité, légitimations et déclarations, ung mois après la vérification qui aura esté faicte d'icelles en nostre chambre des comptes, ainsi qu'il est accoustumé, seront tenus les porter ou envoyer en nostredite chambre du trésor pour estre enregistrées au greffe d'icelle, pour y avoir par nostredit procureur et autres officiers recours, quand besoin sera, sur peine de nullité des dites lettres, et jusques à ce défendons aux impétrans d'icelles de s'en aider, et nos amés et féaux les conseillers de nostredit trésor et à tous autres nos juges et officiers d'y avoir aucun égard.

Si donnons en mandement, etc. (par le roy en son conseil).

N° 160. — LETTRES-PATENTES *qui accordent en douaire à la reine mère (Catherine de Médicis), les duchés d'Orléans, comté de Gien, seigneuries de Baugency et de Reims, en échange du duché de Valois, etc.*

Paris, 2 novembre 1582, vér. au parl. le 23 décembre. (Vol. 2 M, f° 398.)

N° 161. — ORDONNANCE *en forme de mandement adressée aux prévôts des villes, pour la réforme du calendrier* (1).

Paris, 2 et 3 novembre 1582, publ. à son de trompe par les carrefours de Paris, le 10. (Vol. 2 M, f° 385. — Font. IV, 957.)

Nostre amé et féal, ayant nostre sainct père le pape Grégoire

---

(1) Nous donnons le texte de cette ordonnance, parce que c'est par elle qu'a été introduit en France le calendrier grégorien, momentanément aboli par la loi du 5 octobre 1793, rétabli par celle du 9 septembre 1805. Les motifs de ce rétablissement étaient la discordance du calendrier républicain avec les autres calendriers de l'Europe. — V. l'exposé de l'orateur du gouvernement et le rapport au sénat du marquis de Laplace, au nom d'une commission spéciale. (Choix de rapports et opinions, t. 19, p. 191.) C'est ce calendrier qui remplaça en France l'année julienne.

[...] ordonné un calendrier ecclésiastique, lequel sa saincteté [...] envoyé, comme à tous les autres roys, princes et poten[tats] de la chrestienté, par lequel elle a trouvé estre nécessaire de [retran]cher dix jours entiers en la présente année, pour les causes [et] raisons amplement déduites par iceluy. Et combien qu'elle ait [ordon]né que ledit retranchement seroit dedans le mois d'octobre [der]nier passé, néantmoins n'aurions peu le faire exécuter et en[sui]vre audit mois. Et voulans que les sainctes ordonnances du [saint] siége ayent cours, et soient observées en nostre royaume, [com]me il convient, mesme en ce fait, pour ne nous des-unir et [sé]parer des autres princes qui ont jà receu et fait observer ledit [ca]lendrier : nous voulons et ordonnons qu'estant le 9° jour du [mois] de décembre expiré, le lendemain que l'on compterait le 10 [soit] tenu et nombré par tous les endroits de nostre royaume, le [20° jour] dudit mois, le lendemain 21° auquel se célébrera la feste [sainct] Thomas. Le jour d'après sera le 22°, le lendemain 23°, et [le] jour ensuivant 24e. De sorte que le jour d'après, qui autrement [seloi]t selon le premier calendrier eust esté le 15°, soit compté le 25°, [et en] iceluy célébrée et solemnisée la feste de Noel. Et que l'an[née] présente finisse six jours après ladite feste, et la prochaine, [que] l'on comptera 1583, commence le 7° jour après la célébra[tion] d'icelle feste de Noel. Laquelle année et autres subséquentes [auront] après leur cours entier et complet comme devant. De [la]quelle nostre intention et ordonnance avons bien voulu vous [a]vertir, afin qu'ayez à l'ensuivre, faire observer, et pourvoir au [ser]vice qui se doit faire aux advents de ladite feste de Noel, et à [aultres] festes ordonnées par l'église esdits jours retranchez. Et la [faire] proclamer et lire aux prosnes des églises de vostre diocèse, [com]me nous enjoignons présentement à nos cours de parlement, [bail]lifs et séneschaux, faire en l'estenduë de leur ressort et juris[dic]tion, afin que nul n'en puisse prétendre cause d'ignorance. [Et] à ce ne faites faute, car tel est nostre plaisir.

N° 162. — DÉCLARATION *sur la perception du droit de serment à l'occasion des nouvelles créations, et attribution de ce droit à l'ordre du Saint-Esprit.*

Paris, 7 décembre 1582 ; (Statuts de l'ordre du Saint-Esprit.)

N° 163. — *Édit de création de contrôleurs pour la marque des draps et étoffes dans toutes les villes, bourgs et villages* (1).

Paris, décembre 1582; reg. en la cour des aides, le 13 juin 1584, sur l'ordre exprès du roi, plusieurs fois réitéré. (Font., 1, 1039.)

N° 164. — *Édit de création d'offices de vendeur de poisson de mer dans toutes les villes, bourgs et bourgades du royaume* (2).

Paris, février 1583; reg. au parl. le 7 mars. (Vol. 2 M, f° 471. — Delamare, Traité de la police, tom. III, p. 190.)

Henri, etc. Combien que pour réprimer et corriger les abus et malversations, qui journellement se commettent par nos sujets au fait et police des vivres, nos prédécesseurs rois ayent fait infinies ordonnances, sur la réduction et prix excessifs à quoy sont vendues toutes choses, et que de notre part à notre advènement à la couronne, nous ayons fait tout ce qui nous a été possible, pour y établir quelque bon ordre et règlement, au soulagement de nos sujets : si est-ce que pour la malice et insatiable avarice d'aucuns, négligence ou connivence de nos officiers, qui ont dû tenir la main à l'observation, ou entretenement de nos ordonnances,

---

(1) V. note sur l'édit du mois de février précédent. — Celui-ci est évidemment une mesure bursale. V. la loi contre les contrefacteurs de marques du 28 juillet 1824.

(2) Ce fut saint Louis qui le premier, par ordonnance de 1254, reg. au Châtelet de Paris, registre blanc, f° 79, organisa cette corporation. Il créa vingt offices de vendeurs de poisson à la nomination du prévôt de Paris et les soumit à un cautionnement. — V. l'ordonn. du roi Jean, 30 janvier 1350, art. 82 à 132, note sur les lettres-patentes du mois d'avril 1361; idem sur celles d'octobre 1367, idem, 3 juillet 1420; de François I*er*, 17 septembre 1543 (ne se trouve pas dans les recueils); de Henri II, 27 février 1556. C'est par erreur que nous avons, en donnant le titre de cette ordonnance à sa date, que le recueil de Delamare n'en donnait pas le texte. (V. tom. III, p. 163, de cet ouvrage.) Cette ordonnance n'est au reste qu'une confirmation des précédentes. Elle révoque toutes lettres et provisions qui y seraient contraires. — V. ci-après la déclaration de Henri IV, 10 juin 1598; de Louis XIII, lettres-patentes de 1610; de Louis XIV, arrêt du conseil du 28 avril 1674; idem, 15 mars 1685, 27 décembre 1689, 15 janvier 1690, 29 août 1693, édit de mai 1696, janvier 1698, 18 juillet 1702, mars 1705, 22 février 1706, juin 1708, et mars 1709. — Les droits sur la vente du poisson ont été abolis par la loi du 15 mars 1790. — V. le décret du 28 janvier 1811, et l'ordonnance de 1814, relative à la vente du poisson, dans notre recueil, année 1822, append. p. 556. (Elle n'est point insérée au bulletin des lois.)

...choses n'ont pû être policées selon notre désir; ains au
...traire, ont été et sont, comme chacun peut voir, long-temps
...réglées, spécialement en ce qui concerne la marchandise de
...son de mer frais, sec et salé, qui sert d'une bonne partie à la
...nourriture de notre pauvre peuple: ce qui aurait été cause que
...nos prédécesseurs rois, sur les plaintes à eux faites des abus
...qui étoient journellement commis en notre bonne ville de Pa-
...ris, capitale de notre royaume, pour y remédier, auroient en
...icelle créé et érigé en titre d'offices formez, certain nombre de
...vendeurs dudit poisson, comme ils auroient aussi depuis fait en
...nos villes de Roüen, Orléans, et depuis en nos villes de Meaux,
...Senlis, et autres lieux, où cela auroit apporté un très-grand pro-
...fit et commodité à toutes personnes, même à tous marchands,
...et autres, faisant trafic de ladite marchandise, d'autant que les-
...dits vendeurs sont responsables envers eux des deniers de leurs
...ventes, et tenus de leur en faire l'avance et payement à l'instant
...d'icelles: en sorte qu'ils ne font aucuns frais, ni séjour pour at-
...tendre leurdit payement, comme ils seroient contraints faire,
...et souvent en danger de perdre leursdits deniers, et de n'en
...avoir rien recouvrer, si ce n'étoit l'ordre qui a été donné par
...le moyen de l'établissement desdits vendeurs. Tellement qu'étant
...ainsi promptement payez, ce leur est une grande commodité et
...occasion de plus volontairement et plus souvent faire leur trafic
...et commerce; chose par conséquent qui tourne au bien et profit
...de chacun.

Et d'autant que depuis quelque temps nous a été remontré par
...aucuns bons et notables personnages, zélateurs du bien public,
...qu'en nos ports, havres, villes et autres lieux de notre royaume,
...où il n'y a aucuns vendeurs dudit poisson de mer frais, sec et salé,
...ainsi pourvûs, se commettent de grands et manifestes abus
...au fait et vente d'iceluy par plusieurs personnes qui y sont rési-
...dentes; lesquels comme soy disans et intitulans hôtes et vendeurs
...dudit poisson de mer, se sont cy-devant ingérez et ingèrent cha-
...que jour sans charge et commission, de faire les ventes, ou les
...faire faire par leurs serviteurs et servantes, ne qu'au préalable
...en soit faite aucune visitation, aussi qu'ils sont coûtumiers de
...faire ou faire faire lesdites ventes en leurs maisons, et autres
...lieux, en cachette, et en l'absence des maîtres, marchands et
...mariniers ausquels les marchandises appartiennent, au lieu de
...les exposer en vente en leur présence, publiquement et à haute
...voix ès marchez publics, ainsi qu'il se doit faire, et que font or-

dinairement ceux par nous pourvûs desdits offices de vendeurs en nosdites villes de Paris, Roüen, Orléans, Meaux, Senlis, et autres lieux : et encore, au lieu de payer ausdits marchands et mariniers les deniers de leurs ventes à l'instant d'icelles, et leur en faire l'avance de leurs deniers, ils sont aussi coûtumiers de retenir et garder ceux qui proviennent de leursdites ventes, et s'en accommodent durant quatre ou cinq mois après la livraison desdites marchandises; tellement que lesdits maîtres, marchands et mariniers, ni leurs familles, ne s'en peuvent aider, et si ne délaissent point pour cela de prendre un sol pour livre pour le prétendu droit de vente avec l'onziéme poisson, et quelquefois le huitiéme du nombre qu'ils en reçoivent; et qui pis est, aucuns s'en vont souvent faisans banqueroute, et emportent tous les deniers des pauvres pêcheurs, ausquels en ce faisant ils ôtent le moyen d'équiper leurs vaisseaux, et de retourner faire leurs pêches, ou bien sont contraints pour y subvenir, et à leurs nécessitez, d'emprunter d'autres deniers à grands interests, en quoy ils ont souffert et souffrent très-grande perte : et d'ailleurs plusieurs marchands, tant de notre royaume, qu'étrangers, faisant ledit trafic de ladite marchandise de poisson de mer, à faute de trouver quelques vendeurs d'icelle esdits ports, havres, villes, et autres lieux de notredit royaume, pour faire ventes de leurs marchandises, ont été et sont contraints s'adresser à certains courratiers, et autres, qui ne sont suffisans et solvables, ni cautionnez, lesquels font lesdites ventes par intelligences qu'ils ont à aucuns marchands interposez à vil prix et à certains termes ; en étrangeant par ce moyen lesdits marchands étrangers de leur trafic et commerce qui se fait entr'eux et nosdits sujets, qui est ôter le cœur et courage à tous mariniers de plus aller sur mer en pêcherie.

A quoy, et à tout ce que dessus, voulant par nous pourvoir comme à chose qui importe grandement au bien, soulagement et commodité du public, ayant à cette fin, suivant les susdites remontrances à nous faites, voulu chercher et entendre les causes et occasions principales de tel désordre, afin d'y remédier pour l'avenir, nous aurions trouvé que le plus expédient remède etoit d'établir pour le fait et vente de ladite marchandise de poisson de mer frais, sec et salé, par tous lesdits ports et havres, villes et autres lieux de notredit royaume, où il s'en fait descente et vente, pareil ordre et police qu'en nosdites villes de Paris, Roüen, Orléans, Meaux et Senlis, et d'y créer et ériger en titre d'offices formez à l'instar d'icelles, des vendeurs pour faire lesdites ventes jusqu'au nombre qui sera avisé, lesquels auront le serment à nous et à justice, et seront suffisamment cautionnez de personnes suffisantes et solvables. Ce qu'ayant mis en délibération, même que ladite création d'officiers ne tourne à charge sur nos finances, d'autant que ceux qui seront par nous pourvûs desdits offices, n'auront aucuns gages, ains seulement semblables droits qu'ont accoutumé d'avoir et prendre lesdits hôtes courratiers, et autres, qui se sont, comme dit est, sans aveu ni lettres de provision de nous, ingérez et ingèrent chacun jour, de faire, ou faire faire vente : aussi que cela ne peut être à la foule de nos sujets, ains au grand bien d'iceux, commodité et soulagement de tous lesdits maîtres, marchands, mariniers, et autres faisans trafic et marchandise dudit poisson de mer frais, sec et salé, pource qu'il leur a toujours été et est permis et loisible de faire en leurs personnes les ventes de ladite marchandise, si bon leur semble, sans être sujets, ne adstraints de passer par les mains d'aucuns vendeurs par nous, ou par nos prédécesseurs, créez en titre d'office, si ce n'est de leur bon gré, vouloir et consentement, et non autrement ; ce que nous entendons être continué et avoir lieu à l'avenir.

(1) Nous, pour ces causes, et autres considérations à ce nous mouvans, après avoir mis cette affaire en délibération, en notre conseil, où étaient plusieurs grands et notables personnages d'icelui ; de leurs avis, avons par ce présent notre édit perpétuel et irrévocable, créé, érigé et établi, et de notre certaine science, pleine puissance et autorité royale, créons, érigeons et établissons en chef et titre d'offices formez des vendeurs dudit poisson de mer frais, sec et salé, en tous et chacuns lesdits ports, havres, villes, bourgs, et autres lieux et endroits de notredit royaume, où à présent n'y en a aucuns par nous pourvûs, où l'on a accoutumé de descendre, vendre et faire trafic et commerce de ladite marchandise, pour faire lesdites ventes d'icelle, selon et ainsi que font et ont accoutumé de faire ceux de nosdites villes de Paris, Roüen, et autres lieux où ils sont établis.

(2) Ausquels offices nous entendons présentement pourvoir, et dorénavant quand vacation y écherra, de personnages suffisans et capables, jusques au nombre qui s'ensuit : à sçavoir, de six en chacun des principaux ports et havres, villes, et autres de notre royaume, où se fait la plus grande descente et trafic de ladite marchandise : de quatre, trois, deux, ou un, en chacune de toutes les villes, bourgs, et lieux de notredit royaume, lesquels

34.

seront tenus de faire et prêter le serment pardevant nos juges ordinaires des lieux, et ausquels, après ledit serment par eux fait, avons à chacun d'eux respectivement permis, permettons et donnons pouvoir de faire pour les marchands, mariniers, ou autres, soit en la présence d'eux, leurs facteurs et entremetteurs, ou en leur absence, ès lieux où ils seront établis, au plus offrant ou autrement de gré à gré, ainsi qu'aviseront ceux ausquels lesdites marchandises appartiendront, toutes les ventes d'icelles, soit de poisson de mer frais, sec et salé, comme saumons, moluës, harancs, maquereaux, et toutes autres sortes et espèces qui y seront amenées et descenduës, tant par eau que par terre, sans en rien excepter ni réserver, ne qu'à l'avenir il soit permis, ni loisible ausdits prétendus hôtes courratiers, ni autres qu'ausdits vendeurs qui auront lettres de provision de nous, de plus s'ingérer, n'entremettre au fait desdites ventes, en quelque sorte et manière que ce soit, ou puisse être, ni semblablement à aucuns marchands, mariniers, ou autres, ausquels lesdites marchandises appartiendront, de faire faire lesdites ventes par autres que par lesdits vendeurs; ce que nous leur avons expressément inhibé, défendu, inhibons et défendons, sur peine de confiscation de marchandise, et autres peines arbitraires.

(3) Mais pourront lesdits marchands, mariniers, et autres, eux-mêmes en leurs personnes, faire les ventes de leursdites marchandises, si bon leur semble, sans être sujets ne adstraints de les faire faire par lesdits vendeurs, sans toutefois qu'il leur soit permis, ne loisible d'icelles faire faire par leurs gens, serviteurs, facteurs, courratiers, ou autres : ce que nous leur avons semblablement inhibé et défendu, de faire ou commettre en ce aucun abus, fraude ou déguisement, sur la même peine que dessus, et ce nonobstant toute possession et joüissance qu'iceux hôtes, courratiers, et autres, pourroient avoir sur ce entreprises, que nous avons abolies et abolissons par ces présentes, à la charge que lesdits vendeurs qui ainsi seront par nous pourvûs, seront tenus bailler bonne et suffisante caution, chacun pour la somme de cinq cens livres tournois, revenant à cent soixante dix écus sol deux tiers, pardevant nos juges ordinaires, nos procureurs à ce présens ou appelez, qui est pareille caution que sont tenus bailler lesdits vendeurs établis en notredite ville de Paris; aussi qu'iceux vendeurs seront responsables de toutes les ventes qu'ils feront, et tenus d'en faire les deniers bons ausdits maîtres, marchands et mariniers, même de leur en faire l'avancé et payement

l'instant desdites ventes, à tout le moins dans le lendemain, à ce qu'ils ayent meilleur moyen de continuer leurdit trafic et commerce, et que lesdits mariniers soient plus enclins à retourner et faire leurs pêches sur mer, à peine ausdits vendeurs et à chacun d'eux de rendre et payer ausdits maîtres, marchands et mariniers, tous dépens, dommages, intérêts, selon la taxe et liquidation qui en sera faite par nos juges ordinaires desdits lieux, auxquels donnons plein pouvoir de ce faire, si ce n'est que lesdits maîtres, marchands et mariniers fussent d'accord avec lesdits vendeurs d'attendre leurdit payement plus long-temps.

(4) Et en ce faisant, et moyennant ce, pourront lesdits vendeurs, y leur avons permis et permettons à chacun d'eux comme dessus de prendre et retenir par leurs mains des deniers desdites ventes qu'ils feront, tant pour leurs salaires, et faire bons ausdits maîtres, marchands et mariniers leurs deniers, que pour l'avance et profit d'iceux, tels et semblables droits qu'ont accoutumé avoir et prendre lesdits vendeurs de poisson de mer frais, sec et salé, établis en nosdites villes de Paris et Roüen, qui sont d'un sol pour livre, revenant à trois sols pour écu, et encore à la charge que lesdits vendeurs seront tenus et adstraints faire lesdites ventes en leurs personnes, et de faire actuelle résidence, esdits lieux où ils seront établis, esquels lieux ils établiront bureaux et comptoirs pour y faire les payemens ausdits marchands, mariniers, desquels payemens, ensemble de toutes les venuës, descentes et ventes de ladite marchandise, il tiendra bon et fidel registre, afin d'y avoir recours quand besoin sera, pour la conservation du droit de qui il appartiendra.

(5) Et néanmoins, où aucuns maîtres de navire, bourgeois ou marchands, voudraient faire magazins, ou garder la marchandise de poisson salé en ceulle, pour après en faire mieux leur profit, et en attendre la vente, sinon icelle vendre ou faire vendre à crédit, changer ou troquer : faire le pourront, pourvû que ce soit en la présence desdits vendeurs, ou de l'un d'iceux, qui seront pour ce par nous établis, qui tiendront registre, tant de la descente, que du nombre et quantité; et pareillement des jours, et prix des ventes, pour la conservation de qui il appartiendra, et à la charge de payer par eux ausdits vendeurs, pour leurs salaires et vacations de leur assistance, et de tenir ledit registre, d'un sol pour livre.

(6) Et outre, seront lesdits vendeurs cy-dessus créez, et chacun d'eux respectivement tenus, et sujets lorsque les navires,

barques ou autres bateaux seront arrivez à port de salut, voir visiter, ou faire voir et visiter tout le poisson de mer frais, sec salé qui sera amené esdits lieux où ils seront établis, pour voir s'il sera salubre et sain pour le corps humain.

(7) Et si les barils, tonnes, boucquaux, et autres vaisseaux où ils seront pacquez, seront de la jauge, marque et pacquage qu'il appartient, selon les païs dont ils seront : et si en faisant icelles visitations de ladite marchandise, il se trouve quelques abus, déguisemens ou malversations, lesdits vendeurs en avertiront nosdits juges ordinaires pour y pourvoir selon qu'ils verront par raison être à faire sans que pour ícelles visitations, soit pris aucune autre chose que lesdits droits que nous avons, comme dit est, attribuez ausdits vendeurs, à peine de suspension de leurs états et offices, et de privation d'iceux s'il y échet. Et pour ce que nous avons entendu que quelques-uns se sont, par surprises, importunitez ou autrement, induëment cy-devant fait pourvoir desdits offices, ont fait commettre à l'exercice d'iceux en aucuns lieux, sans édit général, ou particulier, nous avons toutes nos lettres desdites provisions et commissions, ainsi de nous obtenuës sans édit deuëment vérifié, révoquées et révoquons, avec interdiction à ceux qui en seront pourvûs de s'immiscer dorénavant audit exercice, qu'au préalable ils n'ayent de nous pris autres nouvelles lettres de provision, en vertu de notredit présent édit de création, à peine de faux. Si donnons, etc.

N° 263. — EDIT *sur les eaux et forêts, l'entretien des chemins publics et rivières* (1).

Paris, janvier 1583; reg. au parl. le 7 mars. (Vol. 2 M, f° 458. — Font., II, 323. — Baudrillart.)

HENRY, etc. Nos prédécesseurs rois désirans surtout la conser-

---

(1) V. à leur date les ordonnances de Philippe le Bel, 1292, 23 mars 1515 (art. 10); de Philippe V, 1318 et 1319; de Charles IV, 26 juin 1326, instruction de la même année; de Philippe VI, 11 juillet 1333; de Charles V, juin 1376; de François Ier, mars 1515 et la note; de Henri II, février 1554; de Charles IX, 7 juillet 1572; et ci-après de Henri IV, mai 1597, juin 1600, juillet 1607; l'ordonnance de Louis XIV, août 1669. lois du 30 avril 1790, septembre 1791, 9 floréal an XI, et le code forestier de 1827. — L'édit de 1583 fut confirmé par une déclaration du 4 mai dont nous ne donnons pas le texte parce qu'elle ne contient rien de nouveau.

...des forêts, eaux, fleuves et rivières de ce royaume, auroient plusieurs belles ordonnances et édits, et pour les faire entretenir et garder institué et estably plusieurs officiers, nommément grand maistre souverain général et réformateur d'icelles, avec pouvoir et jurisdiction és sièges des tables de marbre, lieutenans, conseillers, avocats et procureurs pour nous, et autres officiers, pour avec plus d'autorité faire contenir les autres comme maistres particuliers, lieutenans, gruyers, verdiers et maistres des eaux du marteau, et sergens en tout devoir et service de leurs charges, cognoistre aussi des jugemens desdits maistres et lieutenans par appel, et en outre pour procéder et faire procéder és visitations et réformations de nosdites eaux et forests, de temps à autre temps, selon la nécessité qui s'en présenteroit. Toutes lesquelles ordonnances, mesmement depuis le feu roy François nostre très honoré seigneur et ayeul ont esté gardées, et encore durant le règne du feu roy Henry nostre très honoré seigneur et père, qui auroit sur icelles adjousté et diminué plusieurs articles (1) suivant lesquels l'on se seroit toujours réglé, tant en la justice desdits sièges des tables de marbre, que des autres particuliers desdites forests, et jusques au temps du règne du feu roy Charles dernier décédé, nostre très honoré seigneur et frère, que voulant lui pourvoir et remédier au désordre, abus et malversations qui se seroient trouvés et commis és dites forests, en partie par la malice des temps et guerres, auroit advisé, en confirmant et restant ausdites anciennes ordonnances d'en faire d'autres nouvelles, et par mesmes moyens pourvoir à l'estat des usagers privilégiez, couppes et ventes de bois, qui se pourroient faire pour le bien et nécessité de ses affaires, commodité et soulagement de ses subjects. Toutefois, après avoir fait dresser en son conseil, lesdits articles desdites ordonnances, et établissement de nouveaux officiers, et le voulant faire publier, il auroit eu plusieurs advis tant de sa cour de parlement que autres juges et officiers, pour, par plus grande délibération, diminuer et augmenter lesdites ordonnances, qui auroit esté cause que nostredit feu seigneur et frère, en attendant qu'il eust prins là-dessus une ample résolution, auroit seulement fait un édit par forme de réglement, pour l'ordre des couppes et ventes des bois de nosdites forests, et quant ausdits articles et ordonnances, seroient depuis demeurés sans

---

(1) V. l'édit de février 1554.

effect. Et est advenu qu'en nosdites forests a esté continué [les]
pilleries, entreprinses, défrichemens, et si grandes malver[sa]-
tions, qu'elles en sont à présent grandement ruinées et dé[po]-
pulées, ce qui se continue encore journellement à nostre gra[nd]
préjudice et de nos subjects, en partie par la licence que plusie[urs]
prétendans droit en icelles et autres, ont prinse d'en abuser, [et]
par intelligence et nonchalance de nos officiers. Et, désirant [à]
l'exemple de nosdits prédécesseurs y remédier et faire quelque[s]
réglemens pour oster toute occasion de doresnavant piller et m[al]-
verser en nosdites forêts, dès l'an 1574, aurions, au lieu d'[un]
seul grand maistre et général réformateur, créé et establys [d']
autres grands maistres par provinces, personnages choisis dig[nes]
et capables pour avoir l'œil et regard sur toutes nosdites forêts,
avec plus de soin et vigilance que n'eust fait ledit seul grand maist[re,]
les visiter, régler et faire réformer par leurs dits lieutenans [et]
conseillers desdits sièges; et d'avantage aurions fait ce qui no[us]
aurait semblé nécessaire pour régler les couppes de bois de no[s]
dites forests, afin qu'elles ne demeurent tant dépeuplées, m[ais]
pour les tenir et conserver en quelque meilleur ordre. Néa[n]
moins, quelques créations desdits grands maistres et régleme[ns]
que nous ayons sceu faire, par la malice du temps et peu de so[in]
de ceux qui en ont eu la charge de nous ou aucun d'eux, et po[ur]
la trop grande charge d'usagers, nosdites forests sont de prese[nt]
en tel et si mauvais estat, que si par nous il n'y est prompt[e]-
ment pourveu de remède, en attendant quelque bon régleme[nt]
et ordonnance, il est à craindre qu'en brief, ainsi qu'il se voi[t à]
l'œil, toutes sortes de bois viendront à faillir, tellement qu'il [ne]
s'en trouvera ny pour chauffage, ny pour bastir et édifier et autr[es]
choses nécessaires et commodes pour le bien de nostre royaum[e.]
Estans aussi advertis que les ponts, ports, chaussées, turcies [et]
levées sont tellement ruinées et démolies, que les rivières sero[nt]
en peu de temps innavigables, pour le peu de soin que l'on m[et]
à l'entretennement d'icelles : qui causeroit la cessation du traf[ic]
et commerce, à l'occasion de la cherté des vivres qui en advie[n]
droit en aucunes de nos villes, et ne pourroient nos subject[s]
s'entre-communiquer, secourir ne aider l'un l'autre des chos[es]
requises pour le soutènement et entretien de la vie humaine[.]
N'ayans aussi deniers plus clairs ne qui augmentent d'avantag[e]
le revenu de nostre domaine que ceux provenans de nosdite[s]
eaux et forests, estant bien ménagés, reiglés et conservés, et [en]
establissant les officiers nécessaires, avec reiglemens de leur[s]

... et honnestes moyens de s'y entretenir, ainsi qu'il nous [a] esté plusieurs fois remonstré, mesmement par les deputez des [trois] estatz en la dernière assemblée d'iceux tenir en nostre ville [de Blois].

A quoy désirans pourvoir, de l'advis de la royne, nostre très [hono]rée dame et mère, d'aucuns princes de nostre sang et autres [grands] et notables personnages de nostre conseil, avons, par ce [présent] édict, perpétuel et irrévocable, dit, statué et ordonné :
(1) Que les ordonnances et reiglemens par nous et nos prédé[cess]eurs roys cy-devant faicts, tant sur les ventes et couppes ex[traor]dinaires de nosdites forests, que sur la repopulation, en[tre]tenement et conservation d'icelles, soient observées et gardées [de] point en point selon leur forme et teneur, défendons très ex[pressé]ment à tous nos officiers desdites eaux et forêts, de ne [per]mettre, sous quelque prétexte et couleur que ce soit, laisser [aller] en nosdits forêts aucun bétail pour y brouter et pasturer; [si ce] n'est que les taillis soient défensables et tels déclarez par nos [offi]ciers, et hors les lieux et saisons défendus, sur peine, quant [aux] usagers, de privation de leurs droits, et à nosdits officiers [ausi] de privation de leurs estats et de payer en leurs propres et [priv]ez noms, les dommages et déchets, qui se trouveront avoir [esté] faits en nosdites forests par leur négligence ou connivence.
(2) Et d'autant que plusieurs prétendans droit d'usage en au[cunes] de nos forests, couppent bois tant en saison que hors sai[son], au desceu de nos officiers et sans leur permission, ny sans [obser]ver les ordonnances, et laisser les balliveaux de brin, et autre [bon] bois propre à faire revenir en haute futaye; ne faisant aussi [lesd]ites couppes à tire et à aire, ains confusément et en désordre, [ainsi] que bon leur semble : Qui cause la plupart de nosdites fo[rets] et bois demeurer du tout dépeuplées et dégradées au pré[jud]ice de nous et de nosdits subjects, défendons très expressé[men]t à tous lesdits prétendans droit d'usage, particuliers, commu[naut]és, tréfonciers et autres à peine de privation de leurs droits, [do]resnavant coupper aucun bois, si ce n'est par la permission [de n]osdits officiers, et és tems et saisons convenables, ny pareil[leme]nt envoyer leurs bestiaux esdits bois, sinon qu'ils eussent [att]eint l'âge compétent, et, comme dit est, déclarez défensables [par n]osdits officiers, à peine aussi de confiscation du bétail, et [de] payer le dommage qui se trouvera y avoir esté faict (1).

---

(1) Nous supprimons le texte des art. 3, 4, 5, vu leur peu d'importance.

(6) Que s'il se trouve à présent aucunes terres en nosdites forests vaines et vagues, demeures inutiles, dont le fonds soit de nature propre pour rapporter bois, qu'elles soyent replantées et repeuplées : Enjoignant très-expressément auxdits grands-maistres, maistres particuliers, leurs lieutenans, et autres nos officiers, en faisant les ventes et adjudications de nosdites forests, d'en faire les reiglemens, et charger les usagers, marchans, adjudicataires, ou autres qu'il appartiendra : ou autrement y pourveoir pour le mieux, ainsi qu'ils verront et cognoistront estre à faire.

(7) Feront aussi visitation et procez verbal de tous les bois abougris, broustez et avortez, et qui mériteront estre recepez, pour les remettre en meilleure nature de bois. Et ledit procez verbal envoyront incontinent par devers lesdits grands-maistres, chacun en son département, pour nous en donner advis, s'il est besoin, à fin d'ordonner de la vente, couppe et recepaige, et leur en estre donné la permission, pour y procéder par mesme moyen, en faisant par eux les ventes de bois de leursdits départemens, ou autrement en ordonner, ainsi qu'ils verront estre à faire pour le bien de nostre service, profit, et mesnagement de nosdites forests.

(8) Que les bois chablis, et tombez par vent en nosdites forests, seront vendus par chacune sepmaine au jour de plaids, par le premier de nos officiers qui tiendra la jurisdiction. Et au préalable que d'en faire l'adjudication, le sergent en la garde duquel ils se trouveront, en advertira le gruyer, verdier ou maistre garde-marteau, dont il sera procez verbal contenant l'essence et qualité du bois. Et après la publication faicte, la vente s'en fera aux plus offrans et derniers enchérisseurs, tant sur le rapport du sergent, que procez verbal dudit maistre-garde. Et pour les chablis, qui n'excéderont la valeur de trois escus, ne sera baillé par nosdits officiers autre temps de vuidange, que trois jours : attendu que plus long-temps nous apporte dommage, et se faict plusieurs larcins soubs ce prétexte de vuidange. Et quant aux chablis qui excéderont davantage, sera baillé temps de vuidange à l'équipollent, selon la quantité et qualité des chablis et distance des lieux où ils seront.

(9) Quant aux outremesures des ventes qui se font en nosdites forests, s'il s'en trouve, par le recellement d'icelles, le marchand en sera condamné au double de la raison et prix de son adjudication, attendu qu'il ne doit coupper que le bois qui luy est

..., et ne passer et traverser les limites et pieds corniers desdites ventes. Et l'ayant faict, ce n'aura esté que pour son proffit, et à nostre dommage. Car bien souvent près et joignant lesdites se trouve quelques belles touffes de bois de plus grand prix, sur lesquelles lesdits marchans estendent leursdites ventes, s'asseurans que pour l'entreprise ils ne payeront que le mesme prix, et au prorata de leur adjudication.

(10) Et parce que nosdites forests sont venues en la ruine et dégast où l'on les voit à présent, en partie par les abus, pilleries, et grandes mal-versations qui y ont esté faites, tant par les usagers et autres personnes riverins desdites forests, que par connivence et nonchalance de nosdits officiers. De sorte qu'elles ne peuvent à présent porter les chauffages, usages, et pasturages, qui ont esté concédez et octroyez par nos prédécesseurs : Nous voulons qu'il soit informé par lesdits grands-maistres, leurs lieutenans, et maistres particuliers, de la possibilité et impossibilité de nosdites forests : Et suyvant icelle, lesdits usagers d'oresnavant restraints et reiglez pour le regard de ceux qui se trouveront bien fondez en droict d'usage, soit pour chauffer, bastir, réparer, pasturer, et autres droicts : Et de ce faict estat et réglemens particuliers, suyvant les advis desdits grands-maistres, leurs lieutenans, et maistres particuliers, gruyers, verdiers, maistres gardes du marteau, et ledit reiglement suyvi et observé. Par mesme moyen, qu'il soit aussi informé des abus et malversations commises par lesdits usagers, pour estre procédé contre eux par condemnation d'amende et privation de leurs droicts, s'il y eschet.

(11) Et pource qu'il se trouve à présent grand nombre desdits usagers, qui prennent bois en nosdites forests, tant pour bastir que chauffer, et jouyssent aussi de pennage et pasturage, sans en avoir eu confirmation de nous, ou de nosdits prédécesseurs, les uns sans aucun tiltre, ou concession, par la négligence, nonchalance, ou connivence d'aucuns de nos juges et officiers : ceste tolérance continuant apporteroit l'entière ruine et dépopulation de nosdites forests. Pour à quoy pourveoir, ordonnons que tous ceux qui prétendent droict d'usage, pasturage, pennage et autres droicts quelsconques en nosdits bois et forests, seront tenus dans trois mois après la publication de ces présentes, obtenir de nous lettres de confirmation sur leurs tiltres, concessions et priviléges, qu'ils en auront de nosdits prédécesseurs, ou de nous. Et au défaut de ce faire, et ledit temps

passé, les déclarons dès à présent décheus de leursdits prétendus droits, sans espérance d'en pouvoir plus jouyr. De tous lesquels prétendans droict, sera faict et dressé estat au vray, pour estre veu et examiné en nostre conseil, ou par tels commissaires que députez que nous adviserons, pour y avoir recours quand besoin sera : et dont la copie sera baillée ausdits grands maistres et leurs lieutenans et maistres particuliers de nosdites eaux et forests, ensemble à nostre procureur en chacun siége des tables de marbre, et autres procureurs pour nous esdits siéges particuliers leur deffendant, et à tous autres nos officiers d'icelles forests, ne permettre ausdits prétendans droicts d'usage, pasturage et pennage, qui n'auroient obtenu de nous confirmation, comme dit est, de jouyr de leursdicts droicts, prendre, coupper et enlever aucun bois de nosdites forests, soit pour chauffer ou bastir, ni mener pasturer aucun bestail, à peine de confiscation et d'amende arbitraire.

(12) Pource aussi qu'il y a plusieurs personnes qui par la négligence de nos officiers ont usurpé, recelé et caché partie de nos bois, estangs, prez, marais, pastis, padouans, terres vaines et vagues, rivières, garennes, droicts de gruerie, grairie, tiers et danger, et autres droicts et choses à nous appartenans, dépendans de la charge de noz eaux et forests, et réformation d'icelles à nostre grand préjudice et de nos subjects : Ordonnons et commandons très expressément à toutes personnes de les venir réveler. Et semblablement à ceux, à la cognoissance desquels ils pourroyent estre parvenus, ou parviendroyent cy après, qu'ils ayent à les venir dénoncer en nostre conseil, et ausdits grands maistres et généraux réformateurs, leurs lieutenans, nos procureurs, maistres particuliers, et autres nos juges et officiers. Ausquels, et à chacun d'iceux, commandons et ordonnons, icelles usurpations, recellemens, et choses ainsi détenuës et usurpées remettre en leur premier estat, faisant punir les usurpateurs et détenteurs par mulctes et amendes telles que au cas appartiendra. La moitié desquelles amendes, ensemble les fruicts d'une année de la chose détenue et usurpée, à quelque somme qu'ils se puissent monter, voulons estre délivrées ausdits dénonciateurs, en vertu de leurs simples quictances, par les mains de nos receveurs ordinaires, si ce n'est que les détenteurs les révèlent eux-mesmes, auquel cas seront deschargez desdites amendes, et jouiront des fruicts d'une année.

(13) Et d'autant que la conservation des forests et bois des

...iastiques, abbez, commanderies et communautez nous
...tient : désirant qu'ils soyent mieux mesnagez et conservez
...ls n'ont esté par le passé : Pour empescher la dépopulation
...aine qui adviendroit, et comme il est advenu en plusieurs,
...le moyen des couppes et ventes excessives et desfriches qui
...nt esté faictes, et se continuent chacun jour sans nostre per-
...sion : Et à fin de leur donner occasion de les faire restablir,
...mettre en quelque meilleur ordre et conservation pour le bien
... public, et des successeurs desdits ecclésiastiques, abbez,
...manderies et communautez : Sont faictes défenses à tous les
...sdits, de faire aucunes couppes de leursdits bois pour le
...rd des hautes fustayes ny des bailliveaux estans dans les
...s, sans permission de nous octroyée pour cause ou occasion
...time : A peine de confiscation desdits bois, et d'amende ar-
...raire. Enjoignant à nos procureurs sur le faict desdites eaux
...forests, de prendre garde, et tenir la main, à ce que nostre
...ation soit suyvie, à peine de suspension de leurs estats.

(14) Et d'ailleurs, que aucuns nos subjects ont entrepris sur
...chemins royaux et branches d'iceux, au grand préjudice de
...s et de nos subjects : ausquels par ce moyen on a osté la com-
...ité de charroyer, et induit à ceste occasion les personnes à
...verser les terres labourées et ensemencées : Aussi on a retran-
...aux paysans le moyen de faire pasturer leur bestail le long
...dits chemins : Enjoignons expressément ausdits grands-mais-
... reformateurs, leurs lieutenans, nos procureurs, et autres
...ciers, de faire, remettre et restablir lesdits grands chemins
...ans en leur ancienne largeur et limite, et les branches d'i-
...x en la leur accoustumée : le tout suyvant nos ordonnances,
...dictant les usurpateurs d'iceux des amendes indictes par nos-
...s ordonnances, ou autrement, ainsi qu'ils verront estre à
... par raison. Desquels restablissemens de chemins feront
...cez verbal, et des amendes qui en proviendront, estat parti-
...er, qu'ils envoyeront à nos thrésoriers généraux de France
...chacune généralité, pour en estre par eux ordonné, et estre
...deniers receus par les receveurs ordinaires des lieux.

(15) Ordonnons aussi à tous tenans et aboutissans ausdits
...ds chemins et branches d'iceux, de les planter d'ormeaux,
...ers et autres arbres propres, selon la qualité du fonds et
...itoire, suyvant ce qui a esté cy devant ordonné par nos
...décesseurs, et que nosdits estats en ladite dernière assemblée
...s l'ont requis, de la distance de vingt-quatre pieds l'un de

l'autre au moins : et ce dans le temps qui leur sera limité, et
plustost que faire se pourra. Et où aucuns d'iceux arbres pé...
royent, seront tenus en replanter d'autres, sur peine d'ame...
arbitraire. Les fruicts desquels arbres appartiendront respe...
tivement ausdits propriétaires et sieurs voyers s'ils y ont droit.

(16) Enjoignons aussi très expressément ausdits grands-ma...
tres reformateurs, leurs lieutenans, maistres particuliers, ...
procureurs, et autres nos susdits officiers, prendre soigneuseme...
garde et tenir la main : que tant les ordonnances de nosdits p...
décesseurs faites sur le restablissement et entretenement desdi...
chemins, et plantage desdits arbres (1) que nostre présent édi...
soient entretenus et gardez, faisant punir les contrevenans p...
amendes pécuniaires telles que au cas escherra.

(17) Défendons à toutes personnes, de quelque estat ou co...
dition qu'ils soient, de ne rompre, couper ou abatre lesdi...
arbres, ne aussi prendre ou dérober les fruicts d'iceux, sur pe...
de vingt écus d'amende, pour chacun pied et par prison, le ti...
aux propriétaires, l'autre tiers aux pauvres plus proches du li...
où la faute aura esté commise, et l'autre tiers au dénonciateu...
que voulons estre jugez sur les délinquans et contrevenans p...
les juges desdites eaux et forests les plus proches, sans préju...
dicier toutesfois à la justice de nos subjects. Auxquels enjoigno...
de ce faire promptement. Et à ces fins, pour l'exécution du co...
tenu en ces présentes, enjoignons à tous nos huissiers et serg...
sur ce premier requis, faire tous exploits, captures, et exec...
tions nécessaires.

(18) Nous ressouvenans semblablement que nosdits estats n...
ont dernièrement remonstré, que toutes nos rivières navigabl...
dont vient à nos subjects la commodité de transporter de lieu ...
autre les vivres, denrées et marchandises nécessaires pour la v...
humaine, et entretien du commerce et traffic, d'où dépend ...
richesse et abondance de nostre royaume, tant par la néglige...
ou connivence de nosdits officiers, et avarice de ceux qui tienne...
moulins et pescheries sur icelles, que pour n'avoir tenu et est...
tenu les turcies, chaussées et levées. Aussi par la licence que n...
subjects ont prinse d'y jetter toutes sortes d'immondices, g...
voirs, fumiers, pailles pourries, charognes et foins de bateau...
sel, et autres, elles sont demeurées en plusieurs endroicts, co...

(1) V. l'ordonn. de Henri II, 19 janvier 1552, à sa date.

..., les ports et arches démolies, en sorte que plusieurs bas-... chargez de marchandises d'heure à autre périssent, à la ...de perte et dommage de nos pauvres subjects et habitants de ...villes : lesquels, au moyen de ce, demeurent ruinez et des-..., outre la perte et submersion de personnes qui plusieurs ... en advient ; et seront en peu de temps lesdites rivières, s'il ...y est pourveu, inutiles et innavigables, comme aussi les ports ...hâvres marins de ce royaume, par les mesmes causes la plus ...dépéris et comblez, et le traffic quasi du tout anéanti, au ...préjudice et intérest des marchans traffiquans sur la mer, ...riviers et pescheurs, perte et diminution de nos droicts, et ...de nosdits subjects. A quoi désirans pourveoir, enjoignons ...expressément auxdits grands-maistres réformateurs, leurs ...tenans et maistres particuliers, qu'en faisant leurs visites et ...vauchées, ils ayent à visiter lesdites rivières, levées, chaus-...moulins, pescheries, ponts, hâvres marins, de l'estendue ...leurs charges ; et appellez les officiers de l'amirauté, s'infor-...au vray de l'occasion du dépérissement et encomble desdites ...ières, hâvres, ports, chaussées et advenues ; et si c'est pour ...qui nous touche et appartienne, en faire procez-verbal, ...ils envoyront en nostre conseil, pour y estre par nous pour-..., ainsi que verrons estre à faire, et où il se trouvera lesdites ...es, démolitions et encomble estre advenuës par la faute des ...tans des lieux, les contraindront à les réparer, remettre et ...tenir en bon estat et deu. S'ils cognoissent aussi lesdits mou-...et pescheries estans sur lesdites rivières, estre préjudiciable ...trafic et commerce d'icelles, et cause de les faire hausser et ...bler en aucuns endroicts : les feront oster, destourner et le-..., si mestier est. Enjoignant de par nous à toutes personnes, ...quelque estat et qualité qu'ils soient, sur peine de grosses ...endes, à nous applicables, de n'y jetter d'oresnavant aucuns ...iers, gravoirs, charognes, foins, pailles pourries, ne autres ...ondices et choses généralement quelconques, ains les por-...aux voieries et lieux ordonnez pour cest effect.

(19) Aussi pour le peu de soing que nos subjects habitans des ...ges et plat pays ont eu à l'occasion des guerres, qui, à nostre ...grand regret ont duré par l'espace de vingt ans en cestuy ...tre royaume, à l'extirpation des loups, qui sont accreuz et ...mentez en tel nombre, qu'ils dévorent, non seulement le ...tail jusques és basses courts et estables des maisons et fermes ...os pauvres subjects, mais encore sont les petits enfans en

danger : enjoignons ausdits grands maistres réformateurs, leurs lieutenans, maistres particuliers et autres, faire assembler un homme pour feu de chacune parroisse de leur ressort, avec armes et chiens propres pour la chasse desdits loups trois fois l'année, au temps plus propre et commode qu'ils aviseront pour le mieux. (1)

(23.) Et d'autant qu'en l'assemblée que nous avons faict faire d'aucuns des principaux officiers desdites eaux et forests plus expérimentez et entendus au faict d'icelles, ensemble des commissaires cy devant députez pour la réformation de nosdites eaux et forests, nous a esté rapporté, et à l'œil faict cognoistre, que la principal cause de la dégradation, dépopulation, et ruyne de nosdites forests, advient de ce que aucuns desdits officiers, nommément lesdits Gruyers, Verdiers et gardes de nostre marteau entrans esdits estats avec peu de moyens, incontinent après leur institution, ont sans crainte, ne respect marqué, vendu et prins tant d'arbres que bon leur a semblé, et des meilleurs, et par intelligence laissé prendre et falsifier leurs marteaux, pratiqué eux-mesmes de rechanger les pieds corniers des ventes, balliveaux et autres arbres qui se réservoyent, s'entendans avec les marchands pour en laisser de moindres, coupper les bons, eslargir lesdites ventes, sur le corps desdites forests, et en tirer deniers à leur profit, dons et présens : eux-mesmes vendans lesdites usurpations et arbres ausdits marchans, et marquans plus grand nombre de balliveaux esdites ventes, que ce qui avoit esté ordonné, pour vendre le reste, et commettans infinis autres abus, ainsi qu'il a esté plusieurs fois vérifié par lesdits réformateurs : et encores récentement en nos provinces de Normandie et duché d'Orléans, et autres lieux ; et après avoir faict leurs affaires de tant de fautes et abus, craignans que nosdits grands maistres réformateurs et commissaires procédassent contre eux, se sont incontinent deffaits de leurs estats, pour s'exempter de la privation d'iceux, amendes et confiscations de leurs biens, n'estant bien accoustumé de rechercher et procéder contre lesdits officiers, ne tenans plus leurs offices, et par l'institution d'un nouveau pourveu, se sont ensevelis et cachez tous délicts et malversations par procez verbaux appostez des autres officiers qui

---

(1) Les art. 20, 21, 22 et 28 sont relatifs aux gages des officiers des eaux et forests.

intelligence avec eux; qui a osté la cognoissance ausdits
[commiss]aires réformateurs, et le moyen d'avérer lesdits larre-
[cins,] abus et faultes, sinon à toutes peines, et par nouvelles visi-
[tation]s et enquestes, comme il s'est descouvert en une seule forest
[avoi]r en dix mil pieds d'arbres couppez et emportez par l'intel-
[ligence] desdits officiers. Et d'ailleurs avons esté certifiez, qu'en
[une seule] province de nostre royaume a esté fait dégast des forests
[valla]nt de plus de soixante mil escus en une seule année, qui ne
[sont] tournez à nostre profit. Ne trouvant moyen de coupper che-
[min] à telles faultes, et éviter cest évident et continuel dommage,
[que par] le changement des officiers en nosdites eaux et forests, et à
[fin] de leur donner occasion de nous faire plus long-temps ser-
[vice], et instruire leurs enfans et héritiers au faict et intelligence
[desdites] eaux et forests; considéré mesmement que desdits of-
[fices] par nos prédécesseurs roys ne nous, n'a esté faict aucun
[bien] en nos parties casuelles, ains ont esté libéralement données,
[sans] en avoir payé aucune finance : avons pour ces causes, et
[su]r le susdict avis faicts et rendus, faisons et rendons hérédi-
[taires] tous lesdits offices de gruyers, forestiers, verdiers, maistres
[particuliers], chastellains, segrayers, et maistres gardes du marteau
[des]dites eaux et forests par tout nostre royaume; ensemble
[tous] les sergens ordinaires d'icelles, à fin que d'oresnavant de
[posses]seur en successeur ils soient plus soigneux et obligez à
[faire] leur devoir en ceste charge, pour jouyr par ceux qui en au-
[ront] prins nouvelle provision de nous, leurs successeurs et ayans
[caus]e, à toujours perpétuellement, comme de leur propre héri-
[tage] et chose, ensemble de leursdits droicts et gages, tant an-
[ciens] que d'augmentation : à la charge toutesfois que lesdits of-
[fices] demeureront affectez, obligez et hypothéquez au payement
[des] amendes et réparations, esquelles chacun desdits officiers
[pour]ront estre condamnez envers nous pour lesdits larcins,
[fault]es et abus, qu'ils auroient commis ou tolérez. Et lesquels
[sus]dits officiers de garde-marteau, pour contenir d'oresnavant
[chacu]n en leur devoir, et leur oster le moyen de commettre telles
[faut]es et malversations : ordonnons, voulons, et nous plaist qu'ils
[soient] tenus faire un roolle et registre au vrai de tous les arbres
[qu'i]ls marqueront particulièrement et séparément, ès gardes de
[chac]un sergent, contenant la quantité, essence et grosseur d'i-
[ceux], réservation de balliveaux, de ventes, chauffage, usage,
[et] autres délivrances. Lequel roolle, le maistre particulier ou
[son] lieutenant, et nostre procureur signeront avec le sergent de

la garde, à mesure que les délivrances et marques se feron[t]
pour estre ledict roolle représenté, quand les redditions d'usan[ce]
desdites ventes et délivrances susdites se feront par nosdits o[ffi]-
ciers, ou ceux qui seront par nous envoyez ou députez commi[s]-
saires, pour à fin que lesdits arbres soient recognus réformez [en]
nosdites forests, recomptez et trouvez sans fraude, les déli[ts]
descouverts, et lesdits officiers, juges et autres responsables [de]
ce qu'ils mériteront: et en puissent à toutes heures rendre rai[son]
ausdits grands maistres, réformateurs, leurs lieutenans et ce[ux]
qui seront par nous députez.

Si donnons, etc.

N° 264. — Edit *de création de trente offices de maîtres vi[si]-
teurs et vendeurs de vin, foin, charbon, à Paris, à l'inst[ar]
de ceux de marée, bétail, etc.* (1).

Paris, mars 1583; reg. au parl. le 7. (Vol. 2 M, f° 492. — Font., I, 1165.)

N° 265. — Edit *prohibitif du luxe des habits* (2).

Paris, 24 mars 1583; reg. au parl. le 29. (Vol. 2 M, f° 508. — Font., I, 995.
Traité de la police, liv. 1, tit. 3, ch. 4.)

---

(1) V. à leur date les édits sur la police, de Jean, 1350; de Charles VI, [fé]-
vrier 1415, art. 228 à 302, et 388 à 404; de François Ier, mai 1520; de Charles [IX,]
note sur l'édit de novembre 1577, et ci-après de Louis XIII, octobre 1633.

(2) V. la note sur l'édit de mars 1514. — Celui-ci renouvelle les défenses p[ré]-
cédemment faites de porter habits d'or et de soie. V. l'édit de Henri II, 13 ju[il]-
let 1549; l'ordonn. d'Orléans (1560), art. 146. — V. ci-après l'édit de Henri [IV,]
1559, juillet 1601, renouvelé en novembre 1606; de Louis XIII, mars 16[..,]
18 novembre 1633, 16 avril 1634, 3 avril 1636, 24 novembre 1639; de Louis X[IV,]
ordonn. des 31 mai et 12 décembre 1644, 26 octobre 1656, 27 novembre 16[60,]
mai 1661, 18 juin 1663, 29 novembre 1664, 17 novembre 1667, 13 avril 1669,
février 1670, 7 janvier 1673, 7 mai 1675, juin 1677 et 10 mars 1679. — Il [est]
remarquable qu'au nombre des motifs de l'édit de 1583, Henri III dit q[ue]
Dieu est grandement offensé, et la modestie s'en va presque du tout étein[te,]
quand il est avéré par le témoignage des historiens qu'il prodiguait à ses [mi]-
gnons les parures du sexe, les bijoux, les pierreries, et que lui-même co[urait]
publiquement la bague, vêtu en amazone, portant des pendans d'oreilles, [ou]
habillé en femme, ouvrant son pourpoint et découvrant sa gorge, ornée d'un c[ol]-
lier de perles et de trois collets de toile, deux à fraise et un renversé, ainsi q[ue]
lors le portaient les dames de la cour. (V. Anquetil, Esprit de la ligue, p. [65]
et 66, tome II.)

86. — Déclaration *qui défend aux officiers de justice de s'entremettre des affaires de seigneurs, chapitres, communautés ou autres personnes* (1).

Paris, 17 mars 1583; reg. au parl. (2) (Vol. 2 M, f° 519.)

87. — Édit *sur la juridiction des baillis, sénéchaux et prévôts, et sur les fonctions des enquêteurs, examinateurs des sénéchaussées, bailliages et autres juridictions* (3).

, mars 1583; reg. au parl. le 15 janvier 1585. (Vol. 2 N, f° 385. — Font., , — Joly, II, 851. — Traité de la police, liv. 1, tit. V, chap. 2 et suiv.)

---

(1) C'est une confirmation de l'art. 112 de l'ordonnance de Blois, confirmative même des anciennes ordonnances. V. celle de Philippe IV, 1302, art. 11; Philippe VI, 1344; de Charles VII, 1446; idem, 1453; de François Ier, 1539 (art. 124); de Henri II, mars 1549, art. 25 et 26; de Charles IX, ordonnance d'Orléans, janvier 1560, art. 43 et 44; l'ordonnance du mois d'avril suivant; beaucoup d'autres magistrats siégeaient anciennement dans le conseil du duc d'Orléans et autres princes.

(2) Il paraît que cet acte n'a pas été enregistré; les registres du parlement n'en donnent pas la date.

(3) Sous les deux premières races, les *comtes* établis dans les capitales de provinces pour remplacer les proconsuls romains, furent comme eux chargés de rendre seuls la justice. Les capitulaires de Dagobert Ier, de l'an 630; de Chilpéric III, 744; de Charlemagne, Louis le Débonnaire et Charles le Chauve, 800, 819, 829, 861 et 864, recommandent à ces magistrats de maintenir l'ordre, de pourvoir à l'abondance et au juste prix des vivres, de protéger le commerce et d'y maintenir la bonne foi; d'entretenir les rues et grands chemins, etc. Ce fut des débris de ces grandes juridictions que se formèrent, au commencement de la 3e race, les prévôtés, vicomtés, vigueries (justices subalternes), les bailliages et sénéchaussées (juridictions supérieures). V. à leur date les ordonnances de Philippe-Auguste, 1290; de saint Louis, avril 1228, art. 4 et 5; du même, décembre 1254; de Philippe le Bel, mars 1302; de Philippe de Valois, 10 juillet 1338; du roi Jean, 18 décembre 1355; de Charles V, 25 septembre 1372; de Charles VI, 20 janvier 1402, 28 avril 1408; l'édit de Charles VIII, 28 décembre 1490; du même, édit de juillet 1493, qui érige en titre d'office les prévôtés et autres juridictions subalternes; de François Ier, juin et février 1536; de Henri II, 17 juin 1554, 5 septembre et 16 janvier 1559, juin 1559, juillet 1560; de Charles IX, l'ordonnance d'Orléans, janvier 1560; de Moulins, février 1566, et ci-après déclaration du mois de juin 1586. L'édit de 1583 détermine les fonctions des enquêteurs et examinateurs établis dans les juridictions royales. Tous ces débats de compétence n'ont plus d'importance aujourd'hui.

N° 268. — **Ordonnance** *générale sur le fait des tailles et l'usurpation des titres de noblesse.* (1)

Paris, mars 1583 ; reg. en la cour des aides, le 27 juillet, avec modifications. (Corbin, Code Louis, p. 414. — Néron, I, 666.)

Henry, etc., depuis nostre avènement à la couronne, nous avons reçu en nostre conseil plusieurs plaintes et doléances de noz sujets contribuables à nos tailles, sur ce que les départemens d'icelles qui ont esté faits, tant sur les paroisses de chacune de nos eslections, que particulièrement sur les habitans desdites paroisses, sont si inégalement faits, que la plûpart de nosdits sujets en sont grandement surtaxez : et ce qui les grève encore davantage, c'est que la plûpart de nos autres sujets contribuables ausdites tailles, s'en exemptent indûement sous divers prétextes et occasions, qui tourne à la grande foule, surcharge et oppression de nosdits sujets : à quoi désirans pourvoir et remédier par un establissement d'un si bon ordre à la levée des deniers, que l'égalité soit à l'avenir gardée aux départemens desdites tailles tant sur lesdites paroisses de chacune desdites eslections, que particulièrement d'année en année sur les habitans desdites paroisses, que chacun de nosdits sujets puissent commodément porter sa cottepart et portion desdites tailles, le fort portant le foible, en suivant nos anciennes et modernes ordonnances : nous après avoir mis cette affaire en délibération en nostre conseil, avons de l'avis d'icelui, de nostre certaine science, grace spéciale, pleine puissance et autorité royale, dit, déclaré et ordonné, disons, déclarons et ordonnons ce qui s'ensuit : à sçavoir.

(1) Qu'aucuns de nosdits sujets, sinon ceux qui sont de maison et race noble, ceux aussi ou leurs ancestres, qui ont obtenu de nous ou de nos prédécesseurs, lettres d'annoblissement) n'usurperont d'oresnavant le titre de noblesse, ni prendront le titre d'écuyer, ou porteront armoiries timbrées. Ce que nous leur défendons très expressément, sur les peines indictes par nos ordonnances des estats de Blois, art. 257 (2).

(2) Voulons que tous ceux qui ont usurpé ledit titre de noblesse, sous quelque prétexte que ce soit, soient d'oresnavant taxez et imposez par les commissaires que nous députerons pour

---

(1) V. ci-devant mars 1582, la note très développée que nous avons donnée sur l'édit relatif aux duchés-pairies.
(2) V. l'art. 110 de l'ordonn. d'Orléans, et l'arrêt de vérification ci-après.

...mation et règlement desdites tailles, et cela continué par ...présidens et eslûs sur le fait d'icelles, à les y faire contribuer, ...toutes autres impositions et subsides, comme nos autres su... s'ils n'ont (comme dit est) obtenu de nous ou de nos pré... ...eurs, lettres d'annoblissement.

Comme en semblable y seront mis, taxez et imposez tous ...lesquels n'estans nobles de race, usurpent néanmoins ledit ..., sous prétexte d'aucunes sentences et jugemens par eux ou ...prédécesseurs, subrepticement obtenus, ausquels nous ne ...lons que l'on ait aucun égard, s'ils n'ont esté confirmez par ...s de nos cours de parlement, ou des aydes.

Tous gens de nos ordonnances et gardes seront exempts du ...ment et contribution de nosdites tailles et impositions, fors ...excepté toutefois ceux qui sont des compagnies, lesquelles ...qu'à présent n'ont ait aucune montre, ni reçû payement de ..., et ceux aussi qui indûement contreviennent à nos ordon... ...es, et qui de leur nature estans taillables, se sont de plein ...mis en nosdites ordonnances, sans premier avoir fait aucun ...ice des armes en autres charges (1).

Comme aussi tous ceux qui se disent de nos officiers do... ...iques et de nos prédécesseurs rois, de nostre très chère et ...ée dame et mère et très amée compagne, nos très chers et ...amez frère et sœurs le duc d'Anjou, reine de Navarre, reine ...irière de France, de la feuë reine d'Espagne, des duchesses ...Lorraine, de Ferrare et de Savoye, lesquels n'ont jamais servi ...ervent actuellement, ni perçû gages de vingt écus, et au ..., suivant le 342ᵉ art. desdites ordonn. de Blois, seront im... ...ausdites tailles, exceptez les officiers des sept offices servans ...ellement, lesquels combien qu'ils perçoivent gages moindres ...vingt écus par chacun an, nous ne voulons y estre compris, ...du les services actuels qu'ils nousfont: et ceux qui ayant ...ci-devant actuellement, sont après renvoyez à moitié gages ...leurs maisons (2).

Semblablement seront mis et imposez ausdites tailles les ...ciers de nos monnoyes ouvertes, qui n'y seront actuellement: ...me aussi les officiers de nostre artillerie, non couchez et ...oyez ès estats d'icelles, suivant la réduction d'iceux, faite

---

(1) V. l'édit de 1600 ci-apres.
(2) V. l'art. 125 de l'ordoun. d'Orléans (janvier 1560).

en vertu de ladite ordonn. de Blois, art. 344, qui servira a[ux] commissaires pour réglement en cette affaire.

(7) Seront semblablement taxez et imposez ausdites tailles l[es] enfans des maires, consuls et eschevins des villes, qui sous pr[é]texte des priviléges attribuez ausdites charges et dignitez de leu[rs] dits pères, se prétendent nobles et exempts, attendu que l'octr[oy] desdits priviléges n'a esté fait que pour décoration, peuplem[ent] manutention d'icelles villes, et non pour les abandonner s[ans] occasion, ainsi qu'ils font ordinairement.

(8) Et d'autant qu'il y en a plusieurs autres qui semblabl[e]ment se prétendent exempts desdites contributions (ainsi q[ue] nous avons esté avertis) sous prétexte d'estre issus d'aucuns o[ffi]ciers de nos finances, commissaires, contrôlleurs, trésoriers, [et] autres officiers de nos guerres, artillerie, amirauté, eaux et f[o]rests, vénerie, fauconnerie ou des officiers domestiques : no[us] voulons aussi qu'ils soient compris esdites tailles et assiette, [et] contraints audit payement comme nos autres sujets, sinon en c[as] qu'ils fussent nobles d'ailleurs, et vivans noblement.

(9) Et où aucuns desdits nobles, officiers, priviléjez o[u] exempts, se trouveront tenir aucune ferme, ou faire train [ou] trafic de marchandise, par eux ou personnes interposées, no[us] voulons pareillement qu'ils soient mis et cottisez ausdits rôlles [d'] impositions comme les autres contribuables, suivant le 27 a[rt.] de l'ordonn. faite à la réquisition des estats d'Orléans (1).

(10) Comme aussi nous voulons y estre imposez tous habita[ns] des villes, bourgades ou villages exempts qui tiendront d'autru[y] terres ou seigneuries, dixmes, terrages et champarts à ferme [ou] loüage, ainsi que feroit un laboureur ou autre de la paroisse q[ui] en seroit fermier, suivant le 128° art. de ladite ordonn. d'O[r]léans.

(11) Et parce que nous avons esté avertis qu'en plusieu[rs] villes et bourgs, les lieutenans civils et criminels de nos baillif[s,] nos prévosts, avocats et procureurs, nos conseillers ès sièges s[u]balternes, nos présidens, élus, receveurs et controlleurs généraux de nos finances et taillon, nos receveurs, greffiers et co[n]trolleurs des tailles, s'exemptent de la contribution desdites taill[es] contre toute justice, droit et raison, sous prétexte de quelque[s]

---

(1) V. l'art. 109 de ladite ordonn., l'art. 8 de l'édit d'Amboise, et le [...] l'ordonn. de Blois.

qu'aucuns d'eux ont payée : nous voulons iceux y estre et imposez comme les autres, à la charge de pourvoir ou pourvoir au remboursement de la finance qu'ils auront et leur remboursement actuel fait; laquelle exemption avons révoquée par ces présentes, comme dommageable au ...

12. Aussi à ce que, d'oresnavant nosdites anciennes ordonnances, et nostre présente déclaration soient inviolablement entenues, gardées et observées, nous voulons, suivant icelles ordonnances, que les greffiers des tailles establis ès paroisses nostredit royaume, soient d'oresnavant tenus insérer par chacun an à la fin des rolles des assiettes desdites tailles et impositions, les noms des anciens nobles et annoblis demeurans en les paroisses, les exempts desdites tailles, et les privilégiez ci-dessus spécifiez, avec les causes de leursdits priviléges et exemptions, et ce par chapitres séparez et distincts, comme il est porté le 341ᵉ art. de ladite ordonn. de Blois ; sur peine de perdition de leurs estats (1).

(3) Ausquels greffiers nous voulons semblablement que les privilégiez soient tenus d'apporter ou envoyer, auparavant l'assiette et département desdites tailles se fasse, à sçavoir ceux qui ont esté ou seront annoblis, les copies dûement collationnées de leurs lettres d'annoblissement, et expéditions sur icelles, pour une fois seulement : nos officiers domestiques, de guerres, artillerie les certificats de nos trésoriers et payeurs de chacun an, attendu la mutation qui se peut faire desdits officiers, d'an en an. Et les officiers de nos sœurs et tantes dé-... ci-dessus mentionnez, les certificats de leurs trésoriers et payeurs pour une fois seulement : ausquels certificats néanmoins ne sera foy ajoutée, s'ils ne sont dattez du vivant de nos dites sœurs et tantes, ou bien extrait pris sur le dernier estat qui a rapporté en la chambre des comptes (2).

(4) Enjoignons à tous trésoriers et payeurs des gages desdits officiers ci-dessus spécifiez, de délivrer lesdits certificats à chacun d'eux, d'année en année, à l'heure qu'ils en seront requis et interpellez, à ce qu'ils ne soient compris esdits rolles, sur peine de répéter sur eux, par iceux officiers, les sommes qu'ils auront

---

(1) V. depuis l'art. 121 de l'ordonn. d'Orléans, jusqu'au 137.
(2) V. l'art. 28 de l'édit de 1614 et 30 de celui de 1634.

payées à faute desdits certificats, suivant la réduction qui se[ra]
par nous faite de tous lesdits officiers.

(15) A tous lesquels trésoriers nous défendons très expressémen[t]
de ne bailler aucuns certificats à autres personnes qu'ausdi[ts]
officiers actuellement servans, et qu'ils auront payé ou devro[nt]
payer de leursdits gages, soit pour tout ou moitié, et ce à pei[ne]
de faux.

(16) Toutes lesquelles copies et certificats, lesdits greffiers se[-]
ront tenus de mettre d'année en année, ès mains des asseeu[rs]
des tailles de leurs paroisses, lorsqu'ils leur délivreront les roll[es]
et assiettes desdites tailles, pour les porter à nos présidens, eslù[s]
et controlleurs sur le fait desdites aydes et tailles, afin que t[ous]
ayent à les signer et arrester, ainsi qu'il est accoutumé faire, e[t]
que leur ordonnance le leur commande, pour vérifier par eu[x]
esdits certificats sur les chapitres des exempts et privilégiez de[s]-
dites tailles, qui seront transcrits à la fin desdites assiettes. C[e]
que nous enjoignons ausdits présidens, eslùs et controleurs, au[-]
paravant que signer et arrester lesdits rolles; et ausdits control[-]
leurs en faire chapitre à part et séparé, à la fin de leur controlle
lesquels ils envoyeront respectivement avec lesdits certificats a[u]
greffe des bureaux des présidens et trésoriers généraux de nos fi[-]
nances, chacun en leur ressort.

(17) Et parce qu'au moyen de la frauduleuse exemption des[-]
dits prétendus nobles, et autres qui se sont indûement exempte[z]
desdites tailles, nos autres sujets ont esté tellement surcharge[z]
et travaillez en la contribution d'icelles et autres deniers, que
même nous avons esté bien souvent contraints leur en faire ra[-]
bais et modération, à la grande diminution de nos finances, po[ur]
raison desquels rabais nous avons juste occasion de répéter su[r]
iceux prétendus nobles et indûement exempts, tous lesdits de[-]
niers ainsi par eux injustement détenus, ausquels ils eussent p[û]
estre cottisez, si l'égalité y eût esté observée : nous avons or[-]
donné et ordonnons, qu'il sera levé sur eux, et nous payeron[t]
seulement pour toute icelle finance par eux indûement retenu[e,]
les sommes ausquelles ils eussent pû estre respectivement cotti[-]
sez, pour raison d'icelles tailles, taillons, cruës, et autres de[-]
niers extraordinaires, durant deux années seulement, si tant d[e]
temps ils ont esté exempts; sinon pour le temps de leurdite
exemption, suivant la taxe et liquidation qui en sera faite pour
chacune paroisse, par les commissaires que nous députerons en
chacune province de nostredit royaume, pour l'exécution de[s]

présente déclaration et règlement. Lesquels commissaires dresseront et expédieront à cette fin les rolles et contraintes nécessaires au receveur que nous commettons pour faire la recette desdits deniers.

(18) N'entendons toutefois que les gens de nos ordonnances et nobles ci-dessus mentionnez, soient condamnez à la restitution desdites deux années comme les autres, mais cottisez pour l'avenir, ainsi qu'il est ci-devant déclaré.

(19) Ausquels commissaires nous mandons de procéder au fait de ladite réformation et règlement, soit en général ou particulier, tant sur les paroisses inégalement taxées, que sur les particuliers habitans d'icelles : décider et juger desdites indûës exemptions, et attribution de noblesse, et également même faire exécuter leurs sentences et jugemens par provision, nonobstant oppositions ou appellations quelconques, dont nous avons retenu et réservé à nous et à nostre conseil d'estat la connoissance, et icelle révoyée et attribuée, renvoyons et attribuons à nostre cour des aydes à Paris, pour y estre lesdites oppositions ou appellations jugées diffinitivement, après toutefois qu'il leur aura apparu nostre main estre suffisamment garnie par les appelans de la somme à laquelle ils auront esté condamnez, et ce par quittance du receveur commis à faire la recette desdits deniers : iceux appelans en cas de fol appel, estre condamnez aux dépens et en amende, au double de la première condamnation, ou telle autre que ladite cour ordonnera. Desquelles réformations et règlemens lesdits commissaires expédieront deux rolles, qu'ils envoyeront, à sçavoir, celui du département et règlement général des paroisses, aux eslûs de chacune eslection respectivement, pour y avoir égard et l'ensuivre à l'avenir en faisant leur département : et l'autre, pour le règlement particulier des habitans desdites paroisses, aux receveurs, collecteurs des tailles desdites paroisses, pour en faire la collecte, et y avoir égard par les asséeurs en faisant leurs départemens pour l'avenir.

(20) Comme semblablement nous avons donné et donnons pouvoir et puissance ausdits commissaires de juger et faire exécuter leurs sentences qui interviendront à cause du règlement général des paroisses, et du particulier des habitans demeurans en icelles, nonobstant oppositions ou appellations quelconques, et sans préjudicice d'icelles, nostre main, comme dessus suffisamment garnie (1).

---

(1) V. ci-après l'art. 52 de l'édit de 1634.

(21) Ordonnons en outre aux dessusdits commissaires mettre à la fin desdits rolles, qui seront par eux expédiez pour raison de ladite réformation et régalement ceux qu'ils trouveront exempts en chacune des paroisses par eux respectivement réformées et régalées, et la cause de leur exemption : et enjoindre aux asséeurs, greffiers et collecteurs desdites tailles sur le semblable, et continuer d'année en année, sur peine de s'en prendre ausdits asséeurs, greffiers et collecteurs, en leur propre et privé nom, suivant les ordonnances de Blois, art. 541.

(22) Et afin que tous nos autres sujets contribuables ausdites tailles se ressentent du bien qui proviendra de l'exécution de nostre présente déclaration, nous enjoignons à nosdits commissaires bailler et laisser à nosdits présidens et eslûs sur le fait des tailles et aydes, respectivement en chacune desdites eslections, après ladite réformation et régalement fait, un extrait desdites taxes qu'ils auront ainsi faites sur lesdits indûëment exempts, ou régalemens desdites paroisses : et ausdits eslûs les envoyer au commencement de l'année ensuivant ausdits greffiers et asséeurs desdites tailles de chacune paroisse de leurs eslections, avec leurs commissions pour l'assiette desdites tailles de chacune paroisse de leurs eslections, pour asseoir lesdits indûëment exempts és départemens qu'ils en feront pour ladite année, eu égard à l'augmentation ou diminution de leurs biens, facultez, profits et revenus. Ce que nous voulons et ordonnons estre continué d'année en année, selon les sommes que nous mandons estre levées sur chacune eslection, au soulagement de nos autres sujets contribuables ausdites tailles.

Si donnons en mandement, etc.

Registrées, aux charges et modifications qui ensuivent ; c'est à sçavoir, arrêt de vérification (17 juillet).

Pour le regard des art. 1 et 3, que ceux qui auront obtenu lettres de noblesse du roy, ou auront esté déclarez exempts de payer tailles ou autres subsides par sentences des eslûs ou autres juges, ne s'en pourront aider que lesdites lettres de noblesse n'ayent esté dûëment vérifiées en ladite cour, et lesdites sentences confirmées par arrest des cours des aydes, ausquels la connaissance en appartient.

Le 4e art. aura lieu, fors et excepté contre ceux qui auront fait service actuel au roy en ses guerres par l'espace de dix ans continuels sans avoir fait acte dérogeant à leur privilège.

Les 5 et 6, à la charge que les estats des officiers domestiques et les rôlles des officiers des monnoyes y dénommez, seront envoyez par chacun an au greffe de ladite cour dûement signez, qui contiendront les noms, surnoms, qualitez et demeurances desdits officiers, pour sur lesdits estats et rôlles avoir recours par la cour quand besoin sera.

Sur le 7° art., ordonne ladite cour que ledit article aura lieu, fors et excepté pour les enfans, des maires, consuls et échevins des villes qui se trouveront avoir privilèges vérifiez en ladite cour, lesquelles joüiront de l'exemption des tailles et subsides, suivant les arrests et réglemens donnez par icelle.

Le 10. aura lieu pour le regard des roturiers demeurans ès villes et autres lieux exempts de payer tailles, qu'ils seront taxez pour la ferme qu'ils tiendront d'autruy.

Et pour le regard des nobles et officiers ayans dignitez annexées à leurs offices, qui se trouveront faire trafic de marchandises, tenir ferme d'autruy, ou faire quelqu'autre acte dérogeant à leur privilège : ordonne ladite cour, qu'ils soient taxez ès tailles, non seulement eu égard au trafic de marchandise ou à la ferme qu'ils tiendront d'autruy, mais pour tous leurs biens.

Le 11 aura lieu, fors et excepté pour les officiers dénommez audit article, qui d'ailleurs auront obtenu du roy ou de ses prédécesseurs, privilèges dûement vérifiez en ladite cour.

Et pour le regard des élûs et autres officiers qui ont par ci-devant payé finance au roy et acheté leur exemption : ordonne ladite cour qu'ils joüiront d'icelle jusques à ce qu'ils ayent esté entièrement remboursez de la finance qu'ils montreront avoir payée.

Sur les 12, 13, 14, 15 et 16, enjoint ladite cour aux élûs de faire sçavoir par leurs commissions qu'ils envoyeront par chacun an aux paroisses de leur ressort pour égaler les tailles, selon le contenu esdits articles, afin que les asséeurs et greffiers desdites tailles n'en prétendent cause d'ignorance, et qu'ils ayent à les garder et observer. Et fait ladite cour défenses ausdits élûs de vérifier et signer les rôlles des tailles, qu'ils n'ayent esté faits en la forme prescrite par lesdits articles, à peine de tous dépens, dommages et intérests des habitans des paroisses et d'amende arbitraire en leurs propres et privez noms.

Sur le 17, ordonne ladite cour que les deniers qui proviendront de la taxe qui sera faite sur ceux qui ont par ci-devant abusé de l'exemption des tailles des autres habitans des paroisses et non ailleurs.

Sur les 19 et 20 desdits articles; ordonne ladite cour que le réglement général ou particulier qui sera fait par les commissaires qui seront députez pour l'exécution du présent édit, aura lieu pour l'avenir seulement et sans que ledit règlement général ou particulier puisse excéder les sommes qui seront portées par les commissions des trésoriers généraux des charges; et que les taxes qui seront faites par lesdits commissaires contre aucuns particuliers des paroisses seront exécutées par provision, nonobstant oppositions ou appellations quelconques et sans préjudice d'icelles, pourvu que lesdits particuliers taxez ayent esté ouïs ou dûement appelez par lesdits commissaires.

N° 269. — Déclaration *sur l'édit d'institution des métiers* (1) *en faveur des imprimeurs.*

Paris, dernier avril 1583; reg. au parl. le 15 juin. (Vol. 2 N, f° 14. — Font., IV, 478.)

Henry, etc. Nos chers et bien amez les imprimeurs de nostre ville de Paris nous ont, par leur requeste à nous présentée en nostre conseil d'état, fait dire et remonstrer qu'auparavant que l'art d'imprimerie eust esté inventé, il y avoit grand nombre d'écrivains qui estoient censez et réputez du corps de l'université de Paris. Et depuis que ledit art d'imprimerie a esté mis en lumière, les imprimeurs ont succédé au lieu desdits écrivains, n'ayant jamais ledit art d'imprimerie esté mis au nombre des mestiers méchaniques, ains tenu en tel honneur et réputation que plusieurs personnages grandement expérimentez au faict des lettres et de grande érudition, ont bien voulu eux-mesmes prendre qualité d'imprimeurs, tant en cestuy nostre royaume que dehors. Toutesfois depuis quelques jours ayant esté par nous faict un édict de création des mestiers, qui a esté publié, ceux qui ont charge de l'exécution dudit édict auroient voulu comprendre les sup-

---

(1) V. à la date du mois de décembre 1581, et sur l'Imprimerie, la déclaration de Louis XII, 9 avril 1513; de François 1er, 28 décembre 1541; de Charles IX, 4 octobre 1570, 16 avril et mai 1571 et les notes. — Aujourd'hui (1828), une ordonnance contre-signée Portalis, a éliminé un imprimeur du conseil d'état pour cause d'incompatibilité.

entre les artisans méchaniques : chose du tout contraire à [seur] de tout temps attribué à l'art d'imprimerie. Et seroient [con]traints lesdits supplians si on mettoit sur eux quelque cottisa[tion], quitter leur art, ou pour le moins enchérir leurs impres[sions], qui sont désja à assez haut prix à cause de la cherté des [livres], et du prix excessif du loüage des maisons. En quoy fai[sant] toutes sortes de personnes studieuses, et mesmement les [pauv]res escholiers seroient grandement incommodez : Nous sup[plio]ns et requérons très-humblement à ceste occasion, qu'il [vous] pleust les excepter dudit édict, ensemble les fondeurs de [car]actères nécessaires audit art d'imprimerie en nostredite ville [de] Paris : et sur ce leur octroyer lettres nécessaires.

Sçavoir faisons que nous inclinans libéralement à la supplica[tion] et requeste desdits imprimeurs, et désirans maintenir ledit art, [com]me des premiers et plus exquis de tous les autres, et duquel [nos] subjects retirent grand profit et utilité pour leur instruction [et éru]dition, de l'avis de nostre conseil, avons dit, déclaré et or[donn]é, et de nos grâce spécial, pleine puissance et authorité [roya]l, disons, déclarons et ordonnons que par nostre édict fait [sur] la création des mestiers de nostre royaume, nous n'avons [aucu]nement entendu, comme encores n'entendons y comprendre [led]it art d'imprimerie, et duquel édict nous avons exceptez et [rése]rvez, exceptons et réservons lesdits imprimeurs et fondeurs [de] charactères nécessaires audit art, ensemble des cottisations [que] l'on voudra lever sur eux en vertu dudit édict ou autrement, [dont] nous les avons deschargés et deschargeons par ces présen[tes], pourveu qu'ils ne facent autre profession ny aucun autre [art] méchanique.

Si donnons, etc.

---

270. — DÉCLARATION *sur les contestations qui concernent la noblesse* (1).

[Du] 8 mai 1583, reg. à la cour des aides de Rouen, le 19 juillet. (Reg. en la cour des aides de Rouen, p. 12.)

---

(1) Nous n'avons pu retrouver le texte de cette déclaration. — V. note sur [l'édit] de mars 1582, et ci-devant l'édit de mars 1583.

N° 271. — **Edit de création d'un droit de perception sur les cartes, tarots et dés** (1).

Paris, 22 mai 1583; reg. en la cour des aides, le 9 janvier 1584, de l'exprès commandement du roi, plusieurs fois réitéré. (Font., IV, 1154.)

HENRY, etc. D'autant qu'en establissant nos traictes domaniales pour les bleds, vins, pastels, toiles et laines qui seroient transportées hors nostre royaume par nostre édict du mois de février 1577, avoit esté obmis d'y comprendre les cartes, tarots, toute sorte de papier et drappeau pour les faire, nous aurions par noz lettres patentes de déclaration du 21 février 158., dont la coppie est cy attachée, ordonné qu'il ne seroit transporté hors nostredit royaume aucune sorte de papier, cartes et tarots ne drappeau à les faire, ains l'aurions deffendu à toutes personnes, de quelque qualité qu'ils soyent, sinon en payant pour nostredit droit de traicte. Sçavoir pour chacune rame de grand papier à escrire cinq sols tournois, du moyen trois sols, et du petit dix-huict deniers, pour chacune balle de gros papier brouillard à plier et empaqueter, contenant vingt rames, vingt-cinq sols tournois. Et pour chacune quaisse de cartes et tarois, de quelque sorte et façon qu'ils soient, pesant deux cens de poids de marc un escu sol, et de celles qui poiseront plus ou moins à l'équipolent. Lesquelles sommes nous aurions ordonné estre levées sur lesdites cartes, tarots, et papier, par forme d'imposition, outre et par dessus noz autres droits que l'on a accoustumé lever, comme il est plus au long porté par nosdites lettres de déclaration, contenant aussi le règlement pour la perception desdits droits et autres particularitez nécessaires à l'establissement d'iceux. Au moyen de quoy ladite imposition a esté levée jusques à présent, dont nous avons tiré quelque petit secours. Néantmoins comme chacun voit par expérience les jeux des cartes, tarots et déz, au lieu de servir de plaisir et récréation selon l'intention de ceux qui les ont inventez, ne servent à présent que de dommage notoire et scandale public, estans jeux de hazard subjets à toutes

---

(1) V. note sur l'ordonn. de Charles VI, 22 janvier 1397. Cet impôt a été aboli par la loi du 2 mars 1791, rétabli par celle du 30 septembre 1797 (9 vendémiaire an VI), qui soumet les cartes à un droit de timbre; et celles des 22 janvier, 8 mai et 3 novembre 1798, 30 juillet 1804, 22 mars 1805, décret du 9 février 1810, loi du 28 avril 1816, et ordonnance du 18 juin 1817. — V. aussi l'ordonnance du . juillet 1821, qui soumet les cartes à un nouveau contrôle.

... de piperie, fraudes, et déceptions apportans grande des-
... querelles, et blasphémies, meurtres, deshauches, ruynes,
... perdition de familles, et de ceux qui en font profession ordi-
... mesme de la jeunesse qui y consomme tous ses moyens et
... de la perte desquels s'ensuit une mauvaise et scandaleuse
... au grand préjudice du public, ce qui procède de ce qu'au-
... tiennent banque et maison ouverte à tels jeux, pour tirer
... commodité desdictes piperies à tous jours et heures, singulière-
... és festes et dimanches, au lieu de vacquer au service de

A quoy comme en toutes choses concernans la réformation des
... de nos subjects, et faire cesser telles voyes, nous eussions
... désiré pourvoir, mais les choses ayans prins tel train et ac-
... croissement, il est très difficile, ou plustost impossible, de ce
... A l'occasion de quoy attendant que nous puissions ef-
... cette nostre bonne intention (1), avons estimé n'estre
... raisonnable et nécessaire de tirer quelque commodité des-
... cartes et dez qui se feront et vendront dedans nostredit
... royaume, que de celles qui se transportent hors d'iceluy. Et
... ce de l'advis des gens de nostre conseil, auquel cest affaire
... à diverses fois traicté et meurement délibéré, et en consé-
... quence de nosdites lettres de déclaration, contenant l'establisse-
... ment de nosdits droits de traite et imposition sur ledit papier,
... cartes, tarots, et drapeau, et sans y déroger aucunement pour
... regard dudit papier seulement.
(1) Avons ordonné et ordonnons que d'oresnavant il sera levé
... toute la manufacture et fabrique des cartes, tarots, et dez,
... sera faite au dedans de nostredit royaume, pays, terres et
... seigneuries de nostre obéyssance : sçavoir sur chacune paire de
... cartes un sol parisis, sur chacun jeu de tarots deux sols parisis,
... sur chacune balle de dez, qui sont en nombre de dix-huict un
... parisis : demeurant par ce moyen esteinte l'imposition mise
... lesdites cartes et tarots, sortans hors nostredit royaume, suy-
... nosdites lettres patentes dudit 21 février, lesquelles pour ce
... regard, nous avons révoquées et révoquons.
(2) Et afin que ladite imposition présentement establie puisse
... estre exactement levée, et obvier aux abus qui s'y pourroient
... mettre, mesmes au payement dudit droict : avons enjoint et

(1) C'est toujours le même motif qui empêche de supprimer aujourd'hui les
... et autres jeux de hasard.

enjoignons très expressément à tous façonniers et ouvriers desdictes cartes, tarots et dez, d'apporter, et mettre par devers le receveur, commis, ou fermier, pour la perception dudit droict ou imposition, dedans huict jours après la publication de ces dictes présentes, tous et chacuns les moules sur lesquels ils ont accoustumé d'imprimer et graver leurs marques et armoiries sur les couvertures d'icelles cartes et tarots, pour estre rompus et lacérez, et après en estre faicts d'autres soubs noz armoiries ou autres marques, que nosdits receveurs et commis verront estre le plus à propos, à la charge que préalablement et avant que rompre lesdits moules, rembourser et payer lesdits cartiers et façonniers du prix et légitime valeur d'iceux de gré à gré, ou selon l'arbitrage de gens à ce cognoissans.

(3) Et pour le regard des dez, il en sera fait un petit moule exprès, pour imprimer telles armoiries et marques que dessus, sur le papier avec lequel l'on a accoustumé de débiter la balle desdicts dez, et ce faict lesdicts maistres façonniers et ouvriers seront tenus de prendre d'oresnavant toutes les couvertures dont ils pourront avoir besoing pour couvrir et empaqueter lesdits cartes, tarots et dez, de nosdits receveurs, commis ou fermiers qui seront tenus leur en fournir et délivrer autant qu'ils en voudront, en payant comptant nosdits droicts à la raison susdicte de un sol parisis pour chacune paire de cartes, deux sols parisis pour le jeu de tarots, et un sol parisis pour la balle de dez, sans que cy après lesdits façonniers et ouvriers puissent plus faire ne s'ayder d'autres couvertures, plier et empaqueter lesdictes cartes, tarots et dez, que de celles qui leur auront esté baillées par nosdits receveurs ou commis, ne pareillement rachepter ou soy servir des vieilles couvertures, aussi de ne vendre et débiter lesdictes cartes, tarots ne dez, sans estre pliées et enveloppées desdictes couvertures, comme il est dict cy dessus. Ce que nous leur défendons très expressément, et pareillement d'user d'aucune fraude, falsifier ne contrefaire lesdicts moules. Le tout sur peine de confiscation desdictes cartes, tarots et dez, et de punition corporelle et d'amende arbitraire.

(4) Et par mesme moyen défendons à tous marchands et autres qu'il appartiendra d'achepter desdicts ouvriers ou autres lesdictes cartes, tarots et dez, soit en gros ou détail sans estre pliées, empaquetées et enveloppées desdictes nouvelles couvertures, selon qu'il est contenu cy dessus, qui auront esté baillées par lesdits receveurs, commis ou fermiers, et par eux paraphées

...rge, ne pareillement de tirer icelles cartes, tarots et dez ... maisons et boutiques d'iceux ouvriers, en quaisses, ton- ... en balles et fardeaux pour les transporter hors ou dedans ...dit royaume, sans prendre permission signée de nosdicts ...eurs, commis ou fermiers, pour le consigner és endroicts ...ages qui seront ordonnez à l'issuë de nostredict royaume, ... peine de confiscation desdictes marchandises qui auroient ... transportées sans ledit passeport, et de cent escus d'amende ... le payement de nosdits droicts, desquelles amendes et con- ...ations le tiers appartiendra à nous, l'autre tiers audit rece- ..., commis ou fermier, et l'autre au dénonciateur.

(5) Et afin que l'on puisse sçavoir le nombre, nom et demeu- ...es desdicts ouvriers, leur enjoignons que dedans ledit temps ...huict jours, ils ayent à venir déclarer audict receveur ou com- ... en son bureau, leur nom, surnom, demeurance et enseigne ...leurs maisons et domiciles pour en estre par le receveur ou ...mis faict registre, et y avoir recours quand besoing sera, sur ...ne de confiscation desdictes marchandises susdictes qu'ils au- ...nt faictes façonner après ledit temps expiré, applicable comme ...us. Voulans qu'après avoir par lesdits marchands ou autres ...é les droicts dessusdicts, ils puissent transporter lesdites ...tes, tarots et dez, hors nostredit royaume, soit par mer ou ... terre, sans qu'ils soyent tenus de payer aucun autre droict ...position quelconque, soubs prétexte de nosdites lettres de ...laration dudit 21 février, ne autrement en quelque manière ... ce soit.

Si donnons en mandement, etc.

---

972. — LETTRES *patentes qui déclarent vacans et impétrables tous offices des maîtrises particulières des eaux et forêts, faute par ceux qui en sont pourvus d'avoir pris nouvelles lettres de provision.*

Paris, 4 juin 1583. (Font., II, 332.)

973. — LETTRES *de réunion de l'office de garde des sceaux de France à celui de chancelier vacant par la mort de René de Biragues, en faveur de Hurault de Cheverny.*

...-Germain en Laye, 26 novembre 1583, reg. au parl. le 9 décembre. (Vol. 2 N, f° 92.)

N° 274. — Assemblée de Saint-Germain-en-Laye (1).

Novembre 1583. (Etats-Généraux et assemblées nationales, XIV, 183.)

(1) Cette assemblée composée de la reine-mère, Catherine de Médicis, de d'Anjou, frère du roi, cardinal de Bourbon, duc de Montpensier, chevalier de Birague, maréchal de Cossé, duc de Nevers, de Fizes, secrétaire d'état, Christophe de Thou, premier président au parlement de Paris, de Mont*** maréchal de France, fut chargée par le roi de donner son avis sur plusieurs questions proposées aux états de Blois et qui intéressaient le clergé, la noblesse, l'administration de la justice, des finances, la police générale, etc.

Sur le chapitre du clergé, le roi demandait à l'assemblée, 1° s'il sera t utile de rétablir les élections aux prélatures dans l'état où elles étaient avant le concordat de 1515 (V. à sa date); 2° les moyens de faire exécuter l'ordonnance de Blois en ce qui touche la résidence (V. art. 11); 3° le meilleur ordre de distribution des fruits et bénéfices ecclésiastiques, etc. etc. La noblesse demandait la conservation de ses priviléges, de ses droits de justice, de chasse, et la révocation des anoblissemens à prix d'argent créés depuis Henri II, la réduction de la gendarmerie à 2400 livres, etc. — En ce qui touche la justice, l'assemblée avait à délibérer sur la suppression et réunion des offices de judicature, par *** cation ou remboursement, sur la vénalité des offices de judicature, sur les évocations des religionnaires, etc. — Sur ces trois chapitres, les avis furent donnés verbalement, en sorte qu'ils n'ont pu être recueillis. — A l'égard des finances et de la police générale, l'assemblée donna son avis par écrit. Le roi ayant demandé quelle économie il pouvait faire sur le domaine de la couronne, quelle réforme dans l'administration des forêts, quelle extension il pouvait donner à quelques impôts, notamment à celui établi sur le vin, etc.; l'assemblée répondit que le domaine royal était si considérable, que s'il était racheté en entier, le roi en le ménageant bien pouvait s'en contenter pour l'entretien de sa maison; et qu'alors il consacrerait tous les autres secours qu'il recevrait de ses sujets à la conservation et à l'accroissement de l'état; qu'indépendamment de ces motifs, il importait à la réputation de S. M. et de tout le royaume, que l'on sût qu'il avait dégrevé son domaine. L'assemblée opina donc qu'il y avait nécessité de racheter et dégager les parties vendues ou engagées. Pour cela, elle pensa qu'il fallait d'abord faire faire une revue générale et un inventaire exact de l'état du domaine; réunir à la couronne les parties qui avaient été aliénées par *** nation, faire juger les questions d'usurpation le plus promptement possible, revoir les contrats d'échange qui ont eu lieu depuis 40 ans, et réunir sans *** demnité les parties engagées. Sur les questions de forêts, l'assemblée pensa que les forêts rentrant dans le domaine de la couronne, les questions d'usurpation de forêts, devaient être jugées comme celles des domaines; que, d'ailleurs, les questions d'usage et de chauffage avaient été réglées par les édits précédens (V. note sur celui de janvier 1578). Parmi les questions dites de police générale présentées à l'assemblée de Saint-Germain, se trouvait celle de savoir s'il était utile de rétablir dans le royaume la manufacture des draps de laine, et d'en établir une de soie. L'assemblée approuva beaucoup cette proposition : « C'était, dit l'avis écrit, un moyen tout à la fois d'enrichir le royaume et de le purger d'infinis vices et crimes auxquels la trop grande oisiveté et la pauvreté poussent

CHEVERNY, CHANCELIER. — FÉVRIER 1584.

275. — Déclaration *qui défend à tous sujets du roi de quelque condition et qualité qu'ils soient de faire aucunes levées de gens de guerre, tant à cheval qu'à pied* (1).

Saint-Germain en Laye, 26 décembre 1583; reg. au parl. le 6 janvier 1584.
(Vol. 2 N, 102. — Font., IV, 719.)

276. — Lettres *qui placent la confrérie des peintres sous la protection de la sainte Vierge* (2).

Paris, décembre 1583; reg. au parl. le 9 mars 1584. (Vol. 2 N, f° 185.)

277. — Déclaration *qui ordonne l'exécution de l'édit de création des tabellions, dans les lieux où il n'a pas encore été exécuté* (3).

..., janvier 1584; reg. au parl. le 19 juillet. (Vol. 2 N, f° 281. — Font., I, 719. — Joly, II, 1727.)

278. — Édit *sur la police des gens de guerre, leur entretien, etc.* (4).

Saint-Germain en Laye, 9 février 1584; reg. en la ch. des compt. le 16. (Mém. ch. des compt. 4 A, f° 35. — Font., II, 129.)

---

duit jusques aux plus simples, etc. Les autres mesures proposées par le conseil sont sans importance.

(1) Le droit de lever des troupes comme celui d'établir les impôts, est un trait de souveraineté. Mais dans ces tems de guerre civile, les seigneurs catholiques et protestans armaient leurs vassaux. — V. à sa date la déclaration du juin 1580 contre les rebelles, et la note; l'ordonnance de Blois, mai 1579, art. 192 et 278; de Louis XIII, 14 avril 1615; et ordonnance de 1629, article 121.

(2) L'académie de peinture qui s'est formée à la renaissance de cet art, n'a reçu ses lettres d'institution que sous Louis XIV, en 1655. Elle dut son origine aux différends qui s'élevèrent entre la confrérie des peintres et quelques artistes célèbres que le roi avait pris sous sa protection. Il est remarquable que la corporation n'a pas formé un sujet distingué, et que les Lebrun, les Lesueur, les Bourdon s'élevèrent d'eux-mêmes. Par les lettres de 1655, Louis XIV avait accordé à l'académie, un logement, une pension annuelle, et différens privilèges. Les premiers protecteurs de cet art furent le chancelier Séguier et le cardinal Mazarin. — V. les lettres-patentes de 1693, qui accordent à l'académie une pension de 4000 livres; réglement de Louis XV, 1751, et déclaration de Louis XVI, 1777. Cette académie a été détruite en 1793, et rétablie en 1795, par la formation de l'institut.

(3) V. cet édit à la date de novembre 1542.

(4) V. à leur date les ordonnances de Charles V, 13 janvier 1373, de François Ier, janvier 1514, 15 juillet 1530 et les notes; de Henri II, 12 novembre 1549,

36.

N° 278. — Édit *sur la juridiction de l'amiral, le droit de prise, la pêche du hareng, l'entretien des navires*, etc. (1).

Paris, mars 1584; reg. au parl. de Rouen, le 17 avril, et à celui de Paris, dernier juin, avec remontrances et modifications. (Vol. OO, f° 385. — Font. IV, 1119. — Lebeau, Code des prises, t. 1er, p. 19.)

Henri, etc. Comme en l'assemblée faite à Saint-Germain en Laye, (2) des princes, seigneurs de nostre conseil d'état, et commissaires par nous députez en chacune des provinces de cestuy nostre royaume, en y traictant et reiglant ce qui nous a semblé nécessaire, pour le bien et utilité d'iceluy, nous ayons pour oster les doubtes qui se pourroyent présenter, sur les droits, pouvoir et juridiction de l'admiral de France, et ses lieutenans, fait revoir en nostredit conseil, les ordonnances faites par les roys nos prédécesseurs, sur le fait de l'admirauté, pour en retrancher ce

---

20 février 1552; de Charles IX, 12 février 1566, 13 janvier 1567; 1er février 1574 (notes); note sur le règlement du 1er juillet 1575; ordonnance de Blois, mai 1579, art. 286 à 315. — L'art. 12 de l'ordonnance de 1584, est ainsi conçu: « Défendons très expressément aux maréchaux des logis ou fourriers de compagnies, d'abuser du fait de leurs charges et de prendre deniers des habitans des villes, villages ou maisons particulières où ils passeront et séjourneront en garnison, sous peine de mort. » — V. ci-après la déclaration de Henri IV, 24 février 1597.

(1) V. à leur date les édits de François Ier, juillet 1517, et février 1543; de Henri II, 15 mars 1548; et ci-après de Louis XIII, janvier 1627, 22 septembre 1638, mars 1641; de Louis XIV, février 1650, l'arrêt du conseil du 19 août suivant; le traité des Pyrénées du 7 novembre 1659, lettres-patentes du 20 décembre même année; les ordonnances du 9 octobre 1666, novembre 1669, 6 juin 1672, 20 août et 19 décembre 1673, 25 février 1674, juin, août et octobre même année, juillet, août, septembre 1679, août 1681, 4 mars 1684, 20 novembre 1688; 15 avril, 20 juin et 27 novembre 1689; 7 décembre idem, 14 juin et 31 octobre 1691, 5 mai, 30 septembre et 2 décembre 1693; 6 octobre 1694, 19 janvier 1695, 17 mars, 12 mai, et 16 octobre 1696; 6 février 1697, 6 décembre 1702, 6 juin, 4 juillet et 7 novembre 1705; 21 juillet 1706, 1er juin 1707, et 18 avril 1708. — V. ci-devant, note sur les lettres du 1er juin 1582, qui confèrent la charge d'amiral au duc de Joyeuse. — Les tribunaux d'amirauté ont été supprimés par la loi du 9 août 1791. — Droit nouveau: — Règlement du 7 fructidor an 8 (25 août 1800); loi du 27 nivose an 9, et arrêté du 9 ventose suivant (17 janvier et 28 février 1801). — Sur la pêche fluviale, V. décrets des juillet et 28 novembre 1793; arrêté du 16 juillet 1798 (28 messidor an 6); arrêt du conseil d'état du 19 février 1803, et la loi de la pêche fluviale de 1829; sur la pêche des harengs, lois des 7 mars, 10 avril 1791, 17 ventose an 10 (8 mars 1802); 13 pluviose an 11 (2 février 1803).

(2) V. novembre 1583.

[...] bors d'usage, et y adjouster ce qui est nécessaire pour le [...] de nous et du public. Sçavoir faisons, que ouy sur ce nostre [...] cher et tres-amé beau-frère le duc de Joyeuse, pair et admiral [...] France, nos principaux officiers de la marine de Ponant, et [...] notables personnages se cognoissans au fait de la mer, [...] par édict perpétuel et irrévocable, par l'advis desdits prin- [...] et seigneurs de nostredit conseil d'état, dit, statué et or- [...], disons, statuons et ordonnons ce qui s'ensuit :

(1) Qu'en toutes armées qui se feront et dresseront par la mer, [...]miral de France sera et demeurera chef, et nostre lieutenant [...]éral, et sera obey par tous les lieux, places et villes maritimes [...] qui que ce soit, et puissent appartenir, sans aucune contra- [...]tion.

(2) Aura cognoissance, jurisdiction et définition de tous faits, [...]erelles, différens, crimes, délicts et maléfices, tant durant la [...]erre et à l'occasion d'icelle, que de l'enterinement des rémis- [...] des cas commis sur la mer et greves d'icelle, pareillement [...] fait de marchandise, pescheries, frettemens, affrettemens, [...]tes et bris de navires, contracts passez pour les choses sus- [...], charles-parties, polices d'assurance, brevets et autres [...] quelconques survenans sur la mer et greves d'icelle, [...]mme nostre lieutenant général seul et pour le tout és lieux sus- [...], laquelle cognoissance, jurisdiction et diffinition, nous [...] interdite à tous autres nos juges.

(3) Cognoistra privativement à iceux des causes civiles et cri- [...]nelles de ceux de la hance theutonicque, Austerlins, Anglais, [...]ossais, Portugais, Espaignols, et autres estrangers, soit que [...] procez et différents soyent entre eux ou avec nos subjets ou [...]cun d'eux pour quelque cause et occasion que ce soit.

(4) Tiendra ses cours et juridictions en première instance és [...]lles, lieux, jour et heure accoustumés, et si les juges ordinaires [...]nent le mesme jour lui sera limité heure certaine. Aussi [...]ndra sa juridiction aux tables de marbre pour le jugement des [...]pellations des sentences de ses juges inférieurs ; et desquelles [...]bles de marbre les appellations se relèveront dans quarante [...] sous nostre sceau en nos cours de parlement ; et les appel- [...]tions desdits juges inférieurs, pardevant lesdits juges de la table [...] marbre, dans pareil temps et soubs le sceau de nostredit ad- [...]ral.

(5) Aura ledit admiral le droit de nous nommer aux offices des [...]es, lieutenans généraux et particuliers, conseillers, advocats,

procureurs, greffiers, sergens et tous autres officiers de ladite admirauté tant és siéges des tables de marbre qu'autres juridictions particulières de Picardie, Normandie et Bretagne, quand vacoation y escherra par mort, résignation ou autrement.

(6) Audit admiral ou sondit lieutenant ou visadmiral, appartiendra de recevoir au serment, et instituer és estats et offices de ladite admirauté, ceux qui par nous en seront pourveuz à sa nomination. Et les fera jurer et chacun d'eux de faire bon et loyal devoir en leursdits estats et offices. Et de garder et faire garder en leur regard nos présentes ordonnances.

(7) Pourra aussi constituer procureur et receveur pour lui esdites jurisdictions pour la conservation de ses droits et autres officiers nécessaires : pour le fait de ladite admirauté mettre et instituer soubs lui visadmiraux et commissaires, ayans en son absence pareilles facultez et puissance que luy en toutes choses concernans le fait et estat de l'admiral.

(8) Pourvoira aux estats de capitaines et gardes des costes, isles, ports et hâvres, et autres capitaineties de la marine, et ceux qui en sont pourveus soit de nous, les gouverneurs ou nos lieutenans généraux esdites provinces seront tenus en prendre les attaches dudit admiral dans trois mois, et à faute de ce faire y pourvoira de personne capable.

(9) Et seront lesdits capitaines et gardes desdites costes, isles, ports et hâvres, ensemble les autres capitaines, commissaires et controolleurs de la marine, et autres officiers couchez et employez en l'estat d'icelle, exempts du ban et arriereban, et maintenus en tous autres priviléges, desquels ceux de ladite marine ont accoustumé jeüir.

(10) Et les juges et officiers de ladite admirauté comme royaux précéderont les officiers des hautes justices non royales en tous actes, séances, prééminences et prérogatives.

(11) Ne pourront les officiers desdites tables de marbres évoquer en leur siége uy cognoistre des causes introduites en premiere instance és jurisdictions inférieures s'ils n'excédent la valeur de mil escus, ains seulement des causes d'appel, toutefois s'il advenoit matières de grand prix en aucuns desdits siéges particuliers de ladite admirauté, et que les juges veissent qu'ils ne puissent pas estre obéis ou recouvrer du conseil pour faire leur jugement, les pourront renvoyer s'ils voyent que bon soit avec les parties devant nostredit admiral ou son lieutenant en sa

... de la table de marbre du ressort de laquelle seront lesdits particuliers.

12) Prendra à luy seul toutes les amendes taxées et adjugées ... cours et jurisdictions de première instance ; et quant à ... qui sont taxées esdites jurisdictions desdites tables de ..., la moitié nous en appartiendra, et l'autre moitié audit ..., et en sera faite la recepte par les sergeus desdites juris... ou autres qui à ce seront par luy commis.

13) Pourront ledit admiral, ses juges et lieutenans tenir leurs ...ctions et mettre leurs prisonniers en garde en nos villes, ... et chasteaux, ensemble de nos subjets prochains des costes ... mer, et seront tenus les capitaines et officiers desdites villes, ... prester prisons en payant raisonnablement les despens des ...niers.

14) Et pour plus prompte expédition de justice, et afin que ...maistres, contremaistres, mariniers et autres fréquentans la ..., ne soyent retardez au fait et exercice de ladite navigation, ...ficiers de ladite admirauté en première instance tiendront ... jurisdiction trois jours la sepmaine pour les gens de la ville ...celle juridiction sera tenue, et de la coste de la mer, mais ... les marchans forains tiendront ladite jurisdiction de jour en ... et d'heure à autre.

15) Seront les greffiers desdites jurisdictions tenus faire deux ...tres séparez, en l'un desquels ils mettront les congez qui se... donnez par nostredit admiral, visadmiral, ou ses lieute... , et en l'autre les rapports des maistres de navire et com... qu'ils sont tenus faire au retour de leur voyage. Et ne ...ront nos procureurs faire saisir et arrester lesdits navires ... prétexte qu'ils n'auroyent eu communication desdits con... ...y contraindre les maistres à les exhiber, ains les verront au ... si bon leur semble, à peine de tous despens, dommages et ...rests en leur nom privé.

16) Pour les guets qui ont accoustumé d'estre faits en temps ..., et de guerre sur les costes de la mer, nostredit admiral ... que bon soit, pourra deux fois l'an faire la monstre de ... les hommes des paroisses subjettes au guet de ladite mer. ... temps de paix de deux ans en deux ans pour s'en servir à ...fense de la coste si le cas le requiert, et les contiendra à eux ... et embastonner comme il appartient.

17) Quand besoin sera nostredit admiral pourra faire le guet ... la coste de la mer, par les hommes subjets audit guet, et

avec tel nombre de gens qu'il advisera pour le mieux, c'est
sçavoir, de jour par fumées, et de nuict par signes de feu, ainsi
que en tel cas est accoustumé, en contraignant à ce faire les
hommes subjets audit guet, par prinse de corps et de biens et
autrement, ainsi qu'il appartiendra et verra estre à faire, jusques à ce qu'ils ayent obey; et sera tenu ledit amiral visiter ou
faire visiter chacune coste, afin de sçavoir et entendre le devoir
qui se fera, pour y pourvoir et donner ordre à qui que soyent
les terres, à ce que aucun inconvénient ou surprise n'y advienne.

(18) Au regard desdits guets qui ont accoustumé estre payez
à nostredit amiral par les hommes des paroisses subjettes audit
guet, nous voulons et entendons qu'ils lui soyent payez en temps
de paix et au taux accoustumé. Mais si en temps de guerre ou
suspect de guerre, il estoit ordonné par nostredit amiral faire
le guet le long de ladite coste, il ne s'en payera aucune chose,
si ce n'est par lesdits deffaillans audit guet, qui payeront le
guet avec l'amende du deffaut; et pourra nostredit amiral avoir
son clerc de guet qui tiendra papier et registre desdits deffaillans,
lequel apportera à nostredit amiral ou autres qu'il commettra
pour luy ledit papier et registre, pour faire contraindre lesdits
deffaillans à luy payer ledit guet et deffaut, lequel deffaut sera
taxé à tel feur qu'il a accoustumé estre payé.

(19) Afin que chacun sache en quel lieu il sera tenu faire le
guet, et que en ce n'y ait désordre ny confusion, voulons et
donnons que les habitans sur la coste de la mer, jusques à demie lieuë loing d'icelle, seront tenus faire le guet sur ladite
coste ensemble, les autres qui l'ont accoustumé; et à ce seront
contraints par ledit amiral, visadmiral et autres officiers de
l'admirauté en la forme susdite, excepté toutesfois ceux qui ont
accoustumé faire le guet és villes, chasteaux et places fortes, situées sur la mer, qui le feront esdits lieux ainsi qu'ils ont accoustumé et non sur ladite coste.

(20) De tout entièrement qui se tirera de mer à terre, tant
spariées, véresques que barbaries, bris et choses du flo à terre,
la tierce partie en appartiendra à celuy ou ceux qui l'auront tiré
et sauvé, une tierce partie audit amiral, et l'autre tiers à nous
ou aux seigneurs ausquels avons donné nostre droit dudit tiers
en leurs terres, si toutesfois le marchand ne poursuit sa marchandise dans l'an et jour de la perte d'icelle. Car s'il la poursuit
dans l'an et jour de ladite perte, il la recouvrera en payant les
frais du sauvement à ceux qui auroient iceluy fait.

(21) Et en semblable de tous navires et autres marchandises et peschées à flo en la mer, et généralement de tout ce qui sroit allé au fonds de la mer, et qui par engin ou par force pourra pescher et tirer hors, un tiers en appartiendra à celuy ou ceux qui auront tiré ou sauvé lesdits navires, biens et marchandises, un autre tiers audit admiral, et l'autre à nous, si dedans deux mois ne se présente aucun qui réclame ladite chose perdue, qu'il pourra recouvrer dans ledit temps, en payant les frais du sauvage, et vérifiant deuëment qu'elle luy appartienne.

(22) Si pour raison des naufrages et bris, marchandises et biens jettez à terre et en gravage de la mer, tirés, sauvés ou eschoüés le long de la coste de la mer, y a procez et différend, la cognoissance et jurisdiction en appartiendra audit admiral, ou ses lieutenans privativement à tous autres.

(23) Si en temps de guerre aucune nef ou autre vaisseau estranger veut entrer en aucun port et havre de nostre royaume, faire ne le pourra sans auctorité ou congé de l'admiral, ses vis-admiraux ou officiers.

(24) Si une nef estrangère veut entrer en un port ou havre de nostredit royaume, faire ne le peut sans l'auctorité de nostredit admiral ou de ses commis si par fortune ou tourmente de mer s'y estoit entrée par force, et qu'aucun pilote ne l'ameine et la puisse guider ne conduire audit havre sans demander congé à nostredit admiral. Et d'avantage incontinent ils seront tenus venir vers nostredit admiral ou sondit lieutenant audit lieu, pour faire entendre le lieu dont ils viennent, et aussi à ce que nostredit admiral ou sondit lieutenant les puisse interroger de ce qu'ils auroyent veu en leur voyage pour nous en advertir si besoing estoit.

(25) A nous et à nostredit admiral et non à autres appartient de donner congez, passages, seuretez et saufconduits par la mer et par les greves, et aussi avoir les droits desdits congez et saufconduits de tous prisonniers pris en la mer quelque part qu'ils soyent. Et si aucuns soubs ombre de quelque pouvoir qu'ils eussent de quelque capitaine ou autre quel qu'il soit, contreviennent ausdits sauf-conduits que nostredit admiral auroit ainsi faits, iceluy admiral en fera faire la justice et réparation telle que le cas le requerra, car nul ne se peut ny doit empescher des faits de ladite mer que luy, si ce n'est homme qui eust particulier et exprez pouvoir de nous de ce faire.

(26) Si pour faire guerre à nos ennemis aucune armée ou entreprinse de navires et vaisseaux se faisoit et dressoit par la mer,

ledit admiral en sera chef ou son visadmiral en son absence, et à lui seul appartiendra la totale charge et superintendance, ensemble des radoubs, armement, équipage, artillerie, gens et victuailles desdits navires et vaisseaux, et doit nostredit admiral et non autre commettre et ordonner commissaires capables et suffisans pour ordonner desdites munitions, victuailles et autres choses nécessaires pour ladite entreprinse et armée, lesquelles seront payées par la certification de notredit admiral ou desdits commissaires qu'il y aura commis, et contrerolleur de la marine. Et doit nostredit admiral comme chef, et nostre lieutenant-général porter la lanterne, et les cris faits de par nous et de luy, et de toutes les prinses faites durant ledit voyage. nostredit admiral aura son droict de dixiesme.

(27) Ladite armée rompue et départie, nostredit admiral aura la nef où nostre personne aura esté, garnie de toutes les armes et munitions appartenans à ladite nef qui y auroient esté mis.

(28) Tous navires allans par la mer, sous nostre obéissance à quelques personnes qu'ils soyent ou appartiennent, seront tenus de porter les bannières ou enseignes dudit admiral, lequel pourra en iceux mettre bannières et estendarts, enseignes, trompettes et menestriers à son plaisir. Pourra aussi mettre poudres et armes pour telle quantité que requis sera, sçavoir est une livre de poudre pour tonneau, un pavois et une lance pour trois tonneaux ou plus si requis en est, le tout à prix compétent.

(29) Quand aucune armée ou entreprise se fera sur mer par gens qui soyent à nos gaiges, ledit admiral ou son visadmiral et lieutenant fera jurer les chefs de chacun navire de bien et à droit le gouverner et conduire sans porter dommage à nos subjets, amis, alliez, ou bien-veillans, aussi de respondre pour ledit voyage des gens de leurs charges. Pareillement fera jurer le maistre et patron, avec ses quarteniers de semblablement respondre de leurs gens, attendu que les faits de la mer ne sont semblables à ceux de la terre, et que quand aucun y meffait les compagnons le peuvent sçavoir, et ne se peut absenter apressesse meffait jusques à ce qu'il soit retourné à terre.

(30) Ne pourra aucun de quelque estat qu'il soit, mettre sus aucun navire à ses despens, pour faire guerre à nos ennemis, sinon par le congé dudit admiral ou de sondit visadmiral et lieutenant, lequel regardera que ledit navire soit suffisant, propre et convenable, pourveu de gens de guerre, harnois, artillerie, et de tout ce qui est nécessaire pour la guerre, et si aucune chose

...dra luy mettra ou fera mettre à prix raisonnable, afin que ...vénient n'en adviene, et que ledit navire ne puisse hon...ment estre pris ou perdu pour avoir esté remply de gens de ... sans cœur, sans chef, et sans ordre et munition suffisante, ... offencer et défendre, parce que ce serait à la diminution ... réputation de nos forces en la mer. Et quand ledit admiral ...vera ledit navire estre équippé suffisamment pour offencer ... deffendre, fera jurer et respondre les chefs, ensemble lesdits ...rteniers par la manière et ainsi que contenu est par l'article ...chain précédent, et enjoindre aux maistres et patrons d'obéyr ...urs chefs, et aux quarteniers, ausdits maistres et patrons sur ... de punition corporelle, et si par désobéissance d'aucun ...venoit quelque inconvénient ou perte, nostredit admiral ou ... visadmiral et lieutenant fera punir le délinquant selon l'exi...ce du cas, et restituer la perte jusques à son vallant si tant ... monte icelle perte, en défaut de ce s'en prendra nostredit ...miral à leurs personnes.

(31) Pour obvier à plusieurs larcins et maux qui se commettent ...cun jour par aucuns vagabonds et gens de mauvaise sorte ... mer, qui y pillent, robbent et détroussent ce qu'ils trouvent ...leur advantage, avons voulu et ordonné, voulons et ordon...nons, que doresnavant les navires de nos subjets ne pourront ...ir hors le royaume ny en voyage de long cours, tant en temps ... paix qu'en guerre, sans le congé et consentement de nostredit ...miral, et sans bailler caution juratoire, de ne meffaire à nos ...bjets ny à nos amis et alliez, ny mesmes partir de nos ports et ...vres pour aller en autre province sans leur acquit et brefs. ...itation aussi faite par ledit admiral ou ses lieutenans de leurs ...rchandises, lesquels acquits et brefs seront enregistrés ès ...ffes de la jurisdiction dont ils partiront, sur peine de forfai...re desdits navires et marchandises.

(32) Pourra ledit admiral, s'il void que bon soit, mettre en ...cun des navires armés pour la guerre, un homme habillé ...devise, pour en ses mains mettre les chartepartiés et autres ...eignemens trouvez ès mains des prisonniers qui seront prins ...r lesdits navires, et de tout faire rapport.

(33) De toutes les prinses qui se feront en mer, soit par nos ...bjets ou autres tenans nostre party et tant soubs ombre et cou...r de la guerre qu'autrement, les prisonniers ou pour le moins ...ux ou trois des plus apparents d'iceux seront amenez à terre ... nostredit admiral, ou sondit visadmiral ou lieutenant,

pour au plus tost que faire se pourra, estre par luy examin[é]
et ouys avant qu'aucune chose desdites prises soit descend[ue]
afin de sçavoir le pays de là où ils seront, à qui appartienn[ent]
les navires, et biens d'iceux, pour si la prinse se trouve av[oir]
esté bien faite telle la déclarer, sinon et où elle se trouver[a]
mal faite, la restituer à qui elle appartiendra, en enjoignant p[ar]
cesdites présentes audit admiral, visadmiral ou lieutenaut ai[nsi]
le faire, et sur ce faire et administrer bonne et briefve justice [et]
expédition.

(34) Pour ce qu'il pourroit advenir, comme autrefois est ad[-]
venu, qu'aucuns se voyant les plus foibles sauveroyent leur[s]
corps dedans leur petit basteau, s'ils ont loisir de ce faire aba[n-]
donnans leurs navires et les biens d'iceux, et que ledit cas adve[-]
nant ne pourroyent les prisonniers estre amenez devers nostre[dit]
admiral, nous, considéré que ainsi en peuvent faire les mar[-]
chands ou autres gens de nostre obéissance, ou de nos alliez
pour la salvation de leurs personnes, et la crainte des maux q[ui]
se peuvent en cela commettre, voullons et ordonnons que l[e]
cas advenant, ledit admiral ou sondit visadmiral, s'en informe[nt]
deuement et le plus secrettement que faire se pourra, avec le[s]
preneurs et chacun d'eux à part pour mieux sçavoir au vray l[a]
manière de la prise et du pays ou coste où elle aura esté faite, [et]
contraindre lesdits preneurs de luy monstrer la charte-partie d[e]
ceux sur lesquels aura esté faite prise, et auquel admiral ou vis[ad-]
admiral, nous enjoignons voir ou faire voir les nefs et marcha[n-]
dises par gens cognoissans, et par bonne et meure délibératio[n]
regarder par la conscience et déposition d'iceux preneurs, s'il [y]
a vraye apparence que lesdites nefs et marchandises soyent d[e]
nos ennemis, pour audit cas estre délivrées aux preneurs à cau[-]
tion de la valeur de la prinse par bon et loyal inventaire, l[e]
dixiesme dudit admiral, duquel sera parlé cy-après, rabattu e[t]
à luy delivré, et à la charge si aucune poursuitte en estoit fai[te]
de les restituer, s'il est dit par justice que faire se doive, ensem[-]
ble ledit dixiesme par ledit admiral, et si par aucun des moye[ns]
dessusdits y avoit évidente ou véhémente présumption qu'il [y]
eust faute esdites prises, ou que les prisonniers et biens pris fus[-]
sent des contrées de nostre royaume ou des parties de nos ami[s]
et alliez, voullons en ce cas icelles prises estre mises en seur[e]
garde aux despens de la chose, ou desdits preneurs si le cas l[e]
requiert, jusques à temps compétent: dedans lequel sera fai[te]
diligence d'en sçavoir la vérité, et si lesdits preneurs estoye[nt]

...olvables et qu'avec ce ils baillassent bonne caution desdites ... s'il n'y avoit trop grande suspicion, qu'elles fussent mal ... icelles en ce cas se pourront si nostredit admiral trouve ... bon soit, bailler à iceux preneurs deuë appréciation et loyal ...taire desdites prises préallablement fait.

(35) Si aucuns se trouvent avoir commis faute en leur voyage, ... d'avoir mis à fonds aucuns navires, ou robbé des biens d'i-..., ou noyé les corps des marchans, maistres, conducteurs et ... personnes desdits navires, ou iceux descendus à terre en ... loingtaine coste pour celer le larcin et malfait, ou bien ... il adviendroit comme il a fait quelquefois, qu'aucuns ... se trouvans les plus forts viendront à rançonner à argent les ...vires de nos subjets ou d'aucuns nos amis et alliez, voulons ... sans quelque délay, faveur ou déport, ledit admiral en face ... faire justice et punition telle que ce soit exemple à tous ..., deuës informations des cas préallablement faites et selon ... sera ci après ordonné.

(36) Si quelques uns empeschent aucuns marchans, navires ... marchandises de nos subjets ou d'aucuns nos amis et alliez ... bien-veillans sans cause raisonnable, ledit admiral fera in-...tinent restituer le dommage procédant dudit empeschement, ... permetra qu'aucuns de nos amis, alliez ou bien-veillans, ... par faute, couleur ou excuse feinte, endommagez, pour ... qu'ils ne sçavoyent s'ils estoyent nos adversaires ou non.

(37) Et pour ce que souventes fois quand une prise estoit faite ... nos ennemis, les preneurs estoyent si coustumiers de ... de leurs volontez pour leur profit qu'ils ne gardoyent ... toujours et de toute ancienneté, sur ce ordonné et ob-..., mais sans crainte de justice, comme inobédiens et pil-..., eux estans encores sur mer rompent les coffres, balles, ...elles, malles, tonneaux et autres vaisseaux pour prendre et ... ce qu'ils peuvent, des biens de la prise enquoy ceux qui ... équippé et mis sus les navires à gros despens sont grande-... foullez, dont advient souvent de grandes noises, débats et ...tentions. Nous prohibons et défendons à tous chef, maistres, ...tremaistres, patrons, quarteniers, soldats et compagnons ... faire aucune ouverture des coffres, balles, malles, bou-..., tonneaux, ni autres vaisseaux de quelques prises qu'ils ..., ni aucunes choses desdites prises, receler, transporter, ..., ni eschanger ou autrement alliéner, ains aient à repré-... le tout desdites prises, ensemble les personnes conduisans

le navire audit admiral, ou visadmiral le plustost que faire pourra, pour en estre fait et disposé selon qu'il appartiendra, comme contiennent nos présentes ordonnances, et sur peine confiscation de corps et de biens.

(38) Quand une prinse faite et amenée à terre est trouvée partenir à nos subjects, amis et alliez, et il est ordonné qu'elle sera restituée, l'on ne peut trouver les biens ni sçavoir qui les eux, de sorte que les pauvres marchands à qui elle est adjugée sçavent à qui avoir recours, nous avons ordonné que d'oresnavant si aucun rompt coffres, balles, pippes et autres marchandises que nostredit admiral n'y soit présent, ou personne pour lui, et par son commandement, il perdra sa part du butin, sera puni par nostredit admiral ou son lieutenant corporellement selon le meffait, en sorte que tous les autres y prendront exemple.

(39) Pour ce aussi que plusieurs bourgeois, propriétaires avictailleurs des navires nos subjects, nous ont ci devant fait monstrer que jaçoit ce qu'ils facent faire lesdits navires, et icelles équipent et fournissent d'artillerie et autres munitions de guerre et de vivres, pour grever et offencer nos ennemis et adversaires, le tout à grands frais et despens, néantmoins ne leur est baillé que le huictiesme pour leurs portions des butins qui sont gagnés sur nosdits ennemis et adversaires, qui n'est chose suffisante eu esgard aux grands frais, mises et despences qui leur convient faire, à faire faire lesdits navires, et icelles équiper, munir, avictailler, qui est cause que lesdits bourgeois, propriétaires, avictailleurs ne peuvent mettre sus, et nous servir de grands et puissans navires, ainsi qu'ils pourroient faire si desdits butins raisonnable et compétente portion leur estoit distribués; nous à ce que d'oresnavant ils ayent plus grande occasion et vouloir faire faire et entretenir bons, grands, forts et puissans vaisseaux dont puissions estre servis et secourus en nos guerres contre nosdits ennemis et adversaires, et iceux amplement équiper, munir et garnir de toutes choses requises pour la guerre, avons ordonné et ordonnons qu'iceux bourgeois et autres, ausquels appartiendront aucuns navires, après le dixiesme de nostredit admiral pris et déduit sur la totalité de la prise et butin que feront lesdits navires, auront et prendront la quarte partie du surplus d'icelle prise et butin, soit de marchandises, prisonniers, rançons, quelques que soient lesdites prises et butin sans aucune chose réserver ni excepter, et des trois quarts restans, les avictailleurs

... auront quart et demi, et les mariniers et autres compa... de guerre, autre quart et demi pour le partir entre eux en ... ière accoustumée.

(40) Pour oster les abus, fautes et larcins qui se sont souvent ... par aucuns quarteniers et compagnons de guerre desdits ..., mesmement soubs couleur qu'en la présence d'un prestre ... seront serment solennel sur le pain, sur le vin et sur le sel, ... autres abusives cérémonies que de tout ce qu'ils pourront ..., piller, desrober des prises faites soit or, argent mon... et à monnoyer, perles, joyaux et autres choses de valeur, ... révéleront ne diront aucune chose à justice, ne ausdits ... , avictailleurs ne à autres, ains les partiront et butine... entre eux, qui sont choses iniques et de très mauvaise con... ; nous, pour à ce pourvoir, avons prohibé et deffendu, ... et défendons à tous capitaines, maistres, contre-..., quarteniers, mariniers et autres compagnons de tous ... de nostre obéissance quels qu'ils soient, et par quels... personnes qu'ils soient, mis sus et équippez, de plus ... d'oresnavant tels ou semblables sermens et promesses, et ... prendre, rober, ravir, piller et recéler aucunes choses des... prises quelle qu'elle soit, ains ayant à représenter le tout à ... admiral ou son lieutenant, ainsi que dessus est dit, le ... que faire se pourra, pour en estre fait et disposé selon ... ordonnances, et ce sur ladite peine de confiscation de ... et de biens, et ausdits prestres ou autres de plus recevoir ... sermens et faire lesdites abusives cérémonies, sur peine ... prison, et d'être procédé à l'encontre d'eux par procez extraor... ... ment pour le cas privilégié et rendus à leurs juges, pour ... faire et parfaire leur procez sur ledict commun, à la charge ... cas privilégié et autrement selon droit et raison.

(41) Et néantmoins pour donner meilleure occasion et volonté ... mariniers et compagnons de guerre d'eux vertueusement ... ployer aux effects de la guerre, voulons et ordonnons qu'ils ... toute la despouille des habillements des ennemis qui seront ... esdites prises, avec l'or et l'argent qu'ils trouveront sur les ... niers et gens de guerre nos ennemis, jusques à la somme de ... escus, et si plus y en avoit demeurera à butin, réservé lesdits ... escus qui demeureront ausdits mariniers et gens de guerre. ... auront les coffres et communs habillemens servans ausdits ... niers et compagnons de guerre et ennemis, excepté habille... ... de grand valeur, ou qui seroient faits pour vendre en fait

de marchandise, réservé aussi toutes les sortes de marchandises et argent monoyé et à monoyer qui seroient esdits coffres, ou autres lieux dont ils n'auront que lesdits dix escus que dit est, le tout sur lesdites peines de confiscation de corps et de biens.

(42) Et afin qu'il soit cogneu quels pillages appartiennent ausdits compaguons et gens de guerre, et qu'ils ne puissent prendre les marchandises et biens pour pillage, leur avons inhibé et défendu, sur peine de perdition de tout leur butin, et de punition corporelle, mettre ou faire descendre en bateau n'autrement les coffres, barils et autres biens quelsconques qu'ils auroyent pris en fait de guerre, et à tous batteliers d'aller ausdits navires qu'en la présence desdits admiral ou sesdits officiers, et avant que mettre aucunes choses desdits navires, sera fait inventaire par lesdits officiers, ensemble desdites chartres parties, escrits, cognoissements, lettres de cargaizon et d'addresse et biens estans esdits navires; Ce qu'entendons avoir lieu, aussi en temps de paix pour les autres navires qui font voyages hors ce royaume, desquels ne pourra estre deschargé chose aucune, si ce n'est du consentement des propriétaires, marchans et victuailleurs sous peine de perdition de ce que tous les contrevenans espèrent de leur voyage; et de punition corporelle.

(43) Pour obvier à tout désordre et confusion, et à ce qu'à chacun son droit soit gardé, Voulons et ordonnons que les maistres, contremaîtres, gouverneurs et autres, ayans charge des navires amènent les personnes, navires, vaisseaux, marchandises et autres biens qu'ils prendront à leur voyage au mesme port et havre, dont ils seront partis pour faire ledit voyage, ou au lieu de leur reste, sur peine de perdre tout le droict qu'ils auront en ladite prise et butin et d'amende arbitraire, le tout à appliquer audit admiral, à la charge et jurisdiction duquel sera ledit port dont ils seront partis; et outre de punition corporelle, sinon que par force d'ennemis, ou par tempeste ils fussent contraints en sauver en autre port, esquels cas seront tenus, estans arrivez esdits autres ports et havres, advertir lesdits officiers de ladite admiraulté, pour estre présens à l'inventaire desdites marchandises, avant qu'en descharger aucune sur lesdites peines, et en rapporter certificat desdits officiers esdits havres dont ils sont partis, pour estre délivré ausdits marchands, propriétaires et victuailleurs; ce qui aura en semblable lieu pour les navires qui font voyages hors ce royaume en marchandise ou autrement.

(44) Et au cas que les maistres et conducteurs de navires qui

...oyent fait la prise feussent contraints eux sauver et descen-
... autre port que celuy dont ils sont partis, le dixiesme et
... droits appartiendront à l'Admiral, tels et semblables que
... ledit navire fust retourné audit port dont il serait party, com-
... que par adventure ledit amiral ne print lesdicts droicts au
... où ledit navire se serait sauvé, ce qui ne luy pourra estre
... ny objecté en manière que ce soit, pour le frustrer de
... dits droits.

(45) Et pour ce que plusieurs gens de guerre desdits navires
... droyent dire plusieurs butins tenir nature de pillage, pour
... ce moyen les appliquer à leur profit, au préjudice de ceux
... équipent et arment lesdits navires, Nous avons dit et déclaré,
... et déclarons suivant nos anciennes ordonnances, que
... chose pourra estre dit pillage qui excède la valeur de dix
...

(46) Et outre avons ordonné et ordonnons que les maistres,
... remaistres, et quarteniers, attendu que les délinquans ne se
... vent sauver, eux estans dedans le navire, et que si lesdits
... maistres, contremaistres et quarteniers font leur debvoir, les dé-
... ne se peuvent commettre qu'incontinent n'en soyent adver-
..., respondront à nostredit admiral, et aussi à celui ou ceux qui
... ont mis sus le navire à leurs despens, des corps d'iceux dé-
... quans, pour en estre fait telle justice et réparation par
... tredit Admiral, ou ses Lieutenans qu'il appartiendra par
... son.

(47) Et avant que partir à faire leur voyage soit en guerre ou
... archandise, seront tenus bailler au greffe de la juridiction du
... et Havre dont ils sortiront, les noms, surnoms et demeures
... ceux de leurdit équipage, sans en receller aucuns, et à leur
... tour déclarer s'ils les ont ramenez ou le lieu où ils les ont lais-
..., sur peine d'amende arbitraire.

(48) Avons défendu et défendons sur peine de prison et confis-
... tion de biens à tous marchans de quelque estat, qualité ou con-
... tion qu'ils soyent, d'acheter, eschanger, permuter ou prendre
... don ou autre couleur ou condition que ce soit, ne de celer
... occulter par eux ou autres directement ou indirectement les
... archandises et biens depredez et amenez de la mer, avant que
... dit Admiral ou sondit Lieutenant ait déclaré les prises estre
... tes et de bon et licite gain.

(49) Si ledit Admiral ou aucuns de ses Lieutenans, n'estoient
... personne aux entreprises qui se feront par ladite mer, pour

tenir ordre et justice entre eux, les maistres, chefs, capitaines ou patrons en leur partement feront serment ainsi que dessus est dit, qu'à leur pouvoir ils deffendront nos subjets, amis et alliez et bienveillans, sans leur porter dommage, et que de toutes les prises qu'ils feront et ameneront à terre, ils donneront cognoissance audit admiral ou sondit lieutenant, et luy declareront ceux qui durant le voyage auront commis quelque meffait contre nos ordonnances, ou autrement pour en estre faite punition ainsi qu'il appartiendra.

(50) De toutes prises qui se feront en mer, les ventes, butins et departemens en seront faits devant ledit admiral ou son lieutenant, qui en fera retenir par devers luy inventaire, compte et calcul d'iceux, afin de cognoistre le fait et estat d'icelles prises, et à qui en aura esté fait le departement pour y avoir recours si besoing est, et à qui il appartiendra.

(51) De toutes lesdites prises faites par quelques gens que ce soyent tant à nos gaiges que par autres qui seroyent mis sus à leurs despens soubs ombre et couleur de nos guerres ou autrement, lesdits maistres, contremaistres et compagnons de quartier, feront faire incontinent inventaire après ladite prise, et avant que de rien descendre à terre en advertiront nostredit admiral ou ses lieutenans, et s'il y a prisonniers, seront amenez pour estre examinez avant toutes choses, pour sçavoir le pays dont ils sont, et à qui appartiennent lesdits biens si aucuns y en avoit, pour garder justice et restituer ceux qui sans cause auroient esté endommagez, et ne les pourront iceux preneurs licentier ni mettre en franchise sans le congé et consentement de nostredit amiral ou son lieutenant, lequel nostredit admiral aura sur lesdits prisonniers son droit de dixiesme avec son droit de saufconduit pour le retour dudit prisonnier, et s'il y avoit prisonniers de gros prix et d'importance, et les preneurs ne fussent suffisans pour en respondre, nostredit admiral ou son lieutenant les pourront prendre en leurs mains, en baillant seureté ausdits preneurs de ce à quoy ils seront mis à rançon, son dixiesme et droit de sauf-conduit rabattu, ou de les leur rendre en leurs mains si ainsi estoit ordonné.

(52) Afin que mieux et plus seurement le fait de ladite marchandise se puisse conduire et entretenir par la mer, et que tous pirates et autres gens fréquentans la mer pour leurs adventures s'abstiennent de porter dommages aux marchands, tant de nostredit royaume que des autres pays, estans de nostredite alliance

...tié, avons ordonné et ordonnons que les sentences, juge-
... et appointemens interlocutoires qui seront donnez par les
... de ladite admirauté au profit desdits marchans contre les
... pirates et avanturiers, lesquels se pourront réparer en la dif-
...tive des procez s'il en est appelé, seront exécutoires quant à
... restitution des biens réaument et de fait. Nonobstant opposi-
...ons ou appellations quelsconques et sans préjudice d'icelles, en
... baillant toutefois caution pour lesdits marchans de rendre et res-
...tuer ce que par justice définitive en sera ordonné. Et pour le re-
...rd des condamnations d'amende, elles seront exécutées non-
...stant l'appel jusques à la somme de huict escus un tiers,
...vant l'ordonnance du roy François nostre ayeul de l'an
...

(53) Et pour retrancher la longueur des procez qui naissent
...cun jour entre nos subjets pour peu d'occasion, avons aussi
... donné que toutes sentences données par ledit admiral ou ses
...tenans en sesdites jurisdictions, en première instance au des-
...z et jusques à la somme de deux escus seront exécutées diffi-
...tivement et sans appel, et en la jurisdiction des tables de mar-
... au dessouz et jusques à quatre escus aussi sans appel.

(54) Et afin que ledit admiral puisse mieux supporter les frais
... despences qu'il luy conviendra faire à l'exercice desdits estats,
... rge et office, et qu'il puisse mieux et plus honorablement
... tretenir en nostre service au fait d'iceluy, Nous luy avons
...né et ordonné, donnons et ordonnons le dixiesme dont cy
... us est faite mention, de toutes les prises et conquestes faites
... la mer, et ès grèves d'icelle, contre nos ennemis suyvant nos
...ennes ordonnances, à quelque somme, valeur et estimation
... ledit dixiesme pourra monter, sans ce que autre que luy puisse
...ndre iceluy droit de dixiesme, en fournissant toutesfois par
... une livre de poudre pour tonneau, un pavois et une lance à
... pour trois tonneaux, suyvant lesdites ordonnances.

(55) Quant aux victuailles, poudres, canons, pavois, artille-
... et autres armes gagnées par les navires mises sus par aucuns
...ceurs, bourgeois, marchands et autres de nostredit royaume
...urs despens, lesquelles choses ont esté par cy devant préten-
... par les admiraux de France, nous avons déclaré et déclarons
... nous n'entendons que ledit admiral en jouisse entièrement,
... seulement prendra esdites choses ledit droit de dixiesme. Et
... il en voudroit prendre aucune partie pour la nécessité qu'il en
... oit pour la guerre, ou pour équiper nos navires ou les siens-

nes, faire le pourra, en payant raisonnablement le prix d'icelles choses, sondit dixiesme rabatu. Pareillement s'il veut prendre et retenir à luy aucuns desdits navires, faire le pourra en payant semblablement sondit droit de dixiesme rabatu, pourveu que préallablement et avant que ce faire iceux navires soyent criez au plus offrant et dernier enchérisseur, ès lieux et ainsi que l'on a accoustumé faire criées pour ventes de biens meubles et faites de l'authorité de nous ou de justice, afin que raison soit en ce gardée à tous ceux qu'il appartiendra, sans faveur ne acceptation de personnes.

(56) Et en semblable des prisonniers prins sur la mer, y aura seulement son dixiesme, avec le droit de sauf-conduit pour le retour dudit prisonnier, sans que nostredit admiral y puisse autre chose demander, ny avoir la garde desdits prisonniers, sinon en tant que montera sa portion de sondit dixiesme, si ce n'est que ledit prisonnier soit de si grand prix et les preneurs de si petite qualité et condition qu'il ne fust pas bon le laisser en leurs mains. Mais si aucuns sans congé ny consentement dudit admiral ou de sondit visadmiral et lieutenant, mettoit quelque prisonnier à finance, il perdra son privilége, et pourra en ce cas ledit admiral prendre en sa main ledit prisonnier, en payant la dite finance, rabatu sur icelle sondit droit de dixiesme.

(57) Et pour ce que plusieurs abus se peuvent commettre par les maistres et compagnons des navires, ou par les marchands portans denrées et marchandises prohibez et deffendus hors du pays comme bleds, farines, vins, ou telles autres victuailles, ou bastons et munitions de guerre, parce qu'ils partent et font voyage de nuict sans exhiber ne monstrer à nostredit admiral ou ses lieutenans leursdites denrées et marchandises, et que souventesfois ils chargent sans les appeller, au moyen de quoy icelluy admiral ou son lieutenant ne peuvent faire visitation desdites denrées et marchandises, avons ordonné et ordonnons que lesdits maistres de navires et marchands exhiberont et monstreront à nostredit admiral ou son lieutenant au lieu où ils chargeront lesdites denrées et marchandises, et que contre ceux qui seront désobéissans ou défaillans soit procédé par nostredit admiral ou nos officiers en ladite admirauté, par amende et punition corporelle, et autrement ainsi qu'il appartiendra selon l'exigence du cas.

(58) Avons défendu à tous les gouverneurs et nos lieutenans généraux desdites provinces, capitaines et autres officiers,

...ez ausdits admiral, visadmiral et ses lieutenans, de bailler ...s saufconduits, attaches, ny vérifications à nos lettres pour ... hors nos ports et havres, ny faire entrer ou naviguer aucunes ...sonnes de quelque qualité ou condition qu'ils soient, sur ...ne de confiscation de leurs navires, artilleries, munitions, ...chandises, et autres peines indictes contre ceux qui navi...ent contre nos ordonnances.

59) Nous avons déclaré, voulu et ordonné, déclarons, vou...et ordonnons, et nous plaist, que chacun bourgeois de navire ...a tenu de fournir et agréer sondit vaisseau bien et duement ...artillerie, boulets, piques, maches, toises, coings de toutes ...tes, et autres menus utenciles servans à ladite artillerie. ...mb en platine, cuirs, vers, soutes, avirons, piques, arbales...s et autres armes, planches, brey, goutren, clou, fiches, ...mpas, horloges, plombs et lignes à sonder, et autres choses ...quises à porter en mer pour la sureté desdits navires. Et les ...ictuailleurs, les victuailles, poudres, lances à feu, fausses ...ces et autres menus utencilles desdites victuailles; comme ...dons, corbillons, lanternes, gamelles, mauves et autres choses ...serveut pour user lesdites victuailles, avancer les coffres des ...biers, suaiges, truages, baumages qui se leveront sus la haute ...me au double prix, le dixiesme estant levé. Pareillement seront ...dits advitailleurs tenus fournir les deniers des cinglages et ava...s raisonnables, qui seront faites par la levée desdits équipages. ...ils reprendront au double prix sur iceux de la prise ou prises ...ils pourront faire.

60) Pour ce qu'il s'est perdu, prins et depredé grand nombre ...navires et vaisseaux appartenans à nos subjets, faute d'estre ...compagnez et armez ainsi qu'il appartient pour la sureté et ...ence de leursdits navires et vaisseaux, en quoy non-seulement ...dits subjets demeurent endommagez et interessez, mais aussi ...us et la chose publique de nostre royaume, nous avons or...né que d'oresnavant quand nosdits subjets voudront sortir ...rs navires en mer quelque part et route qu'ils veulent tirer, ...pour quelque effect que ce soit, seront tenus armer leursdits ...vires, et les mettre en l'équippage qui s'ensuit : à sçavoir, le ...vire de trente à quarante tonneaux, de douze hommes et deux ...iges, avec deux doubles barces, deux moyennes et leur muni...ion, six demies piques, et quatre harquebutes ou arbalestres, ...nies de choses nécessaires pour leur exploict; le navire de ...quante et soixante tonneaux, de dix-huit hommes, deux passe-

volans, quatre barces, et leur munition, six picques, autant de
demies picques, et quatre harquebutes ou arbalestres; le navire
de soixante-dix à quatre-vingt tonneaux, de vingt-quatre hommes, deux passe-volans, six barces, et leur munition, une douzaine de piques, six demies piques, six lances à feu, six harquebutes ou arbalestres pour le moins, avec ponts de corde, et bien
pavoisez; le navire de quatre-vingt-dix à cent tonneaux, de
trente-six hommes, deux pièces de grand calibre tirans boulet de
bastarde, deux passe-volans et huit barces, douze piques, autant de demies piques, douze lances à feu, huict harquebutes
ou arbalestres, ledit navire bien ponté et pavoisé; et le navire de
cent dix à six vingts tonneaux, de quarante-cinq hommes, aux
deux cardinales, ou autres pièces tirans boulet, de bastarde,
quatre passe-volans du nouveau calibre, douze barces, deux
douzaines de piques, une douzaine de demies piques, une douzaine de lances à feu, deux faulces lances, dards de hune ferrez
à suffisance, une douzaine d'arbalestres, ou harquebutes, ledit
navire aussi bien ponté et pavoisé, et tous les dessusdits navires
soyent pour guerre ou marchandise, fournis de poudres et boulets nécessaires pour l'exploict de ladite artillerie. Et quant aux
autres navires suivant le particulier réglement que y pourra
donner nostredit admiral, seront équippez du plus plus, et du
moins moins, en inhibant et deffendant très-expressément à tous
nos subjets de quelque estat, qualité et condition qu'ils soyent,
que sur peine de confiscation de corps et biens, ils n'ayent à sortir leursdits navires qu'ils ne soyent pour le moins en l'équipage
que dessus. Et là où ils auroyent entrepris voyage pour aller aux
Terres-Neufves, à la Guynée ou autres lieux quelsconques soit
pour le traficq de leur marchandise, pour le fait de la pescherie,
recouvrement des moruës, maquereaux et autres sallures, ou
pour quelque autre occasion que ce soit, ils n'ayent à partir sans
estre suffisamment accompaignez; et en leur voyage ne se laissent et abandonnent les uns les autres, sinon que par fortune de
temps ils soyent séparez et contraints de ce faire. Et où ils seront
assaillis, soit de navires ennemis ou pirates, et que la victoire
leur en demeure, qu'ils ameinent les personnes desdits pirates
ès mains de nos officiers, pour en estre fait telle punition que
les autres y prennent exemple.

(61) Si aucun navire de nos subjets pris par nos ennemis, a
esté entre leurs mains jusques à vingt-quatre heures, et après il
soit recoux et repris par aucune de nos navires de guerre, ou

... de nos subjects, la prise sera déclarée bonne : mais si ladite ... faite auparavant les vingt-quatre heures, il sera res... tout ce qui estoit dedans, et en aura toutesfois le na... de guerre qui l'aura recoussé et reprise le tiers.

(62) Et pour autant que en faisant prinse en mer par nos na... et autres de nos subjets, plusieurs se présentent souvent ... y avoir part soubs ombre qu'ils veulent alléguer avoir veu ... ladite prise, et oy l'artillerie durant le combat, encore ... n'ayent esté l'occasion que l'ennemy se soit rendu pour ... d'iceux, et afin d'éviter et obvier aux différents qui se ... mouvoir sur telles injustes demandes, il ne sera loi-... à aucun navire à qui qu'il soit appartenant, de demander ... part et portion aux prises qui se feront, si ce n'est qu'ils ... combattu ou fait tel effort que pour son debvoir l'ennemy ... amené ses voiles, car bien qu'il en ait esté en quelque partie ..., dont les prisonniers seront creuz par serment, si ce n'est ... y eust eu promesse entre les uns et les autres de départir ... prises faites en présence ou absence.

(63) Avons expressément ordonné et deffendu, ordonnons et ... dons que nul tavernier ny hoste ne pourra pour despence ... bouche ou prest d'argent prendre en gaige, ou par vente au... armes ou hardes de soldats et mariniers, si ce n'est par le ... du capitaine, ou du maistre, qui en aura respondu, sur ... de perdre tout ce qui aura esté par lesdits taverniers, et ... baillé et presté ainsi que dessus, et rendre lesdites armes ... hardes.

(64) Là où aucuns navires à la semonce qui leur sera faite par ... navires de guerre de nous et de nos subjets, amèneront libé-... ment sans aucune résistance leurs voiles et monstreront ... chartes-parties et recognoissance ausdits navires de guerre, ... leur sera fait aucun tort, mais si le capitaine de navire de ... , ou ceux de son équipage luy robbent aucune chose, ils ... tenus ensemblement et l'un seul et pour le tout à la resti-... entière, et avec ce condamnez réaument et de fait et exé-... à la mort et supplice de la roue, nonobstant l'appel, pour-... que audit jugement y assiste six advocats, ou notables per-... de conseil qui orront de bouche les prisonniers, et seront ... signer le dictum.

(65) Pource qu'il est à considérer que ayant par nous ou autres ... subjets, armé un, deux, ou plusieurs navires en guerre, ... chercher l'adventure de profiter sur l'ennemy, l'on ne peut

moins faire que descouvrant navire à veuë ou plus prez que de courir après pour sçavoir s'il est amy ou ennemy, au moyen de ce que la plus grand part des navires desdits amis et alliez sont de mesme construction que ceux desdits ennemis, aussi que bien souvent dedans lesdits navires d'amis et alliez les marchandises qui y sont appartiennent ausdits ennemis, ou bien il y a marchandises prohibez, nous afin d'esclaircir nos gens et subjets de ce qu'ils auront affaire en ce que dessus, pour n'y faire faute et erreur dont ils puissent estre reprins, avons permis et permettons, voulons et nous plaist, que tous navires de guerre de nous et de nosdits subjets descouvrans à veuë ou plus près, autres navires soyent d'amis, alliez, ou d'autres, pourront courir après, et les semondre d'amener leurs voiles, et estans refusans de ce faire après cette semonce leur tirer artillerie, jusques à les contraindre par force, enquoy faisant venant au combat par la témérité ou opiniastreté de ceux qui seront dans lesdits navires, et là dessus estans prins, nous voulons et entendons ladite prise estre dite et déclarée bonne.

(66) Pour obvier aux inconvéniens qui surviennent chacun jour pour le mauvais devoir que les maistres des navires, pilotes, canoniers, et autres officiers et mariniers, ayans prins soulde singlage ou loüez par prix fait avec les capitaines, maistres et quarteniers de nos vaisseaux, et autres de nos subjets, pour faire voyage en mer, ont jusques icy fait et font ordinairement de ne se trouver au jour qui leur a esté limité par leurs chefs au port et havre où l'embarquement se doibt faire, dont souvent pour retarder d'une ou deux marées, ou bien pour ne se vouloir embarquer, sans qu'il leur soit baillé argent pour payer aucunes folles et inutiles despences qu'ils ont faites en terre, ou pour laisser à leurs femmes, et d'autres fois pour abandonner leurs navires, soubs ombre que lesdits navires relaschent en aucuns ports, havres, ou rades, estans sur les voyages, pour recouvrer aucunes nécessitez, dont ils ont besoin, ou par tourmente de temps lesdits officiers, mariniers et soldats desloyaux et plains de mauvaise volonté, quittent et abandonnent iceux vaisseaux sans congé, qui est cause que par faute d'hommes estans les mues de vents tost passez, au moyen de quoy pour avoir le temps propre avec grand mer, pour sortir des havres desdits voyages se retardent et demeurent imparfaits, au grand préjudice et dommage de nous et de nos subjets, qui arment lesdits navires à grands frais. Pour ces causes à ce voulans pourvoir, nous avons

ordonné et ordonnons que voulant un chef, capitaine, ou maistre de navire, faire voyage en mer, il sera tenu avant son partement bailler à nostre admiral, visadmiral, ou lieutenent de l'admirauté, au lieu d'où partira le navire, les noms, surnoms et demeures de tous leurs officiers, soldats et mariniers par roolles signez d'eux, et que tout maistre de navire, pilote, canonnier, soldat et autres dudit esquipage, ayans prins soulde, singlage, ou s'estans loüez par prix arresté, pour faire la guerre aux ennemis, descouvrir terres et pays estrangers, ou voyager pour le fait et trafic de marchandises, seront tenus eux retirer sans aucune semonce, au jour qui leur aura esté ordonné par leurs chefs, de s'embarquer et ayder à charger les vivres, mettre le navire en forain et en rade, et l'y conserver, sans pource demander aucune advance avant leurdit département s'il ne leur avoit esté promis en leur baillant ledit singlage, ou en les loüant à prix certain, mais seulement sera payée la despence de ceux qui mettront lesdits navires en forain et chargeront lesdit vivres d'autant d'hommes que ledit chef en voudra prendre à raison de dix sols tournois par jour, ou bien seront tenus lesdits officiers et mariniers eux contenter de la nourriture qui leur sera baillée dedans ledit navire qui sera pareille à celle qu'ils ont accoustumé d'avoir en la mer, et durant tout le voyage, et jusques à la perfection d'iceluy. Lesdits maistres, officiers, soldats et mariniers n'abandonneront ledit navire, encores qu'ils relaschent en quelque port et havre, par tourmente de temps, ou pour recouvrer autres nécessitez, dont ils auront besoin, mais seront tenus à leur pouvoir de remettre ledit navire hors, et achever le voyage et entreprinse sans le quitter, si ce n'est par le congé de leur capitaine ou principal chef qu'ils seront tenus prendre par escript pour le monstrer à leur retour à nostredit admiral, ou visadmiral, ou lieutenant de ladite admirauté, au lieu de là où sera party ledit navire, ou marinier, et ce soubs peine de la vie, et confiscation de tous et chacuns leurs biens, sur ce préallablement prins et satisfaits, les dommages et intérests de celuy, ou ceux qui auront armé, et avictaillé iceux navires.

(67) Et pour le regard des compagnons, tiercemens et mercenaires loüez és navires marchans non esquippez en guerre, ne pourront quiter le voyage encommencé ne abandonner les maistres de navires, et autres ausquels ils se seront loüez, soit aux lieux de leur partement, escalles ou autres lieux où ils relascheront jusques à ce qu'ils soyent de retour de leur dernier reste, et

les navires amarez à quay sur peine du fouët pour la première fois, et autres plus grandes s'ils y retournent, sans en pouvoir estre dispensez par nos juges, ausquels enjoignons très-expressément tenir la main à l'exécution de ce présent article, sur peine d'en respondre en leur privé nom, et quant à ce avons leurs jugemens et sentences, qui sur ce seront donnez, auctorisez, et auctorisons, dés à présent comme pour lors, pour estre réaument et de fait exécutez, nonobstant l'appel, comme s'ils estoient arrestez de l'une de nos cours souveraines, nonobstant l'érection et establissement d'icelles, à la charge toutesfois d'appeler six notables personnages de conseil, qui seront venir par devant eux les prisonniers, et les orront par leur bouche, et signeront le dictum avec le juge, lesquels jugemens ne seront censez, ny réputez concluds ny arrestez, s'ils ne passent de deux opinions pour le moins.

(68) Et d'autant que bien souvent aucuns soldats, mariniers, ou officiers de marine, désirans rompre le voyage et entreprise d'un capitaine, ou maistre qui aura volonté de faire voyage profitable en la guerre, ou marchandise, ont pratiqué, ou pratiquent de faire couler les breuvages du navire, perdre le pain, et faire faire eauë à iceluy navire secrètement pour avoir occasion de relascher, aussi que bien souvent ils dressent mutinations et querelles à l'encontre dudit capitaine, ou maistre, luy disant paroles des-honnestes et mal sonnantes avec injures et impropères, jusques à le vouloir quelquefois outrager, mettant la main aux armes, le contraignant se souzmettre à leur simple vouloir, chose qui est de trèsmauvaise exemple et pernicieuse conséquence, laquelle ne se doit aucunement permettre ne tollérer. Pour ceste cause nous avons par ces présentes dit, déclaré et ordonné, disons, déclarons, et ordonnons, que d'oresnavant se trouvans dedans lesdits navires aucuns desdits soldats, mariniers, ou officiers, faisans telles insolences, mutinations, et autres crimes et délits de la qualité dessusdite, lesdits capitaines, et maistres d'iceux navires auront pouvoir, et entant que besoin seroit, leur permettons et auctorisons que avec la force des armes ils se puissent rendre les plus forts, et par advis et opinion de sept des principaux et officiers du navire ou vaisseau, où telles choses adviendront, ou bien s'il y a compagnie de navires par l'advis et opinion de sept des capitaines, et chefs desdits navires procéder sommairement et de plain, la seule vérité du fait cogneuë, et faire faire justice, punition et correction desdits délinquans;

...s à sentence de mort et exécution d'icelle inclusivement, ...chargeant quant à ce lesdits capitaines, et maistres, qui les ...jugez, et fait exécuter ainsi, et par la forme et manière que dit ...; et où par conspiration et pratique des délinquans n'en pour-... fait jugement, ou punition par lesdits maistres de na-..., et capitaines, voulons que à leur retour les juges, et offi-... de ladite admiraulté, procèdent contre lesdits délinquans ... punition corporelle, et facent exécuter leur sentence non-... l'appel.

50) Et pour ce que par cy devant soubs couleur des pratiques ... intelligences que ont aucuns de nos alliez, et confédérez avec ... ennemis lors qu'il y avoit aucune prise faite sur mer par nos ..., plusieurs procès se suscytoient par nosdits alliez, voulans ... que les biens prins en guerre leur appartiennent soubs ombre ... quelque part et portion qu'ils avoyent avec nosdits ennemis, ... se sont ensuyvies grosses condemnations à l'encontre de ... subjets, au moyen dequoy iceux nos subjets ont depuis ... esquipper navires en guerre pour nous faire fermer et en-... nosdits ennemis, nous pour remédier à telles fraudes, ... que nosdits subjets reprennent leur courage, et ayent ... leur désir et occasion d'équiper navires en guerre par mer, ... voulu et ordonné, voulons et ordonnons, que si les navires ... subjets sont en temps de guerre, prises par mer d'au-... navires appartenans à autres nos subjets ou à nos alliez, ... férez ou amis, esquels y ait biens, marchandises, ou gens ... ennemis, ou bien aussi navires de nosdits ennemis, es-... y ait personnes, marchandises ou autres biens de nosdits ..., confédérez et alliez, fussent personniers en quelque por-..., que le tout soit déclaré de bonne prinse, et dès à présent ... pour lors avons ainsi déclaré, et déclarons par ces pré-..., comme si le tout appartenoit à nosdits ennemis; mais ... nosdits alliez et confédérez faire leur trafic par mer, ... navires qui soyent de leur obéissance et subjection et par ... gens et subjets, sans y accueillir nos ennemis et adversaires, ... biens et marchandises ainsi chargées, ils pourront me-... et conduire où bon leur semblera, pourveu que ce ne soyent ... tions de guerre, dont ils voulsissent fortifier nosdits ennemis, ... cas nous avons permis et permettons à nosdits subjets les ... et amener en nos ports et havres, et lesdites munitions ... selon l'estimation raisonnable qui en sera faite par nostre ... ou sondit lieutenant.

(70) Et pour ce qu'il pourroit advenir qu'aucuns de nosdits alliez et confédérez voudroyent porter plus grande faveur à nosdits ennemis et adversaires qu'à nous, et à nosdits subjets, et à ceste cause voudroyent dire et soustenir contre vérité, que les navires prins en mer par nosdits subjets leur appartiendroyent, ensemble, la marchandise pour en frauder nosdits subjets, voulons et ordonnons qu'incontinent après la prise et abordement du navire, nosdits subjets facent diligence de recouvrer la chartepartie et autres lettres concernans la charge de navire, et incontinent à leur arrivement à terre les mettre par devers le lieutenant de nostredit admiral, afin de connoistre à qui le navire et marchandises appartiennent, et où ne seroit trouvé charte partie dedans lesdits navires, ou que le maistre et compagnons l'eussent jetté en la mer pour en céler la vérité, voulons que lesdits navires ainsi prins avec lesdits navires, biens et marchandises estans dedans, soyent déclarez de bonne prise.

(71) Pource qu'avons entendu que plusieurs de nos subjets ayans nombre de navires et qui sont riches et puissans pour les armer et équiper se désistent chacun jour de ce faire, pour les travaux et vexations des procez, en quoy ont esté mis cy devant, et encores sont chacun jour les bourgeois, victuailleurs et armateurs des navires, soubs l'ombre que leurs parties adverses les veulent assubjectir, respondre des prises et déprédations faites sur eux par les gens de guerre d'iceux navires, combien que lesdits bourgeois, victuailleurs et armateurs n'ayent aucune chose receu des biens déprédez, et en iceux ne se soyent immiscez en aucune manière, ny esté participans du délict des déprédations, chose qui n'est raisonnable, et que si tollérée estoit seroit grandement dommageable à nous et à nostredit royaume, parce que ce seroit oster le cœur à nosdits subjects de nous faire service en temps de guerre, nous à ces causes avons déclaré et déclarons que lesdits bourgeois, victuailleurs et armateurs de navires non complices, participans ne délinquans à faire prises ou déprédations sur nos alliez, ne devoir estre tenus ne subjects de respondre desdites prises ou déprédations en aucune manière ny en estre aucunement vexez et travaillez, ains voulons qu'ils en soient absouz, si ce n'est que nos alliez complaignans desdites déprédations, veulent maintenir à l'encontre d'eux, qu'ils ayent esté présens, participans, ou complices à faire lesdites déprédations, ou qu'après lesdites déprédations faites, ils se soient immiscez et ayent prins part esdits biens dépredez, auquel cas qu'ils ayent

part esdits biens depredez, voulons que si la prise est trouvée mauvaise ils soient contraints rendre ce qu'ils en auront ou la juste valeur, et néanmoins esdits cas, voulons que les gens de guerre déprédateurs soient punis selon la disposition du droit, nos ordonnances, et condamnez et contraints un seul et pour tout à la restitution desdits biens dépredez envers nos alliez en leurs despens, dommages et intérêts, ce qu'en semblable nous avoir lieu pour les navires allans en marchandise, lesquels pendant leur voyage pourront commettre quelque dépréda-

(72) Et afin d'inciter nosdits subjects à faire construire d'oresnavant de grands vaisseaux, pour plus facilement entretenir la navigation de longs voyages, nous avons ordonné que d'oresnavant ceux qui feront faire et construire des vaisseaux et navires, excédans le port de trois cents tonneaux, seront gratifiez en deniers ou autres privilèges par l'advis de nostredit admiral, selon la grandeur desdits vaisseaux.

(73) Et pource que souventesfois est advenu qu'aucuns tabellions, juges et officiers, autres que de ladite admirauté, se sont ingérez de bailler lettres de certification des descentes des marchandises et autres choses qui viennent et arrivent par mer en entreprenant par eux sur les droits et autorité de ladite admirauté, nous avons ordonné et ordonnons que telles certifications n'auront point de lieu pour ceux qui ainsi les auront prises d'autre que de nostredit admiral ou son lieutenant, et défendons à tous tabellions, juges et officiers autres que de nostredit admiral ou de sondit lieutenant, de plus bailler aucunes telles lettres touchant et concernans le fait de ladite marine, en quelque manière que ce soit, et ce sur peine d'amende arbitraire, à appliquer moitié à nous et moitié à nostredit admiral.

(74) Pource aussi que souventesfois aucuns juges, vicomtes, maistres des eaues et forests, verdiers, greneliers, maistres des ports ou leurs lieutenans, s'ingèrent et efforcent mettre en arrest les navires estans és ports et havres, sous couleur qu'ils dient estre chargez de bois, sel ou autres marchandises, et dudit bois, sel et marchandises estans dedans lesdits navires, veulent avoir cognoissance, entreprenans sur les droits, cour et juridiction de ladite admirauté, avons prohibé et défendu à tous vicomtes, maistres des eaues et forests, verdiers, greneliers et autres de quelque estat qu'ils soient, d'entreprendre sur telles choses ainsi chargez sur la mer en aucune manière, mais en laissent du tout

la cognoissance aux officiers de ladite admirauté, ausquels [...] pourront remonstrer ou faire remonstrer le droit qu'ils préten[...] esdits navires, denrées et marchandises, pour leur en estre f[...] droict, et ce sur peine d'amende arbitraire, à appliquer com[...] dessus; lesquels officiers de ladite admirauté, y pourront po[...] voir par déclaration ou autrement, ainsi qu'il appartiendra, e[...] cepté toutefois ce qui concerne nos droicts et perception d'[...] ceux.

(75) Les navires fretez pour faire route et voyage en certain lie[...] seront tenus parachever ledit voyage sur peine de punition corp[...] relle, et de tous despens, dommages et interests envers les bour[...] geois, marchands et avictuailleurs desdits navires, s'ils n'estoie[...] arrestez ou dépredez de leurs victuailles par nos ennemis ou p[...] rates.

(76) Et si aucun décède en navire de guerre ou marchand [...] sera fait inventaire de ses biens estans audit navire par le maî[...] tre, contremaistre ou quatre des principaux de l'équipage pou[...] les restituer aux héritiers dudit décédé, et s'il a parent ou voisi[...] dans ledit navire sera appelé audit inventaire, sur peine de s'e[...] prendre aux dessusdits, en leur propre et privé nom, de tou[...] despens, dommages et interests.

(77) Nostredit admiral ou son lieutenant recueillera le re[...] des pouldres des navires à nous appartenans, qui auront esté m[...] sus pour le fait de nos guerres, aussi les anchres et pavois qui s[...] ront rapportez au retour du voyage de nosdits navires, afin [...] nous en servir en autres affaires pour nos guerres, ainsi que p[...] nostredit admiral sera ordonné et à ce contraindre les chefs d[...] dits navires, maistres, contremaistres et quarteniers par prise [...] corps et de biens, et comme il est accoustumé faire pour se[...] propres affaires.

(78) Pourra nostredit admiral donner congez, passages, seu[...] retez et saufconduits par la mer et par les greves d'icelle, et avo[...] et prendre les droits desdits congez et saufconduits de toutes per[...] sonnes prises en la mer, mesme pour la pesche des harens [...] morte saison. Ensemble des marchandises, et ce qui est accous[...] tumé pour les navires portant gouvernail à thucion et gouvern[...] remuable, et de ce qui est jetté de la mer en terre, ensembl[...] des souliers, balles, boues et adresses, sans qu'aucun les pui[...] recevoir que celuy qui y sera préposé par ledit admiral.

(79) Quant à la harengaison et pesche d'autres poissons, vo[...] lons, entendons et nous plaist, qu'en temps de guerre, ledit a[...]

... puisse accorder tresves pescheresses à nos ennemis et à ... subjets, si tant est que nosdits ennemis la veulent en sem-... accorder à nos subjets, et là où ladite tresve ne se pourroit ... part ou d'autre conduire ou accorder, voulons et enten-... que ledit admiral puisse bailler aux subjets de nos ennemis, ... conduit pour la pesche, tels et semblables cautions, charges ... prix, que lesdits ennemis les bailleront à nos subjets.

(...) Lorsqu'il sera question de mettre navires en temps de ... pour servir de gardes aux pescheurs, par la permission de ... admiral, lesdits navires seront mis sus, aux despens ... pescheurs, et payez selon le convenant et accord desdits ... cheurs, ou de leurs bourgeois.

(...) Voulons qu'en temps de guerre nostredit admiral puisse ... navires et vaisseaux, pour conduire en seureté nos subjets, ... marchans nos alliez et amis, quand il en sera requis, et ... pour ce faire le salaire accoustumé, et en temps de paix ... navires pour courir sus aux pirates.

(...) Et seront les batteaux et navires des autres ports qui iront ... pesche, et par le moyen de ladite garde conservez, tenus ... tribuer au payement de ceux qui seront préposez à ladite ..., à la raison de leur part et grandeur, au prix de la conven-... faite par leurs voisins.

(...) Et afin de restablir la pescherie en son premier estat, ... avons défendu à toutes personnes de vendre ny user de rets, ... et aplets pour les harens, si elles n'ont vingt aulnes de ... pour simples, et trente-huit pour doubles et soixante macles ... largeur; et pour pescher maquereaux, trente aulnes de ... et cinquante macles de large, le tout à peine de confisca-... desdites seynes, rets, navires et aplets, et de deux escus d'a-..., tant contre les vendeurs qu'acheteurs, applicables le ... au dénonciateur et le reste à nostredit admiral.

(...) Pour pourvoir aux plaintes faites aux commissaires par ... députez par nos provinces de parcs et de pescheries cons-... de nouveau sur le bord et és greves de la mer, bays et em-... ures des rivières contre la forme ancienne, avons ordonné ... lesdits parcs et pescheries, faites et construites depuis ... ans au bord et greves de la mer, et rivières y entrans ... démolies et abatues, et les propriétaires déchargez des ... et redevances qu'ils nous en pourront devoir ou à quelque ... seigneur qui prétend avoir droit de fief esdits parcs et pes-...

(85) Et pour le regard de celles basties précédent quarante a[ns] seront restablies en leur premier estat sans qu'il leur soit permi[s] user d'aucunes fosses à l'endroit d'icelles, ny les bastir de clae[s] bois, chaux ou pierre, pour user de rétention d'eau, ains seule[-] ment d'une ret ou aplet, dont la macle sera aussi grande pour l[e] moins que celle ordonnée pour la pesche de harenc, et défende[] sur peine de dix escus d'amende de prendre ny retenir dans le[s] dits parcs aucun fray de poisson, défendons aussi l'usage de l[a] drège, sinon pour luystre, sauonceaux, selles et trameaux, [à] peine de dix escus d'amende, applicable comme dessus pour l[a] première fois, qui doublera pour la seconde, et à la tierce de p[u]nition corporelle et de privation desdits droits de pescheries e[t] parcs.

(86) Nul ne sera à l'advenir reçu à conduire ou estre maistr[e] de navire, s'il n'est expérimenté et examiné par deux ancie[ns] maistres, présence dudit admiral ou ses lieutenans et deux e[s]chevins de la ville ou notables bourgeois du lieu où se fera l'exa[]men, sans que ceux qui en ont mené et conduit soient tenus a[u] dit examen ny en prendre aucun acte, mais bien se feront enre[]gistrer au greffe de leur juridiction trois mois après la publicatio[n] des présentes, ou s'ils sont absens après leur retour, sans pou[r] ce prendre aucune chose.

(87) Pareillement seront les lamaneurs réduits en chac[un] port à nombre compétent par l'advis desdits échevins, et de tro[is] notables bourgeois, et n'y sera nul receu sans examen comme d[it] est, lesquels feront le serment à justice.

(88) Ceux qui ne seront instituez ausdites charges ne pourro[nt] s'ingérer à conduire, faire entrer ou sortir aucun navire de [s]ports et havres, sur peine de punition corporelle : bien pourro[nt] lesdits maistre ou pilotes prendre tel nombre de mariniers qu[']adviseront bon pour faire les manœuvres, sans qu'autres que le[s]dits maistres ou pilotes jurez y commandent.

(89) Défendu sur peine de dix escus d'amende, applicab[le] comme dessus, et de punition corporelle ausdits pilotes, et lam[a]neurs aller au devant des navires qui prétendent entrer en [nos] ports et havres, plus loing que la rade de la mer, ny contraind[re] les marchans ou maistres des navires, promettre ou bailler dava[n]tage que le prix qui sera arbitré par nostredit admiral ou ses [offi]ciers, présence des gens à ce cognoissans, nonobstant tou[tes] pactions qui en pourroient avoir esté faites au contraire : a[u]qu[e]lles ne voulons lesdits juges y avoir aucun égard.

(90) Les maistres de navires pourront estre contraints de prendre pilote ou lamaneur pour entrer ou sortir hors desdits havres s'il leur semble, excepté toutesfois les estrangers, et où ils auroient pris quelqu'un pour entrer en iceux, ne seront astreints de le reprendre au sortir, ains demeurera en leur option choisir tels qu'ils aviseront bon, sans qu'ils soient tenus payer aucune chose à ceux qu'ils n'auront employez pour ledit fait. Et néanmoins si un pilote ou lamaneur a marchandé et entrepris mettre un navire hors ou dedans nosdits havres, lui est défendu l'abandonner qu'il ne soit anchré au quay, ou que sortant il soit en pleine mer, et ce sur peine de punition corporelle et de tous despens, dommages et intérests, au payement desquels ils sont contraints et par corps.

(91) Défendu aussi sur les mêmes peines à toutes personnes entrer de jour ou de nuit dedans les navires outre le gré des maistres d'iceux, si ce ne sont ministres de justice, et à eux et autres aussi défendu de prendre aucune chose dans iceux navires, soit poisson ou marchandise contre la volonté dudit équipage, à peine de punition corporelle et autres amendes arbitraires.

(92) Défendu aussi aux capitaines, maistres, tiercemens, mariniers et tous autres, de descharger de nuict aucunes marchandises ny autres choses, aux rades, ports, havres, ou dans les rivières sur peine du fouet, et seront lesdits capitaines, maistres, et ayans charge tenus par emprisonnnement de leurs personnes, respondre de tous despens, dommages et intérests, en cas de contravention, lesquelles peines seront aussi exécutées contre les receleurs et réceptateurs desdites marchandises, et autres choses deschargées.

(93) Nostredit admiral ou son lieutenant taxera présence de gens à ce coignoissans le salaire de ceux qui se nomment trainneurs, qui vont quérir et apporter les personnes et hardes, estans dans les batteaux au bord de la mer, et ne pourront iceux trainneurs prendre plus que ladite taxe, sur peine d'un escu d'amende, applicable comme dessus.

(94) Et afin que toutes personnes trafiquans sur mer puissent avoir certaine cognoissance des droits et imposts qu'ils doivent payer à cause des marchandises qu'ils amèneront ou transporteront hors ce royaume, tant à nous qu'autres seigneurs particuliers, Nous voulons que dans six mois après la publication des présentes, nos fermiers ou receveurs desdits droits, ensemble

ceux desdits seigneurs particuliers soient tenus mettre un tableau en lieu éminent en chaque siége de jurisdiction de ladicte admirauté, contenant la taxe desdits droicts, et s'ils en exigent en plus outre qu'il en soit informé par nostredit admiral ou son lieutenant, pour en faire la punition indicte par nos ordonnances.

(95) Pour éviter aux inconvéniens qui arrivent chacun jour pour l'argent baillé à profit et prins par les mariniers en plus grande somme qu'il ne leur est requis pour leur voyage, défendons tant au bailleur que preneur sur peine de perdition dudit argent et de dix escus d'amende, applicable moitié au dénonciateur, et le reste à nostredit admiral, d'en bailler et prendre qu'en la présence et du consentement du maistre du navire et principal bourgeois, dont sera par eux fait registre pour y avoir recours si besoin est.

(96) Ayans esté advertis de plusieurs abus qui se commettent ordinairement par les calfateurs et charpentiers au radoub et calfat des navires, dont plusieurs vaisseaux sont contraincts relascher et perdre leur voyage, d'autant qu'il n'y a aucuns maistres jurez ny gardes desdicts mestiers, et qu'apprentifs sont receuz à besongner au fond du navire, qui est plus dangereux qu'aux mortes œuvres et tillats d'enhault, nous pour obvier ausdits abus, et à ce que la loyauté en cest endroict soit gardée pour le bien de la chose publique, avons ordonné et ordonnons qu'en chacun port et havre, y aura maistrise de charpentier et calfateur, et que nul ne pourra estre fait maistre que premièrement il n'ait esté apprentif trois ans, et faict chef-d'œuvre en présence des maistres et gardes qui y seront establis par nostre admiral, visadmiral ou autre personnage en ce entendu, que ledit admiral y pourra commettre és lieux où luy et ledit visadmiral ne pourroient vacquer, en présence duquel lesdits maistres et apprentifs feront le serment à ce requis et accoustumé, et ne pourront lesdits apprentifs besongner au fonds desdits navires, ains aux mortes œuvres et tillats. Et quand les fonds d'iceux navires se prendront, l'un des gardes dudit mestier sera tenu y assister, et ainsi que le calfat se fera le recouvrir pour voir s'il y a faute : car s'il s'y en trouve après par sa négligence, nous voulons qu'il soit puny corporellement, attendu que souz la finance de tels hommes, beaucoup de personnes s'en vont, et mettent au hazard de la vie, et aussi sera tenu celuy à qui appartiendra ledit navire payer ledit garde de son salaire à la raison de sept sols tournois pour marée, ou autre somme qui sera arbitrée, en présence desdits eschevins, bour-

bois ou autres personnes à ce cognoissans, par nostredit admiral ou ses lieutenans.

(97) On nous a aussi fait entendre que lesdits charpentiers et calfateurs voyans que pour nostre service, ou d'un particulier, l'on a besoin de recouvrer grand nombre d'hommes de leur mestier pour construire vaisseaux ou faire le radoub d'aucuns, ils ne faillent à rançonner ceux qui ont affaire d'eux, leur faisant payer pour marée huict ou dix, ou autre prix excessif, ce qui ne se doit permettre ne tollérer. A cette cause pour obvier à telles indues exactions, nous voulons que leurs salaires soient limitez par nostredit admiral ou ses lieutenans, présence desdits eschevins, bourgeois ou autres gens à ce cognoissans, ou bien que l'ancien riglement y soit gardé, c'est assavoir, au maistre charpentier et calfateur, qui conduira l'ouvrage depuis le 15 janvier jusqu'au 15 octobre, par chacun jour dix sols tournois, et s'il besogne aux marées, pour chacune marée, six sols à chacun des autres charpentiers et calfateurs, sept sols par jour, et pour marée quatre sols six deniers tournois, et à chacun apprentif, pour chacun jour trois sols six deniers tournois, et depuis le 15 octobre jusques au 15 janvier, audit maistre conduisant l'ouvrage huit sols par jour, et par marée six sols, à chacun desdits maistres charpentiers cinq sols six deniers et pour marée quatre sols, avec défenses d'en prendre ny de leur en bailler davantage que ce qui leur en sera limité, sous peine de trente-trois escus un tiers d'amende, à appliquer moitié à l'accusateur, et moitié à qui il appartiendra, et à tenir prison fermée jusques au plein payement, nonobstant l'appel, et sans préjudice d'iceluy.

(98) Et pour éviter au dégast de bois que font lesdits charpentiers, en faisant la construction ou radoub d'un vaisseau, dont advient souvent de grands inconvéniens, à l'occasion de ce qu'ils amenuisent tellement lesdites pièces de bois qui leur sont délivrées pour employer à leurs ouvrages, afin d'en avoir les coppeaux, qu'iceux navires et vaisseaux en demeurent si foibles, qu'incontinent ils se courbent et arguent, de sorte qu'ils s'asseichent estans chargez. Nous avons très-expressément deffendu et deffendons à tous lesdicts charpentiers de prendre aucuns coppeaux de bois qui leur sera baillé et délivré pour ladite construction ou radoub de navires, encore qu'ils leur feussent donnez par celuy ou ceux qui feront ladite construction ou radoub, et souz peine tant celui qui les prendra qu'à celui qui les donnera, de cent livres tournois d'amende, à appliquer comme dessus, et à tenir

prison fermée jusques au plein payement, nonobstant l'appel, et sans préjudice d'iceluy.

(99) Et pour ce que de nuict y a certains larrons qui vont coupper les cables dont sont tenus nos navires et ceux de nos subjects és ports et havres, qui est cause que souvent plusieurs desdits navires se rompent et perdent, le long des raiz, chose que l'on ne peut descouvrir, et sçavoir dont cela procède, parce qu'il y a des fileurs de cordage qui promptement mettent lesdits cables et amares en estoupes pour calfater navires, ou bien les défilent pour en faire autre cordage : à ceste cause, pour pourvoir à tels abus pernicieux et dommageables, nous avons ordonné et ordonnons que nul ne pourra cy-après faire estoupe de vieil cordage, sans avoir premièrement en la présence du controolleur de la marine ou ses commis, ou autres qui à ce seront commis par nostredit admiral, fait poiser ledit cordage, et sitost qu'il sera changé et mué en autre qualité, il sera encore en semblable poisé derechef és présences des dessusdits ou l'un d'eux, afin de sçavoir dont sera venu ledit cordaige, sur peine de confiscation d'iceluy cordaige et estoupes, dont ils seront trouvez saisis, et de cinquante livres tournois d'amende à appliquer comme dessus.

(100) Et pour autant que nous avons esté conséquemment advertis des larcins qui se commettent chacun jour à l'artillerie de fer battu, et à la ferrure de celle de bronze, à raison de ce que les mareschaux prennent toutes sortes de fer, de quelque lieu et endroit qu'ils leur viennent, sans autrement s'en enquérir ny en faire difficulté, desguisans ledit fer, comme ils veulent selon la façon qu'ils luy baillent pour retenir ledit fer battu, dont nous faisons faire des pièces toutes d'un calibre, lesquelles les mariniers, canonniers et autres changent, et desrobent, et en baillent d'autres en lieu qui n'est pas de semblable valeur et vente, ou bien ayans desrobé des ferrures et chevilles, ils les vendent ausdits mareschaux : à ceste cause pour obvier à tels abus, larcins et déguisemens, nous avons pareillement ordonné et ordonnons, que nul mareschal ne pourra commuer ne changer le vieil fer d'autre façon, sans premièrement le faire sçavoir au commissaire de l'artillerie de la marine, et controolleur d'icelle, ou leurs commis, sur peine de confiscation dudit fer, et de cent livres tournois d'amende, à appliquer moitié à l'accusateur, et l'autre moitié à qui il appartiendra, et à tenir prison fermée jusques au plein payement, nonobstant l'appel, et sans préjudice

d'iceluy. Le tout sans desroger au particulier, et spécial pouvoir donné à nostredit beau-frère, par nos lettres du 23 jour de juin 1581, deuëment vérifiées par tout où besoin a esté.

Si donnons en mandement, etc.

Enregistré au parlement de Rouen, le 17 avril 1584.

Ouy et consentant le procureur-général du roy, soubz les déclarations contenues en l'arrest donné les chambres assemblées, dont présentement lecture sera faicte, et que les coppies ou vidimus d'icelles seront envoyez par les siéges ordinaires des bailliages et de l'admirauté de ce ressort, et lesdites ordonnances imprimées, à ce qu'aucun n'en prétende cause d'ignorance. Et à ladicte cour octroyé acte aux prieur et consuls des marchands, de la déclaration faicte par du Vivier, pour ledit duc de Joyeuse admiral, qu'il consent la cognoissance des polices d'asseurance demeurer ausdits prieur et consuls, parce toutesfois qu'ils donneront advertissement aux officiers de ladite admirauté des déprédations, malversations, crimes et délits, dont ils pourront avoir cognoissance, sur les jugemens desdites polices d'assurance. A pareillement octroyé acte au vicomte de l'Eauë, de l'opposition par luy formée, sur laquelle il se pourvoira suyvant les arrests précédens ainsi que bon luy semblera, etc.

Enregistré au parlement de Paris, le dernier juin 1584.

Soubz les déclarations qui ensuyvent: c'est à sçavoir, pour le regard du deuxiesme article, touchant la cognoissance et jurisdiction dudit admiral, qu'il aura lieu soubz les modifications contenues en l'arrest de la cour, donné sur la vérification des ordonnances de l'admirauté de l'an 1543, vérifiées et publiées par ladite cour, le 21 avril 1584, en conséquence d'autres ordonnances et arrests publiés en icelle et selon la costume du pays. Parce aussi que la cognoissance des polices d'asseurance demeurera aux prieur et consuls establis pour les différents des marchans, suivant l'édict de création et establissement d'iceux, et arrest donné sur la vérification dudit édict, et que les rémissions obtenues pour cas et crimes commis sur la mer et greves d'icelle, seront présentées en ladite cour pour le regard des gentils-hommes et personnes qualifiez, suivant les ordonnances, et par les autres personnes au siège principal de l'admirauté de la table de marbre. Que le troisiesme article sera observé és cas concernans le fait et traficq de la marine seulement. Que le sixiesme article n'aura lieu aux officiers de l'admiraulté dudict siége principal de la table de marbre, lesquels seront receuz par la cour, en la forme accoustumée, et que par le septiesme article ne sera préjudicié à la jurisdiction ordinaire des officiers de l'admirauté, suyvant l'arrest donné sur la vérification du pouvoir dudit duc de Joyeuse admiral, le 12 juillet 1582, aussi que les pourveuz par le roy en tiltre d'office, ne seront tenus prendre aucune attache dudit admiral, mettront néantmoins au greffe des jurisdictions leurs lettres de provisions ou coppie d'icelles, deuëment collationnées aux originaux, suyvant ledit arrest. Et quant aux commissaires que ledit admiral pourroit députer en son absence, n'auront iceux commissaires exercice de jurisdiction au préjudice des juges ordinaires, et officiers de ladite admiraulté. Que le huictiesme article sera publié sans préjudice des droits des seigneurs, ayans pouvoir de poser capitaines ès villes et chasteaux. Sur le contenu au dixième article en sera usé ainsi qu'il est accoustumé. Pour le regard des 20°, 21° et 22° articles ils auront lieu et seront observez selon la coustume du pays et arrest de ladite cour. Quant au 68° article, ladite cour a ordonné que les condamnez pourront appeller à ladite cour des sentences données après le retour des navires, selon qu'en autres cas est observé. Que du contenu au 78° article sera usé suyvant les anciennes ordonnances et observations ès cas mentionnez en iceluy. Et que le 87° article touchant le nombre des lamaneurs aura lieu, si par les eschevins et bourgeois est advisé que la réduction soit nécessaire et se doivent faire, et le tout sans préjudice des jurisdictions ordinaires et droicts d'autruy.

N° 279. — EDIT *de création d'une commission composée de conseillers au parlement de Paris, et à la chambre des comptes, pour connaître des malversations commises en matière de finances.*

Paris, mars 1584 ; reg. au parl. le 25 mai 1585. (Vol. 2 N, f° 208. — Font., II, 684.)

N° 280. — Edit *sur les priviléges des étudians de l'université de Paris* (1).

Saint-Maur, juin 1584. (Rec. des privil. de l'univ. de Paris, p. 43.)

N° 281. — Edit *de suppression de l'office de président honoraire au parlement de Paris, dont était pourvu Dufaur de Pibrac* (2).

Saint-Maur des Fosses, juin 1584; reg. au parl. le 8. (Vol. 2 N, f° 240.)

N° 282. — Déclaration *qui révoque les droits de chauffage et pâturage accordés dans les forêts de l'état* (3).

Saint-Maur, 17 juin 1584; reg. au parl. le 22, et en la ch. des compt. le 6 juillet. (Vol. 2 N, f° 244. — Mém. ch. des compt. 4 A, f° 271.)

N° 283. — Déclaration *contre les auteurs de réunions, associations et ligues contre l'état du royaume, et abolition en faveur de ceux qui y étant entrés s'en retireront* (4).

Saint-Germain en Laye, 11 novembre 1584; reg. au parl. le 20. (Vol. 2 N, f° 342. — Font., IV, 721.)

N° 284. — Edit *portant qu'à l'avenir, il ne sera pas pourvu au remplacement de certains offices* (5), *et déclarant criminels de lèse-majesté et ennemis du repos public, ceux qui tenteraient par mémoire ou supplique le rétablissement de ces offices* (6).

Paris, novembre 1584; reg. au parl. le 20. (Vol. 2 N, f° 333. — Descorbiac, p. 603.)

Henry, etc..... Depuis que la paix qui est, à bon droit, ap-

---

(1) C'est une confirmation des anciennes ordonnances à ce sujet. V. note sur l'édit de François Ier, avril 1515.

(2) Par mort. C'est le même qui a fait l'apologie de la Saint-Barthélemy.

(3) V. ci-devant, note sur l'édit de janvier 1578. Il n'est pas question d'indemnité pour cette révocation. — V. l'ordonn. de 1669 qui exproprie sans indemnité tous les propriétaires des droits d'usage.

(4) La ligue fesait alors des progrès effrayans. Ses principaux agens couraient dans les provinces et enrôlaient secrètement la jeune noblesse. V. à la date de mars 1585, la huitième guerre civile. — Cette déclaration déclare *criminels de lèse-majesté tous les enrôleurs.* — V. sur la défense du port d'armes, l'ordonnance de Charles VIII, 25 novembre 1487 et les notes.

(5) V. l'ordonnance d'Orléans (janvier 1560), art. 30, et la note sur cet art.

(6) Un prince qui porte de pareilles peines ne s'accuse-t-il pas lui-même d'une insigne faiblesse ?

pelée don de Dieu, a, par sa bonté et clémence infinie esté re‑
mise en cestuy nostre royaume pour donner reslache à nos
peuples et subjects des longues misères et calamités, que
des guerres civiles lui ont, à nostre très grand regret, fait sentir
nous n'avons rien eu plus à cœur et en l'entendement que de
restaurer et remettre peu à peu, et néantmoins le plus prompte‑
ment qu'il nous seroit possible, les dommages, dégâts et depra‑
vations que lesdits troubles et divisions auroient pu causer et
amener et comme des défiances et suspicions étoient fort avant
gravées ez cœurs d'une grande partie de nosdits sujets;

Nous avons, premièrement, travaillé et mis peine de l'effacer,
avec la fermeté, continuation et estroite observation de la paci‑
fication et toutes les assurances que nous avons estimé y pouvoir
servir, et que l'on a pu rechercher et désirer de nous. A cette
œuvre tant nécessaire est intervenue la royne nostre très honorée
dame et mère, qui a fait plusieurs et divers voyages en aucunes
provinces et endroits de nostre royaume; ce qui, avec la grâce
de Dieu et notre soin, si heureusement succède que nous esti‑
mons ne rester aujourd'hui rien de doubte de nostre droicte in‑
tention en l'intérieur des gens de bien.

Nous avons après, voulu cognoistre et estre esclaircis à la vé‑
rité des plaintes et doléances de nosdits peuple et sujets, et
sçavoir de quoy ils se sentoient vexés et grévés afin que le mal
congneu nous y puissions appliquer les remèdes propres et con‑
venables, sur cela fut fondé le voiage des commissaires choisis
tant de nostre conseil d'estat que de nostre parlement et chambre
de nos comptes à Paris, et autres dignes personnages que nous
envoyasmes en chacune province de nostredit royaume, par le
rapport desquels ayant entendu ce qu'ils auroient trouvé de l'estat
de toutes choses, nous y avons quand et quand mis la main, à bon
escient; en ce faisant, nous avons pourveu à faire cesser les le‑
vées des gens de guerre qui se faisoient sans nostre congé et
permission et à regler et discipliner nostre gendarmerie et l'in‑
fanterie estant à nostre solde les faisans bien payer pour leur ôter
toute occasion de se débander à la foule de notre peuple telle‑
ment que, grâces à Dieu, nous n'en oyons plus de plaintes.

Nous avons aussi diminué les tailles et levées qui se doivent
faire l'année prochaine de 500,000 livres et plus, et avons davan‑
tage en l'année 1582, par nostre édict du mois de juillet pourveu
à la non vénalité, suppression et réduction des offices de judica‑
ture, tant pour retrancher le nombre effréné des officiers d'icelle

que pour faire rendre à nosdits sujets la justice distributive avec plus d'intégrité.

Et pour ce que nous ne voulons rien délaisser ny omettre de ce qui appartient à la descharge de nostre conscience envers Dieu ny de ce qu'un bon prince, père et amateur de son peuple, peut et doit faire pour son soulagement, et que d'ailleurs nous n'avons autre plus grand soin que de lui faire recouvrer et sentir sous nous et nostre règne un siècle bénin et plein de félicité;

Nous avons advisé et délibéré, d'ôter tous les offices et commissions qu'avons estimé tourner à charge et foule de nostre peuple dont la création et expéditions ont esté faites tant pour la nécessité du temps et des grandes affaires que nous avons eues, que par invention et suggestion d'aucuns qui ont préposé leur commodité et profit particulier au bien de la chose publique de nostre royaume.

A ces causes, de notre propre mouvement, grâce spéciale, pleine puissance et autorité royale, nous avons, par cestuy nostre présent édit, perpétuel et irrévocable, dit, statué et ordonné, disons, statuons et ordonnons.

(1) Qu'il ne sera plus doresnavant par nous ny nos successeurs roys, pourveu aux états et offices, augmentations de gages et droits spécifiés au rôle et articles cy-attachés sous le contre scel de nostre chancellerie, tant à ceux auxquels n'a encore esté pourveu depuis la création d'iceux que à ceux qui viendront cy-après à vacquer, par mort, forfaiture ou autrement, ainsi qu'il est porté par les rôles et articles, les ayant, dès à présent, comme pour lors de ladite vaccation éteints, supprimés et abolis, éteignons, supprimons et abolissons sans qu'ils puissent ores ny pour l'advenir estre remis et restablis, pour quelque cause et occasion que ce soit.

(2) Et outre, par ces mêmes présentes, avons révoqué et révoquons toutes les commissions spécifiées et déclarées auxdits rôles et articles qu'avons fait rédiger en nostre présence, n'ayant, en ce faisant, voulu avoir aucun égard à qui que ce soit des plus grands qui en eussent pû tirer commodité, mais seulement au bien et soulagement de nos sujets déclarant criminaux de lèze-majesté et ennemis du bien et repos de nostre peuple ceux qui bailleront cy-après mémoires et feront poursuite pour le rétablissement et nouvelle création d'offices inutiles et commissions qui seront à la charge et oppression de nostredit peuple.

N° 285. — Lettres-patentes *qui approuvent les statuts des maîtres lapidaires, tailleurs de diamants, rubis, saphirs, etc., et qui confirment leurs priviléges* (1).

Saint-Germain en Laye, novembre 1584; reg. au parl. le 27 mars 1585. (Vol. 2 N, f. 440.)

N° 286. — Déclaration *sur la police des marchands de vins en gros dans la ville de Paris* (2).

Paris, 12 janvier 1585; reg. en la cour des aides, le 8 août. (Corbin, Rec. de la cour des aides, p. 715.)

N° 287. — Édit *qui rétablit les soldats invalides dans les places à eux octroyées dans les hôpitaux de religieux laïcs* (3).

Paris, février 1585; reg. au parlement, le pénultième décembre. (Vol. 00, f° 76. — Font., IV, 947.)

---

(1) Ces lettres-patentes citent des lettres de saint Louis qui avaient accordé ces priviléges, et des lettres de Philippe VI qui les avaient confirmés. Nous n'en avons pas donné le texte dans notre recueil.

(2) V. ci-après les lettres-patentes du mois d'octobre 1587, qui approuvent les premiers statuts des marchands de vin, et la note sur l'édit du mois de mai 1578. — Le traité de la police de Delamarre ne parle pas de la déclaration de 1585.

(3) Il est dit dans le préambule de cet édit, que pour récompenser les services des pauvres capitaines et vieux soldats qui avaient été mutilés à la guerre et qui étaient incapables de continuer leurs services, on leur avait donné des places de religieux laïcs en chaque abbaye et prieuré du royaume; mais que les bénéficiaires desdites abbayes et prieurés, y ayant placé leurs serviteurs et domestiques et autres personnes de leur choix, les soldats infirmes s'en étaient trouvés dépossédés. L'édit de 1585 avait pour objet de les maintenir dans la jouissance de leurs bénéfices, excluant tous ceux qui s'en étaient emparés. V. ci-devant, note sur le mandement du 14 mars 1578, et celui du 27 mars 1586 ci-après. — Henri IV fut le premier roi de France qui s'occupa sérieusement d'assurer le sort aux soldats invalides. Au lieu des places vacantes dans les hôpitaux qui étaient souvent remplies par les serviteurs des religieux, et qui, d'ailleurs, étaient insuffisantes pour tous les militaires blessés, Henri IV, par édits de 1597 et 1604, mit les officiers et soldats blessés à son service, en possession de l'hôpital de l'Oursine, pour y être *logés, nourris et médicamentés*. Louis XIII plaça les invalides à Bicêtre, qu'il érigea en commanderie de St.-Louis. Enfin, Louis XIV, qui dans ses nombreuses guerres fit un si grand nombre d'invalides, sentit le besoin de construire, pour les loger, des bâtimens plus vastes que ses prédécesseurs. V. l'édit d'avril 1674, qui donne des réglemens à l'hôtel royal des Invalides, et qui lui donne, pour administrateur, le secrétaire d'état chargé du département de la guerre.

88. — LETTRES-PATENTES *qui défendent expressément de lever des gens de guerre sans la permission du roi* (1).

Paris, 18 mars 1585; reg. au parl. le 1ᵉʳ avril. (Vol. 2 N, f° 457.)

VIIIᵉ GUERRE CIVILE,

QUATRIÈME DU RÈGNE.

MARS A JUILLET 1585 (2).

(Anquetil, Esprit de la ligue, II, p. 75 et 82.)

---

89. — ÉDIT *de révocation de la commission érigée pour la recherche et punition des abus, et malversations commises en matière de finances* (3).

, mai 1585; reg. au parl. le 21 juin, en la ch. des comptes, le 8 juillet, et à la cour des aides, le 30 août. (Vol. 2 N, f° 494. — Mém. ch. des compt. 8, f° 240. — Font., II, 686.)

90. — ÉDIT *qui révoque ceux de pacification, et qui enjoint à tous les sujets du roi de professer la religion catholique* (4).

; juillet 1585; reg. au parl. le 18. (Vol. 2 N, f° 502. — Font., IV, 343.)

---

(1) V. note sur la déclaration du 11 novembre 1584, et l'édit de 1582 à sa

(2) Cette guerre, qui n'était allumée qu'entre le roi et les catholiques de l'u- (la ligue), se termina par le traité de Nemours (7 juillet 1585), par lequel Henri III s'engagea à ne tolérer dans le royaume d'autre religion que la ca- — V. note sur l'édit de juillet 1585, et la neuvième guerre au mois

(3) V. note sur l'édit de mars 1584. — Cette révocation est motivée sur le peu de charges et accusations qui ont été portées depuis la création de cette com- — Voyez les lettres-patentes de Henri IV, du 1ᵉʳ avril 1594.

(4) V. ci-devant l'édit de mai 1576, et la note sur celui de septembre 1577.

N° 291. — Traité *conclu au nom du roi, entre la reine-mère [et] les seigneurs de la ligue* (1).

Nemours, 7 juillet 1585. (Rec. des traités, II. — Mém. du duc de Nevers, 686.)

IXe GUERRE CIVILE (2).

CINQUIÈME DU RÈGNE.

AOUT 1585. — 3 AVRIL 1589.

(Anquetil, Esprit de la ligue, tom. II, p. 90.)

N° 292. — Lettres-patentes *qui attribuent aux baillis et [au]tres juges ordinaires la connaissance des contestations relatives aux revenus des hôpitaux.*

Paris, 14 août 1585; reg. au parl. le 7 septembre. (Vol. OO, f° 9. — [Fontanon] IV, 957.)

Celui-ci enjoint, sur peine de confiscation de corps et de biens, aux ministres [de] la religion réformée, de sortir du royaume dans le mois de la publication. [La] même peine était prononcée contre les calvinistes, s'ils professaient un [autre] culte que le catholique. — Dès ce moment, la guerre civile fut imminente ([voir] ci-après). C'est une violation de la liberté de conscience. V. l'édit de Henri [II,] 24 juillet 1557, portant peine de mort contre ceux qui publiquement ou secrètement professeraient une autre religion que le catholicisme.

(1) L'objet de ce traité était d'empêcher l'exercice de la religion réformée. V. note sur l'édit ci-après.

(2) C'est cette guerre que les historiens ont appelée guerre des *trois Henri,* parce que le roi de France, le roi de Navarre et le duc de Guise, chef des [sei]gneurs, portaient tous trois le prénom de Henri. — Ce fut la plus longue et [la] plus sanglante des guerres religieuses. Bien que plusieurs traités aient été conclus, et que deux des principaux acteurs aient succombé dans l'intervalle, la ligue n'en continua pas moins ses fureurs ; on peut dire que la guerre ne finit qu'[en] 1598, par la paix générale de Vervins, sous Henri IV. — V. ci-après l'édit [de] juillet 1588 (édit d'union), par lequel le roi s'allie à la ligue contre les calvinistes, et le traité de Tours du 3 avril 1589, par lequel Henri III conclut [un] armistice avec le roi de Navarre.

293. — LETTRES-PATENTES *sur la profession des maîtres d'escrime à Paris* (1).

Paris, décembre 1585; reg. au parl. le 7 janvier 1586. (Vol. OO, f° 84.)

294. — DÉCLARATION *qui permet aux marchands de vins de faire du vinaigre de leur vin gâté* (2).

Paris, décembre 1585; reg. au parl. le 27 juin 1587. (Traité de la police, III, 690.)

295. — LETTRES-PATENTES *pour la poursuite et répression des usuriers* (3).

Paris, janvier 1586. (Chop. de Doman., livr. 2, tit. 7, n° 20.)

296. — ÉDIT *de création de vingt-six offices de courtiers de chevaux dans la ville et banlieue de Paris* (4), *outre les vingt-quatre créés précédemment.*

Paris, février 1586; reg. au parl. le 16 juin. (Vol. 2 O, f° 232. — Font., I, 1021.)

---

(1) Par lettres-patentes de 1567, dont nous n'avons pas donné le texte, Charles IX avait approuvé les statuts des maîtres d'armes. Celles-ci exigent 4 ans de salle, au lieu de deux pour être reçu prévôt maître d'escrime. — L'escrime ne sert de rien à la guerre; c'est donc une provocation aux duellistes. Sur le duel, capitulaire de Charlemagne, de l'an 805; lettres de Louis VII, 1168; ordonnance de St. Louis, 1260; de Philippe IV, 1306; du même, mandement de 1307, qui abolit le duel judiciaire; arrêt du parlement de Paris de 1386 (V. note dans notre recueil), qui ordonne le duel judiciaire sur une accusation d'adultère; de Charles VI, lettres-patentes de juin 1409, qui prohibent le duel. — V. les édits de Henri IV, avril 1602, juin 1609; de Louis XIV, août 1679; déclaration du 14 novembre suivant, et celle du 28 octobre 1711; de Louis XV, février 1723. Le code pénal de 1791, aussi bien que celui de 1810, est muet en apparence sur le duel, si toutefois il n'est pas puni comme homicide. — Une loi est proposée pour la session de 1829.

(2) V. note sur l'édit de mai 1578, et ci-après celle sur la déclaration d'octobre 1587. Cette déclaration cite un édit de 1567 dont nous n'avons pas donné note.

(3) Ces lettres nous semblent apocryphes. Chopin qui en parle, n'en donne pas le texte, et nous ne l'avons retrouvé nulle part. V. ci-devant celles du 6 octobre 1576, et la note.

(4) V. note sur l'édit de Charles IX, juin 1572. — Cette nouvelle création est fondée sur l'extension qu'avait prise le commerce de chevaux à Paris. V. ci-dessus, sur le courtage, arrêt du conseil du 15 avril 1575, et les lettres du 17 1598.

N° 297. — LETTRES-PATENTES *qui approuvent une bulle du pape par laquelle le clergé de France est autorisé à aliéner partie de son temporel* (1).

Paris, 22 février 1586; reg. au parl. le 27 mars. (Vol. O O, f° 129. — Font. IV, 967. — Mém. du clergé, IV, 765.)

N° 298. — ÉDIT *portant que la lésion du tiers dans la vente des biens du clergé pourra donner lieu à rescision* (2).

Paris, février 1586; reg. au parl. 9 mai. (Vol. O O, f° 161. — Font., IV, 962. Mém. du clergé, IV, 845.)

N° 299. — ÉDIT *de création d'offices héréditaires de procureurs postulans dans toutes les juridictions royales* (3).

Paris, mars 1586; reg. au parl. le 16 juin, et en la ch. des compt. le 26. (Vol. O O, f° 191. — Mém. ch. des compt., 4 C, f° 229.)

N° 300. — ÉDIT *qui rétablit dans chaque ville jurée du royaume un bureau chargé de visiter les marchandises y introduites, et qui enjoint à tous les marchands regnicoles ou étrangers de soumettre leurs marchandises à cette visite avant de les mettre en vente* (4).

Paris, mars 1586; reg. au parl. le 16 juin. (Vol. O O, f° 200. — Font., 1026.)

---

(1) Cette aliénation avait pour objet de fournir au roi une subvention de cent mille écus de rentes, tant que durerait la guerre civile. — V. note sur l'édit ci-après.

(2) Dans le préambule de cet édit, Henri III demande pardon au clergé d'avoir été forcé par le malheur des tems *avec le bon vouloir néanmoins et consentement de nos saints pères, de mettre en vente quelques parts et portions de nos revenus et domaines.* En récompense, il ordonne que : « Sans s'arrester aux contrats, ventes et adjudications faites des parts et portions du domaine, biens et revenus dudit clergé, où se trouvera y avoir lésion d'un tiers, les archevêques, évêques, etc., pourront rentrer dans leursdits biens. » — Le code civil n'admet que la lésion des 7/12, et jamais cette lésion n'est admise pour les ventes nationales. — Const. du 22 frimaire an 8, charte de 1814.

(3) V. les édits de Henri II, du 29 juin 1549; de François II, 29 août 1559, de Charles IX, 16 juillet 1572; note sur l'édit du mois de juillet ci-après. — Le principe de l'hérédité est consacré par l'article 91 de la loi du 28 avril 1816, mal interprété par une circulaire de 1817, comme rétablissant la vénalité des charges de magistrature. Les offices ministériels sont des entreprises industrielles et non des emplois publics.

(4) Cet édit fut rendu, dit le préambule, sur les plaintes des marchands des villes jurées pour détruire le colportage. — V. discussion sur le colportage, chambre des députés, séance du 21 février 1829.

N° 501. — Mandement *pour l'exécution de l'édit qui rétablit les soldats invalides dans les places de religieux laïcs* (1).

Paris, 27 mars 1586; (Font., IV, 948.)

Henry, etc. Par nostre édict du mois de février 1585, cy attaché soubs nostre contrescel, pour les considérations y contenuës, nous aurions inhibé et défendu à toutes personnes, de quelque qualité et condition qu'ils soient, de tenir et eux immiscer en la jouissance des places de religieux laiz, és abbayes et prieurez de cestuy nostre royaume, fors toutesfois les soldats estropiez, vieux et caducs, qui auront esté blessez, navrez et estropiez és guerres au service de nos prédécesseurs roys, et de nous, ainsi qu'il seroit certifié par les chefs et capitaines, sous lesquels ils auront fait ledit service, et esté blessez, et aux abbez et prieurs de les y recevoir, ny leur bailler aucune pension, quelques provisions qu'ils en eussent obtenuës de nous, ou puissent obtenir cy-après, que nous aurions révoquées, lequel nostre édict auroit esté vérifié en nostre cour de parlement de Paris, et désirant qu'il sorte son plein et entier effect, et pourvoir promptement aux abus qui se sont cy-devant commis, et se pourroient cy-après commettre en la possession et jouissance desdites places, par aucune instance de ladite qualité, contre nostre vouloir et intention, et au préjudice desdits soldats estropiez, vieux et caducs; de l'advis de nostre conseil :

Vous mandons, commandons, et à chacun de vous enjoignons par ces présentes, que nos procureurs en vos siéges appellez, vous transportiez en toutes et chacunes les abbayes et prieurez de cestuy nostre royaume, chaux en vostre ressort, pour informer diligemment, et bien de ceux qui tiennent et occupent lesdites places de religieux laiz, n'estans de la qualité susdite, les débouter d'icelle, saisir et arrester leurs pensions des mains des receveurs et fermes desdites abbayes, et autres qu'il appartiendra, sur les deniers desquels les frais qu'il conviendra faire à l'exécution d'iceluy nostredit édict, seront préalablement pourveus, ainsi qu'ils

---

(1) V. ci-devant note sur le mandement du 14 mars 1578, et celle sur l'édit de février 1585.

seront par vous taxez. Et à ce nous voulons lesdits receveurs, et autres qu'il appartiendra, estre contraints par toutes voyes et manières deues et raisonnables : nonobstant oppositions où appellations quelconques, et sans préjudice d'icelles pour lesquelles ne voulons estre différées : car tel est nostre bon plaisir.

N° 302. — Edit *portant que chaque ville du royaume sera tenue de nourrir et entretenir ses pauvres sans les laisser vaguer d'un lieu à autre* (1).

Paris, mai 1586; reg. au parl. le lendemain. (Vol., O O, f° 163. — Font., I, 924.)

Henry etc. Comme durant ceste cherté et disette de vivres que nous voyons de présent en nostre royaume, pour aucunement remédier aux désordres qui à cause d'icelle croissent de jour en jour, et inconvéniens qui peuvent advenir par le moyen de la grande affluence des pauvres mendians, tant valides qu'invalides, qui viennent et affluent de toutes parts en nostre ville de Paris, des autres villes, bourgs et endroits de nostredit royaume : nous ayons ordonné que certain nombre de nos officiers et autres notables bourgeois de nostredite ville de Paris s'assembleroient, à fin d'adviser ensemblement des moyens propres et convenables pour remédier aux susdits désordres, et pourvoir ausdits inconvéniens. A quoi ils auroient ja travaillé, et donné espérance de quelque bon acheminement. Néantmoins craignans que ce qui sera par eux fait et ordonné pour ce regard ne demeure inutile et sans effect, et nous frustrez de notre intention, si aux autres villes de nostredit royaume n'estoit par mesme moyen remédié ausdits désordres et inconvéniens, et pourveu à la nourriture et entretenement des pauvres d'icelles villes, tant par distribution de deniers et aumosnes envers les pauvres invalides, que par asteliers et œuvres publiques pour les valides, ainsi que plus commodément se trouvera estre à faire. A ces causes, après avoir communiqué de ceste affaire en nostre conseil :

---

(1) V. l'ordonnance de Moulins (1566), art. 73, et celle de Blois (mai 1579) art. 65 et 66. — Celle-ci annonce une disette. — V. l'ordonnance de M. de Beleyme, préfet de police à Paris, du 20 septembre 1828. — Il résulte en effet de la division des propriétés, cette conséquence, que les mendians invalides doivent être assistés par le corps des propriétaires.

avons de l'advis d'iceluy, et de nostre certaine science, plaine puissance et auctorité royale, ordonné et ordonnons, voulons et entendons que les habitans de toutes et chacunes les autres villes de nostredit royaume seront tenus nourrir et entretenir leurs pauvres, sans qu'ils puissent vaquer ny eux transporter de lieu en autre, comme ils ont fait cy-devant, et font encore de présent : ains qu'ils soient contenus dans leurs fins et limites, soit par contribution des habitans ou autrement, et par le meilleur ordre et réglement qu'il sera advisé, conformément à l'ordonnance de nostre très-honoré seigneur et frère, le roy Charles IX, faite à Moulins, en l'an 1566. Mandant à nos amez et féaux les gens tenans nos cours de parlement : baillifs, séneschaux, prévosts, leurs lieutenans, et à tous nos autres justiciers, officiers, maires, eschevins, capitouls, consuls, qu'au plustost ils ayent à commettre et députer quelques-uns d'entre eux, pour s'assembler à fin d'adviser aux moyens les plus propres et commodes pour l'exécution de ces présentes : et que les réglemens qui seront ainsi faits par nos juges subalternes, ils les envoyent incontinent au greffe de nosdits parlemens selon leur ressort, pour cognoistre de quel zèle, affection et diligence ils auront vacqué à ce que dessus.

Voulons et ordonnons que ce qui sera par eux fait et advisé pour ce regard, soit exécuté nonobstant oppositions ou appellations quelconques et sans préjudice d'icelles.

N° 303. — Edit *de création de substituts des procureurs généraux en chaque cour souveraine* (1).

Paris, mai 1586; reg. au parl. le 16, et en la ch. des comptes le 26 juin. (Vol. OO, f° 251. — Mém. ch. des compt. 4 C, f° 233. — Font., I, 34. — Joly, I, 6. — Néron, I, 669.)

Henry, etc. Comme pour le bien et utilité de nos subjets en l'administration de la justice, nos prédécesseurs roys ayent faict plusieurs bons reiglemens, et estably, créé et érigé les offices qu'ils ont pensés nécessaires à la prompte expédition et vuidange des procez, et néantmoins sommes deüment advertis de ce qui se passe journellement en nos cours de parlement, et autres nos jurisdictions au faict de la justice : mesmes que nos procureurs généraux admettent à leurs parquets, et prennent pour leurs

(1) Pareille création eut lieu pour les sièges inférieurs.

substituts des advocats, lesquels postulans et manians les affaires du commun, se chargent des informations, procez civils et criminels des parties, pour lesquelles le plus souvent ils ont escrit, playdé et consulté au grand dommage de nos subjets, dont peut advenir plusieurs inconvéniens. Aussi que lesdits substituts pour se préparer de faire leur raport devant nosdits procureurs et advocats généraux, des procez estans en leurs mains, prennent et se font advancer salaires et espices, voir plus grandes bien souvent que nos conseillers, sans que lesdits salaires viennent aucunement en taxe, ains demeurent en pure perte de ceux qui les ont advancez. A quoi il est nécessaire de pourvoir et remédier, ne désirans moins que nosdits prédécesseurs l'administration et exercice de la justice.

Considérant que le meilleur moyen de parvenir à l'exécution de ce que dit est, et de pourveoir au soulagement de nosdits procureurs et advocats généraux, lesquels journellement pour la multiplicité des grands et urgens affaires, esquels ils sont empeschez pour nostre service, ne peuvent seuls vaquer avoir les procez qui se présentent pour y prendre conclusions, est de leur bailler des substituts qui auront serment à nous et à justice, et seront gens notables, expérimentez, secrets, et qui n'auront aucun maniement des affaires des particuliers, à ce que les parties playdantes puissent plus promptement et fidellement estre expédiées.

(1) Avons par meure délibération des gens de nostre conseil, où ont esté veus les advis qui nous ont esté sur ce donnez, créé et érigé, ordonné et estably; et par ce présent nostre édict perpétuel et irrévocable, créons, érigeons et establissons en tiltre d'office formé, en chacune de nos cours de parlemens, grand conseil, cour des aydes, et autres cours souveraines, où nous avons procureurs généraux des substituts qui s'intituleront nos conseillers et substituts de nos procureurs généraux, qui seront des corps des compagnies où ils seront establis, et y auront entrée pour aller ès greffes tant civils que criminels, se chargeront des informations et procez, pour en faire leur rapport devant nosdits advocats et procureurs généraux, comme auparavant souloient faire les autres substituts : lequel rapport sera modérément taxé par nostredit procureur général, au bas de ses conclusions, ayant sur ce prins l'advis de nosdits advocats généraux, et ce ès procez où il y aura partie civile, et laquelle taxe pourra estre couchée en despence contre la partie qui succombera, les-

quels substituts tiendront registres des conclusions prinses par nosdits procureurs et advocats généraux, pour y avoir recours quand il y escherra : et manieront toutes les affaires de nostre parquet, soubs et en l'absence de nostre procureur général, sigeront les conclusions en ladite absence ou empeschement : iront aux grands jours et chambres que pourrons envoyer de nos cours par les provinces : sans qu'ils puissent playder, consulter sy manier affaires d'autruy. Ausquels à ce qu'ils puissent plus honorablement faire leurs charges, au soulagement des pauvres, et iceux promptement expédier, donnons cent escus de gages par chacun an, qui seront payés par les payeurs des gages et droits de nosdites cours de parlement, grand Conseil, cours des aydes, et autres nos cours souveraines, et employez ès états comme nos autres officiers d'icelle.

(2) Et d'autant que nous craignons que telle occupation ne fust suffisante pour totalement les employer : voulons que outre les rapports des requestes civiles, propositions d'erreurs, procez civils et criminels, qu'ils feront pardevant nosdits advocats et procureurs généraux, ils puissent seuls exclusivement à tous autres, assister aux conseillers de nosdites cours souveraines, à la confection des enquestes, instructions des procez criminels et commissions, sans que les procureurs des parties playdantes puissent doresnavant convenir d'autres adjoints en tous actes de justice, où l'on a de coustume prendre adjoints, pardevant nosdits conseillers de parlement, requestes de nostre palais, que autres juridictions souveraines, que lesdits substituts et ce sur peine de faux : déclarant dès à présent toutes enquestes, commissions, et autres actes de justice, où ils n'auront assisté, après la publication de ces présentes, nulles et de nul effect et valeur : lesquels substituts voulons estre employez en toutes commissions tant ordinaires qu'extraordinaires ès cours et compagnies où ils seront establis.

(3) Et affin que nos subjects puissent plus facilement avoir expédition, ordonnons pour nostre parlement de Paris, le nombre desdits adjoints de nos cours souveraines et substituts de nos procureurs et advocats généraux, estre de seize : en nos parlemens de Tholouze et Bordeaux, chacun dix : aux parlemens de Rouen, Dijon, Grenoble, Aix et Bretagne six, et en nostre grand conseil, huict : cours de nos aydes, quatre. Ausquels offices sera par nous dès à présent pourveu et d'oresnavant quand vacation y escherra par mort, résignation ou autrement.

N° 304. — Edit *qui exempte du droit d'aubaine les étrangers qui achèteront des rentes sur l'état* (1).

Paris, mai 1586; reg. au parl. le 13 juin. (Vol. OO, f° 311.)

N° 305. — Edit *de création d'un office de lieutenant particulier en chaque siége du royaume* (2).

Saint-Maur des Fossés, juin 1586; reg. au parl. le 16, et en la ch. des compt. le 26. (Vol. OO, f° 231. — Mém. ch. des compt. 4 G, f° 235. — Font., I, 368. — Joly, II, 1120.)

Henry, etc., les feuz roys François, et Henry nos très-chers ayeul et père, que Dieu absolve, par leurs édicts de l'an 1522 et 1552 auroient pour le bien de la justice et soulagement de nos sujects, créé en chacun bailliage, prévosté, séneschaussée et siége présidial de cestuy nostre royaume, un juge, magistrat et lieutenant général criminel, pour avoir la cognoissance de tous crimes et délits, au préjudice des lieutenans généraux et particuliers desdits siéges et tous autres nos juges, lesquels offices de juges, magistrats et lieutenans généraux criminels, auroient esté deslors des-joincts, des-unis et séparez d'avec lesdits offices de lieutenans civils, généraux et particuliers : ce qui a apporté un grand fruict en l'administration de la justice, pour la briesve expédition qu'en ont eu nosdits sujets, lesquels en recevront encores un plus grand bien en distinguant et séparant la charge desdits lieutenans particuliers, comme il a esté fait desdits lieutenans, sçavoir faisons qu'après avoir mis ceste affaire en délibération avec la royne nostre très-honorée dame et mère, princes et seigneurs de nostre conseil, avons par ce présent nostredit édict perpétuel et irrévocable, dit, statué et ordonné, disons, statuons et ordonnons :

(1) Que lesdits lieutenans particuliers de nosdits baillifs, prévosts et séneschaux, tant en nos siéges présidiaux que royaux, cognoistront à l'advenir du civil seulement, ainsi que font lesdits lieutenans généraux civils, en des-joignant et des-unissant de leursdits offices, la cognoissance et jurisdiction criminelle, et de nos certaine science, grace spéciale, pleine puissance et authorité royale,

---

(1) V. la loi du 14 juillet 1819, et les notes que nous y avons jointes dans notre recueil (année 1819, p. 41).

(2) V. les édits de François 1er, 14 janvier 1522, de Henri II, mai 1552, et 4 février 1557.

(2) Avons créé et establi, créons et establissons en chef et titre d'office formé, en chacun de nosdits siéges présidiaux et royaux un lieutenant particulier, assesseur criminel de nosdits baillifs, prévosts, séneschaux et conseillers en nos siéges présidiaux, lequel portera tiltre de nostre conseiller : et en l'absence du lieutenant général criminel, et comme faisoit ledit lieutenant particulier civil, aura cognoissance de toutes matières criminelles, et de tous les droicts attribuez ausdits lieutenans généraux criminels par lesdits édicts de leur création : tout ainsi que faisoit ledit lieutenant particulier ou assesseur.

(3) Et outre tiendra le premier lieu et séance, tant ausdits siéges présidiaux et royaux, après lesdits lieutenant général criminel, et particulier civil, et au dessus de tous lesdits conseillers desdits siéges, mesme aura voix délibérative en l'audience au conseil, et distribution de procez civils et criminels à son tour et rang ausdits siéges présidiaux ou royaux, où il sera pourveu : cognoistra pareillement en l'absence ou récusation dudit lieutenant particulier civil, et au préjudice des conseillers ausdits siéges de toutes matières civiles, comme en semblable ledit lieutenant particulier civil cognoistra dudit crime en l'absence ou récusation dudit particulier assesseur criminel : et pareillement jouyra de pareils droits et priviléges, authoritez et prééminences que font lesdits lieutenans généraux et particulier civils et criminels pour estre dès-maintenant et à l'advenir pourveu ausdits offices de lieutenans particuliers, assesseurs criminels et conseillers ausdits siéges présidiaux et royaux, par nous et nos successeurs roys, quand vacation y escherra, des personnes idoines et capables.

(4) Et afin de leur donner moyen de bien et soigneusement vacquer au fait de leursdits offices, nous leur avons attribué et assigné, sçavoir à ceux qui seront establis ausdits siéges présidiaux, la somme de trente trois escus un tiers de gages, à prendre sur le payement des gages desdits conseillers présidiaux : et les autres qui seront pourveuz ausdits siéges royaux, de la somme de seize escuz deux tiers de gages, à prendre sur la mesme nature de deniers qui sont payez à nos officiers ordinaires.

Si donnons en mandement, etc.

N° 308. — Edit *de création de nouveaux commissaires au Châtelet, savoir, huit à Paris, quatre dans toutes les villes qui ont un parlement, deux en celles qui ont un siège présidial et un dans les villes de bailliages* (1).

Saint-Maur, juin 1586; reg. au parl. le 16. (Vol. OO f°. 215. — Font. 1, 45. — Joly, II, 1328. — Traité de la pol., liv. 1, tit. 2, ch. 5 et 8.)

Henry, etc. L'une des choses ausquelles nous avons soigneusement prins garde depuis nostre advenement à la couronne, a esté de régler, à l'exemple de nos prédécesseurs, ce qui appartient au bien et repos universel de nos subjets, pour le soulagement desquels nous avons fait plusieurs ordonnances, concernans tant la justice que police de nostre royaume : sur laquelle police nosdits prédécesseurs auroient estimé avoir suffisamment pourveu en nostre bonne ville de Paris, par l'établissement des commissaires de nostre chastelet. Mais pour ce que nostredite ville de Paris est grandement accrue, et qu'il y afflue de toutes parts de nostre royaume, gens de jour en jour, nous aurions resolu augmenter ledit nombre de commissaires jusqu'à quarante, qui sont huict d'augmentation, et en toutes villes de nostre royaume, un ou deux commissaires, pour avoir l'œil au faict de la police, à l'instar, et avec telle puissance que lesdits commissaires au chastelet de Paris.

Pour ces causes et autres considérations à ce nous mouvans,

---

(1) Bien que les officiers créés par cet édit aient été supprimés le 25 juin, cependant comme cet édit énumère les fonctions des commissaires du châtelet, et que ces fonctions sont très-importantes, nous en donnons le texte. L'origine de cette magistrature est très-ancienne; l'édit de création ne se trouve dans aucun recueil; mais les capitulaires de nos rois et les plus anciennes ordonnances en font mention. — V. capit. de Clotaire II, 17 octobre 615; de Charlemagne, 801 et 810; de Louis Ier, 819, 828 et 829; de Charles-le-Chauve, 861, 865 et 870; de Philippe III, 1303; de Philippe VI, 10 avril 1344. Jusqu'au règne de François 1er, ces magistrats portèrent le nom d'enquétaires, enquêteurs, etc. Ce fut ce prince qui par édit du 4 février 1521 (V. la note sur cet édit) leur donna le nom de commissaires examinateurs. — Les fonctions des commissaires du châtelet ont beaucoup de rapport avec celles des commissaires de police institués par la loi du 3 mai 1790. V. les lois des 20 juin, 19, 27 juillet et 11 septembre 1791, 1er juin 1792, 10 octobre 1794 (19 vendémiaire an III), 11 octobre 1795 (19 vendémiaire an IV), 22 mars 1796 (2 germinal an IV), 18 janvier 1798, 1er février, 1er juillet et 27 octobre 1800, 19 mai et 16 juin 1802, 26 août 1806, et le code de procedure civile, art. 587.

nous, par ce présent édict perpétuel et irrévocable, accreu et augmenté, et en temps que besoin seroit, créé et establv, créons et establissons.

(1) C'est à savoir: huit commissaires ausdit chastelet de Paris, quatre aux villes où il y a parlement, deux aux siéges présidiaux, et un en tous les bailliages, séneschaussées, prevostez et jurisdictions royales de nostre royaume, avec semblable pouvoir, que lesdicts commissaires du chastelet, pour avec ceux jà establis, avoir l'œil, regard et cognoissance, de faire inviolablement garder les ordonnances qui ont esté et seront faites pour le faict de la police, sans permettre d'y rien inover ny contrevenir, par quelque personne, ny souz couleur et occasion que ce soit, faire dresser placarts, et tableaux desdites ordonnances pour affiger és lieux publics et éminens, afin que personne n'en prétende cause d'ignorance.

(2) Lesquels commissaires seront tenuz faire une ou deux visitations par chacune semaine par les villes et lieux de leurs charges, veoir et cognoistre des contraventions à nos ordonnances, soit par les boulengers, hosteliers, cabaretiers, chartiers, marchands de bois, foin et feurre, visiter les poids, mesures, aulnages, faire ouvrir les magazins à bled, en temps de cherté et stérilité, selon la nécessité publique.

(3) Aussi faire paver et nettoyer les rues, et autres choses concernans le fait et administration de ladite police, prendre et mener prisonniers les oiseux et vagabons, et autres qui se trouveront chargez, et ausquels il y aura suspicion de fuitte, et de tout ce qu'ils auront trouvé, faire rapport aux lieutenans-généraux, civils, prévosts desdits bailliages, sénéchaussées et autres jurisdictions, és lieux où le réglement de la police leur appartient, à l'instar, comme dit est, des commissaires de nostre chastelet de Paris, et aux consuls, maires et eschevins des villes, où la police leur est commise et attribuée d'ancienneté.

(4) Et afin de donner moyen ausdits commissaires de s'entretenir esdites offices, nous voulons et leur permettons qu'ils puissent faire la mesme charge et vacation qu'ont accoustumé faire les enquesteurs et examinateurs de ce royaume : sçavoir est, de faire enquestes et informations, et vaquer à l'audition et closture des comptes des mineurs, à l'instar desdits commissaires de nostre chastelet de Paris. Sans toutefois qu'il leur soit loisible prendre pour greffier ou scribe, autres que les greffiers ordinaires, leurs clercs et commis de la justice ou jurisdiction,

où lesdits greffiers seront establis, à peine de nullité, et de cent escus d'amende.

(5) Joüyront semblablement lesdits officiers tant et si longuement qu'ils seront pourveuz desdits offices, de l'exemption et affranchissement de nos tailles, emprunts, subsides et contributions ordinaires et extraordinaires, et seront appelez comme les juges és assemblées des villes, pour dire leur advis en ce qui sera ordonné des deniers communs et patrimoniaux et passé aux ordonnances qui en seront faites : sans lesquels advis, lesdits eschevins et autres desdites villes ne pourront passer ny faire aucune distribution de deniers ou adjudication de fermes et droicts qui se lèvent, ny aux adjudications des réparations, desquelles adjudications ils dresseront estat, pour éviter aux abus et malversations qui se commettent ordinairement, tant à la recepte que despense desdits deniers d'octrois et patrimoniaux.

(6) Et à ce que lesdits commissaires s'acquittent fidellement de leur charge au bien de nostre service et soulagement de nos subjets, avons attribué et ordonné, attribuons et ordonnons, sçavoir aux quarante commissaires de nostre Chastelet de Paris, six escus deux tiers de gage à chacun, ensemble quatre deniers pour livre, comprins les trois deniers pour livre que nous leur avons cy devant accordé prendre sur les deniers des adjudications qui se font au Chastelet de Paris, et ce deslors de l'érection du receveur des consignations.

(7) Et pour le regard des commissaires establis aux autres villes, avons attribué et ordonné, attribuons et ordonnons à chacun d'iceux de gages ordinaires, la somme de trente trois escus un tiers, lesquels nous ordonnons estre pris et payés chacun an, en nos receptes ordinaires et particulières des bailliages et sénéchaussées des lieux où ils seront establiz : Et où il n'y auroit fonds pour ce faire, nous ordonnons aux thrésoriers généraux de France, en chacune généralité, de l'assigner et prendre sur les plus clairs deniers desdites receptes, ou des receptes générales de nos finances.

Si donnons, etc.

N° 307. — ÉDIT *qui permet à tous possesseurs d'offices vénaux de les céder à personnes capables sous condition de survivance pour le cédant en cas de prédécès du cessionnaire, et pour sa veuve et enfans dans le cas où il décèderait le premier* (1).

Paris, juillet 1586; reg. au parl., le 21 et en la ch. des comptes le 23. (Vol. OO. f° 267. — Mém. ch. des compt., 4 C., f° 275. — Font. IV, 870.)

N° 308. — DÉCLARATION *qui permet aux présidens du grand conseil de posséder chacun un office de maître des requêtes ordinaires de l'hôtel du roi.*

Paris, 25 septembre 1586; reg. au parl. le 23 octobre. (Vol. OO. f° 369.)

N° 309. — LETTRES *qui confirment et approuvent les statuts des maîtres pelletiers et fourreurs de la ville de Paris.*

Saint-Germain-en-Laye, novembre 1586; reg. au parl., le 27 janvier 1587. — (Vol. OO, f° 415.)

N° 310. — DÉCLARATION *sur les hôpitaux et maladreries du royaume* (2).

Paris, 8 mars 1587; reg. au parl. le 4 mai. (Vol. OO, f° 504.)

N° 311. — DÉCLARATION *pour la saisie et vente des biens et revenus des protestans* (3).

Paris, 20 avril 1587; reg. au parl. le 23. (Vol. OO, f° 495.)

N° 312. — LETTRES-PATENTES *pour l'établissement d'un collège dans la ville de Chartres pour l'instruction de la jeunesse* (4).

Paris, septembre 1587; reg. au parl. de Paris, le 16 octobre. (Vol. 2, p. f° 56.)

---

(1) Il est dit dans le préambule que cet édit avait pour but de remplacer celui qui avait créé des offices héréditaires, sur lequel des remontrances avaient été faites au roi. (V. ci-devant au mois de mars.) — Le roi se réservait sur les échanges d'offices le droit *de tiers denier*. V. note sur l'édit précédent du mois de mars.

(2) V. l'édit de François Ier, du 19 décembre 1543 et la note.

(3) C'est la confirmation de l'édit de juillet 1585, qui défend l'exercice de la religion réformée.

(4) C'est l'approbation d'une institution par l'évêque de Chartres, sous le nom de collége. On lui accorda les mêmes priviléges qu'aux colléges de l'université de Paris. V. note sur les lettres patentes de François Ier, 1515.

N° 313. — Edit *de création d'huissiers audienciers en chaque juridiction du royaume* (1).

Paris, septembre 1587; reg. au parl. le 26 novembre. (Vol. 2 P, f° 80. — Font. 1, 525 et II, 960. — Joly, II, 1540.)

N° 314. — Edit *portant que les étrangers faisant la banque ou le commerce seront tenus de prendre, moyennant finance, des lettres de provision tenant lieu de lettres de naturalité, et qui annulle les lettres précédemment accordées* (2).

Paris, septembre 1587; reg. en la ch. des compt. le 26 octobre. (Mém. ch. de compt. 4 O, f° 452. — Fout. 1, 1013.)

Henry, etc. Comme ce royaume ait esté, entre toutes les monarchies, estimé grand et célèbre pour la liberté que nos prédécesseurs roys ont donné non seulement à nos subjects, mais à tous estrangers d'y habiter en seureté et faire traffic et commerce, ayant favorisé ceux qui se sont venus rendre sous leur obéissance et laissé jouyr d'infinis privilèges qui a fait que grand nombre d'estrangers se sont retirés en iceluy où ils ont apporté leurs facultés et moyens. Et à ceste occasion, se sont enrichis et augmentez en grands biens par leur traffic et commerce qui a donné et donne chacun jour subject à plusieurs de quitter leurs pays et s'habituer du tout avec leur famille en cestuy nostre royaume, prenant de nosdits prédécesseurs et de nous lettres de naturalité; ce que nous considérons et que par ceste liberté avec leur traffic moyen et industrie, joinct l'intelligence qu'ils ont avec toutes nations, cet estat s'est rendu abondant non seulement en toutes sortes de marchandises, mais aussi de ce qui se peut trouver en l'univers et désirer pour le service, utilité et nécessité de l'homme

---

(1) Par l'édit d'institution des sièges présidiaux, f° 1550, il avait été créé un huissier audiencier en chaque siège. Le nombre en avait été augmenté par déclaration du mois d'avril 1557. — L'édit de 1587 en établit dans tous les sièges de bailliages, sénéchaussées, prévôtés, châtellenies, vicomtés, maîtrises gruéries, vigueries et autres juridictions royales. Une discussion s'est établie au sujet des attributions de ces huissiers et des huissiers ordinaires en 1826 et 1827, sur la question de savoir si la notification des jugemens par défaut appartenait exclusivement aux huissiers audienciers. Un mémoire a été présenté à ce sujet au garde des sceaux (Peyronnet). — Il est resté sans effet.

(2) Edit bursal. V. l'ordonnance de Charles IX (janvier 1563), additionnelle à celle d'Orléans, art. 38, et l'ordonnance de Blois, (mai 1579), art. 357. V. le code des Aubains et l'ordon. de 1585 qui accorde droit de naturalité à ceux qui ont des rentes sur l'état.

par ladite négociation ; nous, estans meus des mesmes considérations que nos prédécesseurs, désirans, en tant que faire se peut, traiter favorablement les estrangers et leur donner occasion de plus en plus s'habituer ès terres de nostre obéissance, les voulans faire jouyr des mesmes privilèges, droits et franchises que s'ils estoient nos subjects naturels et regnicoles.

Considérans le service et assistance que nous avons tiré d'eux en l'urgente nécessité de nos affaires, en quoy les avons recogneuz autant affectionnez à nostre service que nosdits subjects qui nous occasionne de les favoriser et gratifier : laquelle grâce nous n'entendons seulement départir ausdits estrangers qui font seulement le fait de marchandise, mais aussi à tous banquiers et courretiers estrangers, tant ceux qui font traffic et exercent la banque seulement, desquels nous et nos subjects recevons beaucoup de commodité, spécialement pour le faict de banque, soit pour ce qui concerne les bénéfices, que pour le traffic et commerce des marchandises estrangères, et généralement de tout ce qui se peut comprendre sous le nom de banque, lesquels marchands, banquiers et courretiers nous voulons unir et incorporer avec nosdits subjects par le moyen des privilèges et franchises semblables que nous leur voulons donner et attribuer par cestuy nostre édict, de telle sorte que pour ce regard, il n'y ait aucune différence, estans songneuz et réputez pour vrais subjects en prenant lettres de nous.

Sçavoir faisons que pour effectuer ceste nostre intention et pour rendre le commerce desdits estrangers et banquiers plus facile et leur donner moyen d'augmenter et accroistre leurs biens et facultez ; de l'advis de nostre conseil, ayant fait veoir en iceluy et meurement délibéré de ce que dessus, avons de nostre certaine science, pleine puissance et authorité royale, dit, statué et ordonné, disons, statuons et ordonnons, voulons et nous plaist par cestuy notre édit perpétuel et irrévocable :

(+) Que tous marchands, banquiers et courretiers estrangers, de quelque nation qu'ils soient, resséans et résidans à présent en cestuy nostre royaume, tenans boutique ou magasin, et faisant fait, train et traffic de quelque sorte de marchandise que ce soit par eux ou tierces personnes que l'on tient pour facteurs et entremetteurs seront tenus prendre lettres de nous qui leur serviront et tiendront lieu de lettres de naturalité, par lesquelles leur sera permis de faire tous traffic et marchandise, ouvrir et establir boutique ou magazin conjointement ou divisément, tout ainsi que nos subjects naturels, sans toutesfois que lesdits marchands estrangers puissent en la vente et exposition de leurs denrées et marchandises de la ville de Paris, user d'autres priviléges que ceux qui sont naturalisez et suivant les édits, ordonnances et réglemens faits entre les marchands de ladite ville.

(2) Et moyennant ladite permission, seront tenus chacun d'eux prenant lesdites lettres payer, pour une fois seulement, les sommes que chacun d'eux seront taxez en nostre conseil incontinent après la vérification d'iceluy nostre édit, ainsi qu'il sera par nous advisé; et jusques à ce leur avons interdit et défendu, interdisons et défendons très-expressément ledit traffic, commerce et exercice de banque et courtage, à peine d'amende arbitraire.

(3) Et afin que nous puissions tirer service des moyens en l'urgente nécessité de nosdits affaires, voulons estre comprins en ladite taxe tous ceux desdits estrangers qui font ledit traffic de marchandise, banque et courtage, encores qu'ils aient pris lettres de naturalité, car tel est nostre plaisir, nonobstant tous statuts, ordonnances, priviléges auxquelles pour les considérations susdites et autres à ce nous mouvans, nous avons de nostre grâce spéciale, pleine puissance et authorité royale, dérogé et dérogeons par ces présentes. Et par ce que d'icelles on pourroit avoir affaire en plusieurs et divers lieux, nous voulons qu'au vidimus d'icelles fait soubs scel royal ou coppie collationnée par un de nos amez et féaux notaires et secrétaires, foy soit adjoustée comme au présent original.

Si donnons, etc.

N° 315. — LETTRES-PATENTES *qui érigent en communauté les marchands de vin de Paris et qui approuvent leurs statuts* (1).

Paris, octobre 1587; reg. au parl., le 6 août 1588. (Traité de la police, tom. III, p. 692, vol. 2, P. f° 166.)

---

(1) Confirmés par Henri IV, avril 1594. — V. ci devant note sur l'édit de 1578, et sur la déclaration du 12 janvier 1585. — V. le décret du 15 décembre

N° 516. — LETTRES *de provision de l'office d'amiral de France vacant par la mort d'Anne de Joyeuse, en faveur de Jean Louis de Nogaret de la Valette* (1).

Paris, 7 novembre 1587. (Blanch. Compil. chronologique.)

N° 517. — EDIT *confirmatif de ceux faits par François I, Henri II et Charles IX sur le fait des eaux et forêts* (2).

Paris, 9 avril 1588; reg. au parl. le 7 septembre. (Baudrillart, rec. des réglemens forestiers, tom. 1ᵉʳ, p. 20. Blanchard, compil. chron.)

N° 518. — LETTRES *d'érection du comté de Mont-Bason en duché-pairie* (3).

Paris, mai 1588; reg. au parl. le 27 avril 1589, et en la ch. des comp., le 7 mai. (Vol. des ord. reg. au parl. de Tours, coté 29, f° 6. — Coquille des pairs de France, p. 534.)

N° 519. — MANDEMENT *au prévôt de Paris pour la convocation des trois états du royaume à Blois* (4).

Chartres, (5) dernier mai 1588, publ. le 17 juin à son de trompe et cri public.
(Font. IV, 728.)

Nostre amé et féal, chacun peut et doibt assez cognoistre quel a esté tousjours nostre soing paternel envers noz bons subjects, comme nous avons embrassé leur bien, repos et tranquillité, avec toute affection qui se peut remarquer en un prince qui n'a rien de plus cher et particulièrement recommandé. Toutesfois

---

(1) Joyeuse, l'un des mignons les plus chéris de Henri III ayant été tué à la bataille de Coutras, le roi fit passer sur un autre de ses mignons la charge d'amiral.

(2) Voy. ces ordonnances à la date de mars 1515, février 1554 et 4 juillet 1567. — Les registres du parlement ne donnent même pas le titre de cet édit.

(3) C'est le 2ᵉ des titres de Pairie auj. existans. V. la liste de 1814. En Angleterre presque toutes les anciennes pairies sont éteintes et ne datent que du règne de Georges III. Il y a un recueil à ce sujet avec les armoiries. (2 vol. in-8°.) — V. lettres de janvier 1572, qui érigent la maison d'Usez en duché-pairie.

(4) Des mandemens semblables furent adressés aux prévôts et baillis des provinces. V. les états de 1576 et 1577 et ci-après 16 octobre 1588, v. aussi les états de la Ligue; octobre 1592 et année 1593; assemblée de notables tenus sous Henri IV, 4 nov. 1596; id. 1597; les états de 1614 sous Louis XIII, qui furent les derniers jusqu'en 1789.

(5) Le roi était sorti de Paris le 13 mai, le lendemain de la journée des barricades.

nous sçavons, à nostre très grand regret, qu'ils n'en ont senti les effects tels que nous eussions bien désiré ; et ce par l'occasion du renouvellement des troubles advenus lorsque nous estimions avoir mieux assuré leur tranquillité par une paix publique ; et que nous avions commencé de pourvoir à la réformation et restablissement de plusieurs choses, que le malheur des guerres avoit auparavant desréglées, dont, si pour un peu de temps l'on avait ja commencé de gouster quelque agréable fruict, il est aisé à juger qu'il se fust senti beaucoup plus grand, sans un si soudain changement. Ce qu'il faut imputer à une vraye punition de Dieu, qui a voulu continuer sur nous l'exercice de ses verges, pour nous recognoistre encores indignes du bien de paix, duquel il nous a accoustumé de doüer et benir ceux ausquels il veut faire cognoistre sa faveur spéciale. Et pour ce que plus nous allons avant, plus nous voyons nous accroistre noz maux, et toutes choses aller en tel désordre et confusion, que en peu de temps, s'il n'y est bien tost pourveu, il ne se recognoistra plus aucuns vestiges de la face et grandeur de cestuy nostre royaume, qui souloit estre admiré par toutes les nations estrangères ; nous avons estimé convenir à l'amour et affection paternelle que nous portons à nos subjets, de penser bien avant aux moyens qui pourroyent estre recherchez pour y apporter quelque remède salutaire. Mais après y avoir meurement considéré, nous avons jugé n'y pouvoir tenir un meilleur chemin que celuy qui a esté praticqué par nos prédécesseurs roys, lesquels parmy les grands désordres survenuz durant leurs règnes, qui ne se peuvent quasi comparer à ceux qui sont maintenant, d'autant qu'il semble les surpasser, ont recouru à une tenue des estats généraux du royaume, laquelle se trouve aujourd'huy plus requise et nécessaire qu'elle ne fut oncques.

Et pour ceste cause, nous vous advertissons et signifions, que nostre volonté et intention est de commencer à tenir les estats libres et généraux des trois ordres de nostredit royaume, au 15 aoust prochain, en nostre ville de Bloys, où nous entendons que se trouvent aucuns des plus notables personnages de chacune province, bailliage et sénéchaussée, pour en pleine assemblée nous faire entendre les remontrances, plaintes et doléances de toutes personnes, proposer librement et sans entremesler aucunes praticques, pour favoriser les passions particulières de qui que ce soit ; ce qui sera plus propre et convenable pour du tout estreindre et abolir les divisions qui sont entre noz subjects, mes-

entre les catholiques, et parvenir à un bon et asseuré repos, avec lequel nostre saincte religion catholique soit si bien restablie, et toutes hérésies repurgées et extirpées de nostre royaume, que nos subjects n'ayent plus d'occasion d'y craindre changement, tant de nostre vivant qu'après nostre décez.

Sur toutes lesquelles choses et autres qui pourront estre mises en avant, pour la remémoration de ce qui a esté dépravé durant le malheur des guerres, tant en l'estat de l'Eglise, de la noblesse, tiers estat, que de la justice, police et finances, et généralement par tout ce qui appartiendra au bien universel de nostre royaume : nous entendons prendre une bonne et salutaire résolution de laquelle nous ne nous départirons jamais, ains en embrasserons l'exécution avec telle fermeté, affection et persévérance, que nul respect, quel qu'il puisse estre, ne nous en pourra démouvoir.

Doncque pour parvenir à ceste nostre saincte et droicte intention, nous voulons, vous mandons, et très expressément enjoignons, que, incontinent la présente receuë, vous ayez à faire publier à son de trompe et cry public, la tenue desdits estats, et par mesme moyen convoquer et assembler en nostre bonne ville de Paris, dedans le plus brief temps que faire se pourra, tous ceux des trois estats de vostre ressort, ensemble le corps commun de nostre ville, ainsi qu'il est accoustumé faire, et que cy devant s'est observé en cas semblable, pour conférer et communiquer ensemblément, tant des remonstrances, plaintes et doléances, que moyen et advis qu'ils auront à proposer en l'assemblée générale de nosdits estats, sans avoir esgard ny considération à aucune autre chose qu'à promouvoir ce qui sera par iceux jugé proffitable au bien public de nostredict royaume ; et se fait choisir et nommer un d'entr'eux de chacun ordre, et un dudit corps commun, selon qu'il est accoustumé, qu'ils envoyeront et feront trouver audit 15 d'aoust prochain, en nostre ville de Bloys, avec amples instructions et pouvoirs suffisans, pour, selon les bonnes, anciennes et loüables coustumes de nostredit royaume, nous faire entendre de la part desdits estats, tant leursdictes plaintes et doléances, que ce qui leur semblera propre et commode pour la restauration de ladicte religion catholique en son entier, et la conservation de nostredicte authorité souveraine en sa pristine dignité et splendeur, sans laquelle toutes choses demeurent confuses, et généralement tout ce qui se pourra mettre eu avant pour le bien public de nostredit royaume, et soulagement d'un chacun.

Aussi viendront-ils garnis des moyens qui leur sembleront propres et moins dommageables, pour ayder à entretenir dignement nostre estat, et délivrer aucunement nostredit royaume de la grande nécessité en laquelle il est réduict à présent, à nostre très grand regret, les asseurant que nous sommes très résolus de suyvre telles réformations et réglemens qui se trouveront estre requis et nécessaires pour le tirer de ceste nécessité ; avec intention de ne nous dispenser ny autre quel qu'il soit d'un seul poinct, de ce qu'en une si notable assemblée aura esté par nous délibéré, conclu et arresté. (1). De laquelle entendons l'entière fin et conclusion estre dirigée premièrement à l'asseurance et manutention de ce qui appartient à l'honneur de Dieu, par la restauration et establissement général de nostredite religion catholique, apostolique et romaine, la réformation des choses qui ont esté dépravées à l'occasion des guerres, en la discipline ecclésiastique, la justice, police, et les finances, puis à la manutention de la révérance et obéyssance qui est duë à nostre authorité royalle, sans laquelle (ainsi qu'elle est ordonnée de Dieu) les peuples ne peuvent bien consister, ni tous autres estats estre contenuz és termes de leur devoir.

Comme nous voulions signer la présente, nous avons jugé que pour donner plus de loisir de faire l'assemblée pour venir ausdicts estats il estoit nécessaire de proroger le terme jusques au 15e jour de septembre; ce que nous avons ainsi advisé, afin que l'on n'y faille point, et que l'on s'y trouve précisément audit 15 septembre, en nostre ville de Bloys.

N° 320. — Edit *de renouvellement de l'union du roi avec les princes et seigneurs catholiques du royaume* (2).

Rouen, juillet 1588; reg. au parl. le 21, sans protestation. (Vol. 2 P. f° 149. — Font. IV, 357. — Hist. des états, I, 141.)

Henry, etc. Considérant l'infinie et spéciale obligation que

---

(1) Le roi ne reconnaît pas aux membres des états voix délibérative, mais seulement consultative.

(2) Cette nouvelle transaction érigée en loi fondamentale, avec la sanction des états-généraux, le 18 octobre, fut rompue au mois d'avril 1589. V. la séance des états du 18 octobre ci-après. Les princes présens au conseil ou fut délibéré

nous avons à Dieu nostre créateur, qui nous a mis en main le sceptre du plus noble royaume qui soit au monde, où la foy de son Fils nostre sauveur et rédempteur Jésus-Christ a esté sainctement annoncée dès le temps des apostres (1), et depuis (2), moyennant sa grace, religieusement conservée aux cœurs des roys nos prédécesseurs, et de leurs subjects, par l'observation, zèle et dévotion qu'ils ont euë à nostre saincte religion catholique, apostolique et romaine (3), pour laquelle dès nos premiers ans nous avons très volontiers exposé nostre propre vie en tous les hazards qui se sont présentez, et depuis nostre advenement à la couronne continuant en nous, et s'augmentant avec l'âge ceste même résolution, n'aurions jamais abandonné ce

---

cet édit étaient, le cardinal de Bourbon, le duc de Guise et autres chefs de la ligue.

(1) Quelle ignorance des faits de l'histoire, dans le chancelier Cheverny, rédacteur! Avant que la religion catholique ait obtenu la liberté du culte public, par l'édit de Constantin, donné à Milan en 312, qu'elle ait reçu une hymne et un symbole au concile de Nicée en 325, qu'elle ait fermé les temples des païens par l'édit de 342, exempté de la juridiction ordinaire ses évêques en 355, infligé la peine de mort à ses adversaires, par les édits de 315, 365, proscrit les Manichéens et autres hérétiques en 372, 375, proscrit l'instruction en 379, et enfin ait été établie religion exclusive en 380 par des édits atroces ; avant, dis-je, 312, il n'y a aucun monument certain sur la succession des évêques : ceux-ci étaient dans tous les cas obligés de se cacher. La religion chrétienne paraît s'être formée après la prise de Jérusalem, an 79 de l'ère vulgaire. A part le passage de Tacite sur l'incendie de Rome, qui paraît interpolé, puisqu'Eusèbe, en 325, ne le connaissait pas, ainsi que celui de Josèphe, qui l'est indubitablement, on ne trouve de monument certain sur les premiers chrétiens, que la lettre de Pline à Trajan. Les Evangiles paraissent avoir été rédigés vers cette époque, d'après l'aveu de Jérôme, et les preuves qu'on en a recueillies. V. Biblioth. grecque de Schoell, 1re édition. Il y a eu beaucoup d'interpolations ; les généalogies notamment passent pour fausses : on peut voir dans les recueils ecclésiastiques la nullité de tous documens avant l'an 100 de l'ère vulgaire. Les premiers écrivains chrétiens, Barnabas le pasteur d'Hermes, Denis l'aréopagite, Clément de Rome, Ignace, sont contemporains de Trajan, ainsi que les faux évangiles, recueillis par Fabricius (Hambourg, 1719). Le voyage de saint Pierre à Rome, et son martyre, sont de toute invraisemblance, et ne sont attestés par aucun témoignage historique, ainsi que la vie des autres apôtres.

(2) Clovis est le premier roi des Francs qui se soit converti à la foi chrétienne, par suite d'un concert entre les évêques des Gaules ennemis des Ariens. Ils livrèrent les Gaules aux barbares. V. notre dissertation, préface du tome 3.

(3) La religion romaine n'a jamais été reçue dans les Gaules. L'église gallicane a toujours eu ses maximes à part ; et ces maximes sont telles, que cette

pensement, comme de chose qui nous est et sera toujours plus chère que de régner et vivre longuement sur la terre.

A ces causes remettant devant nos yeulx ce à quoy le debvoir de bon roy très chrestien et premier fils de l'église, nous oblige, avons résolu toutes autres considérations postposées, de pourvoir tant qu'il plaist à Dieu qu'il soit au pouvoir des hommes, à ce que de nostre vivant il soit estably au faict de nostredicte religion catholique, apostolique et romaine, un bon et asseuré repos, et lors qu'il plaira à Dieu disposer de nos jours pour nous appeler à soy, nous puissions nous représenter devant sa saincte face, portant en nostre conscience que nous n'avons rien obmis de ce, où l'esprit humain s'est peu estendre pour obvier qu'aprez notre decez il n'advienne en cestuy nostre royaume changement ou altération au faict de la religion (1). Voulant pour ceste occasion que tous nos subjects catholiques, de quelque dignité, qualité et condition qu'ils soient, s'unissent et joignent avec nous, pour l'acheminement et perfection d'un œuvre si nécessaire et agréable à Dieu, nous communiquant avec eux et s'unissant à nous pour la conservation de nostre saincte religion, afin que comme nos ames qui sont rachetées d'un mesme prix par le sang de nostre Seigneur Jésus-Christ, nous tous et nostre postérité soyons et demeurions en lui un mesme corps. Ce qu'ayant dès long temps par nous esté mis en considération, et eu sur tout le bon et très-prudent advis de la royne nostre très-honorée dame et mère, des princes et seigneurs de nostre conseil (2) : avons voulu, statué et ordonné, voulons, statuons, ordonnons, et nous plaist, que les articles suyvans soyent tenuz pour loy inviolable et fondamentale (3) de cestuy nostre royaume.

(1) Et premièrement nous jurons et renouvellons le serment par nous faict, en nostre sacre, de vivre et mourir en la religion

---

église ne reconnaît pas le pouvoir spirituel du pape dans toute son étendue. Au reste, la primauté du pape n'est appuyée d'aucun titre certain, dans les premiers siècles de l'église. La religion chrétienne est née en Orient ; Rome ne l'a reçue que tard.

(1) C'est là ce que ni roi, ni pouvoir humain, ne peut faire. On ne prescrit pas contre la liberté de conscience.

(2) La nation n'a donc été pour rien dans cette ligue contre la liberté des cultes.

(3) Il n'y a de loi fondamentale que celle qui est promulguée avec le concours de la nation librement représentée, ou approuvée par un consentement tacite.

catholique, apostolique et romaine, promouvoir l'advancement et conservation d'icelle, employer de bonne foy toutes nos forces et moyens, sans espargner nostre propre vie, pour extirper de nostre royaume, pays et terres de nostre obéyssance, tous schismes et hérésies, condamnés par les saincts conciles et principalement par celuy de Trente, sans faire jamais aucune paix ou trefve avec les hérétiques, ny aucun édict en leur faveur (1).

(2) Voulons et ordonnons que tous nos subjects, princes, seigneurs, tant ecclésiastiques, gentilshommes, habitans des villes et plat pays, qu'autres, de quelque qualité et condition qu'ils soyent, s'unissent et joignent en ceste cause avec nous, et facent pareil serment d'employer avec nous toutes leurs forces et moyens jusques à leurs propres vies, pour l'extermination desdicts hérétiques (2).

(3) Jurons et aussi promettons de ne les favoriser ny advancer de nostre vivant; ordonnons et voulons que tous nos subjects unis jurent et promettent dès à présent et pour jamais, après qu'il aura pleu à Dieu disposer de nostre vie sans nous donner des enfans, de ne recepvoir à estre roy, prester obéissance à prince quelconque qui soit hérétique ou fauteur d'hérésie (3).

(4) Déclarons et promettons de n'employer et pourveoir à jamais aux charges militaires de nostre royaume, que personnes qui seront catholiques, et feront notoirement profession de la religion catholique, apostolique et romaine : et défendons très-expressément que nul soit receu à l'exercice d'aucun office de judicature et de finance en cestuy nostre royaume, pays et terres de nostre obéissance, qu'auparavant il n'apparoisse de sa religion catholique, apostolique et romaine, par l'attestation de

---

(1) Le duc d'York, en Angleterre, ayant déclaré publiquement que jamais il ne consentirait à l'émancipation des catholiques, Brougham, orateur des communes, déclara que lui et tous les Anglais attachés aux libertés publiques, faisaient des vœux pour que jamais ce prince ne montât sur le trône.

(2) Tel était alors le serment du sacre, même à l'avénement de Louis XVI. Louis XVIII, en donnant la charte, qui met tous les cultes sous la protection des lois, a abrogé cette loi barbare et sacrilége. Charles X, à son sacre, en 1825, a juré le maintien de la Charte, et conséquemment pris le contre-pied de Henri III.

Henri IV aurait-il donc pu proscrire à son tour les catholiques, vu leur intolérance?

(3) Ceci était dirigé contre Henri IV ; c'est la-dessus qu'est fondée la légitimité du cardinal de Bourbon (Charles X).

l'évesque ou de ses vicaires, ou au moins des curez ou de leurs vicaires, avec la déposition de dix tesmoins, personnages qualifiez et non suspects. Et voulons que ceste ordonnance soit inviolablement gardée par tous nos officiers, auxquels telles receptions seront addressées, et ce sur peine de privation de leurs estats.

(5) Jurons et promettons aussi à tous nos subjects ainsi unis et joincts avec nous suyvant le commandement que par nous leur en est faict, de les conserver et traicter ainsi que doit un bon roy ses bons et loyaux subjects, défendre et protéger de tout nostre pouvoir tous ceux qui nous ont accompaigné et servy, et ont exposé leurs personnes et biens pour nostre commandement contre lesdits hérétiques et leurs adhérens. Pareillement les autres qui se sont cy devant déclairez associez ensemble, contre eux, lesquels nous avons présentement uniz à nous, et promettons de conserver et défendre les uns et les autres de toutes violences et oppressions dont lesdicts hérétiques, leurs fauteurs et adhérens voudroient user contre eux pour s'estre opposez comme ils ont faict à leurs desseins.

(6) Voulons aussi que tous nosdicts subjects ainsi unis promettent et jurent de se défendre et conserver les uns les autres, souz nostre authorité et commandement contre les violences desdicts hérétiques et de leurs adhérens.

(7) Pareillement tous nosdicts subjects jureront de vivre et mourir en la fidélité qu'ils nous doivent, et d'exposer franchement leurs biens et personnes pour la conservation de nous et de nostre authorité, et aussi des enfans qu'il plaira à Dieu nous donner envers tous et contre tous, sans nul excepter.

(8) Jureront aussi tous nosdits subjects, de quelque dignité, qualité et condition qu'ils soient, de se départir de toutes unions, pratiques, intelligences, ligues et associations, tant au dedans que au dehors de cestuy nostre royaume, contraires à la présente union et à nostre personne et authorité royale, et pareillement à celle des enfans qu'il plaira à Dieu nous donner, sur les peines de nos ordonnances, et d'estre tenuz infracteurs de leur serment.

(9) Déclarons rebelles et désobéissans à nos commandemens, et criminels de lèze majesté, ceux qui refuseront de signer la présente union, ou qui, après avoir icelle signée, s'en départiront et contreviendront au serment que pour ce regard ils ont

faict à Dieu et à nous, et seront les villes qui désobéiront à la présente ordonnance, privées de tous priviléges, graces et octrois à elles accordées par nous et nos prédécesseurs roys, et si en icelles y a cours souveraines, siéges et officiers establis, tant de judicature que de finances, seront transférez aux villes obéissantes, ainsi qu'il sera par nous advisé pour le bien et soulagement de nos subjects (1).

(10) Et afin de rendre la présente union durable et permanente, comme nous entendons faire à jamais ensevelir la mémoire des troubles et divisions passées entre nos subjects catholiques, et esteindre du tout les estincelles qui en pourraient alumer le feu, nous avons en faveur et pour le bien de paix et advancement de la religion catholique, apostolique et romaine, dict et déclaré, disons et déclarons par ces présentes signées de nostre main, qu'il ne sera faict aucune recherche de toutes les intelligences, associations et autres choses que nosdits subjects catholiques pourroient avoir faict par ensemble, tant dedans que dehors nostre royaume, attendu qu'ils nous ont faict entendre et informé que ce qu'ils en ont faict n'a esté que pour le zèle qu'ils ont porté à la conservation et manutention de la religion catholique. Toutes lesquelles choses demeureront esteinctes, assoupies, et comme non advenues, comme de faict nous les esteignons, assoupissons et déclarons telles par cesdictes présentes, et semblablement tout ce qui est advenu et s'est passé les douze et tresiesme du mois de may dernier, et depuis en conséquence de ce jusques à la publication des présentes en nostre cour de parlement de Paris, tant en nostredicte ville de Paris, que és autres villes et places de nostre royaume, comme aussi tous actes d'hostilité qui pourroyent avoir esté commis, prinses de nos deniers en nos receptes générales, particulières ou ailleurs, vivres, artilleries et munitions, ports d'armes, ou enroollemens et levées d'hommes, et généralement toutes autres choses faictes et exécutées pendant ledit temps, et qui se sont depuis ensuivies, à l'occasion et pour le faict desdits troubles, sans que nosdits subjects en puissent estre poursuyvis, inquiétez ni recherchez directement ou indirectement, en quelque sorte et manière que ce soit. Tous lesquels cas nous avons derechef assoupis et déclarez comme non advenus, sans nul excepter, or es qu'il fust besoin les

---

(1) C'est ainsi que parlaient Theodose, Justinien et tant d'autres dans leurs lois.

exprimer et spécifier d'avantage : mesmes que nosdits receveurs généraux, particuliers, fermiers et autres comptables, commis à la recepte d'iceux deniers, demeureront du tout deschargez des deniers de leursdictes receptes et fermes qui ont esté arrestés et prins pour les causes que dessus, depuis ledict douziesme jour de may, en rapportant les mandemens, ordonnances et quittances qui ont esté expédiées à leur descharge : sans que ceux qui auront touché et receu lesdits deniers en soient aucunement comptables envers nous : et lesquels nous avons en ce faisant deschargez et deschargeons par ces présentes, dont sera présentement baillé estat tel qu'il appartiendra, pour servir de contre-roolle à ceux qui prétendront lesdites descharges.

Si donnons, etc.

N° 321. — LETTRES-PATENTES *qui accordent à Henri de Lorraine* (1), *duc de Guise, le titre de lieutenant-général du royaume, et le pouvoir de commander les armées en l'absence du roi* (2).

Chartres, 6 août 1588; reg. au parl. le 26 et en la ch. des compt. le 30. (Vol. 2 P, f° 207. — Font. IV, 729.)

N° 322. — LETTRES-PATENTES *qui accordent à Charles de Bourbon* (3), *cardinal archevêque de Rouen, le pouvoir de créer un maître de chaque métier en chaque ville du royaume*(4).

Chartres, 17 août 1588; reg. au parl., le 26. (Vol. 2 P. f° 109. — Font. IV, 730.)

---

(1) C'est le chef de la faction de la ligue. Il fut assassiné par ordre du roi le 22 décembre 1588.

(2) V. dans notre recueil append. à 1814, p. 526, lettres patentes datées de Ham (28 janvier 1795) qui constituent le comte d'Artois, lieutenant-général du royaume. — V. aussi note sur le décret du sénat du 14 avril 1814, même année, p. 46.

(3) C'est ce vieillard que la ligue a, dans son manifeste de 1589, proclamé roi de France, sous le nom de Charles X.

(4) Délégation d'une prérogative royale.

N° 323. — **Lettres-patentes** *portant commission à François de Montholon* (1), *avocat au parlement de Paris, de l'office de chancelier sous titre de* garde des sceaux de France.

Blois, 6 septembre 1588, rég. au parl. le 28 novembre. (Vol. 2 P, f° 130. — Hist. de la Chancel. I, 234.)

N° 324. — Assemblée des états généraux (2).

Blois, 16 octobre 1588. (États-Généraux, tom. XIV, p. 279.)

Au côté droit du siège du roi, sur un grand marchepied, siège de la reine mère; de l'autre côté, siège de la reine; derrière, les capitaines des gardes, et tout le long de l'échafaud, deux cents gentils-hommes avec haches ou becs de corbin.

A la droite du roi, sur le premier banc, les princes du sang, le cardinal de Vendôme, le comte de Soissons et le duc de Montpensier assis. — Sur le second, les ducs de Nemours, de Nevers et de Retz. — Vis à vis de ces bancs, à gauche, étaient les cardinaux de Guise, de Lenoncourt et de Gondy; et derrière eux, deux pairs d'Eglise, les évêques de Langres et de Châlons.

Devant le grand marchepied, sous le grand dais, siège à bras, couvert de velours violet semé de fleurs de lys d'or, pour le duc de Guise, comme grand maître de France, le dos tourné vers le roi, la face vers le peuple. A gauche, sous le même dais, chaise de Montholon, garde des sceaux. La place de grand chambellan, appartenant au duc de Mayenne, et celle des maréchaux de France, était vide.

Au pied de l'échafaud, à droite de la chaise du roi, table des secrétaires du roi, et devant eux les hérauts à genoux, tête nue. A droite, premier gentilhomme du roi, l'archevêque de Lyon et Miron, premier médecin du roi. A gauche, sur un autre banc, un premier gentilhomme de la chambre et MM. d'Escars, de Souvray et d'O, commandeurs du Saint-Esprit. Sur deux bancs, à droite et à gauche, à l'extrémité du banc des secrétaires du roi, le conseil d'état en robe longue et robe courte. Derrière, à la droite du roi, huit bancs pour les députés du clergé; de l'autre côté, à gauche, neuf bancs pour les députés de la noblesse.

Près de ces bancs, était celui des maîtres des requêtes, et der-

---

(1) Lors de l'entérinement de ces lettres, l'avocat-général Séguier dit que le roi avait voulu prouver par ce choix que dorénavant il entendait *honorer les charges par les hommes et non les hommes par les charges.* « Quand Montholon a plaidé, ajouta-t-il, la cour n'a jamais voulu d'autre assurance de ses plaidoyers que ce qu'il avait mis en avant par sa bouche, sans recourir aux pièces. »

(2) V. la première assemblée de ce règne, novembre 1576. — Cette nouvelle convocation était motivée par les troubles civils.

rière eux, les secrétaires de la maison et couronne de France.

Le tout environné et clos de fortes barrières hautes de trois pieds et qui n'avoient qu'une seule ouverture vis à vis du roi. Dans l'enclos de ces barrières et tout à l'entour, étaient les bancs des députés du peuple.

Le légat, les ambassadeurs, les seigneurs et dames de la cour, étaient sur des galeries fermées de jalousies.

Les députés étaient appelés par un huissier; ils étaient reçus par les hérauts de Normandie, d'Alençon et de Valois revêtus de leurs cottes d'armes de velours violet; ceux-ci les conduisaient à l'entrée des barrières de la salle où les hérauts de Bretagne et de Dauphiné les recevaient et les menaient aux maîtres des cérémonies, les avertissant de quelle province ils étaient députés. Ce fait, ceux-ci leur donnaient place.

Dans l'ordre d'appel venoient 1° la ville, prévôté et vicomté de Paris; 2° duché de Bourgogne; 3° duché de Normandie; 4° duché de Guyenne; 5° duché de Bretagne; 6° comté de Champagne; 7° comté de Toulouse; 8° sénéchaussées de Carcassonne, Narbonne, Beziers, Lauraguais, Vermandois, Poitou, Châtelleraut, Fontenay et Niort; 9° sénéchaussées d'Anjou, du Maine, bailliage de Touraine, etc.; 10° sénéchaussées d'Auvergne (Haute et Basse); de Lyon; 11° bailliages de Chartres, Orléans, Montargis, Blois, Dreux, Mantes, Meulan, etc.; 12° bailliage d'Amiens, sénéchaussée de Ponthieu, de Boulonnois, de Péronne, Mondidier et Roye; 13° pays de Dauphiné et dépendances; 14° comté de Provence; 15° comté de la Marche; 16° marquisat de Saluces et bailliage de Beauvais en Beauvoisis. Le clergé avoit cent trente-quatre députés dont quatre archevêques, vingt-un évêques et deux chefs d'ordre; la noblesse cent quatre-vingts gentils-hommes; le tiers-état cent quatrevingt-onze députés, tous gens de justice ou de robe courte.

Quand tous les députés furent entrés et la porte fermée, le duc de Guise vêtu d'un habit de satin blanc, alla avec les deux cents gentilshommes et capitaines des gardes, au-devant du roi, qui entra portant au cou le cordon de son grand ordre; le roi, après avoir pris place sur son trône, prononça le discours suivant:

« Messieurs, je commencerai par une supplication à nostre
« bon Dieu, duquel partent toutes les bonnes et saintes opéra-
« tions, qu'il lui plaise m'assister de son Saint-Esprit, me con-
« duisant comme par la main en cet acte si célèbre pour m'ac-

« quitter de ce que j'entreprends aussi dignement que l'œuvre
est sainte, désirée, attendue et nécessaire pour le bien universel de mes subjets.

« C'est la réformation de mon estat par la réformation générale de toutes les parties d'icelui que j'ai autant recherchée et
plus que la conservation de ma propre vie. Joignez-vous donc
a ceste très-instante requeste que je lui en fais, lui demandant
qu'il renforce de plus en plus la constante volonté qu'il a déjà
enracinée pour ce regard dans mon cœur; et qu'aussi tellement il vous arrache toutes passions particulières, si quelques-
uns en avoient; que rejetant tout autre parti que celui de
votre roi, vous n'ayez mire qu'à embrasser l'honneur de Dieu,
la dignité et autorité de votre prince souverain, et à restaurer
votre patrie, de manière qu'il s'en ensuive une si louable et
fructueuse résolution, accompagnée de si bons effets que mon
Etat en recouvre son ancienne splendeur. Ce sera ouvrage
digne du sang où je suis colloqué et qui témoigne votre capacité et loyauté. »

Après ce préambule dans lequel le roi avoit déjà fait allusion
aux projets de la ligue, il parla assez longuement de ses bonnes
intentions, ne manquant jamais l'occasion de faire voir qu'il
connoissoit les manœuvres de la faction, et tâchant de ramener à lui les députés égarés:

« Je n'ai point de remords de conscience des brigues ou menées que j'ai faites, et je vous en appelle tous à témoin pour
m'en faire rougir comme le mériteroit quiconque auroit usé
d'une si indigne façon que d'avoir violé l'entière liberté, tant
de me remontrer par les cahiers tout ce qui sera à propos pour
confirmer le salut des particulières provinces et du général de
mon royaume, qu'aussi d'y faire couler des articles plus propres à troubler cet état qu'à lui procurer ce qui lui est utile. »
Et plus bas : « Ce que la malice du temps a enraciné de mal en
mon royaume ne me doit être tant attribué (non que je m'en
veuille du tout excuser), comme à la négligence et par aventure,
à aucuns autres défauts de ceux qui par cidevant m'ont assisté, à
quoi j'ai déjà commencé de mettre ordre, ainsi que vous l'avez
vu (1) Mais je vous assurerai bien que j'aurai tellement l'œil

---

(1) Le roi veut apparemment faire allusion au changement de chancelier

» sur ceux qui me serviront à l'avenir, que ma conscience en
» sera du tout deschargée, mon honneur accru et mon état res-
» tauré au contentement de tous les gens de bien, et forcera
» ceux lesquels toutefois contre la raison ont mis leur affec-
» tion en autre endroit qu'au mien, de reconnaître leur er-
» reur. »

Passant en suite aux réformes à faire dans l'état, le roi engagea les députés à ne pas oublier dans leurs cahiers la punition des blasphémateurs et des simoniaques; l'ordre à établir quant à la vénalité et à la multiplicité des offices de judicature, le règlement des évocations, grâces, rémissions et abolitions; la protection due aux arts et aux sciences, l'embellissement des villes, l'accroissement du commerce de terre et de mer, la répression du luxe, etc.

Henri III affirma qu'il craignait autant que qui que ce soit la domination d'un roi hérétique : « J'atteste devant Dieu,
» ajouta-t-il, que je n'ai pas mon salut plus affecté que j'ai
» de vous en ôter la crainte et l'effect; c'est pourquoi j'ai fait
» principalement mon saint édit d'union et pour abolir cette
» damnable hérésie (1), lequel, encore que je l'aye juré très-sain-
» tement et solennellement en lieu et devant celui qui apporte
» toute constance à tenir irrévocables les bons et saints sermens, je
» suis d'avis pour le rendre plus stable que nous en fassions une
» des lois fondamentales du royaume, et qu'à ce prochain jour de
» mardi, en ce même lieu et en cette même notable assemblée
» de tous mes états, nous la jurions tous à ce que jamais nul
» n'en prétende cause d'ignorance (2). »

Enfin, Henri rappela que l'édit d'union avait prohibé toute *ligues* et associations en dehors de l'autorité royale : « Et quand
» il n'y serait assez clairement porté, ni Dieu ni le devoir ne le
» permettent, et sont formellement contraires, car toutes ligues,
» associations, pratiques, menées, intelligences, levées d'hom-
» mes et d'argent et réception d'icelui, tant dedans que dehors
» le royaume, sont actes de roi, et en toutes monarchies bien
» ordonnées, crimes de lèse majesté, sans la permission du sou-
» verain. Voulant bien de ma propre bouche, témoignant ma
» honte accoutumée, mettre sous le pied, pour ce regard, tout

---

(V. 6 septembre 1588) et des autres ministres. — C'étaient Villeroi, Pinart, Brulart et Bellièvre, qu'il remplaça par Montholon, Ruzé et Revol.

(1) Voyez ci-devant juillet 1588 et les notes.

(2) V. note sur la déclaration du 18 octobre 1588.

« passé; mais comme je suis obligé et vous tous, de conserver la dignité royale, déclarer que je confirme dès à présent pour l'avenir (après que la conclusion sera faite des lois que j'aurai arrêtées en mes états) atteints et convaincus des mêmes crimes de lèse majesté ceux de mes sujets qui ne s'en départiront ou y tremperont sans mon aveu. »

Après ces menaces, le roi finit par des prières auprès de l'assemblée, composée en grande partie de ligueurs. « Je vous conjure tous, par la révérence que vous devez à Dieu qui m'a constitué sur vous pour représenter son image, par le nom de vrais Français, c'est-à-dire, passionnés amateurs de leur prince naturel et légitime, par les cendres et la mémoire de tant de rois mes prédécesseurs qui vous ont si doucement et heureusement gouvernés; par la charité que vous portez à votre patrie, par les gages et ôtages qu'elle a de votre fidélité, vos femmes, vos enfans et vos fortunes domestiques, que vous embrassiez à bon escient cette occasion, que vous vacquiez du tout au soin du public, et que vous vous unissiez et ralliiez avec moi pour combattre les désordres et la corruption de cet état, par votre suffisance, par votre intégrité, par votre diligence, bannissant toutes pensées contraires, et n'y apportant à mon exemple que le désir du salut universel et aussi aliénés que moi de toute ambition que celle de bons sujets, comme je n'ai que celle de bon roi. Si vous en usez autrement, vous serez comblés de malédictions, vous imprimerez une tache d'infamie perpétuelle à votre mémoire.... et moi je prendrai à témoin le ciel et la terre, j'attesterai la foi de Dieu et des hommes qu'il n'aura point tenu à mon soin ni à ma diligence que les désordres de ce royaume n'aient été réformés, mais que vous avez abandonné votre prince légitime en une si digne, si sainte et si louable action. »

Quand le roi eut fini de parler, le garde des sceaux (de Montholon) prononça un assez long discours sur les réformes dont le royaume avait besoin. Il insista particulièrement sur celles nécessaires au clergé des monastères « dont les règles et disciplines étaient tellement perdues et dissipées, qu'il reste peu d'ordres où plusieurs moines et religieux n'aient comme oublié les promesses et les vœux où ils se sont solennellement obligés; du moins il s'y commet de grandes fautes. On le voit et on en parle publiquement. »

Il termina en engageant les députés à se réunir tous sous la bannière du roi pour soutenir avec lui l'église catholique, apostolique et romaine.

Après la harangue du chancelier, l'archevêque de Bourges, au nom du clergé; le baron de Senecey, au nom de la noblesse; et le prévôt de Paris, au nom du tiers état, remercièrent le roi de l'honneur qu'il leur avait fait en les appelant à lui donner leurs conseils.

Deuxième séance (1).

Blois, 18 octobre 1588. (Etats-Généraux. tom. XIV, p. 411.)

L'ASSEMBLÉE étant réunie dans le même ordre et avec le même cérémonial (V. ci-devant), le roi se leva et dit :

« Messieurs, je vous ai dit ci-devant et témoigné le jour de di-
« manche dernier, le désir que j'ai toujours eu de voir de mon
« règne tous nos bons et loyaux sujets unis en la vraie religion
« catholique, apostolique et romaine, sous l'obéissance et l'au-
« torité qu'il a plu à Dieu me donner sur vous. Et ayant pour cet
« effet ordonné mon édit du mois de juillet dernier, pour être et
« tenir lieu de loi fondamentale en ce royaume, pour obliger et
« nous tous, et la postérité, encore que la plupart de vous l'ait
« particulièrement juré et promis. Néanmoins, à ce que cet édit
« demeure ferme et stable à jamais, comme fait de l'avis et
« commun consentement de tous les états de ce royaume, et à
« ce qu'aucun ne prétende cause d'ignorance, de l'essence et
« qualité de celui, et qu'il soit marqué de la marque de loi du
« royaume à jamais, je veux que cet édit si saint soit présente-
« ment lu à haute voix, entendu de tous, puis juré par vous tous
« en corps d'états. A quoi faire je montrerai l'exemple à tous le
« premier, afin que ma sainte intention soit connue devant Dieu
« et devant les hommes. »

Le roi ordonna ensuite à un des secrétaires d'état de lire la déclaration suivante :

---

(1) Après cette séance, les députés se réunirent pour la rédaction de leurs cahiers, qui furent présentés au roi le 4 janvier 1589. — V. à cette date.

№ 525. — **Déclaration** *qui confirme l'édit d'union* (1), *et qui donne à cet édit le caractère de loi de l'état.*

Aux états de Blois, 18 octobre 1588, reg. au parl. le 21 novembre. (Vol. 2 P, f. 228. — Font., IV, 731. — Hist. des états, 1, 139. — Etats-Généraux, XIV, 112.)

Henri, etc. Chacun sait assez que dès les premiers ans de notre jeunesse, et même avant que Dieu nous eût appelé à cette couronne, nous n'avons rien tant désiré que de voir ce royaume repurgé de l'hérésie, et tous les sujets d'icelui réunis à l'union de son église sainte. Pour à quoi parvenir nous n'avons épargné notre propre personne, ains l'avons souvent exposée pour la manutention de la foi catholique, apostolique et romaine. Et depuis qu'il a plu à Dieu nous élever en cette dignité royale, tout ainsi que nous avons succédé au nom et titre de roi très-chrétien que nos prédécesseurs nous ont acquis par leur piété et valeur, aussi avons-nous montré que nous étions héritiers de leur zèle et affection à l'honneur de Dieu et accroissement de sa sainte religion. Car reconnaissant le devoir auquel la charge que Dieu nous a commise sur son peuple chrétien, et le serment que nous avons fait à notre sacre nous obligent, nous avons essayé ci-devant les voies les plus douces que nous avons pensé pouvoir servir à extirper les hérésies à cettui notre royaume, et réunir tous nos sujets à ladite religion catholique, apostolique et romaine. Mais enfin ayant reconnu que la douceur, dont pour quelque temps nous avons voulu user, espérant les rappeler au giron de l'église, n'avait servi que d'accroître et endurcir leur obstination, nous avons, depuis quelque temps, tenté de les ramener par la force d'obéissance qu'ils doivent à Dieu et à nous, et maintenant pensons y pouvoir mieux et plus promptement parvenir par le moyen de la sainte union que nous avons fait à nous de tous nos sujets catholiques, par notre édit du mois de juillet dernier, lequel estimant devoir être à l'avenir l'un des principaux fondements de la conservation de la dite religion catholique, que nous

---

(1) V. juillet 1588. — Cette déclaration confirmative d'un édit qui avait violé la liberté de conscience, était une nouvelle concession arrachée au roi par la ligue. Cette faction devint bientôt si puissante et si ouvertement usurpatrice des droits du trône, que Henri III fit assassiner ses principaux chefs, le duc et le cardinal de Guise (22-23 décembre 1588) qu'il n'osait faire juger comme coupables de haute trahison. — V. l'ouvrage intéressant de M. Vitet, intitulé les États de Blois, où les causes de la catastrophe sont rapportées d'après l'histoire.

avons plus cher que notre propre vie, et de la restauration de notre état, l'autorité qui nous appartient, et la fidélité et obéissance à nous due par nos sujets, pour le rendre plus ferme, stable et à jamais irrévocable;

Nous avons, par le conseil de la reine notre très honorée dame et mère, des princes de notre sang, cardinaux et autres princes et seigneurs de notre conseil, et de l'avis et consentement de nos trois états assemblés et convoqués par notre commandement en cette ville de Blois, statué et ordonné, statuons et ordonnons par ces présentes signées de notre main que notre dit édit d'union ci-attaché sous le contre-scel de notre chancellerie, soit et demeure à jamais *loi fondamentale et irrévocable* [1] de ce royaume et comme tel, voulons et ordonnons qu'il soit gardé par tous nos sujets présens et à venir, et que par eux il soit présentement juré, sans déroger toutefois ni préjudicier, en aucune chose, aux droits, franchises, libertés et immunités de notre noblesse, ensemble de garder et observer toutes les autres lois et ordonnances de ce royaume, concernant l'autorité qui nous appartient, et la fidélité et obéissance qui nous est due par nos sujets.

Si donnons, etc.

L'archevêque de Bourges remercia le roi d'une si sainte résolution, et engagea les députés des trois ordres à se réunir dans des sentimens communs d'attachement à la religion catholique, et de fidélité au roi. Il finit en s'adressant au roi : « Sire, puisqu'il a plu à V. M. jurer présentement pour le premier le serment si solennel, pour exemple à tous vos peuples, nous leverons tous en commun accord, les mains au ciel et jurerons à Dieu de le servir et honorer à jamais, maintenir son église catholique et romaine et la défendre, aussi V. M. et votre état envers et contre tous, observer et garder inviolablement ce qui est contenu en votre édit d'union, présentement lu à la gloire de Dieu, exaltation de son saint nom et conservation de son église et de ce royaume. »

Le roi reprit alors la parole :

« Messieurs, vous avez ouï la teneur de mon édit, et entendu

---

(1) V. l'édit de Constantin de 312, et l'art. 5 de la charte, qui accorde à tous les cultes une égale protection. — Cette loi de 1588 ne fut abolie qu'en 1789.

« la qualité d'icelui et la grandeur et dignité du serment que
« vous allez présentement rendre. Et puis que je vois vos justes
« désirs tous conformes au mien, je jurerai, comme je jure de-
« vant Dieu, en bonne et saine conscience, l'observation de ce
« mien édit, tant que Dieu me donnera la vie ici bas : veux et
« ordonne qu'il soit observé à jamais en mon royaume pour loi
« fondamentale, et en témoignage perpétuel de la correspon-
« dance et consentement universel de tous les états de mon
« royaume, vous jurerez présentement l'observation de ce mien
« édit d'union, tous d'une voix, mettant par les ecclésiastiques
« les mains à la poitrine et tous les autres levant les mains
« au ciel. »

Ce qui fut fait, ajoute l'historien des états, avec grand ap-
plaudissement et acclamation de tous crians : *Vive le roi!* (1)

*Extrait des cahiers du tiers-état, présentés au roi aux états de
Blois, le 4 janvier 1589.*

Ces cahiers demandaient, sur l'article *de l'église*, qu'il plût au
roi ordonner :

1° Que l'édit d'union serait inscrit au premier article des ordonnances et registré en la chambre des comptes, au registre des
chartres, et porté au trésor des dites chartres, afin d'y être re-
gardé comme loi fondamentale de l'état, avec les autres chartres
et titres.

2° Déclarer Henri de Bourbon, roi de Navarre, hérétique et
notoirement relaps, criminel de lèse-majesté divine et humaine
au premier chef, inhabile et incapable de succéder à la couronne de France, privé de tous droits et prérogatives de prince
et pairie, tant lui que ses hoirs procréés et à procréer, et ses
biens nuement mouvans de la couronne de France, unis et in-
corporés au domaine d'icelle, et les autres acquis et confisqués à
V. M.; le déclarer privé du gouvernement de la Guyenne avec
défense à tous vos sujets de lui rendre aucune obéissance et
respect.

3° Que tous les hérétiques de quelque état et condition qu'ils
soient, soient punis des peines portées par les ordonnances (2), etc.

---

(1) Comme le roi était alors en guerre avec les calvinistes, il ne se trouva aux états aucun député de la religion réformée.
(2) V. ordonnance de Henri II, 24 juillet 1557.

Que ceux qui ont été ministres surveillans ou relaps, soient déclarés indignes et incapables de tous offices royaux et charges publiques en ce royaume, et que ceux qui depuis dix ans ont été hérétiques, s'ils ont offices ou charges, soient tenus s'en démettre; que tous les ecclésiastiques qui se seront mariés pendant les troubles, qu'ils aient ou non femmes ou enfans, soient contraints à sortir du royaume. (Suivent d'autres mesures de rigueur contre les protestans.)

4° Que le Concile de Trente soit publié, gardé et observé dans tout le royaume, avec la conservation toutefois des droits de la couronne et des priviléges de l'église gallicane;

5° Que l'art. 6 de l'ordonnance d'Orléans, sur la résidence, soit observé, etc., etc.

Sur le fait de la justice, on demandait:

1° Que les ordonnances de Villers-Cotterets (1559); Orléans (1560); Roussillon (1563); Moulins (1566); Blois (1579); fussent inviolablement exécutées, sauf les dispositions auxquelles il seroit dérogé sur les remontrances des états;

2° Que les Cours de parlement ne pussent à l'avenir publier et enregistrer les édits, avant qu'ils eussent été communiqués aux procureurs-syndics des états dans les provinces (1).

Sur l'article de la noblesse:

Qu'on réduisît le nombre des officiers de la maison du roi et des reines dont l'entretien était très dispendieux; qu'on supprimât l'infinité de gouvernemens surnuméraires qui avaient été créés depuis Henri II; qu'on détruisît le cumul des places et que ceux qui en avaient plusieurs, les princes exceptés, s'en démissent entre les mains du roi pour les répartir sur personnes capables ou les déclarer vacantes (2).

« Et d'autant, ajoutent les cahiers, que par la licence des tems, aucuns seigneurs ont si mal traité leurs sujets que d'avoir exigé et fait exiger sur eux deniers, grains, corvées et autres choses dont ils n'ont osé faire plainte; plaise à V. M. enjoindre à vos procureurs-généraux et leurs substituts, en faire la recherche, et faire procéder, par punition exemplaire, contre les convaincus

---

(1) Cette disposition était très importante, en ce que la ligue avait eu soin de ne nommer procureurs-syndics que des agens bien dévoués.

(2) Aujourd'hui 1828 et 1829, il s'élève encore de justes plaintes contre le cumul des charges. V. opinion de M. Cormenin (Courrier français, du 4 août 1828).

N° 326. — Édit *qui révoque le parlement, la chambre des comptes, la cour des aides et toutes les charges de judicature établies à Paris, Orléans, Abbeville et autres villes rebelles* (1).

Blois, février 1589. (Blanchard, Compil. chronolog.)

N° 327. — Édit *de translation du parlement de Paris en la ville de Tours* (2).

Blois, février 1589; reg. au parl. le 23 mars. (Vol. 29, f° 1.)

Henri, etc. Comme pour le grand bien et commodité de l'administration et exercice de nostre justice souveraine, et pour le soulagement de nos bons et loïaux sujets, nous ayons, par nostre édit du présent mois, pour les raisons amplement déduites en icelui, révoqué notre cour de parlement, chambre de nos comptes, généraux des aydes, chancellerie, bureau de nos finances, chambre des monnoies, sièges présidiaux, bailliages, sénéchaussées, prévôtés, élections et autres corps et compagnies, tant de judicature que de finance, huissiers, notaires et sergens, et généralement tous nos autres officiers et justiciers qui souloient exercer leurs charges ez villes de Paris, Orléans, Amiens, Abbeville et toutes les autres qui les assistent.

Lesquelles, nous, pour leur félonie et rébellion, avons déclaré déchus de tous états, offices, honneurs, pouvoirs, gouvernemens, charges, dignités, privilèges, prérogatives, dons, octrois et concessions quelconques qu'ils ont par cy-devant eues de nous et des rois nos prédécesseurs.

Il est besoin maintenant pour l'établissement de notre cour de parlement et chambre de nos comptes les réunir et transférer en

---

(1) Cet édit n'a point été enregistré. Les registres du parlement n'en donnent pas le texte. V. l'édit suivant de translation du parlement de Paris en la ville de Tours.

(2) V. note sur l'édit ci-devant.

quelque lieu propre pour cet effet, et où nos officiers puissent, en toute sureté, liberté et à la décharge de leurs consciences, rendre la justice à nos sujets et faire les autres fonctions de leurs charges; ne pouvant faire meilleure élection que de notre ville de Tours, tant pour ce qu'elle est fort commode et à propos pour cet effet que pour la fidélité et affection que les habitans d'icelle ont toujours montré avoir au bien de nos affaires et service, et comme l'infidélité et rébellion des uns et leur privation honteuse de nos bienfaits et honneur doit être l'accroissement et servir de lustre à la fidélité des autres; lesquels au milieu de tant de trahisons découvertes en cetuy nostre royaume sont demeurés fermes en la loiauté que justement elles doivent à leur roy légitime et naturel; nostredite ville de Tours, par sa très grande fidélité, s'est rendue digne de nos bonnes graces et de telle recommandation à la postérité qu'elle a justement mérité d'être décorée des principales marques d'honneur.

Nous, à ces causes, par l'advis des gens de notre conseil et par édit perpétuel et irrévocable, avons transféré et transférons par ces présentes signées de notre propre main, notre parlement et tout ce qui en dépend qui souloit être en ladite ville de Paris, en notre ville de Tours, pour y servir et exercer doresnavant, la justice en toutes leurs charges, tout ainsi et en la même autorité, ressort et souveraineté qu'il se souloit faire en ladite ville de Paris.

Ordonnant et très-expressement enjoignant à tous nos officiers de notre cour de parlement de Paris en quelque qualité qu'ils soient; de se rendre en icelle notredite ville de Tours, dans le quinzième jour du mois d'avril prochain sur peine de perte sur leurs charges et privation de leurs états hormis ceux qui sont détenus en prison pour s'être montrés fidèles à leur roy légitime et naturel.

Enjoignons aussi, en outre, aux greffiers civils et criminels et des présentations de faire porter en ladite ville de Tours, dans le même temps, tous les registres nécessaires avec les procédures civiles et criminelles, procès et productions des parties pour y être procédé à l'instruction et jugement des procès, avec inhibitions et défenses très expresses à tous huissiers et sergens de donner aucunes assignations aux parties pour comparoir au parlement dudit Paris ni ailleurs de son ressort qu'en notredite ville de Tours, sur peine de faux, nullité de leurs exploits, privations de leurs états et de tous dépens, dommages et intérêts des parties, et à icelles de comparoir audit Paris ni ailleurs que par devant notredit parlement et cour des Pairs séant en ladite ville de Tours, sur semblables peines, et d'être déclarés rebelles et criminels de lèze majesté. Et pour gratifier encore d'avantage notredite ville de Tours, selon son mérite, nous avons voulu et ordonné, voulons et ordonnons et nous plaît que notre chambre des comptes qui souloit être audit Paris soit aussi transférée et établie en notredite ville de Tours.

Pour les mêmes considérations, mandons aux présidens, maîtres auditeurs de nos comptes et autres nos officiers d'icelle qu'ils ayent à se rendre audit Tours sur les peines cy dessus, pour y exercer leurs charges comme ils avoient accoutumé audit Paris.

Enjoignons aux gardes des livres d'y faire porter tous les états, comptes et registres dont ils ont la charge, avec expresses inhibitions et défenses à tous nos officiers comptables qui souloient aller en notredite chambre des comptes de Paris, d'aller pour la reddition de leurs comptes ailleurs qu'à Tours où nous l'avons transférée.

Si donnons, etc.

N° 328. — DÉCLARATION *contre les ducs de Mayenne et d'Aumale* (1), *qui enjoint de leur courir sus* (2).

Blois, février 1589; reg. au parl. le 27 avril. (Vol. 29, f° 5. — États généraux, tom. XV, p. 208 et suiv.)

HENRI, etc. Comme il n'y ait commandement de Dieu, religion ni loi reçue entre les hommes qui puissent excuser le sujet de prendre les armes sans l'ordonnance ou permission du souverain auquel il a plu à sa divine bonté donner toute autorité sur lui, et à lui réserver le glaive de puissance pour en user à la conservation des bons, punition et châtiment des mauvais; que sera-t-il du sujet qui prend les armes contre son propre roi très-chrétien, légitime et naturel? Et si ce crime est abominable devant Dieu et les hommes, et doit être la honte et la confusion de ceux qui le commettent, il n'y a plus de nom entre les chrétiens assez exé-

---

(1) Princes lorrains, chefs de la ligue depuis l'assassinat des Guises.

(2) Une déclaration semblable a mis Napoléon Bonaparte hors la loi le 9 mars 1815 lors de son débarquement de l'île d'Elbe au golfe Juan. (V. dans notre recueil, année 1815, p. 107.) — Nous donnons le texte de cet acte, parce qu'il est très important pour l'histoire de la ligue. Le roi appelle le meurtre du duc de Guise, un juste châtiment.

...rable pour les François, si par la déloyauté, attentat et félonie, ils ne sont plus les enfans de leurs pères, ces anciens François, lesquels par tant de vertus, au péril de leurs vies, ont acquis et été remarqués entre toutes nations du monde, pour être les plus fidèles et les plus loyaux à leurs rois. Et si à ce crime tant exécrable on peut ajouter quelqu'accroissement pour les obligations, bienfaits et gratifications particulières, reçues par le sujet qui s'arme contre son bienfaiteur et son roi légitime et naturel, le duc de Mayenne, le duc et chevalier d'Aumale sont dignes de ce nom, qui n'est point encore en usage ; et comme leur rébellion et déloyauté est sans mesure et sans exemple, aussi se doivent-ils appeler les plus infidèles et les plus déloyaux de ce monde, et laisser à leur postérité cette marque d'ingratitude et rébellion pour servir de lustre à la loyauté de ceux qui seront demeurés fermes en leur fidélité et en la juste et légitime obéissance que Dieu leur commande porter et rendre à leur roi. Or, toutefois jusques-là était arrivée notre clémence et bonté, que voulant oublier toutes choses passées, et les justes occasions qu'ils nous avoient données de les châtier et traiter selon les mérites de leur déloyauté, recherchant en nous-mêmes leur propre salut et la guérison de leurs plaies par les nôtres, même la conservation de leurs vies et de leur honneur aux dépens de notre autorité : nous avons depuis quelques jours envoyé devers eux, par plusieurs et diverses fois, aucuns de nos bons et fidèles serviteurs et sujets, avec nos lettres bien expresses, et depuis encore par nos hérauts d'armes, leur faire entendre notre bonne et sainte intention, et que nous étions encore prêts, non-seulement d'oublier les choses passées, mais de les recevoir en nos bonnes graces, et les chérir et embrasser comme nos bons et loyaux sujets, en faisant leur devoir et les soumissions que justement ils nous doivent.

Néanmoins, tout ainsi qu'une ame ambitieuse et déloyale est du tout incompatible avec l'assistance de son Dieu, et par ses infidélités n'est plus susceptible de la raison qui la pouvoit contenir ou ramener à son devoir ; comme aussi la chenille qui se nourrit de la même liqueur dont les mouches produisent le miel et la cire, et toutefois la convertit en venin ; ainsi notre bonté et clémence mises en l'estomac de telles personnes abandonnées de Dieu et de son esprit, ont été converties en corruption et non point en substance qu'ils en devoient tirer ; car au lieu de s'humilier comme ils devoient et reconnoître leur faute, ils en sont devenus plus orgueilleux, et se sont précipités opiniâtrément eux-mêmes en la ruine de leurs ames, de leurs vies, de leur honneur et réputation, et de leurs facultés domestiques, se saisissant de nos villes et châteaux, entreprenant par leur déloyauté et rébellion, contre notre autorité, nos magistrats, et contre nos bons et loyaux serviteurs et sujets, même contre les prélats, évêques et autres gens d'église, jusqu'à les emprisonner, piller leurs biens, les rançonner, et par tourmens leur faire résigner leurs bénéfices à gens de leur parti, sans autre considération de leur mérite ou qualité; seulement il suffit qu'ils aient part à leur méchanceté, et par toutes autres voies demesurées, d'hostilité, de rébellion et félonie, le tout sous couleur et prétexte de piété et de religion, comme s'ils pouvoient seulement approcher de la nôtre et de celle de tant de gens de bien et d'honneur, qu'ils persécutent comme criminels, seulement parce qu'ils sont fidèles serviteurs et sujets de leur roi, et qu'ils ne veulent pas se damner ni avoir part en leur détestable rébellion. Ayant à la bouche ce qui est le plus éloigné de leur cœur, faisant voile et manteau de l'honneur de Dieu, pour résister à son expresse parole, et détruire par leur ambition, félonie et déloyauté la religion catholique, apostolique et romaine, ainsi que déjà par plusieurs fois ils ont fait, en prenant nos villes et les armes pour nous divertir et empêcher lorsque nous étions le plus préparé et résolu d'aller en personne faire la guerre aux hérétiques; aussi seroient-ils bien marris qu'il n'y en eût plus en France, parce que leur ambitieux dessein n'auroit plus couverture.

Et encore que par la grace de Dieu nous ne soyons tenu de rendre compte de nos actions qu'à sa divine bonté seule, toutefois, afin que la simplicité d'aucuns de nos sujets ne soit point abusée de leur fausse imposture, et n'estiment faussement que le feu duc de Guise a été châtié parce qu'il étoit protecteur et défenseur de la religion catholique, apostolique et romaine, ou pour l'affection qu'il avoit au soulagement du peuple, et à cette occasion que lesdits ducs de Mayenne, duc et chevalier d'Aumale et leurs associés, ont une grande et légitime occasion de s'unir ensemble, tant pour leur conservation particulière et de la religion, que pour la vengeance de celui qui est mort pour eux (comme ils en font courir le bruit pour animer et séduire nos sujets et nourrir leur ambitieuse rébellion), nous voulons bien faire entendre que méchamment ils ont voulu faire couvrir leur déloyauté de l'honneur de Dieu, accroissement de la religion et affection au public; car sans nous amuser aux particularités de la vie desdits feu duc de Guise et de son frère, dont la mémoire est encore trop fraîche en ce royaume, principalement entre ceux qui les connoissent le mieux; pour ne perdre tems à l'écrire, il nous suffira seulement de dire que, peu de jours auparavant sa mort, icelui duc de Mayenne, entr'autres choses, nous manda par un cavalier d'honneur qu'il nous envoya exprès, que ce n'étoit pas assez à son frère de porter des patenôtres au col, mais qu'il fallait avoir une ame et une conscience; que nous prissions bien garde à nous, qu'il falloit que lui-même, duc de Mayenne ou ledit chevalier vinssent pour nous avertir, et que le terme étoit si brief, et que s'il ne se hâtoit, il étoit bien à craindre qu'il n'arriveroit pas assez à temps.

Pareillement, les mémoires, les lettres ne sont pas perdues, des pratiques et recherches d'amitié faites avec le roi de Navarre et les hérétiques, tant dehors que dedans ce royaume, à quelque condition que ce fût, pourvu qu'on lui promit amitié et assistance à son établissement. On sait assez quelles pensions il tiroit des étrangers, par quelles promesses et à quelle fin. Les alliances qu'il a cherchées de ceux qu'il condamnoit le plus devant les hommes, comme fauteurs d'hérésies, ne sont inconnues qu'à ceux qui ne les veulent pas savoir. Ce sont les actes signalés qu'il avoit tirés de la vie des apôtres et des commandemens de Dieu pour conserver la religion catholique, apostolique et romaine, et le soulagement du peuple; au contraire, l'on sait bien où étoient employées nos armées, quelle étoit notre intention d'y aller en personne à ce printemps, et qu'il n'a pas tenu à nous que ledit duc de Mayenne n'ait fait la guerre aux hérétiques, aussi bien que notre très-cher et féal cousin le duc de Nevers, qui fût encore à continuer notre entreprise, si nos forces n'eussent été diverties par la déloyauté desdits duc de Mayenne, duc et chevalier d'Aumale, comme déjà icelui duc d'Aumale fit le semblable en l'année dernière, par la surprise de nos villes en Picardie; et se peut dire par les œuvres de leurs mains, que les huguenots n'ont jamais trouvé tant de faveur, ni ce pauvre royaume, tant de misère et d'oppression, qu'en l'âme et en la vie du feu duc de Guise, duc de Mayenne, duc et chevalier d'Aumale.

Quant au soulagement du peuple, soit considéré l'état présent de ce royaume, les pertes et ruines qu'il a reçues depuis l'année 1585, que lesdits feu duc de Guise et les susdits de Mayenne et d'Aumale, prirent contre nous et notre autorité, et soit fait jugement de la ruine prochaine de cedit royaume, par les choses avenues depuis ce temps-là pour en faire comparaison avec les années précédentes 83 et 84, et le réglement que nous avions donné et commencé d'établir en celui-ci notredit royaume, à l'honneur de Dieu et au soulagement de notre peuple, et accordé son soulagement et les charges de guerre ensemble, avec les œuvres dudit feu duc de Guise et des dessus nommés, lesquels depuis ce temps-là n'ont jamais posé les armes, tantôt sous un prétexte, tantôt sous un autre. Soit entendue aussi la contenance dudit feu duc de Guise et de ceux qui l'assistoient, lorsque nous accordâmes aux députés de nos états, contre son espérance, la décharge et réduction des tailles à celles de l'année 1576, pourvu qu'ils donnassent les moyens de remplacer le fonds et satisfaire à l'entretènement de la dignité royale et de l'état, et de faire la guerre que nous avoient demandée et jurée si solennellement, dont eux-mêmes auroient l'administration des deniers par nos ordonnances, comme ils le nous promettoient ; car, lors d'un côté il nous dissuadoit de le faire, et ne ravaller point tant notre autorité, mais que nous nous en devions faire croire ; et de l'autre il pressoit ses partisans de faire telles instantes poursuites, non point pour envie qu'il en eût, mais pour nous rendre ou nécessiteux ou odieux à nos sujets, avec résolution, si nous le refusions, de rompre les états, sur une occasion si plausible au peuple, et de rapporter l'honneur et le gré de ce qu'il vouloit moins faire, rejettant sur nous l'envie de ce que nous avions eu extrême volonté, et que nous fîmes pour la grande affection que nous portons au soulagement de nos sujets, autant qu'il nous est possible, et que la conservation de notre état le nous permet, contre son avis et conseil, et toutes les remontrances qu'il nous fit et fit faire au contraire, et pour le regard de ses comportemens envers nous, après lui avoir remis et pardonné toutes ses fautes premières.

Jusques-là étoit arrivée sa téméraire arrogance que les opinions n'étoient plus libres en notre conseil, tant il s'en faisoit croire ; l'exécution des arrêts et jugemens donnés en nos cours souveraines contre les plus criminels et scélérats de ce royaume étoit retardée pour ne les pouvoir appréhender, et cependant ils étoient en sûreté à sa suite et en sa chambre, et leur faisoit bailler logis à notre cour, ils étoient les plus gens de bien et les plus zélés catholiques de ce royaume, puisqu'ils étoient de son parti ; et au contraire le plus homme de bien et le meilleur catholique étoit hérétique ou pour le moins politique s'il ne vouloit jurer et avoir part en sa trahison.

Aussi faisoit-il bien tout ce qu'il pouvoit pour se faire reconnoître à un chacun, et étoit l'un de ces artifices qu'il pouvoit tout ce qu'il vouloit, que nous nous étions jetés entre ses bras, jusques à le faire semer par nos provinces, et avoir bravé des députés de nos états généraux qui ne vouloient pas dépendre de lui, et changer leurs cahiers à sa volonté, encore qu'il n'y eût que trop de tels choisis et nommés par sa violence; témoin que tous les jours à heures réglées, il se tenoit un conseil en sa chambre, des choses proposées, et de ce qui se devoit conclure aux états, par brigues, menées ou violence, selon ce qu'il en auroit été résolu par ledit duc de Guise et ses partisans à la vue de tout le monde, et en faisoit gloire. Il n'y avoit plus de sûreté qu'en sa protection, et étoit crime de lèze-majesté, d'être notre fidèle serviteur, donnant pour marque d'injure, il est *royal*, et pour titre d'honneur, il est *Guisart*. Il vouloit injustement commander à celui que Dieu avoit constitué sur lui en toute autorité et souveraine puissance, et vouloit pour les propres bienfaits, les honneurs et l'autorité que son roi lui avoit donnés, lui ôter sa couronne et la vie, pour le moins aussitôt qu'il auroit un peu mieux établi son autorité qu'elle ne l'étoit encore, si tant il nous eût laissé de longue vie; car il est tout certain et bien vérifié qu'il avoit déjà tellement pourvu à son dessein, qu'il se tenoit pour maître de notre château et de notre personne; il en avoit illicitement les clefs, jusques à celles de nos salles; les armes propres à l'exécution de son dessein et inutiles à autres exploits de guerre, ont été trouvées, encore que les siens aient fait tout leur effort de les en détourner pour en faire perdre la connoissance, et ses hommes étoient tout à l'entour. Les compagnies de nos ordonnances que nous avions ordonnées pour la sûreté de nous et de nosdits états avoient été par lui licenciées, jusques à avoir exempté par ses lettres signées de lui et scellées du sceau de ses armes, les habitans de Romorantin de recevoir une partie de celle de sieur de Souvré que nous avons ordonnée, et les avoir pris en sa protection à cet égard contre nos lettres patentes sur le département que nous avions fait avec lui-même, défendant très-expressément au commissaire général des vivres de notre royaume de leur demander aucuns vivres pour icelle compagnie ni autre, et pour faire plus ouvertement connoître qu'il ne vouloit plus dépendre que de lui-même, telle fut son outrecuidance en la présence et au cabinet de la feue reine notre très-honorée dame et bonne mère, et de plusieurs princes et seigneurs qui lors y étoient pré-

..., que quand ce vint à proposer les crimes de lèze-majesté pour les faire renouveler et jurer en pleine assemblée de nosdits états, il nous répondit impudemment qu'il n'en feroit rien et qu'il ne les jureroit point, que s'il y failloit, nous le fissions châtier.

Et toutefois contre tout cela et infinis autres particuliers avis qui nous étoient donnés tous les jours de ses comportemens et menées par nos bons, fidèles et loyaux sujets et serviteurs, nous passions toutes ces choses doucement, nous faisant croire que notre grande patience et nos bienfaits (en quoi nous n'épargnions une seule gratification qui fût en notre puissance pour eux ou pour les leurs) romproient la dureté de leur cœur, et les ramèneroient à la juste obéissance qu'ils nous doivent, puisque la fierté des lions et des animaux plus sauvages est domptée par bienfaits.

Mais comme l'ambition de régner est insatiable et sans fin, et que celui qui offense ne pardonne jamais; l'insolence croissoit tous les jours, et par homme exprès, que dépêcha ledit duc d'Aumale, nous fûmes avertis qu'il s'étoit trouvé de présence et non de volonté (ce disoit-il) en un conseil tenu à Paris, auquel il avoit été résolu que le duc de Guise se saisiroit de notre personne et nous meneroit à Paris; et toutefois nous ne voulûmes, pour nos premières considérations, avoir tel égard à cet avis que nous devions. Mais voyant celui que depuis nous envoya ledit duc de Mayenne, et que le terme en étoit si brief qu'il n'y avoit plus de salut pour nous qu'en la privation de la vie de ceux qui nous la vouloient ôter et usurper notre état et couronne, nous fûmes contraints d'en user et faire en leurs personnes, non ce qu'ils méritoient par leur déloyale félonnie, mais selon la saison ce que nous devions et que nous ne voulions pas faire. C'est la récompense qu'ils avoient préparée à nos gratifications et bienfaits, et qui est aujourd'hui suivie par ceux qui durant leur vie faisoient semblant de condamner leurs conseils, et eux-mêmes nous en donnoient avis pour réserver, à ce que nous reconnaissons maintenant par leurs œuvres, à eux et à leur profit particulier, le fruit de ce dessein ambitieux d'empire, employant cet ancien proverbe, que si le droit est violable, il doit être violé pour régner; et faut croire par leurs actions ou n'avoir point de jugement, que comme tous ensemble s'accordent maintenant à nous ôter la vie et la couronne que Dieu nous a donnée, ils dissiperoient bientôt ou débattroient entr'eux à qui auroit celle qu'injustement ils veulent usurper, s'ils avoient moyen de l'envahir;

ayant déjà entrepris par autorité de disposer et ordonner par lettres-patentes des gouverneurs de nos provinces et de la levée et distribution de nos finances. Mais parce que la patience doit être bornée et réglée de certaines limites, outre lesquelles elle ne peut être louable en un prince qui doit la conservation de son honneur, de son autorité et de sa vie à son état et à soi-même :

Nous, à ces causes et autres bonnes et justes considérations à ce nous mouvans, avons par l'avis des princes de notre sang, cardinaux, prélats, seigneurs et autres de notre conseil,

Déclaré et déclarons par ces présentes, signées de notre propre main, lesdits duc de Mayenne, duc et chevalier d'Aumale, déchus de tous les états, offices, honneurs, pouvoirs, gouvernemens, charges, dignités, privilèges et prérogatives qu'ils ont par ci-devant eus de nous et des rois nos prédécesseurs, et lesquels nous avons révoqués et révoquons dès-à-présent, et les avons déclarés infidèles, rebelles, atteints et convaincus des crimes de rebellion, félonnie et de lèze-majesté au premier chef.

(2) Voulons que comme tels il soit procédé contre eux et tous ceux qui les assisteront de vivres, conseil, confort, aide, force ou moyen, et contre leur postérité, par toutes les voies et rigueurs des ordonnances faites sur lesdits crimes, sauf si dans le premier jour du mois de mars prochain, pour toutes préfixions et délais, ils reconnoissent leur faute et se remettent en l'obéissance que justement ils nous doivent par le commandement et l'expresse parole de Dieu, contre laquelle ils ne se peuvent dire chrétiens. Afin que satisfaisant à nous-même, nous n'ayons oublié une seule bonté, clémence et douceur qui les ait pu retirer de leur faute et ramener à leur devoir.

(3) Enjoignant au premier de nos huissiers, sergens ou autres officiers que lesdites présentes ils leur signifient, soit en personne et ensemblement ou en particulier, et où il n'y auroit sûreté de ce faire, voulons et nous plaît que la signification qui en sera faite aux portes et murailles de leurs domiciles ou des villes et faubourgs auxquels ils se trouveront par le premier de nos trompettes, et où il n'en pourroit approcher sûrement pour cet effet, au plus prochain bourg ou village, ville, soit de telle force et valeur que si elle étoit faite à leurs personnes.

(4) Mandons en outre et adjurons tous nos fidèles et loyaux sujets de quelque qualité et condition qu'ils soient, par la loyauté que justement ils nous doivent, et que Dieu et leur honneur leur commande, et par les cendres et la mémoire de leurs pères, lesquels

par tant d'années et avec tant de peines, de sueurs et de travaux, leur ont acquis ce précieux trésor et nom immortel de très-fidèles à leur roi, qu'en cette affaire de telle importance, qui est la conservation ou la ruine non-seulement de notre autorité, mais de la religion chrétienne, de l'état et d'eux-mêmes, ils aient à courir sus auxdits infidèles et rebelles, et à nous assister de leurs forces et moyens, et se rendre auprès de nous au premier mandement qu'ils en auront pour châtier ceux qui voudront persévérer en leur rébellion, et remettre notre autorité, ensemble notre état en leur première splendeur et dignité, à l'honneur de Dieu, conservation de notre religion catholique, apostolique et romaine, et soulagement de nos sujets, à quoi nous sommes résolus d'employer tous nos moyens et nostre propre vie, et afin qu'aucun n'en puisse prétendre cause d'ignorance, nous avons ordonné et ordonnons que cesdites présentes seront lues et publiées par toutes nos cours souveraines et sièges royaux. — Donné, etc.

N° 329. — LETTRE *du roi de Navarre adressée aux trois ordres des états-généraux.*

Châtellerault, 4 mars 1589. (Etats-généraux et assemb. nation., tom. 15, p. 223.)

(Dans cette lettre où respirent toute la franchise et la loyauté qui fesaient le fond de son caractère, Henri IV expose les menées ambitieuses des chefs de la Ligue qui, sous prétexte de défendre la religion, ne visaient à rien moins qu'à détrôner Henri III, et à se mettre à sa place; il se plaint qu'on n'ait employé à son égard que la voix des armes pour le convertir à la religion. Rappelant les malheurs produits par la guerre civile, il s'écrie : « Certes, si j'étais autre que je suis, j'aurais autant oc« casion de me plaire au particulier de ma condition, comme le « détriment de la publique m'est désagréable. Mtl. je ne le puis, « jamais mon pays n'ira après moi: son utilité précédera toujours « la mienne, et toujours on verra mon mal, mes dommages, « mes afflictions courir devant celles de ma patrie. » Après avoir par tous les moyens possibles engagé tous les partis à la paix, il termine en disant :)

« Finalement, après avoir fait ce qui est de mon devoir en cette « solennelle protestation que je fais. Si je reconnois les uns ou « les autres ou si endormis ou si mal affectionnés, que nul ne s'en découvre ; j'appellerai Dieu à témoin de mes actions passées, à mon aide pour celles de l'avenir.

« Et vrai serviteur de mon roi, vrai François, digne de l'honneur que j'ai d'être premier prince de son royaume, quand tout le monde en auroit conjuré la ruine, je proteste devant Dieu et les hommes, qu'au hasard de dix mille vies, j'essaierai tout seul de l'empêcher.

« J'appelle avec moi tous ceux qui auront ce saint désir, de quelque qualité et condition qu'ils puissent être. Espérant que si Dieu bénit mon dessein, autant comme je montre de hardiesse à l'entreprise, autant aurai-je de fidélité après en avoir vu la fin ; rendant à mon roi mon obéissance, à mon pays mon devoir, et à moi-même mon repos et mon contentement, avec la liberté de tous les gens de bien.

« Et cependant, jusques à ce qu'il ait plû à Dieu donner le loisir au roi monseigneur, de pourvoir aux affaires de son état, y en remettant la paix qui est si nécessaire ; je déclare comme celui que ai cet honneur de tenir le premier lieu sous son obéissance, que si en son absence je ne le puis si bien servir, que je l'établisse par tout son royaume, je ferai au moins en partie aux lieux où j'aurai plus de pouvoir, reconnoître son autorité. Et pour cet effet, je prends en ma protection et sauve-garde du roi monseigneur et la mienne, tous ceux de quelque qualité, religion et condition qu'ils soient, tant de la noblesse, de l'église, que des villes, que du peuple, qui se voudront unir avec moi en cette bonne résolution. Sans permettre qu'à leurs personnes et biens il soit touché en manière quelconque, en autre sorte qu'en tems de pleine paix, et que par les lois du royaume on a accoutumé d'y toucher.

« Et bien que plus que nul autre j'ai regret de voir les différends de la religion, et que plus que nul autre j'en souhaitasse les remèdes, néanmoins reconnoissant bien que c'est de Dieu seul et non des armes et de la violence qu'il les faut attendre, je proteste devant lui, et en cette protestation, j'engage ma foi et mon honneur que par sa grace j'ai jusqu'ici conservé entiers, que tout ainsi que je n'ai pu souffrir que l'on m'ait contraint en ma conscience, aussi ne souffrirai-je ni ne permettrai jamais que les catholiques soient contraints en la leur, ni en leur exercice libre de la religion. Déclarant en outre que aux villes qui avec moi s'uniront en cette volonté, qui se mettront sous l'obéissance du roi monseigneur et la mienne, je ne permettrai qu'il soit innové même chose, ni en police, ni en l'église, sinon en tant que cela concernera la liberté d'un chacun. Prenant de-rechef tant les personnes que les biens des catholiques, et spécialement des ecclésiastiques sous ma protection et sauve garde. Ayant de longtemps appris que le vrai et unique moyen de réunir les peuples au services de Dieu, et d'établir la piété en un état, c'est la douceur, la paix, les bons exemples, non la guerre ni les désordres; et que par les désordres, les vices et les méchancetés naissent au monde. »

Signé Henri; *plus bas*, Luillier.

N° 53o. — LETTRES d'armistice avec le roi de Navarre comme chef des huguenots.

Tours, 26 avril 1589, rég. au parl. le 29. (Vol. 29, f° 10.)

Henry, etc... Si la vérité des choses se juge par ce qui en appert aux hommes, comme il se doit faire, puisqu'ils n'en peuvent avoir preuve certaine, et qu'à Dieu seul appartient de pénétrer l'intérieur et affection des cœurs humains; la sincérité de notre zèle et dévotion en la foy et religion catholique, apostolique et romaine, se défend assez d'elle-même contre toutes calomnies et impostures par les preuves que nous en avons rendu dès nostre première jeunesse, et toujours continué tant en nostre vie et profession ordinaire qu'à poursuivre par tous moyens, même par les armes, sans y épargner nostre propre vie, l'advancement de la gloire de Dieu et rétablissement de ladite religion catholique, apostolique et romaine, ez lieux et endroits de cestuy nostre royaume, elle a été changée et altérée par l'introduction d'une nouvelle opinion, à nostre très grand regret et desplaisir, en quoy le principal empeschement que nous avons eu n'a tant procédé de la force et justice de ceux qui suivent et défendent ladite nouvelle opinion, comme d'autres, lesquels se couvrant d'un faux prétexte de zèle à ladite religion catholique, ont, de longue main, essayé de séduire la pluspart de nos sujets catholiques par fausses impressions et pratiqué une ligue et association secrète entre eux de laquelle ils estoient les chefs sous couleur de vouloir assurer après nous si Dieu nous appeloit de ce monde, sans nous donner d'enfans; la conservation d'icelle religion catholique contre ceux de la nouvelle opinion qui pourroient prétendre de nous succéder à cette couronne; mais leur bien et desseins tendant à l'usurpation et partage d'icelle entre eux, après s'estre formé d'un parti entre nosdits sujets catholiques et appuyé d'intelligences avec étrangers qui peuvent désirer l'affoiblissement de ce royaume, pour accroistre leur autorité et grandeur ils auroient déployé contre nostre personne et autorité le secret de leurs damnables desseins; premièrement par détraction et médisance de nos actions pour les rendre odieuses à nostre peuple et tirer à eux les affections d'icelui, sous l'espérance plausible qu'ils auroient jointe au prétexte de la religion de lui donner soulagement des charges que l'injure du temps lui auroient apportées, dont néanmoins leurs déportemens ez lieux où ils auroient commandement estoient témoins peu favorables de leur promesse.

Pour ce regard, par impatience de plus longue attente auroient pris et levé les armes ouvertement contre nous, desquelles le fruit seroit principalement tourné à leur profit particulier pour les avantaiges et conditions qu'ils auroient tirés de nous, l'effet d'icelle n'ayant au surplus esté que ruine et destruction de nos sujets et avancement des ennemis de la religion catholique contre lesquels les entreprises que les susdits faisoient continuellement sur nous et nostre auctorité nous ont empesché de faire l'effort qu'il eût été requis pour réprimer leurs progrès, et si les premiers essais de leurs dites armes ont esté pernicieux à cest estat; la suite en est encore plus dommageable et dangereuse, ayant, par leurs artifices, de nouveau, rempli la France d'un trouble et guerre civile universelle, séditions, mépris de magistrats, sang, pillages, rançonnemens, saccagemens de biens, tant sacrés que profanes, forcemens de femmes et filles, et autres infinies espèces d'inhumanités et désordre, tel qu'il ne s'en est jamais vu ni ouy de semblable; le tout au très grand préjudice, non seulement de nostre auctorité et personne royale contre laquelle ils se sont ouvertement déclarés, n'ayant eu honte de faire publier qu'ils recherchoient nostre propre vie, mais aussi de cette florissante couronne, en général, qu'ils s'essaient partager et démembrer entre eux y associans lesdits étrangers, au grand déshonneur et opprobre du nom français, et spécialement de la noblesse, tant renommée et estimée anciennement, par tout le monde, pour la vertu, prouesse et singulier amour envers ses roys, et qui plus est, au grand détriment de ladite religion catholique, apostolique et romaine; car outre que la guerre civile corrompt les bonnes mœurs et détourne les cœurs non moins de la piété et révérence de l'honneur de Dieu que de toute charité humaine, cette division est le vrai moyen à ceux de l'opinion contraire d'élargir et accroître leurs conquestes.

A quoi néantmoins voulant obvier de nostre pouvoir et tâcher de redresser toutes choses au bon train auquel, par la grâce de Dieu, nous les avions acheminées, et dont nous avions esté advertis par les présens troubles, nous aurions encore depuis le commencement d'iceux, recherché tous moiens à nous possibles, pour, par douceur, ramener tous nos subjets catholiques à une bonne et ferme réunion sous nostre obéissance, et par le moien d'icelle exécuter ce que, à leur instante prière nous leur aurions promis en l'assemblée de nos états; mais tant s'en faut que par cette voie la dureté de leurs cœurs ait pu estre amolie et fleschie à quelque compassion de tant de maux dont ils sont cause, non contens des désordres passés, même d'avoir soulevé contre nous, la pluspart de nos villes, tué, emprisonné ou déposé nos officiers, rançonné les plus aisés de nostre royaume, de quelque ordre, estat, qualité, sexe, condition et âge qu'ils puissent estre, même les personnes ecclésiastiques, rompu nos sceaux, effacé nos armoiries, déchiré et ignominieusement traité nos effigies, établi des conseils et officiers à leur fantaisie, ravi nos finances et exercé contre nous et nos bons sujets tous actes de mépris, dérision, hostilités et inhumanités, que adjoutant injures sur injures, ils s'apprêtent à venir assaillir notre propre personne avec artillerie tirée de nos arsenaux et armée composée tant de nos sujets rebelles que d'étrangers en partie de religion contraire à la catholique, apostolique et romaine, de laquelle néantmoins, ils se disent seuls protecteurs pour, avec nous, opprimer nos bons sujets et serviteurs catholiques, au lieu de s'adresser à ceux de l'opinion contraire qu'ils laissent en paix et liberté de s'étendre à leur plaisir comme ils n'en ont perdu l'occasion, ayant le roi de Navarre pendant que nous étions à nous préparer et fournir de forces pour nous garantir des mauvaises intentions desdits rebelles, pris et saisi nos villes de Niort, Saint-Maixent, Mallezais, Château-Loudun, Lisle-Bouchard, Montrembellay, Argenton et Leblanc en Berry, et avancé ses forces près de cette ville où nous nous étions acheminés sur le premier avis desdits exploits pour donner tout l'ordre que nous pourrions à empescher qu'il ne les poursuivît plus avant, ce qu'enfin cognoissant ne pouvoir faire par les armes en même temps que nous sommes en nécessité de les employer pour la conservation et défense de nostre personne, et de nosdits bons serviteurs et sujets contre la rage et violence desdits rebelles, après les avoir recognu inflexibles à aucunes conditions de réconciliation, sur les ouvertures que nous leur en avons fait faire, et considérant que ores qu'il n'eût voulu, comme eux, s'attacher à notre vie, nosdits bons sujets pouvoient, néanmoins, estre grandement molestés de ses armes, si nous ne lui ôtions l'occasion de les employer selon que l'estat présent des affaires de ce royaume lui en donnoit la commodité : d'autre part étant pressés et interpellés par les clameurs et requêtes de nos provinces travaillées de ceux de son parti d'y remédier au plutôt, par une surséance d'hostilité qu'autrement, sans laquelle leur défaillant la force de se défendre, et le moien d'entretenir les gens de guerre, toute espérance de pouvoir plus substanter leurs vies et celles de leurs familles leur étoit ôtée, et qu'aucunes d'icelles contraintes par la violence du mal avoient jà accordés d'elles-mêmes.

Toutes les susdites raisons ayant été par nous mises en délibération avec les princes de nostre sang, officiers de nostre couronne et autres seigneurs et personnaiges de nostre conseil estant près de nous n'aurions trouvé autre moien entre ces extrémités que de prendre et donner à nosdits sujets quelque relâche de guerre de la part dudit roy de Navarre et pour cet effet,

(1) Lui avons accordé pour lui et pour tous ceux de son parti, trève et surséance d'armes et de toute hostilité suivant l'instance qu'il nous en a faite, recognoissant son devoir envers nous, ému de compassion de la misère où ce royaume est, de présent, réduit qui incite tous ceux qui retiennent les sentimens de bons François d'aider à éteindre le feu de division qui le consume et menace de sa dernière ruine, dont toutefois nous espérons que Dieu, par sa bonté, le voudra encore préserver, pour sa gloire, contre les machinations et efforts de ceux qui en désirent et pourchassent la dissipation, pour leur ambition particulière.

(2) Laquelle trève et surséance d'armes nous entendons estre générale par tout nostre royaume durant un an entier, à commencer du troisième jour de ce mois et finir à semblable jour l'an à l'autre inclus pour tous nos bons et fidèles sujets, qui recognoissent nostre autorité en nous rendant l'obéissance qu'ils nous doivent ensemble pour l'estat d'Avignon et comté de Venise appartenant à nostre Saint-Père le Pape que nous avons voulu y être compris et les sujets d'icelui en jouir comme étant sous nostre protection.

(3) A la charge et condition outre ce promise par ledit roy de Navarre, soy faisant fort pour tous ceux de son parti, qu'il ne pourra durant ladite trève employer ses forces et armes en quelque part que ce soit dedans ou dehors ce royaume sans notre commandement ou consentement; qu'il n'entreprendra ou souffrira estre entrepris ny attenté aucunes choses en lieux et endroits de païs où nostre autorité est recogneue, et en quelque païs que ce soit qu'il passera ou séjournera hors les lieux qui étoient déjà par lui tenus jusqu'au jour susdit; il ne changera ny permettra changer ou altérer aucune chose au fait de la religion catholique, apostolique et romaine, ni qu'il soit fait aucun mal ni déplaisir à nos sujets catholiques, tant ecclésiastiques que autres qui nous sont fidèles et bons serviteurs, soit en leur personne, biens ou autrement en quelque sorte que ce soit; que si durant cette guerre, lui ou les siens prennent quelques villes, châteaux ou autres places, par force, surprise, intelligence, ou y entrent en quelque façon que ce soit, il les remettra et laissera incontinent en notre libre disposition, suivant la promesse qu'il nous en a faite.

(4) Qu'en conséquence de ce que dessus ledit roy de Navarre et ceux de son parti auront main levée de leurs biens pour en jouir tant que ladite trève durera, comme aussi réciproquement ils laisseront jouir les catholiques, tant ecclésiastiques que autres nos bons serviteurs de leurs biens et revenus ez lieux par eux tenus.

(5) Si voulons et vous mandons que ayez chacun de vous, en ce qui lui peut toucher à observer et faire observer ladite trève et surséance d'armes, en tout le contenu cy-dessus, de point en point, selon sa forme et teneur, sans y contrevenir ni souffrir y estre contrevenu en aucune manière, et ces présentes faire lire, publier et enregistrer partout et ainsi que besoin sera, à ce que nul n'en prétende cause d'ignorance.

(6) Par lesquelles nous protestons que, outre ce qui touche la defense de nostre personne et état contre la violence desdits rebelles, nous avons été mus à faire et accorder ladite trève pour le bénéfice qui en redonde à la religion catholique, apostolique et romaine, et au soulagement de nos bons sujets étant par icelle arrêté le progrès que ledit roy de Navarre et ceux de son parti pourroient faire sans cet expédient; au grand détriment de notre religion, foulle et oppression de nos bons sujets pendant que nos forces occupées à l'effet susdit ne lui eussent pu être opposées.

"(9) Protestons en outre contre lesdits rebelles de l'infraction par eux faite de l'union de tous nos sujets catholiques, jurée et confirmée avec nous par les députés des états-généraux en la dernière assemblée d'iceux, et les interpellons de s'y rejoindre sous nostre autorité pour la conservation et advancement de nostre dite religion catholique, apostolique et romaine, et que eux seuls sont coupables devant Dieu de tout le mal qui peut advenir de ladite division au préjudice de son honneur et de sa sainte église dont la guerre qu'ils nous font est la seule cause; demeurans, de nostre part, très résolus de ne nous vouloir départir d'un seul point à ce qui appartient à la conservation et exaltation de ladite religion catholique, apostolique et romaine, et de persévérer en cette sainte volonté, moiennant la grâce de Dieu que nous implorons continuellement à notre aide pour cet effet jusqu'au dernier soupir de nostre vie, et pour ce qu'en plusieurs et divers endroits l'on pourra avoir affaire des présentes, nous voulons qu'au *vidimus* d'icelles deument fait et collationné par un de nos amés et féaux notaire et secrétaire foi soit ajoutée comme au présent original, car tel est notre plaisir.

Donné à, etc.

www.ingramcontent.com/pod-product-compliance
Lightning Source LLC
Chambersburg PA
CBHW050328240426
43673CB00042B/1573